プラトンがその**理想国家**についての説明をおこなう。そこでは、財産は万人によって所有され、労働は専門化されている。

↑

**紀元前380年ころ**

トマス・アクィナスが、**生産物の代価が「公正」である**のは、利益が超過しておらず、販売過程になんのごまかしも見られないばあいだけのことだと論じる。

↑

**後1265〜74年**

**手形**が、ヨーロッパ内での貿易における支払い方法のスタンダードとなる。その信用を保証するのが商人銀行だ。

↑

**1400年ころ**

**国際貿易**をつかさどる会社にして、世界最初のグローバル・ブランドとなったイギリスの東インド会社が、設立される。

↑

**1599年**

**紀元前350年ころ**

↓

アリストテレスが、**私有財産**を擁護する議論を展開するが、金銭をそれ自体のために蓄積することには反対した。

**後1397年**

↓

イタリアのフィレンツェにメディチ家の銀行が創設される。これは、国際貿易を当てにした**金融機関**の最初のもののひとつだ。

**1492年**

↓

クリストファー・コロンブスが、アメリカ大陸へ到達する。ほどなくして金がヨーロッパに流れこみ、**貨幣の供給**が増加する。

**1630年ころ**

↓

トマス・マンが、国内の富を増加させる方法として海外への輸出を活用する、**重商主義**政策を推奨する。

---

# 古

代世界において文明が発展するにつれて、人びとに財とサービスを提供するシステムも発展していった。こうした初期の経済システムは、当然のことながら、交換可能なさまざまな財を産出する多様な交易や商売として出現した。人びとは、まずは物々交換として、のちには貴重な金属で造られた貨幣を介して、交換をおこなった。やがて交易は、生活の中枢を占めるものとなっていった。財の売買という仕事は、そのシステムがどのように機能しているのかの分析が試みられるようになるはるか以前から、数世紀にもわたっていとなまれてきた。

古代ギリシアの哲学者たちは、のちに一括して「経済学」として知られることになる主題にかんして文章を書きのこした最初の人びとでもあった。プラトンは、『国家』のなかで、理想国家の政治的・社会的しくみを描きだしたが、それによれば理想国家は、共有財の産出をおこなう専門的な生産者を内包することで、経済的に機能するとされる。だが、プラトンの弟子であったアリストテレスは、市場で交換されうるものとしての私有財産という概念を擁護した。この二つの立場は、こんにちまで継続されている見解となっている。

プラトンもアリストテレスも、哲学者であったので、経済学を道徳哲学にかかわることがらとみなしていた。だから、経済システムがどう機能するかを分析することよりも、それがどう機能すべきかの観念を提出した。この種のアプローチが「規範的」と呼ばれるものだが、それは、このアプローチが主観的にして事態が「どうあるべきか」を考察するものだからだ。

経済学への規範的なアプローチは、キリスト教の時代にまで持ちこされた。その代表格である中世の哲学者トマス・アクィナス（23頁）は、私有財産と市場における交易の倫理を定義しようと試みた。アクィナスは、価格の道徳性を考察して、商人が暴利を生みだすことのない「公正な」価格の重要性を擁護する議論を展開した。

古代の人びとは、労働が主として奴隷によっておこなわれる社会に生きており、中世のヨーロッパは封建体制下にあった。小作農は、労働ないし兵役と引きかえに各地方の君主によって保護されていた。だから、これらの哲学者たちの道徳的な議論は、どちらかといえば講壇的なものだった。

## 都市国家の興隆

重大な変化が生じたのは、ヨーロッパで都市国家が発展し、国際交易によって富をもつようになった15世紀のことであった。成功をおさめた新しい商人階層が、経済活動における重要な立役者と

# さあ、交易をはじめよう

オランダのチューリップ市場で**投機による****バブル**がはじけて、数千人にのぼる出資者が破産を余儀なくされた。

ウィリアム・ペティが、『貨幣小論』のなかで、どのようにすれば**経済現象が計測可能となる**かを示す。

グレゴリー・キングが、17世紀のイギリスにおける貿易取引の**統計的概略**を計算する。

フランソワ・ケネーとそのあとを継いだ重農主義者たちが、**土地と農業**こそが経済的繁栄の唯一の源泉であると論じる。

↑ **1637年** ↑ **1682年** ↑ **1697年** ↑ **1756年**

↓ **1668年** ↓ **1689年** ↓ **1752年** ↓ **1758年**

ジョサイア・チャイルドが、**自由貿易**のありようを描きだして、輸出と同じく輸入の同等の増加を促す。

ジョン・ロックが、**富の源泉**は貿易ではなく、**労働**だと主張する。

デイヴィド・ヒュームが、公共財の費用は**政府がまかなうべき**だと主張する。

フランソワ・ケネーが、「**マクロ経済学**」すなわち経済全体の機能についての最初の分析である『経済表』を公刊する。

---

なって、従来の封建的な地主にとって代わった。彼らは、自身の交易と発見の旅とに資金を融通してくれた銀行の統治者たちと手を携えて働いた。

新たな交易国家が小規模な封建的経済にとって代わり、経済的思考は国同士での財と富の交換をどのように統制するのがベストなのかを中心的に考えるようになった。そのころの主流であったアプローチは、重商主義として知られているが、貿易差額、つまりある国が輸入に費やす費用と輸出から得る金額との差異に着目した。外国に財を売るのがよいこととみなされるのは、それがお金を国内にもたらす行為だからであり、財を輸入するのがダメージをもたらす行為とみなされるのは、それによってお金が流出してしまうからだ。貿易による赤字の発生を防ぎ、海外との競争において国内の生産者を保護するために、重商主義者は輸入品に関税をかけることを推奨した。

貿易は、増大するにつれて、個々の商人やその支援者たちの手に負える範囲を超えていった。ときに政府の後押しによって、さまざまな組合や会社が設立され、広範囲におよぶ貿易の過程の監視がおこなわれた。こうして誕生した企業はその後「株式資本」へと分かれはじめ、多くの出資者から資金を融資されることもあった。株を売ることへの関心は、17世紀後半に急速に高まり、その結果多くの株式会社が誕生し、株の売買のなされる場としての株式取引所がつくられるようになった。

## 新たな科学

貿易の急速な増大によって、経済活動のしくみへの関心もあらためて高まり、その結果として経済学という学問が誕生することになる。合理的であることをなによりも重んじる、啓蒙の世紀に当たる18世紀の初頭に姿をあらわした経済学は、「政治経済学」へ向けて科学的なアプローチを採用した。経済学者たちが試みたのは、経済活動にふくまれうる道徳的な意味をただ考察することではなく、それよりも経済活動を測定し、そのシステムの働きを記述することであった。

フランスでは重農主義者として知られることになる一群の思想家たちが、経済をめぐる貨幣の流れを分析して、実質的に最初のマクロ経済学（全体的な経済）モデルをつくりだした。彼らが経済の中核にすえたのは、交易や財政ではなく農業であった。これと並行して、イギリスの政治哲学者たちは、交易を重視する重商主義的な考えから、生産者と消費者、そして財の価値と有用性に力点を置く立場へと態度を転じていった。ここにいたってようやく、経済学の近代的な研究のためのフレームワークが姿をあらわしはじめた。■

# 財産は私有であるべきだ
## 財産権

## その経済学的背景

**焦点**
社会と経済

**鍵となる思想家**
アリストテレス
（紀元前384～前322年）

**前史**
**紀元前423～前347年** プラトンが、『国家』のなかで、統治者は共有財のために財産を一括して保持すべきだと主張した。

**後史**
**1～250年** 古代ローマ法では、人間が事物にたいしてもつ権利と力の全体が所有権［dominium］と呼ばれた。
**1265～74年** トマス・アクィナスが、財産をもつのはよいことだが、私有財産は公共財ほどの重要性はもたないと主張した。
**1689年** ジョン・ロックが、自分の労働によって生みだされたものは権利上からして当人のものだと述べる。
**1848年** カール・マルクスが、『共産党宣言』を執筆して、私有財産の全面的撤廃を唱えた。

私たちは所有権と私有財産については、幼少期に玩具を取りあっていたころから学んでいる。この概念はしばしば自明視されているが、その考えかたにかんして絶対にこうだと言えることは、じつはなにひとつない。私有財産は資本主義にとって根本的なものだ。カール・マルクス（105頁）は、資本主義で生みだされる富は、たいていは私的に所有され利益のために交換される「膨大な量の商品」を社会にもたらすと述べた。仕事も私的に所有され、自由市場で利益を出すべくやりくりされる。私有財産という観念がなければ、個人的な利益がもたらされるいかなる可能性も生じないし、市場に参入するなんの理由も見あたらない。じっさい、そのばあいには市場自体が存在しない。

### 所有のタイプ

「財産」には、材料品から（特許や著作物といった）知的財産まで、広範囲にわたる事物がふくまれる。それは、たとえば人間を消費財あつかいする奴隷制といった、自由市場経済学者でさえ擁護しきれないような領域にまでおよんだ。

歴史的には、物的財産は三つの異なった方法で組織化されてきた。第一は、相互の信頼と習慣を土台として、あらゆるものが共有で維持され、だれによっても望むときに使われうるというケースだ。これは部族経済に該当し、いまでもたとえばアマゾン川のワオラニ族の人びとのあいだに見られる。第二は、財産が集団で維持され用いられるというケースだ。これは、共産主義システムの中核をなす。第三は、財産が私有されるケースで、そこでは各人は自分の選択に応じてそれを好きなように用いる。これが資本主義の核心にある考えかただ。

現代の経済学者は、実用的な根拠にもとづいて私有財産を擁護する傾向にある。彼らに言わせるなら、なんらかの資源の分割なくしては、市場は機能しえない。初期の思想家は、私有財産の倫理的側面にいっそうの関心を寄せた。ギリシアの哲学者アリストテレスは、「財産は私

**私有財産を保護すること**は、資本主義諸国ではとりわけ重要だ。ポーランドのワルシャワにあるこの邸宅は、これまで建てられたなかでもっとも安全な家屋だ。なにしろ、ボタンひとつでスチールのキューブに変形するのだ。

**参照** 市場と道徳性→22〜23頁 ■ 公共財とサービスの供給→46〜47頁 ■ マルクス主義経済学→100〜105頁 ■ 経済学の定義→171頁

## さあ、交易をはじめよう

### 私有とはどういうことか

近代のどんな社会においても、街路や公園のように、集団的財産として共有されるものもあれば、車のように、私有財産となるものもある。財産権ないし法的所有権は、もっぱら所有者だけに特定の資源を付与するものだが、いつもそうなるわけでもない。たとえば、歴史保護地区にある家屋の所有者には、その建物を解体したり超高層ビルや工場に建てかえる、さらには現在ある建物の利用法を変える程度のことさえ許されないだろう。

世界中のあらゆる国の政府は、経済基盤上の根拠から国家の保全にかかわる問題まで理由はさまざまあるにしても、そうせざるをえないと思われるばあいには、所有権を凌駕する権利を保持している。強固な資本主義国家であるアメリカにおいてさえ、政府は財産の所有者にその権利を放棄させる権限をもつ。だが、憲法修正第14条は、そのばあい所有者は市場価格によって損失を補われねばならないと述べることで、そうしたショックを和らげている。

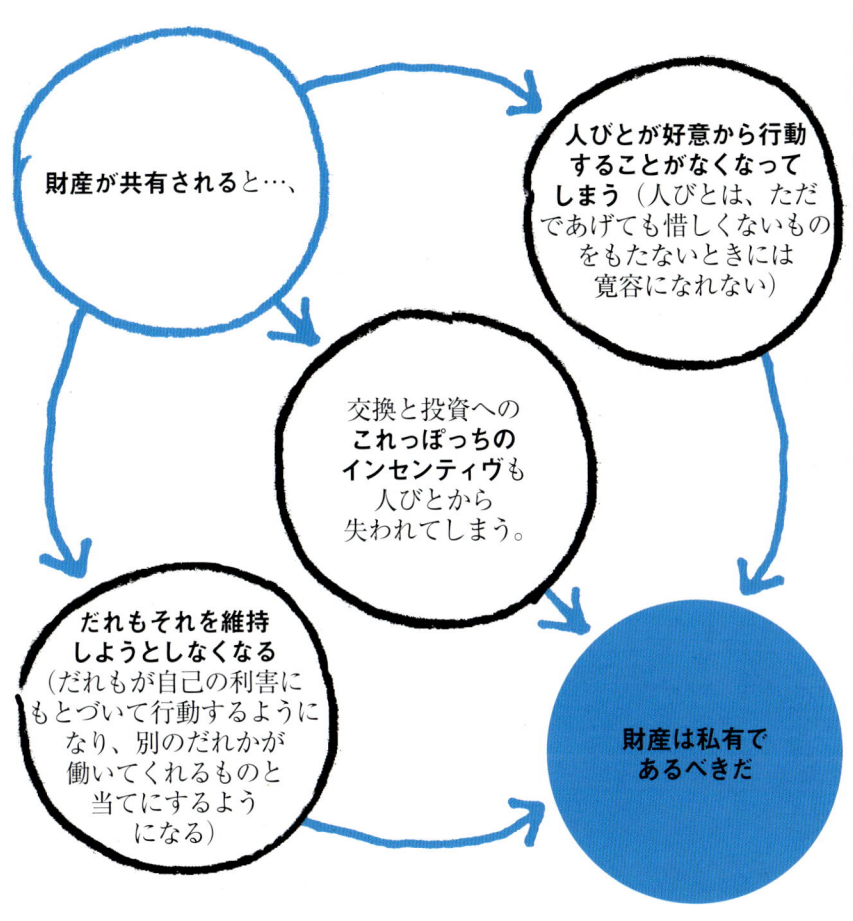

有であるべきだ」と主張した。その指摘によるなら、財産が共有されると、それを維持し活用する責任を負う者がいなくなってしまう。のみならず、ただであげてもよいものをもっているばあいにしか、人びとは寛容ではありえなくなる。

### 所有権

17世紀になると、ヨーロッパ中の土地と住まいが実質的にいずれかの君主の所有物となった。だが、イギリスの哲学者ジョン・ロック（1632〜1704年）は、神は私たちが自身の身体を所有することを許されたわけだから、私たちにはみずから造りだしたものを所有する権利もあると主張して、個人の権利を擁護した。のちになってドイツの哲学者イマヌエル・カント（1724〜1804年）は、私有財産は自己の正当な表現だと主張した。

だが、もうひとりのドイツの哲学者は、のちに私有財産という概念を根本から否定する。そのカール・マルクスは、私有財産という概念は資本主義者がプロレタリアートの労働から搾取し、プロレタリアートを隷従状態にとどめ、排除するための装置にほかならないという点を強調した。じっさいプロレタリアートは、あらゆる富と権力をコントロールできるエリート集団からは締めだされたままだ。■

財産は私有であるのが望ましい。だが、その使用は共有であるべきだ。為政者の特別な仕事は、人民のうちにこうした慈善的傾向を生みだすことだ
**アリストテレス**

# 公正価格とはなにか
## 市場と道徳性

### その経済学的背景

**焦点**
社会と経済

**鍵となる思想家**
トマス・アクィナス（1225～74年）

**前史**
紀元前350年ころ　アリストテレスが、『政治学』で、あらゆる財は、その価値にかんしては「欲求」のみによって量られねばならないと主張する。
529～534年　ローマ帝国が、公正価格以下の「大損」で売らされないように土地所有者を保護した。

**後史**
1544年　スペインの経済学者ルイス・サラビア・デ・ラ・カイェが、価格は質と量による「共通評価」で設定されるべきだと主張した。
1890年　アルフレッド・マーシャルが、価格は需要と供給によって自動的に決まると主張する。
1920年　ルートヴィヒ・フォン・ミーゼスによれば、社会主義がうまく機能しえないのは、なにが欲求かを見いだすには、価格を用いる以外の方法はないからだ。

旅行先で高値のアイスクリームを買うばあいを思いかえすまでもなく、売り手にふっかけられるとか「ぼられる」のがどんなことかは、だれでも知っている。だが、広く行きわたっている経済理論によるなら、そうしたことはなんら「ぼったくり」ではない。ものの値段とは、端的に言って市場価格にほかならない。それは、人びとが支払う気になる価格だ。市場経済学者にとっては、価格にたいする道徳的次元など存在しない。価格とはたんに需要と供給の自動的な函数にほかならない。高値をつけているように見える商人は、その価格を極限にまで押しあげているだけだ。もしだれもが支払う気にならないところまで価格が釣りあがれば、人びとは購買を控える。その結果、商人はいやでも値を

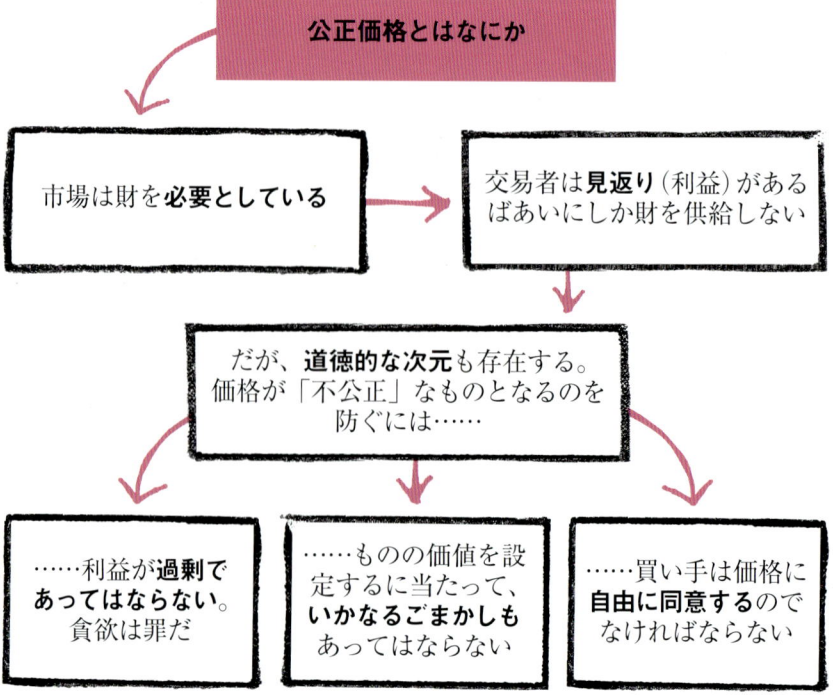

**参照** 財産権→20～21頁 ■ 自由市場経済学→54～61頁 ■ 需要と供給→108～113頁 ■ 経済学と伝統→166～167頁

# さあ、交易をはじめよう

**中世の共同体**は、商人が要求する価格に高い関心を寄せていた。1321年に、ロンドンのウィリアム・ル・ポールは、目方の足りないパンを売ったかどで罰せられ、市中を引きずりまわされた。

下げざるをえなくなる。市場経済学者は、市場価格こそがものの値段を決定する唯一の要因だと考える。内在的価値をもつものなど、なにひとつとして存在しない。お金でさえもその例外ではない。

## 自由に承認される価格

ものの値段は市場価格によって決定されるべきだという考えは、シチリア王国出身の哲学者トマス・アクィナスがその『神学大全』——市場を論じた最初の研究の一冊——で表明した見解とは、きわだった対比をなしているように見える。修道僧であったアクィナスにとって価格とは、その根本からして道徳的な論点だ。アクィナスは、貪欲を大罪とみなすが、利益を得られなければ商人は交易する気すら失ってしまい、その結果、共同体が必要とする財自体が失われてしまうということをも同時に認識していた。

そこからアクィナスは、商人は適切な利益をふくむ「公正価格」を請求すべきであって、罪でしかない過剰な利益を求めてはならないと結論する。この公正価格とは、誠実な情報が与えられているば

あいに買い手が自由に支払うことに同意する値段だ。売り手には、安価なスパイスを積んだ船がまもなく入港するかもしれないといった、このさき価格を下げるほうに作用するかもしれない事実まで買い手に教える義務はない。

価格と道徳性という論点は、こんにちでもなお切実な問題だ。なにしろ、経済学者たちも一般の人びとも、銀行員のボーナスや最低賃金の「公正価格」をめぐって議論沸騰しているのが現状だ。市場への介入を拒絶する自由市場経済学者と、厳格に経済的な理由からか道徳的な理由からかはともかくとして、政府の介入を推奨する経済学者とは、価格設定に制約を設けることの是非についていまなお議論をつづけている。■

**だれも、ものをその価値以上の値段で他人に売ってはならない**
**トマス・アクィナス**

## トマス・アクィナス

聖トマス・アクィナスは、中世で最大の学者のひとりだ。1225年に、シチリア王国のアクィノで貴族の家庭に生まれ、5歳から教育を受けだした。

17歳のときに、世俗の富と縁を切って、貧しいドミニコ会の修道士の仲間にくわわる決意をする。家族はこれにたいへんショックを受けて、ドミニコ会へ向かう途中のトマス・アクィナスをいわば誘拐同然で連れだし、2年間監禁状態に置いた。それでも、トマスの決意が揺らぐことはなく、最後には家族も根負けして、トマスをパリへ送りだした。

パリで、トマスは修道僧アルベルトゥス・マグヌス（1206～80年）の指導を受け、そののちフランスとイタリアで学びかつ教え、1272年にイタリアのナポリに神学大学を創設する。多くの哲学上の著作を残したが、それらは現代世界へつうじる道が整えられるうえで計りしれない影響を与えた。

### 主著

1256～59年『定期討論集・真理について』
1261～63年『対異教大全』
1265～74年『神学大全』

# 貨幣があれば、物々交換する必要はない
## 貨幣の機能

### その経済学的背景

**焦点**
銀行業と金融

**鍵となる出来事**
フビライ・ハンが、13世紀をつうじてモンゴル帝国内で均一貨幣を採用する。

**前史**
**紀元前3000年** メソポタミアで、シケルが貨幣の単位として用いられる。一定の重さの大麦の束が金ないし銀の一定の価値と同等視された。
**紀元前700年** 知られるかぎりで最古の硬貨が、エーゲ海のギリシア諸島でつくられる。

**後史**
**13世紀** マルコ・ポーロが、約束手形を中国からヨーロッパへもたらし、それがイタリアの銀行家たちによって用いられるようになる。
**1696年** スコットランド銀行が、最初に紙幣を発行する業務をおこなった。
**1971年** アメリカのニクソン大統領が、USドルの金への交換を停止する。

世界の少なからぬ地域で、キャッシュレス社会化が進行している。そこでは財は、クレジットカードや電子取引、携帯電話回路で支払われる。だが、現金が使われなくなりつつあるからといって、貨幣が使われていないということではない。依然として貨幣は、私たちのあらゆる取引の要だ。

貨幣の攪乱機能はよく知られている。それは、しみったれから犯罪や戦争にいたるまであらゆるものをけしかける。貨幣は、宗教儀式では貢物（崇拝のしるし）として、また装飾品として用いられた。「ブラッド・マネー」とは、殺人の報酬となるお金のことだし、花嫁は「ブライド・マネー〔花婿から花嫁の家族に払われるお金〕」で買われ、自身の夫を富ませるために持参金をつけて引きわたされたりする。貨幣は、個人や家族、国家に地位と権力をもたらす。

### 物々交換の経済

貨幣がなければ、物々交換しかない。恩返しをするとき、私たちはささやかながら物々交換をしている。たとえば、数時間子守りを頼む代わりに、隣家のドアの修理を買ってでるといったぐあいだ。だが、こうした個人レベルでの交換がもっと広範な規模でおこなわれるさまをイメージするのは難しい。1個のパンが必要なときに、自分の新品の車1台を交換に出さねばならないとしたらどうだろうか。物々交換は双方の欲求の二重の合致のうえになりたつ。つまり、私の欲しいものをたまたま相手がもっているというだけでなく、私も相手の欲しているものをもっていなければならない。

貨幣がこうした問題を一挙に解決する。あなたが交換したいものをもつ相手を探す必要はない。自分の欲しいものにお金を払えばよい。そうすれば売り手はその金で、別のだれかから自分の欲しいものを

インドのアッサム州の**ティワ部族の人びと**は、古くから部族間の調和と同胞愛を維持するためのフェスティヴァルであるヨンビール・メラの期間には、財を物々交換している。

**参照** 金融業→26〜29頁 ■ 貨幣数量説→30〜33頁 ■ 価値のパラドックス→63頁

買う。貨幣は譲渡可能で猶予可能だ。売り手にはそれを手元にとどめておくのも、しかるべきときに使うのも自由だ。貨幣によって可能となる交換の柔軟性がなければ、高度に複雑な文明は誕生しなかっただろうとは多くの論者が認めている。貨幣はものの価値を決定するうえで基準の役割も果たす。もしあらゆる財が貨幣に換算しうる価値をもてば、あらゆるコストをまえもって知り、比較できるようになる。

## 貨幣のさまざまな種類

貨幣には、商品貨幣と不換貨幣がある。商品貨幣とは、そのものに固有の値打ちとそれにともなう内在的な価値とをもつ貨幣だ。たとえば、通貨として用いられる金貨がそれだ。不換貨幣は、最初10世紀の中国で用いられ、政府によって定められた以外の価値をもたない交換用の貨幣であった。紙のお札がそれに当たる。

もともとは多くの紙幣が、貯蔵されている金と引換えで「支払う約束」を果たすものであった。理論上は、米国連邦準備制度理事会によって発行されたドルは、その金としての価値に応じて交換されうるものであった。1971年以降、ドルはもはや金と交換できなくなり、財務省の金の量とはかかわりなく、そっくりアメリカ財務省の意向に委ねられている。こうした不換貨幣は、自国の経済の安定性への国民の信頼にもとづくが、その安定性は恒常的ではない。■

## さあ、交易をはじめよう 25

### 貝殻交換

貝殻玉は、北アメリカの東部森林地帯の部族で大事にされている、白い貝と黒い貝を紐にとおして数珠状にしたものだ。15世紀にヨーロッパから開拓移民がくるまでは、貝殻玉は主に儀礼目的で用いられていた。ときに貝殻玉は、同意のしるしとして、または貢物の代価として支払われた。その価値は、それをつくるのに、また儀礼でそれらを繋ぎあわせるのに要される、途方もない技能にもとづいていた。

ヨーロッパの人間がくると、彼らの持ちこんだ道具によって貝殻玉の製造技術は飛躍的に進歩し、オランダ人の植民地開拓者は人手を集めて玉を大量生産した。じきに彼らは、交易や原住民からの買いものに貝殻玉を用いだした。もともと原住民は、硬貨にはなんの関心もなかったが、貝殻玉には価値を認めた。貝殻玉はほどなく公認の交換レートに裏打ちされた通貨となった。ニューヨークでは、8枚の白貝殻玉もしくは4枚の黒貝殻玉が、1スタイバー（当時用いられていたオランダの硬貨）と等価であった。貝殻玉の使用とその価値は、1670年代以降減少した。

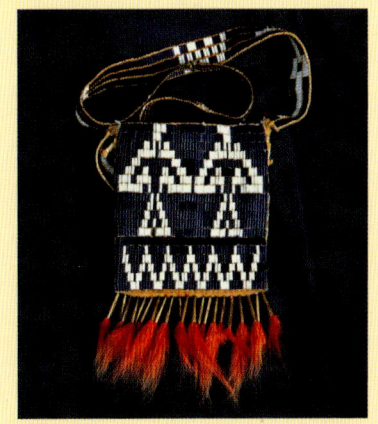

**このショーニー族の肩掛けカバン**には貝殻玉の装飾が施してあるが、これはもともとは北米のいくつかの部族のあいだで貨幣代わりに発達したものだ。

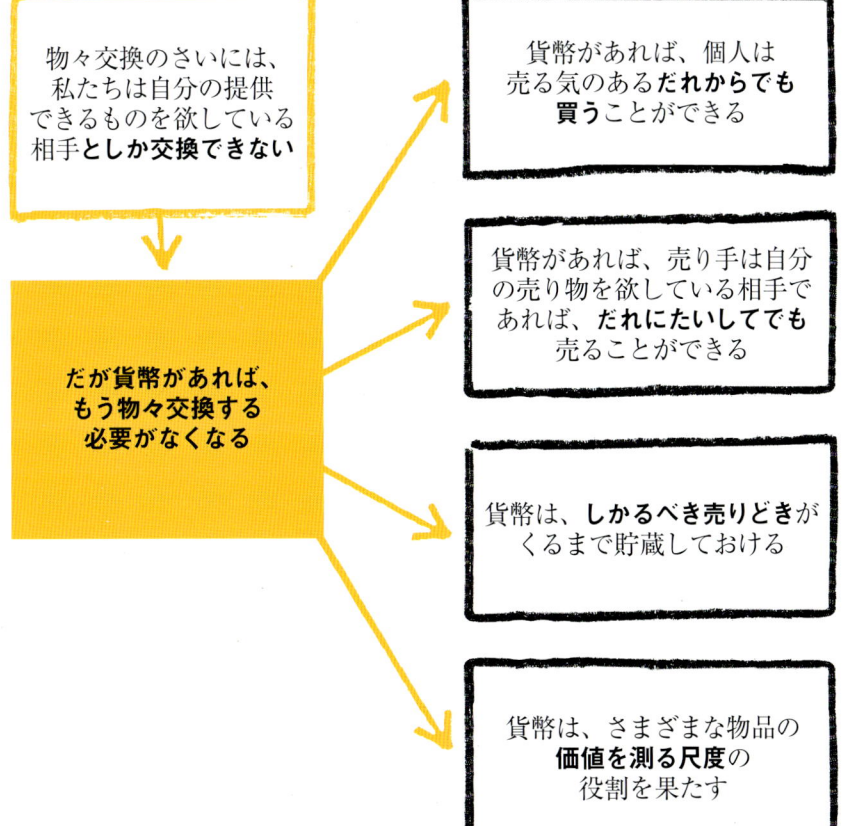

# お金にお金を生ませよう
## 金融業

### その経済学的背景

**焦点**
銀行業と金融

**鍵となる思想家**
**メディチ家**（1397～1494年）

**前史**
**3世紀** スコラ哲学者たちが貪欲を戒めた。

**後史**
**1873年** イギリスのジャーナリスト、ウォルター・バジョットが、イギリスの銀行は金融システム上の「最終手段の貸し手」としてふるまうべきだと主張する。
**1930年** 銀行業務の規則の国際的ルールを牽引する目的で、国際決済銀行（BIS）が、スイスのバーゼルに創設される。
**1992年** アメリカの経済学者、ハイマン・ミンスキーが、『金融不安定性仮説』を公刊する。この著作は、2007～08年にかけて生じた金融危機の説明として有効だ。

貸し借りの歴史は長い。その開始が5000年以上まえにさかのぼることを示す証拠が、文明の黎明期にあったメソポタミア（こんにちのイラク）にある。だが、現代的な銀行業務のシステムの出現は、14世紀の北イタリアを俟たねばならなかった。

「銀行［バンク］」ということばの由来は、イタリア語で「ベンチ」を意味する単語だ。そこに銀行家たちが席を占めて、業務を開始した。14世紀のイタリア半島は都市国家の集まりで、ローマ教皇の影響力と歳入から恩恵を得ていた。好都合なことには、この半島は、アジアおよびアフリカと、勃興しつつあったヨーロッパ諸国との交易に好都合な場所にあった。富の蓄積はとりわけヴェニスとフィレンツェ

参照　公開会社→38頁　■　金融工学→262～265頁　■　市場の不確実性→274～275頁　■　金融危機→296～301頁　■　銀行取付→316～321頁

で進行した。ヴェニスの後ろ盾は海軍力だ。ヴェニスでは、資金を融資し航海の安全を保証するさまざまな制度が創設された。フィレンツェは製造業と北ヨーロッパとの交易に力を注ぎ、その地方の商人と資本家は大挙してメディチ銀行を訪れた。

フィレンツェには、メディチ家以外にもペルッツィ家やバルディ家といった銀行業をいとなむ一族や、個人資産を担保にお金を貸す質屋をはじめとして、外国の貨幣をあつかい、預金を受けつけ、それを地場産業に貸す地方銀行にいたるまで、さまざまな資本家がすでに存在していた。だが、1397年にジョヴァンニ・ディ・ビッチ・デ・メディチが創設した銀行は、それらとは異なっていた。

メディチ銀行は、綿のような生活必需品の交易に長期で融資した。それは既存の銀行とつぎの三点で異なる。第一に、その規模がどんどん膨らんだ点だ。絶頂期にあたる創設者の息子コジマの時代には、その支店はロンドン、ブルージュ、ジェノヴァをふくむ11都市にわたった。第二に、そのネットワークには中心がなかった。各支店は、従業員ではなく、利益をともにする地方の若い共同経営者の手に任された。フィレンツェのメディチ家は、年長の共同経営者として、ネットワークを監視し、利益の大半を懐にいれ、銀行の健全さをあかすシンボルである、メディチ家の商標を保持していた。第三に、個々の支店は富裕な貯蓄家から多くの預金を獲得して貸付金を増やした。これによって、ささやかな量の資本から、大きく銀行の利益を増やすことが可能となった。

## 銀行業務の経済学

メディチ家のサクセス・ストーリーを生んだこれらの要素は、こんにちの銀行業務にかかわりの深い三つの経済学的観念に対応している。第一は、規模の経済だ。一個人には、法的なローン契約をひとつ作成するだけでも大変だが、銀行であれば1契約あたりはわずかなコストで、1000もの契約を作成できる。お金を使うこと（現金投資）は、規模の経済の観点にはうってつけだ。第二は、「リスクの分散」だ。メディチ家は、貸付先を地理上で拡大してゆくことで、貸付に失敗するリスクを低減した。のみならず、若い共同経営者たちは利益と同等の損失をも分かちもたされたので、失敗しないよう貸し付ける必要があった——じっさい、彼らはメディチ家のリスクをある程度引きうけた。第三は、「アセット・トランスフォーメーション（資産変換）」だ。商人が望むのは、たいていは稼ぎを預金するかお金を借りるかだ。ある商人が自分の金を安全に保管できて、望むときにすぐに引

14世紀後半の**商人銀行家**は、主に預金と貸付の管理をおこなったが、外貨の両替と偽造硬貨および禁制の硬貨の流通の監視もおこなっていた。

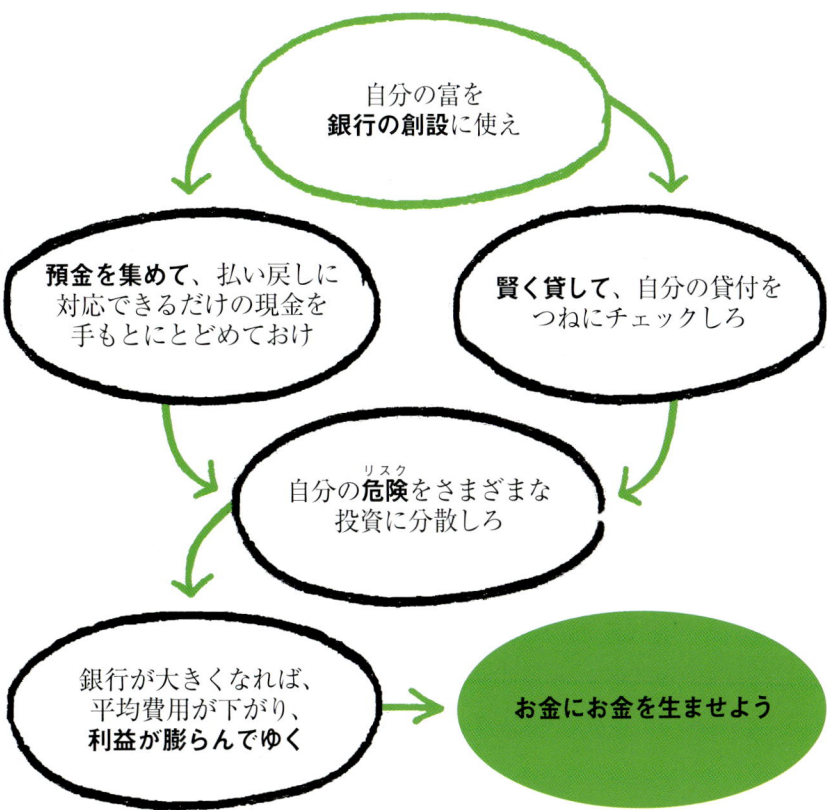

さあ、交易をはじめよう　27

きだせる場所を求め、別の商人はローンを求め——それは銀行にはリスキーだ——、そのうえお金をより長い期間とどめておきたいと望むばあいがある。このとき銀行は、「短期に借り、長期に貸す」という二つの要求のあいだに立たされる。これは、預金者と借り手、さらには銀行もふくめた万人にすら好都合だ。銀行は、消費者の預金を借入金（レバレッジ「てこ」）として、利潤を増やし、資本を投資したもともとの預金者により多くを返済する。

だが、この活動で銀行は打たれ弱くもなる——もし、大多数の預金者が預金を同時に引きあげること（『銀行の取付』）を求めたなら、銀行は対処できなくなろう。なにしろ銀行は、預金者の預金で長期的なローンを組むため、手持ちにはごくわずかな量の現金しかない。このリスクは、折りこみずみで、このシステムの利点はそれが貯蓄する者と借りる者とを有効に結びつける点にある。

14世紀のヨーロッパでは、長期的な交易への融資はハイリスクなビジネスであった。そこには、時間と距離が関与しており、そのため「為替の根本問題」と呼ばれるもの——すなわち、だれかが契約締結後に商品もしくはお金を持ちにげする危険——に悩まされてきた。この問題を解決すべく発展したのが、「為替手形」だ。これは一枚の紙だが、商品が到着したあかつきには、買い手が特定の貨幣でその商品の代価を支払うことを約束する証拠として機能する。商品の売り手には、手形をすぐに売って、お金を調達することも可能だ。イタリアの商人銀行（マーチャント・バンク）は、貨幣のための国際市場を創造して、この手形の処理に卓越した手腕を発揮した。

銀行は為替手形を購入することで、商品の買い手が完済しないかもという危険を背負うことになった。だから、銀行にとっては、だれがきちんと支払う傾向にあり、だれがそうでないかを知っておくことは死活問題だ。お金を貸す——じっさいには融資全般に当てはまることだが——ことには、特殊な熟達した知識が必要だ。なにしろ、情報の足りないばあい（「情報の非対称性」として知られる）には深刻な問題が生じる危険がある。もっとも返済する気のない借り手こそもっともローンを求める傾向にあり、ひとたびローンを受けとったなら、返さなくなる傾向が認められる。銀行のもっとも重要な機能は、どれだけ賢い貸しかたをするか、つまり借り手の動きをモニターして、「モラル・ハザード」——すなわち、人びとが返すのをやめようという誘惑に駆られて、ローンを返済しなくなること——を思いとどまらせられるかにかかっ

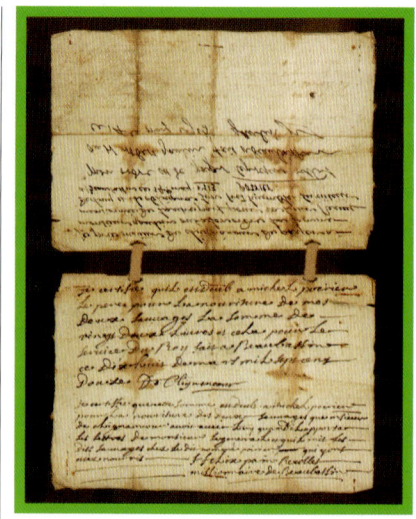

これは1713年に発行され**約束手形**だ。これがのちに普通の銀行小切手へと発展した。そこでは、どのタイプであれ、決められた日にしかるべき金を持参人に支払うことが約束されている。

ている。

## 立地クラスター

銀行はしばしば同じ場所に群れをなして、情報と技能とを最大化しようとする。大都市に金融地区が発展する理由は、ここから説明される。経済学者はこの現象を「ネットワーク外部性」と呼ぶ。これは、クラスター（建物などの群）が形成され

「サブプライム」の借り手（返済能力をもたない人びと）に**住宅ローンを提供したこと**が、住宅の大量な抵当流れと、2007〜08年の金融危機をもたらした。

### 21世紀の銀行危機

2007年に勃発したグローバルな金融危機のおかげで、私たちは銀行業の本性を再考しないわけにはゆかなくなった。この危機の核心は、梃入れないし借入金であった。1900年には、銀行の資産の約3分の1は、借入金でまかなわれていた。2007年には、その比率がときに95〜99パーセントにまでなった。市場の将来の動向へ向けて金融的賭けにでることへの銀行の熱狂——いわゆる金融派生商品——が、この梃入れとその結果生じた危機とを拡大した。意味深長なことには、危機は銀行の規制緩和につづいて生じた。さまざまな金融の技術革新は、興隆しつつある市場においては利益をもたらすと思われた。だがその結果は、アメリカの低所得層に住宅ローンを提供するグループと、信用格付機関のアドバイスに過剰に依存した証券投資家という二つのグループによる与信基準の劣化であった。これは、情報の乏しさ・金融インセンティヴ・リスクという、メディチ家以来あらゆる銀行が直面した問題であった。

## さあ、交易をはじめよう

銀行家は、陽の照っているときには傘を貸してくれる友だが、この友は雨が降りだすとたちどころに傘の返却を要求してくる

**マーク・トウェイン**
(1835〜1910年) アメリカの作家

はじめると、すべての銀行が技能と情報とを深めるネットワークから恩恵をこうむるという事実を示している。フィレンツェは、そうしたクラスターの代表都市であった。金細工職人と造船の専門家を擁していたロンドンも、そうしたクラスターのひとつとなった。1800年代初頭には、山西省の北部の辺鄙な内陸地帯が中国の主導的な金融の中心地だ。こんにちでは、インターネットによって、オンライン上でクラスターを形成するという新たな方法が実行されつつある。

専門化の便益には、貯蓄、抵当、自動車ローンなどがあり、だからこれほど多くの種類の銀行がある。ある銀行の採る形態に応じて、情報にまつわる諸問題が提起される。たとえば、現にその利用者たちから認められている相互的な社会や協同(コーポラティヴ)銀行がはじめて誕生したのは、19世紀のことであり、社会変革の時期にあって、銀行とその利用者との信頼を増大させる役割を果たした。こうした組織のメンバーは相互にチェックを欠かさず、経営者がその土地のしかるべき知識を

もったこともあって、利用者が必要としていた長期ローンに応じた。ドイツをはじめとするいくつかの国では、これらの組織はみごとな成功をおさめた。オランダの銀行ラボバンクは、小額のローンを大量にあつかうバングラデシュの「マイクロ・ファイナンス」グラミン銀行のように、そうしたコーポラティヴ(協同組合主義)・モデルの好例だ。

だが、クラスター形成は、競争と烏合(うごう)の衆的な行動に堕する危険にもつうじる。銀行にとってよい評判を得ることはことのほか重要だが、それは、銀行には資産変換——すなわち、預金をローンに変える——の役割があり、この貸出資産は、預金債務に比べていっそうの危険をともなう長期的なものでありながら、(「流動性」をより欠く)その現金化はいっそう困難だからだ。

悪い知らせから恐慌が惹(ひ)きおこされることもある。ある銀行のミスは、ほかの銀行のみならず、政府や社会にも深刻なドミノ効果をもたらす。具体例が、1931年に生じたオーストリアのクレディートアンシュタルト銀行の倒産だ。このできごとは、ドイツマルク、英ポンド、さらにはUSドルへと飛び火し、アメリカにおけるさらなる銀行取付の引き金となり、世界恐慌を惹きおこす事態を招いた。

この結果、銀行は規制される必要に直面し、ほとんどの国で銀行を設立する資格や公開されねばならない情報、そのビジネス活動の射程についての厳格な法が定められることとなった。

### 金融はもっと広い

銀行業はたしかに金融のもっとも大きい部分を占めるが、金融とはそもそももっている以上のお金を必要とする人びとと、必要とする以上のお金をもつ人びととをつなぎ、それを生産的に活用する仕事だ。株取引は、普通株(ある会社の所有権を分かちもつ株式)、債券(交換可能な貸付)、もしくはそのほかの手段で、これらの要求を直接つなぐ役割を果たす。

これらの交換は、ニューヨーク証券取引所のように物理的な場所でおこなわれるか、国際金融市場のように、交換が電話やコンピュータをつうじておこなわれる規制下の市場でおこなわれるかのいずれかだ。交換から生まれるクラスタリング(同じ要素の取りまとめ)は、こうした長期的な投資をいっそう流動的にする。その結果、これらの投資は売却することも金に換えることもいっそう容易になる。またその貯蓄は取引費用を押しさげ、危険を分散させる。投資信託や年金基金、それに保険会社は、どこもこうした役割を演じている。■

**ロンドンのシティ**は、中世の街路沿いに建設された、銀行の密集したクラスターの発祥地だ。こんにちでも、外国為替と国境を越えた銀行貸付をおこなう世界最大の中心地だ。

# お金がインフレを惹きおこす
## 貨幣数量説

### その経済学的背景

**焦点**
マクロ経済

**鍵となる思想家**
ジャン・ボダン（1530〜96年）

**前史**
**1492年** クリストファー・コロンブスが、アメリカ大陸に到達する。銀と金がスペインに流入した。

**後史**
**1752年** デイヴィド・ヒュームが、貨幣の供給量が価格に直接関係すると主張する。
**1911年** アーヴィング・フィッシャーが、貨幣数量説を説明するための数式を展開する。
**1936年** ジョン・メイナード・ケインズが、流通過程にあるお金の速度は一定しないと主張する。
**1956年** ミルトン・フリードマンが、経済における貨幣の量の変化は人びとの収入に予測可能な効果をもたらすことがあると論じる。

16世紀のヨーロッパでは、物価がなぜだかわからないほど高騰した。統治者が貨幣に含有される金ないし銀の量を減らしながら貨幣を鋳造して、「質を落とした」貨幣を相もかわらず使いつづけたからだと言うひともいる。たしかに、それはまちがいではない。だが、フランスの法律家ジャン・ボダンは、さらに重大なことがあったと主張した。

1568年、ボダンは『マレストロワ氏の逆説的意見に対する反答』を公刊した。フランスの経済学者ジャン・ド・マレストロワ（？〜1578年）は、インフレの理由をもっぱら貨幣の品質低下に求めたが、ボダンがあきらかにしたのは、物価は純銀ではかられるばあいでさえ、はっ

**参照** 貨幣の機能→24〜25頁 ■ ケインズ乗数→164〜165頁 ■ マネタリスト政策→196〜201頁 ■ インフレと失業→202〜203頁

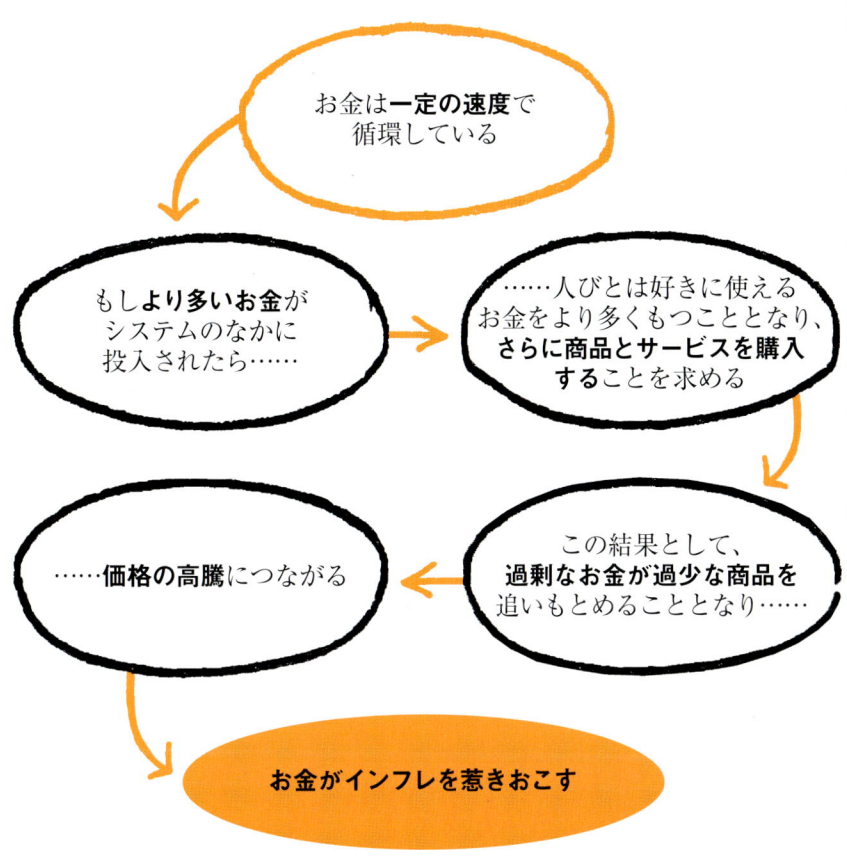

## さあ、交易をはじめよう

### ジャン・ボダン

ジャン・ボダンは1530年、フランスのアンジェーに仕立屋の息子として生まれる。パリで教育を受け、その後トゥールーズ大学でさらに学ぶ。1560年に、パリで国王の支持者となる。(法学、歴史から哲学、経済学さらには宗教にまでおよんだ) 学者としてのボダンの気質はとりわけ国王に好まれ、1571年から1584年にかけて、勢力を誇ったアランソン公爵の側近として仕えた。

1576年にフランソワーズ・トゥルイヤールと結婚し、義理の兄弟のあとを継いで、北フランスのランの王の代官となる。1589年に王アンリ三世が暗殺されたのを機に、宗教戦争が勃発した。ボダンは寛容に信頼を寄せたが、ランではカトリックの大義を宣言しないわけにはゆかなくなり、その状態はプロテスタントの王アンリ四世が勝利をおさめて街の支配権を奪取するまでつづいた。1596年に伝染病 (ペスト) により、66歳で亡くなった。

### 主著

- 1566年 『歴史を平易に知るための方法』
- 1568年 『マレストロワ氏の逆説的意見に対する反答』
- 1576年 『共和政体に関する六巻』

きりと上昇するということだ。ボダンによれば、非難されるべきは銀と金の余剰だ。これらの貴重な金属は、アメリカの新たな植民地からスペインに流入し、その後ヨーロッパ中に広まった。

貨幣鋳造の増加にかんするボダンの計算は、驚くほど正確であった。のちの経済学者は、物理的な銀と金の循環量が3倍になったのに対応して、ヨーロッパの物価は、16世紀で4倍に上昇したと結論している。ボダンは、高価な金属の増加を2倍半以上と見積もり、インフレの背後に潜む別の要因にも注目していた。すなわち、贅沢への要求だ。商品不足の原因は、輸出と浪費にある。欲深い商人は独占販売をして商品の供給を制限できた。そして、もちろん、統治者には硬貨の品質を下げる力があった。

### 貨幣の供給

アメリカからの財宝のもたらした新たな影響と、貨幣の過剰ないし欠乏が物価にもたらす効果を指摘したのは、ボダンがはじめてではない。1556年にはスペインの神学者マルティン・デ・アスピルクエタ (ナバロという名のほうがよく知られている) が同じ結論に行きついていた。だが、ボダンの試論には、貨幣の需要と供給という経済の二面のはたらきや、貨幣の供給の混乱がどのようにしてインフレを導くのかの議論もふくまれていた。ボダンの徹底的な研究は、貨幣数量説についての最初の重要なステートメントだ。この立場の背後にある推論は、ある面

では常識的だ。なぜ、町の富裕層のあいだでのコーヒーカップ1杯の値段は、貧困層におけるそれよりもはるかに高価なのか。それは、富裕層に属する消費者はより多くの自由に使えるお金を有しているからだ。一国全体の人口を考察の対象とし、人びとの自由になるお金を2倍にしたなら、人びとがその増大した消費力でより多くの商品とサービスを購入するようになるのは、当然のなりゆきだ。だが、商品とサービスの供給量にはつねに限界があるため、商品の数にたいしてお金の量が上回ることとなり、結果として価格が上昇する。

こうした一連の事態から、経済現象における貨幣の量と一般的な物価水準とのあいだには重要な関係があることがわかる。貨幣数量説によると、お金の供給量が2倍になれば取引（つまり収入あるいは支出）の価値も2倍になる。この理論をさらに推しすすめると、貨幣の倍増は物価の倍増をもたらすが、このばあいの物価はその商品の本当の価値に対応していない。貨幣は、それが商品やサービスのじっさいの相対価値──たとえば、何着のジャケットがコンピュータ1台分の値段で買えるかといった──に与える効果という点では中立的だ。

## 実質的な価値と名目的な価値

ボダンの考えは、以降の多くの経済学者によってさらに展開された。彼らが気づいたのは、経済活動の実質的な側面と、名目的な、つまり貨幣にかかわる側面とのあいだにははっきりした分離が認められるということだ。名目価格とは、たんに貨幣の価格のことで、これはインフレに応じて変動しうる。だからこそ、経済学者は実質価格──すなわち、その名目価格に関係なく、ある商品（ジャケット、コンピュータ、時間労働）が別の種類の商品と引き換えられうるようになるのに必要な量──に関心をふりむける。数量説を突きつめると、貨幣の供給における変化が物価に影響をもたらすばあいはあるが、それが生産高や失業といった本当の経済的変数に影響をもたらすことはないとされる。そればかりか、経済学者は貨幣それ自体がその購買力ゆえに人びとの所有したがる「財」であることにも気づいた。だが人びとの求める貨幣は、名目的な貨幣ではなく、あくまで「実質的な貨幣」、つまりそれでなにかを買える貨幣だ。

> 現在のわが国において、金と銀の余剰分は、過去の400年間に比べてはるかに大きくなっている
>
> ジャン・ボダン

## フィッシャーの交換方程式

貨幣数量説のもっとも完全な言明は、アメリカの経済学者アーヴィング・フィッシャー（1867〜1947年）によってなされた。フィッシャーは、$MV = PT$という数学の交換方程式を用いた。ここでPとは物価［prices］の一般的水準を意味し、Tはその一年の取引額［transactions］をあらわす。だからPT（物価×取引額）は、その一年の取引のトータルな価値に当たる。Mは貨幣［money］の供給量を意味する。だが、PTが商品のトータル

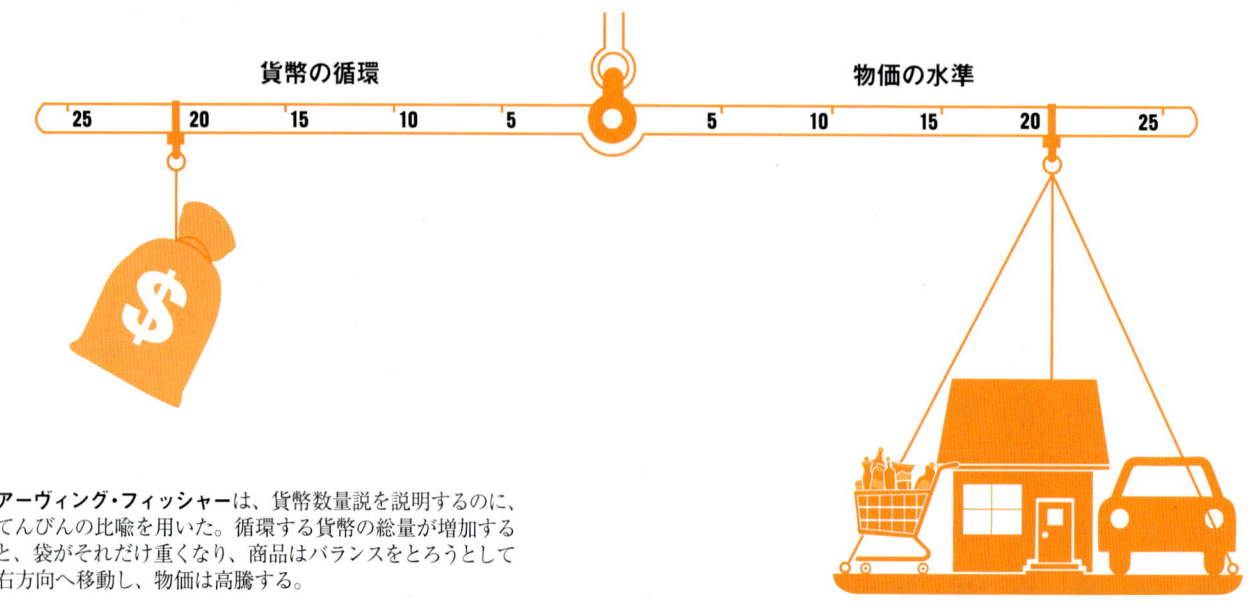

アーヴィング・フィッシャーは、貨幣数量説を説明するのに、てんびんの比喩を用いた。循環する貨幣の総量が増加すると、袋がそれだけ重くなり、商品はバランスをとろうとして右方向へ移動し、物価は高騰する。

オランダの画家ピーテル・ブリューゲルによる**この絵画**（1559年）は、四旬節の期間に金持の知遇をえる浮浪者を描いている。15世紀に生じた価格の急騰は、貧しい人びとのあいだにひどい困窮をもたらし、その結果浮浪者が急増し、小作農は叛乱を起こした。

な供給量を示すのにたいして、Ｍはなんども繰りかえし使える貨幣のストックを意味するわけだから、この交換方程式には貨幣の循環過程をあらわすものが必要となる。この流れが、ドラム式洗濯機の回転ドラムのように、経済活動をつうじて貨幣が循環する原因となるわけだが、それをあらわすのが貨幣の流通速度[velocity]を意味するＶだ。

この交換方程式は、経済学者がつぎの三つのやりかたでおこなうこれらの頭文字同士の関係について私たちが推定をおこなうさいの理論となる。第一に、私たちが貨幣を用いるやりかたは習慣や慣習の一部と化しており、年ごとにそれほど変わらない以上（ドラム式洗濯機のドラムが一定の速さで回るように）、貨幣の流通速度を意味するＶは、恒常的だと推定できる。これが、貨幣数量説の背後に控える中心的推定だ。第二に、経済活動における取引量をあらわすＴは、もっぱら消費者の要求と生産者の技術——この二つが価格を決定する——のみに駆動されると推定される。第三に、新世界の財宝がヨーロッパに流入したときを思いおこせば理解できるように、私たちは貨幣の供給量を意味するＭにたいしては、一度かぎりの変化の余地を認める。Ｖ（速度）とＴ（取引）が固定されているばあい、

当然の帰結ながら、貨幣の量が倍になれば、物価も倍に跳ねあがる。

名目的と実質的とのちがいに結びつけられることで、貨幣数量説は、経済活動におよぼす効果という点にかんして貨幣は中立的だという考えにゆきついた。

### 挑戦と再定式化

だが、貨幣は本当に中立的なのか。短期において、そのとおりだと考える者はまずいない。余分なお金があったばあいの当面の効果は、それが本当の商品やサービスのために使われるということだろう。ジョン・メイナード・ケインズ（161頁）によれば、長期的に見ると貨幣は中立的だが、短期的には生産高や失業といった現実の変数に影響をおよぼす。貨幣の流通速度（Ｖ）が一定ではないことを示す証拠もある。インフレが進んでいるときには物価は急騰し、インフレの進行していないときは景気も後退する。

ケインズには、貨幣数量説に対抗する別の考えがあった。それによると、貨幣はたんに交換のための媒体としてだけでなく、「価値の蓄え」としても用いられる。つまり貨幣は、商品を買ったり、将来への危惧にそなえた保険のためにも使えるが、将来の投資のためにも使えるのだ。

ケインズ派の経済学者は、こうした動機（モチベーション）は所得や取引額（さきの公式におけるＰＴ）以上に、利子率に影響されると論じた。利子率が高まれば、貨幣の流通速度自体も速まる。

1956年に、アメリカの経済学者ミルトン・フリードマン（199頁）は、貨幣数量説を擁護して、（貨幣でより多くが購入できるばあいの）現実の貨幣の残高への個人の需要は、富に左右されると主張した。フリードマンによれば、この需要を駆動する要因は人びとの所得だ。

こんにちでは、どこの中央銀行も機械的にお金を印刷し、量的緩和として知られる過程で政府の債務を買うためにそれを用いる。その目標は、つねに貨幣の供給への不安から生じる暴落を食いとめることだ。そのかぎりで、もっとも眼に見える効果は、国債の利子率を減じることだ。■

インフレはいつでもどこでも
貨幣的現象だ
ミルトン・フリードマン

# 外国の商品から
# わが国を守ろう
## 保護主義と貿易

### その経済学的背景
**焦点**
グローバル経済

**鍵となる思想家**
トマス・マン（1571〜1641年）

**前史**
1620年ころ　ジェラルド・ド・マリーンズが、イギリスは国内の金銀が外国に流出するのを防ぐために外国との交易を規制すべきだと主張する。

**後史**
1691年　イギリスの商人ダドリー・ノースが、国家の富が増えるうえでの主たる拍車は、消費活動にあると主張する。

1791年　アメリカの財務長官アレクサンダー・ハミルトンが、若い産業を保護する必要性を説く。

1817年　イギリスの経済学者デイヴィド・リカードが、外国との貿易はすべての国家に恩恵をもたらすると主張する。

1970年代　アメリカの経済学者ミルトン・フリードマンが、自由貿易は国家の発展にとって有益だという点を強調する。

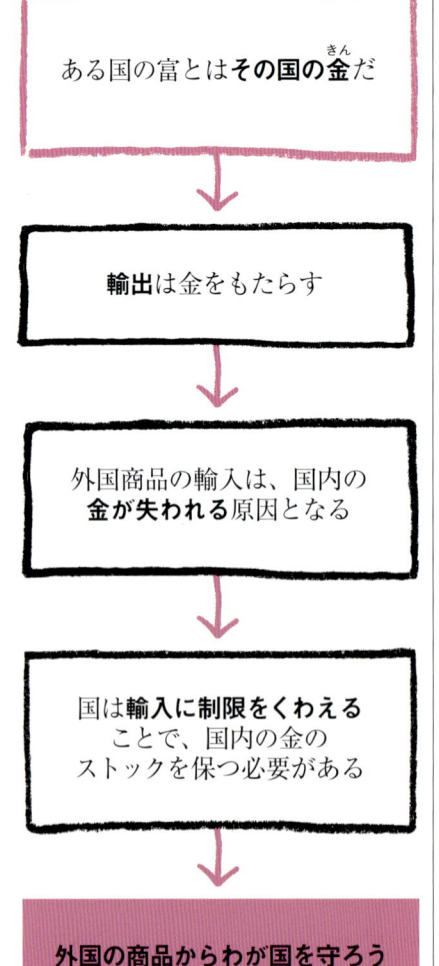

世紀の後半になると、多くの経済学者が自由貿易を擁護するようになった。彼らに言わせるなら、（関税に代表される）貿易にかんする制約を撤廃しさえすれば、商品とお金は自由に世界中を経めぐり、なんの制約も受けることなくグローバル市場が発展する。これに同意しない者もいた。彼らに言わせるなら、二国間の貿易量にとてつもない不均衡があるばあいは、その影響が雇用と富におよぶことがありうる。

### 重商主義の見解

自由貿易をめぐる議論のはじまりは、16世紀にヨーロッパでスタートし、18世紀後半までつづいた重商主義の時代にまでさかのぼる。海上貿易におけるオランダとイギリスの台頭とともに、富の主軸は南ヨーロッパから北ヨーロッパへと移動した。

この時期は、国民国家が出現しはじめた時代でもある。これを牽引したのは、国家の富はその国が所有する「財」（金と銀）の量によって計測されるという考えであった。重商主義者たちによるなら、世界全体の富が「一定の量」から引きだされるとしたら、おのおのの国の富は自国に有利な「貿易バランス」の追求に左右され、その結果出てゆくより多くの量のお金が国に流れこんでくる。もし余剰

**参照** 比較優位→80〜85頁 ■ 国際貿易とブレトン・ウッズ体制→186〜187頁 ■ 市場統合→226〜231頁 ■ 従属理論→242〜243頁 ■ グローバルな貯蓄の不均衡→322〜325頁

分の金が流出したなら、その国家の繁栄は下降し、賃金は下落し、雇用が失われる。イギリスは、外国の商品の消費を制限することを目的とした倹約令を課すことで金の流出を抑えようとした。たとえば、衣服に用いることのできる種類の織物を制限する法律や、外国産の上質なコットンとシルクを求める需要を削減させる法律が通過した。

## マリーンズとマン

イギリスの外国貿易の専門家であったジェラルド・ド・マリーンズ（1586〜1641年）は、金の流出は制限されねばならないと考えた。彼によれば、大量の金の流出は、イギリスの貨幣の価値を減じる結果をもたらす。

だが、この世紀のもっとも偉大な重商主義理論家であったイギリスのトマス・マンは、肝心なのは支払いが外国でおこなわれるという事実ではなく、貿易と支払いがどのようにして最終的に収支均衡（バランス）を保つかにあると主張した。マンが望んだのは、国内生産の消費をいっそう倹約して、輸出を増やし輸入をカットすることであった。だがマンは、海外で金を消費することにかんしては、それが当時大量に再輸出されていた商品の獲得のために用いられるかぎりでは、なにも問題がないと見ていた。それは最終的には、最初に使われたよりもはるかに多くのお金を国にバックする結果になるはずだからだ。これによって貿易は促進され、造船産業への仕事が増え、イギリスの富は増えると考えられた。

## 自由貿易協定

18世紀になると、アダム・スミス（61頁）がこの見解に反旗を翻すこととなる。スミスが『国富論』のなかで述べているところでは、肝心なのは個々の国の富ではなく、あらゆる国の富だ。量の固定など問題にもならない。それは年を重ねるにつれて増大することのあるものだ──ただし、それは国のあいだでの貿易がまったく制限されないかぎりでのことだ。スミスに言わせるなら、市場はなんの制約も受けなければ、つねに成長して最終的にはあらゆる国を豊かにするだろう。

その世紀の後半には、西洋のほとんどの経済学者が国家間の貿易にたいする制限は各国の経済活動の妨げになると主張するようになり、スミスの見解が主流となった。こんにちでは、EU（ヨーロッパ連合）、ASEAN（東南アジア諸国連合）、NAFTA（北米自由貿易協定）といった自由貿易の認められている地域が標準となっており、世界貿易機関（WTO）や国際通貨基金（IMF）といったグローバルな組織は各国にたいして関税やそのほかの外国貿易の障害となる要因をとりはらって、海外資本が国内市場にはいるのを妨げないようにすることを迫っている。こんにち、海外貿易に制限を設けることは、保護主義として批判されている。

だが、経済学者のなかには強力なグローバル・ビジネスに直面させられると、保護政策の背後で未熟な産業を育成する能力を欠いている発展途上国に、ダメージがもたらされる可能性があると考える

2010年、パリで**フランスの農民**がトラクターでデモ行進をし、輸入割当が自由化されたために穀物の価格が暴落したことを非難した。

者もいる。じっさい、経済的に強力になる以前のイギリスもアメリカも、日本も韓国もそうであった。一方で中国は、多くの点でマンの思考を反映した貿易政策を推しすすめて多額の貿易黒字を生みだし、膨大な額の外貨準備を積みたてている。■

---

### トマス・マン

1571年に生まれたトマス・マンは、ロンドンの富裕な商人の一家で成長した。父はマンが3歳のときに亡くなり、母はのちにイギリス最大の貿易会社東インド会社の重役となるトマス・コードウェルと再婚する。最初マンは、地中海商人として貿易業を開始する。1615年に、東インド会社の重役となる。マンの考えでは、会社であつかわれる大量の銀の輸出が擁護されるべきなのは、これによって再輸出による交易が促進されるからだ。1628年に会社は、イギリス政府にオランダとの競争から自社の交易を保護するよう請願した。マンは代表として自分たちの事情を国会で述べた。1641年に亡くなったときには、莫大な財産を築いていた。

**主著**

1621年『貿易論』
1630年ころ『外国貿易によるイングランドの財宝』

# 経済活動は測定可能だ
## 富の測定

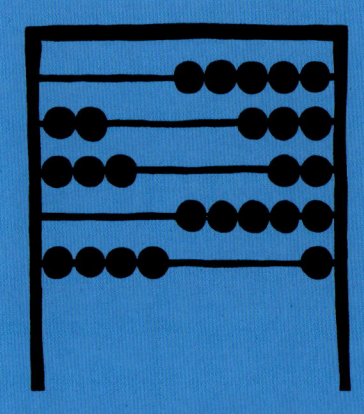

### その経済学的背景

**焦点**
経済手法

**鍵となる思想家**
ウィリアム・ペティ
（1623〜1687年）

**前史**
**1620年** イギリスの科学者フランシス・ベーコンが、事実の収集を土台とする、科学にたいする新しいアプローチを擁護する。

**後史**
**1696年** イギリスの統計学者グレゴリー・キングが、イギリスの人口にかんする優れた統計学的調査を刊行する。
**1930年代** オーストラリアの経済学者コリン・クラークが、国民総生産（GNP）のアイディアを考えだす。
**1932年** ロシアからアメリカに移住した経済学者サイモン・クズネッツが、現代的な国民所得会計の方法を発展させる。
**1950年代** イギリスの経済学者リチャード・ストーンが、均衡複式国民経済計算を導入する。

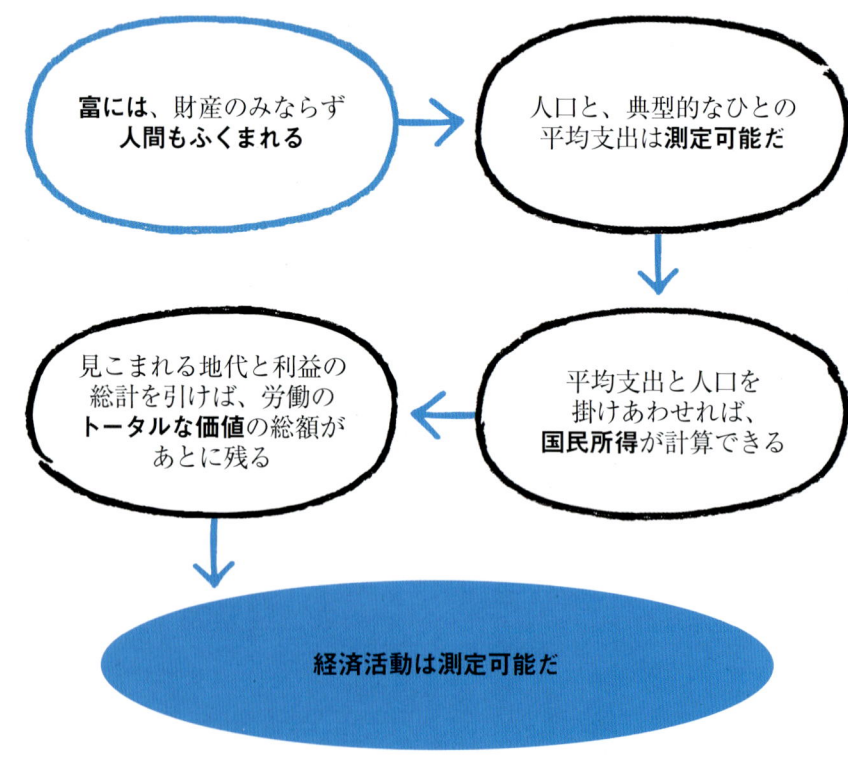

こんにちでは私たちは、経済活動が測定可能であり、その拡大と縮小も精密に数量化可能であることを当然と思っている。だが、いつでもそうであったわけではない。経済活動を測定するという発想の起源は、1670年代にイギリスの科学者ウィリアム・ペティによってなしとげられた革命的な業績にまでさかのぼる。ペティの洞察のすばらしさは、科学の新しい経験的手法を財政や政治にかかわる事象に適用したところに、具体的に言うなら論理的推論以上に現実の世界のデータをもとにした点にあった。ペティは、「数と量ないし計測の

さあ、交易をはじめよう　37

**参照**　経済の循環的流れ→40〜45頁　■　経済理論の吟味→170頁　■　幸福の経済学→216〜219頁　■　ジェンダーと経済学→310〜311頁

用語」でしか自身の考えを表明しない決断をくだした。この手法が、現在経済学として知られることになる学問分野の土台をかたちづくった。

1690年の著作『政治算術』のなかでペティは、現実のデータをもとに、一般の考えとは逆に、イギリスがかつて以上に豊かであることをあきらかにした。ペティの独創的な決断のひとつは、土地および資本と並べて労働の価値を考察の対象に組みこんだ点だ。ペティの弾きだした数値には異論の余地があるものの、その基本となる考えかたの実効性に疑いの余地はない。彼の計算には、人口の規模、個人消費、一人当たりの賃金、土地収益の価値といった要素が組みいれられた。ペティは、これらの数値を掛けあわせて、国家の総資産のトータルな数値を導きだし、国家全体の勘定書を作成した。

同様の手法は、フランスではピエール・ド・ボアギュベール（334頁）とセバスチャン・ル・プレストル（1633〜1707年）によって展開された。イギリスではグレゴリー・キング（1648〜1712年）が、イギリスとオランダ、フランスの経済活動と人口の分析をおこなった。その計算によれば、これらのうちのどの国も、1698年を超えてそれぞれが嵌まりこんでいる九年戦争を継続するだけの財政をもちあわせていない。その数値がおそらく正しいものであったことは、この戦争が1697年には終結を迎えたことからもわかる。

### 進歩の計測

統計学は、現在では経済学の核心を占めている。こんにちの経済学者は概して国内総生産（GDP）の測定をおこなっているが、これは特定の期間（たいていは1年）に一国の内部でお金に換算しうる全商品とサービスのトータルな価値を意味する。だが、標準的な方法を編みだそうとさまざまな努力がつづけられているにもかかわらず、国家の会計を計算する決定的な方法はまだない。

経済学者は、いまや繁栄の測定のものさしを拡張しつつある。彼らは、真の進歩指標（GPI）――これには、歳入の分配、犯罪、汚染がはいる――、あるいは地球幸福度指数（HPI）――これは、人類の幸福と環境への負荷を計測しようとするものだ――のような新たな計測手段を定式化している。■

### ウィリアム・ペティ

1623年に、イギリスのハンプシャーの質素な家に生まれたウィリアム・ペティは、市民戦争を生きのび、イギリス共和国政府とそれにつづいて王政復古時代の双方において出世した。若かったころ、ペティはオランダでイギリスの政治哲学者トマス・ホッブズのもとで働いていた。イギリスにもどったのち、ペティはオックスフォード大学で教鞭をとった。新しい科学の熱烈な崇拝者であったペティにとって、もはや大学は胸躍る場所ではなく、彼はイギリスを離れてアイルランドへ渡り、かの地で記念碑的な全国土地調査をなしとげた。

1660年代にイギリスへもどると、経済学の研究をはじめ、いまではその研究で名を残している。ペティは、残りの人生をアイルランドとイギリスの往復ですごし、この二つの地が肉体的にもその研究の対象という意味でも中心となった。ペティはこんにち最初の偉大な政治経済学者のひとりとみなされている。1687年に64歳で亡くなった。

**主著**

1662年『租税貢納論』
1682年『貨幣小論』
1690年『政治算術』

**ラ・ホーグの戦い**は、九年戦争のさなかの1692年におこなわれた戦闘だ。イギリスの統計学者グレゴリー・キングは、戦闘に参加している各国がどのくらいの期間戦闘に参加できるかを計算した。

# 会社をトレードしよう
## 公開会社

## その経済学的背景

**焦点**
市場と企業

**鍵となる思想家**
ジョサイア・チャイルド
（1630～1699年）

**前史**
**1500年代** 政府が商人に譲歩して、特定の領域内での貿易の独占を認可する。
**1552～1571年** アントワープの証券取引所とロンドンの王立取引所が、株主が株式会社の株式を売買できる制度をたちあげる。

**後史**
**1680年** ロンドンの株式「仲立人（ブローカー）」が、ジョナサンのカフェハウスに集まって、株取引の取り決めをおこなう。
**1844年** イギリスの株式会社法によって、会社の合併が迅速、かつ容易になる。
**1855年** 有限責任という発想が、株式会社の出資者たちを1720年に起きた「南海の泡沫」（98頁）のような詐欺から保護する。

海運業はつねに、利益の分配を約束することで航海のための資金を調達してきた。1500年代には、報酬こそ膨大になることがあったものの、こうしたハイリスクな投機は、利益が現実のものとなるまでの数年のあいだ、資金を動かせなくする。それにたいする回答は、リスクを分散させることであり、そのために株式会社が形成された。これにはいれば、投資者たちはお金を投入する見返りとして、その貿易会社の株式に名を連ねられるようになり、さらに利益のしかるべき分配を受ける権利をももつこととなった。

### 東インド会社

最初期の株式会社に、1599年にかたちをなした東インド会社（EIC）がある。これはイギリスと東インドとの貿易を発展させるために創始された。その自由貿易権は、「重商主義の父」と呼ばれたロンドンの商人ジョサイア・チャイルドによって巧みに擁護され、その結果これはグローバルな現象と化した。チャイルドが亡くなるころまでには、会社はおよそ3000人の株主をかかえ、300万ポンド以上の富をたくわえ、公債をもとにさらに600万ポンドを借りうけた。その年間売上げは、200万ポンドにまではねあがった。

公開有限責任会社――そこでは株主は、自分たちの投資を超えた責任から保護されている――という発想は、株式会社から発展した。株を売ることは、金融を上昇させる重要なやりかたのひとつだ。ある人びとに言わせれば、株主のもつ株を売る力は近視眼的行動につうじるが、株式会社は資本主義の心臓部（ハート）でありつづけている。■

海運業のもつ**ハイリスク**・ハイリターンな可能性は、株式会社によって共有された。この1850年代ボンベイのジョン・ウッドのような商船は、故郷に多くの財をもたらした。

**参照** 経済的均衡→118～123頁 ■ コーポレート・ガバナンス→168～169頁 ■ 経済学における制度→206～207頁

# 富は土地からくる
## 経済活動における農業

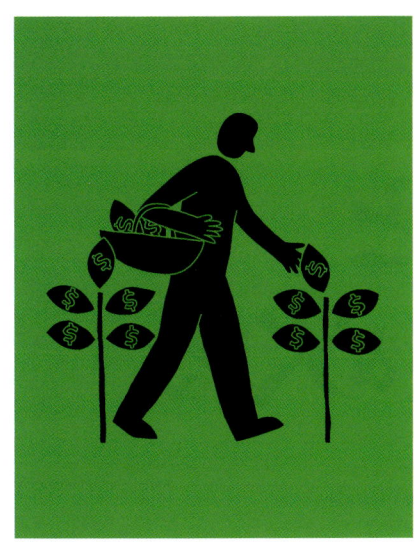

### その経済学的背景

**焦点**
成長と発展

**鍵となる思想家**
フランソワ・ケネー
（1694～1774年）

**前史**
**1654～56年** イギリスの経済学者ウィリアム・ペティが、アイルランドの主だった土地の調査書を作成して、イギリス軍にとってアイルランドがどれほどの生産力をもっているかを算出する。

**後史**
**1766年** アダム・スミスが、土地ではなく労働こそが価値の最大の源泉だと主張する。
**1879年** アメリカの経済学者ヘンリー・ジョージが、土地は社会に共有されるべきであり、税金がかけられるべき対象は生産力をもつ労働ではなく、土地だけであるべきだと主張する。
**1950年代** アメリカの経済学者セオドア・シュルツの「有能な農夫」仮説が、経済発展の核心を農業に置く。

近年、銀行家たちは、他人の労働によって生みだされた富をあつかっているという理由で、ときにパラサイト（寄生虫）と特徴づけられる。フランスの農夫の息子に生まれた18世紀の傑出した人物のひとりであったフランソワ・ケネー（45頁）であれば、こうした記述を承認したことだろう。

ケネーによれば、富の本質は金と銀のうちにあるのではなく、たとえば農民や製造業者によっていとなまれる生産活動から生まれる。ケネーは、農業こそは——農民の努力と資源とを増幅する役割を果たす——掛値（かけね）なしに余剰を生みだす源（みなもと）である自然に従事する活動なのだから、きわめて価値が高いと主張した。それに比べて製造業は、製造されるものの価値がそれに要した労力の価値と同等である点で、「不毛な」いとなみだ。だが、のちの理論家たちは、製造業にしても余剰を生みだしうることを示した。

### 自然の秩序

ケネーが農業の価値にたいしておこなった擁護は、相当な影響力をもち、フランスの重農主義学派と呼ばれる思想家の発展を導いた。この人びとは、経済活動における「自然の秩序」の優位を認めていた。セオドア・シュルツをはじめとする多くの経済学者たちは、農業の発展こそが貧しい国の進歩の土台となると主張した。2008年の世界銀行の報告によるなら、農業部門の成長はそれ以外の部門におけるいかなる成長よりも、貧困の緩和に貢献している。だが、こんにちの経済学者のなかには、金融業もふくめた産業とサービスの多様化こそが、長期的発展のための生命線だと考える者もいる。■

もし私たちが、農業の経済学を知るなら、貧しい状態の経済学について多くのことを知るようになるだろう

**セオドア・シュルツ**
（1902～1998年）アメリカの経済学者

**参照** 人口動態と経済学→68～69頁 ■ 労働価値説→106～107頁 ■ 現代経済の出現→178～179頁 ■ 開発経済学→188～193頁

# お金と商品は生産者と消費者のあいだを経めぐる

## 経済の循環的流れ

# 42 経済の循環的流れ

## その経済学的背景

**焦点**
マクロ経済

**鍵となる思想家**
フランソワ・ケネー
（1694～1774年）

**前史**
**1664～76年** イギリスの経済学者ウィリアム・ペティが、国民所得と支出という概念を導入する。
**1755年** アイルランドの商人銀行家（マーチャント・バンカー）リチャード・カンティロンの『商業試論』は、最初フランスで出版され、都市部から田舎へのお金の循環を問題にした。

**後史**
**1885年** カール・マルクスの『資本論』が、ケネーにヒントを得たモデルを用いて、資本の流通過程を叙述する。
**1932年** ロシアからアメリカに移住した経済学者サイモン・クズネッツが、現代の国民所得勘定を発展させる。

ポンパドゥール夫人（ルイ15世の愛妾）は、ケネーをヴェルサイユ宮殿でおかかえ医師として任用した。ケネーにとって、夫人の生きかたは地主の富がどれほど潤沢に余っているかをまざまざと示すものと映ったにちがいない。

経済学者には、小規模の経済活動つまりミクロ経済学をあつかう者もいれば、可能なかぎり大きな経済活動の全システムをあつかう者もいる。こちらが、マクロ経済学の研究に当たる。18世紀のフランスで、重農主義者としてこんにち知られる人びとが、ひとつのシステムとしての経済活動の全体を理解し、説明したいと考えた。彼らの発想が、こんにちのマクロ経済学の基礎をかたちづくった。

### 重農主義者たち

重農主義と訳されることば「フィジオクラシー」は、古代ギリシア語で「自然を支配する力」を意味する単語に由来する。重農主義者の考えでは、国家はその経済的な富を、農業への従事をつうじて自然から獲得する。この人びとのリーダー的存在であったフランソワ・ケネーは、もともと外科医で、国王ルイ15世の愛人ポンパドゥール夫人に仕えた医師であった。経済活動を主題としてケネーがつくりあげた複雑なモデルは、あるひとに言わせると、人体内部の血液の循環を反映している。

当時は、重商主義的アプローチ（34～35頁）が経済学思考を支配していた。重商主義者に言わせれば、国家は商人のようにふるまわねばならない。具体的には、ビジネスを大きくし、金（きん）を獲得し、税や補助金、統制や独占といった特権をとおして、国家は積極的に経済活動に介入すべきだ。重農主義者は正反対の立場を採る。彼らに言わせるなら、経済活動とは本来自己調整的なものだから、悪い影響から守ってやりさえすればよい。重商主義者が推奨したのは、自由貿易に税金の軽減、財産権の保証、それに政府の借金の少ないことなどだ。重商主義者は、富は貿易からくると主張したが、ケネーとその仲間たちの考えでは、富の源泉は現代の経済学者が「現実」経済と呼ぶもの、すなわち現実の商品とサービスを創造する活動のうちにある。重農主義者に言わせれば、農業こそが経済活動のうちでもっとも生産的だ。

彼らの思考には、より前のフランスの地主ピエール・ド・ボアギュベールの影響が認められる。ボアギュベールによるなら、農業は製造業より価値が高く、消耗品はお金よりも価値をもつ。商品が消費されればされるほど、お金はシステムのなかを移動するのだから、消費活動を経済活動における駆動因とみなすべきだ。ボアギュベールはさらに、お金はわずかな量でも、富裕な者（お金を貯めこむ者）よりも貧しい者（お金を使う者）の手の内にあったほうがいっそうの価値をもつとも述べた。お金の運動ないし循環こそが、もっとも重要なのだ。

### 経済表

お金の循環にかんする重農主義の体系は、1758年に公刊され、その後1767年にいたるまで幾度か改訂されたケネーの『経済表』においてあきらかにされた。この著作は、交差するとともに連結しあう一連の直線をとおして、地主、農民、職人という社会を構成する三つの集団のあいだでのお金と商品の流れを図解する図表からなる。商品には、（農民によって生みだされる）農業の産物と（職人によってつくられる）製造業による産物とがある。ケネーは農産物の実例として穀物を用いているが、彼自身の述べているところでは、このカテゴリーには鉱山物の利用もふくめて、土地から生みだされるものはなんであれふくめてかまわない。

ケネーのモデルをきちんと理解するには、具体例を挙げるのが一番だ。ここに三つの集団があり、そのおのおのが200

# さあ、交易をはじめよう

**参照** 富の測定→36～37頁 ■ 経済活動における農業→39頁 ■ 自由市場経済学→54～61頁 ■ マルクス主義経済学→100～105頁 ■ 経済的均衡→118～123頁 ■ ケインズ乗数→164～165頁

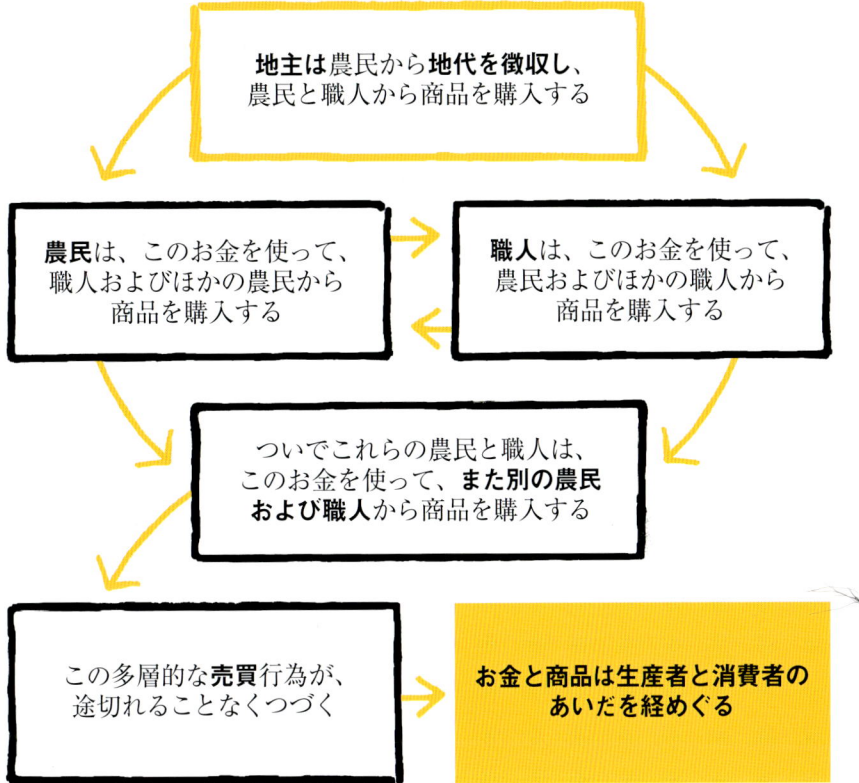

地主は農民から地代を徴収し、農民と職人から商品を購入する

農民は、このお金を使って、職人およびほかの農民から商品を購入する

職人は、このお金を使って、農民およびほかの職人から商品を購入する

ついでこれらの農民と職人は、このお金を使って、また別の農民および職人から商品を購入する

この多層的な売買行為が、途切れることなくつづく

お金と商品は生産者と消費者のあいだを経めぐる

万ポンドの手持ちのお金を有しているとしよう。地主はなにも生みださない。彼らは、その200万ポンドを農場経営と職人による生産活動とに等分に費やし、すべてのお金をそれで使いつくす。だが地主は、地代として農民から200万ポンドを受けとる。農民がそれだけの金を払えるのは、唯一彼らが余剰を産出できる手段をもつからだ。こうして地主は、出発点と同じ状態にたちもどる。つぎに、農民は生産力をもった集団だ。彼らは200万ポンドの手持ちで出発しながら、農作物によって500万ポンドの価値を生みだす。その額は彼ら自身の消費分を超えている。ここから、100万ポンド分の農作物が地主に消費分として売られる。さらに200万ポンド分が職人グループに売りわたされるが、その半分は消費分であり、残りの半分は職人によって生産されるであろう商品のための原材料の分だ。この結果あとに残る200万ポンド分の余剰は、翌年の農作物の生産のために使われることとなる。生産という観点から見るなら、農民も最初の状態にもどったかに見え

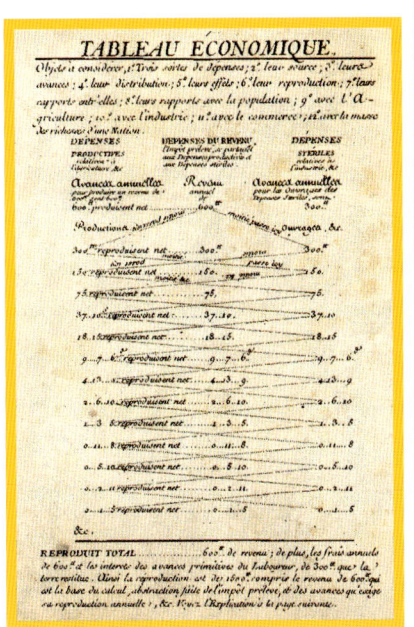

る。だが、彼らは売った分300万ポンドをも有していたわけであり、そのうちの200万ポンドが土地代に当てられ、100万ポンドは職人のつくる（器具や農具などの）商品に当てられている。

ケネーは、土地を土台としている農民と地主以外の集団を「非生産的」とみなす。それは、ケネーに言わせれば、この集団が純然たる余剰を生みだす力をもたないからだ。この例で、職人集団は最初の手もちの200万ポンドで200万ポンドの価値をもつ手工業商品をつくりだすが、それは彼らが消費するのに必要な額

**ケネーの経済表**は、農民・地主・職人のあいだでの富の交差する流れをあきらかにしている。それは、国民経済のじっさいのはたらきを説明しようとする最初の試みであった。

を上回る。それらは、そのままの価値で地主と農民に売られる。だが、職人はその全収益をそっくり農産物に当てる。100万ポンドが自分たちに必要な消費財に、残りの半分は原材料費に当てられる。つまり、彼らは自分のもてるすべてをこれによって使いきるのだ。

ケネーのモデルは、その年の年度末の結果を提示する以上の役割を果たす。すなわち、それは一年をとおしてどのようにお金と商品が循環しているのかをも示し、なぜこの過程がかくも重要であるのかをもあきらかにしている。さまざまな集団のあいだでの商品の販売は、つぎつぎと利益を生み、ついでその利益が別の商品の購入に使われ、ここからさらにまた利益が生まれることとなる。ここに、「乗数効果」（ケネーの図表においてはジグ

# 経済の循環的流れ

> 循環の流れ全体に沿って、歳入の総額がそのなかに一年ごとにかえってゆくとしてみよう
>
> フランソワ・ケネー

ザグに交差する線として示されている）が生まれる。これはちょうど、ジョン・メイナード・ケインズ（161頁）によって1930年代に示されたそれと似ている。このときケインズは、経済が不景気な状態における政府による支出が、ドミノ効果的な恩恵をもたらすことを指摘した。

## 経済活動の分析

ケネーが問題にした類いの問いと、みずからそれに答えようとしてたどった道筋は、現代経済学を先どりしていた。ケネーは、経済活動を統べる一般的で抽象的な法則を暴きだそうと試みた最初のひとりだ。ケネーは経済活動を、それを構成する下位の諸部分へと解体し、ついでそれら部分間の関係を厳格に分析するというやりかたでそれをおこなった。ケネーのモデルには、投入（インプット）と産出（アウトプット）、それにさまざまな部門の相互依存関係が包摂される。ケネーによれば、おそらくこれらは均衡を保った状態で実在している。この発想はのちにレオン・ワルラス（120頁）によって発展させられ、経済学の理論化の試みの基礎のひとつとなる。

ケネーの『経済表』は、そのなかで経済法則の数量化がめざされたことによって、おそらくは世界最初の経験的なマクロ経済学のモデルとなった。ケネーの図表のうちにあらわれる数字は、フランスの経済システムについての綿密な研究の成果であり、それらの数字には堅固な経験的土台が認められる。この研究が示唆したのは、農地を耕作する技術があれば、農民には純然たる余剰100パーセントを生みだすのはいともたやすいということだ。この例には、農民が達成したことがどれほどのことであったかを理解する鍵がある。すなわち、農民は手持ちの200万ポンド相当の穀物でスタートして、それと引きかえに200万ポンドの純然たる余剰を受けとり、その分を土地代に当てた。現代の経済学者たちはこの種の経験結果を用いて、政策変化のもたらすインパクトがどれほどのものかを思考しようとするが、ケネーも自身の表を同様の目的のために用いた。ケネーに言わせれば、もし農民が直接にであれ間接にであれ多すぎる税金を払わねばならなくなったなら、農民はみずからの耕作技術への資金投資を減らすこととなり、その結果作物の生産量も経済が潤滑に回るのに必要なレベルを下回ることとなろう。だからこそ重農主義者たちは、地代以外の税金があってはならないと主張するのだ。

ケネーは、自身の経験的発見を土台として、このほかにも多数の政策提言をおこなったが、そのなかには農業への投資、すべての歳入の支出、貨幣退蔵の禁止、税金の低減、自由貿易などがある。ケネーの考えでは、資本がとりわけ重要なのは、農業起業家にとって土地の開墾に資金を当てるには、なるべく安く資本を借りられることが不可欠だからだ。

## 古典派の見解

経済思想の歴史をつうじて、生産的か非生産的かというケネーによる部門分けのアイデアは、たとえば経済学者が産業対サービス、私企業対政府といった対照を問題にするたびに、繰りかえし前景化してくる。ケネーはもっぱら農業に関心を向けたが、これはこんにちの眼からすると視野が狭すぎるように思われるかもしれない。なにしろ現在では、工業やサービスから生まれる富も、経済成長にとっては必須だと考えられているからだ。だが、ケネーが経済の「現実的な」側面をとりわけ重視したことは、現代の経済学的思考へ向かう重要な一歩であった。ケネーはもっとも顕著なかたちで現代の国民所得勘定を先どりしていたわけだが、この発想はいまでも国のマクロ経済レベルでのパフォーマンスを見積もるの

**重農主義者**によれば、農業への投資がフランスの国としての富を保証するうえでの鍵だ。輸出の自由を認めることは、需要を維持し商人の力を制限するためのひとつのやりかたであった。

**消費者と生産者の相互依存関係**は、ケネーによってはじめて図示された。消費者は生産者から提供される商品とサービスをあてにし、生産者は生産者で、消費者が代金を支払い労働に従事することをあてにしている。

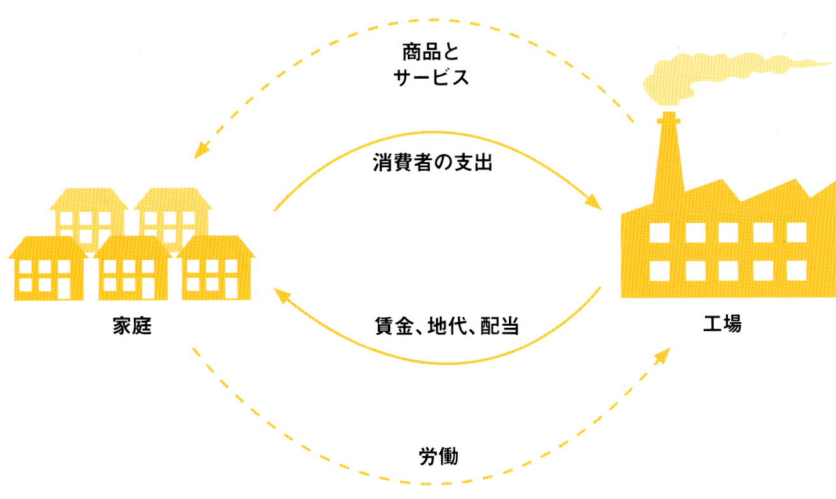

に用いられている。ケネーによる所得勘定は、経済活動における収入と支出の循環的な流れを土台としている。ある経済活動の全生産物の価値は、得られた全収入とイコールだ。この考えこそが、ケネーの理論の核心をなしている。20世紀になると、マクロ経済学にかかわる大半の分析が、ケインズ乗数（164～165頁）によって一新された。ケインズがあきらかにしたのは、政府の支出が「乗数効果」というかたちでさらなる消費をどれほど鼓舞するかということだ。この考えが、ケネー

おそらくこのシステムは、
政治経済学を主題として
これまでに書かれたもののなかで
もっとも真理に近づいている
**アダム・スミス**

の循環的な流れ、およびそれがもつ拡張と停滞の可能性と連関した発想であることは言うまでもない。

おそらくもっとも重要なのは、ケネーによる余剰と資本についての考えかたが、典型的な古典派経済学者たちが経済成長を分析する方法にとっての鍵となった点だ。典型的な古典派モデルは、生産に必要な三つの要因である土地と労働と資本に関心を集中させた。地主は地代を受けとり、贅沢なものに無駄なお金を使う。労働者は低賃金に耐え、少しでも賃金があがれば子どもをもうける。だが、企業家は利益を得て、それを産業に再投資して生産性をあげる。こうして利潤が成長を後押しし、景気動向は余剰を生みだす経済部門に依存する。だからこそ、ケネーは経済成長にかんする後世の考えを先どりし、カール・マルクス（105頁）にヒントを与えたのだ。マルクスがみずから考案した経済表（再生産表式）は『資本論』第2部（1885年刊）で公表された。マルクスはケネーを評して、「これほどの天才的な高みにまでたどりついた思考は、彼以前の政治経済学のなかにはけっしてなかった」と述べた。■

### さあ、交易をはじめよう 45

## フランソワ・ケネー

1694年にフランスはパリ近郊に生まれたフランソワ・ケネーは、農夫の息子で13人兄弟の8番目だった。17歳のときに、彫刻家の徒弟修業をはじめたが、その後大学へ移り、1717年に外科医学校を卒業する。

ケネーは外科医として評判になり、貴族を専門にみるようになった。1749年に、パリ近郊のヴェルサイユにあった王宮に移り、ポンパドゥール夫人かかりつけの医師となる。1752年には、天然痘から皇太子の命を救って、貴族の称号を授与されるとともに、自身の息子のために地所を購入するのに十分なお金を得た。

経済学への関心が芽生えたのは、1750年代初頭のことであった。1757年にミラボー侯爵の知遇を得て、この二人のまわりにエコノミストたち——こんにちの用語で呼ぶなら重農主義者たち［les Economistes］——のグループがつくられていった。亡くなったのは、1774年のことであった。

### 主著

1758年『経済表』
1763年『農業哲学』（ミラボー侯爵との共著）
1766年『経済表（のための算術式の）分析』

# 街灯にお金を払う私人はいない
## 公共財とサービスの供給

### その経済学的背景

**焦点**
意思決定

**鍵となる思想家**
デイヴィド・ヒューム
（1711〜1776年）

**前史**
**紀元前500年ころ** アテナイでは、間接税はポリスの行事や寺院、城壁の財源に当てられていた。直接税は、主に戦時に徴収された。
**1421年** 最初の特許が、船の荷を巻きあげるギアの発明を保護する目的で、イタリアの技師フィリッポ・ブルネレスキに認められた。

**後史**
**1848年** 『共産党宣言』において、生産手段を労働者が集団で所有することが推奨される。
**19世紀** 公共の街灯が、ヨーロッパとアメリカに導入される。
**1954年** アメリカの経済学者ポール・サミュエルソンが、公共財にかんする現代的な理論を展開する。

市場経済がきちんと機能しているばあいでさえ、その内部には市場がちゃんとはたらいていないエリアがいくつか存在する。そうした市場の機能不全の重要な事例のひとつに、公共財の供給が挙げられる。公共財とは、万人が自由に利用できるべきものであり、言いかえるなら利用料を払わないひとによっても使われるのを妨げることの困難なもののことだ。こうした財のなかには、たとえば国防といったことがらもふくまれるが、私企業や私人が利益

## さあ、交易をはじめよう

**参照** 自由市場経済学→54〜61頁 ■ 外部費用→137頁 ■ 市場とその社会への成果→210〜213頁

**灯台は公共財**だが、そこから使用料を払わないひとを排除することは不可能だし、多くのひとが同時にそれを享受できる。それは、つねに集団にたいして供給される。

をあげつつそれを供給するのはまず無理だ。この問題は、「ただ乗り」(このばあい、消費者は代価を支払わずともその商品を享受できる)として知られるものだが、その意味は利益をもたらすきっかけとなるものがそこには皆無(かいむ)だということだ。だが、そうした財の需要は確実に存在し、民間の市場ではこの需要を満たすことはまず不可能なので、通常そうしたものは公共財として政府から供給され、税金でまかなわれている。

市場ではこれらの財を提供することができないという障害は、18世紀に哲学者デイヴィド・ヒュームによって認識されていた。自由市場の熱烈な推奨者であったアダム・スミス(61頁)は、ヒュームの影響下に、個人や工場がそれをつくりだしても利益にはならないであろうこれらの公共財を提供するのが政府の役割であることをしぶしぶ認めた。

公共財には二つのきわだった特徴があり、そのために公共財は市場では十分に供給されない。その特徴とは、使用料を払わないひとを排除しえないという「排除不可能性」と、あるひとがその財を消費したからといってほかのひとがその同じ財を消費する妨げとはなりえないという「非競合性」だ。よく引かれる古典的な実例は街灯だ。使用料を払わないからといって、そうした人間には街灯の恩恵をこうむれないようにすることなど不可能な話だし、だれが街灯を享受したからといってそれによって他人がそれを享受するのを妨げる結果とはならない。

19世紀に産業経済が発展するにつれて、どの国も知的財産のような領域においてただ乗り問題を克服しなければならなくなった。新たな知識や発見といった無形財は、排除不可能性と非競合性という特徴をそなえており、だから市場では十分な供給が望めないという危険にさらされている。こうした事態は、新たな技術の発達を妨げる結果となりかねない。かりにそうした技術をなんらかのやりかたで保護することが不可能ではないにしてもだ。この保護をおこなうためには、諸国が特許、コピーライト(著作権・版権)、さらには商標登録を許可する法律を練りあげて、新たな知識や発明からくる見返りを守れるようにする必要がある。大半の経済学者は、公共財を提供する責任は政府にあると認めているが、この責任がどこまでおよぶかについては、依然議論が絶えない。■

富が少数の者に独占されているばあい、その者たちは公共的に必要なものどもを提供すべく広範に貢献しなければならない

**デイヴィド・ヒューム**

### デイヴィド・ヒューム

「スコットランド啓蒙主義」の典型であったデイヴィド・ヒュームは、18世紀でもっとも影響力をもったイギリスの哲学者のひとりだ。1711年にエジンバラに生まれ、子どものころから優れた才能の持ち主としての片鱗(へんりん)をうかがわせていた。12歳でエジンバラ大学へ入学し、最初は法律を学び、ついで哲学を専攻した。

1734年にフランスへ移り、のちに『人間本性論』となる主著の最初の着想を得た。それから多大な時間を費やして、文学と政治を主題とする文章を執筆し、その文章から影響を受けた若きアダム・スミスと友情をはぐくむ。1763年、パリで外交官に任ぜられる。また、革命的なフランスの哲学者ジャン=ジャック・ルソーと親交を深める。ふたたびエジンバラにもどってきたのは1768年のことで、1776年に65歳で亡くなるまでかの地に住んだ。

**主著**

1739年『人間本性論』
1748年『人間知性の研究』
1752年『市民の国について』

# 理性の時代
## 1770年～1820年

## 年表

**1766年** — アン＝ロベール＝ジャック・チュルゴが、**課税対象**から貿易と産業を免除すべきだと主張する。

**1771年** — リチャード・アークライトが、イギリスに**機械化された綿工場**を開設し、さらにそこに機械を導入して、産業革命の速度を速める。

**1776年** — **アダム・スミス**の『国富論』が刊行される。

**1776年** — アメリカ独立宣言が、アメリカ議会に採択される。

**1770年代** — **デイヴィド・ヒューム**が、貿易保護政策を非難して、各国は輸入よりも輸出を優先しようとすべきではないと主張する。

**1774年** — チュルゴが、フランスの財務大臣に任命され、**税制を改革**して、裕福な地主に課税できるようにする。

**1776年** — ジェームズ・ワットの蒸気エンジンの第1号が、イギリスの工場で稼動しはじめ、ここから**産業革命**がはじまる。

**1780年代** — スミスの**貿易自由化**についての提案が、当時のイギリス首相ウィリアム・ピット（小ピット）によって採用される。

---

18世紀も終わりに近づくと、世界の大半が重大な政治的変化をこうむるようになった。いわゆる理性の時代は、多くの科学者を輩出し、その発見が商品の製造過程そのものを一変させるような、新たな技術開発へとつうじていった。同じころに、政治哲学者たちはフランスと北アメリカで起きた革命にヒントを得ていた。じっさいこの革命は、旧世界と新世界双方の社会構造に深甚な影響をもたらすこととなった。経済学の領域では、経済とは保護貿易によって駆動され、その富を保護する手段としての輸出に依存するとみなす旧来の重商主義的見解を、新たな科学的アプローチが乗りこえていった。1815年のナポレオン戦争が終わるころには、ヨーロッパ、とりわけイギリスは、予見不可能なスケールでの産業化への道を歩みはじめた。一夜にしてあらわれたこの経済的な新世界の需要を叙述し、しかるべく対処してゆくには、まったく斬新なアプローチが不可欠であった。

## 合理的経済人

この新たな試練に立ちむかい、もっともすばらしい成功をおさめたのが、スコットランド出身のアダム・スミス（61頁）であった。スミスの哲学上の背景は、ジョン・ロックとデイヴィド・ヒューム（47頁）を嚆矢とする、イギリス啓蒙期を代表する思想家たちであった。そこから出発してスミスは、経済という主題を最初は道徳哲学のひとつとみなして取りくんだ。だが、そのもっとも有名な著作『国富論』でスミスが取りくんだのは、市場経済についての包括的な分析であり、どのようにして市場経済が人びとの経済的豊かさに貢献するのかというテーマであった。

スミスの主張の核心には、「合理的経済人」という概念がある。スミスによれば、個々人が経済にかかわる決断を下すとき、依拠しているのは理性と自分自身の利害であって、社会の善などではない。競合しあう複数の市場をかかえる自由社会のなかで、個々人がそのように利己的にふるまうことが認められたなら、結果的に「見えざる手」が経済を先導して、万人の利益になるように計らう。これは、自由市場社会の最初の詳細な叙述であった。スミスは繁栄と自由を保証する手だてとして、そのような社会を推奨した。これは、一般的には独立した学問分野としての経済学の発展における里程標とみなされている。スミスの手で確立された経済活動へのこのようなアプローチは、しばしば「古典派」経済学と呼ばれる。競合しあう市場経済についてのスミスの分析は、本質的な点でこんにち資本主義

# 理性の時代　51

**1789年**　パリの**バスチーユ監獄**の襲撃をきっかけとして、フランス革命が勃発する。

**1795年**　**エドマンド・バーク**が、賃金と価格の統制への国家の介入を批判する。

**1803年**　ジャン＝バティスト・セーが、**セーの販路法則**を提案する。それによれば、経済活動において商品の需要不足ないし供給過剰という事態はけっして起こりえない。

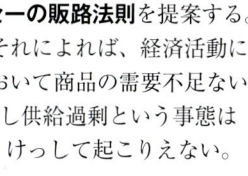

**1819年**　ジャン・シャルル・レオナール・デ・シスモンディが、**景気循環**と、長期的な成長と短期的な変動とのあいだのちがいを説く。

**1791年**　ジェレミー・ベンサムが、「最大多数の最大幸福」を目標とする、自身の**功利主義**理論を確立する。

**1798年**　**トマス・マルサス**が、人口が資源を超過することの危険と、その結果生じるであろう被害について警告を発する。

**1817年**　デイヴィド・リカードが、自由貿易と分業を説いた19世紀の**古典派経済学**の基礎をすえる。

**1819年**　アメリカが**最初の大規模な金融危機**をこうむる。これにつづいて、持続的成長の時代が到来する。

---

として知られるものの本質的な記述となっている。だが、『国富論』は、全体としての経済活動の記述、すなわち「マクロ経済学」に尽きるものではない。そのなかでは、分業やそれが経済成長にもたらす寄与、商品に価値を付与するにさいしてはどのような要因が関与しているのかといったテーマも検討されている。

スミスの著作の公刊は、イギリスにおける産業革命の開始と同時期であった。それは、さまざまな新しいダイナミックな技術と発明に助けられて、経済成長と繁栄が急ピッチで加速した時代だ。スミスの考えは、経済がどのように機能し、どのような経済を活用するのが最善かを理解したがっている一般の人びとの賛同を得た。スミスの業績の影響にははかり知れないものがあり、産業化社会で経済をやりくりするうえで無視できない多くの問いが提起された。とりわけスミスが問題としたのは、資本主義社会における政府の位置づけだ。スミスは、国家の役割は限定したものであるべきだと考えた。

### 保護主義を終える

イギリスの政治経済学者デイヴィド・リカード（84頁）は、スミスの後継者のなかでも、もっとも影響力をもったひとりだ。自由貿易の忠実な推奨者であったリカードは、それほど生産的でない国もふくめて、あらゆる国が自由貿易からどれほどの利益をあげることができるかをあきらかにすることで、保護主義を終焉に導いた。さらにリカードは、政府の支出と借入が経済活動にどのような影響をもたらすかという点にも批判的な眼差しを向けた。もうひとりのスミスの後継者が、イギリスの聖職者にして、こんにちでは資源によってまかなえる以上に人口が増加することから帰結するであろう災厄についての陰鬱な予言で知られるトマス・マルサス（69頁）だ。スミスの着想の多くは、フランスの重農主義学派によっても採用された。その代表格が、税制の公正なシステムの必要を訴えたアン＝ロベール＝ジャック・チュルゴ（65頁）およびフランソワ・ケネー（45頁）、ならびに市場経済における需要と供給の関係をはじめて記述したジャン＝バティスト・セー（75頁）だ。

もちろん、必ずしも全員がスミスの分析に同意していたわけではなく、19世紀には自由市場化された資本主義経済という立場への強力な反論が用意されつつあった。だが、こんにちでも経済学の核心にある多くの問いを最初に提起したのは、初期産業革命期の古典派経済学者たちであった。■

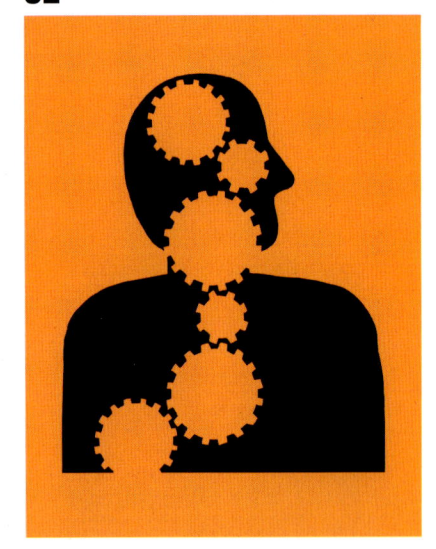

# 人間は冷静で合理的な計算機だ
## ホモ・エコノミクス

## その経済学的背景

**焦点**
意思決定

**鍵となる思想家**
アダム・スミス（1723〜1790年）

**前史**
**紀元前350年ころ** ギリシアの哲学者アリストテレスが、生得的な利己心こそが経済活動への最初の動因だと主張する。
**1750年代** フランスの経済学者フランソワ・ケネーが、利己心こそがあらゆる経済活動の背後に控える動機だと主張する。

**後史**
**1957年** アメリカの経済学者ハーバート・サイモンが、私たちがあらゆる主題にかんしてすべての有用な情報を獲得し消化することは不可能なのだから、人びとの合理性は「限定されている」（限界がある）と主張する。
**1992年** アメリカの経済学者ゲイリー・ベッカーが、差別や犯罪、人的資本といった領域における合理的選択をあつかった業績によって、ノーベル経済学賞を受賞する。

---

ひとりの人間としての私たちは、**利己的**だ

↓

私たちは、さまざまな商品とサービスを消費し、目標に到達してゆくことで、みずからの**個人的な幸福**をよりよいものにしようと努めている

↓

私たちは、**情報を収集し**、あまりコストをかけることなく自分の目標を達成する助けとなると思われる行動を**見積もる**ことで、決断を下す

↓

**人間は冷静で合理的な計算機だ**

---

大半の経済学上のモデルは、人間とは本質的に合理的で利己的な生きものだという想定を土台としている。この「ホモ・エコノミクス」ないし「経済人」という想定は、それ自体は男女の区別なく適用されるが、事実についての良識ある評価をもとにしたうえで個人のおこなう決断は、当人の個人的幸福を最大にするべく下されるという仮定にもとづいている。人びとは、最小限の努力で最大限の利益（満足）をもたらす選択肢を選ぶ。この考えは、1776年にアダム・スミスによって『国富論』のなかではじめて公けにされた。

スミスの思想の核は、人間の経済的相互作用はもっぱら利己心によって統すべられているという着眼にある。スミスによれば、「私たちが夕食を当てにできるのは、肉屋や酒屋あるいはパン屋の善意からではなく、彼らがみずからの利害に向ける関心のおかげだ」。合理的な決断を下すばあい、供給者は自身の利益が最大限になることをめざす。供給者が私たちに夕食をもたらすという事実は、彼ら自身にとってはどうでもよいことだ。

スミスの考えは、19世紀になって同じイギリスの哲学者ジョン・スチュアート・ミル（95頁）によって、さらに展開された。ミルの考えでは、人間とは富を得ることを欲する生きものだが、この富というこ

# 理性の時代

**参照** 自由市場経済学→54〜61頁 ■ バブル経済→98〜99頁 ■ 経済学と伝統→166〜167頁 ■ 市場とその社会への成果→210〜213頁 ■ 合理的期待→244〜247頁 ■ 行動経済学→266〜269頁

とでミルが考えていたもののなかには、お金ばかりでなく、あらゆるよいものもふくまれていた。ミルにしたがうなら、人間とは、可能なかぎり最大の幸福を達成しようと望みながらも、可能なかぎり少ない努力でこの目標を達成することをめざす生きものだ。

## コストと利益

こんにちでも、「ホモ・エコノミクス」（経済人）という見方は、合理的選択理論において採用されている。これによれば、人びとは、コスト（費用）と利益をもとにして、あらゆる経済的・社会的決断を下す。たとえば、銀行強盗のような犯罪をもくろむばあい、じっさいに犯罪を実行するにさきだって、利益（財産が増えるとかほかの犯罪者からいっそう尊敬されるようになるといった）と、コスト（捕まる危険性や襲撃計画に必要な労力など）の比較考量がおこなわれる。

経済学者がある行為を合理的とみなすのは、達成目標との関連において、コストと利益を冷静に考慮した結果を踏まえてのことだ。経済学者が目標そのものに言及することはほとんどなく、また目標の大半は大多数のひとにはまったく非合理的に見えることもあろう。たとえば私たちは、身体機能を高めてくれるかもしれないが、その正しさがきちんと証明されていない薬を人体に投与しようというのは、きわめて危険な決断だと思うが、最高の成績をあげることをなによりも望むアスリートにとっては、それが合理的な決断と映ることはある。

そもそも「ホモ・エコノミクス」という考えが現実にそくしているのかどうかを疑問視するひとも少なくない。この人びとによるなら、こうした考えは、決断にさいしてまえもってすべての要素を比較考量することなど私たちには不可能だという当り前の事実と折りあいがつかない。なにしろ世界は、どの行為にかんしてもコストと利益を見積もるうえで必要なすべての関連要素を照合して評価を下すには、複雑にすぎる。じっさい私たちは、しばしば過去の経験や習慣、どんぶり勘定で即決している。

この理論は、長期的な目標と短期的な目標とのあいだに葛藤があるばあいにも揺らぐ。たとえば、それが身体によくない決断だとはわかっていても、差しせまった空腹を避けようとして、健康によくないハンバーガーを食べるひともいる。現

死後の生を信じることで世俗の財を断念し、断食と祈りの生活を送る**僧侶**は、他人がそんな目標をどう考えるかは脇に置くなら、当人の信念においては合理的にふるまっている。

代の行動経済学者は、人びとが決断を下すばあいに「ホモ・エコノミクス」とは異なったふるまいをするのはどのようなばあいかを探査しはじめている。「経済人」という考えで、個人の行動を説明しつくすのは無理かもしれないが、それでも多くの経済学者が、この考えは利潤を最大化しようとする企業のふるまいを分析するさいには依然として有効だと主張している。■

## 家族経済学

アメリカの経済学者ゲイリー・ベッカー（1930年〜）は、通常は社会学の領分と考えられる分野に経済学を応用した最初のひとりだ。ベッカーによれば、家庭生活にかかわる決断は、それにかかるコストと利益を考慮にいれて下される。たとえば、結婚をひとつの市場としてみよう。ベッカーは、そこでのパートナーとの相性に、経済的特徴がどの程度影響をおよぼすかを分析した。さらにベッカーによれば、家族の成員が助けあうのは、愛情からという以上に経済的見返りを当てこんでの利己心からだ。ベッカーの考えでは、子どもへの投資は、しばしばそれが習慣化している退職後の倹約生活よりも効率のよい結果をもたらすという事実に動機づけられている。だが、親の面倒をみるよう法的に義務づけられてはいないにせよ、子どもたちは罪悪感や強制、義務そして愛といった感情をいだくように親から育てられる。じっさいに、そうした感情から子どもたちが親の面倒を見ることはある。こうした理由から、福祉国家は相互依存の必要性を減らすようにはたらく点で、家族をダメにするという議論も可能だ。

ベッカーによるなら、とりわけ教育をつうじての、子どもへの**両親の投資**は、経済活動の資本蓄積にとっての重要な源泉だ。

# 見えざる手が市場の秩序をもたらす
## 自由市場経済学

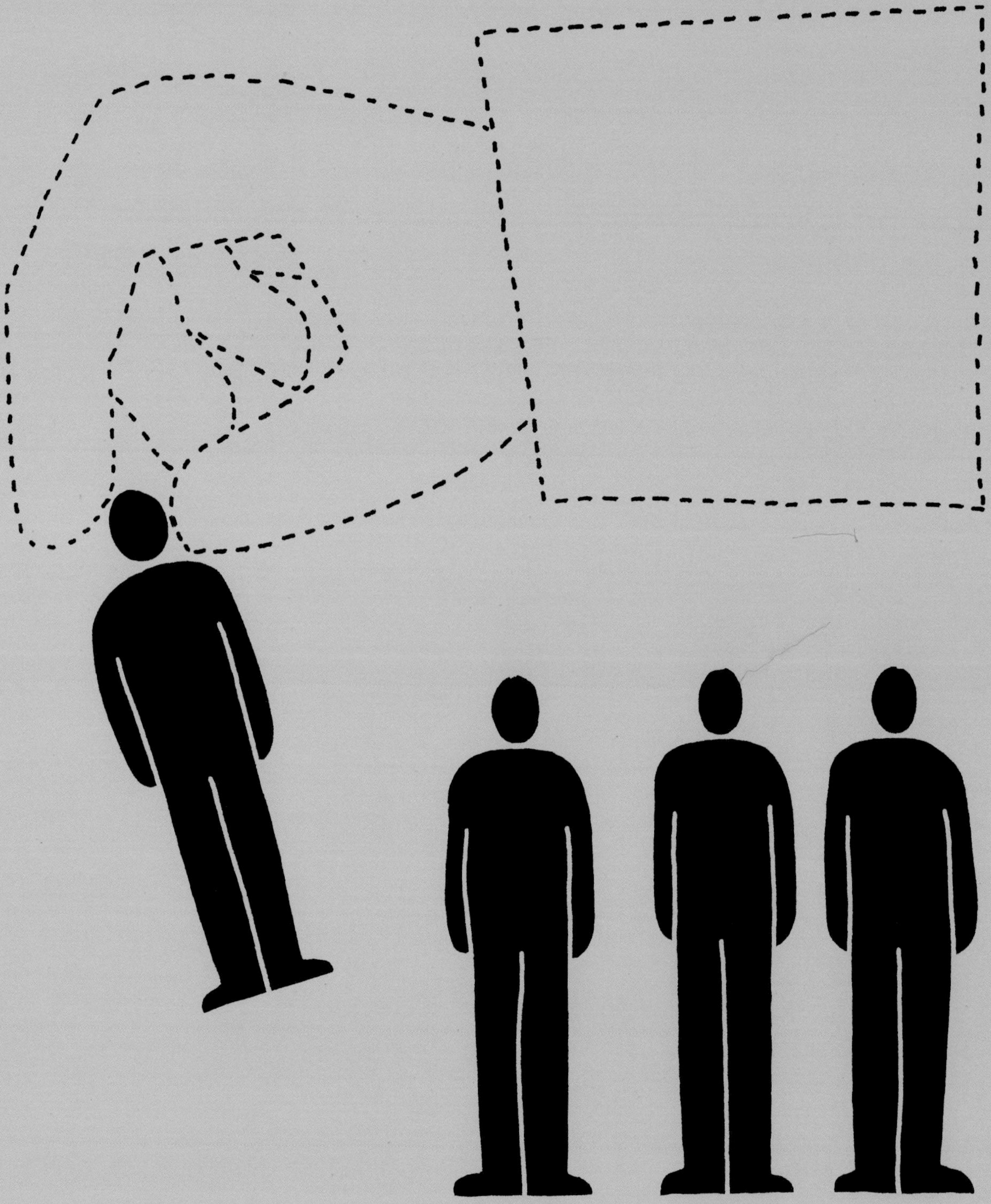

# 自由市場経済学

## その経済学的背景

### 焦点
市場と企業

### 鍵となる思想家
アダム・スミス（1723〜1790年）

### 前史
**1714年** オランダ系の著述家バーナード・マンデヴィルが、各人の利害にもとづいた行動から意図されざる帰結が生じることのあるさまを描きだす。

**1755〜56年** アイルランド系の銀行家リチャード・カンティロンが、一種の「自然発生的秩序」を描きだす。

### 後史
**1874年** レオン・ワルラスが、需要と供給からどのようにして一般均衡が導きだされるかをあきらかにする。

**1945年** オーストリアの経済学者フリードリヒ・ハイエクが、市場経済から実効的な秩序が生みだされると主張する。

**1950年代** ケネス・アローとジェラール・ドブリューが、自由市場から社会的に最適の成果が導かれるための諸条件を特定する。

---

スコットランドの思想家アダム・スミスによると、西洋では18世紀以前にある偉大な革命がスタートした。それにくわわったのは、農地もしくは農業中心の社会から商業社会への変革をなしとげた社会であった。中世をつうじて多くの街が発展し、それらは少しずつ道路でつながれていった。人びとは商品と新鮮な生産物をこれらの街へ運び、そこでいとなまれる売買行為もふくめて、市場が人びとの生活の一部と化していった。科学上の技術革新が、信頼に値する計測単位を提供し、それに応じて新しいものごとのやりくりのスタイルが生みだされ、それまでヨーロッパに点在していた公国がひとつにまとまってゆくなかで、中央集権的な国家がかたちを整えていった。人びとは新しい自由を享受し、それまでの過剰分だけではなく、自身の財を商品として交換しだした。

スミスが問題にしたのは、自由な個々人の行為がどのようにして結果的に秩序をもった、安定した市場——そこでは人びとは、膨大な無駄や不足を生みずに、自分の望むものをつくり、売り、買うことができる——を生みだすのかだ。なんらかのガイドの助力なしに、そんなことがどうして可能となるのか。その解答は、1776年の偉大な著作『国富論』で示された。スミスによれば、自由で、競争し、

マンデヴィルの『蜂の寓話』は、利己的な蜜蜂の行動が群れ全体に恩恵をもたらすように、人びとは、利己心から活動するとき、社会全体に恩恵をもたらすことになるという考えを探求している。

成果を望む人間は、「見えざる手に導かれて、ある目的を奨励するが、その目的とは当人の利害にはまったくかかわらないものだ」。人間は、そんなことになるとは予期しないままに、社会というより大きなものの利益のためにふるまうのだ。

## レッセフェール（自由放任）経済学

「自然発生的な秩序」という考えは、ここではじめて登場したわけではない。それは1714年にオランダの著述家バーナード・マンデヴィルによって、その『蜂の寓話』のなかで提起された。これは、各個体の「悪徳による行為」（利己心にもとづくふるまい）を土台として大きくなる蜜蜂の群れの物語だ。蜜蜂たちが徳にかなった行為（つまり、自分自身の利害ではなく集団にとっての善のためのふるまい）をするようになると、群れは崩壊する。スミスの考える利害からの行為

ロンドンの**コヴェント・ガーデン市場**がこうして絵画で描かれたのは1774年のことだ。スミスの考えでは、社会の公正を実現するうえでの鍵は市場だ。売買の自由とともに、人びとは「自然な自由」を享受できるようになる。

# 理性の時代　57

**参照**　ホモ・エコノミクス→52〜53頁　■　分業→66〜67頁　■　経済的均衡→118〜123頁　■　競争的市場→126〜129頁　■　経済的自由主義→172〜177頁　■　市場とその社会への成果→210〜213頁

とは、必ずしも悪徳によるものではない。スミスは人間を、「物をやりとりし」（売買と交換）、どんどんよくなってゆこうとする傾向のある生きものとみなした。スミスによれば、人間とは道義的制約を課されながらも、競争において「フェアプレイ」をおこなう社会的な被造物だ。

　政府は極力商売に干渉すべきではないとスミスは考えた。この見解は、スミスの周辺にいた多くのスコットランドの思想家たちに支持されたが、そのひとりが哲学者デイヴィド・ヒューム（47頁）だ。スミス以前に、フランスの著述家ピエール・ド・ボアギュベールが、「自然のままにしておけ」という言いかたをしていたが、そこに込められていた意味は「商売はやりたいようにやらせておけ」ということだ。「レッセフェール（自由放任）」という専門用語は、経済学では最小の政治的関与を推奨する意味で用いられる。スミスの考えでは、政府は、保護や公正、一定の「公共財」（46〜47頁）──そこには、街路のような私的市場には供給することの困難な財がふくまれる──を提供するといった重要な役割を演じてきた。

　スミスの見とおしは本質的に楽天的だ。スミス以前にイギリスの哲学者トマス・ホッブズが、強力な権威がなければ、人間の生活は「不快で粗野、そのうえ短命に終わる」だろうと述べていた。イギリスの経済学者トマス・マルサス（69頁）は、市場を考察の対象とし、富の増加の直接的な帰結は大衆の窮乏だと予言した。スミス以降では、カール・マルクス（105頁）が、市場は革命につうじてゆくと予言する。それにたいして、スミスは社会を完璧に機能的なものとみなし、経済活動全体を成功へつうじるシステムないしよくはたらく想像上の機械とみなした。スミスが「見えざる手」に言及するのは、5巻からなる著作のなかでただ一度きりだが、その存在はほかの箇所でもしばしば感じとれる。スミスが描きだしたの

は、彼の考える「完全な自由」のシステムがどのようにしてポジティヴな成果をもたらしうるかだ。まず第一に、このシステムによって人びとに望みの商品が供給される。生産への需要が供給を上回ったなら、消費者たちはたがいに競りあって、値を釣りあげるだろう。ここから、生産者が利益を得る機会が生まれる。そのとき生産者たちもたがいに競合してより多くの生産物を供給しようとする。

　その後この議論はときの試練に耐えてきた。1945年に出された論文「社会における知の活用」で、オーストリアの経済学者フリードリヒ・ハイエク（177頁）は、価格がどれほど個人の部分的な知識と欲望──これは、市場における需要量と供給量の変動に影響をおよぼす──に対応しているかをあきらかにした。ハイエクによるなら、中央の計画者には、分散している知識をそれほどたくさんかき

## 図の流れ

- だれもが**利己心**から行動する
  → ここから、製品と価格の**混沌とした状態**が生じる、が……
  → 別の利己心をいだいた人びとは、**競争**状態をもちこむ。彼らはおのおのの強い欲望をうまく利用しようとする
  → ある売り手が**高すぎる値**をふっかけたなら……
    → ……別の売り手は自分のつける**値段を下げて**、その結果最初の売り手の商品は売れなくなる
  → ある雇用主が**低すぎる賃金**しか支払わなかったなら……
    → ……別の雇用主は**従業員を獲得し**、最初の雇用主の会社は倒産してしまう
  → 商売は、それに手を染める人びとが市場でしかるべき賃金を支払い、**市場で需要のある商品**を人びとが進んで支払う気になる価格でつくり売らないことには、失敗する
  → **見えざる手が市場の秩序をもたらす**

# 自由市場経済学

集めることは期待できない。一般に信じられるところでは、共産主義が東ヨーロッパで崩壊の憂き目を見たのは、中央の計画者が人びとの望む商品を提供しそこねたからだ。以上のスミスの議論の第一点目にたいしては、いくつもの批判が投げかけられてきた。たとえば、市場が提供するのはもっぱら金持ちの望む商品だけだという事実が指摘されたり、逆に市場には貧しい者がなにを欲望するのかがわかっていないとも言われた。市場は邪悪な欲望に応えることもある。市場がドラッグの常用の温床となり、肥満を促進する結果をもたらすこともありうる。

## 公正価格

スミスによるなら、第二点目として、市場システムは「公正な」価格を生みだす。あらゆる商品には、つくるのに要した努力のみを反映した自然な価格があるとスミスは考えた。ある産物をつくるのに用いられた土地には、自然地代が返されるべきだ。手工業に用いられた資本には、自然利潤がもどされるべきだ。そし

**スミスが描きだした**のは、労働者と地主と資本(この絵では、馬と鋤(すき)に資本投資している)がともに働くことで経済システムを活動させ成長させてゆくさまだ。

て用いられた労働には、自然賃金が与えられるべきだ。市場価格と利益率は、時間の間隔——そうした事態は、物の不足している時代に起こりうる——に応じて、自然な水準に開きのでることがある。そのときには、商品を獲得する機会が増え、価格も上昇するが、それも競争の結果新たな会社が市場に登場し、価格がその自然な水準に逆もどりするまでのことにすぎない。ある産業が需要の衰退をこうむりだしたら、価格は下落し賃金も下がるが、別の産業が登場すれば、そこでは労働者を惹きよせるためにより高い賃金が提示される。スミスの言うところでは、長期的に見るなら「市場」価格と「自然」価格とは同じになる。現代の経済学者たちはこれを均衡と呼ぶ。

価格が公正であるためには、競争が不可欠だ。政府が外国との貿易を統制すべきだと主張する重商主義のシステムでは独占が生じる点を、スミスは厳しく批判した。商品を供給する存在がひとつしかないと、それを供給する会社は、いつでもその商品に自然な水準以上の価格をつけられる。スミスに言わせると、ある商品を売る小売店が20店もあれば、同じ商品を売る店が2店だけのばあいよりもずっと市場は競争的になる。実効的な競争があり、市場へ参入するうえでの障壁が低ければ——これも肝心な点だとスミス

> 消費されることが
> あらゆる生産活動の唯一の
> 目標にして目的だ
> アダム・スミス

は指摘する——価格は下落傾向をたどる。こうしたスミスの主張の大半は、競争についての主流派経済学者の見解の土台だ。むろん、オーストリア出身のアメリカの経済学者ヨーゼフ・シュンペーター(149頁)のような反対者もいなくはない。シュンペーターに言わせれば、ほとんど競争の見られないばあいでも、創意工夫によって価格は下落する。考案者がより質の高い製品をより安い価格で供給できれば、この創造的な破壊とともに既存の会社は吹きとばされるだろう。

## 公正な所得

市場経済は公正な所得をもたらすとともに、持続的な「循環の流れ」のうちに

# 理性の時代　59

ある財にも使われうるとスミスは示唆していた。この流れのなかで、賃金として支払われた貨幣は、労働者が商品にお金を使うことでまたもどってきて、あとはこの過程が繰りかえされてゆく。生産設備に投資された資本は、生産力の向上をもたらし、その結果雇用主はより高い賃金を払えるようになる。賃金を引きあげる余裕ができたなら、雇用主は進んでそうする。なにしろ雇用主は、労働者のためにたがいに競争しないわけにはゆかない。

スミスは資本を話題にして、投資をつうじて得られると期待できる利潤の量は、およそ利子率とイコールだと論じた。その理由は、雇用主が利潤を得られそうな機会を見つけては、そこに投資する資金を借りようとして、たがいに競争するからだ。どんな個別の分野でも、ときを経るにつれて、投入される資本が蓄積され利潤を得る機会は使いつくされてゆく以上、利潤率は下降線をたどる。収入が上昇しそれだけ土地が使用されれば、地代もしだいに上昇する。

スミスは土地と労働と資本という三者がたがいに依存する関係にあることに気づいていた。この点にこそ、真の画期があった。スミスによると、労働者と地主にははいってきた収入をすぐ使う傾向が見られるが、雇用主はずっとつつましく、収入を資本の蓄積に回す。スミスの見るところ、賃金水準には「技能や器用さ、判断力」といったレベルに応じて変動がつきものであり、労働には生産労働（農業あるいは手工業に従事すること）と、スミスの用語によるなら「不生産」労働（メインの仕事をサポートするうえで必要となるサービスの提供）の二種類がある。こんにちの市場システムに認められる著しい収入格差は、ある意味ではすでにスミスが直面していたことでもある。

## 経済成長

スミスが求めたのは、見えざる手それ自体が経済成長を活気づけることだ。成長の源泉は二つある。ひとつは、分業（66

**市場での需要**は、多くの理由によって変わることがある。そうなったばあい、市場は供給を変えることでそれに応える。こうしたことは自然発生的に起こることであって、それにかんして市場のうちに、利己心で動く人びとのあいだでの競争を促す導き手ないし計画を必要とする声はない。

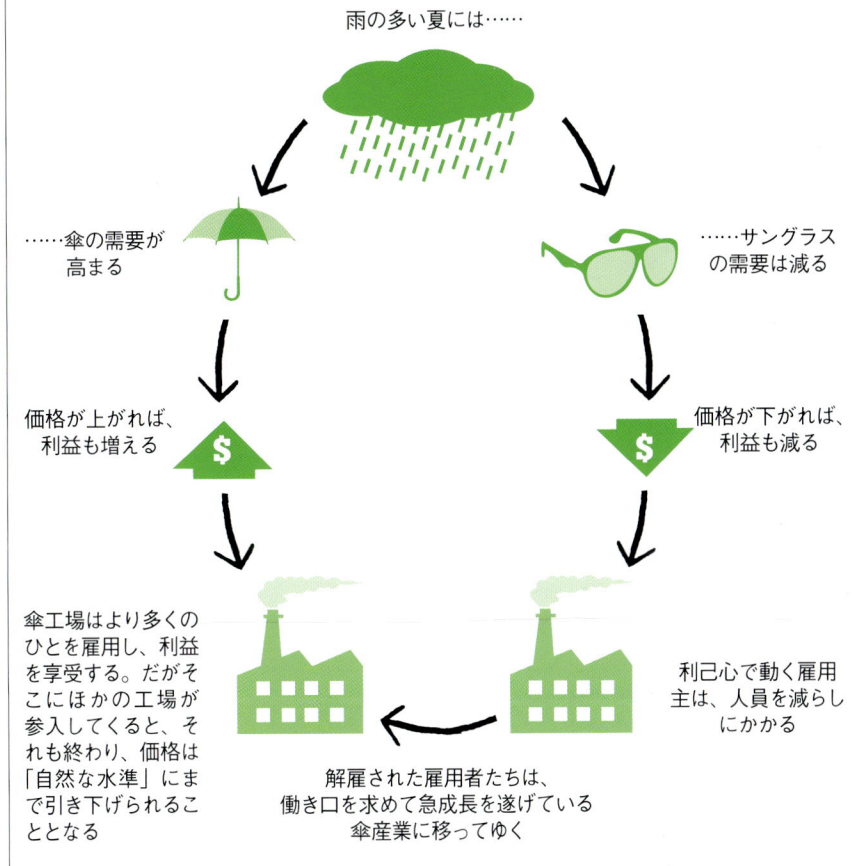

雨の多い夏には……

……傘の需要が高まる

……サングラスの需要は減る

価格が上がれば、利益も増える

価格が下がれば、利益も減る

傘工場はより多くのひとを雇用し、利益を享受する。だがそこにほかの工場が参入してくると、それも終わり、価格は「自然な水準」にまで引き下げられることとなる

利己心で動く雇用主は、人員を減らしにかかる

解雇された雇用者たちは、働き口を求めて急成長を遂げている傘産業に移ってゆく

〜67頁）をつうじて得られる効率性だ。経済学者はこれを「スミス的成長」と呼ぶ。より多くの製品が生産され消費されれば、経済は成長し、市場も成長する。市場が大きくなれば、労働の専門化の進む機会もそれだけ増える。

成長の第二のエンジンは資本の蓄積で、これは貯蓄と利潤のための機会によって駆りたてられる。スミスによれば、成長を縮減するように作用する要因としては、商売上の失敗や一定の資本蓄積（ストック）を維持するのに必要とされる資源の欠乏、不適切な金融システム（金よりも紙幣のほうが成長は増大する）、非生産的労働者の占める割合が高すぎる状況などが挙

> 私たちが夕食を当てにできるのは、肉屋や酒屋あるいはパン屋の善意からではなく、彼らがみずからの利害に働きかけるからだ
> **アダム・スミス**

げられる。スミスによれば、手工業よりも農業に当てられたばあいのほうが資本は生産性が高いし、さらに交易ないし輸送のばあいよりも手工業のほうが生産性は高い。つまるところ、経済は十分に豊かで変化の不要な状態に達するまで成長をつづける。この点で、スミスは技術と技術革新の役割を過小評価していた。より早い段階からその点を指摘していたのが、シュンペーター学派だ（58頁）。

## 古典派の遺産

スミスのシステムは、包括的であった。そこでは細かい細部（ミクロ経済学）も広範な見取図（マクロ経済学）もともに考慮されていたし、短期・長期双方の状況が考察されていた。さらにその分析は、静態的（取引の状態）であると同時に、動態的（現にはたらいている経済活動）でもあった。そこでは、労働者として知られる階級が詳細に考察されており、農場主あるいは工場所有者が労働の供給者から区別されていた。本質的に言うなら、スミスのシステムによって「古典派経済学」の諸要素が確立されたのであり、主眼は生産の諸要因である資本と労働力

> "ある政府がほかの政府について学ぶには、人びとの懐からお金が出てくる過程を知るにしくはない
> 
> **アダム・スミス**"

と土地、ならびに収益とに向けられている。時代が下ると自由市場理論は、これとは異なった「新古典派」の形態をまとう。そこには、いかにしてすべての経済活動の価格が安定した均衡状態に到達しうるかを示すことに照準をあわせた一般均衡理論が付加される。レオン・ワルラス（120頁）やヴィルフレド・パレート（131頁）のような経済学者は、数学を活用して、見えざる手が社会的な恩恵をもたらすというスミスの主張を再定式化する。ケネス・アローとジェラール・ドブリュー（208～211頁）は、自由市場がどうしてこうしたことをおこなうのか、またそのために必要な諸条件がどれほど厳格で、いまの現実にそれほどのかかわりをもたないかをもあきらかにした。

これで話が終わるわけではない。第二次世界大戦後、レッセフェールという考えは冬眠にはいったが、1970年代以降、経済活動への国家の介入を推奨したケインズ派の政策が破綻したように見えだすと、レッセフェールが力強い復活を果たした。この開花の兆しは、ミルトン・フリードマン（199頁）および、オーストリア学派とりわけフリードリヒ・ハイエク（177頁）による市場経済についての研究に認められる。とりわけ後者は、政府の介入によって可能となる成果を疑問視し、社会の進歩はなににも妨げられない市場の活動によって達成可能となると主張した。ケインズ派も、市場の力を認めだしたが、その考えでは、市場の必要性とは最良の状態で労働がなされるきっかけにすぎない。

自由市場的なアプローチは、合理性と合理的期待（244～247頁）の役割を土台として1960年代と70年代に形成された諸理論から重要な後押しを得た。たとえば、公共選択理論は、自己利益を追求する諸個人の集まりとして政府を描きだす。つまり、彼らは自分自身の利益を最大化し、社会的善悪を省みることなしにお金を引きだす存在だ（「レント・シーキング（特殊利益追求論）」）。新古典派のマクロ経済学は、市場にはつねに自浄作用があるというスミスの想定を利用し、人びとは政府のいかなるはたらきかけであれ、それが今後もたらす影響を見とおすことができ、経済システムのはたらきかたを理解しているのだから、国家の介

ここに示されているインドのケララのような**一地域の市場**は、スミスの自由市場という考えのあらゆる特徴をあらわしているとともに、供給と価格が需要に適合してゆく自然の過程を例証している。

## 理性の時代

入は意味をなさないとの論点を付加する。

たとえそのとおりだとしても、こんにちの経済学者たちは、市場が失敗を招くこともあると考える。彼らの関心は、市場に参与する多様な人びとによってもたらされる情報の喰いちがいに向けられている。ジョージ・アカロフが、その論文「レモンの市場」でこの点に言及した（274〜275頁）。行動経済学者は、合理性という観念そのものを疑問視し（266〜269頁）、人間の非合理性にこそ市場が機能不全に陥る原因があると考える。

レッセフェール経済という論点は、経済学者たちを政治的立場に応じて分割する役割をも果たす。右派に属する人びとは、レッセフェールを受けいれる。左派の人びとはケインズ的介入路線と手を結ぶ。これはこんにち、なお変わることなく経済学における主要論点をなしている。

2007年から2008年にかけて生じた金融危機は、この論争をあおりたてる結果となった。自由市場論者は、景気循環にかんする自論の正しさが実証されたと感じたようだが、ケインズ派の人びとは市場の失敗だと指弾した。この危機を予言していたアメリカの経済学者ヌリエル・ルービニ（1959年〜）は、「自由市場原理主義の数十年が株価暴落の土台となった」と述べて、スミスの考えを曲解した人びとについて語っている。■

こんにちの形態における自由市場から生じるかもしれない、ある種の不均衡については、**スミスは予見していなかった**。株取引と金融市場においては、「公正」という観念はほとんどどうでもよくなっている。

> ある種の抽象的で哲学的な明かりのもとで観察するなら、人間社会は巨大な一個の機械のように見えることだろう
> 
> **アダム・スミス**

### アダム・スミス

近代経済学の創設者アダム・スミスは、1723年にスコットランドのカーコーディで生まれたが、そのときはすでに父の死から6カ月がたっていた。注意散漫で孤独を好む子どもだったスミスが、グラスゴー大学の学生となったのは14歳のときで、その後オクスフォード大学で6年間学んだのち、スコットランドにもどり、グラスゴー大学で論理学の教授職に就いた。1750年にデイヴィッド・ヒュームと知りあい、その後も親交を深めていった。

1764年に、グラスゴー大学を辞職して、スコットランドの貴族バックルー公爵の家庭教師としてフランスに渡る。フランスでは、重農主義学派の経済学者グループ（40〜45頁）ならびに哲学者ヴォルテールの知遇を得る。『国富論』が書きはじめられたのもこのころだ。スミスはこの執筆に10年を費やし、その後税関の長官の職を得る。亡くなったのは、1790年であった。

**主著**

1759年『道徳感情論』
1762年『法学講義』
1776年『国富論』

# 最後の労働者が最初の労働者以上に成果をもたらすことはまずない

## 収穫逓減

### その経済学的背景

**焦点**
市場と企業

**鍵となる思想家**
アン＝ロベール＝ジャック・チュルゴ
（1728〜1781年）

**前史**
**1758年** フランスの経済学者フランソワ・ケネーが、重農主義の経済理論を図示した著作『経済表』を公刊する。
**1760年代** フランスの重農主義者ゲルノー・ド・サン＝ペラヴィの税制原理にかんするエッセーが、投入にたいする支出の比率は一定だと主張する。

**後史**
**1871年** オーストリアのカール・メンガーが、『国民経済学原理』のなかで、価格は限界効用で決定されると主張する。
**1956年** 「経済成長の理論への一寄与」のなかでアメリカの経済学者ロバート・ソローが、限界収穫逓減という考えを各国の成長見とおしに適用する。

---

フランス人アン＝ロベール＝ジャック・チュルゴ（65頁）は、重農主義者のひとりだ。彼に言わせれば、国家の富は農業から生まれる。チュルゴは税制と土地の産物の二つに関心を向けたが、そこからチュルゴは継続的な労働者が生産過程にくわわるにつれて、増員されたおのおのの労働者の産物がどう変化するかを説明する理論を展開した。彼につづく重農主義者ゲルノー・ド・サン＝ペラヴィによると、畑で働く追加された労働者にとって、付加された生産量は一定だ。つまり、追加される労働者は最後にくわわる労働者まで同量を産物にもたらす。だが1767年に、チュルゴが指摘したことだが、耕されていなかった畑に種を撒いても、ほんのわずかしか収穫されない。1度畑が耕されたなら、収穫量は増加する。2度耕したばあいは、4倍になる。だが、最終的には追加の労働からもたらされる産物はどんどん減少し、最後には労働者をいくら増員してもなにも産物が生まれなくなる。なにしろ、土地の肥沃さはいずれ枯渇してしまうものだ。

> 大地の肥沃さは、下方に押しだされつづけている泉に似ている……少しずつ重みを増していっても、その効果はどんどん減ってゆくだろう
> **アン＝ロベール＝ジャック・チュルゴ**

### 技術の役割

チュルゴの考えは、固定要因（土地）に変異しうる要因（労働者）をどれだけくわえても、最後の労働者が最初の労働者以上に成果をもたらすことはまずないというものだ。こんにちではこれは、「収穫逓減」として知られ、近代経済学理論の最重要なかなめのひとつだ。この考えによって、より多くを生みだすにはなぜより多くのコストがかかるのか、そして技術の進展なしに人口だけがふえた国ぐにが豊かになるために、どうしてこんなにもがいているのかも説明される。■

**参照** 経済の循環的流れ→40〜45頁 ■ 人口動態と経済学→68〜69頁 ■ 経済成長理論→224〜225頁

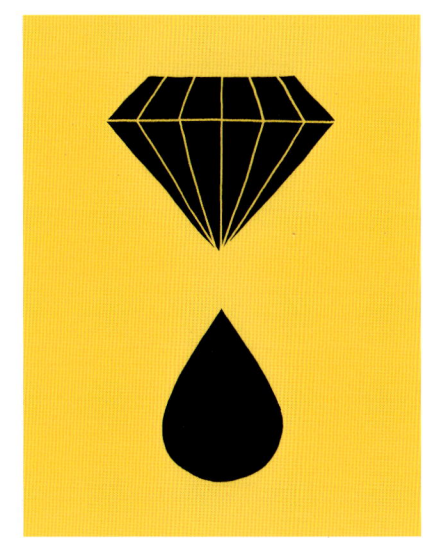

# なぜダイアモンドは水より高いのか?
## 価値のパラドックス

### その経済学的背景

**焦点**
価値理論

**鍵となる思想家**
アダム・スミス（1723～1790年）

**前史**
1691年　イギリスの哲学者ジョン・ロックが、商品の価値をその有用性（その品から得られる満足度）に結びつける。

1737年　スイスの数学者ダニエル・ベルヌーイが、チャンスにふくまれる選択肢をプレイヤーがどのように評価できるかを検討した結果、「セント・ピーターズバーグのパラドックス」を提起する。この逆説は、限界効用という概念を応用することで解消される。

**後史**
1889年　オーストリアの経済学者オイゲン・フォン・ベーム＝バヴェルクが、限界効用という考えを活用して、主観的価値理論（ある対象の価値は、当の対象それ自体よりもそれを必要とする人びとの欲求に左右される）を展開する。

**1769**年にアン＝ロベール＝ジャック・チュルゴ（65頁）が、水は、生きるのに不可欠だが、水資源の豊かな国では希少財とはみなされないと指摘した。その7年後に、アダム・スミスはこの指摘をさらに押しすすめて、水より貴重なものなどまずないのに、それと交換可能なものとなるとなにも見あたらないと述べた。使用価値という点ではダイアモンドはほとんど価値をもたないが、「ほかの財をどれほど積んでも、ダイアモンドと交換できるものはまずない」。言いかえるなら、ある種の消費財の価値と人びとにとっての重要性とのあいだには、あきらかな矛盾が認められる。

### 限界効用

この逆説は、限界効用という概念の助けを借りることで解明できる。これは、消費される商品の最後のユニットから得られる快楽の総量を意味する。1889年にオーストリアの経済学者オイゲン・フォン・ベーム＝バヴェルクが5袋の麦を所有している農夫の例を用いて、この概念を説明した。農夫の麦の使いかたには、自分を養うといった重要な用途から鳥に餌をやるといった瑣末なものまでいくつもある。もし一袋紛失したなら、この農夫はまず鳥に餌をやるのをやめるだろう。自分を養うのに麦が不可欠ではあっても、彼が五つめの袋の麦と引きかえに支払う気になる値は低い。なにしろ、それによってはごくわずかな快（鳥に餌をやるといった）しか得られない。

水はありあまっているが、ダイアモンドはわずかしかない。ひとつの飛びぬけたダイアモンドは、相当の限界効用をもっているわけだ。だからそれには、一杯の水よりもはるかに高い値がつく。■

水よりも**ダイアモンドが価値をもつ**のは、だれがどれほどもっているかにかかわりなく、一つひとつのダイアモンドが価値をもつからだ。それに引きかえ、ありあまるほどある水は、単位としてもたいした価値をもたない。

参照　労働価値説→106～107頁　■　効用と満足(度)→114～115頁　■　機会費用→133頁

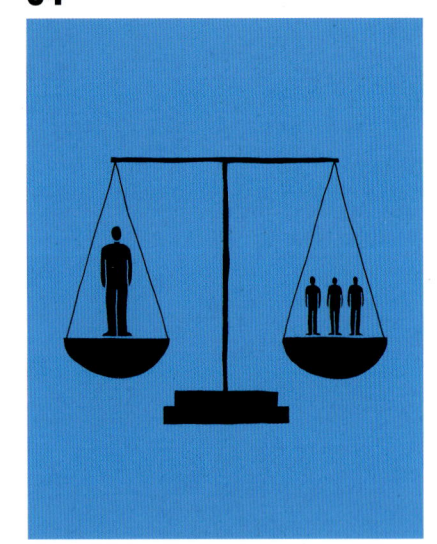

# 税金は公平で効率的なものにしよう
## 租税負担

## その経済学的背景

**焦点**
経済政策

**鍵となる思想家**
アン=ロベール=ジャック・チュルゴ
(1727～1781年)

**前史**
1689～1763年　地主とギルドを免除あつかいするという、不徹底な税制の影響とともに、高くついた戦争によって、フランスの金融危機と革命の土壌がつくられた。

**後史**
1817年　イギリスの経済学者デヴィド・リカードが、その『経済学および課税の原理』のなかで、税金は贅沢品にかけられるべきだと主張する。
1927年　イギリスの数学者フランク・ラムジーが、価格弾力性の重要性を強調する。
1976年　経済学者アンソニー・アトキンソンとジョセフ・スティグリッツが、「租税構造のデザイン」のなかで、均一な商品税が最適だという見解を示す。

---

税の負担に耐えられるのはだれか。「税負担」というこの中心的問題こそが、才能に恵まれた経済学者にして、1774年から1776年までフランスの財務総監を務めたアン=ロベール=ジャック・チュルゴの関心を惹いた問題であった。これは、「だれが税金を払うべきか」という問いのようには一筋縄ではゆかない。なにしろ、税の効果は、価格や利潤から消費財とそれによる収入の総量にいたるまで、多くのことがらにかかわる。これらにかかわる変化は、驚くべきしかたで経済活動に波及効果をもたらす。税「負担」は、幸福や豊かさ、あるいはお金の目減りを意味することと受けとられがちだが、その負担

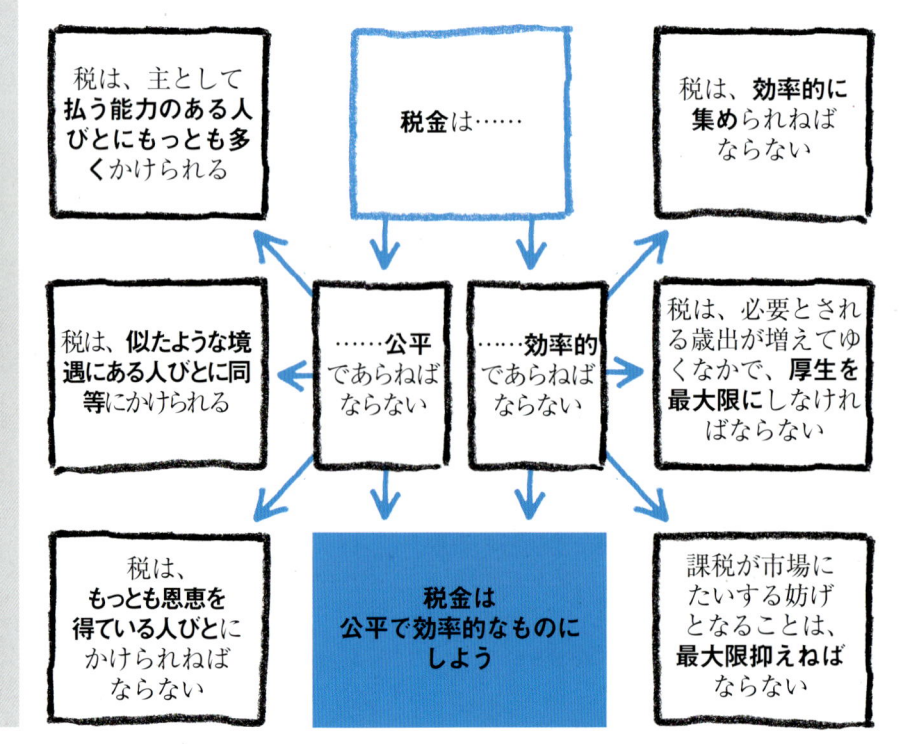

---

**税金は……**

- 税は、主として**払う能力のある人びとにもっとも多く**かけられる
- 税は、**効率的に集められねば**ならない
- 税は、似たような境遇にある人びとに同等にかけられる
- ……**公平**であらねばならない
- ……**効率的**であらねばならない
- 税は、必要とされる歳出が増えてゆくなかで、**厚生を最大限に**しなければならない
- 税は、**もっとも恩恵を得ている人びとに**かけられねばならない
- **税金は公平で効率的なものにしよう**
- 課税が市場にたいする妨げとなることは、**最大限抑えねば**ならない

**参照** 経済の循環的流れ→40〜45頁 ■ 効率性と公平性→130〜131頁 ■ 外部費用→137頁 ■ セカンド・ベストの理論→220〜221頁 ■ 課税と経済的インセンティヴ→270〜271頁

は、一個人や集団に課せられることもあれば、別の個人や集団に課せられることもある。いま休暇の計画を立てていて、払える以上の燃料税が航空運賃に新たに課せられるとしたら、あなたは当然ハッピーではなくなる。新たな燃料税は、あなたの豊かさを損なうが、それがそのまま航空会社の利潤となるわけではない。

## だれが税を払うべきか

チュルゴによれば、税は自由市場の妨げとなる以上、単純化される必要がある。権力を有したグループが課税を免れることが起こらないためには、課税の実施の詳細がポイントとなる。チュルゴが推奨したのは、一国の純生産額、すなわち、一国のすべての商品とサービスから減価償却分を引いた価値額に課税をすることだ。

チュルゴのこうした考えには、重農主義者として知られる初期の経済学者グループの影響が認められる。この学派によれば、余剰を生むのは農業(土地)だけだ。これ以外の産業からは余剰は生まれない。だからそれらは税にたいしてなにも寄与しない。それらは、いつも価格と経費を釣りあげて税金をやりすごすことしかできない。その行きつくところは地主だ。農民たちが、その余剰分から自分ではなにも生産しない地主に地代を払うわけだから、地主はその地代から税を払うべきだとチュルゴは主張した。

後世の経済学者は、公平性と効率性を重んじるこの原理を洗練させて、最良の課税システムを構築しようとした。公平性の根底には、もっとも払う力のある者が一番払うべきだという理念がある。似た境遇の人びとには同じような税が課されるべきであり、新しい橋の利用者のような、政府の支出から恩恵をこうむる人びととは、それに貢献すべきだ。効率性には、集団全体に効果が行きわたるという意味と、必要な歳出が増加するなかで社会の富を最大化するという意味とがある。経済学者は、効率性とは市場に与えかねない混乱をできるだけ抑えて、労働と投資へのインセンティヴを低下させないことを意味すると論じている。

## 完璧な課税計画

ここ数十年、公平性と効率性の両方を統合する課税計画の洗練に多大な労力が割かれている。たとえば「完璧な市場」理論が示唆するのは、商品への課税は均一であるべきで、「最終財」(最終利用者に売られるもの)だけにかけられるべきだという見解だ。所得税は所得自体よりも支払い能力に結びつけられるべきだ。そして企業の利潤と資本からの所得にたいする税は最小にすべきだ。他方で、「市場の失敗」の分析から見えてくるのは、公害のような望ましくないものにたいする税は人びとの厚生を増すということだ。

一般的にみて、税制はこうした理論家によって示された方向で展開されているが、他方で歳入と政治的容認可能性にたいしても注意がはらわれている。■

1776年のチュルゴによる税制改革の主たる標的は、**ヴェルサイユ宮殿の貴族たち**であった。チュルゴに言わせれば、もはや貴族が税金を免除されているばあいではない。そこで貴族たちはチュルゴを罷免する勢力に加担した。

## アン=ロベール=ジャック・チュルゴ

1727年に、フランスはパリで生まれたアン=ロベール=ジャック・チュルゴは、聖職者になる予定だったが、1751年に遺産を相続したことで、行政の仕事にたずさわれるようになった。1760年代後半には、重農主義者たちとの親交を深め、その後アダム・スミスの知遇を得る。1761年から1774年にかけて、地方行政官としてリモージュの監督官を務めた。1774年にルイ16世が王位を継承すると、チュルゴは財務総監(金融担当大臣)に任命され、自由貿易を促進する改革に着手した。1776年にはギルドを廃止し、道路建設税を設けて、街路建設のために無償で強制していた労働に頼っていた政策を終わらせた。ルイ16世はこれを不服として、チュルゴを罷免した。チュルゴの改革は覆されてしまったが、もし実施されていればフランス革命は避けられたかもしれないと評価するひともいる。1781年に、54歳で亡くなった。

**主著**

1763年『税制一般』
1766年『富の形成と分配に関する省察』
1776年『六つの布告』

# ピンの生産を分業すれば、それだけ多くのピンがつくれる
## 分業

## その経済学的背景

**焦点**
市場と企業

**鍵となる思想家**
アダム・スミス（1723〜1790年）

**前史**
**紀元前380年** ギリシアの哲学者プラトンが、『国家』のなかで、どのようにしてポリスが誕生し、その後分業によって得られた成果を活用することで成長していったかを示す。
**1705年** オランダ系の哲学者バーナード・マンデヴィルが、『蜂の寓話』のなかで、「分業」という術語をはじめて用いる。

**後史**
**1867年** カール・マルクスが、分業は労働者に疎外をもたらすものであり、いつかは取りのぞかれねばならない必要悪だと主張する。
**1922年** オーストリアの経済学者ルートヴィヒ・フォン・ミーゼスが、分業は疎外をもたらすものではなく、莫大な恩恵を、さらにはそれまで以上の余暇をも生みだすと主張する。

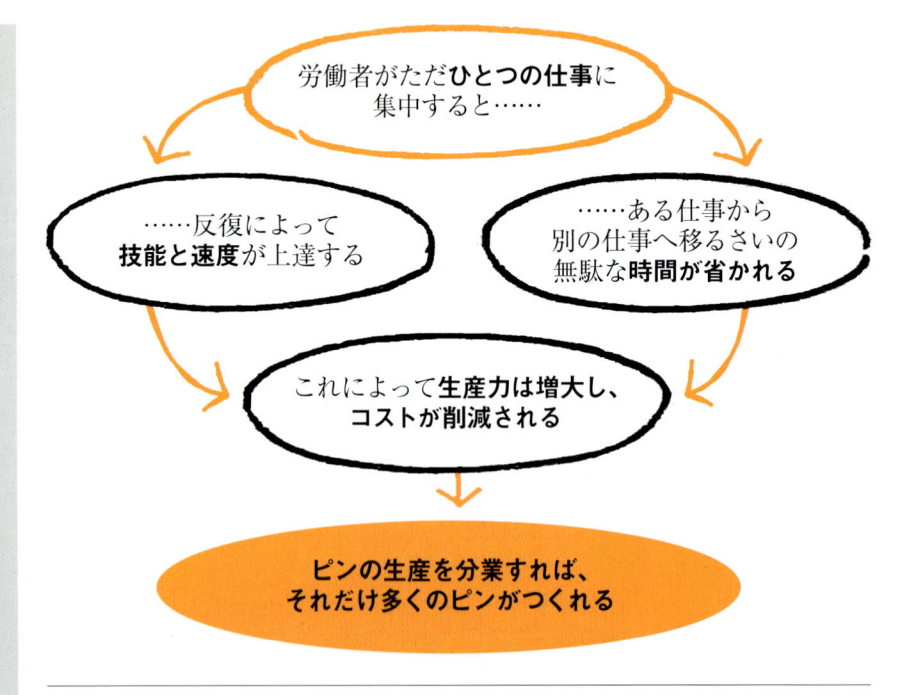

---

労働者がただ**ひとつの仕事**に集中すると……

　↙　　　　　　　　↘

……反復によって**技能と速度**が上達する　　……ある仕事から別の仕事へ移るさいの無駄な**時間**が省かれる

　↘　　　　　　　　↙

これによって**生産力は増大**し、**コストが削減**される

　↓

**ピンの生産を分業すれば、それだけ多くのピンがつくれる**

---

**集**団で働くときはいつでも、人びとはまず一人ひとりがなにをおこなうかを決めることからはじめる。この分業を経済学の中心的な見解（アイディア）たらしめたのが、あの偉大なアダム・スミス（61頁）であった。きわめて影響力をもった著書『国富論』のまさに冒頭のところで、ものづくりに必要な全工程をただひとりの人間がすべてこなすばあいと、複数の人間がそれぞれひとつの工程だけに従事するばあいとのちがいが論じられている。

1776年のこの著作のなかでスミスは、もしひとりの人間が一本のピンを丸ごとつくるとしたら、彼は「おそらく一日かかっても一本のピンすら」完成できないかもしれないと書いていた。だが、それぞれひとつの過程を専門にこなす何人かの人間で作業工程を分担すると、一日に多くのピンをつくることが可能となる。

# 理性の時代

**参照** 比較優位→80〜85頁 ■ 規模の経済→132頁 ■ 現代経済の出現→178〜179頁

忙しい倉庫内では、労働は運搬人（ポーター）、在庫管理人、マネージャー、会計係、仕分係、IT担当、トラック運転手といった人びとのあいだで分担される。

分業によって「あらゆる技術における労働の生産力の飛躍的な増大が見こめる」というのが、そこからスミスの下した結論だ。

## 成長のエンジン

分業の価値をきちんと評価したのは、なにもスミスが最初と言うわけではない。スミスの時代からおよそ2200年もまえにプラトンが、ポリスがその必要をきちんと満たすには、農夫や建築家のような専門家の存在が不可欠だと指摘していた。また、イスラム圏の哲学者アル゠ガザーリー（1058〜1111年）は、もしパンをつくるのに必要な畑の雑草の刈りとりから麦の収穫までのすべての工程を考慮にいれるなら、パン1個ですら千人以上の労働者の手を経ないことには、完成にゆきつかないだろうと述べていた。

これらかつての思想家たちは、分業を都市と市場の成長に結びつけていた。分業が成長を惹きおこすと考える者もいれば、都市が成長した結果、そのなかで分業が可能となったのだと主張する者もいた。

スミスの考えの画期的な点は、分業こそが成長をうながすエンジンにほかならないということを重視して、分業を経済システムの核心にすえたところにあった。労働者と仕事がより専門化されれば、それだけ市場も大きく成長し、投資にたいする見返りも大きくなる。

## 必要悪

カール・マルクス（105頁）は、スミスの考えかたのもつ力をきちんと見ぬいていたが、分業とはあくまで一時的な必要悪にすぎないと考えた。専門化は、さながら反復作業を遂行する機械のように、やる気をそぐ状態に労働者を押しやることで、ついには疎外を惹きおこす。マルクスが慧眼だったのは、家の建築における個々の専門的な仕事のような技術的な分業と、権力のヒエラルキーによって強制される社会的な分業とを峻別していた点だ。

分業は、こんにちほとんどの会社で規範と化している。いまでは多くの大企業が、以前は自社のスタッフに任せていた業務を、より安い賃金で雇える国外の労働者に委託している。これによって分業に、新たな国際的な次元がもたらされている。■

> 分業が広がることは、いつの場合も参加しているすべてのひとにメリットをもたらす
> **ルートヴィヒ・フォン・ミーゼス**

## すべてがアメリカ人による仕事か

工場で働く人びとは、自国の経済の強さや雇用率を不安に思うとき、しばしば消費者たちに国産の製品を買うようにと迫る。だが、分業がこれほどまでにグローバルな広がりをもつようになったいま、どれが国産なのかを見きわめるのはかなり難しい。

たとえば、アップルはアメリカの会社だから、消費者は、アイフォンを買えば、アメリカの雇用に貢献することになると考えたくなる。じつのところ、アイフォンをひとつくるのに必要な全工程のうち、アメリカでおこなわれているのは、プロダクトとソフトウェアのデザイン、そしてマーケティングだけだ。

一つひとつのアイフォンは、ケース、スクリーン、プロセッサーなどごとに、韓国、日本、ドイツと、さらに6カ国の労働者たちによってつくられた部品（パーツ）をもとにして、中国の労働者の手で組みたてられている。さらに言うなら、これらの部品のおのおのは、世界中に散らばっている専門のひとたちによって組みたてられている。まさにアイフォンは、おそらく数万の人びとの手を経てつくられているグローバルな製品だ。

中国で組立作業ラインにかかわる労働者たちは、九つの別の国でつくられた部品をもとにしてコンピュータ・プロセッサーを組みたてている。

# 人口が増えてゆくかぎり、私たちは貧乏から抜けだせない
## 人口動態と経済学

### その経済学的背景

**焦点**
成長と発展

**鍵となる思想家**
トマス・マルサス（1766〜1834年）

**前史**
**17世紀** 重商主義の思想が、膨大な人口は経済活動にプラスに作用すると主張する。

**1785年** フランスの哲学者ニコラ・ド・コンドルセが、生活水準を向上させるには社会の改革が必要だと主張する。

**1793年** イギリスの哲学者ウィリアム・ゴドウィンが、貧困層を救うために国家資源を再分配することを推奨する。

**後史**
**1870年代** カール・マルクスが、現状の反動的擁護者として、マルサスの見解を激しく批判する。

**1968年** アメリカの経済学者ガレット・ハーディンが、その論文「共有地の悲劇」のなかで、人口の過剰増加の危険性を警告する。

---

18世紀をつうじて、啓蒙思想家たちは、しかるべき社会的・経済的改革を実行して社会のめぐりあわせを改善する可能性に思いを馳せるようになった。イギリスの経済学者トマス・マルサスは、こうした楽観的な時代にあって悲観的な見とおしを立て、人口増大は社会を貧困へと運命づけると主張した。マルサスによるなら、人間の性衝動が人口の急激な増加を駆りたてる要因だ。いくら食物を生産してもこれに追いつくことは不可能だ。なにしろ、人口が増えつづけるかぎり、収穫逓減の法則からは逃れられない。決まった広さの土地で人びとがより多く労働に従事すれば、追加される生産高はそれだけ減る。その結果、人口の数と食糧供給との不均衡は広がってゆく一方となる。

だが、これを押しとどめる力もある。マルサスは、食糧供給がどんどん減ってゆくことによって栄養失調と疾病が惹きおこされ、この結果死者が急増し、制御できない状態に陥っていた不均衡は止むだろうと考えた。行きわたる食糧が減れば、栄養が行きわたる子どもも減る道理で、当然出生率も低下してゆく。この結果、土地にたいする圧迫は低下し、生活水準は回復する。

### マルサスの罠

全体の飢餓を防ぐのと同様に、出生率と死亡率の変化も、長期的により高次の生活水準から利を得ている人口をとめる効果をもつ。大陸の発見によって、経済活動がたなぼたの利益を得るとしよう。新たに得られた土地は、一度かぎりではあれ食糧生産にとって後押しとなり、一人当たりの食糧は増すだろう。人びとは以前よりも健康になり、死亡率は低下する。生活水準が上がることで、子どもの数も増える。こうした後押しがあわさって人口の増加をうながす。そうなれば、食糧生産はこれに追いつかなくなり、経済は以前のもっと低次の生活水準に逆もどりしてしまう。これがいわゆるマルサスの罠だ。

パキスタンの地震で生きのびた人びとは施しの食物を受けとった。マルサスはいかなるその手の支援策にも反対した。極貧の人びとを支援しても、彼らがもっと子どもをもうける助けにしかならないからだ。

理性の時代　**69**

**参照**　経済活動における農業→39頁　■ 収穫逓減→62頁　■ 現代経済の出現→178〜179頁　■ 経済成長理論→224〜225頁

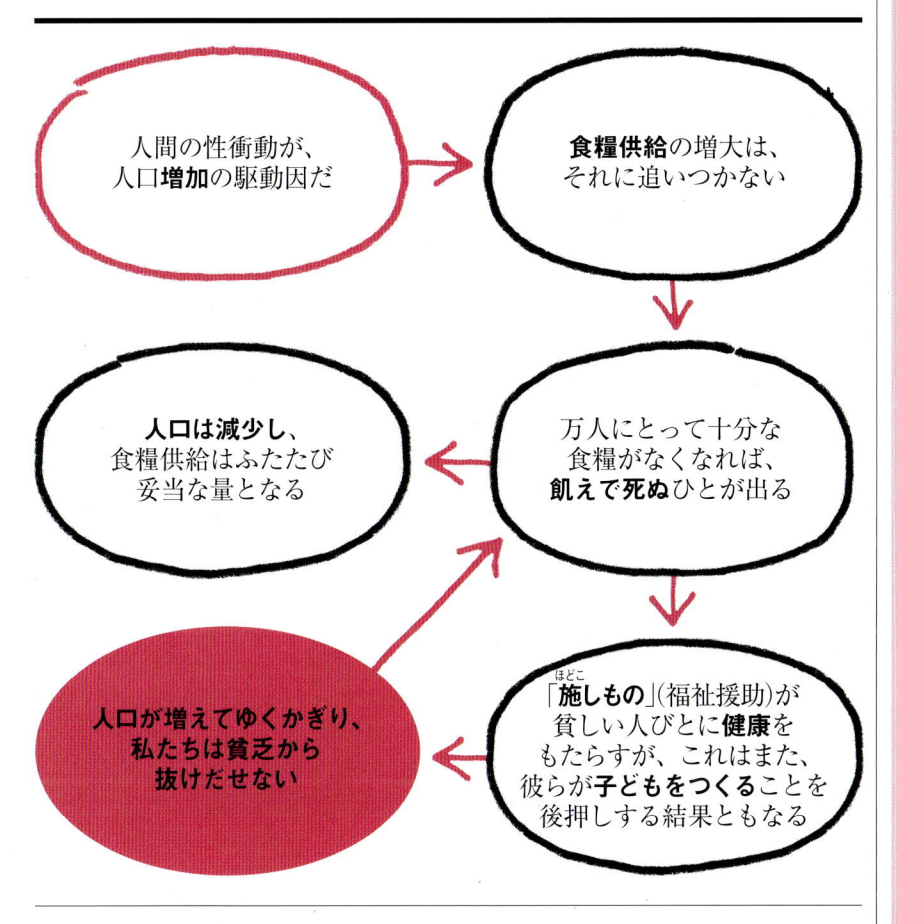

```
┌─────────────────┐         ┌─────────────────┐
│ 人間の性衝動が、  │ ───→    │ 食糧供給の増大は、│
│ 人口増加の駆動因だ│         │ それに追いつかない│
└─────────────────┘         └─────────────────┘
                                     │
                                     ↓
┌─────────────────┐         ┌─────────────────┐
│ 人口は減少し、    │ ←───   │ 万人にとって十分な│
│ 食糧供給はふたたび│         │ 食糧がなくなれば、│
│ 妥当な量となる    │         │ 飢えで死ぬひとが出る│
└─────────────────┘         └─────────────────┘
                                     │
                                     ↓
┌─────────────────┐         ┌─────────────────┐
│ 人口が増えてゆくかぎり、│←─│「施しもの」（福祉援助）が│
│ 私たちは貧乏から  │         │ 貧しい人びとに健康を│
│ 抜けだせない      │         │ もたらすが、これはまた、│
└─────────────────┘         │ 彼らが子どもをつくることを│
                            │ 後押しする結果ともなる│
                            └─────────────────┘
```

## トマス・マルサス

トマス・ロバート・マルサスは、1766年にイギリスのサレーに生まれ、地方の地主であった父親からリベラルな教育を受けた。彼の名づけ親は、哲学者デイヴィド・ヒュームとジャン・ジャック＝ルソーであった。生まれつき、口唇裂で口蓋が裂けていて、発話障害を患っていた。

ケンブリッジ大学で、聖職者ウィリアム・フレンドに学び、1788年にイギリス国教会の聖職者に任命される。師フレンド同様、論争にさいしてしりごみすることがなかった。1798年に『人口論』を公刊し、これによってマルサスの名には悪評がついてまわることとなった。1805年に、新しく設立された東インド大学から政治経済学の教授として招聘された。この主題はそれまで大学で教えられたことがなく、おそらくこれによってマルサスは史上はじめてのアカデミックな経済学者となった。1834年に心臓障害で亡くなったとき、68歳であった。

**主著**

1798年　『人口論』
1815年　『地代の本質』
1820年　『経済学原理』

　生活水準の上昇は、つねに人口増加によってストップをかけられる。だから、なにが起ころうとも、いつでも経済は一定水準の人口をまかなうのにちょうど十分な食糧供給の水準に逆もどりする。

　マルサスのこうした見とおしは、飢えと疾病に脅かされざるをえない生活とその成長をまかなえるだけの人口にかかわる、経済的停滞の一例を示すものだ。だが、マルサスのモデルは、一定量の土地でシンプルな道具を使ってあくせく働く農夫の経済活動を土台としており、18世紀の終わるころにはすでに時代遅れになりつつあった。

　新たな技術によって、土地と労働の総量が変わらずとも、より多くの食糧を生産できるようになった。新たな機械と工場によって、より少ない労働者を使ってより多くの商品が生産可能となった。技術の進歩によって、人口が増加してもますます高水準の生活を享受できるようになった。2000年には、イギリスの人口はマルサスの時代の3倍以上に増えたが、所得のほうは10倍以上に増加している。

　ときとともに、技術は土地と人口動態の制約を乗りこえつつある。それが、マルサスには予見できなかった点だ。こんにちでは、マルサスの考えは、人口水準が増えすぎて、新技術によって相殺できる地球の容量を超えてしまうのではないかという危惧のうちにこだましている。■

# 商人同士の集まりは、価格を上げる共同謀議で終わる
## カルテルと談合

### その経済学的背景

**焦点**
市場と企業

**鍵となる思想家**
アダム・スミス（1723～1790年）

**前史**
**1290年代** ボヘミア公爵ヴェンツェスラウス二世が、金属鉱石貿易商人たちが結託して価格を引きあげるのを無効にする法律を導入する。
**1590年代** オランダからの貿易商人たちが結託して、東インドにおけるスパイス交易の独占を目的としたカルテルを立ちあげる。

**後史**
**1838年** フランスの経済学者オーギュスタン・クールノーが、寡占における競争のありようを記述する。
**1890年** 最初の独占禁止法が、アメリカで可決される。
**1964年** アメリカの経済学者ジョージ・スティグラーが、「寡占の理論」を公表して、カルテルを成功裡に維持するにはどうすればよいのかという問題を検討する。

　自由市場が効率的に機能するうえでのかぎは競争だ。市場のなかに複数の生産者がいることで、それぞれの生産者が消費者を惹きつけようとして生産性が向上し、価格が低く抑えられる。ただひとつの供給者しかないばあいが独占だ。そこでは、その供給者は生産高に制限を設けることで価格を釣りあげることもやりたい放題だ。
　この二つの極限状態のあいだにあるのが寡占で、そこでは少数の――ときには2社か3社の――供給者が、特定の製品の市場を占有している。寡占における生産者間の競争は、あきらかに消費者の利害のうちにあるが、生産者には自分たちの利益水準にとっていっそう好都合な別の選択肢が存在する。すなわち、協

# 理性の時代　71

**参照**　限られた競争の効果→90〜91頁　■独占→92〜97頁　■競争的市場→126〜129頁　■市場とその社会への成果→210〜213頁　■ゲーム理論→234〜241頁

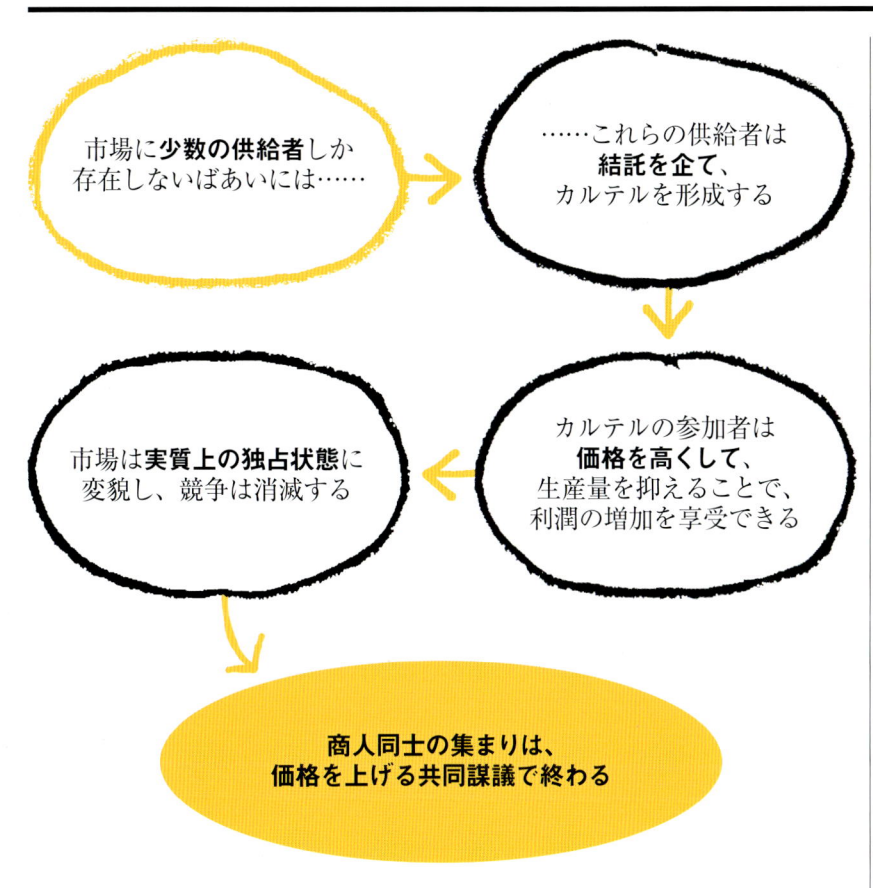

市場に**少数の供給者**しか存在しないばあいには……

……これらの供給者は**結託を企て**、カルテルを形成する

カルテルの参加者は**価格を高くして**、生産量を抑えることで、利潤の増加を享受できる

市場は**実質上の独占状態**に変貌し、競争は消滅する

**商人同士の集まりは、価格を上げる共同謀議で終わる**

**英国航空**は、2007年に共同謀議のかどで、300万ポンドを超える罰金を科された。それはヴァージン・アトランティック航空が、二社のあいだで6度にわたる会合がもたれ、意図的な価格釣りあげを協議したことを認めたからだ。

調だ。もし生産者たちがこの方策を採用して、たがいに安売り競争をしないことに同意できたなら、彼らはひとつにまとまって、独占状態にあるかのようにふるまえ、市場の諸条件を自分たちの利益にあうように好きに動かすことができるようになる。

## カルテルを形成する

会社間でのこの種の協調は、経済学者たちによって「談合」として知られる。その結果、価格操作がおこなわれ、市場の効率性が失われてゆく。スコットランドの経済学者アダム・スミス（61頁）は、自由市場における利己心の重要性を認識してはいたが、売り手の動機にたいしては、「同業者というものは、たとえ歓楽や気晴らしのためであっても、ひとつところに集まることはめったにないが、集まったばあいになされる話しあいは、社会にたいする共同謀議もしくは価格を釣りあげるためのなんらかの策略で終わる」という警告を発するだけの懐疑心ももちあわせていた。

生産者同士のあいだでの提携は、市場の歴史と同じくらい古くから見られたし、多くの商業領域におけるビジネスは、たがいに便益をもたらすべく組合を形成してきている。19世紀のアメリカでは、こうした拘束的もしくは独占的な行為は「トラスト」として知られていたが、いまでは国内外を問わずいとなまれるその手の提携をあらわすのに「カルテル」という用語が用いられている。この語は、1920年代と1930年代のドイツおよびアメリカの経済の注目すべき特徴であったにもかかわらず、いまでは否定的な含意を帯びている。

20世紀になると、アメリカとヨーロッパ連合（EU）が、談合をやめさせるための法制化をおこなった。だが依然として、生産者間のカルテルは市場経済の特徴であった。提携ということであれば、たとえば2011年にヨーロッパで生じた粉石鹼の価格を固定すべくユニリーバとP&Gが結託したばあいのように、二社間での合意の例があるし、さらには国際航空輸送協会（IATA）の例のように、国際的な貿易連合というかたちを採るばあいもある。IATAのもともとの機能は運賃価格の設定であったが、談合として非難された。IATAは航空産業の代表的な組織としていまなお存続している。カルテルは、特定の物品を生産する、各国政府間の提携をつうじて形成されるばあいもある。たとえば、1960年に加盟国間での石油価格を調整するために創設された、石油輸出国機構（OPEC）がそれだ。

## カルテルにとっての課題

だが、カルテルを整え維持してゆくにはいくつもの問題がある。それらの問題は、価格とメンバー間の信頼の二つにかかわる。第一に、カルテルにくわわれば、簡単に価格を操作できるというものではない。彼らは、その価格を維持するための生産量割当て、そして当然ながら、利潤の分け前にも同意しなければならない。カルテルの参加者が少なければそれだけ、こうした交渉もスムーズに運ぶ。供給に占める会社の数が少なければ、カルテルはそれだけ強固になる。

第二の問題は、規則を遵守するカルテル参加者に保証を与えることだ。生産者が談合に惹きつけられるのは、もっと価格が高くなるだろうという見とおしがあるからだが、この利己心こそがこの集まりの弱点でもある。カルテルの個々のメンバーは、過度に生産し、さらにほかのメンバーより価格を下げることで「だま」したいという誘惑にかられるかもしれない。じつのところこれは、二人の囚人が黙秘したままでいるか自白するかを選べる状況に置かれているときに生じる「囚人のジレンマ」（238頁）のヴァリエーションだ。二人ともが黙秘もしくは自白を選んだなら、彼らの罪は軽くなる。だが、どちらかひとりだけが自白したなら、そのひとりは罪を免れることになるが、もうひとりは重い罪に問われることになる。どちらにとっても最良の戦略は黙秘をつづけることだ（そうすれば、収監されている期間は最短ですむ）が、相手が自白しないことに望みをかけて自分は自白し、すぐに釈放されるほうを選択したいという誘惑は残る。この例に当てはまる戦略は、カルテルにも等しく当てはまる。

カルテルでは、参加者全員にたいする見返りは、競争するばあいよりも協力するばあいのほうが大きくなるが、最大の見返りを得るのは、だれであれ同意を無視する最初のひとりであり、そのばあいほかの全員は当然そのつけをこうむる。

じっさいには、これこそが、とりわけ生産量割当てが不均等に配分されているばあいに、カルテル内部で起こりがちなことだ。たとえばOPECに参加している12の国は、定期的に会合を開いて、生産量と価格について合意をおこなっているが、それが遵守されることはめったにない。比較的規模の小さい、それほど豊かでもない参加国は、自分たちの生産割当てを超える余剰利益を得られそうな機会を見のがさずに、競争という要素をもちこんでカルテル全体の力を弱めることだろう。カルテルのはたらきを損なうには、ただ一度の不正行為があれば十分であり、カルテルの参加者が増えれば、規則が破られる恐れも増すというものだ。

## 同意を守らせる

ほとんどのばあい、カルテルの参加者のひとり——たいていはもっとも生産力をもつ者——が「執行者」の役割を演じる。たとえば、OPECの効率性が、自国の収益をあげるために過剰に生産するアンゴラのような一国によって脅かされたばあい、このカルテルの参加国の最大勢力であるサウジアラビアは、それを阻止するための行動に出ることができる。最低の生産コストで最大の生産をおこなっている国は、わずかの期間、利益を少し抑えるだけで、生産力を向上させるのに貢献することもできれば、より小さい国々にとって懲らしめとなるか破産させかねない水準にまで価格を下げることもできる。だが多くのばあい、だましの誘惑や強制者のみずからの利潤を抑えることへの躊躇は、最終的にはカルテル自体の解体へと行きつく。

**カルテル**は、潜在的な独占状態にある利点を活用することで、**価格操作も思いのまま**だ。消費者により安い価格を提示する者がいなければ、価格は生産コストよりもさらに高くつけられるし、カルテルの利益はさらに増えてゆく。

> 私たちは圧制的な政府にたいしても、独占やカルテルの形態をまとった企業の寡占にも寛容であってはならない
>
> **ヘンリー・A・ウォラス**
> （1888〜1965年）アメリカの政治家

# 理性の時代 73

カルテルを形成し維持してゆくことの難しさは、こうした「共同謀議」がアダム・スミスの危惧したほどには共通のものではなかったことを示している。1960年代にアメリカの経済学者ジョージ・スティグラーがあきらかにしたのは、ライバルへの自然な猜疑心がカルテルの談合を壊すように作用し、より多くの会社が市場に参入すれば、それだけカルテルの誕生する数も減るということだ。結果的に、たとえばヴィデオ・ゲーム操作盤や携帯電話のような少数の大規模な生産者しかいない産業でさえ、提携よりも競争のほうが好まれる傾向が生じた。

それにもかかわらず、いまなおカルテルは存在し、政府が介入する必要を感じずにはおれないほどに市場にたいする脅威となっている。価格操作に反対する目的で消費者からもたらされた公共的圧力は、20世紀をつうじて「独占禁止」法案制定運動（右欄参照）に拍車をかけ、カルテルはほとんどの国で違法となった。

談合を証明することの困難さゆえに、これらの法律の多くは、カルテルを破壊するようなさらに別のインセンティヴ――ちょうど囚人のジレンマのばあいのような――免責をカルテルの、最初に自白する者に認めている。この戦略は2007年に注目に値する成功をおさめた。このときには、ヴァージン・アトランティック航空が太平洋航路の価格操作の調査

オランダの**携帯電話会社**は、2011年にカルテルを企てた疑いをかけられ、調査の対象となった。そのなかには、プリペイド式携帯電話のなかに記録されているデータの価格を固定した疑いがふくまれていた。

> 経済学者たちにはいくつもの栄光があるが、独占禁止法がそのひとつだとは私には思えない
>
> **ジョージ・スティグラー**

に悩まされて、英国航空との談合を自白し、英国航空は重い罰金を科された。

## 政府の認可

スティグラーのように、自由主義の立場に立つ経済学者のなかには、カルテルの不安定さを指摘して、そうした法律の必要性に疑問を表明する者も少なくない。政府はしばしばカルテルにたいしては曖昧な態度を示すが、それはばあいによってはある種の提携形態を潜在的には望ましいものとみなすからだ。たとえば、IATAの価格操作が政治的には談合とみなされる一方で、好意的に解釈すれば、しばしばOPECは、その政策によって安定性がもたらされるための貿易ブロックとみなされる。同様の議論が、不況下の国々において、石油や鉄鋼といった産業における公的カルテルの擁護のためにももちだされることもある。政府によって統御されたばあいの生産者間の提携は、生産量と価格を安定させ、消費者と小規模生産者を保護し、産業全体をいっそう国際的な競争力をもつものにする効果をもつ。この種の公的カルテルは、1920年代と1930年代をつうじて、アメリカでもヨーロッパでも当たり前のものであったが、第二次世界大戦以降はほとんどが消滅した。国家によるカルテルは、いまなお日本経済のひとつのきわだった特徴だ。■

## 独占禁止法

一般に、寡占と並んでカルテルは、自由市場の効率性を妨げ、経済的な福祉を脅かす脅威とみなされる。ほとんどの政府が、通常は独占禁止法や競争法などのかたちをとって、この種の談合を防ごうとしている。そうした介入の最初のものは、1890年にアメリカで登場したシャーマン法で、これによって、州の間もしくは外国貿易に制限を設けていたいっさいの談合や共同謀議が禁じられた。これにつづいて独占禁止法が制定されたが、そのなかに1914年のクレイトン法があった。これは、競争を「締めだす」ためのローカルな値段を禁じたものだ。

経済学者のあいだでは、どのケースでも実地するのが困難だとして、独占禁止法の法制化に懐疑的な傾向が強い。経済学者に言わせるなら、協調がつねに価格の固定化や価格操作といった共同謀議に行きつくわけではない。それに多くの経済学者たちは、「トラスト征伐」にかんする法制化のほとんどは経済的分析以上に政治的圧力によって動機づけられていると考えている。

国産の商品を外国との競争から保護し、地域内の価格を釣りあげようとして関税の「網の目」を構築したアメリカの政治家ネルソン・オールドリッチを風刺するある政治雑誌の**1906年の表紙絵**。

# 供給はそれ自身の需要を生みだす
## 市場における供給過剰

### その経済学的背景

**焦点**
マクロ経済

**鍵となる思想家**
ジャン＝バティスト・セー
（1767〜1832年）

**前史**
1820年　イギリスの経済学者トマス・マルサスが、不完全雇用と生産過剰の生じる可能性について論じる。

**後史**
1936年　ジョン・メイナード・ケインズが、供給がそれ自身で需要を生みだすことはないと主張する。需要が足りていないばあいに、それが生産の落ちる原因となり、失業が生まれることはありうる。

1950年　オーストリア出身の経済学者ルートヴィヒ・フォン・ミーゼスが、経済にかんするケインジアンの誤謬の土台には、ケインズの否定があると主張する。

2010年　オーストラリアの経済学者スティーヴン・ケイツが、セーの法則を擁護して、ケインズ経済学を「概念上の病」と呼ぶ。

---

人びとは商品を生産し、それらを売って**お金を得る**

↓

だれもお金を貯めこむことを望みはしない。なにしろ、そうなればお金の**価値が下がって**しまい、その結果……

→

……人びとは、自分たちの欲する**別の生産物**とお金を交換する

↓

**供給はそれ自身の需要を生みだす**

---

**1776**年に『国富論』を執筆したアダム・スミス（54〜61頁）は、そのなかで自分の周囲にいる商人たちは概して事業が失敗に終わる理由には二つあると考えているようだと書く。すなわち、資金の欠乏と生産過剰とだ。このうち最初の神話の正体をスミスは、経済におけるお金の役割を解明することであきらかにしたが、第二の神話はのちの時代のフランスの経済学者ジャン＝バティスト・セーにゆだねられた。

セーの1803年の著作『経済学概論』は、もっぱら生産過剰の不可能性の解明に当てられている。セーによると、ひとつの生産がなされるや否や「それ自体の価値の限度まで」別の生産がなされるための市場が生みだされる。この意味は、例を挙げて言うなら、一枚のシャツを製造して売ることで服屋が受けとるお金は、ついでパン屋からパンを購入するのに使われ、酒屋からビールを買うのに使われるということだ。セーの考えでは、人びとにはお金を貯めこもうという欲望はなく、供給される商品の価値の総体は必要な商品の価値の総体と等しくなる。こんにちではセーの法則として知られる表現を借りて言うなら、「供給はそれ自身の需要を

# 理性の時代

**参照** 自由市場経済学→54〜61頁 ■ 経済的均衡→118〜123頁 ■ 不況と失業→154〜161頁

生み出す」のだ。じっさいには、セーはけっしてこうした言いかたはしなかった。おそらくこれは、1921年にアメリカの経済学者フレッド・テイラーが、その著書『経済学原理』で考案したものだ。

この考えがセーにとって重要であったのは、もし供給が需要と等しい価値を生みだすなら、けっして過剰生産ないし「供給過剰」が全体としての経済のなかで生じるはずがないことになるからだ。もちろん、個々の会社が商品にたいする供給水準を見誤って過剰生産することはなくはないが、オーストリア生まれのアメリカの経済学者ルートヴィヒ・フォン・ミーゼス（147頁）がのちに述べたように、「下手な起業家」は損失を出せばその市場から追いやられるだろうし、未就業の人的資源は経済のより利益の上がっている分野に再配置されるだろう。じっさい、すべての財を過剰生産するのは不可能だ。なにしろ、人間の欲望は商品を製造する私たちの能力をはるかに上回っている。

セーの法則は、古典派経済学者とケインズ派経済学者とのあいだでの葛藤の場となった。セーを筆頭とする前者は、生産活動ないし経済の供給にかかわる面こそが経済成長でもっとも重要な要素だと考えたが、ケインズ派によれば、経済成長は需要の増大からしかもたらされない。

## なぜお金を貯めるのか

1936年の主著『雇用・利子および貨幣の一般理論』のなかで、ジョン・メイナード・ケインズ（161頁）は、経済活動におけるお金の役割に注目して、セーの法則を激しく批判した。セーに言わせれば、働いて得られたすべてのお金は、ほかの商品を購入するのに費やされる。言いかえるなら、経済活動はあたかも交換のシステムに基礎を置いているかのように展開する。だがケインズが示唆するのは、人びとはときとして商品を買うのとは別の理由からお金を保持することもありう

るということだ。

たとえば、人びとは所得のいくらかを貯金しておこうとする。こうした貯金が（たとえば銀行のような）ほかのところから借りてこられたものではなく、（ことによると事業を進めるための資本のように）経済活動に充当されるとしたら、お金はもはや循環してはいないことになる。人びとが自分のお金に固執するかぎりは、商品への需要が、ついには生産される商品それ自体の価値よりも下がることもありうる。「負の需要」というこの状態は、「需要欠乏」として知られるが、ケインズは、そうなれば失業がどんどん広まってゆくだろうと述べた。

1930年代前半の大恐慌時代の世界経済の恐ろしい状態を考えると、またとりわけ失業が生じるのは短期にすぎず、それもかぎられた数の産業においてのみだというセーの法則の基になる世界と対比するならば、ケインズの議論はきわめて強力に感じられる。■

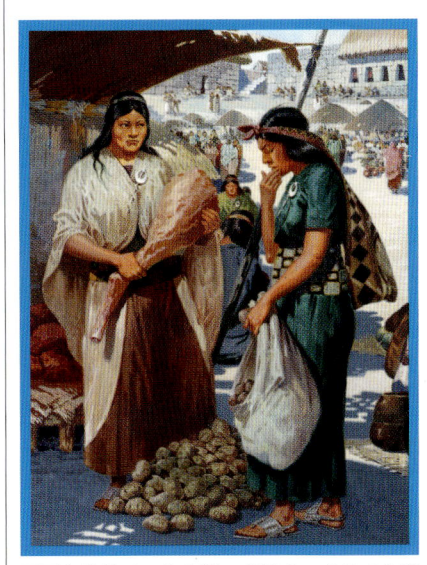

需要と供給は、ある種の交換をつうじて作用すると**セーは信じた**。私たちは、自分の獲得したお金と自分の望む商品とを交換する。この絵では、インカの市場で肉が野菜と交換されている。

## ジャン＝バティスト・セー

ジャン＝バティスト・セーは、1767年にフランスはリヨンに、プロテスタント派織物商人の息子として生まれた。18歳のときにイギリスへ移住し、2年間を費やして商人の修業をしたのち、パリにもどって保険会社に勤務する。セーは1789年のフランス革命を歓迎したが、それは、この運動がプロテスタントのユグノー派にたいする宗教的迫害を終えさせ、これによって商業へのさらなる見こみが開かれる点で、本質的に従来の封建的な経済体制を終わらせるものでもあるという理由からであった。

1794年に、政治雑誌の編集者となり、アダム・スミスの見解を推進した。1799年にはフランス政府に協力するよう招かれたが、ナポレオンがセーの見解のいくつかを拒絶したため、セーの著作は1814年まで発禁処分となった。この間にセーは綿工場を立ちあげて成功をおさめた。晩年はパリで経済学の講義をおこなったが、卒中を患い、1832年に66歳で亡くなった。

**主著**

1803年『経済学概論』
1815年『イギリスとイギリス人』
1828年『実践経済学通論』

# まず借りておいて、課税はのちほど
## 借入と負債

## その経済学的背景

**焦点**
経済政策

**鍵となる思想家**
デイヴィド・リカード
（1772〜1823年）

**前史**
**1799年** イギリスが、革命フランスとの戦争のあいだに所得税を導入する。公債は国民所得の250パーセントにまで近づいた。

**後史**
**1945年** ヨーロッパの公債が、第二次世界大戦後に驚くほど上昇する。それは、各国政府が経済活動を促進させようとして支出を増大させたからだ。
**1974年** アメリカの経済学者ロバート・バローが、人びとは政府が税金を課すか借り入れるかにかかわりなく同じように出費すると主張した、リカードの等価の考え方を復活させる。
**2011年** ヨーロッパの債務危機が深刻の度を増して、課税と公的借入の限界をめぐる議論の引き金を引く。

---

政府の支出は**借入**によってまかなわれるべきか、それとも**課税**によってまかなわれるべきか

→ 政府がいま**借金**をすると……
→ 政府がいま**税金を上げる**と……

……人びとは、負債を返すために将来自分たちがより多くの税金を払わねばならなくなると察する

……人びとはより多くの税金を払わなければならなくなる

**政府がいま課税する道を選ぼうと、「まず借りておいて、課税はのちほど」の道を選ぼうと、なんの変わりもない**

---

政府の出費は借入でまかなわれるべきか、税金でまかなわれるべきか。この問いは、イギリスとフランスとのあいだでおこなわれ高くついたナポレオン戦争（1799〜1815年）のさなか、イギリスの経済学者デイヴィド・リカードによってはじめて詳細に検討された。1817年に公刊された『経済学および課税の原理』で、リカードは資金調達の方法はどうでもよいと主張した。税金を払うひとは、いまの政府の借金が未来におけるさらなる税金につうじることに当然気づいている。いずれにせよ税金はかけられるのだから、不慮のばあい

**参照** ホモ・エコノミクス→52〜53頁 ■ 租税負担→64〜65頁 ■ ケインズ乗数→164〜165頁 ■ マネタリスト政策→196〜201頁 ■ 出費の節約→204〜205頁 ■ 合理的期待→244〜247頁

にそなえて、いま税金でもっていかれるはずの額と同等の貯金を確保しておく必要がある。リカードに言わせれば、人びとは政府の予算に制約のあることを理解しており、政府が借入と税金のどちらを決断するかにかかわりなく同じようにお金を使いつづける。なにしろ、いずれのばあいも最終的には自分たちに出費としてまわってくるのだ。のちにこの考えは、リカードの等価として知られた。

父親がギャンブル好きで、息子たちから借りるお金に頼っている家庭を想像してみよう。父親は息子たちに、友人のアレックスから借りたから、1カ月は自分のお金を自分でもっていてかまわないと言う。能天気な息子のトムは、これによって貸さずにすんだお金を使ってしまう。賢い兄のジェイムズは、翌月にはアレックスへの借金が利子をつけて払いもどさねばならなくなり、かつその時点で父親がおそらくは金を借りに来るだろうということに気づく。ジェイムズには、自分の富の総額が変わらないとわかっているので、いまの自分の支出を変える必要はまったくない。

リカードは理論化はしたものの、リカードの等価がいつか現実世界に登場するだろうとは述べなかった。リカードの考えでは、普通の市民はこの例のトムと同様の支出入にかんする幻想をいだき、手持ちのお金を使ってしまうだろう。だが、現代の経済学者のなかには、市民はそんな幻想にはとらわれないと主張する者もいる。

## 現代の論争

この考えは、アメリカの経済学者ロバート・バロー（1944年〜）の1974年の論文にあらためて登場した。そのさいの新たな分析でもっぱら再検討の対象となったのは、人びとが税金や借金と無関係にお金を使うのはどのような条件下のことなのか、だ。ひとつの想定は、人びとは合理的な意志決定者であり、完璧な見とおしを有しているというものだ。人びとは、いまお金を使うと後で税金を払うことになるとわかっている。だが、これは当たっているとは思えない。そのやりとりにかかる費用は別として、借りることも貸すことも、同等の利子率でいとなまれるのでなければならない。

さらなる問題は、人生自体が有限だということだ。もし人びとが利己心で動くなら、死んだあとに課される税金など気にかけるはずもない。だが、バローが示唆するのは、両親は子どもを気づかい、しばしば遺産を残すということだ。これはある面では、そうすることで子どもが両親の死後に生じるかもしれないどんな税金にも対応できるようにしておくことだ。このように個々人は、意思決定のさいに、自分の死後に課されるかもしれないと予測される税金の影響をも考慮にいれることがある。

## 政府の支出

リカードの等価は、ときに負債中立性としても知られるが、こんにちでもホットな話題だ。その理由として、現代の政府が支出、借入、課税のいずれにおいても高い水準に達しているという事情が挙げられる。新古典派経済学者はリカードの洞察を、政府が支出するのは需要を拡大し、成長を促進するためだと主張するケインズ派の政策に反対する論拠として用いてきた。この人びとの言うところでは、もし政府が経済を不況から脱出させるためにお金を使うとわかっているなら、人びとは合理的期待をめぐらせて、自分たちが将来いま以上の税金を課されることになると予測して、現在のシステムにおいて増えてゆくお金の量に無定見に反応したりはしなくなる。だが、賛否いずれにせよ、現在見られる証拠は、結論を下すだけの決め手を欠いている。■

**ギリシア**は、2011年に破産を回避するために膨大な額の借金をせざるをえなくなった。それにつづいて生じた社会不安は、政府が借入もしくは課税をなしうる額にも限界のあることを知らしめた。

### 新古典派マクロ経済学

アメリカの経済学者ロバート・バロー、ロバート・ルーカス、トマス・サージェントが、新古典派マクロ経済学派を立ちあげたのは、1970年代初頭のことであった。その中心的主張は、合理的期待（244〜247頁）と市場の均衡（マーケット・クリアリング）という想定であった。すなわち、価格は、おのずから均衡の新たな状態に適合するという考えだ。新古典派の理論家たちは、これが労働市場にも適用可能だと主張した。すなわち、賃金水準は、供給（仕事を求めるひとの数）と需要（必要とされているひとの数）の相互調整をつうじて定められるというのだ。

この見方では、働きたいと望むだれもが、「現行賃金」を受けいれる覚悟さえあれば働き口を得られる。だから、失業はすべて本人の意向によるものだ。合理的期待によれば、決断を下すとき人びとは未来と過去を同等に顧慮しており、だから借入ないし税金を選択する政府にやすやすとだまされない。

# 経済活動はヨーヨーだ
## 好景気と不況

**その経済学的背景**

焦点
**マクロ経済**

鍵となる思想家
**ジャン＝シャルル・シスモンディ**
（1773〜1842年）

前史
**1776年** アダム・スミスが、自然市場は経済的均衡を生みだすように作用すると主張する。
**1803年** ジャン＝バティスト・セーが、市場は自然に需要と供給のバランスをとるようにはたらくと主張する。
**1817年** ウェールズ出身の社会改革者ロバート・オーウェンが、過剰生産と過少消費のいずれもが経済下落の原因だとみなす。

後史
**1820年代** フランスの経済学者シャルル・デュノワイエが、経済活動の循環的性格をあきらかにする。
**1936年** ジョン・メイナード・ケインズが、経済変動をなくすには政府が支出する必要があると力説する。

景気循環とは、好景気ないし拡張期として描かれる強い経済成長と、経済的下降ないし不況の時期とのあいだの往還だ。それは、ときに好景気と不況のサイクルとしてもあらわされる。スイスの歴史家ジャン＝シャルル・シスモンディは、周期的な経済危機の発生を突きとめた最初の人物だが、その循環の形式をあきらかにしたのは、さらに後の時代のフランスの経済学者シャルル・デュノワイエ（1786〜1862年）の著作であった。シスモンディは、アダム・スミス（61頁）やジャン＝バティスト・セー（75頁）、さらにはデイヴィド・リカード（84ページ）らの「ベストな状態を知っているのは市場だ」という正統派の考えに反

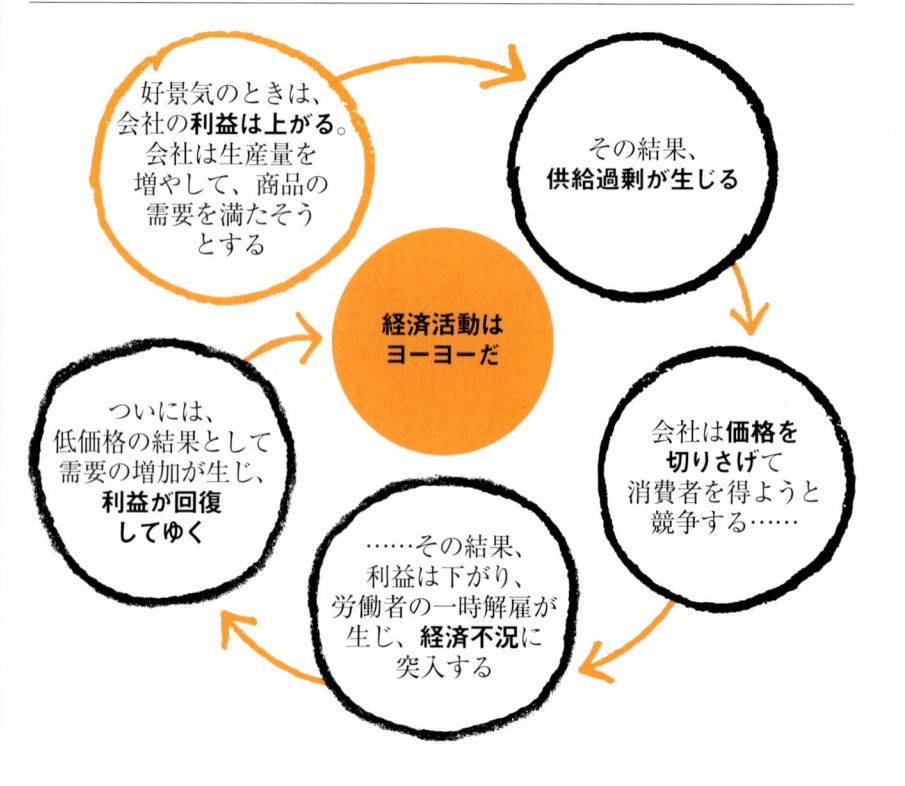

**経済活動はヨーヨーだ**

- 好景気のときは、会社の**利益**は上がる。会社は生産量を増やして、商品の需要を満たそうとする
- その結果、**供給過剰が生じる**
- 会社は**価格を切りさげて**消費者を得ようと競争する……
- ……その結果、利益は下がり、労働者の一時解雇が生じ、**経済不況に突入する**
- ついには、低価格の結果として需要の増加が生じ、**利益が回復してゆく**

# 理性の時代

参照　自由市場経済学➡54〜61頁　■ケインズ乗数➡164〜165頁　■金融危機➡296〜301頁　■住宅供給と経済の循環➡330〜331頁

**超高層ビルは、往々にして**行きすぎた楽観論の時期に建設される。それは経済が過熱していることを告げる確実な兆候だ。それらの建設が終わるころには、しばしば経済は暴落する。

論を試みた。これらの人びとによるなら、市場をそれ固有のしくみにゆだねておけば、経済的均衡はたちどころに、かついとも容易に達成され、完全雇用も実現される。だが、シスモンディに言わせれば、最終的にはある種の均衡が実現されるかもしれないが、それはあくまで「驚くほどの数の苦痛」を経てのことにすぎない。

シスモンディが1819年に『経済学新原理』を公刊するまでは、経済学者は短期的な経済の好景気と不況に眼を向けるか、その原因を戦争のような例外的なできごとに帰すかのいずれかであった。シスモンディがあきらかにしたのは、短期的な経済動向は好景気の時期に急成長する不均衡によって惹きおこされる——過剰生産と過少消費という——市場の諸力の自然な帰結に左右されるということだ。

## 好景気を焚きつける

経済活動が成長し、事業(ビジネス)が円滑にまわるようになるにつれて、労働者たちは賃上げを要求できるようになり、それまで以上に自分たちのつくった製品を購買できるようになる。これによって、経済の好景気が焚きつけられる。より多くの製品が売れれば、会社は規模を拡張し、もっと製品をつくるべく、さらに労働者を雇用する。そして、これらの新たな労働者たちが商品を購入するお金を得て、好景気はつづいてゆく。

競争とは、すべての会社が生産量を増やしていって、ついには供給が需要を凌駕することだとシスモンディは言う。この力が、価格を下げて消費者を惹きつけるよう会社に強いて、利潤の減少や賃金低下の、ひいては労働力の一時的解雇(レイオフ)の引き金となる。つまりは、景気後退につづく経済危機のはじまりとなるのだ。会社はふたたび需要を刺激するのに十分なくらいにまで価格を下げだし、それによって融資がいっそう利用しやすくなり、サイクル全体がもう一度ふりだしにもどる。

こうした経済循環を裏打ちした初期の危機が、1825年の恐慌であった。株式市場を襲ったこの危機は、国際的な経済的事情のみによって惹きおこされた、最初に記録された危機のひとつだ。これは、詐欺師によって投資家の関心を買うためにでっちあげられた、架空の国ポイヤスでの投機的投資によって突如巻きおこった事件で、その悪影響は世界中の市場に広がった。

シスモンディは、アダム・スミスのレッセフェールの手法には反対で、富の蓄積を制御(せいぎょ)し、周期的な危機を避けるには政府の介入が不可欠だと主張した。

こうした循環(サイクル)の発見によって、経済学者に経済活動を新しいスタイルで分析し、危機とその悪影響とを回避するための戦略を考案するための道が拓かれた。シスモンディとデュノワイエの業績を踏まえて、ケインズは自身の理論を構築し、それが20世紀における世界の主流派経済学のアプローチのひとつを用意することとなった。■

## ブル型相場とベア型相場

経済全体が成長したり収縮したりするにつれて、市場も繁栄したり下降したりする。安定した価格上昇を示している市場は、ときにブル(強気)型相場と呼ばれ、価格が下降線をたどっている市場は、ベア(弱気)型相場と呼ばれる。こうした名称は、たいていは株や債権、家屋といった財に適用される。

たとえば、上り調子の株式市場のようなブル型相場は、しばしば経済成長の時期にあらわれる。投資家たちは経済予測にたいしてどんどん楽観的になり、会社の株を買う。その結果、株価の上昇の焚きつけとなる。経済活動がよろめきだすと、この過程は逆になる。投資家たちは「ベア型」になり、市場が下がり調子になるにつれて株を売りだす。

アメリカの株は、1990年代にはドットコム人気もあってブル型相場だった。主だったベア型相場は、1930年代の大恐慌をきっかけとして出現した。

> 全面的な競争あるいは生産を増やして価格を抑えようと努力することは……危険なシステムにつうじる
>
> **ジャン＝シャルル・シスモンディ**

# 貿易はだれにとっても有益だ

比較優位

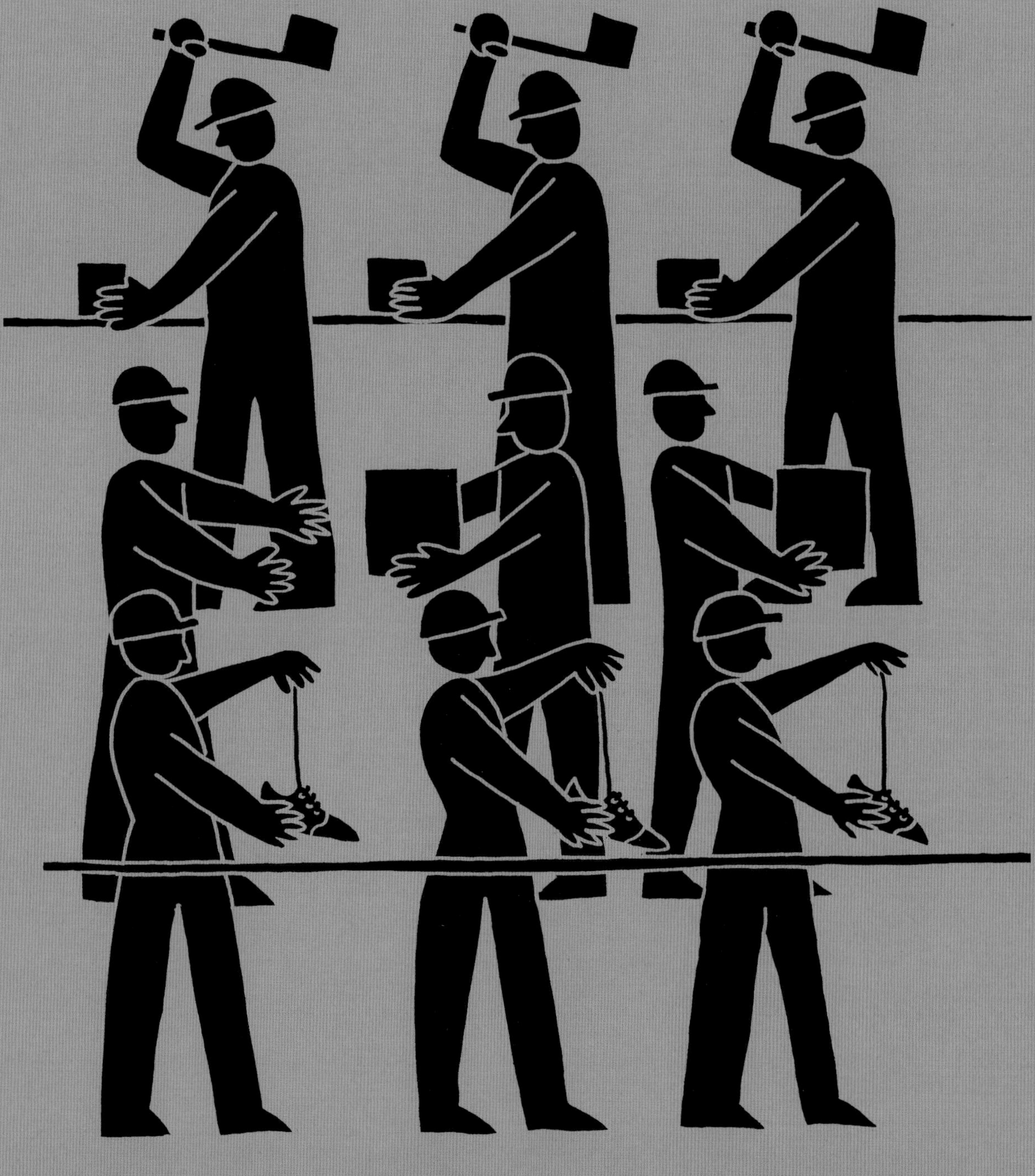

# 比較優位

## その経済学的背景

**焦点**
グローバル経済

**鍵となる思想家**
**デイヴィド・リカード**
（1772～1823年）

**前史**
**紀元前433年** アテナイの人びとが、メガラの人びとに交易の受けいれを強制する。これは記録に残されている最初の貿易戦争のひとつだ。
**1549年** イギリスの政治家ジョン・ヘイルズが、のちに広範に支持されることになる、自由貿易は国家によくない結果をもたらすという見解を表明する。

**後史**
**1965年** アメリカの経済学者マンサー・オルソンが、国家はまとまりのない集団よりも集約性の高い集団からの訴えのほうに応答する傾向があることを示す。
**1967年** スウェーデンの経済学者ベルティル・オリーンとエリ・ヘクシャーが、リカードの貿易理論を発展させて、比較優位がときとともにどう変化してゆくかを吟味する。

---

ある製品をつくるには**コストがかかる**。コストのひとつは時間だ

↓

もしA国があらゆることでB国よりも長けていたなら、A国は**もっともよくつくることのできる商品に的を絞れば**、いっそうの利益をあげられる。それほどの製造技術のない製品のために時間を犠牲にするのは、コストがかかりすぎる

↓

この結果、A国にはつくれない製品をつくることのできるB国は、**過度な競争を強いられることなしに**、その製品をつくる機会を得る

↓

それぞれの国の時間と資源のもっとも効率的な使いかたをつくりだす比較優位をつうじて、**どちらの国も利益をあげられる**

↓

全体を見るなら、**よりいっそう商品が製造され**、より安い価格で、より多くの種類の製品が消費者に提供される

→ **貿易はだれにとっても有益だ**

---

**18**世紀の高名なイギリスの経済学者デイヴィド・リカードの見解が、当人の暮らしていた世界と個人的な生涯とによってかたちづくられたことは疑いようもない。リカードが生きたのは、重商主義（34～35頁）が主流派経済学の思想であった時代のイギリスのロンドンであった。重商主義の立場では、国際貿易は厳しく制限される必要があった。その結果、政府は輸出を増やして輸入を減らす政策を導入する。これは、お金の流れをとおして国を富ませようという意図に発している。イギリスでは、この政策はエリザベス女王の時代にまでさかのぼる。リカードの考えでは、そうした保護主義政策は長期的には、むしろ国のもつ富を増やす力を制限する方向に作用する。

### 初期の貿易保護

リカードがとりわけ心を悩ませたのが、穀物法として知られるイギリス関税の導入であった。ナポレオン戦争（1799～1815年）のあいだ、ヨーロッパからの小麦の輸入がストップしていたため、イギリス国内の小麦の価格が急騰した。その結果、多くの地主が、自分の土地のなかでの穀物の栽培に当てる割合を増加させた。だが、1802年に一時的に休戦を迎えると、価格が恐ろしいほど下落したため、議会を支配する力も握っていた地主たちは、穀物法を通過させて外国産の小麦の輸入に制限を課し、穀物に底値を設定した。戦争が1815年に終結すると、底値を釣りあげるために穀物法が再度活用された。もともとはこの法律は、農業者を守るものであったが、戦争が終わってもどってきた兵士や水兵が仕事を見つけられないでいた時代にあっては、貧しい人びとに払える額を超えてパンの値を上げる後押しともなった。

リカード自身は富裕な地主であったが、穀物法には積極的に反対した。リカードは、この法律のおかげでイギリスはどんどん貧しくなると主張し、国と国のあい

# 理性の時代　83

**参照**　保護主義と貿易→34～35頁　■　市場統合→226～231頁　■　従属理論→242～243頁　■　為替相場と通貨→250～255頁　■　アジア・タイガー経済→282～287頁　■　貿易と地理→312頁

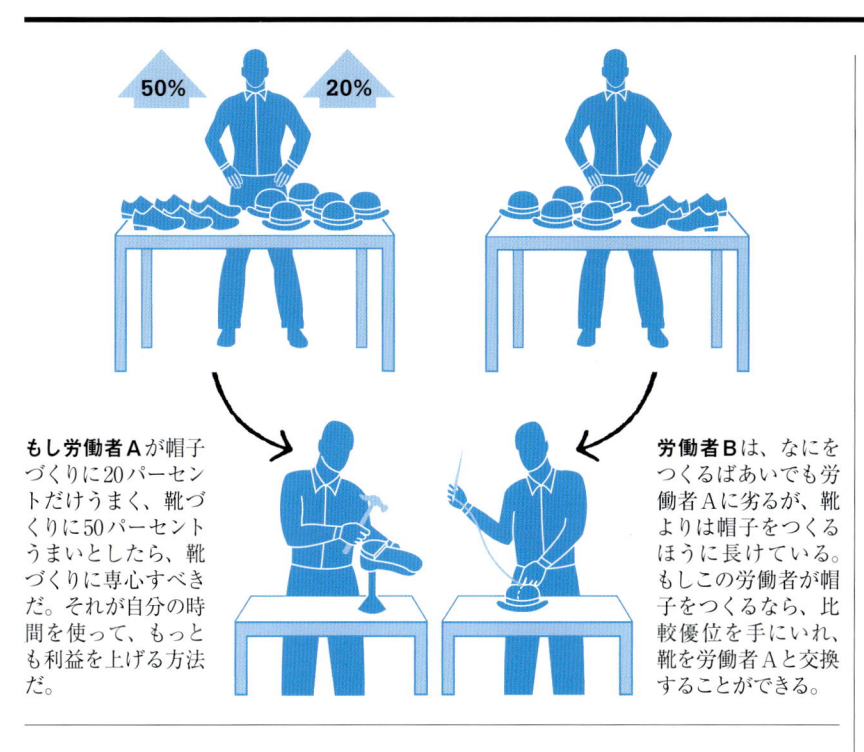

**もし労働者Aが帽子づくりに20パーセントだけうまく、靴づくりに50パーセントうまいとしたら、靴づくりに専心すべきだ。それが自分の時間を使って、もっとも利益を上げる方法だ。**

**労働者Bは、なにをつくるばあいでも労働者Aに劣るが、靴よりは帽子をつくるほうに長けている。もしこの労働者が帽子をつくるなら、比較優位を手にいれ、靴を労働者Aと交換することができる。**

だの自由貿易を正当化したいと望む人びとの頼みの綱となる理論を展開した。

## 比較優位

すでにアダム・スミス（61頁）が指摘していたことだが、ポルトガルとイギリスのあいだには気候差があるからこそ、どちらの国も交易から利潤を挙げられる。ポルトガルの労働者はイギリスの労働者よりも多くのワインを生産できるが、イギリスの労働者はポルトガルの労働者よりも多くの羊毛を生産できる。だれであれどの国であれ、競争相手よりも資源のある分、より多く生産することのできる製品にかんしては、「絶対優位」にあると言われる。スミスによれば、イギリスもポルトガルも、自分たちにもっともよくできることに特化し、余剰分を貿易にまわせば、最大の利益をあげられる。

リカードの貢献は、スミスの議論を拡張して、一方の国がどちらの商品にかんしても絶対優位にあるばあいに、どちらの国も特化と交易によって利益を得るの

かどうかを検証した点にある。一方の国がもう一方の国に比べて、労働者一人あたりの生産量がワインについても羊毛についても多いばあい、交易することに意味はあるのだろうか。

この問題にたいする別の考えかたは、ほかのだれよりも帽子と靴のどちらもうまくつくる技術をもっている人間が、自分の時間をこの二つの仕事に分割して当てるべきか、それともひとつの仕事を選んでもう一方の産物をつくる技術をもっている――ただし、その技術はやや劣る――別の労働者（左図を参照）と交換すべきかどうかを考えてみることだ。技術の高いほうの労働者が、帽子をつくるさいには20パーセント優れた技能を発揮し、靴をつくるばあいには50パーセント優れた技術を発揮するとしよう。そうなれば、この労働者がもっぱら靴（じっさいに彼の技能が秀でている製品）だけをつくり、能力の劣るほうが帽子づくり（彼がそれをつくるのがもっとも下手というわけではない製品）に従事することは、どちらの利害にもかかわってくるだろう。

この議論の背後にある論理は、必要となるか無駄に終わるかの製造時間の総量という観点から見られた、ある製品をつくるさいの相対的コストにかかわってい

**1819年に、8万人もの群集がイギリスのマンチェスターに集結して、輸入制限を課すことで小麦の価格を高いままに維持していた穀物法への抗議デモをおこなった。この抗議は過酷な弾圧を受けた。**

# 84　比較優位

中国からのタイヤ輸入量の増大（左写真）の結果、アメリカは2009年に貿易制限を課すよりほかなくなった。これがつぎに、貿易をめぐる本格的な論争に発展し、外交関係の悪化を招いた。

## 20世紀の優位

なにが比較優位を決定するのか。スウェーデンの経済学者エリ・ヘクシャーとベルティル・オリーンが論じるところでは、それは資本と労働力にかんしての、その国の相対的な余剰の程度による。資本の潤沢な国は、機械類のような資本集約的な製品にかんして比較優位にある。労働力の豊かな国は、農産物のような労働集約的な製品にかんして比較優位にある。その結果、それぞれの国は自国の生産の潤沢な部分を用いた製品を輸出するようになる。だから、アメリカのような資本が潤沢な国は、工業製品を輸出に当てる傾向にある。

ヘクシャーとオリーンの分析からは、また別の予測もなりたつ。さまざまな国の貿易での商品価格の格差のみならず、賃金の格差もまた減らされる傾向に向かう。労働力の豊富な経済による労働集約的な部門への特化は、賃金のレートを押しあげる方向へ作用するだろう。それにたいして、資本の潤沢な国では、また別の部門での影響が見られるだろう。だか

る。より優れた労働者は靴をつくるのに長けているわけだから、帽子をつくるばあいのコストはそれ以上になる。その結果、たくさんの価値のある靴を生産する時間を失わざるをえない。絶対的な観点からするなら、技術の劣った労働者は長けた労働者以上の靴あるいは帽子をつくることはできないが、彼が帽子をつくるばあいの相対的なコストは長けた労働者のそれよりも低くなる。だからこそ、長けた労働者のばあいとはちがって、技能の劣った労働者は帽子のために靴製造を失うことはない。こうしたわけで、技能の劣った労働者は帽子にかんして「比較優位」にあり、長けた労働者のほうは靴にかんして「比較優位」にあると言われる。それぞれの国が比較優位にある製品に特化すれば、全体としてはより多くの製品がつくられ、貿易をつうじて双方の国により多く、より安価な製品が届くこととなる。

この比較優位の考えかたを導入すれば、商品の製造にかんして劣った国々（そうした国々は、その商品にかんしては「絶対不利」にあると言われる）が、それでいてその商品を輸出して利益をあげられるという、アダム・スミスが焦点を当てたパラドックスは解消される。

## デイヴィド・リカード

世界でもっとも偉大な経済理論家のひとりと目されているデイヴィド・リカードは、1772年に生まれた。彼の両親はオランダからイギリスへ移住し、リカードは14歳のとき、株式仲買人であった父のために働きはじめた。21歳のとき、リカードはクエーカー教徒であったプリシラ・ウィルキンソンと駆け落ちした。両家のあいだの宗教のちがいが、どちらの側もが、二人を見すてるという結果をもたらした。そのためリカードはみずから株式仲買会社を立ちあげた。

ワーテルローの闘い（1815年）ではフランスの敗北に賭けてイギリス政府の公債を買うという幸運を得た。リカードは、トマス・マルサス（69頁）やジョン・スチュアート・ミル（95頁）といった当時の著名な経済学者たちと交際した。1819年には株式仲買の仕事から引退して、国会議員となった。1823年に耳の感染病で急死したとき、現在の価値に換算すると1億2000万ドル以上の財産を残した。

**主著**

1810年『金地の高値』
1814年『農業保護政策批判』
1817年『経済学および課税の原理』

> ある国でお金の量が減り、別の国で増えたからといって、その影響はどちらか一国の商品価格だけに作用するのではなく、あらゆる価格におよぶ
>
> **デイヴィド・リカード**

ら、短期的な全般的増加にはかかわりなく、最終的には勝ち組も負け組も生じるし、結果として、貿易を開くに当たっての対立も生まれる。

保護主義を求める声は、リカードの時代に劣らずこんにちでも強い。2009年には中国が、輸入される中国製タイヤに重税を課すアメリカの「極度の保護主義」を非難した。関税を上げる決断は、タイヤの輸入が2004年から2008年のあいだに14万本から46万本にまで増加したことによって、国産タイヤの需要が激減し、そのため工場閉鎖や失業増加が生じたと感じたアメリカの労働者からの圧力によってなされた。だが、そのまえにはアメリカが、自国のタイヤ工場を不当に援助していたかどで中国を非難しており、その結果緊張が高まっていた。中国の応答は、アメリカの車と家禽の肉への関税を上げるという報復的な威嚇であった。

関税はときに、経済活動に波紋を投げかける効果を生みだす。たとえば、アメリカのタイヤ製造業者がタイヤへの関税から得るどのような保護も、別のネガティヴな打撃によって相殺される。タイヤの価格が上がれば、アメリカ製の車のコストも上がり、その競争力は低下する。当然、アメリカの消費者によって購買される車の数も減る。中国による威嚇は、アメリカの輸出産業にもダメージをもたらした。

アメリカのタイヤ産業の労働者の一部の仕事は維持されるかもしれないが、より広範な経済的視点に立つなら、それ以上の数の仕事が奪われる。

## こんにちの保護主義

アメリカの経済学者マンサー・オルソンが、コストのかかることが広く知られているにもかかわらず、なぜ政治家たちは経済活動全体にダメージをもたらしかねない政策をとりつづけるのかの説明にひとつのヒントを与えた。オルソンが指摘するのは――国内の生産者と労働者のうちの若干数にすぎない――関税に抗う人びとが、安価な輸入品によって眼に見える打撃をこうむるという点だ。だが、潜在的にはそれよりもずっと数の多い消費者たちが、関税のために高い料金を支払わねばならず、関連する産業の労働者たちは、ドミノ効果で職を失うかもしれないが、彼らは経済活動のなかでは分散して存在している。

## 現代の貿易

こんにちでは、ほとんどの経済学者が貿易にかんするリカードの基本的な立場を支持しており、とりわけそれがこんにちの産業化された国々を支えていると考えている。アメリカの経済学者デイヴィド・ドラーとアート・クレイによれば、ここ数十年をつうじて、貿易は発展途上国が成長し貧困を減らす支えとなっている。彼らの言うところでは、自国の関税をカットした国は、それだけ早く成長し、貧困も眼に見えて減少する。貿易がつねに発展途上国の支えとなるのかどうかを疑問視する経済学者たちもいる。アメリカの経済学者ジョセフ・スティグリッツ（338頁）は、発展途上国では、市場の失敗や制度の弱点から、ときとして早すぎる貿易の自由化のために当の国にとってコストが嵩んでしまい、ダメージをこうむることもあると指摘する。

このほかにも、理論と実践のあいだには乖離がある。たとえば、インド政府がインドネシアからの安価なパームオイルの輸入への関税を撤廃したところ、リカードの理論に沿ったかたちで、インドの数百万人という人びとの生活水準が向上するというポジティヴな成果が見られた。だがそれによって、オイルのためにピーナッツを栽培していた100万にのぼる農家の生計が奪われ、いまやそのオイルはパームオイルのためのものとはみなされなくなった。完璧なリカード的世界では、ピーナッツ農家は、ほかの商品の生産活動に移行するだけですむはずだが、じっさいにはそうなっていない。なにしろ、ピーナッツ栽培に使われる機械にそのほかの使い道がないため、これらの農家はその投資資本を動かせないままなのだ。

リカードを批判する人びとは、長期的に見て、この種の打撃は貧しい国々の産業化と多様化の妨げになりかねないと主張する。のみならず、成功した貿易主となった豊かな先進工業国は、自分たちが発展途上だったあいだは、自由貿易を実施しなかった。国々が長期にわたって比較優位を構築する過程は、リカードのモデルの示唆よりもはるかに複雑だ。ヨーロッパとついでアジア・タイガー経済（282～287頁）が、貿易保護をつうじて、貿易の自由化以前に技術発展を達成することで、そうした優位を構築している。■

**アジアでつくられた製品**は、巨大コンテナ船で西側諸国へ輸送される。よくあるアメリカのショッピング・ワゴンの商品の75パーセントが、アジアからアメリカへ輸出されたものと推定される。

# 産業革命と経済革命
## 1820年〜1929年

**1838年** ↑ アントワーヌ・クールノーが、経済学に**関数と確率**の役割を採りいれ、需要と供給をひとつのグラフで表現した最初のひとりとなる。

**1848年** ↑ ジョン・スチュアート・ミルが、貿易と社会的公正の双方を推奨して、**自由経済学**の基礎をすえた。

**1867年** ↑ **カール・マルクス**が、『資本論』第1巻を公刊したが、第2巻以降はフリードリヒ・エンゲルスによってマルクスの死後に公刊された。

**1871年** ↑ カール・メンガーが、**オーストリア学派**を設立し、社会主義の理念にたいして自由主義経済を擁護した。

**1841年** ↓ **バブル経済**の現象が、チャールズ・マッケイの『狂気とバブル──なぜ人は集団になると愚行に走るのか』のなかで描写される。

**1848年** ↓ **カール・マルクス**と**フリードリヒ・エンゲルス**が、『共産党宣言』を公刊する。

**1871年** ↓ ウィリアム・ジェヴォンズが、価値を生産者から買い手へ伝えられるものとみなす、価値の**限界効用**理論を公表する。

**1874年** ↓ レオン・ワルラスが、自由市場の安定性を主張する**一般均衡理論**の土台をすえる。

---

**19**世紀初頭ころまでには、産業革命の影響はイギリスからヨーロッパへ、そして北アメリカへと広がり、農業国は産業経済へと変貌していった。この変化はきわめて急速で劇的であったため、経済構造に根本的な変化がもたらされた。焦点は、商品の交易を引きうける商人から、生産者ないし資本の所有者へと移っていった。経済活動についての新しい考えかたが登場するのと同時並行的に、資本主義からも新たな社会的・政治的論点が提起された。

### 市場を混乱させる

もっとも顕著な社会的変化は、工業生産者という新たな「支配階層」の出現と、商品を生産する多くの工場の一貫した成長であった。その多くは、みずからの仕事のシェアを株式市場に売りに出した。ここから、市場の活動に中心的重要性を認めていた経済学の「古典的な」見方で主眼とされた競争的市場が登場してくる。だが、市場経済が発展し成長してゆくにつれて、つぎつぎに新たな問題があらわれてきた。

たとえば、アダム・スミス（61頁）がすでに1776年に警告を発していたように、市場を支配しうるだけの力をそなえた生産者が多数輩出するようになり、その人びとが価格を高水準で固定して生産量を低く抑えるなどのふるまいにおよび、独占もしくはカルテルとして機能しだした。政府の規制によって、そうした行為の実現は阻まれはするものの、少数の生産者しか活動していない領域では、生産者は容易に市場の競争力を損ねるような戦略を提起することができた。

スミスの想定によれば、経済活動において私たちは合理的にふるまう。だが、投資家たちが利益を水増ししているような企業の株を買いに走るようになるにつれて、これ自体も疑問視されるようになった。これがバブルのきっかけとなり、理性的な行動にもとづいた安定した経済活動という観念に矛盾が生じた。それにもかかわらず、レオン・ワルラス（120頁）やヴィルフレド・パレート（131頁）といった経済学者たちは、市場経済はつねに均衡をめざしており、この均衡が今度は生産と価格の水準を決定する要因になると主張しつづけた。

彼らの同時代人であったアルフレッド・マーシャル（110頁）は、需要と供給の解明に取りくみ、完全競争のシステムにおいて、どのようにして需給と価格とが相互に影響をおよぼしあうのかを解明しようとした。

価格の問題も、当時の経済学者たちの関心を惹いた主題であった。なにしろ、あらたに登場した資本主義社会では、価格は、生産者と消費者の双方にかかわる重要なポイントだ。先行世代の道徳哲学者たちに先導されつつ、この時代の経済

産業革命と経済革命　89

**1870年代**
ロバート・ギッフェンが、価格とともに消費が上昇する**ギッフェン財**の概念を導入する。

**1894年**
社会運動家ベアトリス・ウェッブとシドニー・ウェッブが、画期的な『労働組合運動の歴史』を公刊する。

**1906年**
ヴィルフレド・パレートが、ほかのだれかの現状が悪化しないことにはだれの現状も上向きにはならないような状態を意味する**パレート最適**を定式化する。

**1920年**
アーサー・ピグーが、企業は自社が生みだす**汚染にたいして課税**されるべきだと主張する。

**1927年**
ヨーゼフ・シュンペーターが、企業家の決定的な役割を、産業を前進させる革新者(イノヴェーター)として描きだす。

**1890年**
アルフレッド・マーシャルが、『経済学原理』を公刊して、経済学に**新しい数学的手法**を持ちこむ。

**1899年**
ソースタイン・ヴェブレンが、『有閑階級の理論』のなかで、富裕層の**誇示的消費**を描きだす。

**1914年**
フリードリヒ・フォン・ヴィーザーが、おこなわれなかった選択の価値を推定する**機会費用**を記述する。

**1922年**
ルートヴィヒ・フォン・ミーゼスが、『社会主義──経済的・社会学的分析』のなかで、共産主義の計画経済を批判する。

---

学者たちは、なまの素材に価値を付加する労働よりも、その効用(その商品によってもたらされるはずの満足度)という観点から、商品の価値を考察するようになった。特定の財を消費することから得られる儲けを意味する限界効用という概念は、ウィリアム・ジェヴォンズ(115頁)によって、数学的観点から解明された。

## マルクスの価値論

　生産物の価値は、その製作に要した労働によって決定されるという理論は、いまも一部に根強い信奉者をもっており、とりわけそれは、生産者あるいは消費者以上に資本主義社会で雇用者のために製品をつくりだす労働力にかんして言われることが少なくない。

　こうした観点から価値を考察したカール・マルクスは、市場経済の不平等とはつまるところ資本家による労働者階級の搾取に帰着すると主張した。マルクスは、『共産党宣言』と『資本論』での資本主義の分析をつうじて、経済発展のつぎの段階となるはずの社会主義的段階──そこでは、生産手段が労働者の手に握られ、私有財産が最終的に撤廃される──によって資本主義にとってかわるはずのプロレタリア革命を全面的に支持した。

　マルクスの考えはそれ以降世界の多くの地域で採用されたが、そのほかの地域では相変わらず市場経済が機能しつづけた。概して経済学者は、ある程度はそこに内在する不正を埋めあわせる手段を講じる必要こそ残っているものの、繁栄を保証する最良の手段としていまなお資本主義を擁護しつづけている。需要と供給に焦点を絞った数学的手法の登場につづいて、社会主義の理念への反発として登場したオーストリア学派の経済学思考は、資本主義システムの創造的な力を強調した。

　1929年のウォール街の大恐慌以降、自由市場経済は、いくつもの厳しい試練にさらされてゆく。だが、新古典派経済学の理論は、とりわけオーストリア学派のそれは、20世紀後半の西洋世界における経済活動のモデルとして再浮上し、世界のあちらこちらに生まれた共産主義の計画経済の大半にとってかわるものとなっていった。■

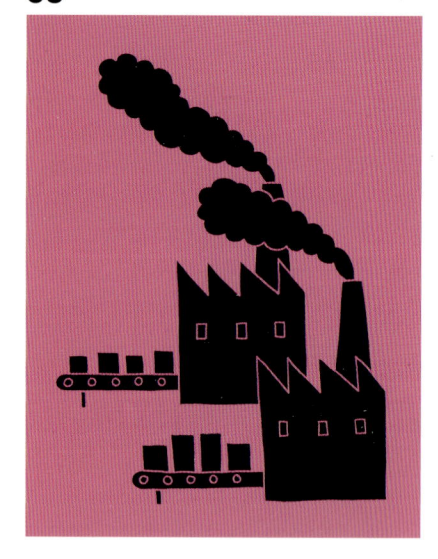

# 競争があるばあい、私はどれくらい生産すべきなのか
## 限られた競争の効果

### その経済学的背景

**焦点**
市場と企業

**鍵となる思想家**
アントワーヌ・オーギュスタン・クールノー（1801〜1877年）
ジョセフ・ベルトラン（1822〜1900年）

**前史**
1668年　ドイツの科学者ヨハン・ベッヒャーが、著書『政治論集』のなかで、競争と独占の衝撃について論じる。
1776年　アダム・スミスが、完全競争がどのようにして社会の利益を最大化するかを叙述する。

**後史**
1883年　フランスの数学者ジョセフ・ベルトランが、クールノーのモデルにおける戦略的選択を量から価格へ変更する。
1951年　アメリカの経済学者ジョン・ナッシュが、クールノーの複占概念を最初の例として用いて、ゲーム理論のための均衡の定義をあきらかにする。

17世紀後半には、経済学者たちは独占と激しい競争が市場におよぼす影響を考察しはじめていた。彼らが気づいたのは、独占には生産を制限して価格と利益を高水準にとどめようとする傾向があるということだ。十分な競争があるばあいには、価格は費用のレベルにまで下がってゆく傾向を見せ、そうなれば、生産量も増大する。フランスの経済学者アントワーヌ・クールノーは、類似の商品を売る企業がわずかしかないばあいになにが生じるのかを見きわめたいと考えた。

### 複占を争う

クールノーは、消費者に同一の湧き水を売る二つの企業による複占状態をベースにして、自身のモデルを考案した。二つの企業には、共同してカルテルを形成することは許されていない。ほかの企業

---

同じ商品を売る企業が二つだけしかない（複占）としたら……

→ ……当然それぞれの企業は、**もう一方の企業の生産量が**自身の利益に影響することをわきまえる

→ それぞれの企業は、相手が選ぶ生産量の水準を想定したうえで、（反応曲線に示したように）みずからの最良の生産量を**選択する**

→ 市場は、両者の反応曲線の交点を示す**クールノーの均衡**状態に近づく

→ これが、**競争しあうばあい、その企業はどれくらい生産すべきなのか**を示している

# 産業革命と経済革命

**参照** カルテルと談合→70〜73頁 ■ 独占→92〜97頁 ■ 競争的市場→126〜129頁 ■ ゲーム理論→234〜241頁

がこの産業に参入してくることも不可能で（ここ以外に水の源泉がないため）、それぞれの企業はどれだけの数のボトルを供給するかをめいめいで同時に決断しなければならないとする。

この産業の全生産量は、二つの企業が決めた生産量の総和に等しい。それぞれの企業は、もう一方の企業の生産をどれくらいになるものと想定するかに応じて、自社の利益が最大になる生産量を選択する。企業Bはまったく製造しないと推測したなら、企業Aは独占状態での生産量を選択して、利益を最大にしようとするだろう。他方で、企業Bが相当量の製品を製造するだろうと推測したなら、企業Aは製造しないという決断を下すだろう。なにしろそのばあいには、価格は下落して、なにをつくっても利益が上がる見こみは立たないのだ。

クールノーは、双方の企業の決断を「反応曲線」としてあらわした。市場の均衡は、二つの反応曲線の交点になる。その地点において、どちらの企業も相手がなにをしようとも、最大の利益の見こめる量を売ることになる。この均衡という概念はのちにナッシュ均衡として知られるようになる。またそれはのちのゲーム理論——これは、企業と個々人のあいだの戦略的相互作用を分析する現代経済学の一分野だ——の支柱ともなる。

クールノーは数学を用いてこの均衡を発見し、複占が、独占のばあいに予想される以上の、しかし完全な競争状態のばあいよりは低い生産量を選択することを証明した。言いかえるなら、社会にとって少数の企業がある状態は、独占企業の状態よりはましだが、完全な競争状態には劣るということだ。

こうした出発点から、クールノーはモデルを拡張していって、企業の数が増えてゆくばあい、その産業の生産量が完全な競争状態と期待される水準にまでどのように力強く近づいてゆくかを示した。

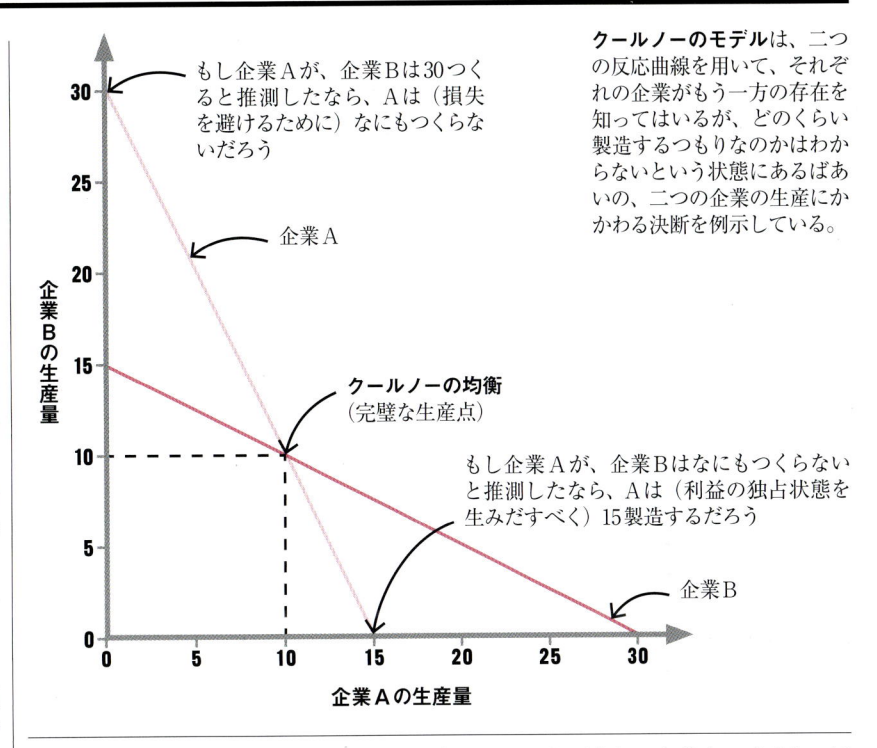

**クールノーのモデル**は、二つの反応曲線を用いて、それぞれの企業がもう一方の存在を知ってはいるが、どのくらい製造するつもりなのかはわからないという状態にあるばあいの、二つの企業の生産にかかわる決断を例示している。

クールノーのこのモデルは、フランスの経済学者ジョセフ・ベルトランによって発展させられる。ベルトランは、もし企業が生産量よりも自分たちの望む価格水準を選択したなら、複占の均衡は完全な競争状態に等しくなることをあきらかにした。なぜなら、高値をつけると、ほかの企業はそれよりも安い価格で売るので、すべての買い手を奪われてしまう。こうして、価格はもっとも競争の激しい水準へとおのずと近づいてゆく。■

### アントワーヌ・クールノー

飽くことを知らぬ読書家であったアントワーヌ・クールノーは、1801年にフランスに生まれた。比較的貧しい家庭の出身であったにもかかわらず、フランスで最優秀の学校のひとつで数学を学び、工学で博士号を取得する。しばらくは家庭教師をしたり、ナポレオンの将軍のひとりの秘書を務めたりしたのち、大学の講師となり、のちに教授となった。クールノーは眼の疾患に悩まされながらも、なんとかそれに対処しながら、何冊もの著作を出版した。それらは経済学における数学の活用のパイオニア的な業績であったが、その後クールノーは失明する。クールノーの仕事は、当時は新奇であった数学表記にもとづいていたこともあって、生前はしかるべき評価を受けなかった。こんにちではクールノーは、予言的なアイディアを提言した深遠な思想家とみなされている。

**主著**

1838年『富の理論の数学的原理に関する研究』
1863年『富の理論の原理』

# 競争がなければ、
# 電話料金は高くなる
独占

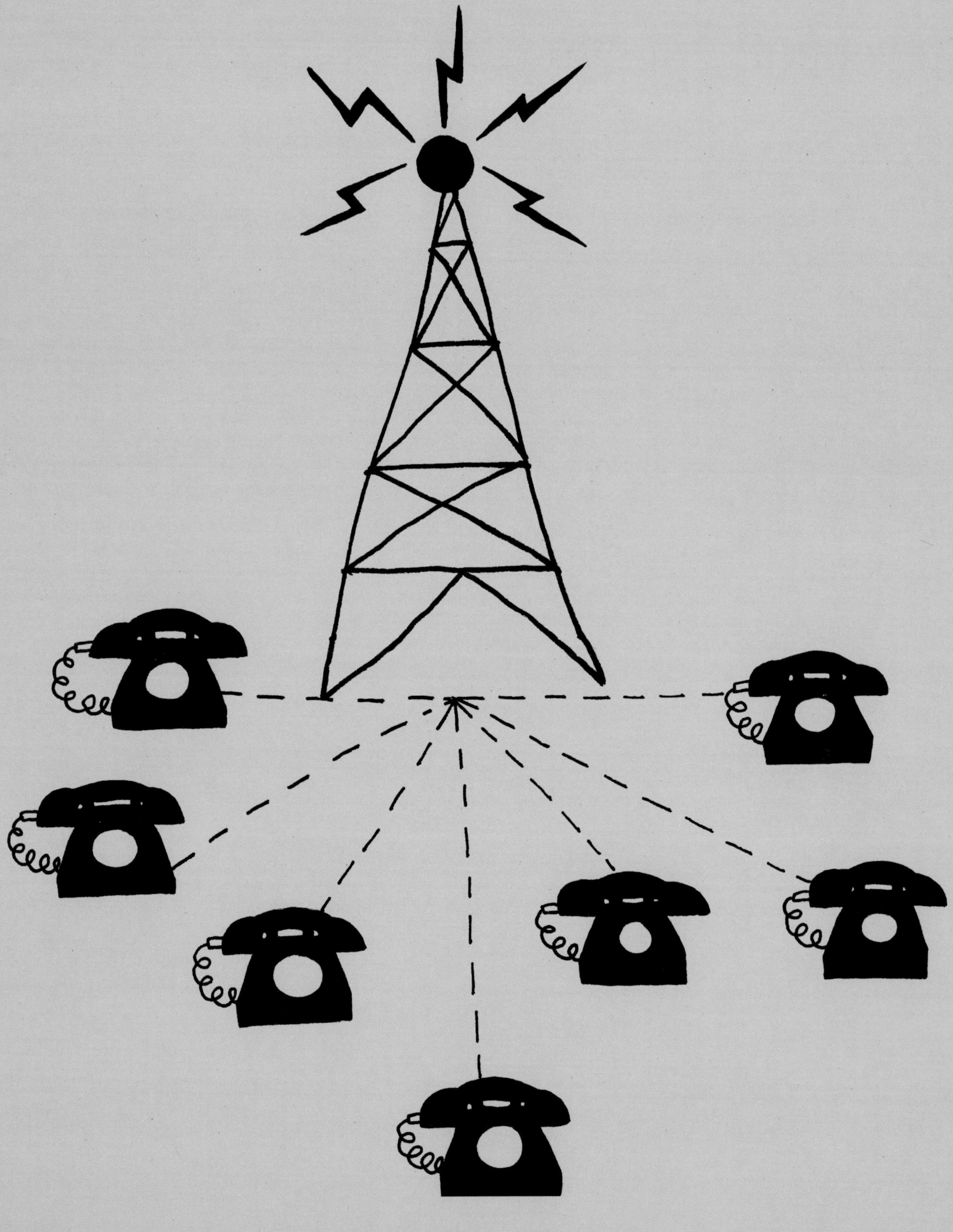

# 94　独占

## その経済学的背景

**焦点**
**市場と企業**

**鍵となる思想家**
**ジョン・スチュアート・ミル**
（1806〜1873年）

**前史**
**紀元前330年ころ**　アリストテレスの『政治学』が、独占のもつ影響力を描写する。
**1776年**　アダム・スミスが、『国富論』のなかで、独占の危険性について警告する。
**1838年**　フランスの経済学者アントワーヌ・クールノーが、企業の数が価格にもたらす効果を分析する。

**後史**
**1890年**　アルフレッド・マーシャルが、独占のモデルを発展させる。
**1982年**　アメリカの経済学者ウィリアム・ボーモルが、『コンテスタブル市場と産業構造理論』を公刊して、競争の本性を定義しなおす。

独占とは、ひとつの企業が、たとえばモバイルフォン市場のような特定の市場を掌握している状況を意味する。そのばあい、この企業はある製品ないしサービスの唯一の供給者ということになり、市場のシェアをそっくり押さえてしまえる。多くの国で、ひとつの企業が市場の25パーセント以上を掌握している状態が独占と呼ばれる。

独占が原因となって、ある商品の価格が、その商品を供給する企業が複数あったばあいに落ちつくであろう価格よりも高値になるのではないかという考えは、ずっと昔からあった。その起源は少なくとも、ギリシアの哲学者ミレトスのタレスに関するエピソードにふくまれる問題について警告を発したアリストテレス（紀元前384〜前322年）にまでさかのぼる。

一般の人びとは、哲学を実践しているといって、タレスをあざけっていた。彼らに言わせれば、哲学などなんのお金も生みださない不要な仕事だからだ。人びとがまちがっているのを証明すべく、タレスはその地方のオリーヴ搾り機を値段の安い冬のあいだにすべて買い占め、ついでみずからの独占の力を発揮して、搾り機の需要が高まる夏に高値でそれを売りはらった。その結果タレスは金持ちになった。タレスにとっては、哲学者はその気になれば簡単に金持ちになれるというのが、ここから引きだされる教訓だ。経済学者にとっては、この挿話は独占の潜在的な力についての警告だ。

### 市場支配力

1848年に、イギリスの政治哲学者ジョン・スチュアート・ミルが、『経済学原理』を公刊した。そのなかでは、競争の欠如が価格高騰の原因となるかどうかについてのさまざまな考えがとりまとめられている。一般的な見解としては、産業のなかには競争のない状態に向かおうとする傾向をもつものもある。この傾向は、輸入品にたいする政府による課税の導入といった人為的な手段によって、あるいは企業がどんどん成長しつづけた結果といった、自然な過程によって生みだされる。規模の大きい企業が市場を支配するようになったのは、19世紀後半に産業が資本の絶えざる増大を求めた結果だ。必要な投資に資金を賄うのに十分な市場をつかんだことで成長を達成した企業は、小規模な競争相手を市場から締めだして価格を釣りあげるだけの市場支配力を手にいれた。産業革命期には、石炭、鉄道、水の供給がいずれも所有主のもとに集中

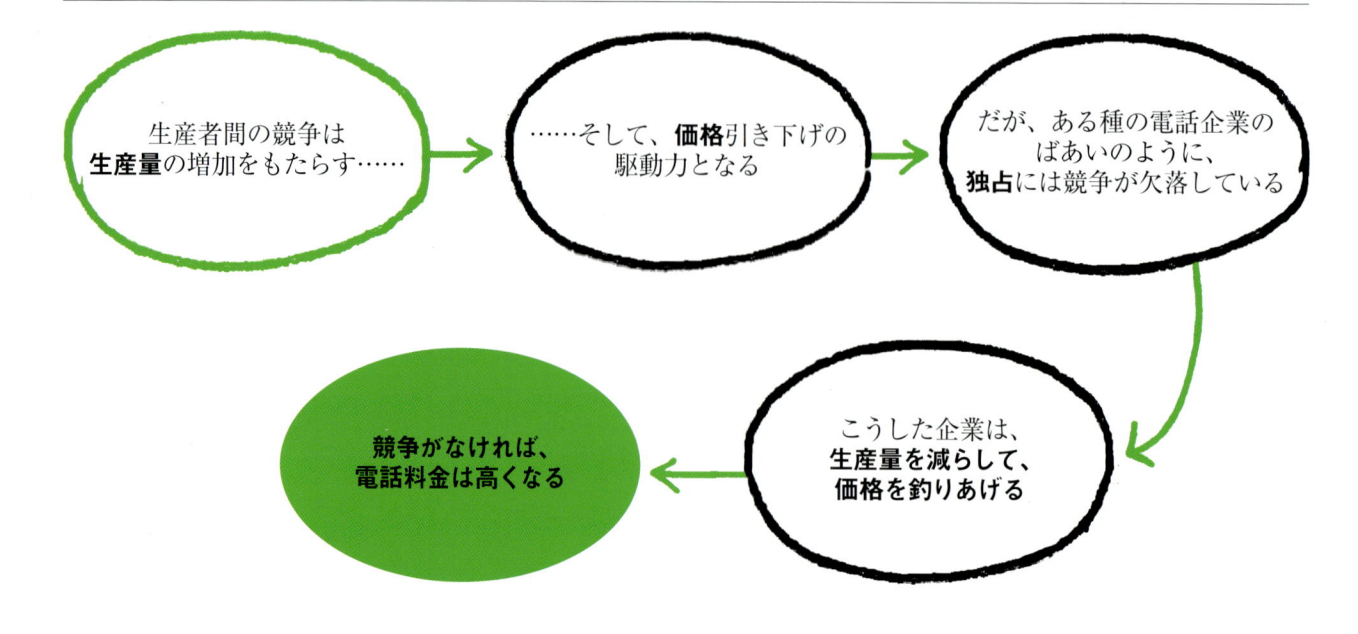

---

生産者間の競争は**生産量**の増加をもたらす……　→　……そして、**価格**引き下げの駆動力となる　→　だが、ある種の電話企業のばあいのように、**独占**には競争が欠落している

↓

こうした企業は、**生産量を減らして、価格を釣りあげる**　←　**競争がなければ、電話料金は高くなる**

# 産業革命と経済革命

**参照** カルテルと談合→70〜73頁 ■ 競争的市場→126〜129頁 ■ 規模の経済→132頁 ■ 創造的破壊→148〜149頁

する傾向を示した。石炭採掘のばあいは、土地所有者がほんの一握りの人びとに集中した。鉄道と水の供給のばあいは、サービスを提供するごくかぎられた数の企業以外に選択肢がなかった。なにしろ、必要とされるインフラストラクチャーの規模があまりに巨大なため、二、三の企業以外にはその費用をまかなえなかったのだ。

アダム・スミス（61頁）もそうであったが、ミルの考えでは、市場にこうした特徴が見られるからといって、必ずしもその市場が独占になるわけではない。もっともありそうな帰結は、複数の企業が高値をキープできるようなかたちでたがいに競争するという事態だ。そうした取り決めは、独占のばあいと同じような高値を消費者に強いるだろう。

## 独占の労働者

ミルは、競争の欠如によって価格の上昇をもたらすのは、商品市場の内部にかぎられる話ではないことに気づいた。独占効果は、労働市場にもあらわれることもある。ミルが指摘するのは、金細工職人の事例だ。彼らが同様の技能をもつほかの労働者たちよりも高給をとるのは、彼らが信頼できる人間だと思われているからだ。これは、あまり多くもなければ、簡単に証明もできない特性だ。

さらにミルは、この金細工職人の状況が特殊なケースではないことにも気づいた。ミルの述べるところでは、労働者階級の大半は、そのような専門的な技術をもった職業に就けないが、その理由はそのための教育と訓練に何年もの歳月を費やさねばならないからだ。だれかひとりにこの修業をさせてやるのにかかる費用は、ほとんどの家族にとってはまかなえる額ではない。だからこそ、それをなしうる人間は、通常期待されうるよりもはるかに高い賃金を得ることができる。同様に、中世のギルドを、ほかの労働者との競合を排除しようとした特別な技能

**鉄道**は、ミルが著述にいそしんでいた時代の独占産業の典型例だ。新たな鉄道網を敷設するのは高くつくし、現実的でもないので、たいていは既存の企業によってすでにサービスの提供されているレール網が利用される。

## ジョン・スチュアート・ミル

1806年にロンドンに生まれたジョン・スチュアート・ミルは、のちに偉大な知的階層となることを運命づけられていた裕福な家庭に育った。ミルの父は、要求の厳しい親で、ミルを自宅で教育したが、その教育科目には3歳からのギリシア語教育がふくまれるなど、非常にハードルの高い、早熟な内容であった。その目標は、哲学にかんする父親の業績のあとをミルに継がせ、さらに発展させることにあった。ミルは20代前半に精神に問題をかかえることになるが、その原因の一半は、こうした教育のプレッシャーにあった。

当時の偉大な精神の持主のひとりであったミルは、フランス革命や女性の参政権といった困難で、あまり一般的でもなかった訴訟の弁護を進んでかってでた。そればかりでなくミルは、奴隷制にたいする雄弁な反対者でもあった。ミルは、ハリエット・テイラーから自身の著作にかんして多大なインスピレーションを得たが、彼女との20年にもわたる恋愛が原因となって、みずからの私生活もスキャンダルに巻きこまれることとなった。1873年に、66歳で亡くなった。

### 主著

1848年『経済学原理』
1861年『功利主義』
1869年『女性の解放』

# 独占

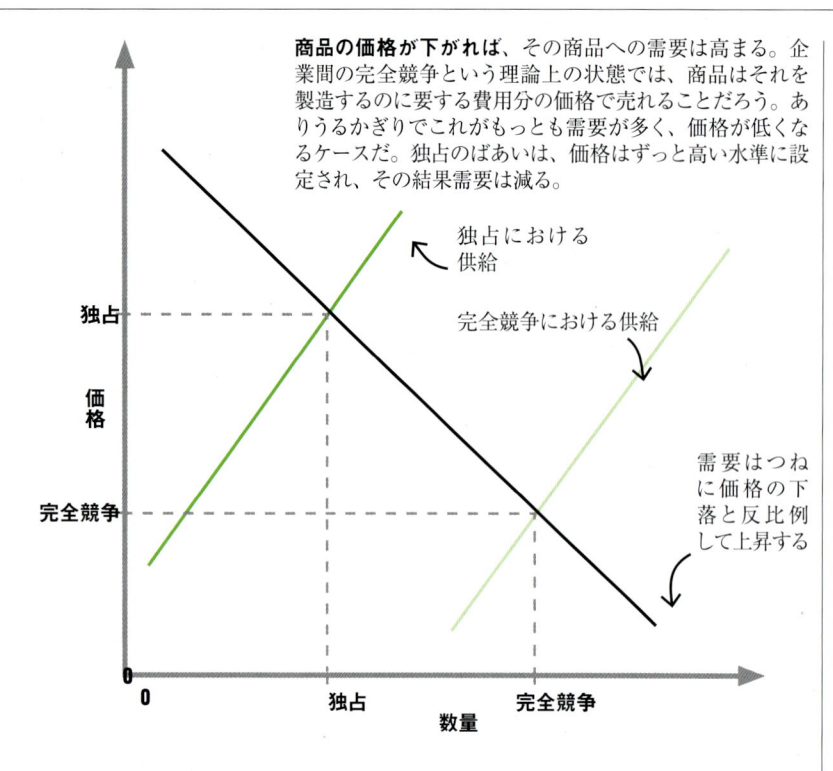

**商品の価格が下がれば**、その商品への需要は高まる。企業間の完全競争という理論上の状態では、商品はそれを製造するのに要する費用分の価格で売れることだろう。ありうるかぎりでこれがもっとも需要が多く、価格が低くなるケースだ。独占のばあいは、価格はずっと高い水準に設定され、その結果需要は減る。

独占における供給

完全競争における供給

需要はつねに価格の下落と反比例して上昇する

価格 / 独占 / 完全競争 / 0 / 独占 / 完全競争 / 数量

そなえた技術者（クラフツマン）たちの一例とみなす歴史家たちもいる。

1890年代後半以降、イギリスの経済学者アルフレッド・マーシャル（110頁）が、価格と消費者の福祉に独占がおよぼす効果を厳格に分析した。マーシャルがとりわけ関心を寄せたのは、独占から帰結する高価格低生産が社会のトータルな福祉のためには不利益となるのかどうかをはっきりさせることであった。著書『経済学原理』のなかで、マーシャルは、消費者余剰という概念を定式化した。これは、ある消費者がある商品にたいして支払うのに同意する価格の最大値と、この消費者がじっさいに支払う価格の総額との差をあらわす。

ある消費者がリンゴひとつにつき、50ペンス払ってもよいと思っていながら、じっさいには20ペンスで購入するとしてみよう。じっさいのリンゴ購入にたいするこの消費者の消費者余剰は30ペンスだ。多くの企業が競合している市場では、価格競争がおこなわれるとともに、これらの企業は全体として一定量の消費者余剰を生みだすだけの量のリンゴを供給している。最後の消費者にたいして売られたひとつのリンゴにかんして、この消費者が支払う気になる状態と価格はイコールになるはずだし、それ以上のリンゴは売れない。独占からもたらされる、福祉にたいする損失は、独占状態下では完全な競争市場で売れるはずのリンゴの量よりも少ない数のリンゴしか売れない事実に起因する。本質的にこれが意味しているのは、市場に供給されうる一定量のリンゴがあるばあい、そこから消費者余剰が生まれることもあるが、それはそのままでは市場に姿をあらわさないということだ。

## 独占の利点

独占からは、価格と福祉にたいするさらに複雑な効果が生まれることもある。マーシャルの言うところでは、ある独占主体がじっさいには価格を切り下げて、みずからの電話回線に消費者を惹きつけようと試みることはありうる。たとえば、携帯電話のような競合技術によって同程度以上の性能をそなえた別の選択肢が提供されるとしても、人びとには一度つながったサービスをそのまま継続して使いつづける傾向がある。

独占が有益な効果をもたらすばあいもあると指摘する経済学者もいる。多くの市場で、一そろいの小さな企業のトータルな費用よりも、独占のほうが低い費用ですむばあいは少なくない。なにしろ、独占企業はそれほど宣伝費用をかけずに規模の経済のすべてを活用できるのだ。こうした理由から独占企業は、その価格が低いばあいであっても、多くの企業が高い費用をかけて競争している状態で想定される価格よりも、より多くの利益を享受することができる。さらにこのばあい、より低い価格は消費者の助けとなり、経済の成長を駆動する力ともなりうる。

同様の流儀で、企業が短期的な攻撃的価格引き下げで競争相手を積極的に追いおとし、独占の利益を上げようと試みるケースがある。経済学者は、これを略奪的な価格付けと呼ぶ。長期的に見るなら、この結果として市場が独占化へ向かうわけだから、消費者に害のおよぶこともありうる。だが1950年代から1960年代にかけては、アメリカの経済学者ウィリアム・ボーモルが主張したように、市場への参入や退出になにも障壁がないかぎ

> 独占者は、市場をつねに供給不足の状態に維持することで、自分たちの商品をその自然な価格よりもだいぶ高い値で売りつける
> 
> **アダム・スミス**

# 産業革命と経済革命

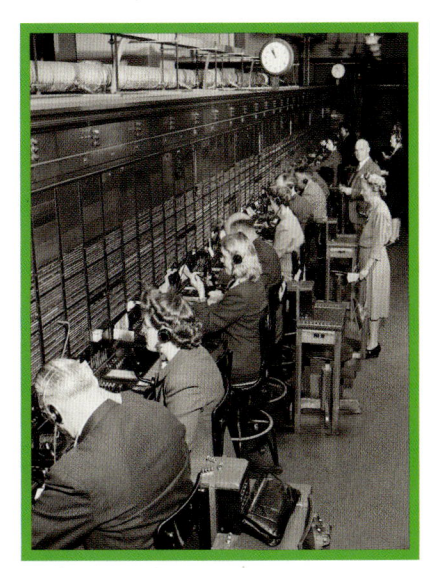

**交換手たちが**、1940年代のニューヨークのAT&T会社のスウィッチボードで**作業している**。会社の規模と需要ゆえに、この会社は自然な独占状態を占めていた。

りは、独占であってもなんの支障もなかった。競争が生じるかもしれないというたんなる恐れがあるだけで、独占者は競争的水準に価格を設定する。それというのも、価格を競争的水準よりも高くしてしまうと、新規参入者がやってきて、独占者から市場シェアを奪うのが容易になるからだ。こうした理由から、多くの企業が競争している市場での価格よりも独占状態の価格のほうが高くなるとはかぎらない。

## 自然独占

マーシャルの存命中からかたちを採りはじめたひとつの議論がある。それによれば、ある種の独占は「自然な」事態だ。なにしろ、企業がただひとつしかないと相当の費用を節約できる。電話網、ガス、水道といった多くの公益事業は、こうした意味での自然な独占だ。ガス供給のためのパイプのネットワークを設置するのにかかる一定の費用は、過剰分のガスを汲みあげるのにかかる費用と比べて高くつく。こうした考えに立って、少なから

ぬ国で公益事業は国家による独占が当然視されている。かりにそうだとしても、政府はそうした市場への介入を開始し、予想される独占の影響を最小にしようとする。

問題は、自然独占のばあい、固定費用が高く、競争的価格を企業に強いることは、その企業を赤字に転落させかねないということだ。この問題の解決には、消費者の助けとなるとともに産業の経済的存続可能性も保証する、産業の大規模な国家化あるいは価格上昇に制限を設ける規制組織の設立がある。

主流派経済学者によれば、独占状態に陥った市場は完全競争という理想を実現しそこなう。こうした見解から、政府は市場を競争状態に向かわせようとする独占禁止政策へと進んでゆく。これは、独占がその市場での力を濫用しないようにすることを目的とした対策の導入を意味する。そこにはさらに独占の解体、および独占を生みかねない企業同士の合併の差しとめもふくまれる。

アメリカの経済学者トマス・ディロレンツォ（1954年〜）をふくむ現代オーストリア学派の面々は、こうしたアプローチには批判的だ。どちらも、現実の市場での競争は、均衡状態において運営される完全競争であって、企業はただ受動的にふるまっているわけではないと主張する。たいていのばあいそれは、数こそ少ないものの規模の大きな事業のあいだでのきびしい敵対行為に近い。競争は価格をとおして発生すると同時に、価格にかかわらない方法でも起きる。つまり、宣伝とマーケティングをとおして、さらには新製品を開発し創造する大規模な企業をとおして発生する。

この学派に属する経済学者たちからやや距離を採りながら、ヨーゼフ・シュン

**1998年に**アメリカの薬産業は、当該の薬のより安価なジェネリック製品を売りつづけていた南アフリカ政府に反対する法的な手続きを採って、エイズ用新薬にかんする独占をかちとった。

> どんな貿易や事業においても、より大規模な資本を不可欠にするものは、なんであれ、その事業における競争の制約となる
> 
> **ジョン・スチュアート・ミル**

ペーター（149頁）も、たとえば企業同士が競争しあって新しい製品を生みだし、そこから期待できる潜在的な利益のゆえに、市場全体を支配するようになるばあいのダイナミックな独占の可能性を強調した。経済学者たちが口をそろえて言うのは、真の競争のほうが消費者には望ましいということだ。それに比べれば、そうした競争と独占が両立しがたいものであるのか否かは、確かではない。20世紀初頭には、ドイツの経済学者ロベルト・リーフマンが、「欲望を最大限に満足させるのは、競争と独占が特殊なかたちで結びついたばあいしかない」と主張した。■

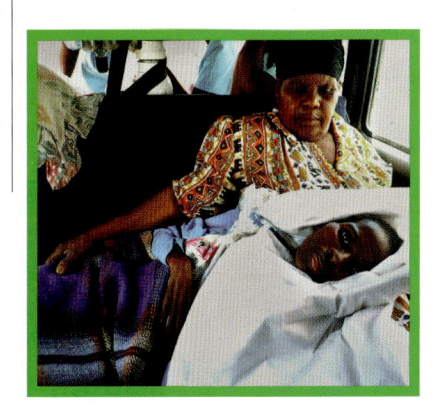

# 群集から集団的狂気が生まれる
## バブル経済

### その経済学的背景

**焦点**
マクロ経済

**鍵となる思想家**
チャールズ・マッケイ
(1814〜1889年)

**前史**
1637年　オランダの苗木屋P・コスが、チューリップの将来の価格についてのなまのデータを提供した著作『チューリップの本』を公刊する。

**後史**
1947年　アメリカの経済学者ハーバート・サイモンが、『経営行動』を公刊して、「限定合理性」という概念を導入する。これによれば、決断の弱さは、能力や情報、そして時間に制約があるためだ。

1990年　ピーター・ガーバーが、その論文「名高い最初のバブル」のなかで、マッケイの業績を批判する。

2000年　アメリカの経済学者ロバート・シラーが、『根拠なき熱狂』を公刊して、将来のバブル経済の発生を防ぐかもしれない諸原因と政策的介入の分析をおこなう。

**1841**年にスコットランド系のジャーナリスト、チャールズ・マッケイが、『狂気とバブル——なぜ人は集団になると愚行に走るのか』を公刊した。これは、市場と「群れ」で行動する人びとの非合理的な行動にたいする第一級の心理学的研究となった。この書で考察されたのは、歴史上の熱狂的な投機のもっともよく知られた実例だ。たとえば、チューリップ・マニア（1630年代）、ジョン・ローのミシシッピ計画（1719〜1720年）、南海の泡沫（1720年）などだ。

マッケイの仮説は、投資という集合的狂気にとりつかれた群集が、商品の価格をその価値をはるかに超えたところにまで釣りあげる原因になるということであった。資産がこうも統御不可能なしかたで高騰した状況が、バブル経済と呼ばれる。じっさいのバブル同様、バブル経済において価格はどんどん上昇するが、それだけどんどんと脆くなり、ついにははじける。

### チューリップ・マニア

1630年代にオランダで勃発（ぼっぱつ）したチューリップ・マニアは、最初期のよく知られたバブル経済の一例だ。まさに17世紀初頭に、コンスタンチノープルからきたチューリップが、オランダとドイツの富裕層を中心に人気を博し、やがてだれもが欲しがるようになった。チューリップは、その所有者に資産家であり趣味がよいという資質をもたらすとみなされ、中産階級の人びとは貴重種の収集に熱狂した。1636年には、チューリップの珍種の需要がとみに高まり、アムステルダムの株式取引所で交換されるほどになった。

この結果、少なからぬ人びとが突然豊かになった。金の餌が魅力いっぱいに差しだされ、高貴なひとから女中にいたるまでだれもがチューリップ市場に殺到し、このチューリップ・マニアは永遠につづくものと思われた。だが、富裕層が自宅の庭でのチューリップ栽培をやめると、あっという間にその魅力は消え、人びとは愚行が永遠にはつづかないことに気づいた。販売はどんどん熱狂的になり、信

**チューリップ・マニアを描いたヘンドリック・ポットの絵画**（1640年）には、酩酊（めいてい）し、金の亡者になった人びとを載せた花の女神が描かれている。カートの後ろにつづくほかの人びとは、この集団になんとか追随したくてたまらない。

**参照** 需要と供給→108〜113頁 ■ 行動経済学→266〜269頁 ■ 銀行取付→316〜321頁 ■ グローバルな貯蓄の不均衡→322〜325頁

## 産業革命と経済革命

### 21世紀のバブル

2000年3月に発生したドットコム・バブルは、21世紀最初のバブルであった。かつてあった古典的バブルは、価格の高騰がじっさいの価値の変化（これは、生産量ないし資産をもとにしていた）ではなく、純粋に投機のみによって惹きおこされたという特徴をそなえていた。投資家たちは、世界がインターネットによって決定的に変わったものと思いこんだため、eコマースへの投資は生涯で一度きりの機会だと思ってしまった。

新たな企業には取引の実績がないし、売上げもまだまだ低く、眼に見える利益も上げていないが、それでいてそれらは何十億ドルという投資を惹きよせた。多くの人びとが、どの企業もが潜在的にはつぎのAOLだと思いこんだ。ある企業の顧客は2年間のあいだに20万人から1億人にまで跳ねあがり、その後は毎月およそ1千万人の新しい利用者が増えていった。貪欲が惧れを凌駕し、人びとはわれさきに投資に群がった。2000年3月と2002年10月のあいだに、7兆ドル以上のお金がドットコム株の市場価値に踊らされた。

```
[フローチャート]
ときとして、常識はずれの事態が生じ、ある産業において商品価格が異常な高騰を示すことがある
  → この結果、株価が急上昇する
  → この異常事態の知らせが一般の人びとの耳にはいる
  → そうした状況が、メディアや非公式の集まりのなかで広範に話題にされる
  → 多くのひとがこの値上がりはまだまだつづくと思いこんで、ハッスルしてしまう
  → 群集から集団的狂気が生まれる
  → 人びとは値上がりしすぎた株（もしくはその原因となった商品自体）を買いあさる
  → 価格が維持しえないところまで値上がりし、信用が破壊され、市場ははじける
```

頼は下落し、チューリップの価格は大暴落を起こした。投資目的でお金を借りた人びとにとって、まさに災厄であった。

### どのようにバブルはつくられるのか

アメリカの経済学者ピーター・ガーバーが言うには、こうした状況に置かれた投資家たちは価格が「ファンダメンタル・バリュー（基本価値）」よりもはるかに上昇しているとわかっていながら、資産を買いに走る。それは、価格がさらに釣りあがり、最後にはじけるまでにはまだ間があると思いこんでいるからだ。だが、価格が永遠に上がりつづけるはずもなく、この思いこみの背後には「あなたが売りつける相手は［あなたより］愚か者で、バブル崩壊がそこまで来ているのがわかっていない」という非合理的な信念が潜んでいる。だが、ガーバーの考えでは、価格が釣りあがるばあい、ときにはしかるべき理由のあるばあいもある──たとえば、フランスの女性のあいだで珍しいチューリップで衣服を飾りたてるのが流行ったように。だからといって、どのバブルでも注意すべき点が、「買い手に気をつけろ」であることに変わりはない。■

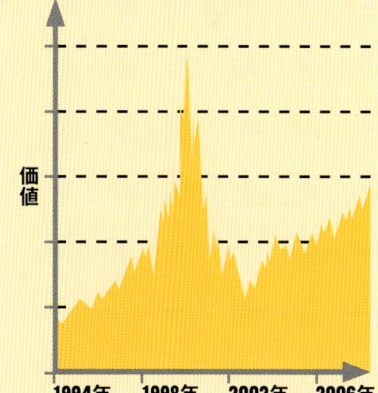

[グラフ: 1994年〜2006年の価値推移]

**ドットコム・バブル**は、2000年にピークに達した。価格の高騰があまりに急激であったため、世界中の食卓がその話でもちきりになった。それこそは、バブルがはじけようとしていることの確実な兆候であった。

# 共産主義革命で支配階級を震えあがらせよう

マルクス主義経済学

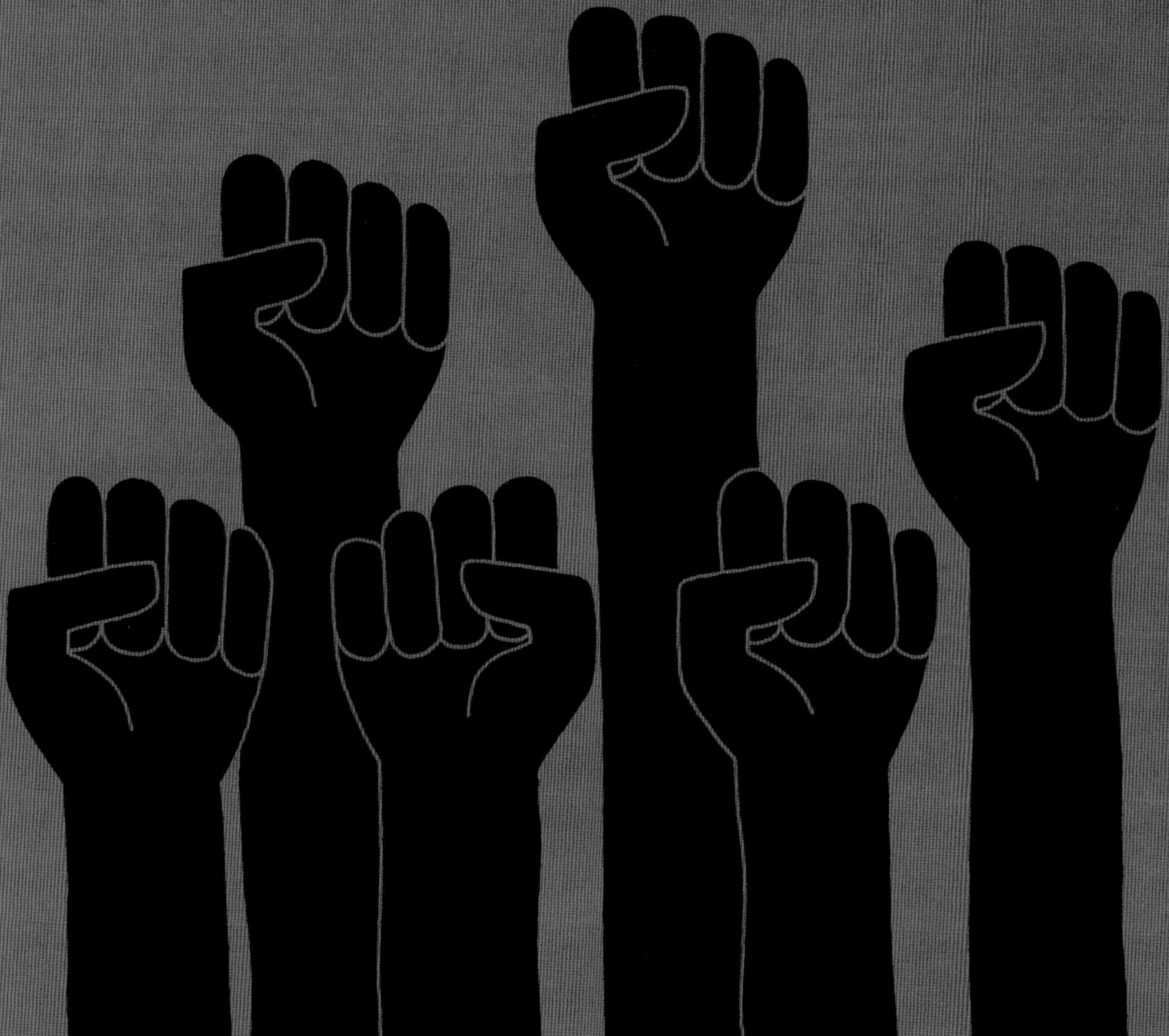

# マルクス主義経済学

## その経済学的背景

**焦点**
経済体制

**鍵となる思想家**
カール・マルクス
(1818〜1883年)

**前史**
**1789年** フランス革命によって、旧来の封建政治体制と貴族制が解体される。
**1816年** ドイツの思想家ゲオルク・ヘーゲルが、『大論理学』のなかで弁証法の概念を開陳する。
**1848年** 不満をいだいた中産階級と労働者階級に先導されるかたちで、革命の嵐がヨーロッパ中に吹きあれる。

**後史**
**1922年** ウラジーミル・レーニンの指導のもと、マルクス主義を原理としたソ連が誕生する。
**1949年** 毛沢東が、中華人民共和国の創設の父となる。
**1989年** ベルリンの壁の崩壊が、東欧共産圏瓦解の象徴となる。

こんにちでは、大半の経済学者がもっぱら自由主義経済に関心を向けているとはいえ、20世紀の大半をつうじて、ほとんどの第三世界がなんらかのかたちで共産主義ないし社会主義の支配下にあったことは忘れられてはならない。これらの国家では、経済は中央集権化されるか、計画経済かであった。政治哲学者は、近代の自由市場経済が出現したときでさえ、資本主義に代わるべき手段を模索していた。だが、共産主義を支持する真に経済学的な論拠は、カール・マルクス（105頁）がその資本主義批判を執筆した19世紀半ばにいたるまで、系統だてて述べられることがな

かった。

一般的には、マルクスの影響はもっぱら政治的なものであったと思われがちだが、マルクス自身はまさしく経済学者であった。マルクスの考えでは、社会の経済組織こそがその社会的・政治的体制の土台となる。つまり経済学こそが、社会変革の駆動力なのだ。マルクスの新しさは、歴史を戦争や植民地主義の観点からではなく、社会組織の新たな形態を生みだす、さまざまな経済システムの進歩の過程とみなしたところにあった。

市場の興隆とともに、商人が登場し、それとともに、工場および産業プロレタリアートが登場した。かつての封建主義は資本主義にとってかわられたが、ついでそれは共産主義に席を譲ることになるだろう。1848年の『共産党宣言』のなかでマルクスが言うには、この過程をもたらすのは革命を措いてほかにはない。こうした変化が避けがたい必然であるゆえんを説明すべく、マルクスは3巻からなる『資本論』のなかで、資本主義のシステムとそれに内在する欠陥とを分析した。

だが、マルクスは資本主義を頭から批判したわけではなかった。マルクスによれば、資本主義は、歴史の過程でもはや時代遅れとなったシステム――すなわち、封建主義（小作農は、その土地を所有している領主に法的に拘束されてい

1848年7月、パリの労働者たちが政府にたいして蜂起し、バリケードを築いた。この蜂起は、たちどころに鎮圧されはしたものの、ヨーロッパを縦断した、失敗に終わった一連の革命の一翼を担うものとなった。

る）と重商主義（外国との交易は、政府によって一手に管理されている）――にとってかわる、経済発展において必然的な一段階にほかならない。資本主義がいかに技術革新と工場効率性を高めてきたかを、マルクスは称賛せんばかりの筆致で描きだしている。だが結局のところマルクスは、資本主義は過渡的段階にすぎず、その欠陥のゆえにやがて没落し、別のシステムにとってかわられるよりほかない不完全なシステムだと確信していた。

マルクスの分析の核心にあるのは、生産手段を所有してはいるものの、社会的には少数者にすぎない「ブルジョワ」と、労働力の根幹をなす社会の大多数の存在である「プロレタリアート」への社会の分断だ。マルクスの考えでは、この分断こそが資本主義の最大の特徴をなしている。

### 労働者を搾取する

近代的産業の出現とともに、ブルジョワジーは実質的な支配階級となったが、それは、彼らが生産手段の所有者である

## 産業革命と経済革命

**参照** ■財産権→20〜21頁 ■労働価値説→106〜107頁 ■団体交渉→134〜135頁 ■中央計画→142〜147頁 ■社会的市場経済→222〜223頁 ■計画経済における欠乏→232〜233頁

ことによって、人口の大半を占めるプロレタリアートを支配するにいたったからだ。労働者が商品とサービスをつくりだし、その引きかえに賃金を得る一方で、工場主や工場所有者といった資本の所有者たちは、それらの商品とサービスを売って儲けていた。マルクスの考えたように、もし商品の価値がそれをつくるのに要する労働力にもとづくなら、資本家たちは、まずはもともとの商品の費用に労働の価値を付加し、つぎに利潤を付加しなければならないだろう。資本主義システムでは、労働者は賃金として自分が受けとる以上の価値を生みださなければならない。このようにして、資本家たちは剰余価値分を労働者から搾取するのであり、通常これが利潤と呼ばれる。

利潤を最大にすべく、賃金を最低限に抑えることが、資本家にとって重要な関心事となることは疑いようもないのだが、効率をあげるために新しい技術を導入し、ときに労働者に質を落とすことを命じたり、単調な仕事を課したり、さらには失業させることも、十分にそうした関心事となりうる。こうした労働力の搾取を、マルクスは資本主義に不可欠な特徴とみなしたが、これは労働者に妥当な金銭的報酬を払うことの拒絶でもあれば、

**19世紀中葉**までには、新たな技術と労働の専門化によって、工場はますます効率的になった。マルクスの言うところでは、その結果が労働力の搾取と疎外だ。

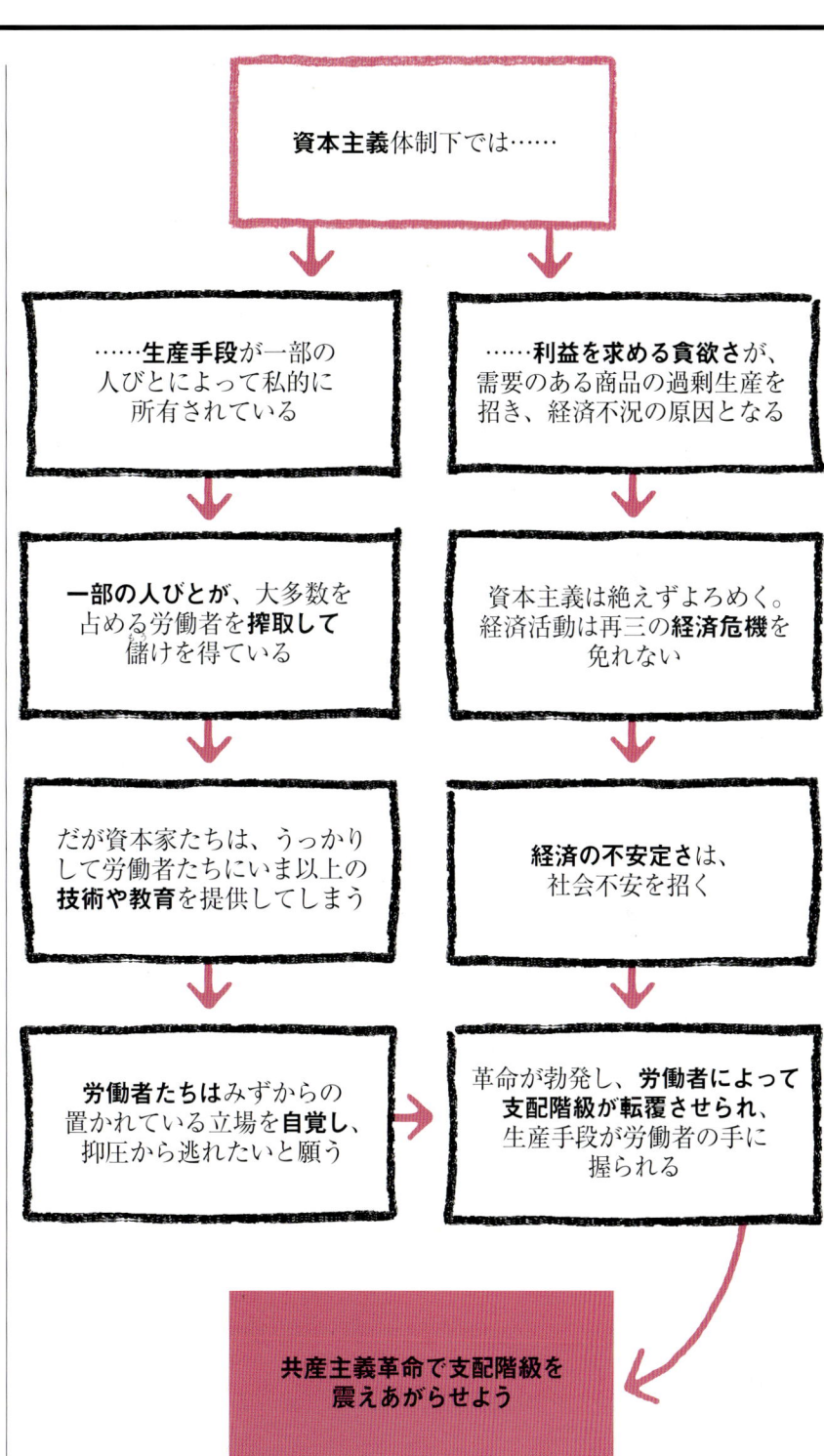

```
              資本主義体制下では……
           ↓                    ↓
  ……生産手段が一部の        ……利益を求める貪欲さが、
  人びとによって私的に      需要のある商品の過剰生産を
  所有されている            招き、経済不況の原因となる
           ↓                    ↓
  一部の人びとが、大多数を   資本主義は絶えずよろめく。
  占める労働者を搾取して    経済活動は再三の経済危機を
  儲けを得ている            免れない
           ↓                    ↓
  だが資本家たちは、うっかり
  して労働者たちにいま以上の  経済の不安定さは、
  技術や教育を提供してしまう  社会不安を招く
           ↓                    ↓
  労働者たちはみずからの    革命が勃発し、労働者によって
  置かれている立場を自覚し、→ 支配階級が転覆させられ、
  抑圧から逃れたいと願う    生産手段が労働者の手に
                            握られる
                                 ↓
                     共産主義革命で支配階級を
                     震えあがらせよう
```

1917年のロシア革命を記念するポスターのなかで、労働者たちは、鉄鎖のほかに**失うものはなにももたない**という標語で、みずからの置かれている抑圧状態を象徴的に打ちこわしている。これは、マルクスの発想にじかに鼓舞されたできごとであった。

満足のゆく仕事を与えることの拒絶でもあり、結果的に労働者を生産過程から疎外することにしか行きつかない。マルクスに言わせれば、こうした疎外が最後には社会不安に行きつく。

## 競争と独占

資本主義のもうひとつの本質的特徴は、生産者間の競争だ。市場で競争するためには、企業は生産費用の削減に取りくむのみならず、競争相手の価格をも下回らねばならない。その過程では、脱落する生産者もいるだろうし、破産する者もでるだろう。一方では、市場に占める割合を増やす生産者もあらわれるだろう。マルクスの見たところでは、こうした傾向性は、生産者がみずからの生産手段を掌握する力をどんどん弱めてゆき、より少数のブルジョワジーの手に富が集中する結果を招く。長期的に見るなら、これが独占を生みだし、その結果労働者のみならず消費者までもが搾取されることとなる。同時に、プロレタリアートの隊列は、かつてのブルジョワジーと失業者によってどこまでも膨れあがってゆく。

マルクスに言わせれば、これが資本主義システムの崩壊のひとつの原因だが、これにくわえてもうひとつの原因となるのが競争だ。ますます利益を上げてゆく市場に身を投じたいという欲望は、ときとして需要を無視しても、生産性を高める動因となる。この過剰生産の行きつくさきは、浪費ばかりでなく不況と、ばあいによっては経済活動全体の下降だ。その本性からして、資本主義は無計画的であり、市場という複雑性によってしか統御されていない。当然、需要と供給のアンバランスの不可避的な帰結として、経済危機は避けられない。だから、資本主義経済における成長は、スムーズな前進ではなく、周期的な危機によっていくども中断される。この危機はどんどん頻繁になってゆくとマルクスは考えた。こうした危機から生じる苦難は、とりわけプロレタリアートを直撃する。

マルクスに言わせれば、資本主義経済に潜むこうした克服しがたい弱点が、必然的にその最終的な崩壊へとつうじてゆく。この世界がどのように成立したかを説明すべく、マルクスはドイツの哲学者ゲオルク・ヘーゲルによって提起された概念を援用する。それは、たがいに矛盾しあう概念がどのようにして解消されるにいたるかを、弁証法の過程をつうじてあきらかにしようとするものであった。それにしたがうなら、あらゆる観念ないし事態の現段階でのありかた（もともとの「定立」）のうちには矛盾（「反定立」）がふくまれており、その葛藤から新たなより内容豊かな概念（「綜合」）が帰結してくる。

マルクスは、経済活動に内在する矛盾――それらは、異なる集団や階級のあいだでの葛藤として具現化する――が歴史的変化を生みだす力だと考えた。マルクスの分析によるなら、資本主義体制下でのブルジョワジーによるプロレタリアートにたいする搾取と疎外は、社会的疎外の典型例だ。つまり、定立（資本主義）には、それ自体の反定立（搾取される労働者）が内包されているわけだ。労働者が抑圧され疎外されている状況は、資本主義経済の不可避的な不安定さと結びついて、危機から危機へと揺れうごき、大規模な社会不安を招く。プロレタリア革命は、歴史的過程（綜合）における資本主義の後継者たる共産主義を先導するものとして、不可避にして必然であった。マルクスは『共産党宣言』を締めくくる一文のなかで、こう述べて革命を鼓舞した。「プロレタリアートは、鉄鎖のほかになにも失うものをもたない。プロレタリアートがかちとるものは世界だ。万国の労働者よ、団結せよ」。

## 革命

マルクスの予言によれば、ひとたびブルジョワジーが転覆させられれば、生産手段はプロレタリアートに奪還される。まずは、これによってマルクスが「プロレタリア独裁」と呼んだものが実現する。これは、経済的パワーが多数派の手の内にあるような社会主義の一形態だ。だがこれは、共産主義国家における共同所有の実現をめざしての、私的所有の撤廃へ向かう最初の一歩でしかない。資本主義の徹底的な分析とは対照的に、マルクス

> ブルジョワジーは……絶滅の危機をちらつかせることで、ブルジョワ流の生産様式を受けいれるようあらゆる国家に強制している
>
> カール・マルクス
> フリードリヒ・エンゲルス

は資本主義にとってかわるはずの共産主義経済の詳細については比較的わずかなことしか述べなかった。数少ない例外は、その基礎が共同所有に置かれるだろうということと、需要と供給をうまく調整するための計画経済の必要性の指摘だ。

マルクスの見るところ、共産主義は、それが資本主義のあらゆる不正と不安定さを一掃するかぎりにおいて、歴史的過程の頂点をなす。資本主義経済にたいするマルクスの批判が激しい敵意にさらされたとしても、驚くには当たらない。当時の大半の経済学者が、少なくとも一定の階層の人びとにとっては自由市場こそが経済成長と繁栄を保証する手段だと考えた。だが、マルクスの主張を支持する者は主として政治思想家たちのなかにいた。さらに、共産主義革命についてのマルクスの予言は、その正しさが証明された。ただしそれがなされたのは、マルクスが予期した地域、すなわち産業化されたヨーロッパやアメリカにおいてではなく、ロシアや中国といった辺境の国においてのことであった。

ソ連や中華人民共和国といった共産主義国家の実現をマルクスが生前に眼にすることはなかったし、そこでの計画経済がどれほど効率性を欠いているかというその現実を検討することもなされなかった。こんにち、共産主義的計画経済を実施している国はほんの一握りになってしまった（キューバ、中国、ラオス、ヴェトナム、北朝鮮）。いまでも、これらの国々の「共産主義＝マルクス主義」者が、どうしてスターリンや毛沢東といった人物のリーダーシップに屈してしまったのかをめぐっては論争がくりひろげられているが、東欧圏における共産主義体制の崩壊、および中国経済の自由化は、大半の経済学者によってマルクスの理論が失効した証拠とみなされている。

## 混合経済

第二次世界大戦につづく数十年のあいだに、西ヨーロッパは共産主義と資本主義のあいだの「第三の道」を展開してきた。少なからぬヨーロッパ国家が、国家の介入と所有権の程度こそさまざまではあるものの、依然として混合経済をいとなんでいる。もっとも顕著な例はイギリスだが、いくつかの国は混合経済から距離をおいて、国家の役割をより小さくする、より自由放任的な経済政策のほうにシフトしている。とはいえ、共産主義の信用が世界的に失墜し、それに引きかえ資本主義の瓦解はあきらかにマルクスの時代以上に遠ざかり、資本主義のダイナミズムは危機と革命にいたるというマルクスの理論が誤っていたことは歴然としつつある。

それでも、マルクス主義経済理論を支持する者はあとを絶たないし、近年の金融危機によってマルクスの考えを再評価する気運が高まりつつある。格差の拡大、少数の大企業への富の集中、頻繁な経済危機、そして2008年の「信用危機」は、いずれも自由市場経済の責任とされた。革命なり社会主義が推奨されるようになっているわけではないにしても、近年台頭しつつある思想家——そのすべてが左翼出身というわけではない——は、マルクスによる資本主義批判のいくつかのポイントを真剣に採りあげつつある。■

**1959年**に、フィデル・カストロの革命軍がキューバで権力を奪取した。最初はまったくの民族主義的革命であったこの運動は、カストロがソ連と同盟を結んで以降、急速に共産主義化していった。

### カール・マルクス

カール・マルクスは、1818年プロイセンのトリーアで、ユダヤ教からキリスト教へ改宗した弁護士の息子として生まれた。最初法学を学んだが、哲学への関心が芽生え、イエナ大学で哲学の博士号を取得する。1842年にケルンへ移り、ジャーナリストとして働きはじめるものの、その社会主義的な観点が検閲に引っかかり、妻イエニーとともにパリに亡命する。

ドイツ生まれの産業資本家フリードリヒ・エンゲルスと出会ったのもパリでのことで、その後二人は1848年に共同で『共産党宣言』を執筆する。それにつづく数年のあいだ短期間ながらドイツへ帰国するも、革命が鎮圧されるとロンドンへ移りすみ、残りの生涯をそこですごす。ロンドンでのマルクスは執筆に、とりわけ『資本論』の執筆に時間を費やし、エンゲルスから絶えることなく経済的支援を受けていたが、貧困のなか1883年に亡くなる。

#### 主著

1848年 『共産党宣言』（フリードリヒ・エンゲルスとの共著）
1859年 『経済学批判』
1867年・85・94年 『資本論——経済学批判』

# 製品の価値は、それをつくるのに要した労働によって決まる
## 労働価値説

```
自然の資源は、          →   自然の資源に労働を
自然から無料で得られる         くわえることで、
                            原料が得られる
                                ↓
機械と消費財に労働を      ←   原料に労働をくわえることで、
くわえることで、              機械と消費財が生まれる
商品が生まれる
    ↓
製品の価値は、それをつくるのに
要した労働によって決まる
```

## その経済学的背景

**焦点**
価値理論

**鍵となる思想家**
カール・マルクス
（1818～1883年）

**前史**
**1662年** イギリスの経済学者ウィリアム・ペティが、土地は自然からの無償の贈与であり、だからあらゆる資本は「過去の労働」だと主張する。
**1690年** イギリスの哲学者ジョン・ロックが、労働者には自分の労働の果実を享受する権利があると主張する。

**後史**
**1896年** オーストリアの経済学者オイゲン・フォン・ベーム＝バヴェルクが、『カール・マルクスとその体系の終焉』を公刊して、マルクスの労働価値説にたいするさまざまな批判を総括する。
**1942年** アメリカの急進的経済学者ポール・スィージーが、『資本主義の発展の理論』を公刊して、マルクスの労働価値説を擁護する。

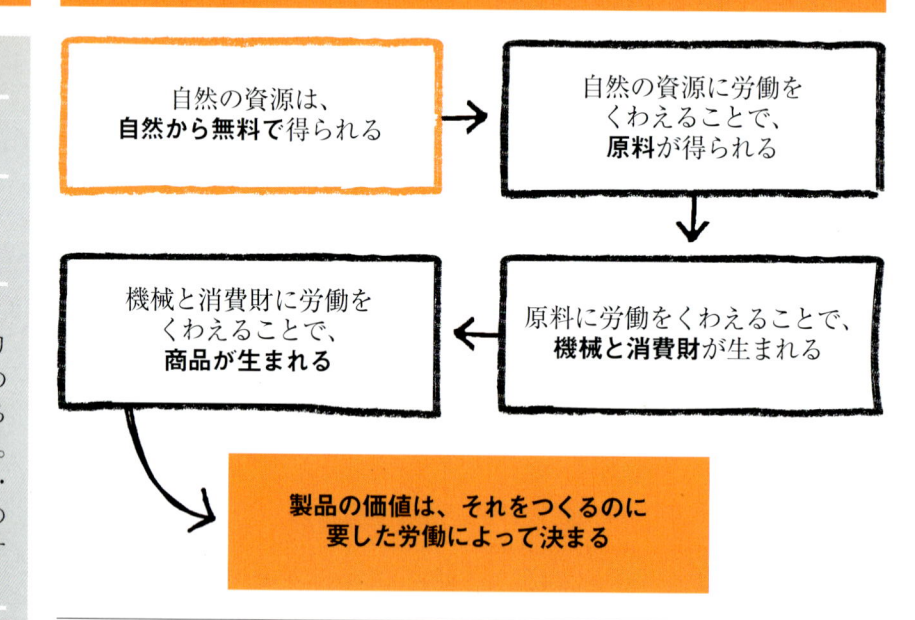

商品の価値を決めるうえで労働が占める重要性にかんしては、古代ギリシアの哲学者にまでさかのぼる前史がある。17世紀中葉以降のおよそ200年間、この問題は経済学的思考を支配する位置を占めてきた。素朴で前産業的な社会では、ある商品がどれくらいのレートでほかの商品と交換されうるかを決めるにさいして、労働の果たす役割はきわめてシンプルであった。ひとりの男が魚を採る網をひとつつくるのに1週間要するとしたら、彼がそれを一朝で彫りあげられる1本の木製スプーンと交換することはまずありえない。だが、18世紀に近代的産業社会が出現するにおよんで、事態はどんどん錯綜していった。アダム・スミス（61頁）やデイヴィド・リカード（84頁）といった古典派の経済学者たちは、それぞれ労働に関連づけた価値説を展開したが、労働価値説についてのもっとも有名な記述をおこなったのは、カール・マルクス（105頁）の大著『資本論』であった。

### 労働と費用
マルクスの考えは、ある商品をつくる

# 産業革命と経済革命

**参照** 経済活動における農業→39頁 ■ 価値のパラドックス→63頁 ■ マルクス主義経済学→100〜105頁 ■ 効用と満足（度）→114〜115頁 ■ 需要と供給→108〜113頁 ■ 機会費用→133頁 ■ 中央計画→142〜147頁

> あらゆる商品は、価値であるかぎりで、人間の労働の現実化だ
> **カール・マルクス**

のに要した労働量はその価値に比例するというものだ。この理論は、しばしばつぎのような議論で正当化される。もし散髪が半時間を要し、1時間あたりの費用が40ポンドになるとしたら、この散髪には20ポンドの価値があるわけだ。もし散髪には、さらにハサミとブラシが必要で、それらが総計で60ポンドかかり、かつ散髪のたびにこれら道具の価値が（使用されることで）1ポンドずつなくなるとしたら、散髪のトータルな価値は21ポンドだ。道具のうちハサミは、それなりの量の鋼（12ポンド半かかる）から一組のハサミに鋳造するのに45分の労働を要すること

から、それ自体で20ポンドかかる。同じ理由から、鉄の塊から鋼をつくるのにかかる時間と費用を調べれば、なぜ鋼代が12ポンド半かかるのかも分かる。それ自体は無料であるもともとの原料にいたるまでの、あらゆる中間介在物の経費を調べつくすことも不可能ではない。そこから分かるのは、すべての価値が労働から生みだされたということだ。

マルクスが指摘したのは、こうしたやりかたで任意の商品の価値を計算しつくすのはきわめて困難であり、だから価値はその商品にどれほどの量の労働が「凝結（ぎょうけつ）」しているかで決められるべきだということだ。さらにマルクスによれば、価値はその生産に要すると私たちが考える「正常な」量に応じて決められるべきだ。無能な散髪屋は、ひとりの髪を切るのに1時間要するかもしれないが、そのばあいの散髪代は20ポンドを超えてはならない。マルクスは、短期的には市場における需要と供給が商品の価値ないし価格に影響することは否定しないが、長期的には価値システムの基本構造とその力学とは労働によって決められるべきだと主張した。■

労働価値説が経済学の思考を支配していたころ、それは逆説的な疑問にもとづいたいくつもの批判にさらされた。

砂の城が労働によってつくられたとして、なぜ砂の城は無価値なのか。マルクスの解答は、労働によってつくられたものはすべて価値をもつが、それでも労働がだれからも望まれない商品のために費やされることもあるから、ということであった。

芸術作品がそれをつくるのに要した労働時間の総量によって価値を決められるなどということがありうるだろうか。この批判にたいする反論は、偉大な芸術作品はそれが一回かぎりのものであるという点で、この規則への例外だということであった。だから、価格を決定するのに参照可能ないかなる平均的労働量も、このばあいには存在しない。

10年間貯蔵されているヴィンテージ・ワインは、そのためにいかなる労働もくわわっていないのに、なぜ価値が上がるのか。このばあいの反論は、じつは労働にたいする付加費用——すなわち、ワインが熟成するのを待つという費用——が増えているということだ。

## 仕事における幸福

マルクスによれば、人間は他者とつながりたいという欲望に駆られる存在であり、それが実現することで幸福になる。私たちはこの欲望を、労働をつうじて示す。

ある人間がなにかをつくるとき、その製品は当人の人格を表象している。ほかのだれかがその商品を買うとき、作り手は幸福を感じる。なにしろ、自分がほかのだれかの欲求を満たしたというばかりでなく、買い手もまた生産者の人格の「善良さ」の保証となる。だが、資本主義は人間性のこうした本質を破壊する。なにしろ、資本主義下では労働者は自身の製造行為から疎外される。人びとはもはや自分の生産物を掌握できない。自分がそれに創造的に関与することも、それを消費したり、ましてや交換することもありえない。たんに、ある製品をつくるために雇われているだけだ。人びとは仕事を求めての競争のなかでたがいに分離され、その結果、社会の共同的本性は失われる。マルクスに言わせれば、私たちを不幸のどん底に突きおとすのは、自身の仕事からのこうした疎外にほかならない。

# 価格は需要と供給によって決まる

## 需要と供給

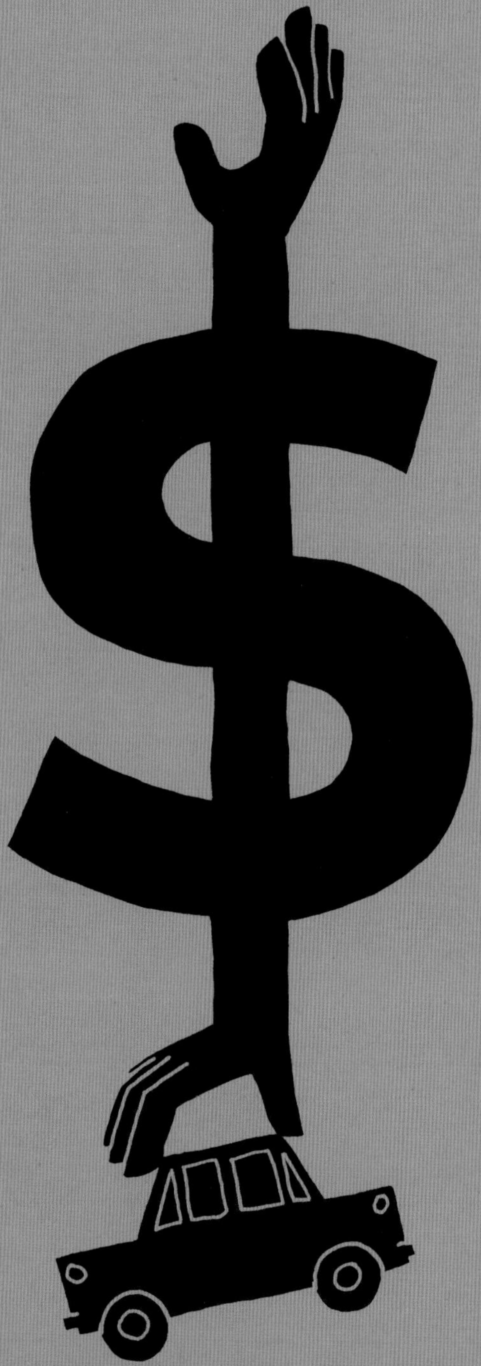

## 需要と供給

需要と供給は、経済理論の土台をなす建造ブロックの不可欠の一部だ。一方に、市場で手にいれられるもろもろの商品の総体があり、他方に、その商品を買いたいという消費者の欲望の度合いがある。この両者のあいだの相互作用が、市場の基礎をなしている。

経済関係における需要と供給の重要性は、中世以来研究の対象となってきた。中世スコットランドの学者ドゥンス・スコトゥスは、価格は消費者にたいして公正なものでなければならないが、生産にかかる費用も考慮にいれる必要がある以上、生産者にたいしても公正なものでなければならないという認識をもっていた。それにつづく時代の経済学者は、供給サイドの費用が最終的な価格におよぼす影響を研究し、アダム・スミス（61頁）やデイヴィド・リカード（84頁）といった経済学者たちは、ある製品の価格をその製造に要した労働に結びつけた。これがいわゆる古典的な労働価値説だ。

1860年代に、新たな経済学理論が発達しはじめ、新古典派という旗じるしのもとに従来の見解に反旗を翻した。この学派は、限界効用という理論（114〜115頁）を導入したが、それによるなら、消費者がある製品をより多くもしくはより少なく獲得することで得たり失ったりする満足（度）が、需要と供給の双方に影響をおよぼす。

イギリスの経済学者アルフレッド・マーシャルは、需要にたいするこうした新たな新古典派のアプローチに供給分析を結合した。マーシャルが見てとったのは、需要と供給がいっしょになって市場価格を生みだすべく作用しているということだ。マーシャルの業績が重要なのは、それが短期的な市場（たとえば、腐りやすい商品）における需要と供給の変動する動向を、長期的な市場（たとえば、金

---

### その経済学的背景

**焦点**
価値理論

**鍵となる思想家**
アルフレッド・マーシャル
（1842〜1924年）

**前史**
**1300年ころ** イスラムの学者イブン＝タイミーアが、需要と供給が価格におよぼす効果についての研究を公刊する。
**1691年** イギリスの哲学者ジョン・ロックが、商品の価格は売り手の買い手にたいする割合にじかに左右されると主張する。
**1817年** イギリスの経済学者デイヴィド・リカードが、価格は主として生産費用に左右されると主張する。
**1874年** フランスの経済学者レオン・ワルラスが、市場における均衡（バランス）を研究する。

**後史**
**1936年** イギリスの経済学者ジョン・メイナード・ケインズが、経済全体の規模での需要と供給をあきらかにする。

---

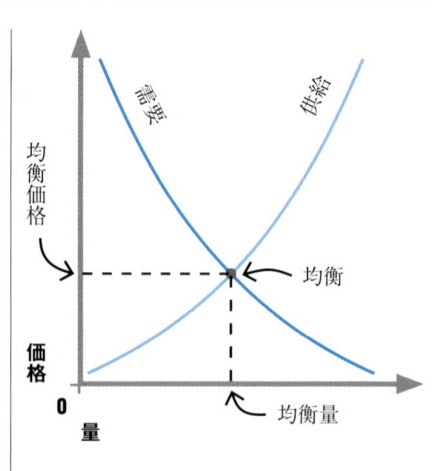

このグラフは、マーシャル・クロスとして知られているが、需要と供給のあいだの関係をあらわしている。需要曲線と供給曲線とが交差する地点で、価格が決まる。

---

### アルフレッド・マーシャル

1842年イギリスのロンドンに生まれたアルフレッド・マーシャルは、クラッパム市で成長したのち、奨学金でケンブリッジ大学へ進学した。まず数学を学び、ついで形而上学を、とりわけ倫理学を学んだ。この研究から、自身の倫理学的信念を実現するための実践的手段としての経済学への眼が啓かれた。

1868年に、彼のために特別に用意された道徳科学の講師職を得た。この領域への関心は、1875年のアメリカ訪問にいたるまで持続し、それ以降いっそう経済学への関心を駆りたてられた。1877年マーシャルは、かつての教え子であったメアリー・ペイリーと結婚し、イギリスはブリストルの大学の学長になった。1885年には、経済学の教授としてケンブリッジにもどり、1908年の引退までその職にとどまった。1890年ころから亡くなる1924年までのあいだ、マーシャルはイギリス経済学の代表的存在とみなされていた。

**主著**

1879年 『産業経済学』（メアリー・ペイリー・マーシャルとの共著）
1890年 『経済学原理』
1919年 『産業と交易』

# 産業革命と経済革命

**参照** 価値のパラドックス→63頁 ■ 労働価値説→106〜107頁 ■ 効用と満足(度)→114〜115頁 ■ 消費のパラドックス→116〜117頁 ■ 経済的均衡→118〜123頁 ■ 需要の弾力性→124〜125頁 ■ 競争的市場→126〜129頁

> どのばあいでも、市場で売りに出される商品の数がより多くなれば、それに買い手がつく価格は、より下がる
>
> **アルフレッド・マーシャル**

と対照をなすものとして描きだした点にある。さらにマーシャルは、数学を経済学理論に応用して、需要と供給を交差線で示した「マーシャル・クロス」を生みだした。両者の交差する点が「均衡」価格をあらわしており、これは供給の必要(生産者)と需要の必要(消費者)とのバランスを完璧に示したものだ。

## 供給法則

ある企業が生産することを決める商品の総量は、それが売られるさいの価格によって決まる。ある商品の生産にかかる全費用(労働、原料、機械、不動産)を組みあわせたものが、その生産物に市場が進んで払うであろう額を超えるばあいには、その生産は割にあわないとみなされ、生産量が削減されるか生産自体が停止される。他方で、ある商品の市場価格が十分に生産費用を上回ったなら、企業は生産量を増やして、できるだけ利益を得ようとするだろう。この理論では、企業が市場価格に影響力をもつことはなく、それどころか企業は市場が提示するものを受けいれるしかないと想定されている。

たとえば、コンピュータを1台つくるのに費用が200ポンドかかるとき、もしコンピュータの市場価格が200ポンドを下回っていたなら、つくっても利益は得られない。逆に、市場価格が1000ポンドをつけていたなら、製造元はできるかぎりたくさん製造して、利益を最大にしようともくろむだろう。需要の法則は、需要曲線(左ページ参照)を用いて図示できる。この図にあっては、曲線を構成するすべての点が、ある企業が特定の価格で進んで売りたくなる商品の量がどれくらいになるかの解答を示している。

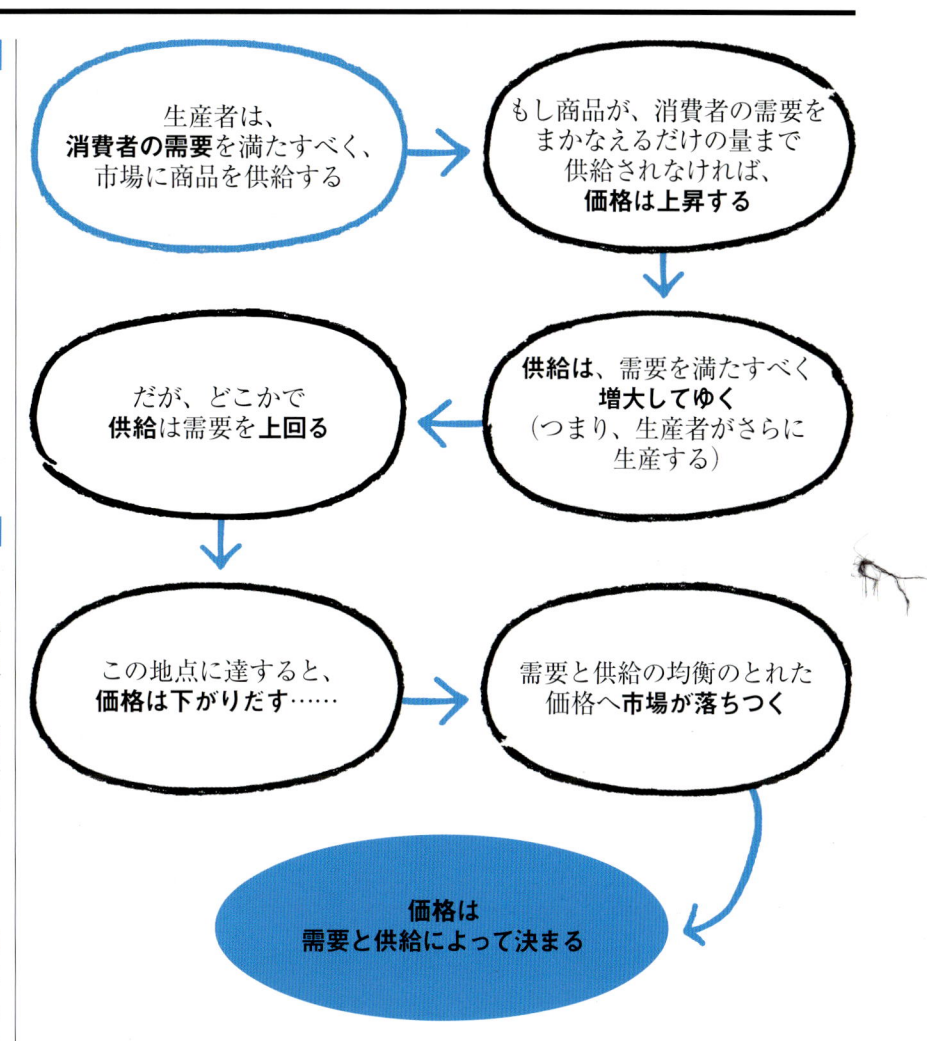

のみならず、費用が一定のばあいと変動するばあいとでは、また話が変わってくる。上の例では、生産にさいしてその単価は一定のままで、生産量が増大しうるものと想定されていた。だが、それは正しくない。もしコンピュータ工場が1日100台しか生産できないにもかかわらず110台の需要があるとしたら、生産者は、それにかかるいっさいの膨大な費用を踏まえてもまったく新しい工場を開く価値はあるのか、それとも1日100台に需要を抑え、コンピュータを少し値上げして売っ

```
生産者は、消費者の需要を満たすべく、市場に商品を供給する
  ↓
もし商品が、消費者の需要をまかなえるだけの量まで供給されなければ、価格は上昇する
  ↓
供給は、需要を満たすべく増大してゆく(つまり、生産者がさらに生産する)
  ↓
だが、どこかで供給は需要を上回る
  ↓
この地点に達すると、価格は下がりだす……
  ↓
需要と供給の均衡のとれた価格へ市場が落ちつく
  ↓
価格は需要と供給によって決まる
```

## 需要の本質

需要の法則では、事態は生産者ではなく消費者の視点から見られる。ある商品の価格が上がれば、（薬品のような不可欠な商品は別にして）当然その需要は下がる。その理由は、消費者のなかにその品目をもはや必要と感じなくなるひとが出てきたり、あるいはそのお金を別のなにかに回せばよりいっそうの楽しみが得られるはずだと決めるひとが出てきたりするからだ。

まえと同じ例を使うが、あるコンピュータの費用が50ポンドしかかからないとしたら、ほとんどのひとがそれを所有できるわけだから、その売上げは人びとの数だけ増えるだろう。他方で、もしそれが1万ポンドかかるとしたら、そんな高価なものにはごく一部の金持ちしか手が出せないのだから、需要はそれだけ低くなるだろう。

需要を鼓舞するには、どこまで価格を下げられるかが鍵となるが、そこにはしかるべき制約がある。もしコンピュータの価格が5ポンド以下まで下がったなら、だれもがそれを買えるようになるかもしれないが、ひとりで2台も3台もコンピュータを必要とする人間はそうはいない。消費者はその分の費用は別のなにかに使ったほうが得だとすぐに気づき、結果として需要は頭打ちになる。

価格が需要に影響をおよぼす唯一の要因というわけではない。消費者の好みや態度も主要な要因だ。ある製品がいっそうファッショナブルになったなら、需要曲線全体が右に傾き、消費者はそれぞれの価格においてその商品をさらに求めるようになる。供給曲線が動かないばあい需要の増大は価格を引き上げる。広告のような技巧を駆使することで消費者の好みを操作できるわけだから、生産者が需要曲線のかたちと位置に影響を与えることもありうるわけだ。

## 均衡を見いだす

消費者がつねに可能なかぎり安い値で買おうとする一方で、生産者は可能なかぎり高い値で売りたいと思っている。価格が高すぎると、消費者は関心を失い、その商品から離れてゆく。逆に、価格が低すぎると、その商品をさらにつくりつづけることへの経済的動機が生産者から失われる。両者をつなぐ幸運のかけ橋が見いだされねばならない。すなわち、消費者と生産者双方にとって受けいれ可能な均衡価格だ。この価格は、需要曲線と供給曲線の交叉地点に見いだされるが、それがすなわち消費者が進んで支払う気になり、生産者が進んで売る気になる価格となっている。

いくつもの要因が、このどちらかといえばシンプルに見える法則を複雑にしている。時間と同じくらいに、市場の位置とサイズも、価格決定にさいしては決定的に重要だ。生産者が進んで売る気になる価格は、生産費用だけに影響されるわけではない。

たとえば、新鮮な商品を売る市場の露店を考えてみよう。種を買いに農夫がやってくるが、そのときはすでに、作物を育てて収穫物を刈りいれる労働と市場までの移動手段とをふくめた生産費用を払いおえた状態にある。この農夫は、自分が利益を上げるためにはリンゴ1個を1ポンド20ペンスで売らねばならないと分かっている。だから、その日の最初に農夫は市場で自分のリンゴを1ポンド20ペンスで売るつもりでいる。売上げが順調

**果実商は**、売れのこったリンゴをその日の終わりに廃棄せざるをえないときがある。営業中に売りきらねばならないという切迫性は、傷みやすい商品をいくらで売るかを決めるさいの主たる要因となる。

> 需要価格が供給価格と等しいばあい、生産総量は増える傾向も減る傾向も示さない。
> それが均衡だ
> アルフレッド・マーシャル

たほうが価値があるのかを判断を迫られることになる。

産業革命と経済革命　**113**

コカ・コーラのような**商品の売り手**は、製品とブランドを推奨する宣伝の力で需要に影響をおよぼすことができる。需要が伸びれば、製品の価格も上がるかもしれない。

ては、金の保有者はすぐ売らねばならないといった時間的制約を感じることがない。彼は、この商品が価値を維持しつづけるだろうと当てにできる。市場の規模が大きくなり、市場にかんする知識が広がってゆけば、それだけその物品はその均衡価格を見いだしやすくなる。これによって市場価格に著しい変化が生じて、なんらかの変化が売買の小波乱の引き金となることもある。

こうした例は、市場によりいっそうの複雑さをもちこむ要因ではあるが、それでも、供給者は自分で受けいれ可能な価格でしか売らず、購買者は妥当だと思える価格でなければ買わないという基本的ルールは不変だ。

すべての例は、物理的財が交換される市場にかかわっているが、需要と供給は、経済的推論全体にとって決定的に重要だ。このモデルは、たとえば労働市場にも適用可能だ。そこでは、個々人がみずからの労働力を売りにだす供給者であり、労働力を可能なかぎり安値で得ようとしている雇用主が消費者となる。金融市場も、利子率が価格として機能する、需要と供給のシステムとして分析可能だ。

経済学者は、マーシャルの業績を「部分均衡」分析と呼ぶが、その理由はそれがあるひとつの市場が需要と供給の力によってどのようにして均衡ないし釣りあいをとるにいたるかを示すにとどまっているからだ。しかるに、経済は多種多様に影響をおよぼしあうもろもろの市場からなっている。これらすべての市場が全体として「一般均衡」状態に達することがそもそもありうるのか、またあるとすればそれはどのようにしてなのかは、19世紀にレオン・ワルラス（120頁）によって分析が試みられた複雑な問題だ。■

に伸びているので、農夫のなかにもっと儲けられるかもしれないという気もちがわき、価格を1ポンド25ペンスまで上げる。これが原因となって、売上げが落ちることはありうる。だが、なんとかやりくりして、もってきた分を全部売りきることができれば、農夫は幸せを感じるだろう。しかるに、その日の終わりが迫っても、まだ若干のリンゴが売れのこっていたなら、このままではつぎに売る機会が来るまでに腐ってしまうかもしれない商品が残ってしまうのを回避すべく、農夫は価格を1ポンド15ペンスまで下げる決断を下すかもしれない。

この例で、生産費用は一定であり、収穫物を早急に売りきってしまわねばならないというのが差しせまった要因だ。これは、短期市場と長期市場とのちがいを図示するのに役だつ。農夫は、来年の収穫のためにどれくらいの数のリンゴを植えたらよいかを決めるさいに、今回の売上げを参考にする。そのような勘定の集積のうえに、市場は最終的に均衡に達するはずだ。

この農夫の市場は、距離によっても制約される。農夫がその産物を売る行為が経済的意味をもつのは、一定の範囲内でのみのことだ。たとえば、そのリンゴを海外へ輸出するのにかかる費用は、国内の生産者のそれとは比較にならないところまで商品の値を釣りあげるだろう。つまり農夫には、ある程度まではみずからの商品の価格を釣りあげる自由がある。なにしろ、その消費者には別の商品を求めて海外にまでわたっている余裕はないからだ。

この果実農夫とは逆のシナリオが、金のような国際的な物品の市場のばあいになりたつ。こうした長期的な市場にあっ

> どの商品の価格も、買い手と売り手の数の比率に応じて上下する……。［この規則は、］売り買いされるあらゆるものに普遍的に当てはまる
>
> ジョン・ロック

# 最後に食べたチョコレートは最初に食べたそれほどおいしくはない
## 効用と満足（度）

### その経済学的背景

**焦点**
価値理論

**鍵となる思想家**
ウィリアム・ジェヴォンズ
（1835〜1882年）

**前史**
1871年　オーストリアの経済学者カール・メンガーが、その著書『国民経済学原理』で限界効用逓減理論を提示したとされている。

**後史**
1890年　イギリスの経済学者アルフレッド・マーシャルが、その著書『経済学原理』のなかで、限界効用の概念を用いて需要曲線を考案する。
1944年　アメリカの経済学者ジョン・フォン・ノイマンとオスカー・モルゲンシュテルンが、効用理論を結果の不確実な状況に拡大する。
1953年　フランスの経済学者モーリス・アレが、「危機に直面した合理人の行動」のなかで、人びとのふるまいが効用理論の予言するものからどれほど隔たっているかをあきらかにする。

---

需要は価格と**負の相関**をもつ。価格が下がれば、需要は増す

↓

これはつまり、消費者は**価格の下がったばあいにのみ**より多くの商品を購入するということだ。なにしろ……

↓

……それぞれの余分な消費財は、以前のそれほどには**快をもたらしてはくれない**。たとえば……

↓

……**最後に食べたチョコレートは最初に食べたそれほどおいしくはない**

---

**使**えるものが多すぎると、かえってなんの役にも立たなくなることがあるのに気づいた最初のひとりはアリストテレスだ。私たちがより多くの製品を消費すれば、私たちの受けとる満足度がどんどん減ってゆくという考えは、のちに経済理論のなかで限界効用逓減の法則（DMU）として正式に認められるようになった。ここでは限界とは、たとえばあと1枚チョコレートを食べるばあいのような、「境界」における変化を意味する。効用とは消費を決断するうえでの「快か不快か」だ。イギリスの経済学者ウィリアム・ジェヴォンズが、その著書『経済学の理論』（1871年）のなかで、利用可能な商品の量との関連において効用が計測可能であることを示した。

**需要曲線**

DMUという概念は、経済学者が商品の価格を決定する要因はなんであるかを理解しようと努めるにつれて、どんどん重要性を増していった。一般に余分なチョコレートがいずれもその分だけ効用を失ってゆくということには、だれしも同意するところだが、そうだとするとその価格が下がったばあいにのみ、私たちはその余分なチョコレートへの需要を感じるだろうと考えるのは理にかなっている。なにしろ、追加されたチョコレートは、たいした快を与えてはくれない。私たち

**産業革命と経済革命** 115

参照　価値のパラドックス→63頁　■　労働価値説→106〜107頁　■　需要と供給→108〜113頁　■ リスクと不確実性→162〜163頁

がそれに手を伸ばすのは、その費用が安くつくばあいだけだ。こうして生じる需要は、ネガティヴなかたちで価格にかかわっており、これが供給に沿うかたちで、1枚のチョコレートの均衡価格ないし「自然な」価格を決めるうえで重要な役割を果たす。

DMUの法則には、見すごせない例外が少なくない。たとえば、パズルの最後の一片を見つけたばあい、それは大きな満足をもたらす。薬やアルコールのような習慣性のある商品もまた、そうした例外だ。それらはより消費されればされるほど、満足をもたらす。たとえば、一度にチョコレート一箱を丸ごと食べるのは、丸一日かけてそれを食べるばあいと比べて、いっそうDMU原理の有効性を実際に示すことになるだろう。

### 肯定的な貢献（ポジティヴ）

DMUは、とりわけ社会にとってより多くの福利を生みだすために、より公正な所得の分配を計算するばあいなどに重要な応用を利かせる。政府がとても裕福な人間から1ドルを徴収し、それを極貧の人間に与えるとしたら、社会の総効用は増加するはずだ。

効用理論は、個々人が不確実性とリスクに直面して決断を下さなければならないような状況にも拡張される。このばあいに各人は、自分たちがどのような商品を好み、別の結果が生じる可能性をどう見積もるかをベースにして決断を下す。1950年代に、アメリカの数学者レナード・J・サヴェッジが、ひとによってどれほど選択の内容が異なってくるかをあきらかにした。その決断は人びとが商品に結びつける効用のレベルのちがいのみならず、彼らがリスクをどう緩和するかにも影響される。リスクを嫌う人びとは、直面するかもしれないリスクの程度を最小限にしてくれる選択を下す。■

**限界効用逓減の概念**は、需要と供給の逆転関係において顕著に認められる。個人の所有する製品が増えれば、それだけそのひとが個々の製品にたいして払う気になる額は減る。

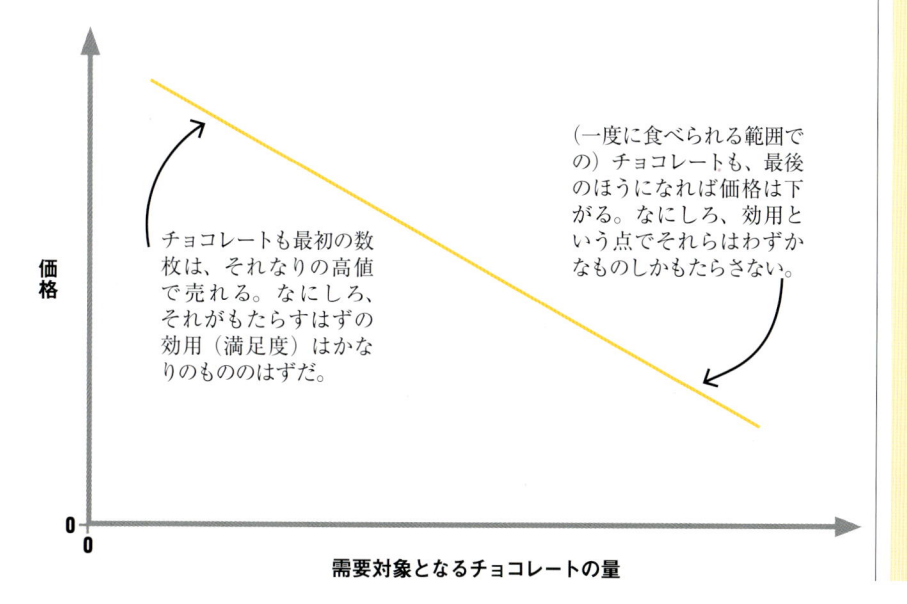

チョコレートも最初の数枚は、それなりの高値で売れる。なにしろ、それがもたらすはずの効用（満足度）はかなりのもののはずだ。

（一度に食べられる範囲での）チョコレートも、最後のほうになれば価格は下がる。なにしろ、効用という点でそれらはわずかなものしかもたらさない。

価格

需要対象となるチョコレートの量

## ウィリアム・ジェヴォンズ

1835年イギリスはリヴァプールに生まれたウィリアム・ジェヴォンズは、鉄鋼商人の息子であった。法律と経済にかんする著作を著していた父から経済学への関心をはぐくまれた。1855年に、父の工場が破産し、金銭的な負担を負うことになったジェヴォンズは、ロンドン大学ユニバーシティ・カレッジ（UCL）での自然科学の研究を切りあげざるをえなくなり、オーストラリアで鉱石の試金官として働くこととなった。5年後にUCLへ復学し、学業を完成させた。

1863年にマンチェスターで家庭教師の職を得、そこでハリエット・テイラーと知りあい、結婚する。一家は1876年にロンドンへ移り、ジェヴォンズはUCLでの教授職を得る。健康問題につきまとわれたが、経済学と論理学の分野で、多作にして並々ならぬ著述家になっていった。ある論証が真実であるかどうかを分析する能力をそなえた初期の機械的コンピュータである、論理ピアノを発明したことでも知られる。1882年、わずか47歳で不慮の事故で溺死した。

**主著**

1865年『石炭問題』
1871年『経済学の理論』
1874年『科学の原理』

# 価格が上がると、もっと買うひとが出てくる
## 消費のパラドックス

### その経済学的背景

**焦点**
意思決定

**鍵となる思想家**
ロバート・ギッフェン
(1837〜1910年)

**前史**
**1871年** オーストリアの経済学者カール・メンガーが、消費財への需要がどれほどその限界効用によって規定されているかをあきらかにする。

**後史**
**1909年** イギリスの経済学者フランシス・エッジワースが、『存在している自由貿易』の書評のなかでギッフェン財の実在を疑う。
**1947年** アメリカの経済学者ジョージ・スティグラーが、「ギッフェンのパラドックスの歴史にかんする注」のなかで、マーシャルが挙げたギッフェン財の例を退ける。
**2007年** アメリカの学者ロバート・ジャンセンとノーラン・ミラーが「ギッフェン行動──理論と証拠」のなかで議論を復活させる。この論文は、中国の貧しい都市部にギッフェン財が実在することを伝えている。

**1895**年にイギリスの経済学者アルフレッド・マーシャル(110頁)は、どのようにして需要と供給から商品の価格が決まるかをあきらかにした。需要が増せば価格は下がるといった一般法則をあきらかにした後、マーシャルはさらにつづけて、この法則にどんな興味深い例外がありうるかを示した。マーシャルによると、ある状況下では、価格の上昇は驚くべき需要の増加を生みだす。マーシャルはこの例外を発見した功績を、当時の著名なスコットランド系の経済学者にして統計学者であったロバート・ギッフェン卿に帰した。こんにちでも、価格が上がると需要も増える商品は、ギッフェン財として知られる。

もともとのギッフェン財は、19世紀のイギリスの人口にあって最貧層を占めた人びとにとってもっとも重要な食品であったパンだ。労働者階級のなかでももっとも貧しい人びとは、その所得の大半をパンに当てた。パンは生活必需品だが、肉のような見たところ豪華な食事に比べると一段劣ったものとみなされた。マーシャルによると、パンの価格が上昇するにつれ、最貧層の人びとは生きてゆくのに必要な栄養を取るためには、その

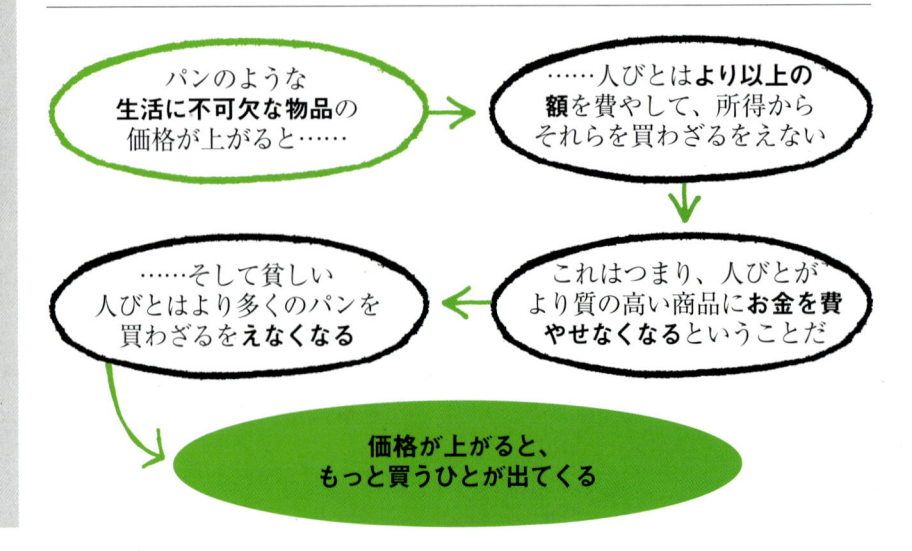

---

パンのような**生活に不可欠な物品**の価格が上がると…… → ……人びとはより以上の**額**を費やして、所得からそれらを買わざるをえない

↓

……そして貧しい人びとはより多くのパンを買わざるをえなくなる ← これはつまり、人びとがより質の高い商品に**お金を費やせなくなる**ということだ

↓

**価格が上がると、もっと買うひとが出てくる**

# 産業革命と経済革命

**参照** 需要と供給→108〜113頁 ■ 需要の弾力性→124〜125頁 ■ 誇示的消費→136頁

所得のより多くをパンに費やさざるをえなくなる。彼らは肉の代わりにパンを購入する。結果として、パンの価格が上昇すれば、その需要もそれに比例する。

## 下層と貧困

ギッフェン財は、いくつかの想定に支えられている。第一に、商品は下級財でなければならない。つまり、所得が上がらなくとも人びとが買うことを選択をする商品でなければならない。なにしろ、よりよい選択肢はつねにある。さきの例で言えば、パンの代わりとなる肉だ。第二に、消費者はその所得の少なからぬ量をこの製品に費やすのでなければならず、だからこの例は社会のなかでも最貧層の人びとにかかわるという事実が帰結する。最後に、その製品に別の選択肢があってはならない。パンのばあいで言うなら、それ以上に安価な必需品はない。

こうした想定がなりたつとして、パンの価格の上昇は二つの効果をもたらす。第一にそれは、人びとからパンを買う気を奪う。なにしろ、ほかの財と比べると1ポンド使うたびに得られる満足度は低い。この代替効果によって、パンは需要を下げる原因となる価格の上昇の一般法則にしたがう。だが、パンの価格が上がれば、ほかのものにお金を費やす余力も減る。そして、パンは一段低い製品だから、この減少した収入はパンの需要を増す方向へ作用する。ギッフェン財をかくも特別なものとするポイントは、貧しいひとは所得の大半をパンに使わざるをえない以上、所得効果はきわめて大きく、代替効果を上回るという点だ。こうして、価格が上昇すると、その財をそれまで以上に購入するひとが出てくる。ギッフェン財のまた別の例として、1842年から1853年にかけてアイルランドで生じたポテト飢饉におけるポテトがある。伝えられるところでは、このときのポテト価格の上昇は、ポテト需要の増加をもたらした。

## はっきりとしない証拠

マーシャルの考えは、イギリスの経済学者フランシス・エッジワースから、なんの証拠もないままに、需要の基本法則に矛盾する商品の実在を仮定していると、激しく批判された。理論上は、ギッフェン財は所得効果と代替効果の相互作用という、需要曲線の土台をなす消費者の行動と矛盾しない。だが、ギッフェン財が実在するとしても、それらはきわめて希

**バングラデシュでは少女が米を買っている。** というのも、バングラデシュでは2011年に政府が生活必需品の価格に助成金を出して、貧しい人びとの食物確保を改善しようと努めたからだ。

だ。その実在を示す証拠は特殊な状況に由来しており、有名な事例のいくつかも疑わしさを免れない。それでも経済学者たちはギッフェン財を探しつづけている。2007年の研究で、当時ハーヴァードに在籍していた経済学者ロバート・ジャンセンとノーラン・ミラーが、中国の貧しい家庭における米の需要を例にとって、ギッフェン財的消費者行動の証拠を示した。■

## ヴェブレン財

**ロールスロイスの新車**が、中国の上海で展示される。経済学者たちは、豪華な車はその値段の高さでもって購買意欲をそそると考えている。

ヴェブレン財とは、「誇示的消費」（136頁）理論を定式化した、アメリカの経済学者ソースタイン・ヴェブレンにちなんだ名前だ。この財（商品）が奇妙なのは、その価格の上昇とともに需要が増える点だ。ヴェブレン財は、ステータスの低さを示す機能を果たすギッフェン財と対照的に、ステータスの高さを示す記号として機能しているようだ。

より高い値を払うことに同意するとは、より質のよいものを獲得するという以上にそれを購買できるだけの財力の誇示だ。だから、真のヴェブレン財は、価格の低い同等の品と比べて、とくに品質が高いわけではない。価格が大幅に下落して、所得の低い層の購入を排除するのに十分な値の高さを失えば、金持ちは購入を控えるだろう。

豪華な車やシャンペンに時計、ブランドの服などの市場には、この手の行動を示す例が山ほどある。価格を下げると、売り手にとって一時的には売り上げは増えるかもしれないが、その後は売れ行きは下がりだすだろう。

# 自由市場のシステムは安定している
## 経済的均衡

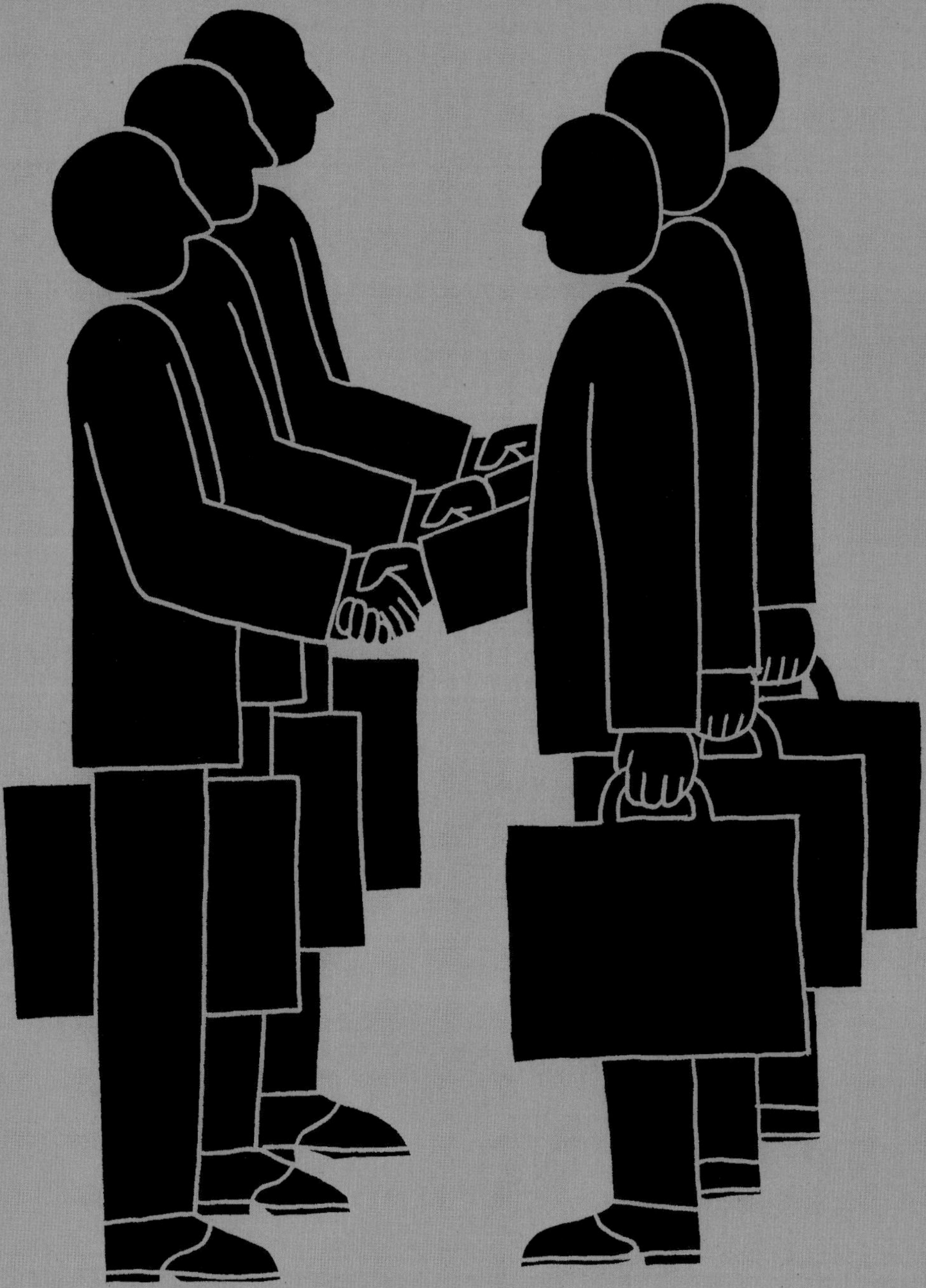

# 120 経済的均衡

## その経済学的背景

**焦点**
**市場と企業**

**鍵となる思想家**
**レオン・ワルラス**（1834〜1910年）

**前史**
1881年 フランシス・エッジワースが、『数理心理学』のなかで、経済学の数学的評価を公表する。

**後史**
1906年 ヴィルフレド・パレートが、個人的なインセンティヴと抑制との両立可能性を考慮にいれた、均衡についての新たな理論を展開する。
1930年代 ジョン・ヒックス、オスカー・ランゲ、モーリス・アレ、ポール・A・サミュエルソンそのほかが、一般均衡理論のさらなる発展に貢献する。
1954年 ケネス・アローとジェラール・ドブリューが、一般均衡の数学的証明をおこなう。

---

経済学は、ニュートンの運動法則のような科学法則に匹敵しうるだけの数学的予言可能性を示しうるようになるかもしれないという考えに、昔から経済学者たちは惹きつけられてきた。ニュートンの法則は、複雑で豊穣な物理世界全体を三つの単純で信頼に値する数学的関係に還元する。複雑でめまぐるしく変化する市場世界にも、同じような関係を見いだすことは果たして可能なのだろうか。

1881年にフランシス・エッジワースという名のイギリスの教授が『数理心理学』という著作を発表したが、これは経済学にかんする最初期の数学的研究であった。エッジワースが気づいたのは、経済学は変数間の関係をあつかうが、それを方程式に変換することが可能なのではないかということであった。エッジワースは功利主義的な観点から、経済的利得についての思索を展開した。言いかえるなら、ものごとの結果は、幸福ないし喜びの単位という観点から、計測可能ではないかと考えたということだ。

数学的手法という考えに心惹かれた経済学者はほかにもいた。ドイツでは、経済学者ヨハン・フォン・チューネンが、公正な労働賃金と土地のもっとも効率のよい使いかたにかんする方程式を展開した。フランスでは、のちに「すべての経済学者のうちでもっとも偉大なひとり」と評されることになる大学教授レオン・ワルラスが、完全均衡についての完璧に数学的で科学的な枠組みを発見しようと躍起になっていた。ワルラスは、経済学を、ニュートンの「純粋自然科学」と手を携えて発展する「純粋な（すなわち、人間行動をそのままに記述するという意味での）精神科学」たらしめるはずの経済法則を発見することは可能だという自己の信念にたいして、とても情熱的であった。こうしてワルラスの一般均衡理論は、全経済活動にまたがる生産・消費・価格を

**レオン・ワルラスによれば**、ある経済における需要過剰の総和はゼロになる。リンゴとサクランボだけによる経済活動では、リンゴへの需要が超過しているとしたら、サクランボの供給が超過していることになる。

---

### レオン・ワルラス

マリー・エスプリ・レオン・ワルラスは1834年フランスのノルマンディーで生まれる。若者だったころに、ボヘミアン的なパリに魅了されたが、父親はワルラスを説きふせて、未来のロマンチックな課題のひとつが経済学を科学たらしめることだと教えた。ワルラスは説きふせられたものの、相変わらずボヘミアン的な生活から抜けださず、それは極貧のなかで1870年に経済学の教授としてローザンヌに行くまでつづいた。一般均衡理論が展開されたのも、ローザンヌにおいてのことであった。

ワルラスの考えでは、社会の組織化は経済学という科学的な領域の外部にある「芸術」にかかわる問題だ。社会正義にたいする明敏なセンスをそなえていたワルラスは、陸地の均等な分配のための助走として土地の国有化を推進するキャンペーンをおこなった。1892年に、ジェノバ湖を見わたせるクラレンスの街に引退し、かの地で1910年に亡くなるまで、魚釣りと経済学についての思索にふけった。

**主著**
1874〜77年『純粋経済学要論』
1896年『社会経済学研究』
1898年『応用経済学研究』

# 産業革命と経済革命 121

**参照** 経済の循環的流れ→40〜45頁 ■ 自由市場経済学→54〜61頁 ■ 需要と供給→108〜113頁 ■ 効率性と公平性→130〜131頁 ■ 市場とその社会への成果→210〜213頁 ■ 複雑性とカオス→278〜279頁

説明すべく考案された。

## 需要と供給

　ワルラスはまず、交換がどのように機能するか、商品の価格、商品の量、商品への需要が相互にどのように作用するかという問題に焦点を絞った。言いかえるなら、需要と供給とがどう合致するのかをあきらかにしようとしたのだ。ワルラスの考えでは、なんであれ売りに出されるものの価値は、本質的にはその「希少性」に左右される。ふつうは「稀であること」を意味するこの語を、ワルラスは任意のあるものがどれほど強く希求されているかをあらわすものとしても用いている。この観点でワルラスは、快という意味であれ、効用という意味であれ、功利性こそが価値にとっての鍵だと考えた点で、エッジワースやウィリアム・スタンレー・ジェヴォンズ（115頁）といった同時代人たちと一線を画す。

　ワルラスは、需要と供給の関係を記述すべく、数理モデルの構築に着手した。そこからあきらかになったのは、価格が上昇すると需要は減り、供給は増えるということであった。需要と供給が釣りあっているとき、市場は均衡ないし平衡のとれた状態にある。そこには、ニュートンの運動法則においてあきらかとなったのと同種の、単純な平衡を求める力が反映していた。

## 一般均衡

　この均衡を例解するために、本日のモバイルフォンの最新市場価格が20ドルだとしてみよう。地方の市場では、露天商が100台押さえていて、それを20ドルで売りたいと思っている。買い手が100人ここを訪れて、だれもが20ドル払うことに同意したなら、安いモバイルの市場は均衡状態にある。なにしろ、供給と需要はまったく過不足なしに完璧に平衡状態にあるのだ。ワルラスは、さらにこうし

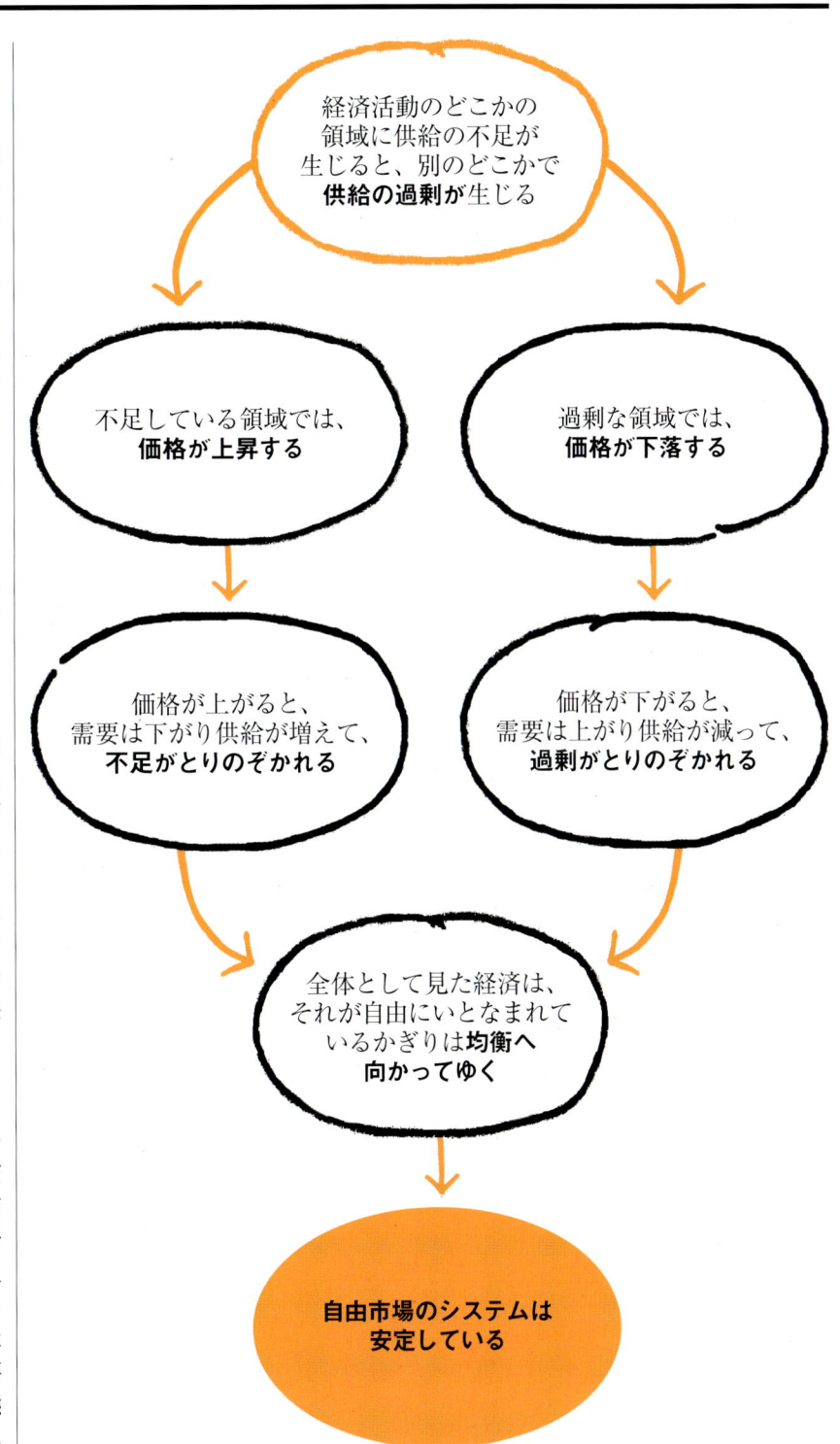

```
経済活動のどこかの
領域に供給の不足が
生じると、別のどこかで
供給の過剰が生じる
```

↓　　　　　　　　　　　　↓

```
不足している領域では、          過剰な領域では、
価格が上昇する                 価格が下落する
```

↓　　　　　　　　　　　　↓

```
価格が上がると、              価格が下がると、
需要は下がり供給が増えて、      需要は上がり供給が減って、
不足がとりのぞかれる            過剰がとりのぞかれる
```

↓　　　　　　　　　　　　↓

```
全体として見た経済は、
それが自由にいとなまれて
いるかぎりは均衡へ
向かってゆく
```

↓

**自由市場のシステムは安定している**

**競売人**が畜牛オークションでせりをしている。ワルラスのイメージでは、競売人は市場についての完璧な情報を提供できる存在だ。競売人は価格を提示し、売買は価格が均衡地点にあるばあいにのみおこなわれる。

た均衡という概念を経済活動全体に適用して、一般均衡理論をつくろうとした。これは、ある領域で商品が余っているとしたら、その価格が高すぎるからにちがいないという想定をもとにしていた。価格が「高すぎる」と判断されるのは、ほかとの比較によってのことだ。だから、ある市場の価格が「高すぎる」としたら、「低すぎる」別の領域があるにちがいないということになる。それが原因となって、価格の高すぎる市場での売れのこり状態が生じている。

ワルラスは、椅子や小麦といった商品から、資本と労働といった生産要因までをもふくむ、経済活動全体にまたがる数理モデルを創造した。そこでは、あらゆるものがほかのあらゆるものに結びつけられ、たがいに依存しあっている。ワルラスが重視したのは、この相互依存関係こそが鍵だということだ。価格の変更は、真空状態でおこなわれるわけではなく、需要もしくは供給における変化が生じたばあいにのみ起きる。のみならず、価格が変わると、ほかのすべても変わる。経済の一部分におけるひとつの変化は、どれほどささやかでも、経済活動全体に波及してゆく。たとえば、主要石油産出国で戦争が勃発したとしよう。石油価格は世界中で高騰するだろうし、そこからさらなる影響が、たとえば、ガソリンスタンドの価格高騰や家の暖房費の高騰から、さらにはいまや高価なものとなってしまった休日もしくは仕事での旅行までをもキャンセルせざるをえなくなるといったぐあいに、政府、企業、個人にまで波及してゆくだろう。

## 均衡へ向けて

ワルラスは、経済にかんするその数理モデルを価格と量をふくむ二、三の方程式に還元することに成功した。自身の業績からワルラスは、二つの結論を引きだした。ひとつは、一般均衡状態は理論的には可能だということだ。もうひとつは、経済活動がはじまったところではどこでも、自由市場をつうじてそれを一般均衡状態へと動かしてゆくことが可能となるということだ。だから自由市場システムは、もともと安定したものでありうる。

ワルラスがあきらかにしたのは、そうした状態が自身「タトヌマン（模索）」と呼んだ考え——これは、ちょうど登山集団が頂上へいたる道を、探しながら進んでゆくように、経済が均衡状態にいたるみずからの道を「模索してゆく」過程を意味する——をつうじて、どのようにして生じるかということであった。ワルラスはこの過程を考えるにさいして、値の異なる商品を買い手と売り手がいくらなら売り買いするかにかかわる情報を提示する理論的「競売人」を思いえがいた。そのうえで競売人は、どの市場でも需要と供給が等しくなる価格を告げる。これがおこなわれたばあいにのみ、売り買いは開始可能となる。

## このモデルの欠陥

ワルラスは、自身の提起したものが経済学者の助けとなるべく設計された、たんなる数理的モデルにすぎないことをみずから指摘するだけの慎みをそなえていた。これが現実世界の記述とみなされることは、ワルラスの意図するところではなかった。ワルラスの仕事は、ほとんどの同時代人から無視された。大半の人びとにとって、現実世界はあまりに複雑で混沌としていて、そこに真の均衡状態を展開することなど思いもつかなかった。

技術的な水準で見ても、ワルラスの複雑な方程式は、多くの経済学者にとってマスターするには難しすぎた。これも、ワルラスが無視されたもうひとつの理由だが、彼の弟子のヴィルフレド・パレート（131頁）は、ワルラスの仕事をのちに新たな方向に向けて展開することになる。ワルラスの死から20年以上が経過した

> **均衡は……ひとたび
> かき乱されても、それ自体で
> 自動的に回復される**
> レオン・ワルラス

**産業革命と経済革命**

> 一連の価格……があり、それぞれが商品の価格を示しているばあい、それはあらゆる商品の供給と需要を等しくする
>
> ケネス・アロー

1930年代になると、ワルラスの方程式は、卓越したハンガリー出身のアメリカ人数学者ジョン・フォン・ノイマンによって精査されることになる。フォン・ノイマンは、ワルラスの方程式体系に欠陥を見いだし、その解決のいくつかが負の価格——つまり、売り手が買い手に支払うことになるような事態——をもたらすことをあきらかにした。

ジョン・メイナード・ケインズ（161頁）は、とりわけワルラスの手法に批判的で、経済活動が均衡に達することなどけっしてありえないのだから、一般均衡理論は現実のきちんとした叙述にはなっていないと主張した。さらにケインズは、潜在的には七転八倒をもたらすかもしれない長期的な均衡へ向かう駆動力について考えてみても、なんの役にも立たないと主張した。なにしろ、「長期的展望に立つなら、私たちはみな死んでいる」のだ。

だがワルラスの考えは、1950年代になってアメリカの経済学者ケネス・アローとライオネル・W・マッケンジー、そしてより洗練されたモデル（210〜213頁）を展開したフランスの経済学者ジェラール・ドブリュー（211頁）らによって救いだされた。アローとドブリューは、厳密な数学を用いて、ワルラスの一般均衡理論が成立しうる諸条件を引きだした。

## 計算可能な経済

1980年代になされたコンピュータの改良によって、経済学者は現実の経済活動における複数の市場の相互作用の影響を計算できるようになった。そうして誕生した計算可能な一般均衡（CGE）モデルは、相互依存というワルラスの考えを特殊な諸状況へ適用して、変動価格と政府の政策の影響を分析しだした。

CGEの魅力は、政府や世界銀行、IMF（国際通貨基金）といった規模の大きい組織が、これを用いることで経済全体の状態を示したり、変動する異なった要因（パラメーター）の影響を見積もったりするために、迅速で強力な計算をなしうるようになった点にある。

こんにちでは、部分均衡の分析、すなわち任意のひとつの市場において需要と供給を平衡状態にもたらす諸力の考察が、経済学を専攻する学生が最初に学ぶ課題となっている。のみならず一般均衡へのワルラスの洞察は、いまなお経済理論の最先端の業績を生みだす原動力となっている。大半の経済学者にとって、均衡と、経済活動を均衡状態へさしもどす諸力の存在は、変わることのない基本原理だ。おそらくこれらの考えは、こんにちなお主流派の経済分析の本質をなしている。■

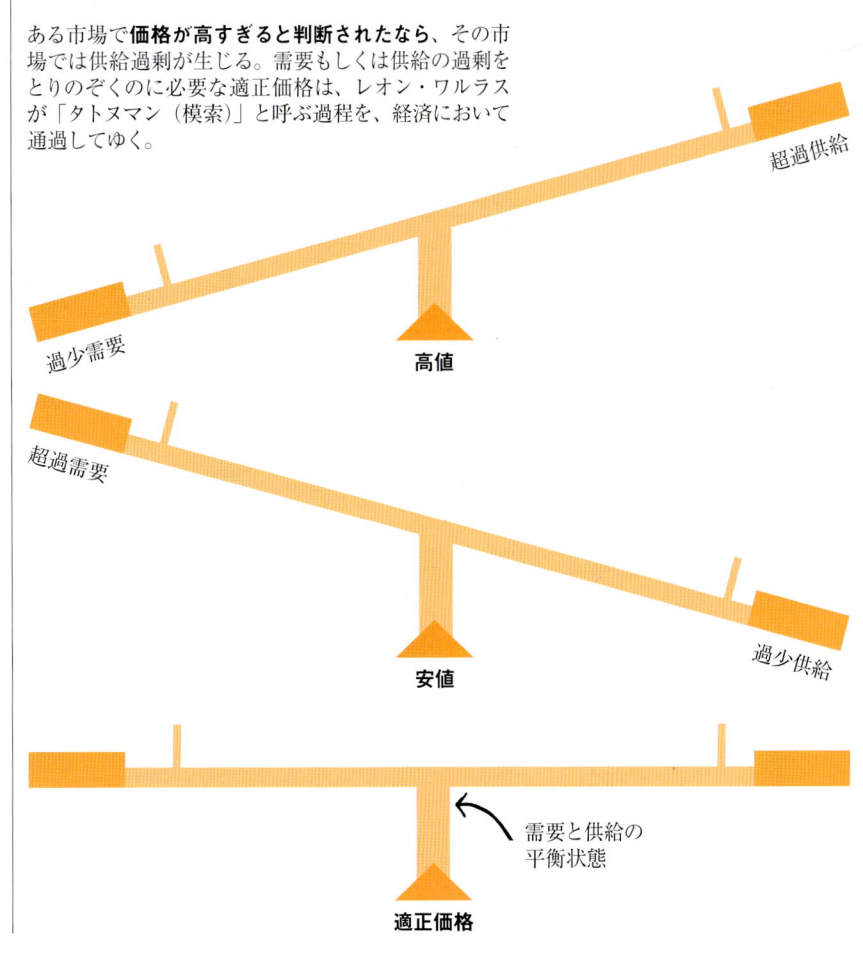

ある市場で**価格が高すぎる**と判断されたなら、その市場では供給過剰が生じる。需要もしくは供給の過剰をとりのぞくのに必要な適正価格は、レオン・ワルラスが「タトヌマン（模索）」と呼ぶ過程を、経済において通過してゆく。

超過供給／過少需要／高値

超過需要／過少供給／安値

需要と供給の平衡状態／適正価格

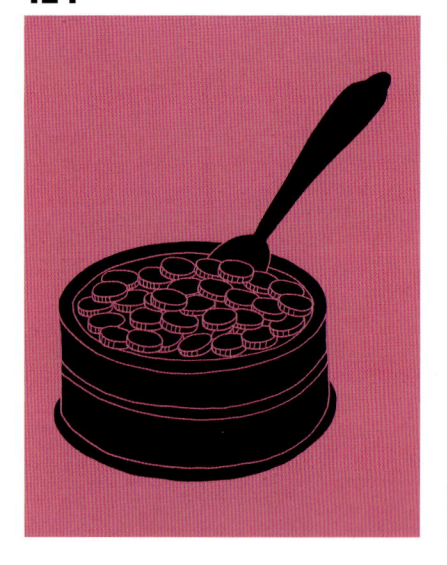

# 給料が上がったら、パンではなくキャヴィアを買おう
## 需要の弾力性

### その経済学的背景

**焦点**
意思決定

**鍵となる思想家**
エルンスト・エンゲル
（1821～1896年）

**前史**
**1817年** イギリスの経済学者デイヴィド・リカードが、借地代を土地に課すことは、その供給が価格に応じたものとなることは不可能だという理由から、よくないと批判する。
**1871年** オーストリアの経済学者カール・メンガーが、限界効用（個々の余剰分から出る価値）を下落させると需要に影響がおよぶと主張する。

**後史**
**1934年** イギリスの経済学者ジョン・ヒックスが、弾力性という概念を用いて、どれほど容易に生産物がほかの生産物に代替されるかを測定する。
**1950年** アルゼンチンの経済学者ラウル・プレビッシュとドイツ生まれのイギリスの経済学者ハンス・ジンガーが、それぞれ別個に、工業製品を製造するゆたかな国々にたいして、貿易の利得がどのように有利にはたらくかをあきらかにする。

需要の「弾力性」とは、価格のような別の要因の変化に需要がどれだけ柔軟に対応できるかということだ。一般には、イギリスの経済学者アルフレッド・マーシャル（110頁）が、1890年にはじめてこの概念を定義した経済学者とみなされるが、ドイツの統計学者エルンスト・エンゲルはそれよりも5年早く発表した論文のなかで、所得の変動がどう需要のレベルに変動をもたらすかをあきらかにした。そんなわけでこの概念の起源についてはいまだ議論があるが、その重要性に異論の余地はない。需要の弾力性は、あっというまに経済分析でもっとも広く用いられる有用な概念のひとつとなった。

価格が上がれば需要は減るという考えを最初に定式化したひとりが、マーシャルだ。そこから、（パンとキャヴィアのような）異なった製品への需要が、それらの製品価格が変動したときに、それぞれの量という点でどう変動するかという観点まではほんの一歩だ。パンのような生活必需品のばあい、価格が変動しても需要はほとんど変動しないことは、マーシャルも気づいていた。パンが価格の変動にほとんど引きずられないのは、それに代わるものが見あたらないからだ。他方で、贅沢品への需要ははるかに価格に引きずられる。そうした類いの商品が「価格弾

**ブランドの服**は、当人の所得増加より大きい割合のお金がなければ手の出ない贅沢品だ。パンのような必需品は同じ条件では所得に占める割合を下げてゆく。

力的」と呼ばれる。マーシャルは、平均的な収入の人びとにあっては、キャヴィアのような贅沢品への需要は超リッチな人びと、つまり好きなだけそうしたものを買える人びとに比べて、価格の変化にずっと引きずられやすいと認めていた。

### エンゲルの法則

エルンスト・エンゲルによれば、ひとは裕福になるのにあわせて、食べものに、所得のより多くを費やすことになるわけではない。食べものへの需要は「所得に左右されない」。これがのちに、エンゲ

産業革命と経済革命　**125**

**参照**　効用と満足（度）→114〜115頁　■消費のパラドックス→116〜117頁　■競争的市場→126〜129頁

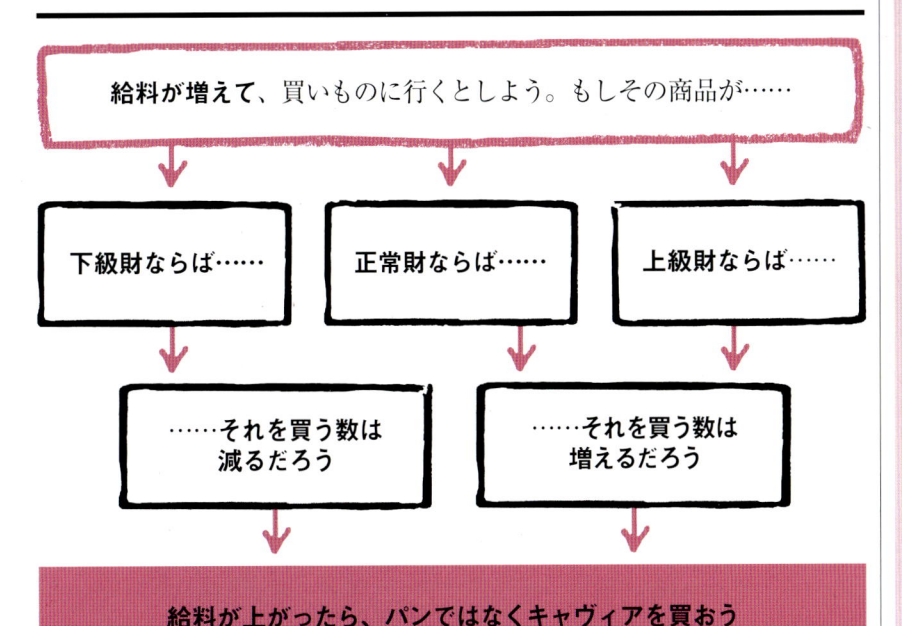

```
┌─────────────────────────────────────────────────────┐
│ 給料が増えて、買いものに行くとしよう。もしその商品が……  │
└─────────────────────────────────────────────────────┘
          ↓                ↓               ↓
  ┌──────────────┐  ┌──────────────┐  ┌──────────────┐
  │ 下級財ならば…… │  │ 正常財ならば…… │  │ 上級財ならば…… │
  └──────────────┘  └──────────────┘  └──────────────┘
          ↓                ↓               ↓
  ┌──────────────┐         ┌──────────────────────┐
  │……それを買う数は│         │……それを買う数は       │
  │   減るだろう   │         │   増えるだろう         │
  └──────────────┘         └──────────────────────┘
          ↓                         ↓
┌─────────────────────────────────────────────────────┐
│   給料が上がったら、パンではなくキャヴィアを買おう        │
└─────────────────────────────────────────────────────┘
```

> 家計が貧しければ、
> それだけ所得の割合の多くが
> 食料に当てられることになる
> **エルンスト・エンゲル**

ルの法則として知られる考えだ。エンゲルはベルギー在住の199世帯の生活費を調査して、食べもののような基本的必需品への需要は所得の増加と歩調をあわせてすぐに増えはしないが、贅沢品への需要は所得の増加と歩調をあわせてすぐに大きくなることをあきらかにした。経済学者は製品ないし商品に、二つのタイプを区別する。ひとつは正常財で、その需要は所得の変化に歩調をあわせる。贅沢品は上級財と呼ばれ、普通の商品のなかでも特別な型のものだ。なにしろ、その需要は所得の増加以上の一定比率で増えてゆく。第二のタイプの商品は、下級で、所得が増えればその需要は減る。

　財のうちでも食べものの類のものには、（キャヴィアとパンのように）贅沢品と必需品の双方がふくまれる。つまり、所得の増加が食べものにおよぼす影響を一まとめにして考えるのは問題があるということだ。そればかりでなく、ある製品がつねに正常財あるいは下級財だとはかぎらない。それは所得レベルが異なれば変わりうる。追加して所得が生じたばあい、極貧の人びとはさらにパンを買うかもしれないし、もともと所得の高い人びとはさらにキャヴィアを買うかもしれない。だが、超リッチな人びとはキャヴィアには見向きもせず、代わりに食用の金のフレークを食するかもしれない。■

## エルンスト・エンゲル

　1821年ドイツのドレスデンに生まれたエルンスト・エンゲルは、フランスはパリのエコール・デ・ミーヌ（鉱山学校）で鉱山業を学んだ。かの地で、家計研究の先駆者フレデリク・ル・プレに影響を受ける。エンゲルは、まずザクセンの、ついでプロイセンの統計局長を務める。プロイセン時代に、エンゲルはその名を不朽のものとすることになる法則を定式化した。

　1881年に、エンゲルはオットー・フォン・ビスマルク首相の農業保護政策を激しく批判する論文を著し、ただちに健康上の理由から「引退」する。エンゲルは、ドイツの歴史的な経済学派の一員であった。多産な書き手であったエンゲルは、労働者階級の人びとの生活水準を改善するには政治改革しかないと信じていた。おそらくエンゲルの後世への最大の功績は、ヨーロッパの少なからぬ国に統計的分析のための研究所を創設するにさいして発揮した影響力であろう。1896年、76歳でドレスデン近郊で亡くなる。

### 主著

1857年　『ザクセンにおける生産と消費』
1883年　『人びとの価値』
1895年　『ベルギーの労働者家族の生活費』

# 企業は価格を生みだすがわではなく、価格を受けいれるがわだ
## 競争的市場

### その経済学的背景

**焦点**
市場と企業

**鍵となる思想家**
アルフレッド・マーシャル
（1842～1924年）

**前史**
**1844年** フランスの技師ジュール・デュプユイが、消費者余剰という考えを思いつく。これは、競争の効果を見積もるうえで利用できる厚生の指標だ。
**1861年** ジョン・エリオット・ケアンズが、競争に関するJ・S・ミルとデイヴィド・リカードの理論の背後にある論理を明確化する。

**後史**
**1921年** フランク・ナイトが、完全競争という考えを展開する。
**1948年** フリードリヒ・ハイエクの『個人主義と経済秩序』が、完全競争というマーシャルの考えをきびしく批判する。

　**す**でに18世紀の後半にアダム・スミス（61頁）は、価格を設定し「自然な」水準以上の利潤を上げることのできる企業の能力にたいして、競争が与える効果について書いていた。だが、イギリスの経済学者アルフレッド・マーシャル（110頁）が1890年に『経済学原理』を公刊するまでは、そうした状況についてのきちんとした分析はおこなわれてこなかった。マーシャルのモデルのなかに認められる着想は、いまなお主流派経済学の理論の核心部分をなしている。とはいえ、その理論そのものは、競争の真の性質をあらわしてはいないとして批判にさらされている。

### 完全競争
　なぜ企業が自身で価格を設定できなくなるのかを説明するためにマーシャルが

# 産業革命と経済革命

**参照** 独占→92〜97頁 ■ 需要と供給→108〜113頁 ■ 経済的自由主義→172〜177頁 ■ 価格差別→180〜181頁 ■ 市場とその社会への成果→210〜213頁

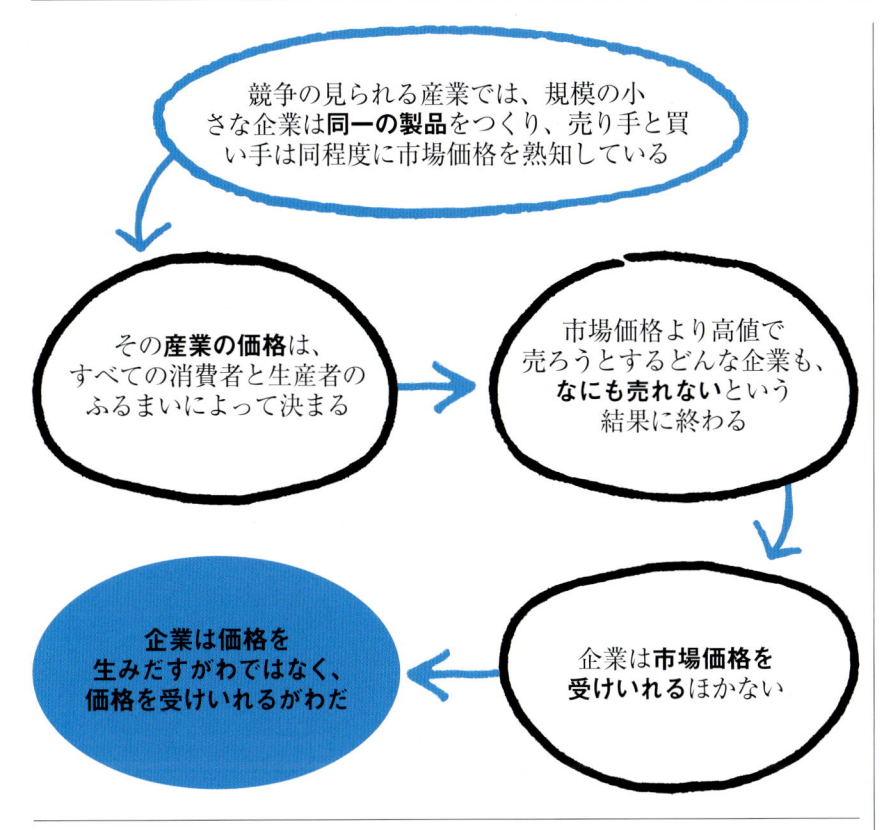

競争の見られる産業では、規模の小さな企業は**同一の製品**をつくり、売り手と買い手は同程度に市場価格を熟知している

↓

その**産業の価格**は、すべての消費者と生産者のふるまいによって決まる

→

市場価格より高値で売ろうとするどんな企業も、**なにも売れない**という結果に終わる

↓

企業は**市場価格を受けいれる**ほかない

←

企業は価格を生みだすがわではなく、価格を受けいれるがわだ

> 完全市場とは……そこには無数の売り手と買い手がいて、そのだれもが熱心に眼を光らせて、たがいの事情に精通しあっていることで、商品の価格がいつでも実際上そこに参加している全員にとって同一になっているような地区のことだ
>
> **アルフレッド・マーシャル**

展開したモデルは、「完全競争」として知られる。じつのところマーシャル自身は、「自由競争」および「完全市場」という言いかたのほうを好んでいた。

そのモデルは、市場と企業のふるまいにおける諸条件についての古典派の経済学者の見解から派生した一連の想定にもとづいている。

第一の想定は、ある製品を多数の消費者に売る多数の企業があるわけだから、企業と消費者のおのおのが個々に示しているのは、市場のうちで無視してかまわない程度の部分にすぎないというものだ。

第二の想定は、どの企業も同じ商品を売ろうとしているというものだ。

第三の想定は、このモデルはすべての企業がその産業に参入することも撤退することもまったくの自由であり、もっとも容易に商品を生産するのに必要と思われる生産要因を動かすことも獲得することも自由にできるというものだ。

## じっさいの競争

外国為替市場は、完全競争の諸条件をみたしているわけだから、完全競争のはたらきかたを知るには恰好の実例だ。世界的に見ると、外貨をあつかう市場は多数あり、そのためそのおのおのは、たとえばドル市場のごく小さな一部分をなしている。これらの市場は、外貨を購入したいと思っている無数に存在する買い手にそれを売る。そしておのおのの買い手（たとえば、一人旅の旅行者）は、ささやかではあれこの市場の一部をなしている。

第二に、旅行者がそれぞれの企業で購入するドルないしユーロは、正確に同じものであり、だから買い手は自分がそれをどこの企業から買ったかなど気にも留めない。

第三に、途中に立ちはだかるいかなる法的・社会的・技術的障壁ぬきに、だれでも外貨の売買を開始することができる。つまり、市場への参入はきわめて容易なのだ。

完全市場には完全な情報が存在する。つまり、参加者はだれもが「いま現在の価格」がどうなっているかを正確に知っている。外貨を売買する人びとは、どの時点においてもその外貨がいくらについているかをちゃんと知っている。のみならず、各企業はほかの企業の生産費用についてもあますところなく知っている。こうした透明性には、だまされて高値で買わされる消費者など存在しえないということ、およびどの企業も製品も供給する最良のそして最安値の方法を理解しているということが含意されている。

最後に、利己心に突きうごかされている企業は利潤を最大にすることを目標としている。労働者たちはもっとも高い賃金を払ってくれる仕事を探すし、資本を

有している投資家たちはもっとも値の高くつく市場を探している。マーシャルのモデルのこうした想定は、完全な競争状態にある産業にかかわっている企業にとって、いくつもの帰結を生みだす。そのうちでもっとも重要な帰結は、企業には価格を操作して好きに変更する自由はないということだ。なぜかと言えば、同一の製品を売る企業が無数に存在しているため、競争相手よりも高値で売ろうとする企業があらわれたとしても、ひとつも売れないだろうからだ。こうしたことが潜在的に保証されているのは、すべての企業の要求する価格について消費者が完璧な知識を有しているからだ。

このように、市場価格はすべての企業と消費者のあいだでの集合的な交互作用によって決まるのであり、おのおのの企業は自分たちが製品を売ることのできる価格はある特定の価格となることを受けいれるほかない。つまり企業は、価格を生みだすがわではなく、「受けいれる」ほかないのだ。

## 競争的売却

マーシャルの完全競争産業の標準的イメージ（下図参照）が、これを例解している。たとえば、任意のどの時点においても、1トン当たり350ポンドといったぐあいに、小麦の世界価格が存在しており、この価格はその産業によって決まっている。この産業価格（下図のグラフでは点線で示される）で、各農場は好きなだけ売ることができるが、これを超えた価格をつけたばあいには、ひとつも売れないだろう（そのときには買い手は別のところへ行く）。農場はその気があればほかの農場よりも安い値で売ることができるが、そうしたからといってとりたてて得なことはない。価格を下げたからといって、過剰な需要が生まれるわけではない。

なにしろ、完全競争下では、どの農場も世界的な供給全体の小さな部分にすぎない（小麦のばあいには、それはおおよそ700万トンだ）。価格を下げた結果は、たんにその農場の利潤が下がるという程度のことだろう。農場に求められるのは、利益を最大にするにはどれだけの量を生産すればよいかを決断することだけだ。下図のグラフの例で言うなら、1トン当たり350ポンドで売れると農夫にわかっている総量は3000トンだ。

この例で、農場は小麦をその生産費用以上の価格で売っている。1トン当たり

> 労働者は、賃金と利潤とが最大になるようにみずからの資本を活用している雇用先と資本家を探している
>
> **ジョン・エリオット・ケアンズ**
> (1824〜1875年) アイルランド出身の経済学者

350ポンドで3000トンを売ることで、農夫が得る収入は105万ポンドになる。だが、その費用は45万ポンド（150ポンド×3000トン）だ。農夫の利潤は、収入から費用を引いた分だ。このばあいでは、60万ポンドになる。これは、デイヴィド・リカード（84頁）のような古典派の経済学者が「市場価格は自然な価格から乖離する」という言いかたで記述したものの一例だ。だが、完全競争市場では、こうした高値が長期的に維持されることはありえない。

## 短期的利潤

スミスやリカードのような古典派経済学者たちは、競争市場において、費用をカヴァーするのに必要な分以上に高値をつけられた価格がどのような結果をもたらすかについて十分に気づいていた。最高水準の利潤は、その産業に新たな企業が参入するうえでのインセンティヴとして機能する。完全市場に参入するうえでの障壁がないということは、どんな企業でも容易に市場に参入できるということだ。目下の例で言うなら、小麦をつくったほうがより利益が上がるという理由で、大麦の生産から小麦の生産へと方向転換する農夫の姿を思いえがくことは容易だ。新たな参入者のもたらす衝撃は、供給全体の増加というかたちをとるだろう。

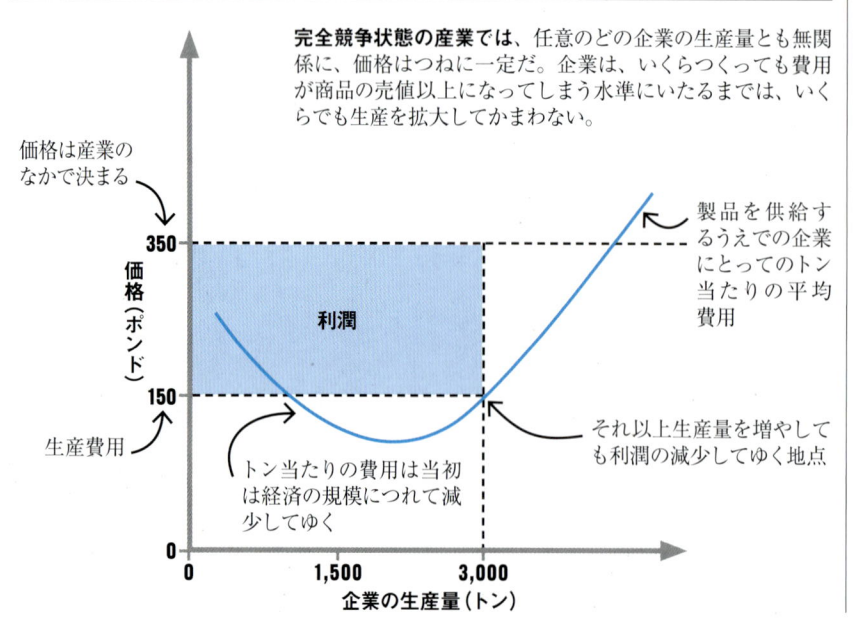

---

**完全競争状態の産業では、任意のどの企業の生産量とも無関係に、価格はつねに一定だ。企業は、いくらつくっても費用が商品の売値以上になってしまう水準にいたるまでは、いくらでも生産を拡大してかまわない。**

- 価格は産業のなかで決まる
- 350（価格（ポンド））
- 150
- 生産費用
- 利潤
- トン当たりの費用は当初は経済の規模につれて減少してゆく
- 製品を供給するうえでの企業にとってのトン当たりの平均費用
- それ以上生産量を増やしても利潤の減少してゆく地点
- 0, 1,500, 3,000 企業の生産量（トン）

そして、競合の圧力が価格を下げる方向へはたらくため、短期的には企業には価格の「正常」水準を維持することしかできなくなる。価格がちょうど生産費用に重なるばあいが、これにあたる。そこでは超過利潤（さきのグラフでは、青で示される部分に当たる）は消滅する。

完全競争のベースにある想定が損なわれると、企業は長期的な観点で多くの利潤を上げることが可能となる。たとえば、技術的なものであれ法的なものであれ、ある産業への参入になんらかの障壁があれば、超過利潤が競争によって失われることはなくなる。この極限形態が独占だ。利潤を最大にするために、独占企業は完全競争市場においてそうなるであろうよりもはるかに高い価格を課し、生産数を減らす。だから経済学者たちは、完全競争市場は独占状態にある市場よりもずっと社会的な恩恵をもたらすと考えるのだ。独占によって生産量が低く抑えられている条件下では、消費者は生産の追加分から利益を得ることができるかもしれない。だが、完全競争市場では、こうした生産の追加分はさらに企業が市場に参入してくることで生まれてくる。価格は、高い利潤が競争で無効になることで下がる。

## 完全競争の不可能性

マーシャルの完全競争モデルをめぐっては、少なからぬ論争がある。第一に、このモデルが有用であるために必要なもろもろの想定にぴったりと言ってよい現実の産業など、ほとんど、ことによるとひとつもない。じっさい、外国為替市場も農業市場も、完全競争理論の範例とはみなせない。なにしろ、価格に影響をおよぼせる大企業が現に存在しており、これらの市場に政府が介入することは可能だし、じっさい介入はなされているからだ。完全競争の擁護者たちは、現実にその要請に対応する産業のあるなしにかかわらず、あくまでこのモデルは、どのように企業が行動するかを理解するのに役だつ、理論的かつ観念的な形態をあらわしているのだと主張する。

いっそう根源的な批判としては、マーシャルによって記述されたような完全競争はすでにその実質的意義を失っているというものがある。事実、このモデルのなかには「競争」など存在しない。企業は同一の製品をつくり、価格に受動的に対応し、最後には正常利潤を生みだして終わるのを受けいれるものとみなされている。これは、おのおのの企業が競争相手とは異なる、より質の高い製品をつくり、それをより高い値で売ろうと必死にがんばっており、その間にも新たな技術を導入して費用を抑え、持続して利益をあげようともがいているという、スミスが示唆した状況からは、だいぶ隔たっている。

この点をめぐっての完全競争にたいする攻撃は、20世紀にいたるまで継続していた。オーストリア出身のイギリスの経済学者フリードリヒ・ハイエク（177頁）は、競争とはダイナミックな発見の過程であり、そこで企業家たちは、絶えず変化してやまない世界のなかで、新たな儲けの機会を探しもとめていると主張した。つまりそれは、マーシャルのモデルが示唆しているような価格の面白味のない模倣につきるものではないというのだ。■

**仲買人**は、たがいの競争のなかで小麦のような商品の**価格を決定する**。競争市場では、自分だけで価格に影響を行使できるような力をそなえた仲買人など、ひとりとしていない。

## マーシャルと危険・不確実性・利潤

1921年にアメリカの経済学者フランク・ナイト（163頁）が、『危険・不確実性および利潤』という書物を刊行した。これは、完全競争にかんするマーシャルのモデルに不確実性がおよぼす効果を分析したものだ。ナイトの定義によれば、危険とはシャンパンのボトルが破裂する可能性のような、測定可能な不確実性だ。破裂するボトルの割合は実際上は一定であり、だから生産者はその分を費用に組みこむことも、またそれにそなえて保険をかけておくこともできる。

こうした理由から危険は、競争的均衡を混乱させるものではない。企業家は、予測可能な危険を引きうける報償として利潤を得るわけではない。他方で、現実の不確実性は数えきれない。その理由は、原理的に言って未来が予測しえないからだ。ナイトの考えでは、企業家は不確かな未来をともにする責任を引きうけ、これをベースにして決断を下す。企業家が受けるであろうものの総量が知りえないのは、そもそも未来が知りえないからだ。

# 他人に害をおよぼすことなしには、それ以上暮らしむきがよくなることはありえない

## 効率性と公平性

### その経済学的背景

**焦点**
厚生経済学

**鍵となる思想家**
ヴィルフレド・パレート
(1848〜1923年)

**前史**
1776年　アダム・スミスの『国富論』が、利己心と社会の福祉とを関連づける。

1871年　イギリスの経済学者ウィリアム・ジェヴォンズが、価値はつまるところ効用に依存していると主張する。

1874年　フランスの経済学者レオン・ワルラスが、方程式を用いて、経済全体の均衡を規定する。

**後史**
1930〜50年　ジョン・ヒックス、ポール・サミュエルソンそのほかが、パレート最適を現代の厚生経済学の基礎として用いる。

1954年　アメリカの経済学者ケネス・アローとフランスの経済学者ジェラール・ドブリューが、数学を用いて、自由市場とパレート最適との関連をあきらかにする。

19世紀に、のちに功利主義者として知られる一群のイギリスの哲学者が、個人の幸福は計測可能であり、足すことも一まとめにすることも可能だという見解を公表した。これに反対したのが、イタリアの経済学者ヴィルフレド・パレートだ。『経済学提要』で、パレートは社会の福祉にかんする弱い定義を導入するが、これはのちに現代経済学を支配した。その論証は、幸福の絶対的な測定（「基数的効用」）ではなく、「序数的効用」として知られる相対的な幸福のランクづけにもとづく。

パレートによると、個人は自分の好みを熟知しており、自分にもっともふさわしいと思われることをおこなう。だれもが自身の趣味にしたがうなら、直面する障害に強いられて、あっという間に社会

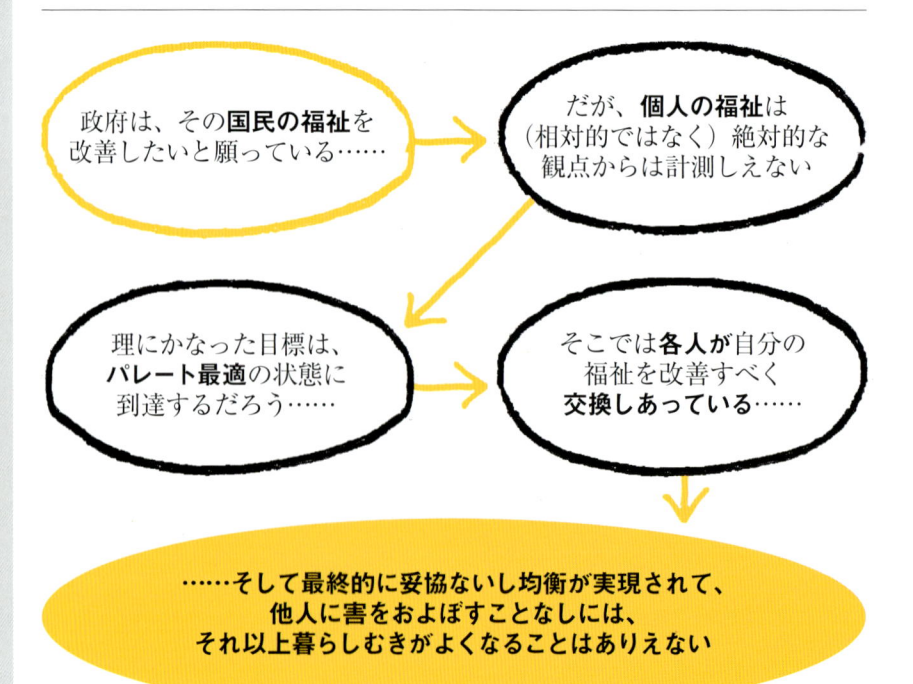

---

政府は、その**国民の福祉**を改善したいと願っている……

→ だが、**個人の福祉**は（相対的ではなく）絶対的な観点からは計測しえない

↓

理にかなった目標は、**パレート最適**の状態に到達するだろう……

→ そこでは**各人が自分の福祉を改善すべく交換しあっている**……

↓

……そして最終的に妥協ないし均衡が実現されて、他人に害をおよぼすことなしには、それ以上暮らしむきがよくなることはありえない

産業革命と経済革命 **131**

参照 自由市場経済学→54〜61頁 ■ 経済的均衡→118〜123頁 ■ 市場とその社会への成果→210〜213頁

全体はだれかに害をおよぼさずにはだれもがよくなれなくなるところにまでいってしまうだろう。この状態が、パレート最適ないしパレート効率として知られる。

## パレート最適

ジェーンとジョンというカップルがいて、二人ともお米が好きだとしよう。ここに一袋の米があったなら、二人がそれをどう分割しようと（たとえすべてのお米をひとりが独占してしまうばあいであっても）、その結果は最適となる。なにしろ、このばあいであれば、あるひとからお米を取りあげることだけが、人びとに害をおよぼすこととなる。このようにパレート最適は、公平さとは区別される。

たいていのばあい、財も好みも多種多様だ。たとえば、ジョンは米が好きだがチキンは好きでなく、ジェーンはチキンが好きだが米は好きでないというばあい、ジョンがすべてを独占するような配分は、パレートの非効率になる。ジョンからジェーンにチキンがわたれば、ジェーンはジョンに害を与えないですむ。たいてい、好みはこれほど明確ではなく、どちらもが米もチキンも好きだが、その程度は異なっている。そのばあい、ジェーンとジョンはたがいにほんの少量のチキンと米を交換しあって、最適分配を実現させる。

## 私たちのだれもが同意できる

パレート最適を用いれば、利害がぶつかるばあいに判定を下さねばならなくなる状況が減る。そうした判定の必要性をなくすことが、（事態がどうあるべきかを予測する）規範経済学と対置される、（事態がどうなっているかを記述する）実証経済学の特質だ。パレートによると、自由市場は最適性という意味で効率的だ。これは、利己心と自由市場の競争とが普通の商品を動かすというアダム・スミスの考え（54〜61頁）の定式化だ。■

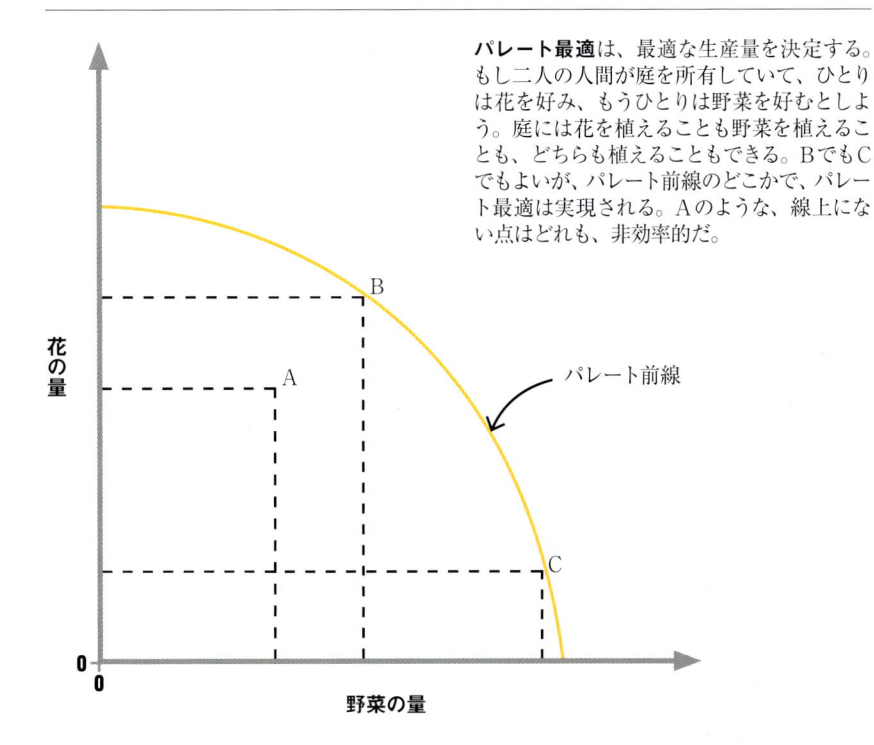

**パレート最適**は、最適な生産量を決定する。もし二人の人間が庭を所有していて、ひとりは花を好み、もうひとりは野菜を好むとしよう。庭には花を植えることも野菜を植えることも、どちらも植えることもできる。BでもCでもよいが、パレート前線のどこかで、パレート最適は実現される。Aのような、線上にない点はどれも、非効率的だ。

縦軸：花の量
横軸：野菜の量
（A：内側の点、B：上方の曲線上、C：右方の曲線上、曲線：パレート前線）

## ヴィルフレド・パレート

ヴィルフレド・パレートは、1848年にイタリア人の公爵であった父とフランス人の母親とのあいだに、フランスで生まれた。4歳のときに一家はイタリアへ移りすみ、パレートはまずフィレンツェで、ついでトリノで学び、そこで工学の博士号を取得した。普通のエンジニアとして働いているときに、経済学と自由貿易への関心を呼びさまされた。

1893年に、友人であったイタリアの経済学者マッフェオ・パンタレオーニの勧めで、レオン・ワルラス（120頁）のあとを継いで、スイスのローザンヌ大学で経済学を教えることとなった。そのときパレートは45歳、所得分配理論もふくめた、経済学の領域での貢献のほとんどはかの地でおこなわれた。

パレートは1911年まで教壇に立ちつづけた。その多産な業績は経済学のみならず、社会学・哲学・数学までカヴァーしていた。1923年にジュネーブで亡くなる。

**主著**

1897年『経済学講義』
1906年『経済学提要』
1911年『数理経済学』

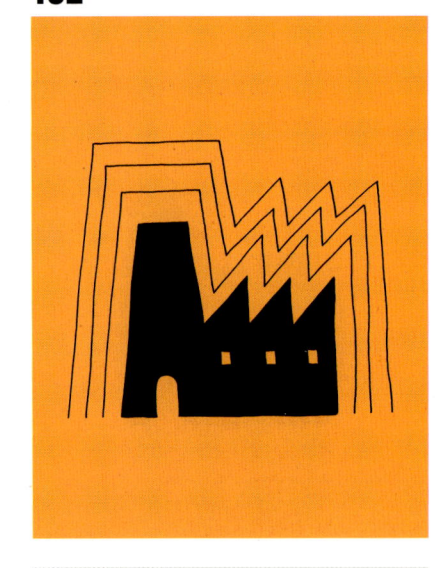

# 工場が大きくなれば それだけ費用は下がる
## 規模の経済

## その経済学的背景

**焦点**
市場と企業

**鍵となる思想家**
アルフレッド・マーシャル
（1842～1924年）

**前史**
**1776年** アダム・スミスが、大企業が分業をつうじてどのように生産費用の縮減をなしうるかを説明する。
**1848年** ジョン・スチュアート・ミルが、ある種の事業変化をうまく活かせるのは大企業のみであり、そこから自然独占が生じてくるのではないかと示唆する。

**後史**
**1949年** 南アフリカの経済学者ペトリュス・ヨハネス・フェルドーンが、高まる成長が規模の経済をつうじて生産性向上をもたらすことをあきらかにする。
**1977年** アルフレッド・チャンドラーが、『経営者の時代（原題：見える手——アメリカビジネスにおけるマネージメント革命）』を公刊して、巨大法人企業と大量生産の成長を描きだす。

産業革命の開始以来、製造業が小規模の装備から大規模工場へとシフトしだし、企業は大きければそれだけ安い費用で製造できることがあきらかになった。企業が成長し、より多く製造できるようになれば、それだけ機械も労働力も原料も必要となるわけだから、大きい工場になればそれだけ総費用も高くつく。だが、そのような工場は、より安い費用でより多くを生産できるようにもなる。このように平均費用が下がる事態が、規模の経済だ。

1890年にイギリスの経済学者アルフレッド・マーシャル（110頁）は、『経済学原理』を著して、この効果を研究した。マーシャルが指摘したのは、企業がその生産量を増やそうとするなら、短期的に見てその企業にできることは、労働者の数を変えて、生産量を増やすことだけだ。余分に雇われた労働者がそれまで勤めていた労働者以上の成果をもたらすことはなく、結果として単位あたりの費用は上がる。だが長期的に見るなら、ある企業がその工場と労働力と機械の規模を倍にできれば、労働の分業化という利点を得ることが可能となり、費用も下がる。

1960年代に、もうひとりのアメリカの経営学者アルフレッド・チャンドラー（1918～2007年）が、大規模法人の成長が20世紀当初にどのように新たな産業革命の引き金となったかをあきらかにした。大規模企業がさまざまな産業を牛耳るようになり、より多くの製品をより安価で製造し、競争相手をビジネスから締めだしていった。こうした大規模企業は、しばしば「自然独占」を謳歌している。■

**アルフレッド・チャンドラー**は、アメリカの大規模法人企業が、たとえば自動車産業において巨大な生産ラインをそなえた工場へと発展してゆくさまを描きだした。

**参照** 収穫逓減→62頁 ■ 分業→66～67頁 ■ 独占→92～97頁 ■ 競争的市場→126～129頁

産業革命と経済革命 133

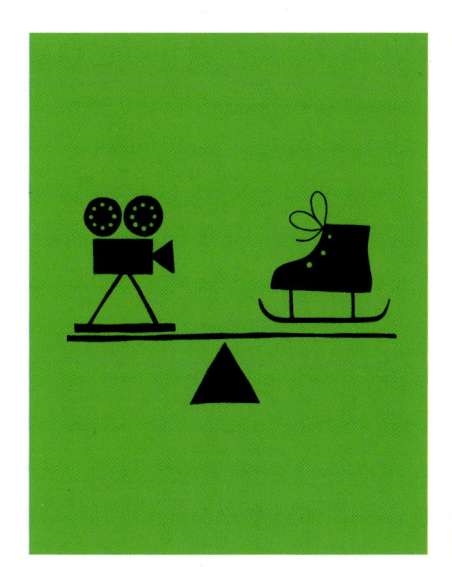

# 映画館へ行く費用はスケートで得られたはずの楽しみと等価だ
## 機会費用

### その経済学的背景

**焦点**
価値理論

**鍵となる思想家**
フリードリヒ・フォン・ヴィーザー
（1851～1926年）

**前史**
1817年　デイヴィド・リカードが、商品の価値はそれをつくるのに要した労働時間の量で決まると主張する。

**後史**
1890年　アルフレッド・マーシャルが、『経済学原理』のなかで、価格決定にさいしては需要も供給もある役割を担っていると主張する。
1949年　ルートヴィヒ・フォン・ミーゼスが、『人間行動』のなかで、どのように価格が市場に重要な情報を運んでゆくかをあきらかにする。
1960年　イタリアの経済学者ピエロ・スラッファが、『商品による商品の生産』のなかで、価値の尺度となる機会費用に疑問を投げかける。

**1800**年代終わりの経済学者は、依然としてなにが製品の価値を決めるのかという問題と格闘していた。1914年には、オーストリアの経済学者フリードリヒ・フォン・ヴィーザーが、あるものの価値はそれを得るためになにを諦めねばならないかで決まるという説得力のある議論を展開した。人びとが無限になにかを欲し、それでいてその欲しいもののうちのごくかぎられた量しか手にいれられない世界では、希少性が選択への欲求を生みだすとヴィーザーは主張した。ヴィーザーは『社会経済学の基礎』（1914年）で、この概念を「機会費用」と呼んだ。1932年にはイギリスの経済学者ライオネル・ロビンズが、人生の悲劇は、あることをしようと選択した帰結が別のなにかを諦めざるをえない結果に終わることだと主張した。

### 真の費用

これはつまり、たとえば映画に行く費用がじっさいには映画館に入場する費用ではなく、次善の選択肢であった活動から得られたはずの楽しみを諦めた費用だということだ。だから、ある一連の行為を選ぶことから金銭的な帰結が生じるにしても、機会費用とはそれ以上のことを意味する。同時に映画を見つつスケートをすべることはできない。金銭的な費用がまったくなくとも、機会費用と呼びうる事態もありうる。ヴィーザーの考えでは、ある製品の価格はそれがどの程度欲せられていたかで決まり、その欲望は、それをつくるのにどれくらい費用がかかるかではなく、その代わりに人びとがなにを進んで諦められるかで決まる。■

> 経済学は、人間生活の永続的な特徴のひとつである選択につきまとう葛藤（かっとう）を視野にいれている
> 
> **ライオネル・ロビンズ**

**参照**　ホモ・エコノミクス→52～53頁　■労働価値説→106～107頁　■効用と満足（度）→114～115頁

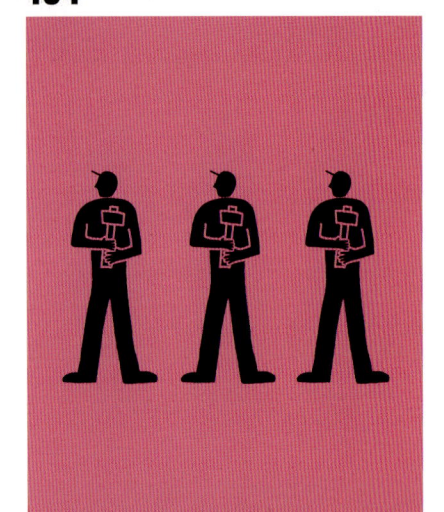

# 労働者たちは団結してみずからの巡りあわせを変えてゆかねばならない
## 団体交渉

## その経済学的背景

**焦点**
社会と経済

**鍵となる思想家**
ベアトリス・ウェッブ
(1858〜1943年)

**前史**
1793年　組合の初期形態であった友愛組合が、イギリスで法的な承認を得る。
1834年　アメリカとヨーロッパの労働者たちが、全国的組織にまとまりだす。
1870年代　フランスとドイツにおける組合勢力が、社会主義運動として連帯するようになる。

**後史**
1920年代・1930年代　大恐慌時代をつうじて、労働組合が労働者の権利のために闘う。
1955年　アメリカの組合が、AFL－CIOの旗じるしのもと、ひとつになる。
1980年代　組合員の数と団体交渉が、公共事業の民営化に直面して減少しだし、右派政権によって組合の力を抑制する方向がはかられる。

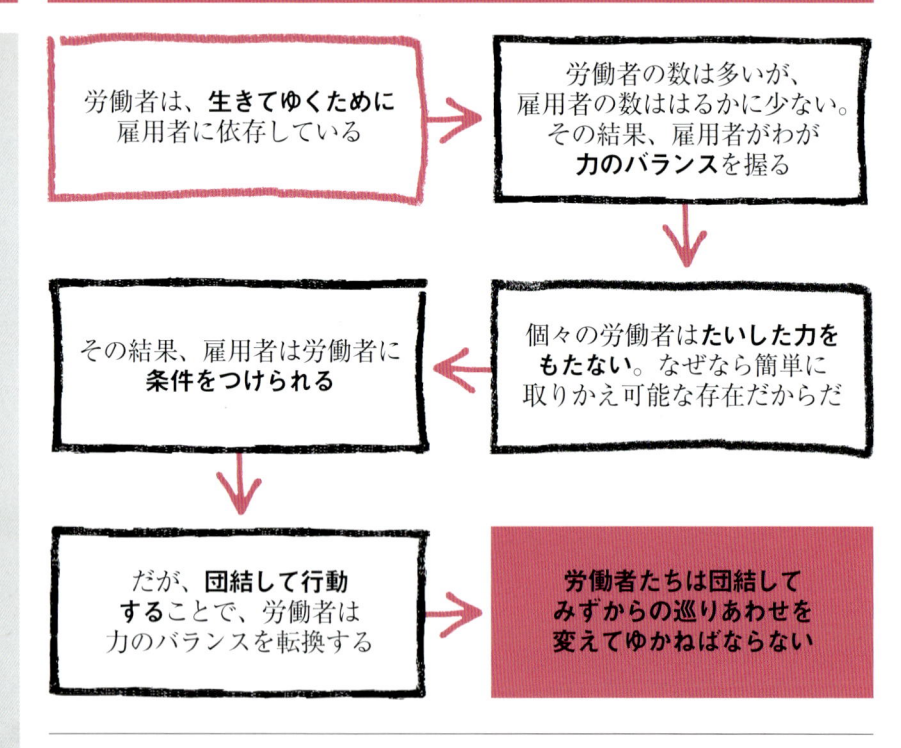

---

労働者は、**生きてゆくために**雇用者に依存している
→ 労働者の数は多いが、雇用者の数ははるかに少ない。その結果、雇用者がわが**力のバランス**を握る
→ 個々の労働者は**たいした力**をもたない。なぜなら簡単に取りかえ可能な存在だからだ
→ その結果、雇用者は労働者に**条件をつけられる**
→ だが、**団結して行動**することで、労働者は力のバランスを転換する
→ **労働者たちは団結してみずからの巡りあわせを変えてゆかねばならない**

---

「団体交渉」という用語は、1891年にイギリスの社会主義改革者ベアトリス・ウェッブによって、労働者たちが給料と待遇について労働者の利益になるように雇用主と交渉し、団結して組合を組織する過程をさすものとしてつくられた。ウェッブとその夫シドニーは、貧困に反対するキャンペーンを張り、その著書は政治レベルでの変化を惹きおこしたほどだ。1894年に二人は『労働組合運動の歴史』という著作を公刊し、多くの労働者が一緒くたに新しい工場に投入されることになった産業革命期をつうじての、イギリスにおける組合の勃興のドキュメントを書きあげた。労働条件は過酷で、雇用の保証も皆無に等しく、たいてい賃金は最低生活水準すれすれであった。

産業革命と経済革命　135

参照　マルクス主義経済学→100〜105頁　■　労働価値説→106〜107頁　■　不況と失業→154〜161頁　■　社会的市場経済→222〜223頁　■　粘着的賃金→303頁

> もしある労働者集団がひとつにまとまって、全員の利益になるように代表者を交渉に送りこんだなら、状況はたちどころに変わるだろう
>
> ベアトリス・ウェッブ
> シドニー・ウェッブ

1799年と1800年の団結禁止法は労働組合を禁止し、賃金の上昇もしくは所定労働時間の減少をめざしてほかの労働者と結託する労働者はだれであれ、3カ月間の刑務所送りとなった。1824年に団結禁止法が撤廃されると、ただちに労働組合が、いちはやく織物業界で組織された。一連のストライキは新しい法律を導き、組合の権利は集団交渉目的の集会に制限された。

19世紀をつうじてヨーロッパで組合員が増加すると、組合を同業者ギルドの伝統に連なる、そのメンバーの労働条件の改善のために交渉するものとみなす人びとと、組合を改革のための尖兵、つまりすべての労働者にとってのよりよい世界を実現するために闘う存在とみなす人びととのあいだの溝が深まっていった。

### 終わりなき闘い

団体交渉が広範に採用されたのは、それが労働者のためにも雇用者のためにもなるものであったからだ。これによって、合意に達する条件の過程が劇的なまでに簡素化された。なにしろ、ひとつ合意がなされれば、たいていはただちにそれがその産業全体に波及してゆくのだ。だが、1980年代以降、労働組合と団体交渉の力は、劇的なまでに縮小した。

アメリカの経済学者ミルトン・フリードマン（199頁）は、組合はその構成員により高い給料を与えるが、それは、組合にまとまることのない産業での給料を低く抑え、仕事の数を抑える方向に機能していると主張した。おそらくこうした理由から、もしくはもっと政治的な理由

2010年にスペインのマドリードで、**公共部門の労働者たち**が、雇用削減に反対するデモをおこなった。こんにち労働組合は、大半の国で私企業よりも公共部門でより強力になっている。

から、いまでも政府は、ときに支援ストを非合法化することで、組合の力を抑えようとする。

生産のグローバル化は、個々の国のなかでの労働者間の結束を解体する方向に作用する。グローバルな製品をつくるさいに労働する人びとがしたがう条件は、国全体の産業に及ぶというよりは、たいていは労働者と会社のあいだで個別に決められるようになっている。■

### ベアトリス・ウェッブ

1858年にイギリスのグロスターに生まれたベアトリス・ウェッブは、急進的な国会議員の子どもであった。社会問題にたいする鋭敏なセンスをそなえていた彼女は、成長すると、貧困の底に潜む構造的な問題に関心を向けるようになった。1891年に、生涯にわたるパートナーとなるシドニー・ウェッブと出会い、二人はやがてイギリス労働運動の中核となっていった。二人は「ナショナル・ミニマム」という考えを公式化したが、これは労働者にとってそれ以上落とすことを許容できない、賃金と生活の質の最低限度を意味する。この二人は、ロンドン・スクール・オブ・エコノミクスと雑誌『ニュー・ステーツマン』の創設者でもある。二人のウェッブは、組合運動が発展するために援助を惜しまなかった。イギリスの国民健康サービスおよび世界中の福祉制度のための青写真をつくる仕事にも携わった。1943年に亡くなった。

**主著**

1894年　『労働組合運動の歴史』（シドニー・ウェッブとの共著）
1919年　『男性と女性の賃金』
1923年　『資本主義文明の衰退』

# 人びとは注目されるために消費する
## 誇示的消費

### その経済学的背景

**焦点**
社会と経済

**鍵となる思想家**
ソースタイン・ヴェブレン
(1857〜1929年)

**前史**
**1848年** イギリスの哲学者ジョン・スチュアート・ミルの経済学理論が、経済学の核心部には効用（満足）があると想定する。
**1890年** イギリスの経済学者アルフレッド・マーシャルが、経済学の主眼を市場から行動の研究へとシフトする。

**後史**
**1940年** ハンガリー出身の経済学者カール・ポランニーが、経済行動は社会と文化のうちに根をもつと主張する。
**2010年** アメリカの経済学者ネイサン・ペティットが、2008年のグローバル金融市場の活動低下の真の原因は、「誇示的消費」とそこから生じた負債にあったと主張する。

アメリカの経済学者ソースタイン・ヴェブレンは、経済行動が利己心のみならず、恐れや出世願望といった心理学的要因によっても駆りたてられることに注意を喚起した最初のひとりだ。ミネソタのノルウェー人農業共同体のなかで育ったヴェブレンは、1890年代の桁外れに金持ちで自己満足に浸っていたアメリカ人たちを観察するアウトサイダーの立場にあった。1899年に、ヴェブレンは彼らにたいする痛烈な批判である『有閑階級の理論』を公刊する。この著作によれば、ニューヨークの上流階級を規定する特質は原始的な部族の酋長たちのそれによく似ている。すなわち、ありあまるほどの余暇と金だ。金持ちはなにも買わない。なにしろ、ものは必要だが、それは自分たちの富と地位をひけらかすためのことだ。ヴェブレンは、それを「誇示的消費」として記述した最初のひとりだ。

ここで子息とともに写っている**アメリカの石油王**ジョン・D・ロックフェラー（写真左の人物）は、10億ドル以上の資産を儲けた最初のひとりだ。ロックフェラーは、ヴェブレンが批判したニューヨーク社会の一部だ。

### 消費の罠

こんにちでは、「ヴェブレン財」（117頁）は車のポルシェや時計のロレックスのような贅沢品を意味する。人間の満足は、そうした商品を手にいれればいれるほど増し、ほかのひとがもっていればその分だけ減る。ヴェブレンの考えでは、豊かな社会は、生産活動がこの手の商品に浪費されることを意味する「相対的な消費の罠」にはまることがある。そうした商品を消費する人びとが増えればそれだけ、全体的な福祉が減ってゆくかもしれない。経済学者のなかには、クレジットカードの使用によって加速された浪費的な消費が、2008年の世界金融危機を招いたと主張する者もいる。■

参照　ホモ・エコノミクス→52〜53頁　■ 消費のパラドックス→116〜117頁　■ 経済学と伝統→166〜167頁　■ 行動経済学→266〜269頁

産業革命と経済革命　137

# 環境税をつくろう
## 外部費用

## その経済学的背景

**焦点**
**経済政策**

**鍵となる思想家**
**アーサー・ピグー**
（1877～1959年）

**前史**
**16世紀** ロンドンの家庭では、下水を街路に放出することが禁止され、自宅の下水槽の税金を払わねばならなくなる。

**後史**
**1952年** イギリスの経済学者ジェイムズ・ミードが、近くの果樹園に授粉する自身の蜜蜂からなんの利益も受けとっていないことで、十分に蜜蜂が育たないようにしている養蜂家の寓話を物語る。
**1959年** イギリスの経済学者ロナルド・コースが、外部費用をうまく処理する方法は、所有権に焦点を当てて、汚染が自身のものなのだからその費用も自分でやりくりすることだと主張する。
**1973年** ジェイムズ・チャンが、リンゴ栽培主と養蜂家は妥協するのだから、蜜蜂の寓話は誤っていると主張する。

　もしスーパーが、古くなった段ボール箱を近所の公園に投げすてて、ごみを処理する費用を浮かせようとしたなら、そのごみを処分する責任はあきらかにそのマーケットにある。だが、たとえば工場の大気汚染のように、その損害がそれほど目だたず、その費用が社会に回されるとしたら、市場システムはそれを解決できるだろうか。

### 環境税

　1950年代に、経済学者たちはそうした費用を外部性とみなしだした。なにしろ、そうした費用は市場価格に反映することはないが、その影響は第三者におよぶ。これは市場の失敗だ。じっさい、工場はその作業にかかる真の社会的費用と向きあってこなかったために、社会的に効率的とされるより以上の大量の汚染を撒きちらしてきた。イギリスの経済学者アーサー・ピグーによれば、これを処理する方法は、環境税をかけることだ。のちに「ピグー税」と呼ばれることになるこの税金は、汚染の全費用が汚染をもたらしたがわのコストに組みこまれるようになり、その企業はみずからの汚染による損害を買い手が支払う用意のあるばあいにのみ汚染を出してもかまわないようになることを意図したものだ。いまでは政府は、炭素放出を減らすための炭素税といったかたちで、この考えを政策に活用している。環境税をかけて、この問題の責任を企業に振りむけることは経済的に有効であるばかりでなく、道徳的にも正しいと多くのひとが信じている。だが、ピグー税を課すことはそれほど容易ではない。ピグー自身が指摘していたように、汚染の真の費用を正しく見積もる作業は、とても一筋縄ではゆかないからだ。■

> 一般に、産業を興す者たちが関心を示すのは、みずからの事業の社会的な結果ではなく、もっぱら個人的で最終的な産物だ
> **アーサー・ピグー**

**参照** 租税負担→64～65頁 ■ 市場とその社会への成果→210～213頁 ■ セカンド・ベストの理論→220～221頁 ■ 経済学と環境→306～309頁

# プロテスタンティズムによって私たちは豊かになった
## 宗教と経済

## その経済学的背景

**焦点**
社会と経済

**鍵となる思想家**
マックス・ウェーバー
（1864～1920年）

**前史**
**1517年** マルティン・ルターが、『九十五か条の意見書』を公表して、宗教改革へとつうじてゆく宗教闘争の端緒を開く。
**1688年** 名誉革命によって、カトリックがイギリスへ復帰する可能性が断たれるとともに、世界で最初の産業革命への道が敷かれる。

**後史**
**1993年** スウェーデンの社会科学者クルト・サミュエルソンが、清教徒の指導者は本当は資本主義的行動を是認していたわけではなかったと主張する。
**2009年** ハーヴァードの経済学者ダヴィデ・カントーニが、「16世紀ドイツにおけるプロテスタンティズムの実情」を公表して、「プロテスタンティズムは経済成長にいかなる影響ももたらさなかった」と主張する。

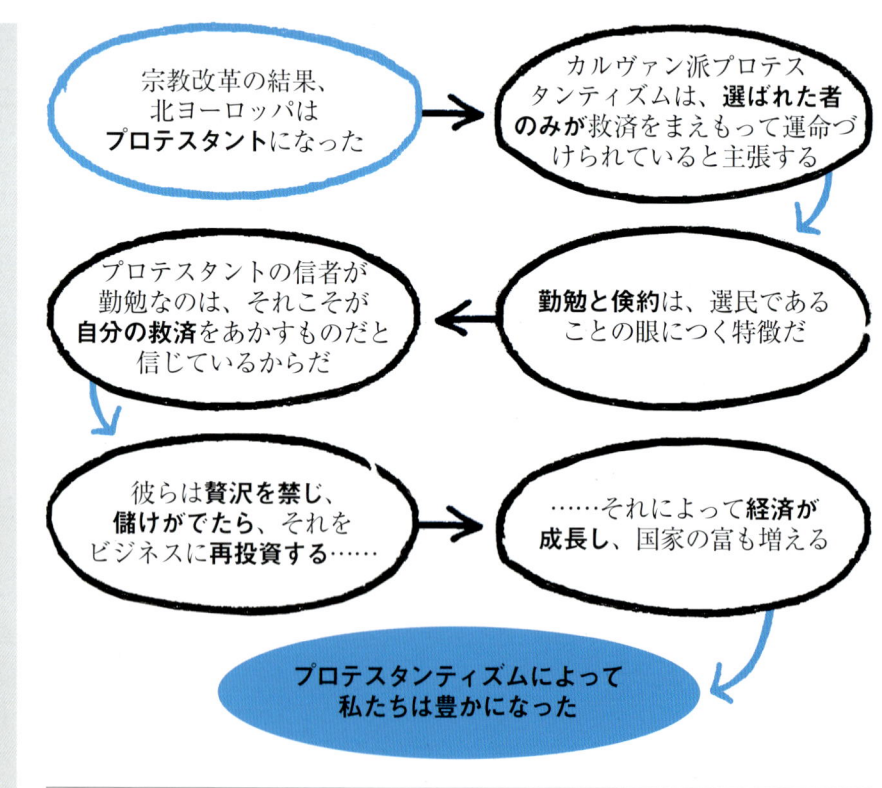

---

- 宗教改革の結果、北ヨーロッパは**プロテスタント**になった
- カルヴァン派プロテスタンティズムは、**選ばれた者のみが救済をまえもって運命づけられている**と主張する
- **勤勉と倹約**は、選民であることの眼につく特徴だ
- プロテスタントの信者が勤勉なのは、それこそが**自分の救済をあかすもの**だと信じているからだ
- 彼らは**贅沢を禁じ、儲けがでたら、それをビジネスに再投資する**……
- ……それによって**経済が成長し、国家の富も増える**
- **プロテスタンティズムによって私たちは豊かになった**

---

ドイツの社会学者マックス・ウェーバーは、16世紀から19世紀にかけてのさまざまな国での経済的成功のレベルが対照的である点に興味を惹かれた。『プロテスタンティズムの倫理と資本主義の精神』のなかでウェーバーが言うには、北ヨーロッパとアメリカは南アメリカおよび地中海沿岸地域のカトリック諸国よりも生活水準が高いが、それは運命や職業、労働倫理のなかにプロテスタントの信仰が深く根づいているからだ。カトリックにとっては、神の清算は未来のできごとだ。救われたいなら、私たちは、慎みぶかい人生をおくり、よ

# 産業革命と経済革命

**参照** ホモ・エコノミクス➡52〜53頁 ■ 経済学と伝統➡166〜167頁 ■ 経済学における制度➡206〜207頁 ■ 市場情報とインセンティヴ➡208〜209頁 ■ 社会関係資本➡280頁

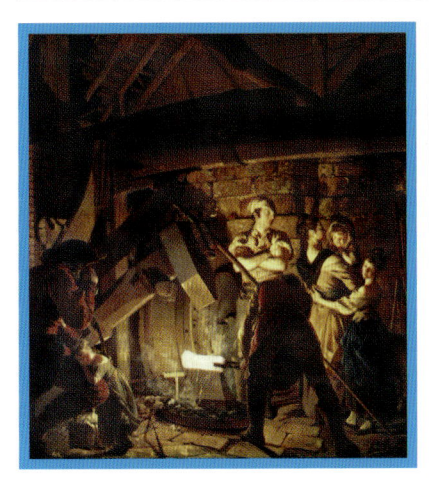

マックス・ウェーバーによれば、**村の鍛冶屋**は共同体のなかで重要な位置を占めている。なにしろ、鍛冶屋はその天賦の職業にいそしむなかで、頻繁に多くの人びとと交わる存在だ。

いふるまいを実践しなければならない。だが、プロテスタントの教え、とりわけカルヴァン派プロテスタンティズムのそれは、救われるべくまえもって定められている「選民」がおり、この人びとは「選民」である以上、当然ながら徳にかなった生活をおくるはずだと説く。この物質世界における彼らの行動が当人たちを救済に導くのではなく、それが示すのはたんに彼らがすでに天国行きを運命づけられているということだけだ。聖書は勤勉と倹約を勧めており、だからプロテスタントの信者はこの二つを具現し、自分たちが救いを定められている者の一部であることを身をもって示そうと努めるが、そのほかの人びとはみな地獄に落ちるよりない。贅沢品を買うのを禁じられているために、彼らは自分たちの利益をそのままその仕事に再投資する。

## 天賦の職業

カトリシズムは、唯一の天賦の職業は僧職だと考えるが、プロテスタント信者によれば人びとはいかなる世俗の工業や商業からも召命されうる。自分たちが神によって救われていると考えることで、彼らは宗教的な熱心さでもって働くよう勇気づけられ、その結果より多くの商品をつくりだし、より多くの稼ぎを得る。

ウェーバーの考えでは、プロテスタントの信仰は必然的に資本主義経済の社会へと行きつく。なにしろ信者にはその信仰から、利潤追求を貪欲や野心といった道義的にいかがわしい動機からではなく、献身の証とみなす機会が与えられる。まえもって運命づけられているという発

> 神はみずからを
> 助ける者を助ける
> **マックス・ウェーバー**

想は、信者にとっては社会的不平等や貧困に心を悩ませる必要がないということでもあった。なにしろ、物質的富は精神的な富のしるしにほかならない。

だが、ウェーバーの議論には批判の余地もあった。16世紀と17世紀におけるヨーロッパの指導的大国は、それも最初のグローバルな超大国は、徹底してカトリックの国スペイン帝国であった。ほかにもウェーバーの議論と矛盾する現実があった。プロテスタントどころか、キリスト教圏になったことのないアジア諸国の台頭がそれだ。日本は世界第三位の経済大国であり、中国は急成長を遂げつつある。■

## マックス・ウェーバー

カール・エミール・マクシミリアン・ウェーバーは、現代社会科学の創設者であると同時に経済学者だ。1864年にドイツのエアフルトに生まれ、裕福でコスモポリタン的かつ知的な家庭で成長した。父親は退職した公務員で、母親は厳格なカルヴァン派のプロテスタントであった。

ハイデルベルク大学とベルリン大学で法学を学び、1897年に父が亡くなるまで、ドイツのさまざまな大学で経済学を講じた。父の死はウェーバーに深刻なダメージを与え、教壇に立てなくなるほどであった。第一次世界大戦中は兵役に服したのち、みずからの政治的見解を変えて、皇帝の先鋭的な批判者となった。ウェーバーは、政治にかんする権威として広範な尊敬を集め、戦後は文筆活動をとおしてワイマール共和国の成立に尽力した。その後教育活動を再開したが、1920年にスペイン風邪で亡くなった。

### 主著

1904〜1905年
『プロテスタンティズムの倫理と資本主義の精神』
1919年 『職業としての政治』
1923年 『一般社会経済史要論』

# 貧乏人であることは不運ではあるが、そもそも当人が劣っているわけじゃない
## 貧困問題

## その経済学的背景

**焦点**
社会と経済

**鍵となる思想家**
ジョン・スチュアート・ミル
(1806〜1873年)
アマルティア・セン（1933年〜）

**前史**
**1879年** アメリカの経済学者ヘンリー・ジョージが、『富と貧困』を公刊し、貧困を軽減するための土地課税の必要性を主張して、空前のベストセラーとなる。
**1890年代** チャールズ・ブースとシーボウム・ラウントリーが、イギリスで貧困調査を実施する。

**後史**
**1958年** アメリカの経済学者ジョン・ケネス・ガルブレイスが、その著書『豊かな社会』のなかで、貧困への関心を喚起する。
**1973年** インドの経済学者アマルティア・センが、新たな貧困指標を提起する。
**2012年** 世界銀行が、1日の収入が1ドルに満たない状態を過度の貧困と定義する。

---

最大の**貧困の原因**は、私たちがコントロールできる範囲の外にある

↓ ↓ ↓

| 貧乏人は**私有財産**をもたない | 多くの国で、**教育には費用がかかる**。そのため貧乏人には手が出ない | その結果、**たいした仕事にもありつけず**、健康状態は悪化してゆく |

↓

貧乏人であることは不運ではあるが、そもそも当人が劣っているわけじゃない

---

**高**所得の国では、たいてい政府はその収入の30〜50パーセントを経済活動に費やしている。そのうちの約半分が「社会的移転」もしくは福祉支出でなりたっている。歴史的に見るなら、そうした膨大な社会的支出は1930年代および40年代からはじまった、比較的最近の発展だ。

福祉支出には長い歴史がある。16世紀には、イギリスの救貧法が貧乏人には三種類あると想定していた。援助に値する貧乏人（老人、若者、病人）と援助に値する失業者（働く気はあるものの、仕事を見つけられないでいるひと）と援助に値しない貧乏人（乞食）だ。最初の二つのグループには、地域の人びとから寄せられた食料と金銭が与えられるが、最後のグループは犯罪者と同列のあつかいを受けた。産業化の進展とともに、貧乏人にたいする見方は変化し、18世紀には、少なからぬ人びとが貧乏なのはもっぱら本人の責任だと考えるようになった。イギリスの経済学者デイヴィド・リカード（84頁）とトマス・マルサス（69頁）は

**参照** 人口動態と経済学→68〜69頁 ■ 開発経済学→188〜193頁 ■ エンタイトルメント理論→256〜257頁

## 産業革命と経済革命　141

### 開発目標

2000年9月に、国連で世界189カ国の指導者が2015年までの到達目標として八つのミレニアム開発目標に署名した。その目標とは、貧困と飢餓の撲滅、初等教育の完全普及、ジェンダーの平等推進、乳幼児死亡率の削減、妊産婦の健康改善、疾病の蔓延防止（HIV/AIDS、TB、マラリア）、環境の持続可能性の確保、グローバル・パートナーシップの推進の八つだ。ひとつの目標は、2015年までに極端な貧困状態にある人びとの数を半分に減らすことだ。

世界銀行によるなら、発展途上国で1日1ドル以下の稼ぎしかないひとの数は、1990年の30.8パーセントから、各国のあいだでの商品価格のちがいにたいする調整がなされたあと、2008年には14パーセントにまで下がった。これは主として東アジアの発展に負うところが大きい。だが、1ドル自体が絶望的な水準だ。発展途上国で用いられている平均的「貧困ライン」は、1日2ドルだ。2008年には、発展途上国の25億人の人びと（43パーセント）がこのラインを下回る収入しかない状態だ。

救貧法の撤廃を要求し、弱者への施しは働く意欲を弱めると主張した。

この見解は広く支持されるようになったが、1848年にイギリスの哲学者ジョン・スチュアート・ミルが別の見方を提出した。ミルによると、経済学が対象とするのはもっぱら生産活動であって、富の分配は社会の選択にゆだねるべきだ。政治にかんする著作のなかでミルは、たいていは政府の役割を限定する立場を支持していたが、この点にかんしては、国家がこうした力のないひとに手を差しのべて、生活を支えるのに必要と思われる教育を市民に提供すべきだと主張した。

19世紀と20世紀に、ヨーロッパの国々で選挙権が普及するとともに、社会的支出と富の再分配の要求はますます高まった。それとともに、国民の健康と教育についてのきちんと考えられたシステムが、福祉の恩恵とともに発展していった。

### 21世紀の貧困

1800年以降、ヨーロッパおよび北アメリカと世界のそのほかの地域のあいだで、富の全面的な分断が進行した。貧困は南アジアとサハラ以南のアフリカで恒

ギュスターヴ・ドレによって1872年に描かれた、ヨーロッパの都市のなかでももっともひどい状態にあった、ロンドンの貧民街の**非衛生的な生活**環境。大人も子どもも害虫も、貴重な空間をめぐって争っていた。

常的な問題と化した。経済学者は、貧困を減らすために貧しい人びとに直接に支援するのと同じくらいに、健康・教育・輸送が大きな役割を果たす点を強調してきた。

インドの経済学者アマルティア・セン（257頁）に言わせるなら、貧困は「能力と機能」の限界の問題であり、人びとがそれに成功できるか、それでありうるかという問題であって、彼らがアクセスできる物やサービスで計られるものではない。この考えには、貧困ラインが（基本的な必需品にかかわる）絶対的なものであるのか、（平均所得の割合といった）相対的なものであるのかについての継続的な問題が反映している。■

ブラジルのフォルタレザの**物乞い**。国連の発表では、こんにちの貧困層は「人間性を奪われかねない状況」に直面している。国連は2015年までに貧困者の数を半減することを公約している。

# 社会主義は
# 合理的経済活動の廃止だ
中央計画

# 144 中央計画

## その経済学的背景

**焦点**
経済体制

**鍵となる思想家**
ルートヴィヒ・フォン・ミーゼス
(1881〜1973年)

**前史**
1867年 カール・マルクスが、科学的社会主義を大規模工場のように組織化されたものとみなす。
1908年 イタリアの経済学者エンリコ・バローネが、効率性が達成されうるのは社会主義国においてだと主張する。

**後史**
1929年 アメリカの経済学者フレッド・テイラーが、社会主義においては数学的試行錯誤をとおして、均衡が達成可能になると主張する。
1934〜1935年 経済学者ライオネル・ロビンズとフリードリヒ・ハイエクが、必要とされる算定の規模やリスク負担の欠落といった社会主義に付随する実践上の問題点を強調する。

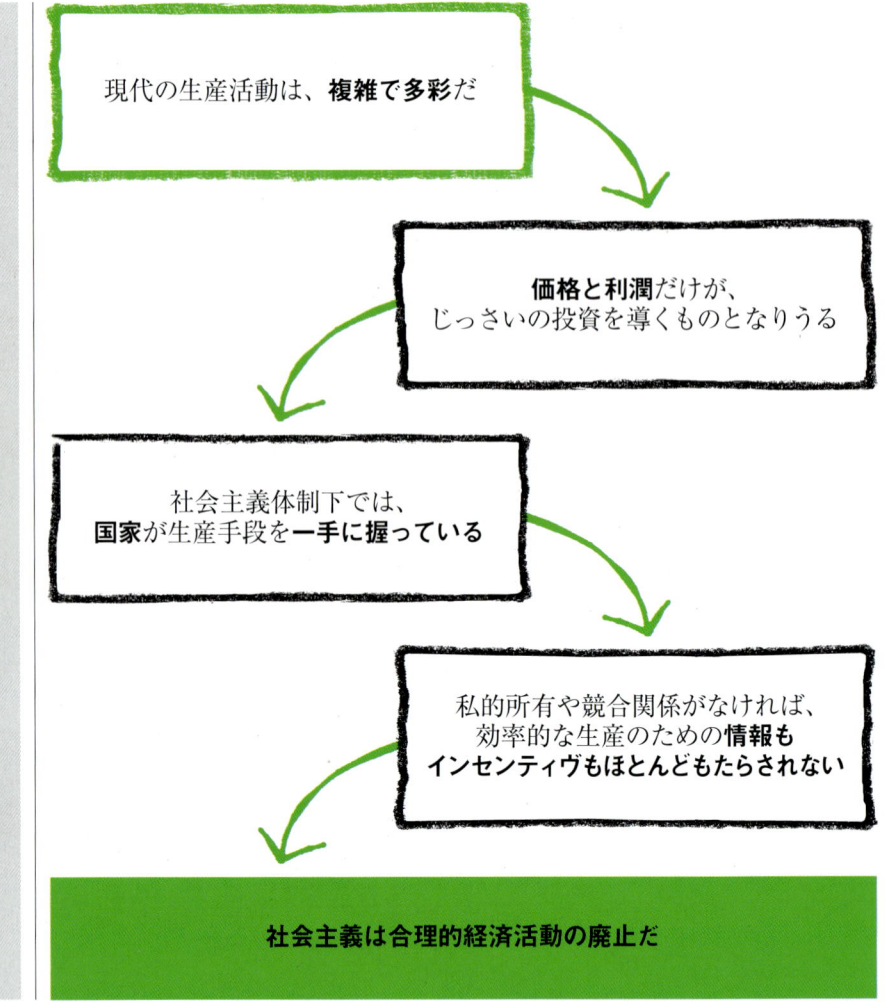

---

現代の生産活動は、**複雑で多彩**だ

↓

**価格と利潤**だけが、じっさいの投資を導くものとなりうる

↓

社会主義体制下では、国家が生産手段を**一手に握っている**

↓

私的所有や競合関係がなければ、効率的な生産のための**情報も
インセンティヴもほとんどもたらされない**

↓

**社会主義は合理的経済活動の廃止だ**

---

ドイツの哲学者カール・マルクスが社会主義の経済機構についての叙述を展開したのは、1867年の主著『資本論』(100〜105頁)においてであった。マルクスの言うところでは、社会主義経済には(工場のような)生産手段の国有化が不可欠だ。競争は不経済だ。マルクスが提案したのは、ひとつの巨大工場のように走りつづける社会であり、資本主義は不可避的に革命に行きつくというのがその持論であった。

マルクスの着想を真剣に受けとめた経済学者は少なくなかった。イタリアの経済学者ウィルフレド・パレートが、自由市場の競争がどのようにして効率的な成果を挙げるかを示すべく数学を活用したとき、パレートはそれが社会主義体制下の中央計画者によって達成されうるのではないかとも示唆していた。パレートの同国人エンリコ・バローネは「集産主義国家における生産手段」(1908年)のなかで、この考えをあらためて採りあげた。まさにその数年後、ヨーロッパは第一次世界大戦に呑みこまれ、多くのひとがこれを旧秩序の破局的な瓦解と感じた。1917年のロシア革命は、経済が社会主義に引きつがれる格好の実例を提供し、ドイツ、オーストリア、ハンガリーといった敗戦国の権力者たちは、社会主義政党の躍進を目の当たりにした。

自由市場経済学者たちは、社会主義にたいする理論的反論をなにも打ちだせないかのようであった。だがその後、1920年にオーストリアの経済学者ルートヴィヒ・フォン・ミーゼスが、社会主義体制下での計画化は不可能だと主張して、根本的な異議を唱えた。

### 損得勘定

フォン・ミーゼスの1920年の論文「社会主義国家における経済計算」は、ひとつの単純な挑戦をふくんでいた。ミーゼスが言うには、現代経済における生産はきわめて複雑なため、市場価格――これ自体は、市場での利潤に関心を集中させ

# 産業革命と経済革命

**参照** 自由市場経済学→54〜61頁 ■ マルクス主義経済学→100〜105頁 ■ 経済的自由主義→172〜177頁 ■ 市場とその社会への成果→210〜213頁 ■ 社会的市場経済→222〜223頁 ■ 計画経済における欠乏→232〜233頁

る多くの生産者間の競争によって生まれる——によってもたらされる情報には計画が不可欠だ。どこに需要があるかをはっきりさせて投資を導いてゆくには、価格と利潤とがなければならない。フォン・ミーゼスの考えから、「社会主義経済計算」もしくは「経済体制論争」とのちに呼ばれることになる資本主義と社会主義のあいだでの論争が巻きおこった。

二つの都市のあいだを結ぶ鉄道を計画するばあいを考えてみよう。どのルートを採るべきだろうか、そしてそれは一からすべて建設されるべきだろうか。こうした決断には便益と費用との比較が不可欠だ。利便としては、多くの多様な利用者の輸送費用が抑えられるという点が挙げられる。費用には、労働時間、鉄、石炭、機械などがふくまれる。この計算をスムーズにおこなうには、共通の単位を用いないわけにはゆかない。それが金銭であり、市場価格にもとづいて決まる価値だ。

だが、社会主義体制下では、こうしたものは、本来の金銭的価格といったものはもはや存在しない。それらの調達は国家の役割だ。フォン・ミーゼスが言うのは、これは商品を消費する消費者の問題とはわけがちがうということだ。1000リットルのワインをつくるのに土地を提供するか、500リットルの油のために土地を提供するかを、消費者の嗜好にもとづいて決定するのは難しくはない。

ましてやそれは、家族経営の企業におけるような単純生産の問題でもない。人間がひとりなら、きょう一日をベンチづくりに費やすか、ポットづくりか、果物狩りか、壁をつくるかについて心のなかで計算するのはまったく簡単だ。だが、複雑な生産には、形式にかなった経済計算が必要だ。フォン・ミーゼスの言うところでは、そうした助力なしでは、人間の心は「経営や場所といった問題に直面して、ただただ途方にくれてしまうだろう」。

## 市場価格

貨幣価格を計画の評価のための共通の単位として用いることにくわえて、資本主義体制下での経済計算には、さらに二つの利点がある。第一に、市場価格に

ロシアの**画家ボリス・クストーディエフ**の「ボリシェヴィキ」は、ロシア革命の理想主義的な政策を反映したものだ。4年もたたない内に、それらの政策は泥沼に嵌まりこみ、新経済政策（NEP）にとってかわられた。

は交易にかかわる全員の評価額が自動的に反映される。第二に、市場価格には技術的にも経済的にも実現可能な生産技術が反映している。生産者間での競争は、たんにもっとも利益を生みそうな生産技術が選ばれるということを意味する。

フォン・ミーゼスがさらに言うには、本物の市場価格は、生産時の商品の売り買いから消費時の商品の売り買いまで、あらゆる場面で使用されるにちがいない貨幣の存在にもとづいている。貨幣は社会主義システムにおいては、給料の支払いや消費財の購入といった、ずっと制限されたかたちで用いられる。だが貨幣は、たとえば工場の内部作業において不必要であるのと同様に、経済が国有化された生産目標にもとづいている状態ではもはや不要だ。フォン・ミーゼスは、生産物は、それをつくるのに要した労働時間数だけ

> 社会主義国家では、どんな経済的な変化も大仕事となり、それがうまく行ったとしても将来的に評価されることもなければ、後から振りかえってその意義が明確にされることもない。そこにあるのは暗闇のなかでの手探りだけだ
>
> **ルートヴィヒ・フォン・ミーゼス**

# 146　中央計画

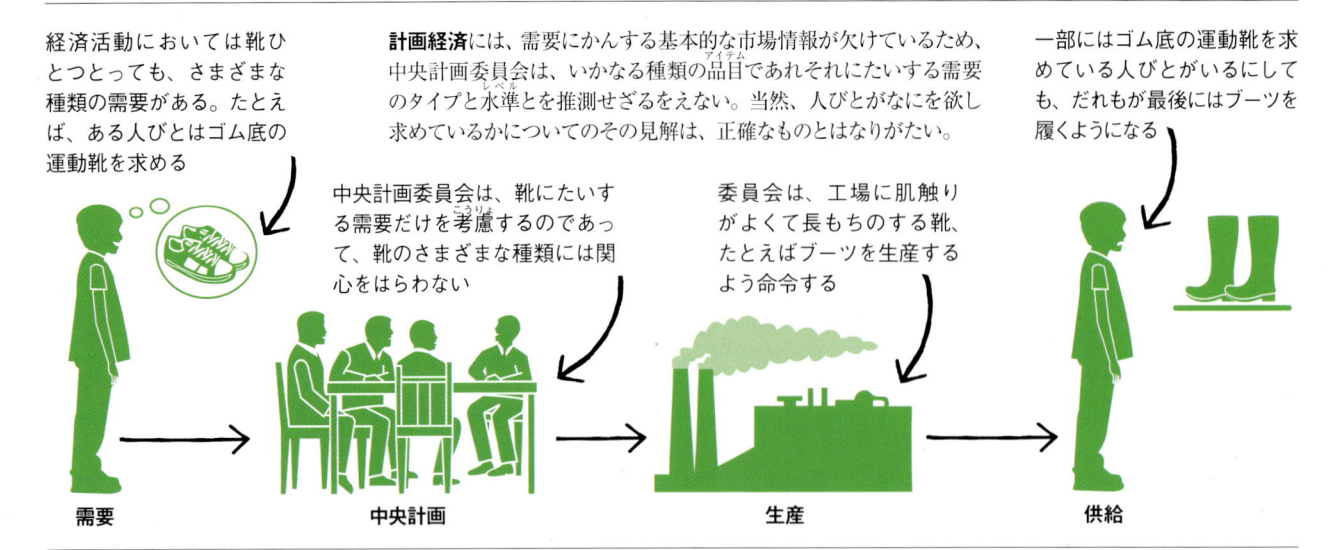

経済活動においては靴ひとつとっても、さまざまな種類の需要がある。たとえば、ある人びとはゴム底の運動靴を求める

計画経済には、需要にかんする基本的な市場情報が欠けているため、中央計画委員会は、いかなる種類の品目であれそれにたいする需要のタイプと水準（アイテム）とを推測せざるをえない。当然、人びとがなにを欲し求めているかについてのその見解は、正確なものとはなりがたい。

一部にはゴム底の運動靴を求めている人びとがいるにしても、だれもが最後にはブーツを履くようになる

中央計画委員会は、靴にたいする需要だけを考慮するのであって、靴のさまざまな種類には関心をはらわない

委員会は、工場に肌触りがよくて長もちする靴、たとえばブーツを生産するよう命令する

需要　　　中央計画　　　生産　　　供給

の価値をもっとみなしたマルクスの考えのような、貨幣に代わるものについての考察もおこなった。だがそうした尺度は、素材の異なるものの相対的な稀少性や質の異なる労働、あるいは生産過程に要するじっさいの時間（これは労働に対置される）を無視している。これらすべての要素を考慮にいれることのできるものは、市場価格のみだ。

## 価格は変化する

フォン・ミーゼスとオーストリア経済学派の後継者たちは、社会とは「自然に」一定の水準ないし平衡状態をさまようものであって、均衡に達することはけっしてないと考えていた。フォン・ミーゼスに言わせれば、むしろ経済とは不均衡、つまりつねに変動状態にあり、参加する者たちは不確実性を免れない。のみならず、中央の計画者には市場システムにおいてすでに行きわたっている価格をそのまま採用するわけにはゆかない事情がある。もし中央の計画が異なったシステムからの価格に依存してしまったなら、社会主義が市場経済にとってかわることなど夢のまた夢となろう。フォン・ミーゼスの挑発に応えて、いくつもの応答が生まれた。一部の経済学者たちは、中央の計画者には試行錯誤をつうじて需要と供給とを等しくすることができると主張し

た。それは、レオン・ワルラス（120頁）が市場経済において均衡を打ちたてるために示唆した過程と似ている。だが、こうした数学的アプローチは、じつのところバローネの論証と大差なく、オーストリア学派に言わせれば、数学的均衡にかんするいかなる議論も非現実的以外のなにものでもなかった。

フォン・ミーゼスの支持者であったライオネル・ロビンズとフリードリヒ・ハイエク（177頁）は、そうした計算は実用的ではないと付言した。そればかりか、社会主義システムは、市場システムにおいて企業家たちが引きうけているような不確実性をまえにしての危機への覚悟（リスク・テイキング）を再生することもできない。1936年に、経済学者オスカー・ランゲとアバ・ラーナーが提案した「市場社会主義」のシステムは、価格は国家によって設定されたうえで、多くのたがいに独立した企業が国家によって運営され、利潤を最大にすべく個々に努力するというものであった。オーストリア学派のニューリーダーであったハイエクは、市場社会主義に応答して、必要とされるインセンティヴと情報を提供できるのは自由市場（172～177頁）だけだと主張した。

## 現実の社会主義

その存在の一定期間、ソ連は一種の市場社会主義のシステムを実施した。最初それはうまく機能しているように思われたが、いつまでも残存するいくつもの問題によって、経済システムは損なわれていった。狙いを生産量から売上げに転換するとか、国営企業にいっそうの自由裁量の余地を与えるなどの周期的な改革の試みもなされはした。だが、国営企業はしばしば中央の立案者からの財源を隠匿し、消費者のニーズとはあわない手抜きをつうじて狙いを実現しようとし、みずからの計画の外がわにある課題はなべて無視した。これによる浪費は尋常ではなく、生産量は目標をはるかに下回った。システムが崩壊したことによって、オーストリア学派が重視したインセンティヴと情報への懸念は、現実のできごとから正当化されたように思われた。

フォン・ミーゼスは、市場経済にたいするいかなるかたちの政府の介入にも批判的であった。フォン・ミーゼスによるなら、介入はもくろみとは逆の結果をもたらし、それによってさらなる介入が不可避となり、こうして社会は一歩ずつ骨の髄（ずい）まで社会主義化してゆく。市場経済では、企業は消費者に奉仕することで利益をあげるが、フォン・ミーゼスの――ということは、オーストリア学派の、ということだが――考えでは、そのようなやりがいのある活動にはいかなる制限も設

# 産業革命と経済革命

けるべきではない。オーストリア学派は、市場の失敗という考えを受けつけなかったし、少なくともそうした事態は政府の失策によって捏造されたものだとみなした。その見解によるなら、独占の成立する原因は私企業ではなく政府にある。公害のような外部性（市場価格に反映されることのない産物）も、消費者の考慮にいれられるか、自発的な提携ないしみずからの所有権がそうした外部性によって損なわれる人びとの応答によって解決される必要がある。

オーストリア学派にとって、政府による介入の最悪のかたちのひとつが、通貨供給への干渉であった。その主張によると、政府が（たとえばたくさんお札を印刷するなどして）通貨の供給を増やすと、金利を引き下げすぎることになり、その結果、質の低い投資にいたる。バブルが破裂したときにすべき唯一のことは、事業の失敗を認めそれに引きつづく不景気を受けいれることだ。オーストリア学派が推奨するのは、中央銀行を廃止し、通貨の土台を金のようなじっさいの商品に置くことだ。いわばオーストリア学派は、レッセフェール（自由放任）政府の熱心な信者であった。

1900年の段階で、経済学には五つの主要学派があった。マルクス主義と、（市場システムにたいする批判者でもあった）ドイツ歴史学派、それに主流派であった自由市場の手法の三つのヴァリエーションとしての（アルフレッド・マーシャルに導かれた）イギリス学派と、（数学的方程式をつうじての一般均衡に主眼を合わせた）ローザンヌ学派、それにカール・メンガー（335頁）に率いられたオーストリア学派だ。イギリス学派とローザンヌ学派は、その後主流派経済学派となっていったが、オーストリア学派は妥協しない道を進んだ。ようやく最近になって、2008年の金融危機と社会主義の衰退を受けるかたちで、それは人気をもちだした。■

**社会主義経済は**、みずからを経済活動に必要とされるいっさいをとりまとめている、巨大な生産ラインのようにみなしている。第二次世界大戦中に、この種の上位下達型の生産方式は、相対的にはみごとな成果を挙げた。

## ルートヴィヒ・フォン・ミーゼス

オーストリア学派の指導的存在ルートヴィヒ・フォン・ミーゼスは、鉄道技師の息子であった。1881年に、当時オーストリア＝ハンガリーのレンベルクに生まれ、ウィーン大学で学び、経済学者ユーゲン・フォン・ベーム＝バヴェルクのセミナーに定期的に出席した。1909年から1934年までウィーン商工会議所に勤務し、オーストリア政府の経済アドヴァイザーとして手腕をふるった。同時期、大学でも経済学理論を講じ、多くの熱心な後進を惹きつけたが、教授にはならなかった。

1934年にはナチスの影響がオーストリアにまでおよび、ジュネーヴ大学で教壇に立った。1940年8月、ドイツ軍のフランス侵攻後まもなくアメリカのニューヨークへ亡命し、1948年から1967年までニューヨーク大学で経済理論を教えた。亡くなったのは、1973年であった。

**主著**

1912年『貨幣および流通手段の理論』
1922年『社会主義——経済学的・社会学的分析』
1949年『ヒューマン・アクション』

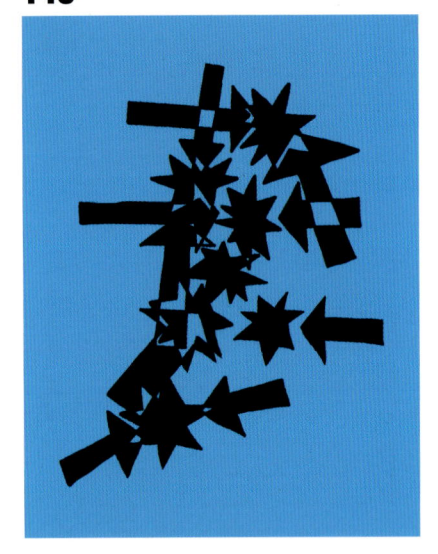

# 資本主義は古きを破壊し、新たなものを創造する
## 創造的破壊

## その経済学的背景

**焦点**
経済体制

**鍵となる思想家**
ヨーゼフ・シュンペーター
(1883〜1950年)

**前史**
1867年　カール・マルクスが、資本主義は危機によって前進し、繰りかえしすべての範囲の生産力を破壊すると主張する。
1913年　ドイツの経済学者ヴェルナー・ゾンバルトが、ちょうど材木の欠乏が石炭の使用につながったように、破壊が創造への新たな道を切りひらくと主張する。

**後史**
1995年　アメリカの経営学者クレイトン・M・クリステンセンが、破壊的イノヴェーション（革新）と維持的イノヴェーションを区別する。
2001年　アメリカの経済学者リチャード・フォスターとサラ・カプランが、どれほど常軌を逸した法人であっても、資本主義市場を無期限に打ちのめすことはできないと主張する。

---

生きのこるには、企業家たちは絶えず**新しい市場を**開拓して**新たな利潤を**探しつづけるよりない
→ 新たな市場の追求は、**イノヴェーションにつうじる**
→ **資本（お金）**が新たな市場とイノヴェーションに**シフトすれば……**
→ ……既存の産業の諸部門は**打撃をうける**
→ **資本主義は古きを破壊し、新たなものを創造する**

---

景気後退が襲ってきて、企業も仕事も減りはじめると、そうした状況に歯止めをかける介入を政府に求める声があがる。オーストリアの経済学者ヨーゼフ・シュンペーターは、1930年代の世界大恐慌の真っ只中で著述をおこない、そうした声を批判した。シュンペーターによれば、景気後退は資本主義がどう前進しているかをじかに示す現象であって、もともとはカール・マルクス（105頁）が「創造的破壊」と呼んだ、無効果なものを排除して新たな成長への地ならしをするできごとだ。

シュンペーターの考えでは、資本主義の成長の中核をなすのは企業家だ。アダム・スミス（61頁）が資本の配当から利潤を生じるのを認め、マルクスが、労働の簒奪から利潤の生じるのを認めていたのにたいして、シュンペーターは、利潤はイノヴェーションから来ると主張した。イノヴェーション自体は、資本に由来するのでも労働から生まれるのでもない。シュ

# 産業革命と経済革命　149

**参照**　自由市場経済学→54〜61頁　■　好景気と不況→78〜79頁　■　マルクス主義経済学→100〜105頁　■　技術的躍進→313頁

ンペーターは企業家を、新たな階層の人間、資本家とも労働者階級ともちがうその外部にいる「成りあがり者」、発明をなし、不確定な条件の下で新たな製品と生産のかたちを創造する存在とみなした。

　企業家の経済活動への創造的応答をつうじて、企業家自身が変化し、些細な経済的変化に「適応的応答」をなしうる、既存の企業の所有者の外部に立つ傑出した存在となる。自身のイノヴェーションを市場に導入する必要に迫られて、企業家たちは抵抗に出くわすリスクを負わざるを得なくなる。彼らは旧体制を打ちこわし、利益をあげる新たな機会をこじあける。シュンペーターの考えでは、イノヴェーションはスミスの考えた「見えざる手」もしくは自由市場の競争よりもはるかに効果的に新市場をつくりだす。

## 飛躍

　シュンペーターによると、新たな市場はイノヴェーション（イノヴェーター）の洗礼を受けた後で成長するが、ほかの市場もすぐにそれを模倣し、最初の革新者の利潤のおこぼれに与（あずか）ろうとする。やがて市場は停滞する。景気後退は、ふたたび前進するための格好の機会であり、その過程が苦しみに満ちていても燃えつきた材木を洗いながす。近年では、アメリカの経営学者クレイトン・M・クリステンセンに代表され

**アップルのiPhone**は先見の明のあったアメリカの企業家スティーヴ・ジョブズによって導入された。それは産業の「ゲーム・チェンジャー」であり、競争相手をそれに対抗しうる製品の創造へと追いたてた。

> 新たな製品と新たな手法は、旧来のそれと対立する……が、それは同等の観点ではなく、ある決定的な優位に立ってのことで、たいていそれは後者の死を意味する
> **ヨーゼフ・シュンペーター**

る経営戦略家が、二種類のイノヴェーションを区別する。「維持的」イノヴェーションは、文字どおり現在稼働中のシステムを維持し、しばしば技術的な改良というかたちを採る。他方で「破壊的」イノヴェーションは、市場を転覆させ、事態を揺りうごかして生産のイノヴェーションをつうじて市場を変える。たとえば、デジタルの音楽プレイヤーの技術を発明したのはアップルではなかったが、デザインの洗練された製品（iPod）を音楽ダウンロードプログラム（iTunes）と結びつけて、音楽を聴く新しいやりかたを創出したのはアップルの功績だ。

　マルクスの考えでは、創造的破壊は資本主義に莫大なエネルギーをもたらすが、それ自体を破壊する爆発的な危機をももたらしかねない。シュンペーターはそれに同意しつつ、資本主義が自己を破壊するのはその成功のゆえであって失敗からではないと主張した。シュンペーターは独占をイノヴェーションのエネルギーとみなしたが、それはどこまでも成長して並外れたスケールの法人企業となるしかなく、その官僚主義は最後にはみずからに生命を与える企業家精神自体の息の根を止めてしまうとも述べていた。■

## ヨーゼフ・シュンペーター

　1883年に当時オーストリア＝ハンガリー帝国の一部であったモラヴィアで生まれたヨーゼフ・シュンペーターは、ドイツの工場経営主の息子であった。父はシュンペーターが4歳のときに亡くなり、シュンペーターは母に連れられてウィーンへ移りすんだ。かの地で母親は上流階級のウィーンの将軍と再婚し、その助けでシュンペーターは若き経済学の俊秀としてめざましいキャリアを積んでゆく。その過程でシュンペーターは、経済学の教授、オーストリアの大蔵大臣、ビーダーマン銀行の総裁を歴任した。

　1924年に銀行が破産して、オーストリアとドイツがナチズムに屈したのち、シュンペーターはアメリカへ亡命し、ハーヴァード大学で講義を受けもつ。そこで少数ながら熱狂的な弟子たちを育て、1950年に66歳で亡くなる。

### 主著

1912年　『経済発展の理論』
1939年　『景気循環論』
1942年　『資本主義・社会主義・民主主義』
1954年　『経済分析の歴史』

# 戦争と不況
## 1929年〜1945年

## 1929年
イオシフ・スターリンが、ソ連における農場経営の強制的な集産化を宣言する。

## 1930年
経済活動の**数理的・統計学的諸側面**を研究する目的で、計量経済学会がアメリカで創設された。

## 1931年
**金本位制**（その国の通貨の価値を金にリンクさせる通貨制度）が停止された。

## 1933年
ジョン・メイナード・ケインズが、『ニューヨーク・タイムズ』紙にアメリカの大統領ルーズヴェルトにあてた公開書簡を執筆し、経済にはずみをつけるための政府による財政支出を推奨する。

## 1929年
ウォール街の株価暴落（アメリカにおける証券と株価の大暴落）が**大恐慌時代**の幕あけを告げる。

## 1931年
フリードリヒ・ハイエクが、経済活動への国家の干渉はよくないし、最後には抑圧にいたるだろうと論じる。

## 1932年
ライオネル・ロビンズが**「希少な資源の科学」**という経済学の定義をおこなう。

## 1933年
ラグナー・フリッシュが、**マクロ経済学**と**ミクロ経済学**の区別を設ける。

---

第一次世界大戦につづく時期に、ヨーロッパと北アメリカで生じた一連のできごとによって、伝統的経済学思考への信頼が吟味されることとなった。社会的・政治的不安定が、ロシアでは共産主義革命をもたらし、一方、ドイツ経済は超インフレで破綻した。

1920年代のアメリカは、1928年に大統領ハーヴァード・フーヴァーが「私たちアメリカ人は、これまでどの国の歴史にもみられなかったほど、貧困にたいする最終的勝利の日に近づいている」と語ったほどの繁栄を謳歌していた。そのわずか1年後に、ウォール街の大暴落が生じた。株はゴミくずと化し、数千にのぼる工場が倒産した。1932年までに、1300万人のアメリカ人が失業した。アメリカはそれまでヨーロッパにおこなっていた膨大な貸付金の返済を求め、そのため今度はヨーロッパの銀行が軒並み破産した。この10年のほとんどは、世界中で多くの国が深刻な不況に見舞われた。イギリスの経済学者ライオネル・ロビンズが、しばしば引用される自身の経済学の定義「希少な資源の科学」を定式化したのもこの時期だ。

### 新たなアプローチ

自由市場にそなわる安定と成長をもたらす能力への信頼は揺さぶられ、経済学者は経済的困難、とりわけ失業に取りくむための新たな戦略を模索した。ある者は、これまで発展してきた資本主義経済の制度的問題点の検討に取りかかった。たとえば、アメリカの経済学者アドルフ・バーリとガーディナー・ミーンズは、経営者がどのように、企業の利益以上に自身の利益になるように会社を動かしているかをあばいた。もっとも差しせまった要求は、経済を活気づける方策の発見であったが、そのためには従来のものとは一線を画した新たなアプローチが必要であった。その答えは、イギリスの経済学者ジョン・メイナード・ケインズ（161頁）によってもたらされた。ケインズは、全面的な自由市場の失敗をきちんと認識していた。それは、どんな種類の介入によってもこれまでに手をつけられてなかった。ひとつ前の世代がシステムの欠点を修正する市場自身のはたらきに信頼を寄せたのにたいして、ケインズが推奨したのは国家の介入であり、とりわけ需要を駆りたて、不況から経済をもちあげるべく政府が支出することであった。

最初、ケインズの発想は疑いの眼で迎えられたが、のちには支持されるようになった。ケインズのモデルは、通貨の供給や公共投資といった変えられるものの調整をとおして、政府によって統制される一個の機械として経済を考察しようというものであった。1933年ケインズの論理は、アメリカの大統領フランクリン・D・ルーズヴェルトにたいして、ニュー・

# 戦争と不況

**1933年** ― アメリカ大統領フランクリン・D・ルーズヴェルトが、経済活動を再活性化する目的で国家が介入する一括した政策――**ニュー・ディール**を導入する。

**1937年** ― ジョン・ヒックスが、ケインズ乗数を数学的にモデル化した**ISLMモデル**を記述する。

**1940年代** ― サイモン・クズネッツが、**景気循環**の存在をあきらかにし、開発経済学の分野の基礎をすえる。

**1944年** ― 主要産業国の戦後の金融関係を調整する目的で、**ブレトン・ウッズ**協定が調印される。

**1936年** ― ケインズが『一般理論』を公刊して、マクロ経済学ならびに経済活動への**国家の**重要な**役割**についてのアプローチをしつらえる。

**1939年** ― ヨーロッパで**第二次世界大戦**が勃発する。

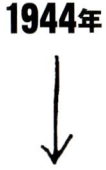

**1944年** ― カール・ポランニーが**文化的観点**から経済学へアプローチすることで、伝統的な経済学思考に挑戦する。

**1945年** ― 第二次世界大戦が終結し、**経済再建**の時代がはじまる。

---

ディール政策として知られるアメリカ経済にはずみをつけるための論理的根拠を提供した。政府の資金はインフラストラクチャーにかかわる膨大なプロジェクトを設立するために用いられ、銀行という銀行が連邦政府の支配下に置かれた。ニュー・ディール政策は、第二次世界大戦以降のアメリカとヨーロッパの経済政策の土台をかたちづくるものとなった。

ノルウェーの経済学者ラグナー・フリッシュ（336頁）は、経済学を研究するうえでの二つの異なる方法に関心を寄せた。すなわち、部分としての経済（ミクロ経済学）に主眼を置くか、システム全体としての経済（マクロ経済学）を主眼とするかだ。さらに、（経済データの数学的解析をこととする）計量経済学という新たな領域が、経済計画と予測にとっての有用なツールとして出現した。現代のマクロ経済学はその手法をケインズに負っており、ケインズのアプローチはいまなお広範に支持されている。だが、1930年代の大不況にたいしてはケインズの解答が提示されたものの、国家の介入という発想自体が市場経済への不健全な干渉だという見かたは、依然として多くの経済学者に共有されていた。一部のアメリカ人はそれを「アメリカ的手法」にはそぐわないものとみなしたが、ヨーロッパの経済学者はそれを社会主義と結びつけた。ケインズ自身はそれを、経済学の冷厳な事実を社会的配慮と調和させようとするイギリスの自由主義の伝統の一部とみなしていた。

## グローバルな差異

経済学は、主として文化的な方向性に沿って発展してきたそれぞれの思想学派の相違に応じたかたちで、その国の特性とともに発展してきた。オーストリアでは、主としてフリードリヒ・ハイエク（177頁）の業績を土台とした急進的な思想学派が、純粋な自由市場を支持する考えを展開した。ハイエクのスタンスは、資本主義擁護にして、かつ反共産主義というものであった。その主張によるなら、西側の自由と民主主義はその自由市場経済と密接に結びついているが、それにたいして共産主義体制の専制は、その計画的・中央集権的経済と結びついて、この自由を奪った。こうした見かたをさらに推しすすめて、競争市場こそが経済成長には不可欠であり、そのことは西側の資本主義国における水準の高い生活様式を見れば一目瞭然だと主張する者もいた。

1930年代に数多くのドイツ系およびオーストリア系の思想家がイギリスとアメリカに亡命し、こうした見解は世界中に広がっていった。その後、ケインズ経済学への信仰が衰えてゆくにつれて、新しい世代の経済学者は、市場はそれ自体のしくみに任せておくべきだという考えをあらためて導入した。■

# 失業は選択の結果ではない

## 不況と失業

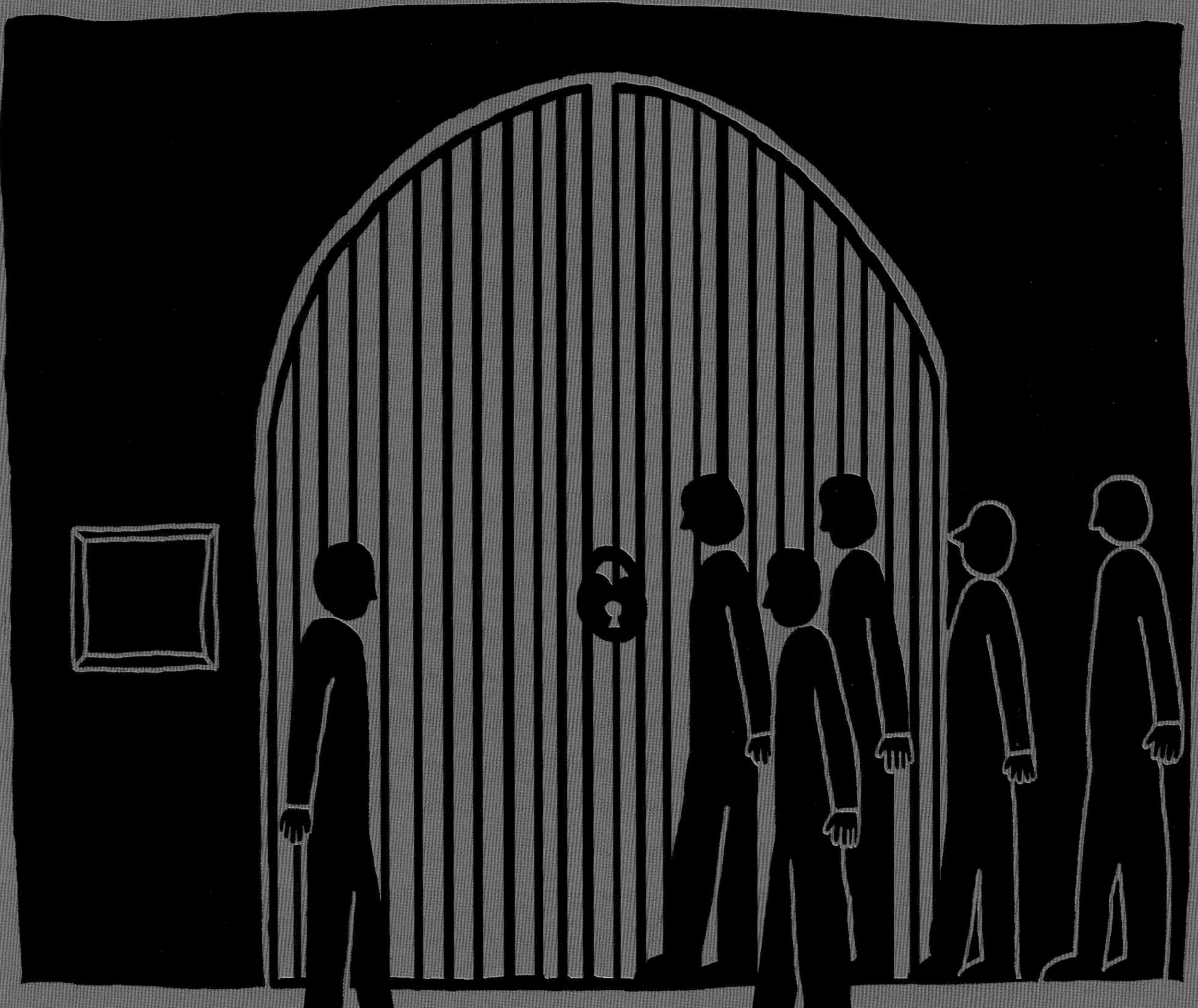

# 156 不況と失業

## その経済学的背景

**焦点**
マクロ経済

**鍵となる思想家**
ジョン・メイナード・ケインズ
(1883〜1946年)

**前史**
**1776年** スコットランドの経済学者アダム・スミスが、市場の「見えざる手」が繁栄をもたらしてくれると主張する。
**1909年** イギリスの社会運動家ベアトリス・ウェッブが、『救貧法にかんする王立委員会の少数派報告書』を書いて、貧困の原因は構造的なものであって、貧乏人を責めればよいというものではないと主張する。

**後史**
**1937年** イギリスの経済学者ジョン・ヒックスが、ケインズ・システムについてのみずからの分析を提示する。
**1986年** アメリカの経済学者ジョージ・アカロフとジャネット・イエレンが、効率賃金モデルを使って、非自発的失業の説明を試みる。

**1936**年にジョン・メイナード・ケインズは、画期的な著作『雇用・利子および貨幣の一般理論』——しばしばたんに『一般理論』と呼ばれる——を公刊した。この著作が重要なのは、それが従来とはまったく異なった視角から経済のはたらきを考察する可能性を切りひらいたからだ。本書によってケインズは、世界でもっとも有名な経済学者のひとりとなった。

スコットランドの経済学者アダム・スミス（61頁）が1776年に『国富論』を公刊して、のちに古典派経済学として知られることになる見解の概要を提示して以来、もっぱら経済活動とは個々の市場と意思決定者の完全に均衡のとれた集合だと理解されていた。経済学者のあいだでの合意は、経済とはそこに雇用を求めて働きにくる人びとをもふくめて、自発的かつ自然に均衡状態を達成するものだということであった。

ケインズは、古典的なモデルの基本的な因果関係のほとんどを逆転した。さらにケインズは、マクロ経済（すなわち、全体としての経済活動）はミクロ経済（すなわち、経済活動の個々の部分）とはまったく異なった動きかたをすると主張した。もともとは古典派を学びながらも、ケインズはのちにその習慣的な思考法から抜けだそうとさんざんもがいたと述懐している。だが、それによってなしとげられたのは、従来とはまったく異なった失業の原因についての見方と解決法を示唆する、徹底的に経済学的な手法であった。

『一般理論』の刊行にさきだつ1世紀まえには、失業よりも貧困が克服しがたい問題であった。1880年代までは、イギリス

1875年の**エドガー・ドガ**の絵画には、カフェでアブサンを呑みながら無為にすごす酒呑みが描かれている。ケインズの見解が1936年に公刊されるまでは、アルコール依存症やその類いの悪行が失業の原因とみなされていた。

---

古典派経済学によれば、**失業はつねに選択の結果だ**。賃金が下がっても働く気がありさえすれば、仕事はいつでもある

→ だが、給料の変化は緩慢なので、不景気の時期には、価格は下がる一方で賃金価値は上がる。その結果、企業の**労働力への需要は低下する**

↓

経済活動への需要が低下すれば、労働者は**失業の罠にからめとられ**、企業は生産量低下を余儀なくされる

← **失業は選択の結果ではない**

# 戦争と不況　157

**参照**　自由市場経済学→54～61頁　■　市場における供給過剰→74～75頁　■　ケインズ乗数→164～165頁　■　インフレと失業→202～203頁　■　合理的期待→244～247頁　■　インセンティヴと賃金→302頁　■　粘着的賃金→303頁

1929年10月29日にニューヨークのウォール街に**集まった不安げな群集たち**。この日に株式市場は大暴落し、アメリカの株式の価値が一日にして半分以下に落ちこんで、大恐慌の幕開けとなった。

やアメリカといった国々は産業革命の成果としての急激な成長下にあって、生活水準の全般的な向上を享受していたが、それでも一部には、まだ極端な貧困が残存していた。

## 怠惰な貧乏人

経済学者は、長いこと貧困を最大の社会的政治問題とみなしてきたが、19世紀の終わりには、労働者の失業のほうがだんだん耳目を集める論点になっていった。当初この問題は、病気あるいは怠惰や悪徳、やる気の欠落や労働倫理の欠如といった、労働者の性格上の欠陥が原因だと思われていた。これはつまり、失業は社会全体の問題ではなく、なんらかの理由で働けなくなった個人にかかわる問題だとみなされていたということだ。少なくとも失業が、社会政策という観点で採りあげられるべき論点とみなされていなかったことは確かだ。

1909年に、イギリスの社会運動家ベアトリス・ウェッブ（135頁）が『救貧法にかんする王立委員会の少数派報告書』を出版した。これは、福祉国家の概念と政策のありかたを定めた最初の報告となったのみならず、「失業を防ぐか最小にするように、国内の労働市場を制御する義務が大臣に課せられている」と主張した。それは、「非自発的失業」という術語が用いられた最初の用例でもあった。これとともに、失業は個人の欠点に起因するものではなく、個人にはいかんともしがたい経済条件によるものだという考えがもたらされた。

## 非自発的失業

1913年には非自発的失業という概念は、イギリスの経済学者アーサー・ピグー（336頁）によって定義された意味で理解されるようになった。すなわちそれは、ひとつの産業内の労働者が、現行の賃金水準で求められる以上の労働を進んで提供せざるを得なくなっているような状況だ。こんにちでさえ、この定義は失業の非自発的な性質をよくあらわした定義とみなされており、そればかりかそのなかには、労働者は自分が働くか否かについてなんの選択の余地もないままに放置されているという実情が暗示されている。この段階では、失業についての古典的見解が依然として優勢であった。それによるなら、失業はもっぱら自発的なものであり、その原因は労働者が現行の賃金水準では働かないことを選択したか、育児のようなある種の「非市場的活動」にあるとされる。こうした見解を支持する人びとは、どんな非自発的失業も自由市場の自動的もしくは自己調整的なメカニズムによって処理されるはずだと力説する。

古典的見解にしたがうなら、非自発的失業が長くつづくことはありえない。なにしろ、市場の役割はつねに経済活動を完全雇用状態にもどすことにあるはずなのだ。ケインズ自身も、もともとはこうした見方に共感していたようで、そのことをうかがわせる証拠もある。『貨幣論』（1930年）のなかでは、物価が費用よりも急速に低下するばあいに企業が採りうる選択肢として、損失に耐える・仕事をやめる・生産単価にたいする従業員の所得を切りつめるべく従業員との交渉に乗りだすという三つが挙げられている。ケインズに言わせるなら、このうち最後のものだけが、国家的な見地からしたばあいに真の均衡を回復できるものであっ

# 158 不況と失業

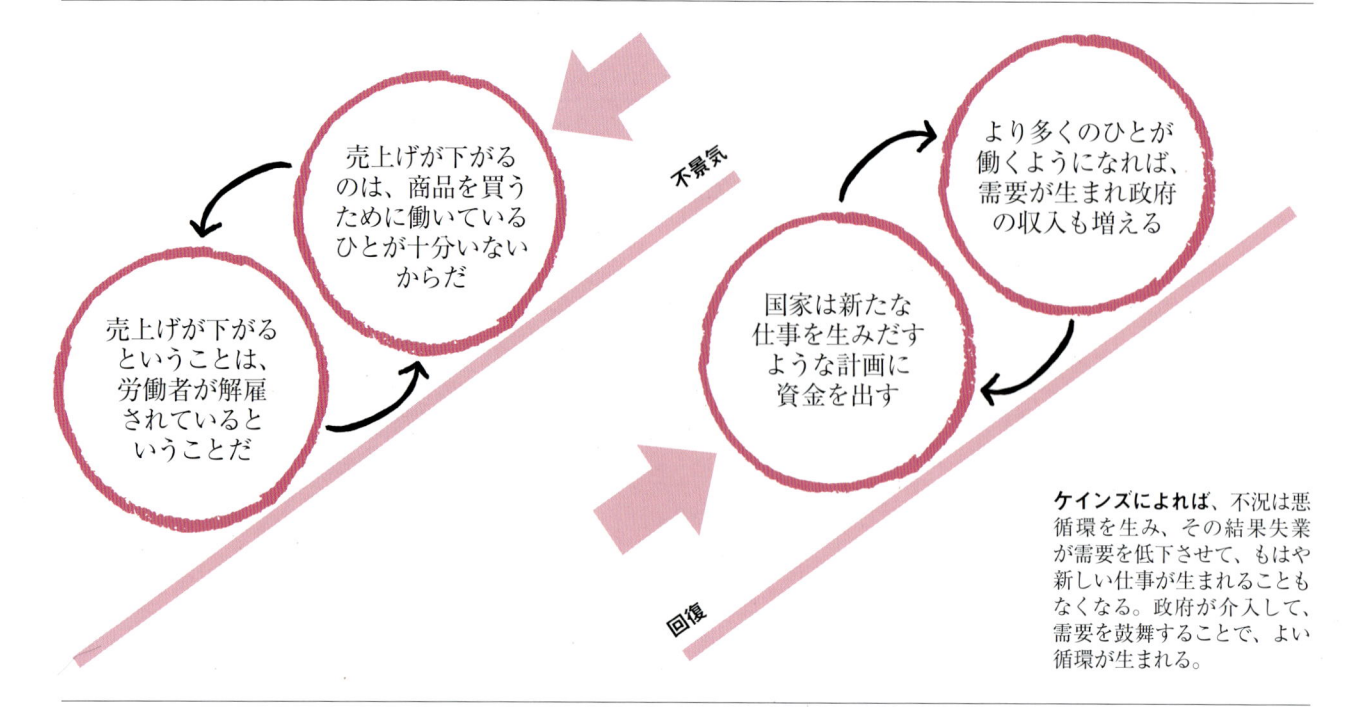

- 売上げが下がるということは、労働者が解雇されているということだ
- 売上げが下がるのは、商品を買うために働いているひとが十分いないからだ
- 国家は新たな仕事を生みだすような計画に資金を出す
- より多くのひとが働くようになれば、需要が生まれ政府の収入も増える

不景気 / 回復

ケインズによれば、不況は悪循環を生み、その結果失業が需要を低下させて、もはや新しい仕事が生まれることもなくなる。政府が介入して、需要を鼓舞することで、よい循環が生まれる。

だが、1929年にアメリカで生じた株式市場の大暴落とその余波が世界中を巻きこんだ大恐慌のあとで、ケインズは考えを変えた。ウォール街の金融危機は、世界中の経済活動を生産量下落の悪循環のなかに巻きこんだ。アメリカでは、生産量は40パーセントも下がった。1931年には、アメリカの国民所得は大暴落以前の870億ドルという水準から、420億ドルにまで下落した。1933年には、1400万人のアメリカ人が失業し、そのやせこけた姿がいたるところで見かけられた。生活水準が急激に下降したことは、この時代の貧困と自暴自棄のイメージからもあきらかだ。この荒涼とした光景を目撃したことが、ケインズに『一般理論』を執筆するきっかけを与えた。

## 大恐慌

ケインズが出発点にしたのは、大恐慌下の世界だ。もはや通常の市場のはたらきには、その経済のなかでの高度で根深い非自発的失業の問題を矯正するのに必要な圧力を生みだす力があるとは思われなかった。概して、労働している人びとの数は、じっさいの賃金レベルによって決まり、その水準は、提供されている財とサービスの価格に相関する。景気後退の時期には、財の価格は賃金水準よりも急速に下降する。なぜなら、財の需要は減って価格は下がるが、その一方で労働者たちは賃金カットには抵抗を示すからだ。この結果、実質賃金は上昇する。実質賃金が上昇しているときは、進んで働く気になる労働者の数も急増し、彼らの

> 困難は新たな考えのうちに潜んでいるのではなく、旧来の考えから抜けだすことにある
> **ジョン・メイナード・ケインズ**

給料が高すぎるため、企業が求める労働者の数は減少する。その結果が失業だ。

## 粘着的賃金

失業を減らすひとつの方法は、余剰労働力（つまり、働いていない人びと）にたいして、現行賃金よりも低い額で働くことに同意するよう賃金を下げる方向への圧力をかけることだ。古典派経済学者は、じっさいの賃金を調整し下げるのに十分なだけの柔軟性が、市場にはあるはずだと考えていた。だが、ケインズに言わせれば賃金の額は「粘着的」(303頁)で、なかなか調整も受けつけない。ケインズの言うところでは、労働者自身には、低賃金を受けいれ、みずからの賃金を下げて仕事にもどることはできない。大恐慌時に見られたような需要の大幅な低下のあとでは、企業はとりわけ進んでより低い実質賃金で、より大量の労働者を雇用したがるものだが、じっさいにはそれもできない。その理由は、生産への需要は、全体の経済のなかでの財の需要の欠如に左右されるからだ。労働者たちはもっと供給したいと思い、企業はもっと製造し

1931年に、シカゴの職業斡旋所に**人びとは仕事を求めて集まった**。1933年までに、1000万人以上のアメリカ人が仕事を失った。国家はニュー・ディールと呼ばれる鼓舞的な一括法案でこれに応えた。

たいと思っているが、それはそうしなければ工場も機械も無駄になるからだ。需要の欠如が原因となって、労働者も企業も失業と生産力低下というどうしようもない悪循環に嵌(は)まりこんでしまう。

## 政府の役割

ケインズによれば、非自発的失業の問題を解決するという課題は、労働者および企業のいずれの手にもあまる。その答えは、政府が経済活動によりいっそうの資金を支出することであり、そうすれば全体的に生産への需要が高まることになるというものであった。これをおこなえば、企業にはより多くの労働者を雇うきっかけが与えられるし、価格が上がれば実質賃金は下がり、完全雇用状態へと経済活動が復帰することになる。ケインズの考えでは、このばあい国家がどれだけ多くの資金を使うかは問題とはならない。ケインズの有名なことばだが、「財務省は、紙幣で古いボトルを満たすこともできれば、それを埋蔵しておくこともできるし……、ふたたび紙幣を掘りかえすために、おなじみのレッセフェールの原理で、それを個人的な事業にゆだねることもできる」。政府が経済活動に需要を注ぎこんでいるかぎりは、システム全体がおのずと回復しはじめるだろう。

## 実質賃金

『一般理論』は、けっして分かりやすいものではない。ケインズ自身にしてからが、この著作は「錯綜して」いて、「構成もゆがんで」いるし、しばしば「晦渋」にすぎると認めていた。のみならず、本当のところケインズがなにを言わんとしていたのか、とりわけ自発的失業と非自発的失業のちがいをめぐっては、いまなお少なからぬ論議が巻きおこっている。

高率の失業が非自発的なものであることについてのひとつの説明としては、労働力にたいする企業の需要は、その企業が払わなければならない実質賃金によって決まるという考えがもちだされる。労働者と企業は賃金があれこれの仕事やあれこれの産業にかんしていくらになるのかについては、たがいに交渉の余地をもつが、より広範な一般経済における価格水準はコントロールできない。事実、より低い賃金は、概して生産費用と商品価格を下げる結果をもたらす。つまり、実質賃金は失業をなくすのに必要な水準によって下がるわけではない。このように、失業が非自発的なものとされるのは、それについてどうこうできる力がそもそも労働者には欠けているからだ。

一般に支持されている見方に、労働組合であれば団体行動という過程をつうじて、完全雇用に必要な水準への賃金調整に抵抗できるが、そのために結果として、失業している人びとが職を得ることが妨げられてしまうというものがある。ケインズは、この種の失業を自発的なそれのカテゴリーに組みいれたが、それは、このばあいには全体として労働者が、公然とであれ暗黙にであれ現行の賃金以下では働かないことに同意しているからだ。こうしたケインズの推論は、数理モデルに支配されてゆくのちの時代の経済学と

1919年から1939年にかけての各国での失業率は、以下のとおり。1920年代に大半の経済活動は回復するものの、そのさきにあったのは、1930年の大恐慌の幕開けとともに急上昇する失業率のみであった。

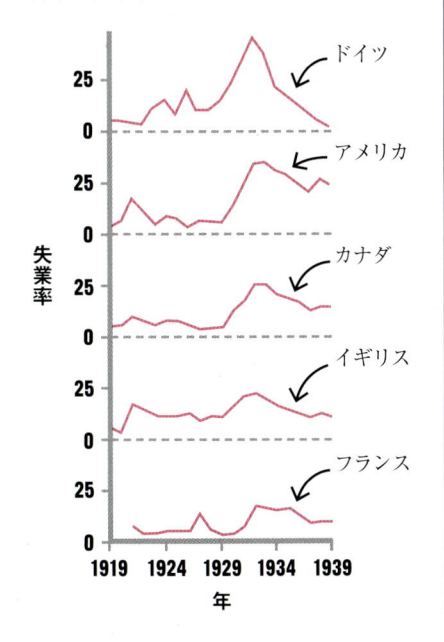

## 不況と失業

は異なっている。

戦後期のマクロ経済学の大半は、ケインズの言ったことを明確にして、それをいっそう形式的なモデルと数式で組みたてることをめざすものであった。イギリスの経済学者ジョン・ヒックス(165頁)は、ケインズの考えをISLMモデルとして知られる金融モデルの観点から定式化した。戦後になると、それが標準的なマクロ経済学のモデルとなり、いまなお経済学部の学生が最初に教えられる内容のひとつとなっている。

### 新たな解釈

ケインズの業績にたいする現代の考察が教えるのは、労働者にとっての最大の関心事はほかの労働者との比較における自身の賃金だということだ。労働者は、給料の理論的「成績一覧表」における自身の位置づけについての自分なりの観念を有しており、だから自分たちを表の下位に追いやるどのような給料削減にも断固として抵抗する。インフレをつうじて価格水準が一般的に上昇すると、当然それは実質賃金の低下につながる。だが、これはどの労働者にも均等におよぶ出来事であるため、それほど強力な抵抗を労働者から受けることがないというのは、なかなか興味深い点だ。

効率賃金モデルとして知られる経済学理論(302頁)は、利益を上げるための賃金カットをなぜ企業が実行しないのかを問題にし、企業がそれに乗り気でないのは、賃金をカットすると、いま働いている労働者たちが成績一覧表における自身の相対的な位置の低下に気づいて、勤労意欲を失いかねないからだと論じる。じっさい、賃金カットの最終的な影響は、利潤の低下という結果を招く。なにしろ、賃金カットで得られる利益があるにしても、それは、士気の低下もしくは熟練労働者の離職から予測される生産性の減退を埋めあわせるだけのものにはならない。このように労働者には、自分たちが働くさいの賃金を選ぶことはできない。賃金決定にかんする「ニュー・ケイジアン」モデルは、賃金の硬直性についてのまた別の説明を提供する(303頁)。

### 古典派の復活

ケインズ主義は、ヨーロッパ経済が混乱に陥った1970年代に信頼を失った。失業についての古典派的考えかたが、いわゆる「新古典派」の経済学者によって再興された。この人びとは、あらためて非自発的失業が恒常的なものである可能性を否定した。ケインズ主義に無効宣告を告げた首謀者のひとりが、アメリカの経済学者ロバート・ルーカス(1937年〜)だ。ルーカスは、これ以外の職を見つけられなかったという理由で、タクシーを運転する会計士をどのような存在とみなすかと問われたとき、「私ならこの男をタクシー運転手とみなす。もし彼のおこなっているのがタクシーの運転であるならね」と答えた。現代の古典派経済学者にとっ

> 国民的需要を調整することで、失業しているひとの非自発的な怠慢を押しとどめることができるとしたら……、私たちは国民の生産をじっさいに増やしたことになる
>
> **シドニー・ウェッブ**
> **ベアトリス・ウェッブ**

**アメリカの大統領**フランクリン・D・ルーズヴェルトは、コロラド川のフーヴァー・ダム建設などの新たな経済基盤の建設計画を試みた。そうではあれ、政府がケインズの政策をそのまま推しすすめたわけではなかった。

タクシーを運転する**会計士**は、仕事を離れている会計士なのか、それとも正業についているタクシー運転手なのか。ケインズ主義者であれば、この人間は非自発的な失業状態に置かれていると答えるだろう。新古典派の経済学者であれば、この人間は職についていると答えるだろう。

て、市場はいつも需給が均衡しており、労働者はつねに働くか否かについての選択権をもっている。

効率賃金理論を奉ずる者たちは、不景気の状況下で仕事を求めているすべての労働者が、なんらかの仕事を得ることはできるかもしれないという点には同意するが、会計士のばあいと同様、一部の労働者は適した仕事が与えられず、自身の経済価値を最大限にできていないことになると考える。タクシー運転手をしているかぎり、その人間は依然として非自発的失業状態にある会計士だ。経済活動における需要が通常の水準にまで回復したなら、彼は自力でもっとも生産性を発揮できる、自分にふさわしいしかるべき仕事である会計士に復帰するだろう。市場の調整能力にたいするこれらの見解のあいだの根本的なちがいが、ケインズ経済学者と古典派経済学者とのあいだの論争の核心に位置している。

## 古典派のリアリティ

ノーベル経済学賞をとったアメリカの経済学者ジョセフ・スティグリッツ（338頁）の、「大恐慌時代をつうじてアメリカでは、シカゴの失業状態にあった労働力

> 非自発的失業の処理が早まれば、それだけ状況は好転する
> **ロバート・ルーカス**

の4分の1が、みずから失業を選択したと言われてもしかたのない状況にあった。なにしろ、彼らには、じっさいにそれをおこなった数千のほかの人びとと同じように、西部のカリフォルニアへ移住して農場で果物を摘むという選択肢が残されていたのだ」という発言に、ケインズはおそらく同意したことだろう。スティグリッツによれば、それでもここには市場の大きな失敗がまざまざと示されており、もし古典派の理論が失業者にはその巡りあわせの不運に同情するよりほかにできることはないと述べるとしたなら、私たちはこんな理論にまったく耳を傾けないほうがましだろう、とのことである。■

## ジョン・メイナード・ケインズ

1883年というカール・マルクスの亡くなった年に生まれたジョン・メイナード・ケインズは、期せずして労働者階級の救世主となった。イギリスのケンブリッジで学問好きの両親に育てられて、名誉ある人生を歩みはじめた。ケンブリッジ大学の奨学金を獲得し、そこで数学を学んだのち、しばらくのあいだイギリス政府のインド省に勤務した。そして出版された最初の著作が、『インドの貨幣と金融』だ。

ケインズは第一次世界大戦後のパリ平和会議と第二次世界大戦後のブレトン・ウッズ会議の双方にアドヴァイザーとして出席した。ケインズはつねに複数のことを同時にこなしていた。『一般理論』を書くかたわら、劇場建設にかかわり、一流の著述家や芸術家を友人としていた。ケインズはみずからの財産を株市場に投資し、その多くを友人の芸術家の支援に回した。心臓疾患で1946年に亡くなった。

### 主著

1919年 『平和の経済的帰結』
1930年 『貨幣論』
1936年 『雇用・利子および貨幣の一般理論』

# リスクを好むひともいれば、リスクを回避するひともいる
## リスクと不確実性

### その経済学的背景

**焦点**
意思決定

**鍵となる思想家**
フランク・ナイト（1885～1972年）

**前史**
**1738年** オランダ生まれで、スイスに居住した数学者ダニエル・ベルヌーイが、リスク回避と効用にかんする理論を定式化する。

**後史**
**1953年** フランスの経済学者モーリス・アレが、期待効用理論に矛盾する意思決定のパラドックスを探査する。

**1962年** アメリカの経済学者ダニエル・エルズバーグが、不確実な状況下での人びとの決断がどれほど確率だけにもとづいてはいないかをあきらかにする。

**1979年** イスラエルの心理学者ダニエル・カーネマンとエイモス・トヴェルスキーが、実生活での経験にもとづいて構築した予期理論のなかで、経済的決断の合理性を疑問視する。

---

```
たいしたリスクのない投資は、        よりリスクの大きい投資は、
概して見返りも低い                   より多くの見返りをもたらす
         ↓                                    ↓
リスクを回避する投資家は、          リスクを愛好する投資家は、
保証された一定の見返りには          より多くの見返りを得るために
得るものが少ないのを                それだけ大きいリスクを
受けいれる用意ができている          引きうける用意がある
         ↓                                    ↓
            リスクを好むひともいれば、
            リスクを回避するひともいる
```

---

　どんなビジネス・チャンスにも市場経済への投資にも、リスクの萌芽はある。だれもが、一連の行為を決断するにさきだって、ありうべき結果について予測を立て、それが起こる確率にたいする潜在的な見返りを考慮する。つまりは「期待効用」を見積もる作業をしないわけにはゆかない。安全なほかの選択肢があれば、一般にその選択肢がよりリスクの大きそうな選択にとってかわる。リスクの大きい選択肢にたいして予期される見返りがリスクを顧みなくなれるほどに魅力的であれば、話は別だが……。リスクが大きくなればそれだけ大きくなる利益は、投資家たちを惹きつけることになるはずだ。

　ギャンブルで結果を見積もるばあいとの類似はあきらかだ。すでに18世紀の数

# 戦争と不況　163

**参照** ホモ・エコノミクス→52〜53頁 ■ 非合理的な意思決定→194〜195頁 ■ 意思決定のパラドックス→248〜249頁 ■ 金融工学→262〜265頁 ■ 行動経済学→266〜269頁

> 　　利潤は、
> 事象に内在する有無を言わせない
> 　予測不可能性から生じる
> 　　　　フランク・ナイト

学者によって、初期のリスク研究がおこなわれていた。彼らが分析したのは、ギャンブルの蓋然性だ。1920年代に、アメリカの経済学者フランク・ナイトが、自由市場経済におけるリスクと利潤との関係を分析した最初の経済学者のひとりとなった。さらにナイトは、リスクと不確実性とを区別したことでも知られる。その定義によるなら、リスクとは、一連の行為の結果は定かではないが、ありうべきさまざまな結果の蓋然性を決定しうるばあいに生じる事態だ。ここから、リスクのレベルを数学的に決定することが可能となるし、それにたいしてあらためて保険をかけることも可能だ。さらにそのようなばあいには、期待効用をほかの選択肢とシビアに比較考量することも可能だ。

　ナイトの考えでは、「不確実性」は結果の確率が未知で、期待効用という観点でありうべきさまざまな結果を比較することも不可能な事態を意味する。つまり、このリスクは数学的には見積もれない。ナイトによると、こうした保証しようのない不確実性を引きうける用意が企業にできており、しかもその危険負担の用意がうまくいっているばあいには、経済が長期的な均衡状態にあるばあいでさえ、そこから利潤が生まれる。そこからの見返りの公算が大きいばあいには、投資家と企業家は、リスクと不確実性にさらされた状況下でもなんとかやりくりせざるをえない。ばあいによっては、この「あえてリスクを背負い、勝利をおさめる」態度が、莫大な金額を失ったり儲けたりしてニュースの見出しになる債券のトレーダーや銀行家のばあいのように、行きすぎたものになることもある。生活のたくわえを利子の一定している預金口座に預ける普通の預金者のように、ほとんどの人びとは安全な方向を好み、リスクのある投資に利益を注ぎこむのを差しひかえる。本質的には、リスクを好む傾向には幅が認められる。ちょうどリスク自体のレベルに幅があるように、リスクへの愛好からリスク回避までその幅はさまざまだ。より多くの見返りの魅力は、本来リスクをとることを嫌うひとにも、ある程度のリスクをとる気にさせることもある。

## リスクのレベル

　リスクは、株式にお金を投資したり不確かなローンを組んだりするばあい、まったく新規の市場で商品を売るばあいなど、あらゆる種類の経済活動において生じる。私たちの個人的な経済にかかわる決断も、雇用者のために労働しているのか、それとも自身のビジネスに着手しているのか、そして自身の貯蓄をどのように投資するかといった、さまざまなリスクの観点から枠づけられる。保険の市場があるのは、私たちがリスクを回避したがるからだ。保険業者や保険数理士、格付け会社さらには市場調査などは、私たちがリスクのレベルや投資に値するだけの見返りがあるかどうかを推しはかる助けとなりうるが、推測のまったく不可能な不確実性はいつでも残る。■

ブラジルはサンパウロの**先物市場のトレーダーは**、商品の価格の先行きに機敏に投資する。どれほどささやかな価格の変化でも、とてつもない利益もしくは損失をもたらすことがある。

### フランク・ナイト

　同世代のなかでももっとも傑出した経済学者のひとりであるフランク・ナイトは、1885年にアメリカはイリノイ州で生まれた。コーネル大学で哲学を学ぶが、一年後には経済学に転向。そこでの博士論文が、のちにもっともよく知られることになる著作『危険・不確実性および利潤』の土台となった。

　ナイトは、アイオワ大学で最初の経済学教授となり、その後1972年にシカゴ大学へ移り、そこでその後の人生をすごした。シカゴ経済学派の初期からのメンバーであり、その学生にはのちのノーベル賞受賞者ミルトン・フリードマンやジェームズ・ブキャナン、またナイトのことを「とどまることを知らない知的好奇心」の持主と評したジョージ・スティグラーがいる。

**主著**

1921年　『危険・不確実性および利潤』
1935年　『競争の倫理』
1947年　『自由と改革——経済学・社会哲学試論』

# 政府の支出は、じっさいに支出された額以上に経済活動を促進する
## ケインズ乗数

## その経済学的背景

**焦点**
マクロ経済

**鍵となる思想家**
ジョン・メイナード・ケインズ
（1883～1946年）

**前史**
**1931年** イギリスの経済学者リチャード・カーンが、ジョン・メイナード・ケインズによって示唆された、政府の支出の乗数的な効果を説明するための詳細な理論を述べる。

**後史**
**1971年** ポーランドの経済学者ミハウ・カレツキが、乗数概念をさらに発展させる。
**1974年** アメリカの経済学者ロバート・バローが、（人びとは政府の予算の転換に応じて自身のふるまいを変えるものだという）「リカードの等価」という考えかたを復活させる。ここには、政府の支出にはいかなる乗数効果もないという見解がふくまれている。

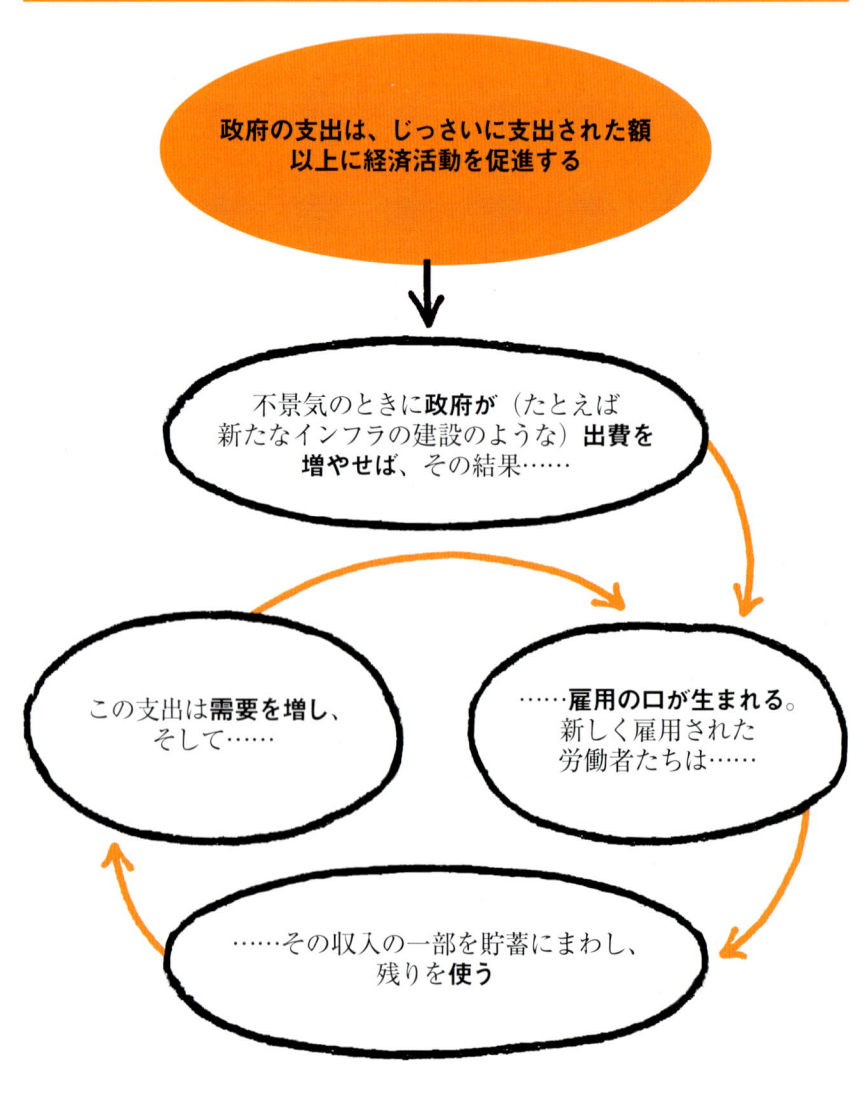

---

政府の支出は、じっさいに支出された額以上に経済活動を促進する

↓

不景気のときに政府が（たとえば新たなインフラの建設のような）**出費を増やせば**、その結果……

……**雇用の口が生まれる**。新しく雇用された労働者たちは……

……その収入の一部を貯蓄にまわし、残りを**使う**

この支出は**需要を増し**、そして……

# 戦争と不況

**参照** 経済の循環的流れ→40〜45頁 ■ 市場における供給過剰→74〜75頁 ■ 借入と負債→76〜77頁 ■ 不況と失業→154〜161頁

マクロ経済学は、経済活動全体のはたらきかたをあきらかにしようとしている。1758年にフランスの経済学者フランソワ・ケネー（45頁）が、経済の樹の頂点に位置する地主たちによる大量の支出が、そこからお金を受けとりそれをあらためて支出に回す人びとをどれほど増やしているかをあきらかにした。

20世紀になって、イギリスの経済学者ジョン・メイナード・ケインズが、不況下にあってなぜ価格と労働が均衡状態──つまり自然的水準に復帰しないのかを考察した。18世紀から20世紀にかけての代表的な思想学派であった古典派経済学は、それは自由市場の通常のはたらきをつうじて自然に起こるはずだと主張した。だが、ケインズの下した結論は、経済の回復を助ける最短の道は、短期的な政府の支出を増やすことによって需要を駆りたてることであって、自然にまかせてはおけないというものであった。

ここにある中心的発想が乗数という概念だ。これはケインズやそのほかの人びとによって、とりわけリチャード・カーンによって論議され、その後ジョン・ヒックスによって数理的な観点から展開された。それによると、不景気の時期に政府が（道路整備のような）大規模なプロジェクトに投資すれば、直接に雇用される労働者の数以上に雇用の口は増加する。国家の収入も、それに押し上げられて支出の総量以上に増す。

なぜそうなるかというと、政府のプロジェクトにかかわる労働者たちは、その所得の一定程度をほかの人びとによってつくられた商品に費やし、この支出がさらなる雇用を生むからだ。このようにして新たに雇用された労働者たちもその所得の一部を使って、さらなる雇用の口を生む助けをする。この過程はどこまでもつづいてゆくが、その効果は毎回の支出ごとに減少してゆく。そのつど、余分の

中国の三峡ダムのような**大規模なインフラ整備計画**は、数千にのぼる雇用を生む力をもつ。新たな労働者たちの賃金はついで経済活動へフィードバックされ、支出の第2ラウンドをもたらす。

所得が貯蓄にまわされたり、輸入品の購入に当てられることがあるからだ。標準的な見積もりでは、政府が1ドル支出するたびに、こうした二次的な波及効果をとおして、1ドル40セントの収入の増加が見こまれる。

1936年にイギリスの経済学者ジョン・ヒックスが、ケインズ乗数にもとづいた、ISLMモデル（ISは投資・貯蓄を、LMは流動性需要・通貨供給〔インヴェストメント セイヴィングス／デマンド・フォー・リキディティ マネー・サプライ〕）としていまでは知られている数理モデルを考案した。これを用いることで、乗数をとおして政府の支出ないし課税が、雇用レベルにどのようなインパクトをもたらすかを予測できるようになった。戦後期をつうじて、これは経済活動の動向を説明するうえでの標準的なツールとなった。

経済学者のなかには、政府は課税ないし借入をつうじて支出を賄うと主張して、ケインズ乗数という考え自体に異論を投げかける者もいる。それによれば、課税は、経済活動からお金を奪う行為であり、求められているのとは逆の効果をもたらす。他方で、借入はインフレの原因となり、げんに流通している賃金による購買力を損なう結果となる。■

## ジョン・ヒックス

新聞記者の息子であったジョン・ヒックスは、1904年にイギリスはウォリックに生まれた。私立学校で教育を受け、オクスフォード大学で哲学と政治学、それに経済学の学位を受けるが、それらすべての基礎には数学の奨学金があった。1923年にロンドン・スクール・オブ・エコノミクスで、フリードリヒ・ハイエク、および1935年にヒックスの妻となった自身も卓越した経済学者であったアースラ・ウェッブと並んで、教壇に立つようになる。のちには、ケンブリッジ、マンチェスター、オクスフォードといった大学でも教えるようになる。ヒックスのすべての業績の根底には人道主義の精神が横たわっており、第二次世界大戦後、夫婦は世界中を旅行して、多くの新興独立国にその金融構造にかんする助言を惜しまなかった。ヒックスは1964年にナイトの称号を授与され、1972年にはノーベル経済学賞を受賞した。亡くなったのは、1989年であった。

### 主著

1937年 「ケインズ氏と古典派」
1939年 『価値と資本』
1965年 『資本と成長』

> 最初の公共事業への支出によって生みだされた一次的雇用に加えて、付加的で間接的な雇用も生じる
>
> **ドン・パティンキン**
> (1922〜1995年) アメリカの経済学者

# 経済活動は文化のなかに埋めこまれている
## 経済学と伝統

## その経済学的背景

**焦点**
社会と経済

**鍵となる思想家**
カール・ポランニー
（1886〜1964年）

**前史**
**1776年** アダム・スミスが、『国富論』のなかで、人間には利益を求めて物々交換をする自然な傾向性があると主張する。
**1915年** ポーランドの文化人類学者ブロニスラフ・マリノフスキーが、トロブリアンド諸島におけるクラ交換のシステムを記述する。
**1923年** フランスの社会学者マルセル・モースが、伝統社会における贈与の研究である『贈与論』を公刊する。

**後史**
**1977年** アメリカの経済学者ダグラス・ノースが、トロブリアンド人たちの行動は経済学を用いて説明可能だと主張する。
**1990年代** イスラエルの経済学者アヴナー・オファーが、現代経済においても非経済的な行動が重要な役割を演じていることをあきらかにする。

経済学者は、たとえば車を選ぶときでも大統領の椅子を選ぶときでも、ふつうはもっとも経済的な見返りの大きい行動を人びとが選ぶことからして、総じて人間は合理的だと思いこんでいる。オーストリア生まれの経済学者カール・ポランニーは、こうした思いこみを逆転した。ポランニーに言わせれば、人間にかんして重要なのは、人間とは文化と伝統の「スープ」のなかに沈みこんでいる社会的存在だという点だ。経済生活の養分となるのもこのスープであって、集計された個々人の利益目的ではないとポランニーは言う。

### 島の経済学

『大転換』（1944年）で、ポランニーはパプア・ニューギニア近郊のトロブリアンド諸島を題材にした。その原始的な経済は、驚くべき非経済的な行動に駆動さ

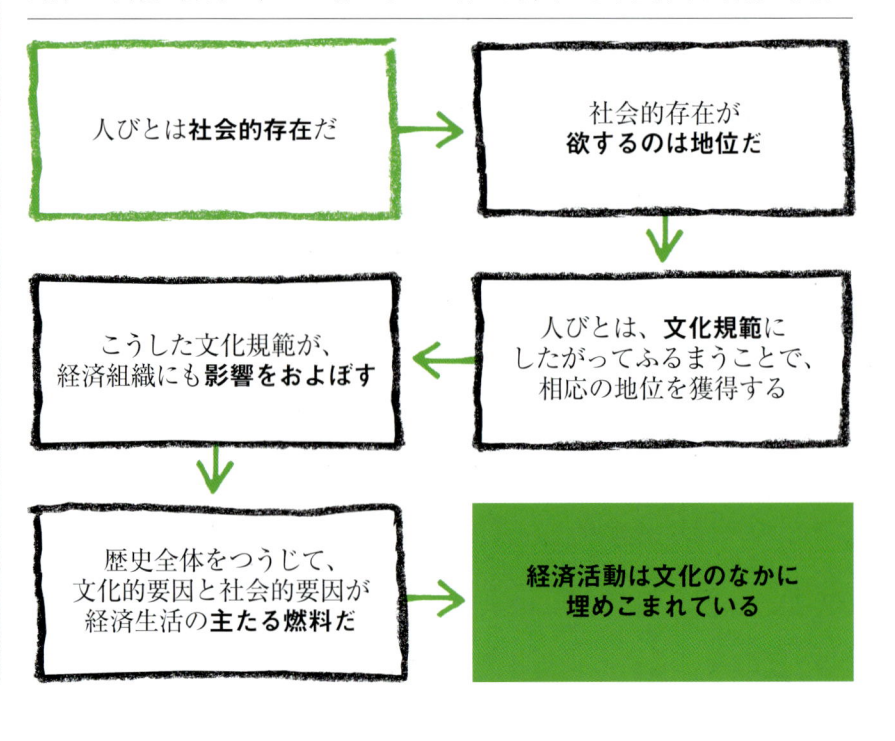

---

人びとは**社会的存在**だ
　↓
社会的存在が**欲するのは地位**だ
　↓
人びとは、**文化規範**にしたがってふるまうことで、相応の地位を獲得する
　↓
こうした文化規範が、経済組織にも**影響をおよぼす**
　↓
歴史全体をつうじて、文化的要因と社会的要因が経済生活の**主たる燃料**だ
　↓
**経済活動は文化のなかに埋めこまれている**

**戦争と不況** 167

参照　ホモ・エコノミクス→52〜53頁　■宗教と経済→138〜139頁　■経済学における制度→206〜207頁　■社会関係資本→280頁

> 経済システムとは、じつのところ社会組織の一機能にすぎない
> カール・ポランニー

れている。こんにちでも、交易は贈与をつうじておこなわれ、値切るといった行為は介在しない。島民たちは、近隣の部族まで危険な航海をおこなって、赤い貝殻（がら）の首飾りと白い腕輪を贈与しに行く。その行為の一部始終は、習慣と「クラ」と呼ばれる魔術的な儀礼によって厳格に定められている。贈与品は退蔵されることなく、受けわたされてゆく。島民たちは自身の気前良さを誇示することで、自分の社会的立場を高める。利益ではなく地位への衝動が、この交易の原動力だ。

原始経済はこんにちの文明化された諸国におけるそれとはだいぶ趣をことにする。ポランニーによると、ヨーロッパ諸国が発展するにつれて、習慣と伝統は市場の匿名性にとってかわられた。それでも、文化的社会的絆のスープがいまなお先進的な経済活動を支えている。

イスラエルの経済史家アヴナー・オファー（1944年〜）は、現代の経済生活において、贈与や好意のそれをふくめた非市場的規範が果たしている役割について報告している。島民においてと同様、現代社会でも富の再分配は実践されている。そうでなければ、道路を建設したり軍隊を召集したりすることは不可能だろう。料理や洗濯、育児といった家庭内での経済活動は、伝統的な経済においても現代的な経済においても、利益目的ではなく、それが有益だからという理由でいとなまれている。オファーの評価によるなら、20世紀後半のイギリスでは、この種の非市場的生産活動は国民所得の30パーセント近くにも達している。

### 個人主義的経済

ポランニーの考えでは、経済活動の源泉はその社会の歴史や文化の個性とでもいうべき各社会の「実質的」諸特徴にある。経済学純粋主義者にとっては、そうしたいっさいは時代遅れで、じっさいに経済活動を動かしているものを曇らせる要素とみなされる。だがそれは、価格が合理的個人に送る信号だ。どれほど伝統的な地域社会における合理的個人においてすら、利益への渇望が宗教や文化にまさる。これら二つの立場は、すべての社会を統べる社会規範を利己的な個々人の行為に還元することが可能なばあいにのみ、調停されうる。だが、ポランニーはそんなことが可能だとは考えない。ポランニーによるなら、現代の市場と社会の構造は矛盾関係にあり、市場が拡大しているところでは、社会的大破乱がそこまで迫っていることは否めない。■

トロブリアンド諸島の人びとは、互酬という普通ではない習慣を維持している。赤い貝殻の首飾りは、時計回りに海上を渡って島々に運ばれる。白い腕輪は、それとは逆まわりで循環される。

### カール・ポランニー

1886年ウィーンでユダヤ人の両親のもとに生まれたカール・ポランニーは、ハンガリーのブダペストで成長し、法律を学んだ。学生のころ、ポランニーはマルクス主義哲学者ジェルジ・ルカーチや社会学者カール・マンハイムといった急進主義者（ラディカルズ）たちと交わった。第一次世界大戦中は、オーストリア＝ハンガリー軍に従軍し、そののちウィーンへ移って、ジャーナリストとして勤務する。若き革命家イロナ・デュチンスカと結婚し、二人はナチスの台頭を逃れて1933年にイギリスへ亡命する。

ロンドンでポランニーは、ジャーナリストとして働くかたわら、労働者に教えるが、その人びとの生活条件の貧しさに生涯忘れられないほどの衝撃を覚えた。1940年から引退するまでアメリカで教壇に立つが、カナダで暮らし、そこから通わざるをえなかった。それというのも、妻がハンガリー革命に参加していたため、アメリカへの入国を禁じられていたからだ。亡くなったのは、1964年であった。

**主著**

1944年『大転換』
1957年『初期帝国の交易と市場』
　　　（C・アーンスベルクとH・ピアソンとの共著）
1966年『ダホメと奴隷交易』
　　　（A・ロトシュタインとの共著）

# 経営者は会社の利益よりも自分の利益をめざす
## コーポレート・ガバナンス（企業統治）

## その経済学的背景

**焦点**
**市場と企業**

**鍵となる思想家**
**アドルフ・バーリ**（1895～1971年）
**ガーディナー・ミーンズ**
（1896～1988年）

**前史**
**1602年** オランダの東インド会社が、世界初の株式会社として、アムステルダムの株式取引所で株式の発行と貿易活動を開始する。
**1929年** ダウ工業株が、1日にしてその価値の50パーセントを失う。のちにブラック・サーズデイ（暗黒の木曜日）と呼ばれるようになったこの日が、大恐慌の幕開けとなった。

**後史**
**1983年** アメリカの経済学者ユージン・ファーマとマイケル・ジェンセンが、「私有と支配の分離」を公表して、会社を一連の契約の総体とみなす。
**2002年** 会社改革法（SO法）が、アメリカで制定され、アメリカの取締役会にたいして、より厳格な標準を定める。

ほとんどの人びとが、自由市場経済の基本原理とは、会社が株主に最高の利益をもたらすための経営方針で動くことだと思いこんでいる。アメリカの経済学者アドルフ・バーリとガーディナー・ミーンズによると、こうした見方はまったくの誤りだ。二人の1932年の著作『現代法人企業と私有財産』は、コーポレート・ガバナンスに光を当て、どのように力のバランスが会社の所有者から経営者へと揺れうごいていったかをあきらかにしている。

バーリとミーンズの言うところでは、

**コーポレート・ガバナンスの失敗**が重大な問題と化したのは、2008年に、どう見積もっても理解できないところまで会社のトップの経営者の給料が跳ねあがって、その分株価が下がっていると多くの人びとが感じて以降だ。

経営者の優勢は産業革命期の工場システムの登場とともにはじまった。労働者の数が増えるにつれて、彼らはひとつ屋根の下に集まるようになり、そこで労働者たちは賃金と引きかえに自身の労働を経営者に引きわたした。現代の法人は（株主という）数えきれないほどの個人の利益を一手に束ねている。法人はそれらのコントロールを小規模の経営者集団に委ね、今度はその見返りに配当を得る。いずれもが、だれにたいしても責任のない強力な経営に行きつく。

### 無関心な株主たち

バーリとミーンズは、現代の株主を受動的な所有者と同一視した。そうした所有者たちは自身の財産を会社の経営者に任せて、もはや自分たちの投資をどのように「世話する」かについての決断を下さない。つまり、責任を放棄して、その力を経営者にゆだねたのだ。ちゃちな株主の無気力は、たんに現状を維持するか、それとも自分たちの投票権というオプションを行使しそこなうかという二者択一しかもたらさない。こうした事態は、どちらのばあいであれ彼らの視界にははいってこないかもしれない。

もし彼らが本当に事態を変えたいと望むのなら、より多くの株を保有するか変化をもたらすのに十分なだけの数の株主に活をいれるかしかない。その結果、会

**参照** 公開会社→38頁 ■ 自由市場経済学→54〜61頁 ■ 競争的市場→126〜129頁 ■ 経済学における制度→206〜207頁

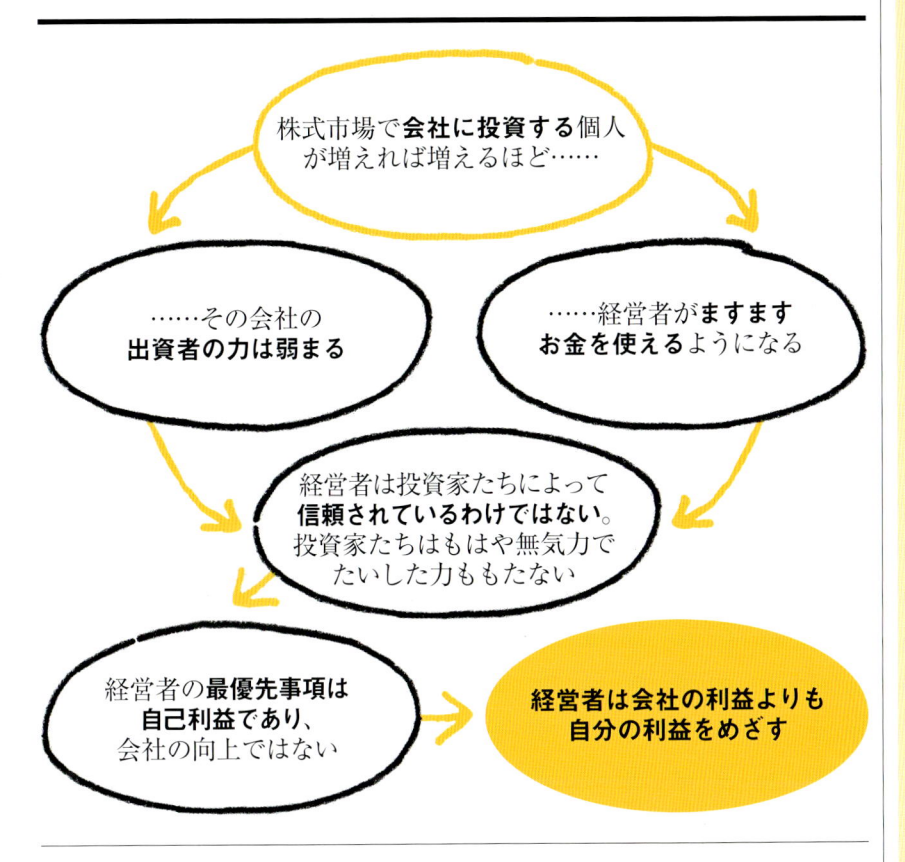

戦争と不況 **169**

```
      株式市場で会社に投資する個人
      が増えれば増えるほど……

  ……その会社の           ……経営者がますます
  出資者の力は弱まる        お金を使えるようになる

          経営者は投資家たちによって
          信頼されているわけではない。
          投資家たちはもはや無気力で
          たいした力ももたない

  経営者の最優先事項は    →  経営者は会社の利益よりも
  自己利益であり、            自分の利益をめざす
  会社の向上ではない
```

社の所有者はその運営にたいしてどんどん影響力を行使できなくなってゆく。これは、経営者の関心の矛先がいつ株主たちのそれと合致するかという問題ではない。だが、経営者とは自分の利害のために行動し、自身の個人的な利益を追いもとめる行為者だと想定するなら、その利害が所有者のそれとは大きく異なったものとなってゆくのは自明と言わざるをえない。

バーリとミーンズの言うところでは、会社法を変える必要がある。そうすれば株主に法人以上の力がとりもどされる。二人が重視するのは、株主には経営者を雇い、または解雇し、株主総会を定期的に開催する権利が与えられねばならないという点だ。二人の著作が最初に公刊されたとき、総じてアメリカの法人法にはそうした尺度が欠けており、そのためバー

リとミーンズは現代会社法体系の創設に力を貸すこととなった。

### 法人の失敗

こんにちでは、コーポレート・ガバナンスの欠陥が資本主義にたいする大多数の人びとの不満の焦点と化している。納税者がいくつかの大法人の主要所有者となるにつれて、経営者のリーダーシップに関心が集まるようになり、それまでひたすら給料とボーナスの増額の恩恵に与(あずか)っていた一部の最高責任者たちの利己的行動があかるみに出されるようになった。大多数の人びとは、このようなコーポレート・マシン（法人機械）に直面して、依然として株主は無力なままだと感じている。■

## 役員報酬

バーリとミーンズは、1932年に自己利益に走る役員たちの危険性を警告したが、その問題がヨーロッパとアメリカで最悪の結果を迎えたのは、ここ20年のことだという主張もある。株主は投票で役員を選出するが、役員報酬は高額所得者で構成される報酬委員会で決められる。彼らは「市場相場」を押しつけたうえで、高額な支払いを据えおき、「市場の力」によって給料の大幅アップ分を受けとるのを期待している。株主には役員を退陣させる力があるが、それを行使した結果が市場にしかるべく受けとめられるわけではない。その結果、市場は市場の動向に流されて、株価を下落させてしまう。

問題は、大半の株が（投機的投資をおこなう）ヘッジ・ファンドによって、なんの長期的利益も生まないままに会社内部にとどめおかれるという事態によって、さらに悪化した。ファンドの経営者は最高経営責任者（CEO）の意向に沿って、より多くの報酬を受けることをめざす。その結果、高報酬の一括提案に反対票を投じることは彼らの利害に反することとなった。

こんにちでは、報酬委員会のメンバーの**回転木馬(メリーゴーランド)**が企業報酬を設定する。株主にこうした委員会での発言権を認めるような法制化は、早晩なされるだろう。

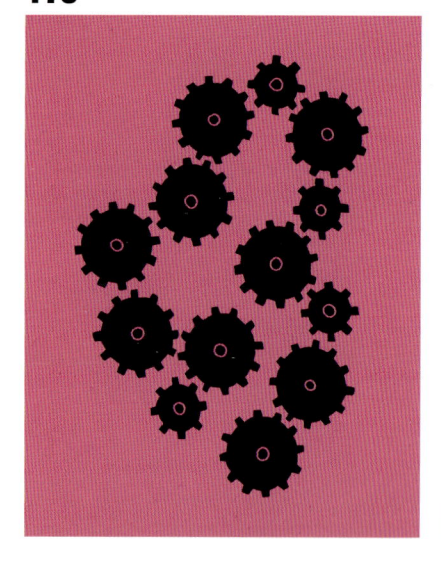

# 経済は予見可能な機械だ
## 経済理論の吟味

## その経済学的背景

**焦点**
経済手法

**鍵となる思想家**
ラグナル・フリッシュ
(1895〜1973年)

**前史**
**1696年** イギリスの経済学者グレゴリー・キングが、『英国の自然と政治状態』を公刊し、そのなかで経済学で最初の（計測可能な）定量分析を試みた。
**1914年** アメリカの経済学者ヘンリー・ムーアが、『経済循環──その法則と原因』を公刊し、統計的経済学の基礎をすえる。これは計量経済学の先駆的著作となる。

**後史**
**1940年** オーストリアの経済学者ルートヴィヒ・フォン・ミーゼスが、経験的手法を社会科学に応用するのには無理があると主張する。
**2003年** イギリスの経済学者クライヴ・グレンジャーが、時間をつうじての経済変数を分析した功績でノーベル経済学賞を受賞する。

**1930**年代に、ノルウェーの経済学者ラグナル・フリッシュが、みずから「計量経済学」と呼んだ新たな学問分野を創設する。その目標は、経済活動の動向を説明し予見する方法を発展させることにあった。計量経済学は、数学的な検定方法を経済理論に応用して、理論を検証もしくは反証するうえでの統計的な土台を提供しようとするものだ。「教育水準が高ければ、得られる給料も高くなる」といった経済にかかわる信念は、正しいのかもしれないが、教育の達成水準にかんするデータを集めてきて、給料水準と比較する方程式を吟味してみることによってでしか証明されえない。さらに計量経済学は、これまでの経済データからさまざまなパターンを抽出することで、経済学者に過去の市場動向を分析して、今後の動向を予言することをも可能にしてくれる。

### 統計上の落とし穴

計量経済学が経験的説明のための重要な道具であるにしても、落とし穴がないわけではない。たとえば、過去の市場動向は未来の市場動向の真の保証とはならない。また、あらゆる変数を考慮にいれることも当然難しい。教育の例で言うならば、賃金に影響をおよぼす要因は教育の到達度合いだけではない。それ以外にも、計測しえない技能が重要な役割を演じている可能性は残る。この種の問題によって経済モデルの妥当性が弱められることは十分考えられる。同様に、統計的有意性と経済的意味とを混同しないことも重要だ。■

> 数学と統計学、経済学のあいだに、私たちは新たな学問分野を見いだした……が、それを数量経済学と呼ぶことができるだろう
> **ラグナル・フリッシュ**

**参照** 富の測定→36〜37頁 ■ インフレと失業→202〜203頁 ■ 金融工学→262〜265頁 ■ 複雑性とカオス→278〜279頁

# 経済学は希少な財の科学だ
## 経済学の定義

**その経済学的背景**

**焦点**
経済手法

**鍵となる思想家**
ライオネル・ロビンズ
（1898〜1984年）

**前史**
**1890年** イギリスの経済学者アルフレッド・マーシャルが、『経済学原理』を公刊する。そのなかでは経済学は、「暮らしに必要な物質的必需品の獲得と使用にもっとも密接にかかわる個人と社会の行為の一部」と定義されている。

**後史**
**1962年** アメリカの経済学者ミルトン・フリードマンが、ロビンズの定義を支持しながらも、ロビンズが経済学と定義したものの境界線を拡張する。
**1971年** アメリカの経済学者ゲイリー・ベッカーが、『経済理論』を公刊し、そのなかで経済学を「競合しあうさまざまな目的をみたすための希少な財の配分についての研究」と定義する。

**1932**年に、イギリスの経済学者ライオネル・ロビンズが、経済学についての新たな定義をふくむ著作『経済学の本質と意義』を公刊して、論争を巻きおこした。ロビンズの定義によると、経済学とは複数の用途のある希少な財をまえにして人間の採る行動についての科学だ。この定義の基礎には、人間の欲求は無限だが、じっさいにはかぎられた量の資源しかないという事実がある。

ある欲求が満たされれば、別の欲求がそれにとってかわる。だが、これらの欲望を満たすのにかぎられた資源（土地、労働力、企業家精神、資本など）しかない。希少性とは、あらゆる欲望が満たされることはありえないという意味だ。

**欲求対資源**

限度のない欲求と限度のある資源とのあいだの緊張が経済学の基礎だ。どんな資源にも別の用途がある。たとえば、野原が家畜に草を食わせるのに使われていたなら、その野原から同時に作物は収穫できない。つまり、私たちは資源をどう使うのがベストであるかをそのつど決定しなければならない。ロビンズの考えでは、これこそが、つまり消費者をもっとも満足させるためにはどの商品をどれだけ製造すべきかということこそが、あらゆる社会の直面している問題だ。さまざまな資源にその価値を与えているのは、それがどれほど希少であるかだ。

こんにちでは、ロビンズの定義は広く受けいれられているが、経済学はもっと広範な——たとえば、どうすれば社会が時間をつうじてより多くの資源を生みだすかの探索といった——観点から考えられるべきだと主張する人びともいる。■

**ロビンズの定義**は、希少性ゆえに経済的選択が強いられる事実に焦点を当てている。たとえば野原を牛を飼うのに使うべきか穀物の栽培に使うべきかといった選択がそれだ。

**参照** 人口動態と経済学→68〜69頁 ■ 機会費用→133頁 ■ 市場とその社会への成果→210〜213頁 ■ 計画経済における欠乏→232〜233頁

# 私たちの望むのは
# 自由な社会を維持することだ
経済的自由主義

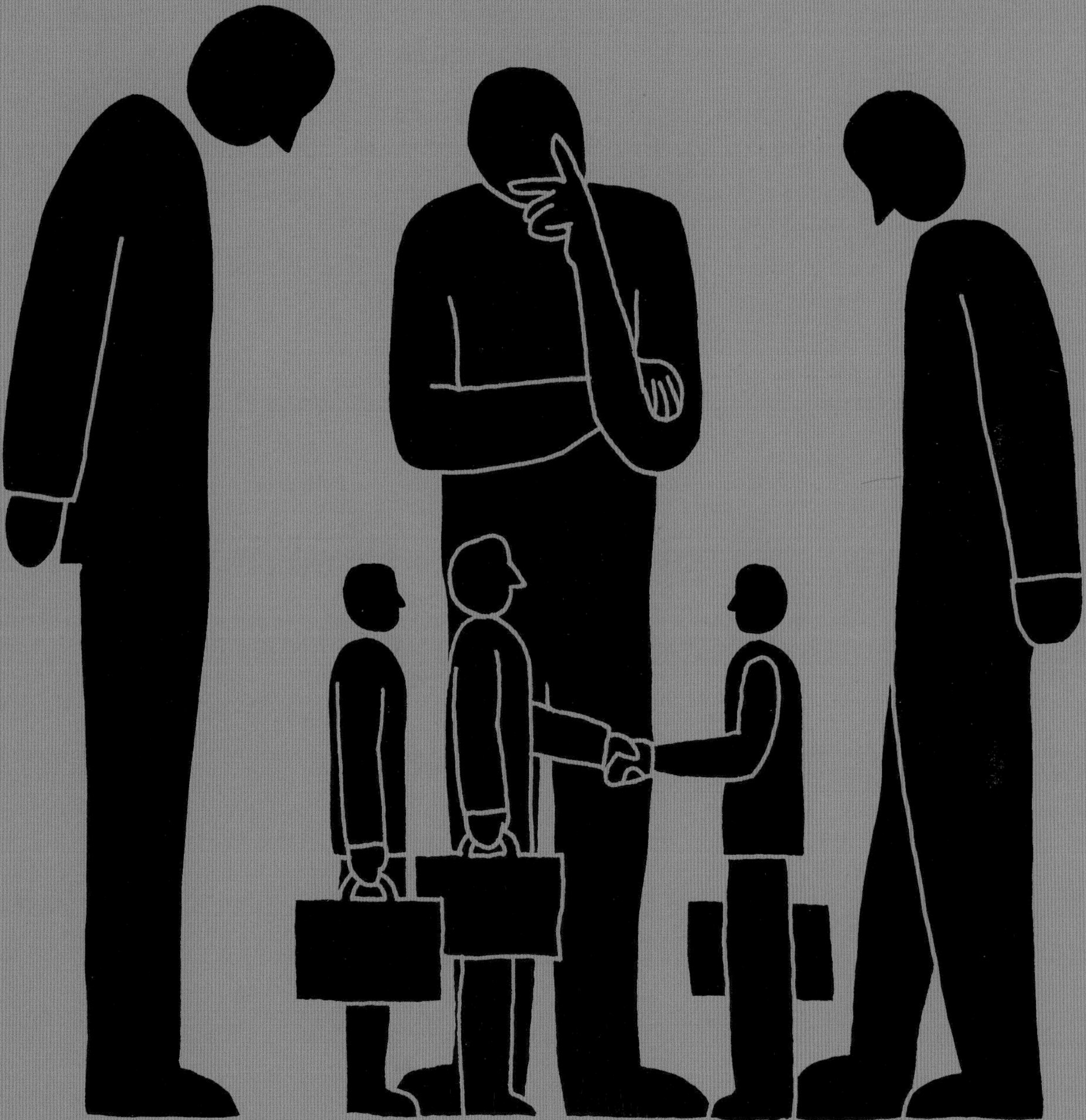

# 174 経済的自由主義

## その経済学的背景

**焦点**
**社会と経済**

**鍵となる思想家**
**フリードリヒ・ハイエク**
（1899～1992年）

**前史**
**1908年** イタリアの経済学者エンリコ・バローネが、どうすれば中央政府の計画者が、価格を算出する自由市場にとってかわりうるかを示す。
**1920年** ルートヴィヒ・フォン・ミーゼスが、バローネの議論に反駁する。
**1936～1937年** オスカー・ランゲが、フォン・ミーゼスの立場に反意を表明する。

**後史**
**1970年代** ハイエクによる自由市場を擁護する議論が影響力を増す。
**1991年** アメリカの歴史家フランシス・フクヤマが、自由市場にもとづく資本主義はありうべきいかなる代替案をも凌駕すると主張する。
**2000年代後半** 政府銀行の緊急援助への批判が、ハイエクの理念への関心をあらためて喚起する。

---

企業は経済活動全体について**すべてを知っているわけではない**

↓

だがおのおのの企業は、**みずからにかかわりのある**生産製品と市場の需要については情報を有している

↓

企業はそうした情報にもとづいて決定を下し、**ふるまう**。たとえば、生産量を変える

↓

価格はこうした個別のおこないに応じて変動する。だから価格には、**市場情報の全体が反映している**

↓

**こうして自由市場が生まれるわけだが、政府はこれを守らねばならない。なにしろ、私たちの望むのは自由な社会を維持することだ**

---

主流派経済学には、つねに批判者がいる。批判が集中したのは、主流派経済学が数学的定式化に向かい、ときとして大雑把な想定で議論を進める点であったが、この結果経済学者は自身の方法の不備と経験的証拠の欠如とを問題視するようになった。こうした批判の多くは政治的左派の立場から投げかけられたが、彼らによれば、主流派は不公平な自由市場にうわべだけの空疎な支援をしているにすぎない。

だが、あまり目だたない立場のひとつであったオーストリア学派は、まったく異なった議論を展開した。自由市場の声高な擁護者でありつつも主流派経済学への批判者であったこの学派の面々は、その学説内容という点で、きわめて独特な位置を占めている。この急進的な立場のうちでもっとも卓越した存在は、オーストリア出身のイギリスの経済学者フリードリヒ・ハイエクであった。ハイエクはジョン・メイナード・ケインズ（161頁）と20世紀でもっとも影響力をもった経済学者の称号をかけて争う存在であり、一連の政治学および経済学的思考に広範な貢献をなした。その範囲は、経済学、法学はもちろんのこと、政治理論から神経科学にまでおよぶ。ハイエクの著作は、よく練られた一貫性をもった原理からなり、それをハイエク自身は古典的自由主義の伝統に棹差すものと見ていた。その骨子は、自由市場を支持し、私有財産を支持し、社会をかたちづくるうえでの政府の能力にたいする深い悲観主義だ。

### 独裁政権を創造する

ハイエクの名を広く知らしめることになった議論が登場したのは、1944年に公刊された『隷従への道』だ。当時は、政府の市場への介入や中央計画への熱狂が高まりつつあった。ハイエクに言わせるなら、社会に集団的な秩序を押しつけようとするいかなる試みも、失敗するよりほかない。ハイエクによれば、そうした試みはすべてファシズムもしくはス

# 戦争と不況　175

**参照**　財産権→20～21頁　■　ホモ・エコノミクス→52～53頁　■　経済的均衡→118～123頁　■　中央計画→142～147頁　■　ケインズ乗数→164～165頁　■　計画経済における欠乏→232～233頁

ターリン流の共産主義という全体主義に行きつく。どんな計画も必然的に市場の「自然発生的な秩序」に抗うはたらきをする以上、それらはある種の力ないし強制なしには生じえない。政府がなんらかの計画を練りそれを課そうとすればするほど、強制に頼らざるをえなくなる。政府が市場のはたらきの細部について知るところが少なければすくないほど、計画のほうは絶え間なくその目標を逸せざるをえなくなり、その間にそうした失敗を相殺しようとしてどんどん強制的にならざるをえなくなる。こうして、その社会は全体主義国家への道をたどらざるをえなくなり、そうなればいっさいの自由が消失する。それは、計画者のもともとの目標がどれだけ穏健なものであっても変わらない。

左派の経済学者たちは、中央で計画された経済は可能であるばかりでなく、自由市場以上に効率的だと主張した。この立場に1920年という時点で真っ向から反対した最初の重要な存在が、オーストリア学派のもうひとりの重要人物ルートヴィヒ・フォン・ミーゼス（147頁）だ。ミーゼスによるなら、社会主義――ここでは中央計画と定義されるかぎりでのそれをさす――には、経済的に成功しそうな要素が見あたらない。それは、価格をつけるにあたって、なんら合理的な方法をもたない。なにしろ、自由市場で無数にいる個人が担っている配分の決定は、それを遂行するための中央の計画者ないし委員会によるディクタート（無条件的な命令）に託されている。ある市場およびそこでの商品価格の希少性と過剰とを見積もるのに必要とされる情報の総量はあまりに膨大なため、こうした試みは失敗を余儀なくされる。ミーゼスの言うところでは、社会主義とは「合理的経済の廃止」にほかならない。私有財産を容認する自由市場だけが、複雑な経済活動に必要な、分散された価格決定をおこなう土台を用意しうる。

## 擁護される社会主義

だが、ポーランドの経済学者オスカー・ランゲはミーゼスの見解に同意しなかった。ランゲがミーゼスの主張に応じて書いた1936年の有名な論文「社会主義の経済理論について」は、一般均衡理論の発展を踏まえている。この理論は、第二次世界大戦後までは完成しなかったが、市場経済をその剥きだしの本質にまで還元した数理的表現であった。市場ではあらゆる不完全さが除去されてきた。そして市場に参与する者はみな、完全な情報を与えられており、もっぱら自分の利害のみに関心を示すとされる。市場経済のこうした土台を踏まえて、ランゲが言うには、中央計画委員会は、経済活動のために最初の価格設定を固定したうえで、所与の価格をめぐっての人びとの需要と供給量を調節しながら、社会の全成員に自由な交易をおこなわせる。そのうえ、計画委員会は需要と供給に応じて価格を調整できる。ランゲによるなら、その結果は十分に有効なものとなるだろう。計画者には所得分配の不平等を少なくし、短期的判断に陥りがちな市場に制限をかけることも可能だ。

ランゲはミクロ経済学の通常の想定（すなわち、需要と供給が価格を決める）

> 国家の「計画」が進めばすすむほど、その計画は個人にとってますます困難なものとなる
> **フリードリヒ・ハイエク**

北朝鮮の**全体主義国家**は、慢性的な欠乏と飢餓に苦しんでいる。オーストリア学派の経済学者なら、これは市場を無視する中央計画の不可避的な帰結だと主張するだろう。

を採りいれて、それらを逆用したわけだ。のちにランゲの業績は、どうすれば自由市場が社会的に望ましい目標を実現しうるかを考察する厚生経済学の基礎をかたちづくるものとなった。

## オーストリア学派

だが、ハイエクとその同僚たちは、自由市場の利点についてまったく異なる見解を提起した。彼らは、市場には不完全性など見られないとも個々人には完全な情報が与えられているとも想定しない。彼らに言わせれば、むしろ逆に、市場メカニズムが商品を再分配するうえでの最良の方法なのは、個人にも企業にも不十分な情報しか与えられていないからだ。こうした見解が、オーストリア学派の思想の重要な基調低音となった。

ハイエクに言わせるなら、勝手のよくわからない状況下では、市場は情報を与えるためではなく情報を獲得するうえでのもっとも使い勝手のよい手段となる。おのおのの人間と企業は、自身の置かれた状況を一番よく知っている。なにしろ、彼らは人びとの求める商品とサービスを得ており、将来のための計画を立てることができ、それらとのかかわりにおいて価格を理解している。情報とは特殊なものであり、社会のなかのそれらのひと全員のあいだに伝播してゆく。価格は個人と企業のふるまいに応じて変動し、また全体としての社会にとって有益な情報の総量を反映したものとなる。

ハイエクによると、社会についての知識が完全なものであることはありえない以上、この「自生的な秩序」こそが、複雑な現代経済を組織化するうえでもっとも有効な手段だ。この秩序に集団レベルで制約を課そうとする試みは、社会の根源的で本能的な秩序への逆行のあらわれでしかなく、自由市場はこうしたものから守られねばならない。

## 集団による圧政

こうして、自生的な秩序という考えがハイエクの思想のなかで支配的なものとなり、その著作もどんどん政治問題へシフトしていった。そうした問題がもっとも包括的に議論されたのが、『自由の条件』（1960年）だ。そこでは、政府はもっぱら市場の自生的なはたらきを守る——そうした行為が可能だとしての話だが——ためだけに、ふるまうべきだと主張される。私有財産と契約は法的に侵すべからざるものであって、自由社会は、国家そのものもふくめて、あらゆる成員を拘束する規則（ルール）を遵守しなければならない。この矩（のり）を超えるものがあれば、国家には必要に応じて、法のルールを蝕みかねない集団主義的な力に抗してふるまうことも許される。一般にハイエクは民主主義を重んじるが、ばあいによってはそれが「集団による民主主義的圧政」に傾きがちな傾向をもつ点にたいしては、批判的な態度を崩さなかった。

## 新自由主義（ネオ・リベラリズム）の誕生

第二次世界大戦につづく時期に、多くの国が再建の必要に迫られたが、その指

ハイエクによるなら、個々の売り手と買い手のあいだでの**情報の自由な流れ**（左図）は、商品の適正な価格へと行きつく。これにたいして、中央で計画される経済にあっては、ひとりの人間もしくは委員会（右図）の見解が全体に一方的に課され、個人のコミュニケーションの自由や企業の交易能力は遮断される。

**競売は**、売り手と買い手のあいだでの特定の場所での情報が、直接的かつ瞬時にやりとりされるなかで価格が決まる自由市場だ。

針となったのは、経済活動への政府の介入の強化を主張するケインズ派合意(ケインジアン・コンセンサス)であった。同じ時期に、ハイエクと彼以外のオーストリア学派のメンバーはモンペルラン協会を結成していた。これは、1970年代のケインズ派合意の崩壊時に生じた自由市場のシンク・タンクに主導的な影響をもたらした。経済政策へのこれと似た新たなアプローチは南アメリカでも開花したが、それがグローバルな規模で重要視されるものとなったのは、イギリスのマーガレット・サッチャーおよびアメリカのロナルド・レーガンの両政府によって採択されたからだ。これがいわゆる新自由主義だが、その内容の実質は、一度は非難をあびたオーストリア学派の考えにきわめて近かった。

国営産業は私有化され、政府は市場のはたらきへの介入を後退させた。ソ連は崩壊し、結果的に政治におけるハイエクの主張が一見して勝利をおさめるうえではずみとなった。世界中で、かつては自由市場にもっとも執拗に反対していた党派——そのなかには、ハイエクが『隷従への道』で名指しで非難したイギリス労働党もふくまれる——でさえもが、自由市場に代わる見こみのある代案はないと認めるにいたった。ミルトン・フリードマンのような、自由市場思考に深く影響を受けた主流派経済学者が、いまや影響力をもつようになった。2000年には、マクロ経済学における「新たな合意」が普及するようになり、国家の制限的な役割が強調された。

## 新たな重要性

経済学の領域におけるオーストリア学派の主張の見たところの勝利、そして1974年のハイエクのノーベル経済学賞受賞にもかかわらず、オーストリア学派の個性の強い方法と理論は、依然として周縁的な立場に追いやられたままであった。だが、2007年から2008年にかけて生じたグローバルな金融システムの崩壊とそれにつづく銀行の緊急救済措置は、その学説への新たな関心を呼びさました。とりわけこうした救済措置にたいして、オーストリア学派の経済学者は、それは市場への行きすぎた介入にすぎないとして一貫して批判的であった。貨幣の供給を政府が独占している状態を終わらせようとする自由銀行派は、そのためのヒントを1976年のハイエクの論文「貨幣の非国有化」に求め、そのアイディアは支持を獲得している。政府の支出の増加を唱えるケインズ流の計画も、同様な観点から批判されるようになった。主流派経済学がたえず混乱状態に巻きこまれているのにたいして、いままさにオーストリア学派は新たな影響力を発揮しようとしている。■

# 戦争と不況 177

## フリードリヒ・ハイエク

フリードリヒ・アウグスト・フォン・ハイエクはオーストリアのウィーンで、知的な家庭に生まれる。23歳までに法学と政治学で学位を取得し、さらに第一次世界大戦中はイタリアの軍隊で1年をすごした。もともと社会主義に関心をいだいていたハイエクは、ウィーン滞在中にルートヴィヒ・フォン・ミーゼスのセミナーに出席し、ミーゼスの支援もあってオーストリア景気循環研究所を創設した。1923年に1年間ニューヨークをに滞在し、アメリカの新聞の戦争記事の正確さをオーストリアのそれと比較するなかから、政府への強い不信を覚えるようになった。

1931年にロンドンへ移り、ロンドン・スクール・オブ・ビジネスで教壇に立ち、広く知られることとなった2年間にわたるジョン・メイナード・ケインズとの論争に巻きこまれる。1938年にイギリス市民となるが、1950年にはロンドンを離れてシカゴ大学へ移る。1992年にドイツのフライブルクで93歳で亡くなる。

### 主著

1944年 『隷従への道』
1948年 『個人主義と経済秩序』
1988年 『致命的な慢心』

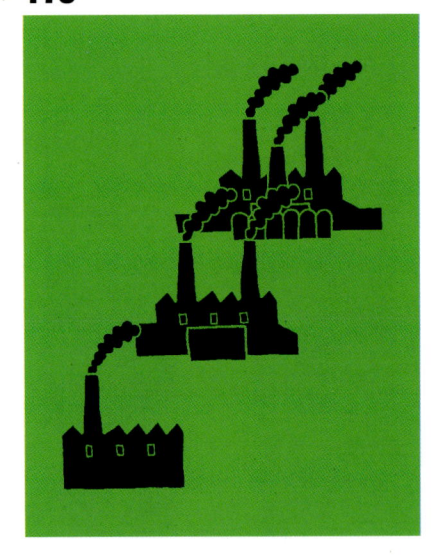

# 産業化は持続的な成長を生みだす
## 現代経済の出現

### その経済学的背景

**焦点**
成長と発展

**鍵となる思想家**
**サイモン・クズネッツ**
（1901〜1985年）

**前史**
**1750年代** フランスの経済学者フランソワ・ケネーが、富は産業からではなく農業からくると主張する。
**1940年** イギリス出身のオーストラリアの経済学者コリン・クラークが、経済成長には農業から工業およびサービス業への転換がふくまれると主張する。

**後史**
**1967年** アメリカの経済学者エドワード・デニソンが、経済成長にとっての技術革新と生産性増大の重要性に光を当てる。
**1975年** アメリカの経済学者ホリス・チェネリーとモシェ・シルクィンが、農業が衰退して経済が成長し、ついで工業とサービス業が増大することの証拠を見いだす。

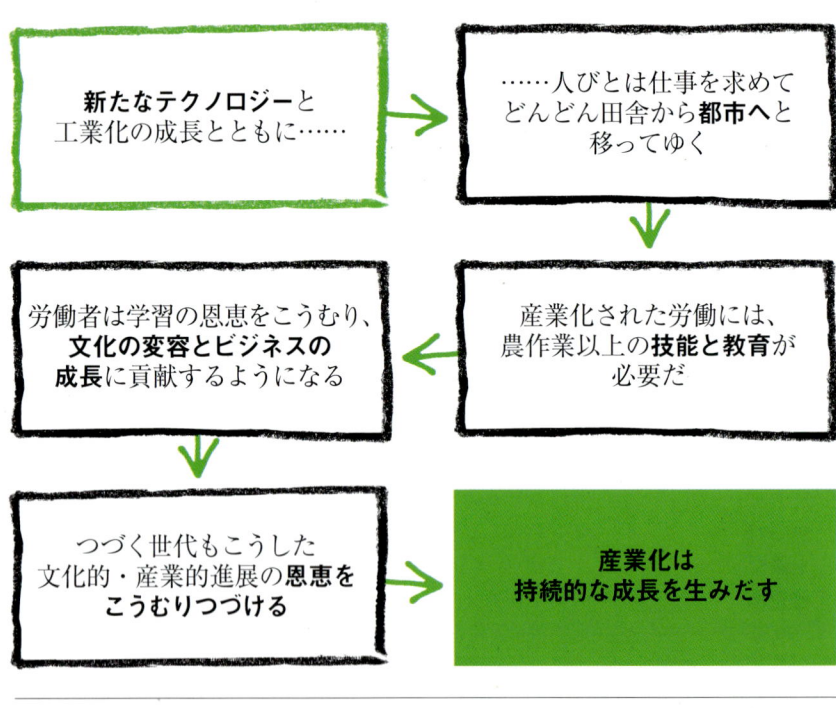

---

**新たなテクノロジーと工業化の成長とともに……**
→ ……人びとは仕事を求めてどんどん田舎から**都市**へと移ってゆく
↓
産業化された労働には、農作業以上の**技能と教育**が必要だ
←
労働者は学習の恩恵をこうむり、**文化の変容とビジネスの成長**に貢献するようになる
↓
つづく世代もこうした文化的・産業的進展の恩恵をこうむりつづける
→ **産業化は持続的な成長を生みだす**

---

ロシア生まれの経済学者サイモン・クズネッツは、現代経済の出現を管理された革命(コントロール)と形容した。この革命では工場が農場の代わりとなる。結果として以前より高い生活水準が達成されるには、それ相応の経済的・社会的変化が必要であり、それは単純かつ数量的な成長率によって、当初示唆されていた以上に深く進行する。クズネッツはこの過程を「近代的経済成長」と呼び、これを達成するうえでのどのような成功が、ほかの国からきっぱり区別されるだけの豊かな国を可能とするのかを示した。

クズネッツの成長理論の鍵となる特徴は、どれほど爆発的な人口増加に直面しても、一人当たりの所得が急速に成長するという点にある。人口が増えながら、だれもが豊かになる。この膨張を駆動するのは、工場と機械の拡充だ。産業の成

**戦争と不況** 179

参照　経済活動における農業→39頁　■　人口動態と経済学→68～69頁　■　規模の経済→132頁　■　市場統合→226～231頁　■　技術的躍進→313頁

長を支えるだけの資本の増加で、労働者たちは小規模の家族企業を離れて非個人的な企業と工場に移ってゆく。だが、新たなテクノロジーと規模の拡大した生産手法は、人びとが無学で迷信深く、あるいは村落にしばりつけられているならば、利用されることはありえない。クズネッツの考えでは、この成長は根底的な社会変動を惹きおこし、それにともなって都市化が進行し、それとともに宗教心が薄れてゆく。

### 産業革命

近代的経済成長を達成した最初の国はイギリスだ。18世紀の産業革命によって、イギリスは先進的な産業国家への道を歩みだした。蒸気の力と発明によって、生産のスタイルが根底から変わった。労働者は野原を離れて、工場にはいっていった。輸送とコミュニケーション技術の新たな手段によって、イギリスの企業は、グローバルな経済のなかに浸透していけるようになった。イギリス自体の経済が一夜にして一変したわけではなかったが、技術的・社会的・制度的な変革は進行をやめなかった。それによって、増えつづける人口の生活水準の空前無比の改良が可能となった。

真の近代的経済成長の広がりには限界があった。アメリカやオーストラリア、日本などをふくむ豊かな国々にあっては、この過程はいまも進行中だ。産業化の最初の波のあと、これらの国の経済は、典型的なかたちで重工業からサービス業へと発展してゆき、またそこからさらに不可避的に新たな社会的変化が呼びおこされつつある。■

**蒸気ハンマー**は1837年に発明されたが、この種の機械道具の誕生によって、機械をつくる機械が実現し、産業化の速度がますます速まった。

---

### サイモン・クズネッツ

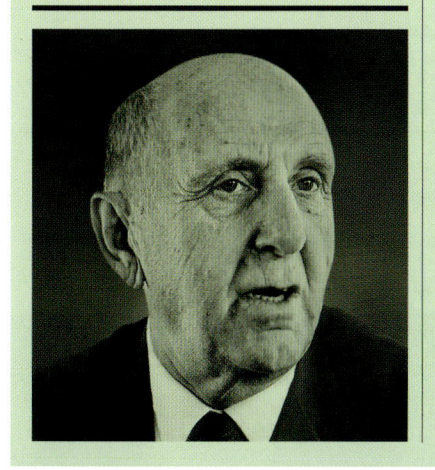

サイモン・クズネッツは、1901年に現在ではベラルーシのピンスクに生まれた。クズネッツの経済学とのかかわりは早く、まだ学生のときに、ウクライナの統計局長に就任した。ロシア革命のあと、クズネッツ一家はトルコに亡命し、その後アメリカへ移りすんだ。クズネッツが家族の後を追ったのは、1922年のことであった。

クズネッツは、ニューヨークのコロンビア大学に入学し、1926年に博士号を取得した。その後全米経済研究所に勤務し、そこで現代的な国民所得会計体系を発展させる。これはこんにちでも世界的に用いられている。1947年に、クズネッツは所得と富の研究国際協会の設立に一役買い、多くの政府に助言を与えた。世界中で教え、1971年には近代的経済成長にかんする分析でノーベル経済学賞を受賞した。1985年に84歳で亡くなった。

**主著**

1941年『国民所得とその構成
　　　　──1919～1938年』
1942年『国民所得の平時と戦時への使用』
1967年『人口と経済成長』

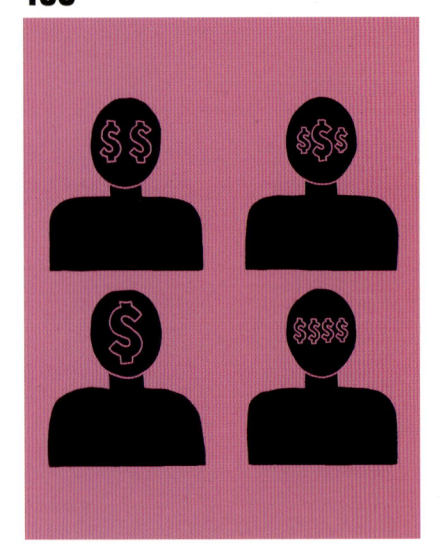

# ひとが変われば価格も変わる
## 価格差別

### その経済学的背景

**焦点**
市場と企業

**鍵となる思想家**
ジョーン・ロビンソン
（1903～1983年）

**前史**
1849年　ジュール・デュピュイが、どうして同じ商品に異なった価格が課されうるのかを考察する。
1891年　アメリカの経済学者フランク・タウシッグが、列車の値段のちがいは需要水準の違いを反映していると述べる。
1920年　アーサー・ピグーが、価格差別の三つの基本タイプを定義する。

**後史**
1933年　アメリカの経済学者エドワード・チェンバリンが、近いところにいる競合者同士はその製品を差別化することで市場支配力をつけようとすると主張する。
1996年　アメリカの経済学者トーマス・ホームズが、少数の企業しか存在しない市場にあっても価格差別がありうることをあきらかにする。

1840年代に、フランスの技師にして経済学者ジュール・デュピュイが、自分の建造した橋や道に通行税を設けるべきだと主張した。デュピュイが提案したのは、各人がいくらなら喜んで支払う気になるかに応じて課税すべきだということだ。デュピュイは、同一サービスでもひとが変われば価格も変わるべきだと主張した最初の経済学者だ。こんにちこれは、価格差別として知られる。こうした差異が生じるのは、もっぱらある程度の独占があり、異なった価格を設定する自由が企業にあるかぎりでのことだ。

1920年に、イギリスの経済学者アーサー・ピグー（336頁）によって、価格

---

企業が望むのは**利潤を最大にする**ことだ

↓

企業は通常は**価格を下げる**ことで、いっそう購買者を惹きつけようとする……

↓

……そうすると、喜んでもっと払う気になってくれる人びとからはいってくるはずの**余剰利潤**をみすみす失うことになる

↓

ポイントは、同じ商品でも、ひとが変われば価格も変わるということを踏まえたうえで売る方法を見いだすことだ

**参照** 市場と道徳性→22〜23頁 ■ 限られた競争の効果→90〜91頁 ■ 独占→92〜97頁 ■ 競争的市場→126〜129頁 ■ 効率的市場→272頁

差別の三「種」の区別が設けられた。第一種は、デュピュイが用いたモデルだ。企業は各人に、当人が進んで支払える最高値を課す。じっさいには、これは稀なケースとなった。なにしろ、そのためには売り手が買い手となる各個人すべてのこの財にたいする評価を知っていなければならないからだ。

第二種には、購入される財の追加的一単位の価格を下げるというケースが該当する。この選択はしばしばスーパーでの取引に用いられるが、典型は「コーラ1本お買いあげのお客様には2本目は半額に」というものだ。

第三種は、おそらくもっともよく見られるものだと思われるが、消費者をその特性のちがいに応じてグループ分けするというものだ。たとえば映画館は、子ども、学生、年金受給者には割引チケットを提供する。

## 価格差別化の効果

1933年の著作『不完全競争の経済学』で、イギリスの経済学者ジョーン・ロビンソンは、価格差別が社会におよぼす影響を考察した。大半の消費者は、上記三つのどのパターンのものであれ、価格に差異を設けるのはアンフェアだと本能的に考える。どのコーラの製造費も同じな

**学生の収入は低い。**だから、価格を上げてしまえば、彼らがなにかをしたり買ったりすることはたちどころに難しくなる。学生割引をすることで、手の届く価格帯の活動や財が増えることになる。

> 価格差別とは、ただひとつの管理下で生みだされた同じ品物を、異なった価格で異なった買い手にたいして売りつける行為だ
> 
> **ジョーン・ロビンソン**

ら、なぜスーパーは最初の1本目も半値で売らないのか。なぜ一部の映画チケットがより安いのか。私たちはこうしたサービスを、独占者がその購入者の大半から搾取することで自身の利潤を増やしているという意味に理解する。

ロビンソンが見いだしたのは、独占をおこなう者が同じ商品をつくりながら、特定の人びとに高値で売るとしたら、そのつけはすべて消費者に回ってくるということだ。だが、ときには価格差別によって、これ以外の方法では提供されえなかったことを人びとがなしうるようになることもある。たとえば鉄道会社が価格差別を設けるとき、ピーク時の利用客は普段よりも高い値段を課せられるが、ピークをすぎた時間帯では逆に値段を下げるのは、企業にとっては意味あることだ。なにしろ、そうすることで人びとが電車に乗ろうという気になってくれる。だから、一部の消費者が余計に払うことになりはしても、それ以上の数の人びとはより安い値段で列車を利用できるようになる。このように、企業がひとに応じて価格差別を設けることで、消費者全体としてみたばあいには恩恵に与(あずか)れるようになるばあいがある。■

## ジョーン・ロビンソン

1903年にイギリスの裕福な家庭に生まれたジョーン・ヴァイオレット・ロビンソン(旧姓モーリス)は、20世紀でもっとも偉大な女性経済学者とみなされている。ロンドンのセント・ポール女学園で教育を受け、ケンブリッジ大学で経済学を学ぶ。若くして結婚し、2年間インドを旅行したのち、ケンブリッジへもどって教壇に立った。そこで彼女はジョン・メイナード・ケインズを中心とする研究チームの一員となるが、同僚となったリチャード・カーンとは生涯にわたる知的な結びつきをもちつづけることになる。ロビンソンは熱心な旅行者で、70代になるまで精力的に世界中で講演をしてまわった。彼女が親交を結んだ学生は、南北アメリカからオーストラリア、アフリカ、さらにはヨーロッパの大半にまたがっている。論争を恐れることのなかった独創的な思想家であったロビンソンは、ノーベル賞を受賞しなかった最良の経済学者だと評されていた。80歳で亡くなった。

**主著**

1933年『不完全競争の経済学』
1937年『雇用理論研究』
1956年『資本蓄積論』

# 戦後の経済学
## 1945年～1970年

## 年表(上段)

**1945年** — 国際通貨基金が、アメリカのワシントンD.C.をベースに活動を開始し、影響力を行使しだす。

**1949年** — コンラート・アデナウアーが、広大な私有部門と公共部門をそなえた、ドイツの**社会的市場経済**の建設に着手する。

**1951年** — 数学者ジョン・ナッシュが、こんにちでは経済活動における意思決定の説明に用いられている**ゲーム理論**のパイオニアとなる。

**1953年** — コルナイ・ヤーノシュの『行きすぎた中央集権』が、共産主義国家の**計画経済**の批判的分析を提示する。

**1955年** — **ジェネラル・モーターズ社**が、アメリカで最初の年間売上げ1000万ドル以上の企業となる。

## 年表(下段)

**1949年** — 共産党の指導下に、**中華人民共和国**が建国される。

**1950年代** — ミルトン・フリードマンによって、政府が貨幣供給を制限する**マネタリスト政策**が推奨される。

**1951年** — ケネス・アローの**不可能性定理**が、完璧な投票システムのありえないことをあきらかにする。

**1953年** — モーリス・アレが、**意思決定のパラドックス**をあきらかにして、人びとが、勝てる見こみよりも損するおそれのほうをどれほど嫌うかを示す。

---

第二次世界大戦につづくすぐの時期は、当然ながら、経済再建のときとなった。戦争終結以前においてさえ、すでに政治家と経済学者は平和のための計画をスタートさせていた。彼らにとって焦眉の課題は、第一次世界大戦に引きつづいて生じた諸問題を取りのぞき、国際的な経済協調にもとづいた平和な世界を構築することであった。

平和を維持する目的で創立された国際組織であった国際連盟は、戦争のはじまりとときを同じくして瓦解した。そして1945年、それに代わる、いっそう強固な組織として、国際連合(UN)が組織された。国連の最初の課題のひとつが、国連通貨および金融会議——こんにちでは、その場所の名のほうが有名だが——つまりアメリカのニュー・ハンプシャー州ブレトン・ウッズで、代表団によって作成された提案に投票することであった。ここにソ連、イギリス、アメリカの代表が集まり、国際通貨基金(IMF)、国際復興開発銀行(IBRD)、関税および貿易にかんする一般協定(GATT)といった、新たな国際的制度を立ちあげることで合意した。

### 戦後のケインズ主義

ブレトン・ウッズに参加したイギリスの代表が、ジョン・メイナード・ケインズ(161頁)だが、ケインズの1919年の著書『平和の経済的帰結』は、経済政策の結果として第一次世界大戦後になにが起こるかについての警告であった。ケインズの著作は、1930年代の大恐慌状態からアメリカを救いだすうえで、アメリカの大統領フランクリン・D・ルーズヴェルトに影響を与え、その結果おこなわれたのがニュー・ディール政策と呼ばれる国家による一連の投資計画であった。こうしたケインズの考えかたが、第二次世界大戦後にも同じような影響力をもったとしても驚くには当たらない。

アメリカでは、ケインズ流の政策が、カナダ出身のアメリカの経済学者ジョン・ケネス・ガルブレイスをはじめとする経済学者たちによって熱狂的に推奨され、自由民主主義の政府によってただちに採用されていった。イギリスでは、後任の労働党が、のちに福祉国家を用意することになる政策を導入していた。日本とドイツの経済復興は、両国それぞれの歴史において転換点を画すものとなった。とりわけドイツは、コンラート・アデナウアー首相のもとで、いわゆる「経済の奇跡」を経験することとなった。自由市場経済を政府の介入によって調節するその社会的市場経済の成功は、20世紀後半における少なからぬ西ヨーロッパ諸国の経済にとってモデルとなった。

だが、そのほかの国々は、同じ方向には向かわなかった。アジアの多くの地域

# 戦後の経済学 185

**1956年** — リチャード・リプシーとケルヴィン・ランカスターが、市場の失敗を正そうとする**市場介入**によって事態がいっそう悪くなるばあいのあることを示す。

**1958年** — ビル・フィリップスが、**フィリップス曲線**を提示して、インフレと失業の関係を図示する。

**1960年** — **石油輸出国機構（OPEC）**が、バグダッドで創設される。

**1970年** — アンドレ・グンダー・フランクが、**従属理論**を用いて、グローバル経済は富裕な国と貧しい国との分断を生みだすと主張する。

---

**1955年** — **ワルシャワ条約**が、東ヨーロッパの7カ国とソ連のあいだで締結される。

**1957年** — **欧州経済共同体（EEC）**が、ローマ条約によって創設される。

**1958年** — 毛沢東が**大躍進政策**を打ちだして、破滅的な飢饉に陥りかねない中国の産業化を試みる。

**1962年** — ロバート・マンデルとマーカス・フレミングが、**為替相場**と生産量のあいだの相関関係をあきらかにする。

**1970年** — ユージン・ファーマが、**効率的市場仮説**を提案して、投資家がつねに市場に活気を与えられるわけではないと示唆する。

---

では、共産主義による統治が敷かれ、いまや鉄のカーテンがヨーロッパを東西に分断することとなった。共産主義国家の支配圏の広がりは、西がわの多くの経済学者たち、とりわけその圧政を実体験した人びとのあいだで反動を助長することとなった。

## 自由市場の再興

ルートヴィヒ・フォン・ミーゼス（147頁）やフリードリヒ・ハイエク（177頁）に代表されるオーストリア学派の影響下に、アメリカではシカゴ経済学派が、支配的なケインズ主義の風潮に抗って保守的なスタンスを採用した。彼らが推奨したのは、あまり政府の介入のない自由市場システムへの回帰であった。こうした発想のルーツは、20世紀の曲がり角における新古典派経済学のうちにあった。この立場は、もっぱら需要と供給の分析に主眼を置いた。シカゴ学派の経済学者たちは、科学にヒントを求めようとした。ケネス・アロー（209頁）は、数学を用いて市場の恒常性と効用の証明を試み、ビル・フィリップス（203頁）は、物理学からヒントを得て、インフレーションと失業のあいだのトレード・オフを記述しようとした。モーリス・アレ（195頁）のような一部の西がわの経済学者は、1950年代から1960年代にかけて心理学から発想を借りてきた。こうした背景を土台として、アダム・スミスによってはじめて記述された「合理的経済人」への信念を覆そうとする、意思決定についての新たなモデルが構想された。

コミュニケーション技術の領域での急速な進歩によって、戦後数十年のあいだに世界はどんどん狭くなっていった。そのなかで経済学者は、経済学が本来国際的な性質のものだということの重みにこれまで以上に気づくようになった。共産圏の国々を別とすれば、依然としてアメリカとヨーロッパが経済学思考を支配する立場にあったが、発展途上国への関心がますます増大していった。それは、たんに生の原料の産出国としてではなく、それ固有の経済活動をいとなんでいる国としての発展途上国への関心であった。

グローバル化が休むことなく継続してゆくなかで、少なからぬ経済学者たちは豊かな国と貧しい国のあいだにギャップが生じる理由と、どうすればその差が埋められるかという問題の解明に邁進した。発展のためのヒントは、資本投下から債務免除のほうへと移っていったが、この問題が、経済のみならず政治や文化をも巻きこんだ、はるかに複雑なものであることもあきらかになってきた。同時に、経済学者たちは徐々に、経済的繁栄だけが国が豊かになるための唯一の道でもなければ、最良の道ですらないのかもしれないとさえ考えだすようになった。■

# 戦争と不況のあとでは、国同士が助けあう必要がある
## 国際貿易とブレトン・ウッズ体制

### その経済学的背景

**焦点**
グローバル経済

**鍵となるできごと**
ブレトン・ウッズ協定
この合意は、1944年7月にアメリカのニュー・ハンプシャー州で調印された。

**前史**
1930年代　世界の経済システムが大恐慌下にあって崩壊し、各国の経済のあいだでの協調もなくなった。
1944年　ジョン・メイナード・ケインズが、世界貿易を調整するための「国際通貨連合」についての自身の見解を公けにする。

**後史**
1971年　アメリカの大統領ニクソンが、金の価格とドルのあいだのつながりを断ちきってブレトン・ウッズ体制を終わらせる。
2009年　中国銀行が、アメリカの国内政策と対外政策のあいだに矛盾が見られるという理由で、もはやドルは信頼できる準備通貨の役割を演じられないと主張する。

金本位制とは、金で裏打ちすることで、貨幣の価値を保証しようという通貨システムだ。1821年にイギリスで正式に実施され、その後1871年に国際的に採用されるようになった。

このシステムは、さまざまな通貨の交換レートを金の価格との関係で固定することで、国際通貨制度にとっての恒常的な土台を提供しようというものであった。さらには、貿易と資本の流れの均衡（バランス）が変わるたびに、それを反映すべく諸国間で金を移動させるメカニズムとしても機能した。だが、第一次世界大戦によって、政府の財政には途方もない要求が課され、システムは瓦解しだした。

いくつかの国は自身の金本位制を停止して多額の借入と支出を維持しようとし、ときには単純にお金を刷ることで財政をまかなおうとした。戦争は終わったが、かつての状態へのスムーズな復帰はかなわなかった。ドイツに代表されるいくつかの国は、保有していた金を使いつくし、昔ながらのレートではメンバーシップへ復帰できなくなった。そのほかの国は、レートに大幅な変化の余地をもたせることで、あらためて復帰を果たした。

### 金本位制を捨てる

1930年代の大恐慌のあいだ、多くの国が大挙して金本位制から離れて、輸出を促進すべく自国の通貨価値を下げることで、経済活動を活発化しようと努めた。同時に、公正にも戦争以前にはいかなる制約も設けることのなかった国際貿易も、縮小する世界市場のなかでのみずからの位置を維持しようとする国が増えるにつれて、どんどん幅が広がっていったさまざまな規制に服するようになった。こうした政策は、おのおのの国の新たな制約ないし通貨切下げが世界市場を縮小するのに応じて、ますます大恐慌を長びかせ

第二次世界大戦で破壊されたヨーロッパとアジアの無数の都市のひとつに**ドレスデンがあった**。国際復興開発銀行は、再建のための基金を用意した。

**参照** 比較優位→80〜85頁 ■ 不況と失業→154〜161頁 ■ 市場統合→226〜231頁 ■ 国際的債務免除→314〜315頁

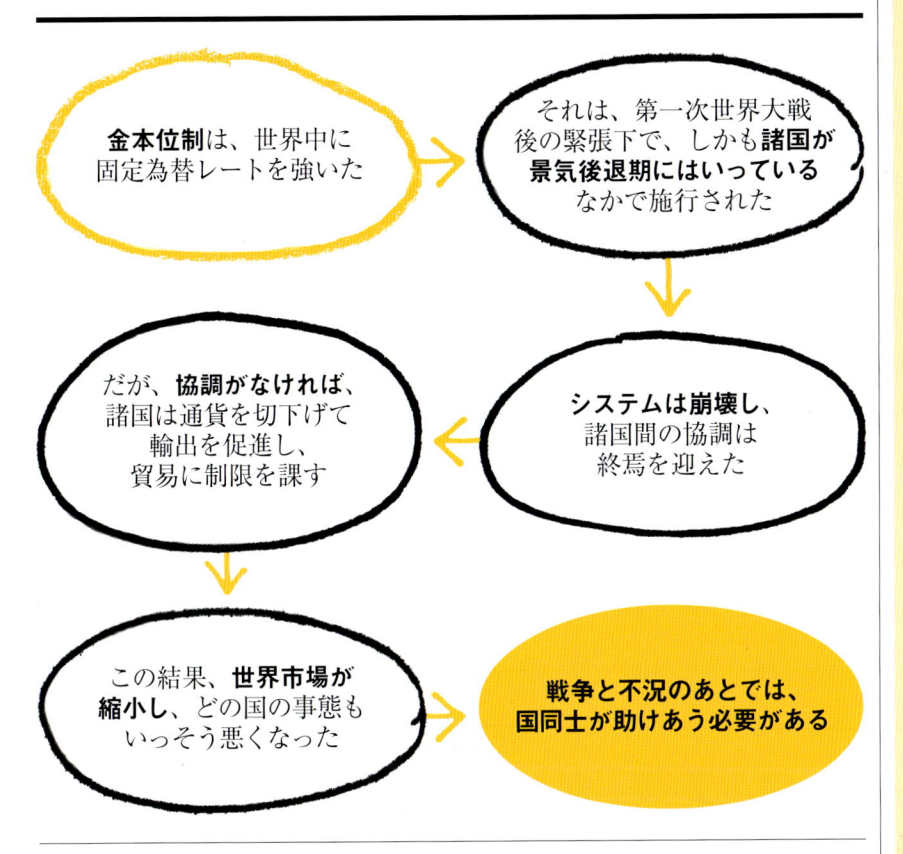

---

- **金本位制**は、世界中に固定為替レートを強いた
- それは、第一次世界大戦後の緊張下で、しかも**諸国が景気後退期にはいっている**なかで施行された
- **システムは崩壊し**、諸国間の協調は終焉を迎えた
- だが、**協調がなければ**、諸国は通貨を切下げて輸出を促進し、貿易に制限を課す
- この結果、**世界市場が縮小し**、どの国の事態もいっそう悪くなった
- **戦争と不況のあとでは、国同士が助けあう必要がある**

## 戦後の経済学　187

### 国際通貨基金

ブレトン・ウッズ協定によって創設された国際通貨基金（IMF）は、こんにちでは世界でもっとも議論の的になっている国際組織のひとつだ。これは、もともとは収支の赤字や債務危機から、あるいはその双方から生じる財政上の困難を経験した国々のための緊急基金として設立された。180以上の参加国が、それぞれの経済規模に応じて中央基金のために出資し、その見返りとして安いローンを受けられるようになっている。

ブレトン・ウッズ体制の固定相場制が1971年に廃止されたときに、IMFの役割は変わった。ローンには、厳格な条件が課されるようになった。1970年代後半から、そこにさらに、民営化と政府の支出を切りつめることを推奨する新自由主義思想（172〜177頁）の影響が色濃く認められるようになる。経済学者は、1990年代後半の東アジア通貨危機の例をもちだして、危機をさらに悪化させたかどでIMFを批判するようになった。

**株の仲買人が見ているのは**、1997年にタイ・バーツの崩落によって惹きおこされた危機がアジア中に広まるさまだ。タイは、バーツを変動相場制に移行するようにというIMFの圧力に屈した。

---

る結果となった。第二次世界大戦後になると、連合国の力は戦後経済の再建という課題へとシフトしていった。1944年7月にアメリカはニュー・ハンプシャー州のブレトン・ウッズで会合がもたれ、参加国はドルにたいして通貨を固定するというアメリカのプランに同意した。この結果ドルは、アメリカ政府によって金の価格とともに一定の交換レートに固定されることとなった。

このシステムは、新たな国際通貨基金（IMF）によって監視された。これは、（いまでは世界銀行グループの一部である）国際復興開発銀行が発展計画のための基金を提供する目的で設立されたのにたいして、緊急資金を提供する責任を負う組織だ。1947年に、関税および貿易に関する一般協定（GATT）が、国際貿易の再建を目標に掲げた。これらの新たな組織が一丸となって、諸国間の経済協力の刷新をめざした。戦間期には、それがなかったことが結果的に大変高くつくことになったからだ。

このシステムが支えとなって、およそ30年近くも例外的な経済成長がつづいた。（輸入が輸出を超過していたために生じた）継続的なアメリカの貿易赤字のおかげで、このシステムのはたらきは維持されてきたが、ついにアメリカの金保有量を超過するところまでドルは海外に流出しつづけ、その結果ドル建ての金の価格は金の固定価格を上回るところまでいった。アメリカ政府の支出が増加するにつれて、ひずみはますます悪化した。1971年に、ニクソン大統領がドルと金の交換をストップし、ブレトン・ウッズ体制は終わりを迎えた。■

すべての貧しい国が
必要としているのは
大きな後押しだ

開発経済学

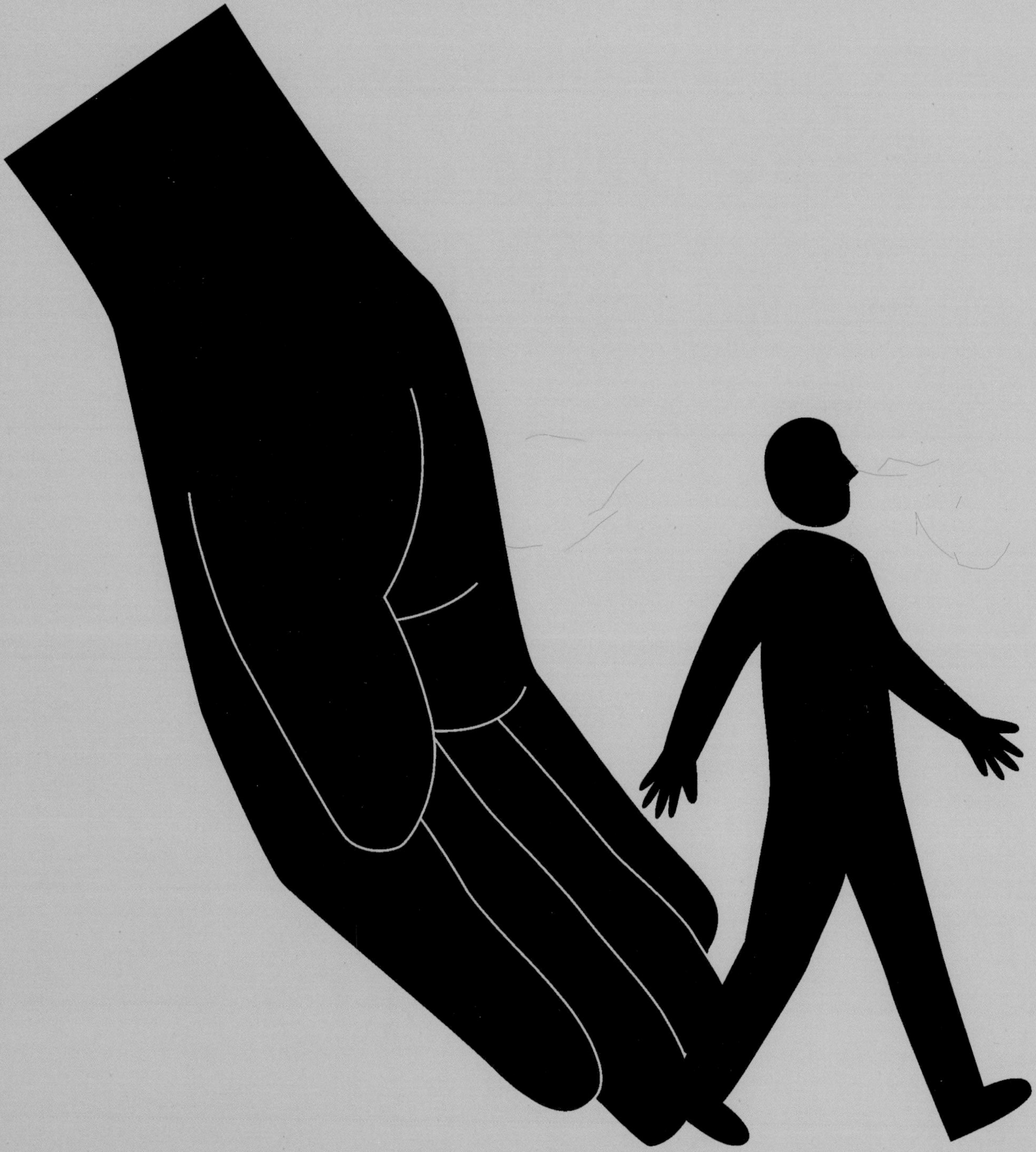

# 開発経済学

## その経済学的背景

**焦点**
成長と発展

**鍵となる思想家**
ポール・ローゼンシュタイン＝ローダン（1902〜1985年）
ウォルト・ロストウ（1916〜2003年）

**前史**
1837年　ドイツの経済学者フリードリヒ・リストが、国内産業の確立を助けるには、保護貿易をおこなう必要があると主張する。

**後史**
1953年　エストニアの経済学者ラグナー・ヌルクセが、発展途上国のためのバランスのとれた成長政策を提言する。
1957年　オーストリア＝ハンガリーの経済学者ピーター・バウアーが、「ビッグ・プッシュ（大きな後押し）」と国家計画の正統性という考えを批判する。

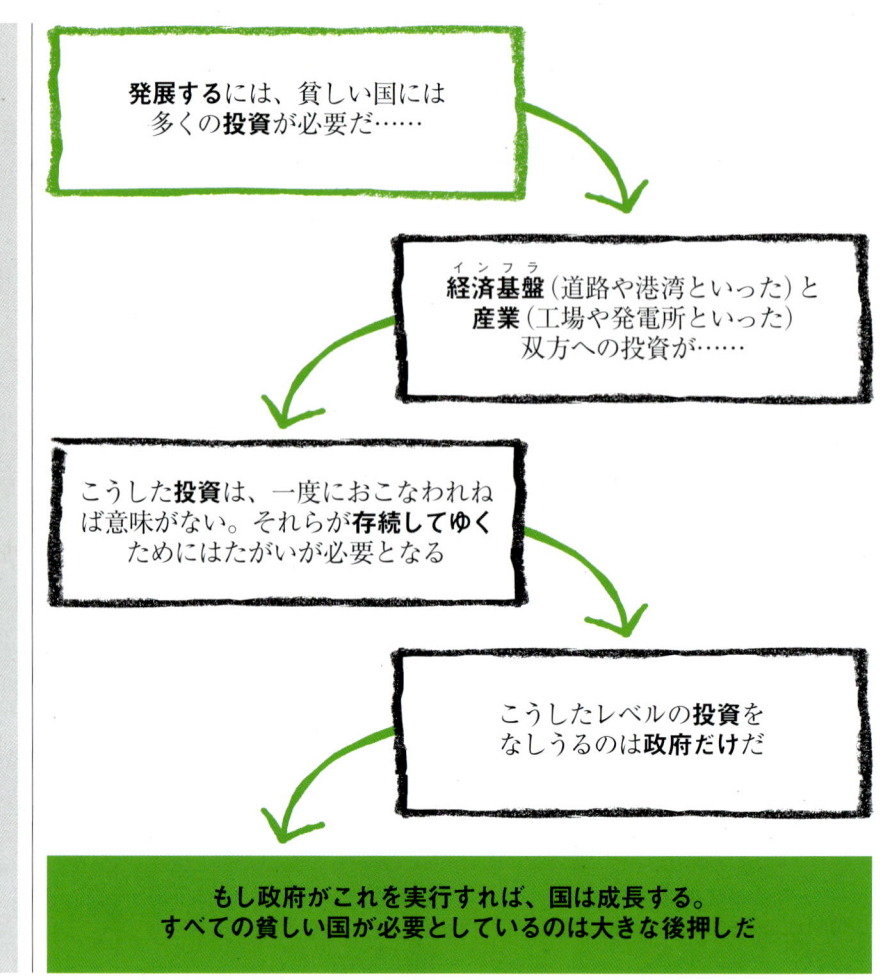

---

発展するには、貧しい国には多くの投資が必要だ……

↓

経済基盤（インフラ）（道路や港湾といった）と産業（工場や発電所といった）双方への投資が……

↓

こうした投資は、一度におこなわれねば意味がない。それらが存続してゆくためにはたがいが必要となる

↓

こうしたレベルの投資をなしうるのは政府だけだ

↓

**もし政府がこれを実行すれば、国は成長する。すべての貧しい国が必要としているのは大きな後押しだ**

---

　経済学者にとって中心的な問いのひとつに、「どうすれば貧しい国が豊かになれるか」という問題がある。第二次世界大戦のあと、この問いが新たな切迫性をもって再浮上してきた。植民地帝国が破砕された結果、ひよっこの独立国が大量に誕生したが、その生活水準は以前の宗主国の時代のそれと比べて、下降の一途をたどった。これらの国の多くが急激な人口の増加を経験し、生活水準を改善するには、その人口増に対応する商品とサービスの成長を必要としていた。

　ヨーロッパは、経済基盤（インフラ）と産業の再建のためのアメリカ政府からの資金の大量注入——マーシャル・プラン——の助けもあって、比較的すぐに戦争からの復興を果たした。ポーランドの経済学者ポール・ローゼンシュタイン＝ローダンに言わせるなら、経済を発展させるために、1950年代と1960年代に誕生した新しい独立国に必要なのは、ちょうどヨーロッパがマーシャル・プランから受けたのと同じような、投資面での「ビッグ・プッシュ（大きな後押し）」だ。

　これに関連する別の考えに、諸国は、伝統的な社会から大量消費経済へと移る一連の段階を経験してゆくという見解がある。この理論を推進したアメリカの経済学者ウォルト・ロストウは、伝統的な国家が発展するためには、大量の資本投下が必要になると述べた。それは、自立的な成長への引き金となるビッグ・プッシュだ。これによって最後には、貧しい国も人口の大半が高い生活水準を享受できる成熟した経済へと転換できる。このビッグ・プッシュのためにはどのような投資が必要となるのかという問いが、開発経済学という新たな領域の中心的な問題となった。

### 同時につくる

　ローゼンシュタイン＝ローダンに言わせるなら、あまり発展していない国々では、成長をもたらす見こみのある投資に市場が効率的に資源を投入することに失敗している。その理由は、道路や港、工場といった大規模な計画が相補的なもの

# 戦後の経済学

**参照** 規模の経済→132頁 ■ 現代経済の出現→178〜179頁 ■ 市場とその社会への成果→210〜213頁 ■ 経済成長理論→224〜225頁 ■ アジア・タイガー経済→282〜287頁

だという点にある。こうした建造物のどれかひとつが実現すれば、そのほかのものもいっそう経済的に実現の見こみの高いものとなる。だがこれは、論理的なジレンマへつうじてゆく。すなわち、最初の投資が利益を生むものとなるのは、ひとたび第二の投資がなされたあとのことでしかないにもかかわらず、第二の投資は最初の投資がなされたあとでしか利益を生むものとはみなされえない。たとえば、工場が経済的に見こみのあるものとなるには、近くに発電所がなければならない。だが、発電所はその生みだす電力を購入してくれる工場がないことには利益をもたらすものとはならない。ここから二種類の結末が予想できる。ひとつは、そもそも工場も発電所も建設されないという結末であり、もうひとつはどちらもが建造されるという結末だ。

同様の議論は、より複雑な生産の混合のばあいにも当てはめられる。大規模な靴工場が低開発経済の状況下で建設されたとしよう。そこでは、1000万ドルに相当する靴が製造され、その売上げは給料と利益に分けられる。だが、この工場が経済的に見こみのあるものとなるのは、（その靴を製造する人びとの）生みだす全収入が靴に費やされるばあいだけだ。しかるに、じっさいには人びとは自身のお金をさまざまな商品の購入に当てる。人びとが収入の60パーセントをパンに、20パーセントを衣服に、10パーセントを灯油に、10パーセントを靴に当てるとしよう。パンに衣服、それに灯油と靴をつくる工場がそれぞれまさにこうした配分に応じたかたちで建造されたなら、それらの企業から生じる収入は、まったく同じ比率でそれぞれの工場の生産に当てられるだろう。つまりこれらの工場は、正しい割合にもとづいてともに存在するばあいにのみ、利益をあげる見こみをもつものとなる。

## 本質的な連関

ドイツ出身の経済学者アルバート・ハーシュマンは、「連関」という用語を用いて、産業間のこうした相互作用を記述した。たとえば、塗装工場は、塗装の需要を増やすことで、自動車産業の発展を助ける。ハーシュマンはこれを「前方連関」

> 大量消費に応じる大半の産業は、たがいのための市場を提供し、たがいに支えあっているという意味で相補的だ
>
> **ラグナー・ヌルクセ**
> （1907〜1959年）エストニアの経済学者

と呼ぶ。塗装業が大きくなれば、塗料をつくるための化学製品への需要も増し、その結果化学工場が利益をあげる見こみもさらに増す。これは「後方連関」として知られている。じっさいのところ、個々の産業はほかの産業とのあいだにこうした前方、もしくは後方連関を増加させることで、複雑な相互作用のしくみをつくりだしており、結果として多様化した生

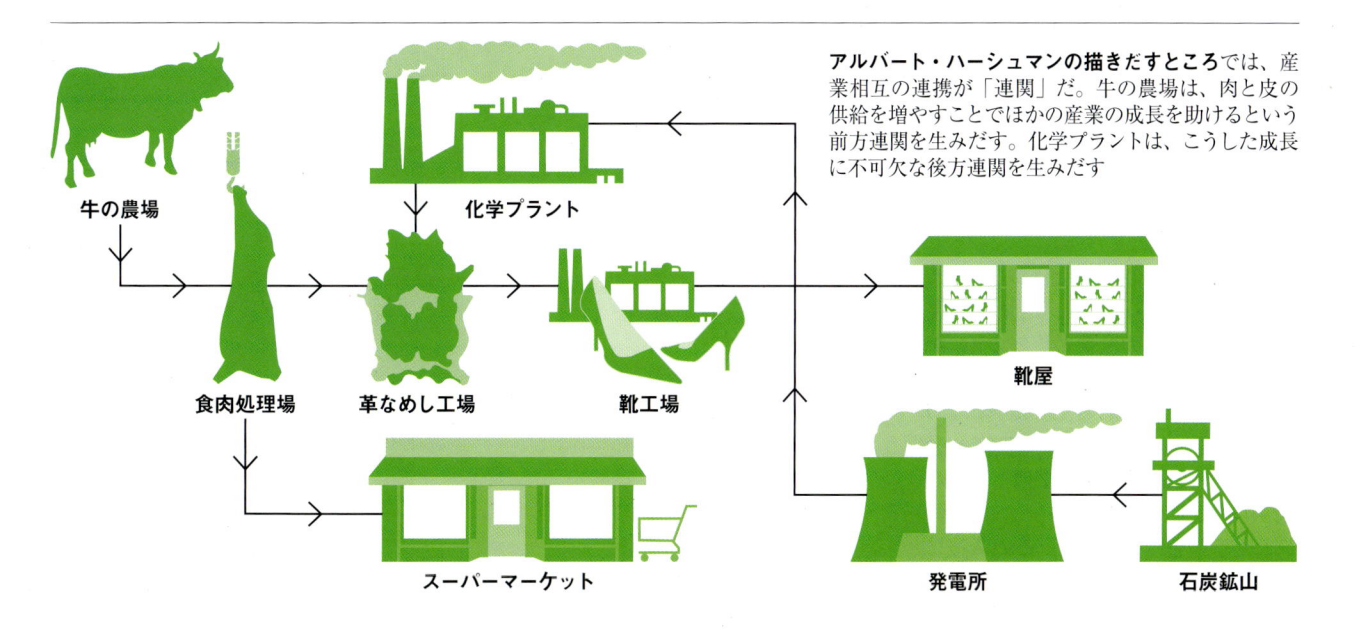

**アルバート・ハーシュマンの描きだすところ**では、産業相互の連携が「連関」だ。牛の農場は、肉と皮の供給を増やすことでほかの産業の成長を助けるという前方連関を生みだす。化学プラントは、こうした成長に不可欠な後方連関を生みだす

牛の農場 → 食肉処理場 → 革なめし工場 → 靴工場 → 靴屋
化学プラント
スーパーマーケット
発電所 ← 石炭鉱山

インドの投資で建てられた**大規模なナッツの皮むき工場**が、タンザニアで労働者を雇用してナッツの皮をむかせている。この工場にサービスするためにほかの産業が発展し、国家の全般的成長を助けている。

産ベース全体をもとにした経済的な活力が導かれる。

ビッグ・プッシュのなかには、なにももっていない状態からすべてをもっている状態へと前進してゆく国々がふくまれる。発展途上にある経済は、なんの発電所も工場もない状態から突如としてこのいずれをも必要とする状態に転化する。産業部門がひとつもない状態からはじまって、それらすべてを一挙に建設しなければならなくなる。だが、それぞれの投資にはほかの投資も不可欠である以上、個人の企業家がそうした後押しをリードしてゆくのは難しい。だから、ローゼンシュタイン＝ローダンおよび彼を支持する者たちは、こうした後押しは民間の市場ではなく国家からなされるよりほかないと主張した。

こうした思考の筋道に沿って、戦後の発展途上国の各政府が、国家の発展計画の一部としての産業とインフラにかかわるプロジェクトを引きうけて、大規模な投資計画にかかわった。より発展の遅れている国々は、(無数の非生産的労働をふくむ)伝統的な農業部門と新たな産業からなる近代的部門という二重経済を有しているとみなされた。この背後にあるのは、ビッグ・プッシュは田舎から余剰労働力を吸いあげ、それを新たな産業に配するという考えだ。こうした考えかたは、外国からの支援の大規模な導入のための根拠を提供し、それが投資を駆りたてる燃料と目された。国家に指導されての投資は、いくつかの地域では有効な産業化をもたらした。東南アジアのいくつかの国では産業が拡張し、たちどころに収入が増加した。それらの国々がもっとも行動的な国家とビッグ・ビジネスをいっしょにして成功をおさめたことは、のちに開発主義国家モデルとして知られた。だが、1948年にマーシャル・プランが制定されたさいの状況は、1950年代の新たな独立国家が置かれていた状況とはだいぶ異なっている。ビッグ・プッシュをめざすいくつもの試みが、かえって混乱のもととなった。

## 非効率的な投資

初期の段階では、経済発展のために必要とされる投資は、明白なもののように思われた。そうではあれ、多くの産業を縦断するかたちで投資への取りくみを協調させるのは、きわめて困難な課題であった。政府が見こみのある産業を生みだせるのは、消費者の需要の組みあわせにふくまれる、靴や衣服やパンの正しい配分比率といった生産の正確な割合が政府に分かっているばあいだけだ。さまざまな種類の生産のあいだの相互作用を利用することが可能となるのは、産業間の前方、および後方のさまざまな連関についての詳細な知識があるばあいだけだ。必ずしもあらゆる政府が、これをうまくおこなうための専門的知識なり情報、ないし政治的影響力を有しているわけではない。

多くの国が行きついた結果は、無駄に膨れあがった、非効率な国営の産業であった。そんなものが、成長の維持のための引き金を引くものとなるはずもない。産業化は、しばしば貿易関税の背後で試みられたが、それは国内市場から輸入品を締めだすことで、駆けだしの産業に発展の機会を与えようとするものであった。外国との競争から国家の力で企業が庇護された結果、「レント・シーキング（政治的な利益追求行動）」がおこなわれることとなったが、これは自分たちの特権を守ろうとする商業的な利害集団による政府への無駄なロビー活動にしかならなかった。しばしばその結果として、政策的に結びつけられた諸産業と政府のあいだの関係が馴れあいになり、競争と革新(イノヴェーション)が妨げられることとなった。

1970年代をつうじて、ビッグ・プッシュは、経済学者たちからの理知的な攻撃にさらされることとなった。この人びとの考えによれば、発展途上の経済といっても、すでに発展した経済と根本的にはちがったところはなにもない。彼らに言わせるなら、経済的に合理的な行動と価格シグナルの力は、豊かな国でも貧しい国でも等しく妥当する。たしかに投資は重要だが、それは経済活動を中心として正しく分配されねばならない。政府ではなく市場こそが、どこに投資すべきかを決める力をもった最良の権威なのだ。

この新たな思考の波は、発展途上の経済がその市場に固有の非効率性にではなく、誤った政策によって妨げられるという立場を支持した。国家の介入が度を越すと、(需要と供給によって価格を設定する)価格メカニズムが破壊されて、資源を効率的に振りわけるその能力が失わ

> さまざまな産業の相補性によって、大規模な計画的産業化のためにもっとも重要な一連の独立変数が提供される
>
> ポール・ローゼンシュタイン＝ローダン

れてしまう。よい政策には「価格を公正に保ち」、市場メカニズムを自由にはたらかせておくことが不可欠で、その結果資源は最良の用いられかたをするようになる。前進への道は、国家の境界をもとに戻し、レント・シーキングを取りのぞいて、価格メカニズムにそれを引きつがせる。

1980年代に、こうした思考の改変を受けて、自由市場開発政策がふたたび興隆を見せた。世界銀行と国際通貨基金（IMF）は、「構造調整プログラム」を導入して、市場原理をアフリカ経済に注入した。共産主義の崩壊以降、東ヨーロッパでこれらの機関がおこなったいわゆる「ショック療法」は、市場システムの急速な確立を目的としていた。だが、こうした自由市場の実験は最終的に貧困をいっそう悪化させたという非難を浴びただけでなく、ダイナミックで多様な経済活動を構築することにも失敗した。

## 市場友好的政策

こんにちでは、構造調整への失望から、新たな合意が誕生している。それは、発展を推奨した初期の思索家たちの洞察と市場についてのいっそう楽天的な見解とを融合させたものだ。いまや市場は、貧しい国々では資源を効率的なやりかたで活用するためのインセンティヴを生みだす力をもつものとみなされている。それと同時に、アメリカのジョセフ・スティグリッツのような経済学者は、通常は発展途上国を制約している小規模のビジネスにみられる市場の失敗を指摘している。たとえば、利益の見こみのある投資は、小企業がローンを得られないような状況下ではそもそもなされえない。こうした失敗を正すうえで国家がなにがしかの役割を演じ、そうすることで価格メカニズムがずっとスムーズに機能する手助けをすることは可能だ。こうした同意はしばしば市場友好的政策と呼ばれるが、国家と市場を相補的なものとみなしている。

だが、21世紀初頭の段階で、もっとあからさまなビッグ・プッシュの考えが復活してきた。2000年に国連は、2015年までの発展目標を定めたが、そのなかには世界的な初等教育、飢えの根絶、子どもの死亡率の低減などが盛りこまれていた。それには、供与国による支援を継続しておこなうという約束が不可欠であり、多様な部門を横断する投資とインフラ整備計画との調和が必要となる。■

1965年に、**シンガポールは**近代国民国家となった。政府の政策が外国の投資を惹きつけ、精油のような海外向け産業で成功をおさめた。

## ラテン・アメリカにおける戦後の経済発展

第二次世界大戦後、多くのラテン・アメリカの政府が、自国の経済に介入して、広範な部門にまたがる産業化を促進した。政府は輸入を制限し、新たな産業を興して同種の商品を生産し、関税と為替の統制をおこなって、外国との競争を抑えた。

さらに政府は、産業に必要なインフラ（経済基盤）に直接に投資して、外国からの支援と技術的援助の手を借りて支援をおこなった。こうした過程は、こんにちでは輸入代替として知られるが、重工業が消費者重視の企業を実現可能なしかたで受けいれるに足る広さをそなえた国内市場を擁する国――たとえば、ブラジルやベネズエラ――では、顕著な成功をおさめた。

これを批判する者は、ラテン・アメリカの諸国は比較優位を占めている部門を増強して企業に国際的競争力をつけ、その製品を輸出するのを奨励することに主眼を置くべきだと主張する。

**ボリビアの石油産業**は、2011年に政府から記録的な投資を受けた。1990年代に民営化されたこの産業は、2006年にあらためて国営化された。

# 人びとは、どうでもよい選択肢に影響される
## 非合理的な意思決定

### その経済学的背景

**焦点**
意思決定

**鍵となる思想家**
モーリス・アレ（1911～2010年）

**前史**
**1944年** ジョン・フォン・ノイマンとオスカー・モルゲンシュテルンが、『ゲームの理論と経済行動』を公刊し、期待効用理論の基礎を築く。
**1954年** アメリカの数学者L・J・サヴェッジが、不確実なできごとの確率を人びとがどのように見積もっているかをあきらかにする。

**後史**
**1979年** ダニエル・カーネマンとエイモス・トヴェルスキーが、心理学的経験と経済理論の主張する内容とのあいだには、いくつもの不一致のあることをあきらかにする。
**1980年代以降** 行動経済学が確立され、経済学の数理的手法と心理学とを統合する。

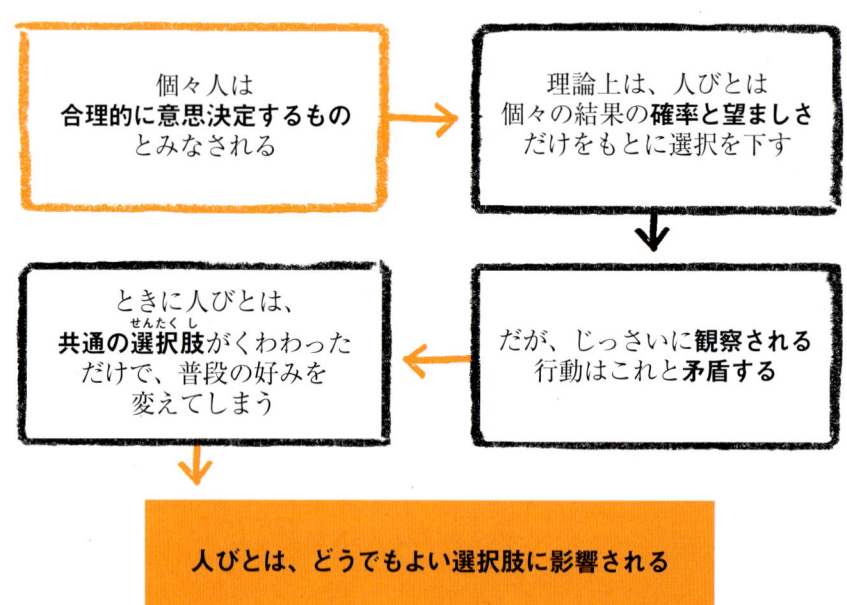

---

個々人は**合理的に意思決定するもの**とみなされる

→ 理論上は、人びとは個々の結果の**確率**と**望ましさ**だけをもとに選択を下す

↓

だが、じっさいに**観察される**行動はこれと**矛盾する**

←

ときに人びとは、**共通の選択肢**がくわわっただけで、普段の好みを変えてしまう

↓

**人びとは、どうでもよい選択肢に影響される**

---

**1944**年にアメリカの数学者ジョン・フォン・ノイマンとドイツ出身の経済学者オスカー・モルゲンシュテルンが、期待効用理論を発展させて、不確実な状況下で人びとがどのように意思決定をおこなうかをあきらかにした。「効用」とは満足度をはかる尺度で、経済学者たちはさまざまな製品から得られる満足の総量を問題にするさいに、ひとまとまりの効用という言いかたをする。この理論によるなら、人びとが合理的なのは結果の保証されていない選択に直面したばあいだ。人びとは、ある結果の起こりうる蓋然性を踏まえて、ありうべきそれぞれの事態から得られる効用を天秤にかけて、最大の効用をもたらす結果を選択する。そのモデルは、数理的な手法を用いて意思決定にアプローチしようとするもので、不確実な状況下におけるありとあらゆる経済的行動に用いられている。だが、1953年にフランスの

# 戦後の経済学

**参照** ホモ・エコノミクス→52〜53頁 ■ リスクと不確実性→162〜163頁 ■ 意思決定のパラドックス→248〜249頁 ■ 行動経済学→266〜269頁

経済学者モーリス・アレが、彼の言うところのアメリカ経済学派を参照しつつ、この理論に挑戦を試みた。

アレが指摘したのは、期待効用理論は独立公理として知られる、ある想定にもとづいており、それによるなら、人びとはできごとの起こりやすさとそれぞれの結果から得られるであろう効用を中立的に考察するとされる。とりわけ人びとは、おのおのの選択肢をたがいに独立したものとして考察し、個々の選択に共通する要因にはなんの注意もはらわない。だが、アレに言わせれば、こうした事態は、かりにあったとしてもごく稀にしか妥当しない。アレの主張は、のちにアレのパラドックスとして知られるようになった。

## 非合理的な選択

人びとが選択をおこなうさいに頭のなかでなにが起こっているのかを直接に観察することはできないが、選択の結果は眼に見えるし、それが合理性および独立公理と矛盾していないかも確認できる。リンゴかオレンジかの選択を迫られたとしよう。あなたはリンゴを選んだとする。今度は、リンゴとオレンジとモモからの選択を迫られたとしよう。独立公理によるなら、あなたはふたたびリンゴを選ぶかモモを選ぶかするはずで、オレンジを選択することはない。なにしろ、モモが加わったからといって、あなたがオレンジよりリンゴが好きだという事態にはなんの変化も生じない。

だが、アレによれば、独立公理が破られるケースは、不確実性の認められる状況で生じる。2枚の「宝くじ」があるとしよう。そのいずれもが一定の確率でいくつかのありうべき結果にいたる。第一のくじは、リンゴの当たる確率とモモの当たる確率がそれぞれ50パーセントだ。第二のくじは、オレンジの当たる確率とモモの当たる確率がそれぞれ50パーセントだ。オレンジよりもリンゴのほうが好きなら、最初のくじを選ぶべきだ。独立公理にしたがうなら、それぞれのくじに加わっているモモという選択肢——いずれを選んだばあいでも同等の確率でモモが得られることがある——は、オレンジではなくリンゴを好むという選択にはなんの影響ももたらさないはずだ。だが、じっさいの選択の結果は、そうならないことがしばしばだ。

この種の選択のいっそう複雑なかたちを用いた実験では、人びとは頻繁に独立公理を破った。これは、人間はつねに合理的にふるまうものだという標準的な経済学思考と矛盾する。いくつかの理由からして、一連の選択肢にあってほかの選択がなされるばあいがあるということは、選択をする当人にかかわる問題だ。そこにちがいがでてくる。この種の行動の発見が、意思決定についての心理学的にずっとリアリティのあるモデルの構築をめざす行動経済学という新たなジャンルの幕開けへとつながっていった。■

> どれほどもっともらしかろうとも、アメリカ経済学派によって定式化された基本前提のどれひとつとして分析には耐ええない
>
> モーリス・アレ

## モーリス・アレ

モーリス・アレは、1911年フランスのパリに生まれる。父は第一次世界大戦中に亡くなり、そのことにアレは深いショックを受けた。成績優秀だったアレは、エリート校であるエコール・ポリテクニークで数学を専攻し、1933年にクラスで一番の成績をおさめた。それからアレは、兵役を務めた後、まずはエンジニアとして働き、ついでミーニュの国立高等鉱山学校の部門管理者を務めた。この間に、経済学にかんする最初の著作を公刊している。1948年に、同校から教育と著述活動に専心することを許され、国立高等鉱山学校の経済分析の教授になった。博識家でもあったアレは、物理学にも貢献をなした。1978年に、フランス国立科学研究センターからゴールド・メダルを授与され、1988年にはノーベル経済学賞を受賞した。2010年に亡くなった。

### 主著

1943年 『経済学探求』
1947年 『経済と利子』
1953年 「リスクに直面した合理人の行動」

# 政府は
# 貨幣供給の管理以外は
# なにもしてはならない

## マネタリスト政策

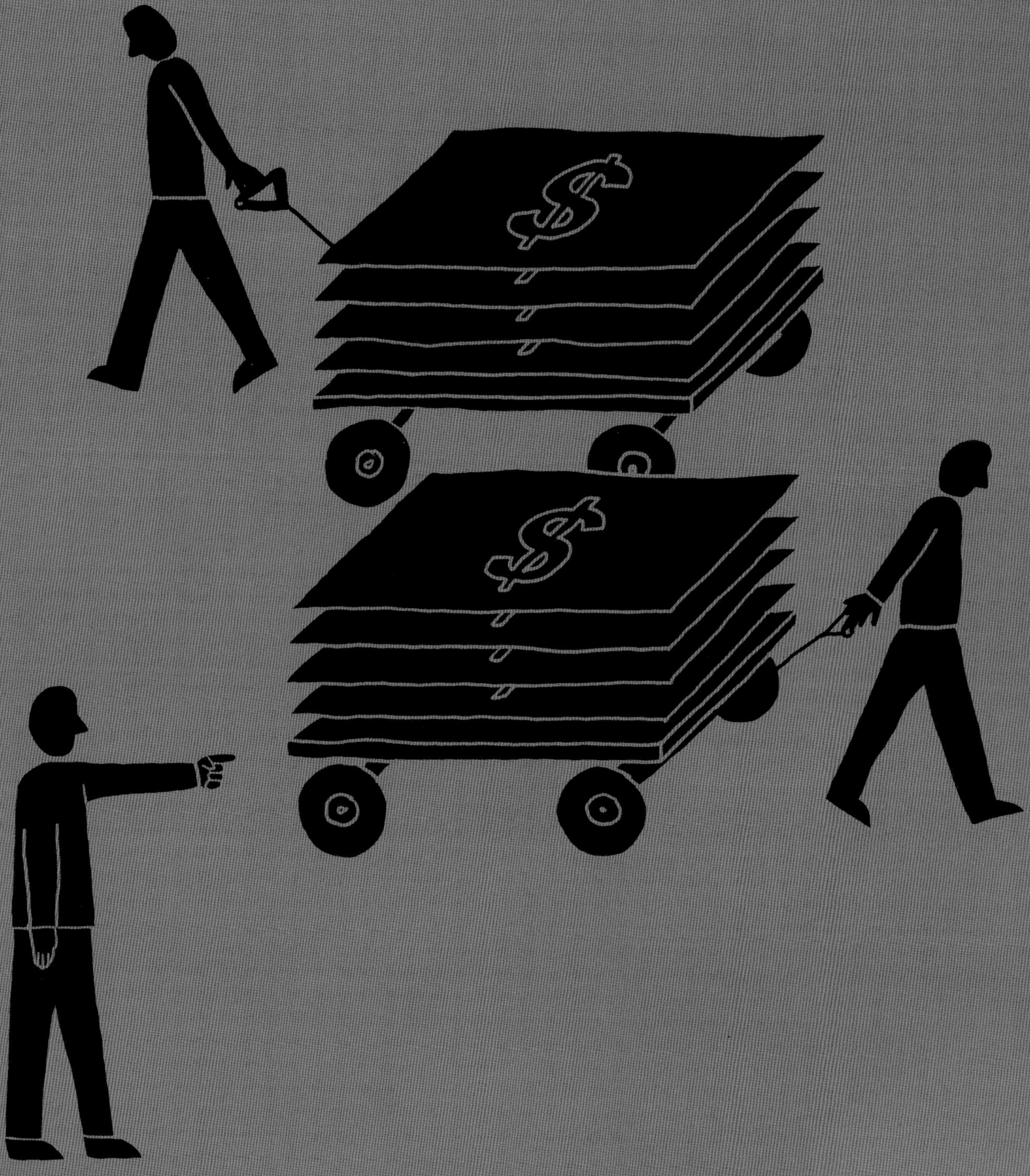

# 198　マネタリスト政策

### その経済学的背景

**焦点**
経済政策

**鍵となる思想家**
ミルトン・フリードマン
（1912～2006年）

**前史**
**1911年**　アーヴィング・フィッシャーが、貨幣数量説を定式化し、物価は貨幣供給の規模と直接に相関すると主張する。
**1936年**　ジョン・メイナード・ケインズが、貨幣供給を管理する政策の有効性に疑問を投げかける。

**後史**
**1970年代**　ロバート・ルーカスが、「合理的期待」を想定したモデルを発展させる。
**1970年代～80年代**　少なからぬ国が公式の目標を採用し、インフレーションを抑制すべく、貨幣供給量の増大を管理しようとする。

**大恐慌時**に、数千万にのぼるアメリカの移民が農場での職を求めて西へ移動した。ミルトン・フリードマンは、米連邦準備制度理事会による貨幣供給削減の不調を非難した。

**1930**年の著作のなかでジョン・メイナード・ケインズ（161頁）は、貨幣供給の管理を目標とする政策にはたいがいなんの効果もないと主張した。ケインズの考えでは、利子率もしくは貨幣供給を変えても、予測可能なかたちで経済活動に影響が生じることはない。政府にできるのは、財政政策をよりうまくおこなって——具体的には政府の支出と課税の比率を変えるなどして——失業やインフレから身を守ることだ。1945年までは、ケインズのこうした考えは広範に受けいれられていた。

だが、1950年代にはいると、アメリカの経済学者ミルトン・フリードマンが、ケインズの向こうを張って、「貨幣が重要だ」という考えをもちだした。フリードマンの考えでは、貨幣は短期的に生産に影響をもたらし、その影響が物価にまでおよぶのはあくまで長期的なスパンでのことにすぎない。フリードマンは、経済活動をやりくりするうえで通貨政策が有効な役割を演じると主張した。この発想は、いまではマネタリズムとして知られる。

1963年にフリードマンは、『アメリカ貨幣史——1867～1960年』を同僚のアンナ・シュウォーツとの共著で公刊した。二人は景気循環における貨幣の役割を跡づけ、貨幣供給増加率における変動が経済成長における変動に先行することを見いだした。とりわけ、二人は1929年から1933年にかけての大恐慌の原因を、通貨の量が3分の1以上にまで落ちるのを見すごし、そのきっかけを与えたアメリカ中央銀行である米連邦準備制度理事会の無能に帰した。

### 消費の理論

不況時の政府の支出にかんするケインズの事例は、ある面では消費をケインズがどう考えていたかにもとづいていた。ケインズによるなら、人びとの所得が増えれば、その消費活動も増大するが、その割合は同程度ではない。不況時には、人びとは貯蓄に走り、ますます不況は長引く。そうした状況での国家の支出は所

**参照** ケインズ乗数→164〜165頁 ■ インフレと失業→202〜203頁 ■ 出費の節約→204〜205頁 ■ 合理的期待→244〜247頁

得を増やす効果をもたらすが、それによって広範にして予見可能な効果が消費行動にあらわれ、経済が復元して完全雇用が実現される。

1957年に、フリードマンは『消費の経済理論』を公刊する。これが、ケインズ流の正統派への挑戦のはじまりとなった。フリードマンの言うところでは、人びとは「恒常所得」——それを消費に使ってもなんの問題も感じられない、安定した長期的な所得——と、それほどは安定しておらず、良くも悪くも作用することがあり、消費活動には目だった影響をもたらさない「一時所得」とを区別する。所得の高いひとは、それだけ一時所得も多く、自身の全所得のごく一部しか消費

1923年のドイツにおけるハイパーインフレの時期に、自分の家の壁に紙幣を**貼りつけている男**。フリードマンの考えでは、失業を減らそうとして政府が介入をおこなうと、不可避的にインフレは進行する。

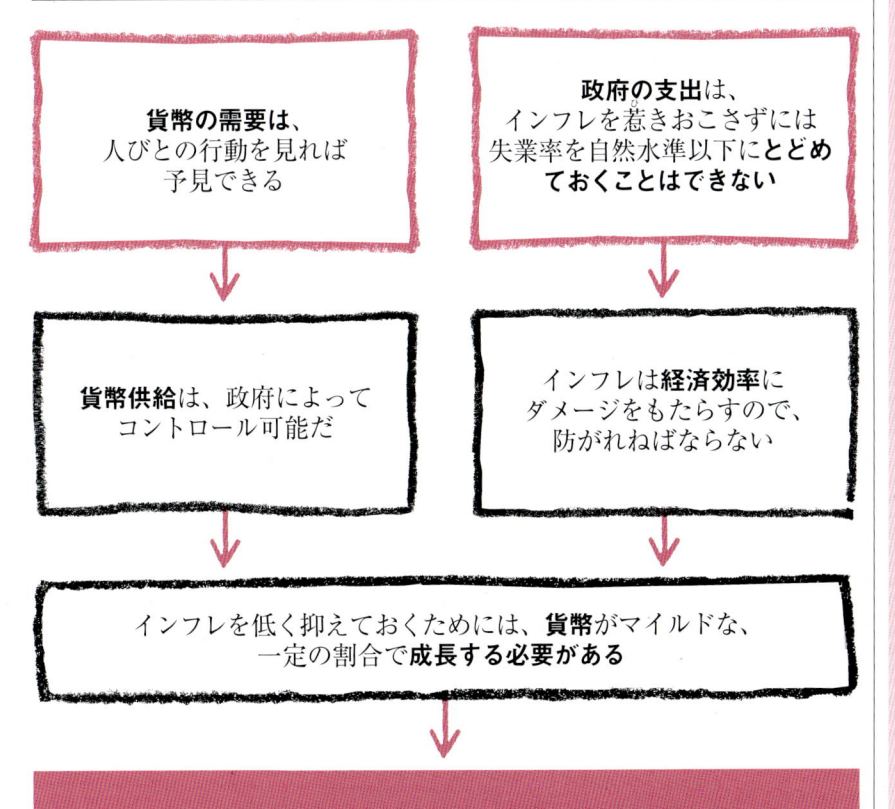

```
┌─────────────────┐     ┌─────────────────────┐
│ 貨幣の需要は、    │     │ 政府の支出は、       │
│ 人びとの行動を見れば│     │ インフレを惹きおこさずには│
│ 予見できる       │     │ 失業率を自然水準以下にとどめ│
│                │     │ておくことはできない   │
└────────┬────────┘     └──────────┬──────────┘
         ↓                         ↓
┌─────────────────┐     ┌─────────────────────┐
│ 貨幣供給は、政府によって│     │ インフレは経済効率に  │
│ コントロール可能だ   │     │ ダメージをもたらすので、│
│                │     │ 防がれねばならない    │
└────────┬────────┘     └──────────┬──────────┘
         ↓                         ↓
┌──────────────────────────────────────────┐
│ インフレを低く抑えておくためには、貨幣がマイルドな、│
│           一定の割合で成長する必要がある          │
└──────────────────┬───────────────────────┘
                   ↓
┌──────────────────────────────────────────┐
│     政府は貨幣供給の管理以外はなにもしてはならない     │
└──────────────────────────────────────────┘
```

## 戦後の経済学 199

### ミルトン・フリードマン

1912年にニューヨークのブルックリンに生まれたミルトン・フリードマンは、ハンガリー系移民の息子であった。一流の経済学者による講義を受け、ニュー・ジャージー州のラトガース大学で学士号、シカゴ大学では修士号、ニューヨークのコロンビア大学では博士号を取得した。シカゴ大学では経済学の研究者ローズ・ディレクターと出会う。二人は1938年に結婚し、生涯にわたって共同事業に従事してゆく。1935年から1946年まで、ニューヨークとワシントンで、統計学者および経済学者として勤務し、1946年から1976年まではシカゴ大学で教鞭をとった。フリードマンが有名人となったのは、このシカゴ大学においてで、その名声は1980年のテレビ・シリーズと著書『選択の自由』とによってさらに高まった。アメリカ大統領リチャード・ニクソンとロナルド・レーガンのアドバイザーも務めた。2006年に亡くなった。

### 主著

1957年『消費の経済理論』
1963年『アメリカ貨幣史——1867〜1960年』(アンナ・シュウォーツとの共著)
1967年『通貨政策の役割——アメリカ経済連合に宛てた大統領演説』

> インフレは
> 法律なしの課税だ
> ミルトン・フリードマン

に回さない。最低所得しかないひとにとっては、一時所得は負になることがあり、その結果所得以上の額が消費に当てられる。だが、こうした人びとの全所得を合算するなら、正負双方の一時所得は、全体として相殺しあう。

フリードマンの理論は、現状にうまく当てはまっているように見える。人口の断面図では、消費は所得と歩調をあわせて増大しているわけではない。だが、時代を通覧して計測をつづけ、人口全体を考察の対象とするなら（その結果一時所得のもたらす影響は相殺されてしまう）、消費は所得にあわせて増大する。フリードマンは、ケインズの消費モデルには誤りがあると結論した。国家の支出は一時所得としてあつかわれるべきで、たんに私的支出を「締めだす」だけだ。十分な消費によって惹きおこされる、終わりの見えない不況などない。

### 貨幣数量説

フリードマンがめざしたのは、金融政策がそれなりのはたらきをするのを示すことだ。経済における貨幣の総量の変化は、総所得に予見可能な効果をもたらす。ケインズが示唆したのは、この関係が不安定なのは、人びとがさまざまな理由から貨幣を退蔵するからだという見解であった。その理由のいくつかは、ケインズが言うところの「投機的」なものであり、明確な定義を与えがたい性質のものだ。数量説の正しさを証明するに当たってフリードマンに必要とされたのは、貨幣にたいする需要が一定していることの証明であった。つまり、貨幣の需要にかんする検証可能な理論をもちださねばならなかったのだ。

1956年にフリードマンは、『貨幣数量説——再定式化』を公刊する。このなかでフリードマンは、貨幣を商品のように、「購買力の一時的な住処(すみか)」としてあつかった。ある商品にたいする市場の需要は、買い手の嗜好(しこう)のみならず、人びとの全般的な予算と、競合するほかの商品にたいする相対的な価格に左右される。フリードマンの考えでは、貨幣にたいする需要に影響する要因はいくつもある。第一に、そもそも貨幣が必要とされるのは、それにそなわる現実の物品にたいする購買力ゆえのことなのだから、その需要は価格の一般的な水準とともに上昇するだろう。第二にそれは、人びとの「実質的な」富、ないし人びとの恒常所得、さらには貨幣や債券、資産や耐久消費財の収益にも左右されるだろう。最後に、貨幣にたいする需要は、この文脈のうえでは人びとをして貨幣を退蔵するように導く経済的不確定性のような要因を意味する「嗜好」にも左右されるだろう。

貨幣にたいする需要についてのきちんと定義された水準があるばあいには、貨幣の過剰な供給は消費者の求めるところではない。消費者はすでに自分に必要な量の貨幣を持っている。だから、むしろ人びとはなんらかの余分な現金があれば消費に回すだろう。短期的には、物価はただちには調整されず、生産量は増加する。だが長期的には、価格は調整機能を発揮し、過剰な貨幣のもたらすただひとつの効果は、物価を上げることだという結果になろう。

こうしてみると、フリードマンのアプローチは、貨幣数量説の再興とみなすことができる。貨幣数量説とは、貨幣の供給を意味するMと、どのくらいのスピードで貨幣が流通するかを示す、物価水準を意味するPと取引量を意味するTをかけることで、取引の総価値額がわかるようになり、MV＝PTという関係がなりたつとする方程式だ。大まかに言うなら、この方程式はもしVとTが一定なら、より多くの貨幣を供給すればそれだけ物価水準は上がるという事態を示している。長期的には、貨幣は経済にたいしていかなる「実質的な」影響ももたらさない。

### 自然的失業

「マネタリズム」ということばがはじめて使われたのは1968年だが、この年にフリードマンがフィリップス曲線（203頁）についての新たな説明を提案した。フィリップス曲線とは、インフレと失業のあいだの恒常的だと想定される関係性を示したもので、これによって政府はインフレを抑えて失業者を増やすか、逆にインフレを進ませて失業者を減らすかを選択できるようになる。フリードマンは、きわめて短期的なばあいを除いては、そのようなトレード・オフが存在することを否定した。フリードマンに言わせるなら、失業にはただひとつの「自然率」しか存在せず、それは職を探している途中で一時的に失業している労働者たちからなる。じっさい、失業がこうした自然率に

---

1975年から1999年のあいだに、アメリカ政府は貨幣の供給における年次目標を定めた。だが、それは決まって政府目標の上限を超える勢いで成長した。

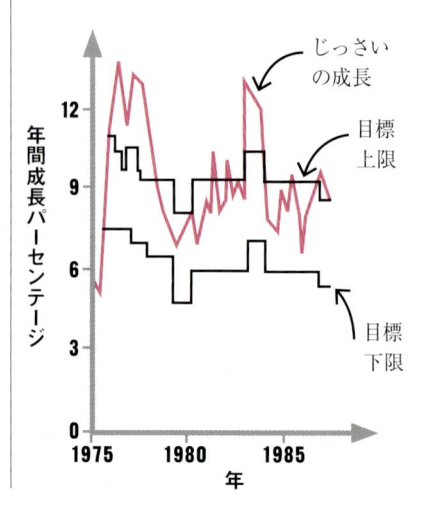

# 戦後の経済学

**1973年にチリ**は、マネタリスト政策を実行する最初の国家となった。アウグスト・ピノチェトの指導下で、歳出削減と民営化の徹底した計画が実行された。

あるばあいには、経済は完全雇用の状態にある。もし政府が支出を費やして、インフレを促進することで、自然率以下にまで失業率を下げようとすれば、賃金労働者たちは自分たちの賃金要求をさらに釣り上げる。そのばあい、起こりうる事態は二つだ。新たな、より高いインフレ率のもとで、失業率が自然水準にもどるか、政府は失業率をより下げたままにしておこうとして、その代償としてインフレを加速するスパイラルに巻きこまれてゆくかだ。

結論は明白だ。財政政策をつうじて雇用を安定させようというのは、政府にとって無駄な努力だ。同様に貨幣供給を増やしてみても、物価の上昇に行きつくだけだ。長期的にはフィリップス曲線は、自然失業率のところで垂直な直線を描く。通貨の変化と生産の変化とのあいだのタイムラグは、しばしば第一、第二四半期ですむ。価格の変動は一年か二年のあいだに起こることもあれば、そのままもちこたえることもある。こうしたラグには、著しい変動の余地がある。フリードマンは政府にたいして、金融政策を用いて能動的に市場を操作しようとするのは得策ではないと助言した。なにしろ、経済で生じていることを誤った方向へ導くのは簡単なことだ。政府がしたがうべきは、範囲を定める必要はあるにせよ、その貨幣が、年間2パーセントから5パーセントという一定量（どの程度になるかは、選ばれた通貨の定義に左右される）で増加してゆく状態を維持するという単純な規則だ。

アメリカの経済学者ロバート・ルーカスとトーマス・サージェントに指導された新古典派マクロ経済学派は、将来の経済政策についての合理的期待にもとづいて、この論議の改正を推しすすめた。フリードマンのモデルでは、期待は過去の失敗にのみ適用されるとみなされていた。ルーカスとサージェントの言うところでは、人びとの期待は前向きなものだ。人びとに理解できるのは、政府がなにを計画しようとしているかであり、だから失業率を自然率以下に抑えようと試みるどんな政府も、その直後にインフレの増大を招かざるをえない。言いかえるなら、フィリップス曲線は短期的にも垂直なのだ。けっして政府には、失業率を抑えるだけの力はない。

## じっさいのマネタリズム

フリードマンの警告の正しさが証明されるのに、さほどの時間はかからなかった。1970年代に、想定上のフィリップス曲線のトレード・オフが崩れさった。インフレと失業が同時に増大した。この現象はスタグフレーションとして知られている。政府は最初、自分たちの計画に貨幣供給量のうえでの成長目標を導入した。ドイツ、日本、アメリカ、イギリスそれにスイスが、1970年代にマネタリー・ターゲッティング（貨幣増加率目標）を採用した。だが、貨幣増加率をコントロールするのがとても困難であることはすぐにあきらかとなった。ひとつの問題は、どのような形態の貨幣を目標とすればよいのかであった。ほとんどの中央銀行は、広義の貨幣を目標に定めたが、そこには銀行の定期預金（このばあいの預金は、ある特定の期間内には引きだせないものだ）もふくまれていた。だが、これもコントロールの難しいことがあきらかとなった。その後関心は狭義のマネタリー・ベースに、すなわち銀行券、硬貨、それに中央銀行が保有している準備金に集中した。これはまだしもコントロールがたやすかった。だが、これによってもいわゆるブロード・マネー（広義の通貨）との恒常的な関係が維持されるようになるとは思われなかった。

マネタリストの実験は、大半が不首尾に終わったが、マネタリズムがもたらした衝撃には意味があった。それは、経済のすべての側面への政府の介入を削減する計画へと発展していった。こんにちでは、「貨幣が重要である」ことに同意しないひとはほとんどいない。金融政策は、財政政策と同じくらいの関心を集めており、たいていはインフレのコントロールにその目標が置かれる。だが、マネタリズムのもっとも純粋な形式およびその政策の含意は、貨幣への予測可能な需要であり、貨幣供給は当局によって容易にコントロール可能だという異論の余地のある想定に依拠している。1990年代には、マネタリー・ターゲッティングから距離を置く国がぞくぞくとあらわれた。多くの国は、インフレをコントロールするために利子率政策を直接結びつけ、あるいはインフレ傾向に直接為替相場を用いはじめた。■

**アメリカ大統領ロナルド・レーガン**とイギリス首相マーガレット・サッチャーは、緊密な保守派の同盟相手であった。いずれもがそのキャリアの初期の段階から、厳格なマネタリスト政策を遂行した。

# 働いているひとが増えれば、その勘定書も上がる
## インフレと失業

### その経済学的背景

**焦点**
経済政策

**鍵となる思想家**
ビル・フィリップス
（1914〜1975年）

**前史**
1936年　ジョン・メイナード・ケインズが、失業と景気後退の説明を試みる。
1937年　イギリスの経済学者ジョン・ヒックスが、ケインズの洞察を数理モデルへと書きなおす。

**後史**
1968年　ミルトン・フリードマンが、フィリップス曲線が説明すべきなのはインフレにたいする人びとの期待と、「自然」失業率のあることだと主張する。
1978年　経済学者ロバート・ルーカスとトーマス・サージェントが、フィリップス曲線を攻撃する。
1980年代以降　ニュー・ケインジアン・マクロ経済学が、あらためてマクロ経済（全体としての経済活動）を安定させる可能性を主張する。

---

第二次世界大戦後の30年間のあいだに、世界の先進国の経済は、それまでで最長の経済成長を享受していた。失業率は減少し、収入は増加し、経済学者たちは1930年代の危機はすっかり克服できたと思っていた。

この信頼は、経済を差配する政府の介入の力への信念に由来していたが、それを力強く要約したのがフィリップス曲線であった。1958年に、ニュージーランド出身のビル・フィリップスが「失業と賃金の変動率との関係」を公表し、1861年から1957年までのイギリスにおける賃金の上昇率と失業率との相関をあきらかにした。それによれば、上昇率の高い時期とは失業率の低い時代であり、その逆もなりたつ。

### インフレか失業か

ほかの先進国においても、同様の恒常的な関係の認められることが、のちの研究によって示された。インフレと失業率のあいだには、トレード・オフの関係があることに政府は気づいた。そこで政府は、失業率を下げてインフレを増すか、

---

> **失業率が高ければ**、政府は支出を増やすことで需要を底上げすることができる

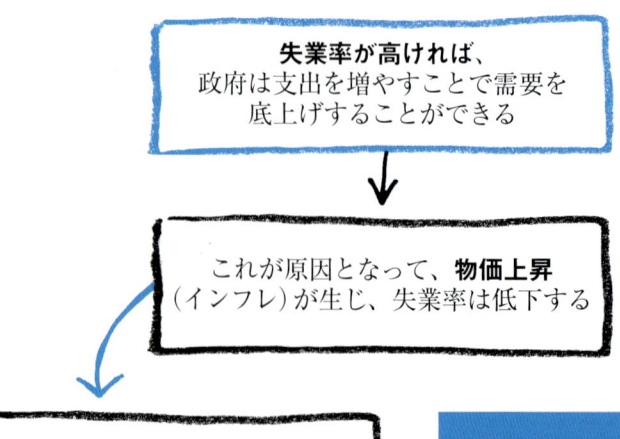

↓

> これが原因となって、**物価上昇（インフレ）**が生じ、失業率は低下する

↓

> だが、より多くのひとが雇用されるようになれば、**給料が上がり**、ほかの物価も上がってゆく

→

> 働いているひとが増えれば、その勘定書も上がる

# 戦後の経済学　203

**参照**　不況と失業→154〜161頁 ■ ケインズ乗数→164〜165頁 ■ マネタリスト政策→196〜201頁 ■ 合理的期待→244〜247頁 ■ 粘着的賃金→303頁

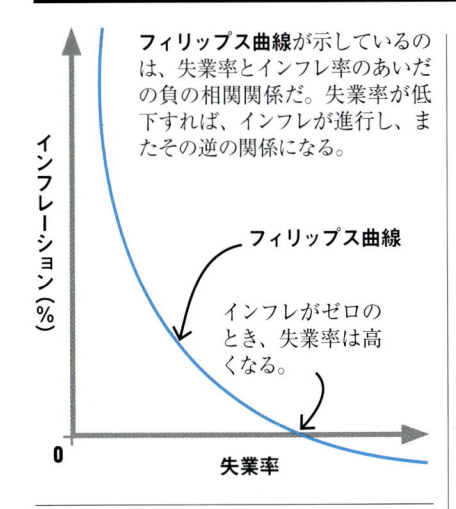

フィリップス曲線が示しているのは、失業率とインフレ率のあいだの負の相関関係だ。失業率が低下すれば、インフレが進行し、またその逆の関係になる。

フィリップス曲線

インフレがゼロのとき、失業率は高くなる。

インフレを抑えて失業率を増加させるかのいずれかを選ぶことで、フィリップス曲線に沿うかたちで自身の好みの点を選び、政府としての政策をしかるべくそれに適合させることが可能となった。政府は、支出を増やすか減らすか、そして（貨幣の供給と利子率にかかわる）金融政策を緩和するか引きしめるかすることで、経済活動をフィリップス曲線に固定すべく、総需要（総支出額）を制御できるようになったわけだ。この結果、経済は一個の巨大な機械のようにあつかわれることとなった。マクロ経済、すなわち一国の全経済システムにかかわるいっさいの主要な問いは、もはや表面的なイデオロギーをめぐる争いではなくなり、技術的な措置に還元可能となったように思われた。

フィリップス曲線は、当時主流であったケインズ派のマクロ経済学（154〜161頁）にもうまく適合した。失業率が高いときは、労働市場と生産市場における下落の結果、賃金と価格は下がる。そうなればインフレは抑制されるだろう。雇用率が高いときは——おそらくは政府の支出によって——経済における付加的な需要があっても、生産量と雇用の増加は生まれず、価格と賃金を引きあげる方向へ作用し、インフレは昂進するだろう。だが、1970年代になると、この恒常的な関係が崩れてしまったように思われた。失業率とインフレがともに昂進しだしたのだ。この状態が「スタグフレーション」として知られる。

アメリカの経済学者ミルトン・フリードマン（199頁）は、この説明として、のちにマクロ経済学理論を支配することになる方法を打ちだした。フリードマンが言うには、フィリップス曲線は、じっさいの価格と失業率との関係を示すのと同様に、インフレへの期待をも説明できるものでなければならない。政府が支出を増やして経済を底上げしよう（そして、そうすることで雇用を促進しよう）としているときは、そのあとに確実にインフレが来るだろうと人びとは気づいているのだ。その結果として、失業率の高い時期をつうじて政府の支出をどれほど増やしても、いまにもインフレが起こりそうだという兆候としか受けとられなかった。労働者は、じっさいの物価上昇率を上回る賃上げを要求した。フリードマンの言うところでは、長期的には、失業と不況のあいだにはいかなるトレード・オフもない。経済は「自然」失業率のところで固定されている。経済を安定させようとする政府の試みは、たんにこのさきのインフレへの期待をあおるだけで、その結果としてじっさいのインフレが生じてしまう。

フリードマンの挑戦は、ケインズ派のマクロ経済学を乗りこえてゆく道を明確にし、政府は需要の調節につとめるよりも、資本と労働の供給を改善する方法に関心を向けるようになった。■

1931年までに、アメリカの失業率は23パーセント近くにまで達し、それと並行して物価は下落した。政府は、職を創造するために公共事業計画を推しすすめた。

## ビル・フィリップス

1914年にニュージーランドに生まれたアルバン・ウィリアム・フィリップスは、20代前半でオーストラリアに移りすみ、しばらくのあいだワニ・ハンターを務める。1937年に中国へ旅行し、日本が侵略を開始したときにそこを離れて、1938年にイギリスに赴き、エンジニアリングの研究に従事する。第二次世界大戦が勃発すると、英国空軍に入隊するが、1942年に日本軍に捕らえられ、その後戦争が終わるまでのあいだを捕虜収容所ですごす。1947年に社会学を選び、ロンドン・スクール・オブ・エコノミクスに入学する。だが、大学院のときに専攻を経済学に変え、1958年に教授になる。1967年にオーストラリアに移って教壇に立つが、2年後に脳卒中に見舞われ、ニュージーランドに引退する。

### 主著

1958年　「失業と賃金の変動率との関係」
1962年　『雇用・インフレーション・成長——講演』

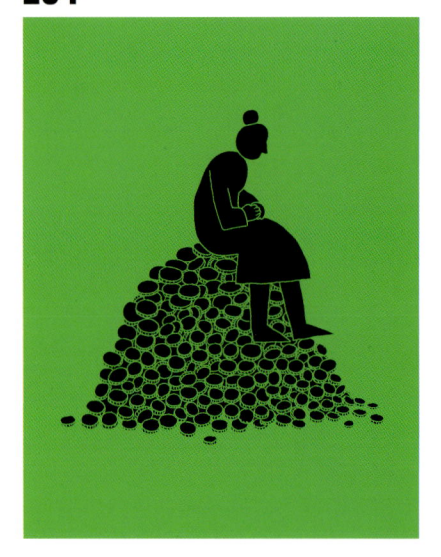

# 人びとは生涯にわたって消費活動をつづける
## 出費の節約

### その経済学的背景

**焦点**
意思決定

**鍵となる思想家**
フランコ・モディリアーニ
（1918〜2003年）

**前史**
**1936年** ジョン・メイナード・ケインズが、『雇用・利子および貨幣の一般理論』を公刊して、消費を記述するためのシンプルな数学的関数を提案する。
**1938年** ケインズ派の経済学者アルヴィン・ハンセンが、アメリカ経済の長期停滞を予測する。

**後史**
**1978年** アメリカの経済学者ロバート・ホールが、潜在的にフリードマンの理論の説明を承認するかたちで、アメリカの消費を記述する関数を見つもる。
**1982年** アメリカの経済学者ロバート・ホールとフレデリック・ミシュキンが、世帯はその消費を計画するに当たって、「経験則」にしたがうと提起する。

---

世帯がどれだけ消費するかは、**目下の所得**との関係でさまざまに変化する

↓

この理由は、個人が**合理的**に**将来を予測**し、思わぬ変動を**好まない**というところにある

↓

人びとは、目下の所得以上に**生涯所得**についての**予測**にもとづいて、消費する

↓

若いときは**貯蓄**し、年老いてから**貯金**を使う傾向が認められる

↓

**人びとは生涯にわたって消費活動をつづける**

---

**1936**年に、ジョン・メイナード・ケインズの『雇用・利子および貨幣の一般理論』が、消費という論点を前景に押しだした。経済におけるすべての需要が経済活動をスムーズに回転させるうえで決定的に重要だとしたら、その需要をつくりあげている集団が大きな役割を果たしていることになる。公共投資は政府のコントロールのもとに進められる。企業による投資は、利子率に相関する。しかし、世帯のおこなう消費を理解するのは難事であった。

ケインズ（161頁）の主張によるなら、世帯はその所得の一部を消費に回し、それ以外は貯蓄する。裕福な世帯になればなるほど、貯蓄額も増える。すべての世帯の支出の割合に応じて、「乗数」（164〜165頁）——政府の支出が実施されたさいに増加する生産額の量——の規模は決まる。そこから仕事と所得が生まれ、それがこの追加の仕事と所得を得た人びとの支出によって倍増される。そのようにして、これらの追加の仕事と所得は一般経済に影響をもたらしてゆく。ケインズ派の経済学者たちの考えでは、時代をつうじての景気上昇と景気後退とのあいだで経済が変動してゆく過程の背後には、こうした乗数効果が認められる。消費行動の正確な姿をつかんでおくことが決定的に重要なのは、こうした理由によ

参照　ホモ・エコノミクス→52〜53頁　■　借入と負債→76〜77頁　■　ケインズ乗数→164〜165頁　■　合理的期待→244〜247頁

る。ケインズの理論から、三つの経験的予測が生まれた。第一は、豊かな世帯のほうが貧しい世帯よりも多く貯蓄する。第二に、ときとともに経済が成長しても、人びとの支出は所得と同じくらいのスピードで増えてはゆかない。同様に世帯は、裕福になっても、その所得に見あうほどには支出しない。第三に、ここからの帰結として、経済が豊かになればそれにつれて、徐々に「不活発に」なってゆく。消費が所得と比較して落ちると、結果として乗数が減り、経済は停滞しだす。

## 生涯貯蓄

だが、理論にもとづく予測は、それほど現実とぴったり適合したわけではない。長期的にみた世帯の消費と収入の割合は、成長とともに減少するというよりは、多くの国において一定であることがあきらかとなった。それは、短期的には変動を示すものの、終始一貫なにか特定の方向へ向けて変動することはなかった。経済学者たちは、第二次世界大戦以降、景気は停滞するものと予測した。だが、いたるところで、景気は上昇した。この不思議な現象にたいしては、二つの解答が賛同を得た。いずれもが、合理的な個人

引退は、それまでの所得に匹敵する資金を確保してあるばあいにのみ、**楽しめるものとなる**。フランコ・モディリアーニが言うには、私たちはそれに気づくことで、ときを越えて貯蓄し、一定の消費活動を持続してゆく。

> 世代が移るにつれて、
> 質素ではなくなってゆくようだ
> フランコ・モディリアーニ

はみずからの目下の所得からやみくもに消費活動をおこなうわけではなく、将来を見据えて、どの程度貯蓄する必要があるかの予測を展開すると考えていた。

1954年にイタリアの経済学者フランコ・モディリアーニが、ここには人生のステージとの関連が認められると示唆した。経済活動の活発なステージでは、人びとは老年期にそなえて貯蓄する。年を重ねたら、人びとはその貯蓄を使いつくす。人びとは、消費経路をスムーズにするために、消費を一定に抑えようとする。これが、ライフ・サイクル仮説だ。

3年後に、アメリカの経済学者ミルトン・フリードマン（199頁）が、人びとは自身の「恒常所得」を踏まえて長期的に消費活動を展開してゆくという、これと相関的な理論を提起した。これは、人びとはもっぱら当面の資産を土台として、将来の所得を予測するということだ。いかなる臨時の収入も、「一時的な」ものであって、貯蓄にまわされる。これは、恒常所得仮説として知られる。

消費理論にかんするさらに近年の展開は、じっさいのところ消費者にはどの程度使うべきか、もしくは貯蓄すべきかの意思決定にさいして、「経験則」やそのほかの「非合理的な」行動パターンに頼る傾向があると教えている。■

## フランコ・モディリアーニ

フランコ・モディリアーニは1918年、イタリアのローマに生まれた。最初ローマ大学で法学を学んでいたが、経済学に転向した。1938年にムッソリーニが一連の反ユダヤ法を通過させると、熱烈な反ファシストであったモディリアーニはローマを離れてパリへ移り、ついで反ファシストの活動家であった妻のセレナ・カラビとともにニューヨークへ移りすむ。研究のかたわら本の販売をしながら増えてゆく家族を支えた。

一連の教職のポストを得たのち、マサチューセッツ工科大学（MIT）で経済学の教授となった。1985年には、貯蓄と金融市場についての先駆的な分析によってノーベル経済学賞を受賞する。2003年に亡くなったのち、経済学者ポール・サミュエルソンはモディリアーニを評して、「もっとも偉大なマクロ経済学者」と述べた。

**主著**

1954年　『効用と消費関数』（リチャード・ブルームバーグとの共著）
1958年　『資本の費用、企業財務と投資理論』（マートン・ミラーとの共著）
1966年　『貯蓄のライフ・サイクル仮説』

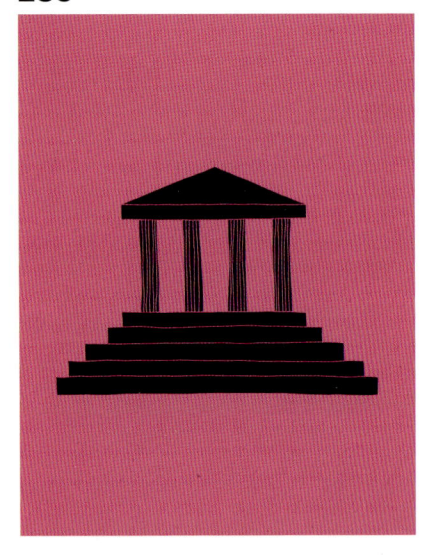

# 肝心なのは制度だ
## 経済学における制度

## その経済学的背景

**焦点**
社会と経済

**鍵となる思想家**
ダグラス・ノース
（1920年～）

**前史**
**1904年** アメリカの経済学者ソースタイン・ヴェブレンが、景気動向の説明における制度の優位を論じる。
**1934年** アメリカの経済学者ジョン・コモンズが、経済学はさまざまな制度と多様化する関心の錯綜した織物だと主張する。

**後史**
**1993年** アメリカの経済学者アヴナー・グライフが、ゲーム理論を用いて、貿易の発展をうながした諸制度の歴史的発展の分析をおこなう。
**2001年** トルコ出身のアメリカの経済学者ダロン・アセモグルが、さまざまな国の制度上の相違を、それらの植民地時代の起源という観点から説明する。

標準的な経済学は、市場の存在を自明視している。さらに政府が、貿易や投資、イノヴェーションといった類いの有益な活動へ向けて市場を駆りたてるのに必要な政策的手段をもっていると想定している。だが、制度派経済学者たちは、もっと深いところまで進んでゆく。つまり、市場の起源、市場の国家とのかかわり、経済活動を支える政治的・社会的諸条件といったものの探求へ向かっているのだ。

アメリカの経済学者ダグラス・ノースは、制度を定義して、「人間の相互作用をかたちづくる、人間によって考案された制約」と述べた。これらの制約は「ゲームの規則」であり、公式ならびに非公式なかたちであらわれる。公式の制約とは、個々の国の法律と政治に根ざした規則で

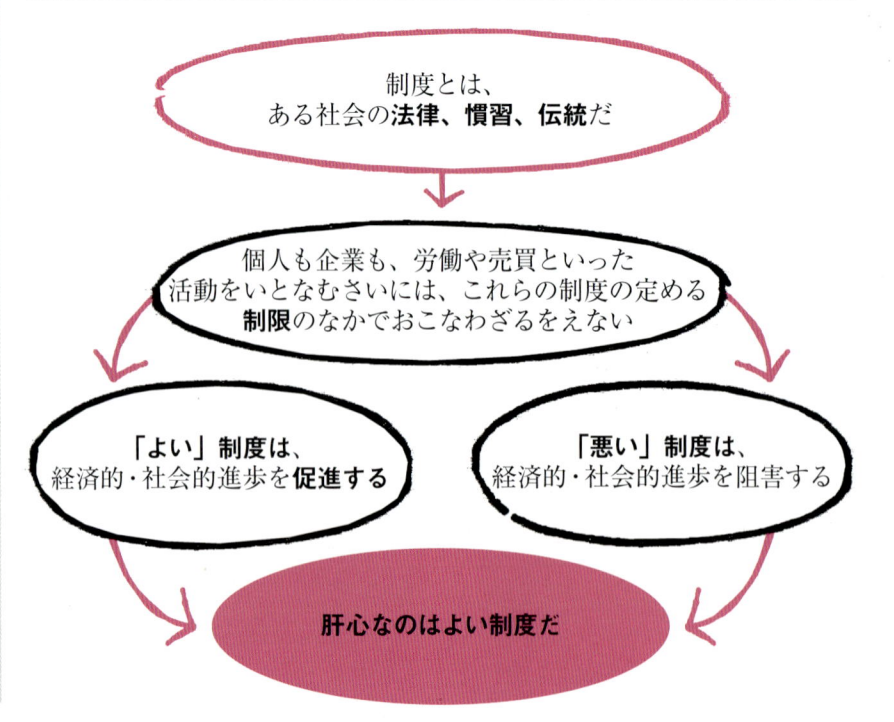

---

制度とは、ある社会の**法律、慣習、伝統**だ

↓

個人も企業も、労働や売買といった活動をいとなむさいには、これらの制度の定める**制限**のなかでおこなわざるをえない

↙ ↘

「よい」制度は、経済的・社会的進歩を**促進する** ／ 「悪い」制度は、経済的・社会的進歩を**阻害する**

↘ ↙

**肝心なのはよい制度だ**

**参照** 財産権→20〜21頁 ■ 公開会社→38頁 ■ 経済学と伝統→166〜167頁 ■ 社会関係資本→280頁 ■ 経済変動への抵抗→328〜329頁

あり、非公式の拘束とはある社会の社会的きまり(コード)、慣習、伝統だ。この両者が結びついたかたちで、ノースの言う制度がかたちづくられており、私たちが労働者、消費者あるいは投資家として、相互に影響しあうさいのゲームの規則の大枠をしつらえている。

## 市場と財産

所有権は、物質財と知的財産とを問わず、経済成長に不可欠な制度だ。ノースの調査によるなら、イギリスにおける所有権の出現は1688年だと言われているが、この年は国王が議会にしたがわざるをえなくなった年だ。それ以前は、どこでもたいていは君主が資源を搾取し、私的所有権などまったく考慮されることがなかった。ノースが見いだしたのは、国王の権力に制限がくわえられるようになってからは、交換にかかるコストが減り、インセンティヴが改善されたという事態だ。ノースの見解には批判があとを絶たないが、その研究手法はいまも影響力をもちつづけている。

ノースの挙げている例は、制度派経済学の核心にある独特な緊張をあらわにしている。国家は秩序を保証し、この秩序が国家に所有権を作動させる力を与える。なにしろ、所有権は独裁制のもとで

**ドイツ連邦議会**は、1945年以降に創設された新しい制度だ。戦後ドイツの法律と経済をかたちづくるうえで、この議会が果たした役割はとても重要であった。

は成立しえないのだ。だが、国家にみずからの便益のためにその資源を使うことを許すのも、ほかならないこの力だ。

トルコ出身のアメリカの経済学者ダロン・アセモグル（1967年〜）は、この緊張が社会の植民地としての起源に根ざしていることをあきらかにした。伝染性の疾患が猛威をふるっていたアフリカのような地域では、植民者たちは長くはとどまれない。もろもろの制度は、経済成長を促進するためではなく、国家が豊かになるために自然的資源を早急に収奪する目的で、しつらえられる。だが、いっそう居住に適していた北アメリカの植民地では、開拓移民たちは長期的な成長をうながすような制度を確立した。

経済が成功するのも失敗するのも制度次第だ。制度によってその社会の本質的構造がつくられる。経済学者たちは、まだ経済成長のきっかけとなる制度的変化を明確に特定するところまではいっていない。制度の改革は困難であり、過去がつねに現在にその痕跡をとどめている。■

> 経済のインセンティヴ構造は、
> 制度によって与えられる
> **ダグラス・ノース**

## ダグラス・ノース

ダグラス・ノースは、アメリカのマサチューセッツ州ケンブリッジで生まれた。カリフォルニア大学バークレー校の学生だったころ、第二次世界大戦への兵役を拒否し、卒業後はアメリカ商船隊の船員となって戦闘を回避した。3年間務めるあいだに、多くの経済学書を読破し、アメリカへ帰国したあとで（生涯にわたる趣味となる）写真と経済学のどちらを学ぶか、選択するのが難しいことを悟った。経済学が勝利をおさめ、ダグラス・ノースは1952年にバークレーで博士号を取得する。最初に教壇に立ったのはワシントン大学で、そこでノースは（歴史の経済学的分析と統計的分析の合体である）数量経済史という新たな分野の創設に尽力した。

ダグラス・ノースは1983年までワシントン大学で教えていたが、1966年にジュネーヴで1年間をすごし、ヨーロッパ経済史の研究に取りくみ、そこで制度への関心を呼びさまされた。1993年に、ノーベル経済学賞を受賞した。

**主著**

1981年 『経済史の構造と変化』
1990年 『制度・制度変化・経済効果』

# 人びとはできることなら責任逃れをしようとする
## 市場情報とインセンティヴ

## その経済学的背景

**焦点**
意思決定

**鍵となる思想家**
ケネス・アロー（1921年～）

**前史**
**1600年以降** 「モラル・ハザード」ということばが、個々人が誠実であるとはとても言えない状況をさして用いられるようになる。
**1920年代～30年代** アメリカの経済学者フランク・ナイトとイギリスの経済学者ジョン・メイナード・ケインズが、経済学における不確実性の問題に取りくむ。

**後史**
**1970年** アメリカの経済学者ジョージ・アカロフが、「レモンの市場」を公表して、商品の質にかんする情報がかぎられているばあいの問題について考察する。
**2009年** イングランド銀行のトップであったマーヴィン・キングが、銀行システムにたいする政府の救済措置を、「史上最大のモラル・ハザード」と呼ぶ。

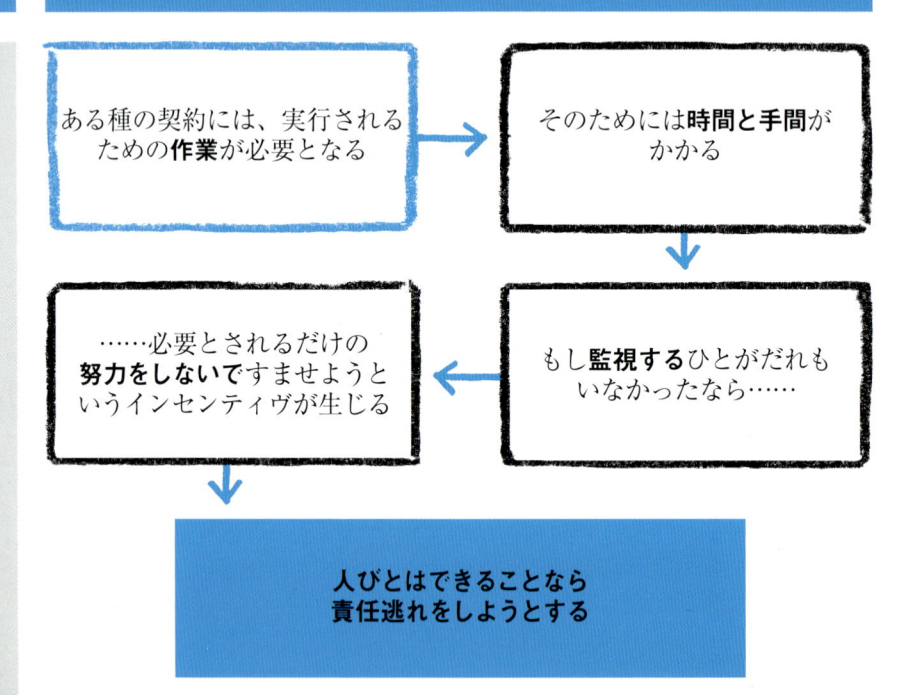

---

ある種の契約には、実行されるための作業が必要となる
→ そのためには**時間と手間**がかかる
↓
もし**監視する**ひとがだれもいなかったなら……
←　……必要とされるだけの**努力をしないで**すませようというインセンティヴが生じる
↓
**人びとはできることなら責任逃れをしようとする**

---

経済行動の標準的モデルは、最初アダム・スミス（61頁）によって18世紀につくられたが、そこでは市場に参与する者はみな合理的で、きちんと情報を与えられていると想定されている。だが、いつもそうなっているとはかぎらない。

アメリカの経済学者ケネス・アローは、市場において十分とは言いがたい情報しか与えられないばあいの問題を分析した最初のひとりだ。アローの指摘によるなら、双方が契約書への署名に同意していても、それぞれがきちんとそれを実行するという保証はどこにもない。一方には他方の行動は見えない以上、よく状況の見えていない者にとっては、相手に知られることなく契約書のすべての条項を果たす必要はないという気が起こるかもしれない。行為には眼に見えない部分がある以上は、どうしても情報は非対称性を

参照　公共財とサービスの供給→46〜47頁 ■ ホモ・エコノミクス→52〜53頁 ■ 市場とその社会への成果→210〜213頁 ■ ゲーム理論→234〜241頁 ■ 市場の不確実性→274〜275頁 ■ インセンティヴと賃金→302頁

**旅行保険**は、休日の行楽客を危険対策は保険があるから大丈夫だというという気分へと駆りたて、いっそう危険に満ちた行動をもやってみようという気にさせるところがある。その結果、保険会社は保険金を上げる。

免れえない。

## モラル・ハザード

ここから生じてくる状況が、「モラル・ハザード」だ。たとえば、保険市場では、保険契約がある個人にとってより多くの危険をとることへのインセンティヴとして機能することはありうる。なにしろ、保険をかけておけば、どんな損害の費用もまかなわれると分かっているのだ。結果として、過剰に危険負担がなされて、過剰に費用がかかることを恐れて、保険会社が補償の範囲を抑えるということが起こる。これはつまり、市場の失敗を意味する。保険をかける人びとは払いすぎることとなり、多くの人びとが保険市場から自分が締めだされていると感じる。アローが示唆したのは、こうした状況下では、市場の失敗を正すためには、政府の介入が必要となるということだ。

モラル・ハザードは、ある人間（「本人」）がほかの人間（「代理人」）に一定のふるまいをさせようとする状況があれば、いつでも生じうる。本人の望むふるまいが代理人の努力を必要とし、本人には代理人がどうふるまうかが確認できないばあい、代理人のなかにそのふるまいをサボりたい気持ちが生じ、じっさいにサボってしまうことがある。保険契約は企業とその顧客のあいだでなりたつが、ひとつの企業の内部でさえ問題が生じうる。被雇用者が、雇用主の目が届かないばあいにサボることがありうるのだ。こうした本人‐代理人問題は、複雑な課題にかかわる長期的な契約にかんして、しばしば生じる。そうした状況下では、あらゆる要件がまえもって明記されるとはかぎらない。そうしたばあい、モラル・ハザードは予期せぬ場面で起こりうる。本人‐代理人問題がきっかけとなって、複雑な課題のやりくりにかんして、どのように契約を記載すれば一番よいのかをめぐって膨大な量の文献が書かれてきた。

### 倒産するには大きすぎる？

さらに近年になってモラル・ハザードは、2008年の金融危機につづく政治的議論の中心的話題となった。銀行が「倒産するには大きすぎる」と評されるようになって以来、モラル・ハザードの新しい形態が登場してきた。主要銀行は自分たちが倒産すれば景気後退がはじまると分かっている。だから、どんなばあいであれ自分たちは政府から援助を受けて当然だと考えるようになる。経済学者に言わせれば、こうした安易な姿勢から銀行は野放図に危険な投資をおこなうようになった。2012年のユーロ危機は、現在進行形のモラル・ハザードの代表例ともみなされる。ギリシアのような国々が、国が「破産するには大きすぎる」ことを土台にして、経済活動をいとなんできたのではないかと疑われているのだ。■

## ケネス・アロー

生まれついてのニューヨーカーであるアメリカ人ケネス・アローは、1921年に生まれた。教育はすべてニューヨークで受け、社会科学でシティ・カレッジから学位を得たのち、コロンビア大学で数学の修士号を取得する。専攻を経済学へ変えるが、第二次世界大戦が勃発すると、アメリカ空軍に入隊し、風向きを調査する気象予報士を務める。

戦後アローはセルマ・シュヴァイツァーと結婚し、二人の息子をもうける。1948年からコロンビア大学で教壇に立ち、スタンフォード大学とハーヴァード大学で経済学の教授の職を得る。1979年にスタンフォードへもどり、1991年の引退までそこに勤める。

一般均衡と社会的選択にかんする業績がもっとも知られており、経済学への先駆的貢献によって、1972年にノーベル経済学賞を受賞している。

**主著**

1951年　『社会的選択と個人的評価』
1971年　『危険負担理論にかんする試論』
1971年　『一般均衡分析』（フランク・ハーンとの共著）

# 市場の効率性にかんする理論は、多くの仮定を要する
## 市場とその社会への成果

### その経済学的背景

**焦点**
厚生経済学

**鍵となる思想家**
ジェラール・ドブリュー
(1921～2004年)

**前史**
**1874年** フランスの経済学者レオン・ワルラスが、競争的分散経済によって安定均衡が実現されうることをあきらかにする。
**1942年** ポーランドの経済学者オスカー・ランゲが、市場の効率性にかんする初期の証明を用意する。

**後史**
**1967年** アメリカの経済学者ハーバート・スカーフが、現実世界の経済データを一般均衡モデルに適用する方法をあきらかにする。
**1990年代** マクロ経済学のニュー・モデルが、通時的な現実世界の経済データを一般均衡論分析に統合する。

**1860**年代と1870年代までには、主流派の経済学では、特定の市場条件下での個々人の行動を評価するための数理モデルが提示されたこともあって、世界について一連の特徴ある主張が展開されるようになった。これらのモデルは、自然の世界を記述して急速に発展しつつあった数学から借りてこられた。この発展は、しばしば「限界革命」と呼ばれるが、なんらかのより客観的もしくは絶対的な規準によってではなく、人びとの好みと資源によって価値は決まるという主張をふくんでおり、これによって理論的な問題を新たな方法で提起する可能性がひらかれた。

アダム・スミスの市場の「見えざる手」

**戦後の経済学** 211

参照　自由市場経済学→54〜61頁　■経済的均衡→118〜123頁　■効率性と公平性→130〜131頁　■セカンド・ベストの理論→220〜221頁

- **市場価格**には、個々の商品の需要と供給が**反映されている**
- だから理論上は、価格には消費者の嗜好と経済資源の限界の双方が**完全に反映されている**はずだ
- ここには、市場が「効率的な」経済的結果をもたらすということが含意されている
- だがこうしたことは、現実世界ではめったに起こることのない**想定をたてる**ばあいにしか生じない

市場の効率性にかんする理論は、多くの仮定を要する

## ジェラール・ドブリュー

1921年にフランスのカレーに生まれたジェラール・ドブリューは、ドイツ占領下のパリにあってエコール・ノルマル・シュペリウール（高等師範学校）で教育を受けた。フランス軍への兵役を務めたのち、ドブリューは数学の研究にもどり、経済問題への関心を高めた。1949年特別奨学金によって、アメリカ、スウェーデン、ノルウェーのいくつかの一流大学を訪れる機会を得、これによって当時フランスではまだ知られていなかった経済学の発展に精通することとなった。

アメリカでは、1930年代をつうじて経済問題の数理的扱いかたを追求する目的で会合を開き、高い影響力をもっていたコウルズ委員会に所属していた。スタンフォードおよびバークレーといったアメリカの大学に勤務し、経済学と数学を教えた。1983年にノーベル経済学賞を受賞し、2004年に亡くなった。

**主著**

1954年「競争経済における均衡の存在」（ケネス・アローとの共著）
1959年『価値の理論――経済均衡の公理的分析』

は、本当に利己的な個人を導いて最良の結果をもたらしただろうか。市場は、程度の差こそあれ、社会を主導するそれ以外のやりかたよりも有効だっただろうか。完全な自由市場というものはこれまでに実在したのだろうか。

### 安定的な市場

フランスの経済学者レオン・ワルラス（120頁）は、理論上のこうした革命を導いた先駆者のひとりだ。ワルラスは、市場がそれ固有のしくみから離れて、消費者ならびに企業の需要と、商品およびサービスの供給とのあいだの完全な均衡を実現することで、社会全体のために安定した結果をもたらすことを示そうとした。ただひとつの市場しかなければ、こ

**政府**は、石油のような商品に課税することで富を**再分配する**。ある種の仮定のもとでは、自由市場は課税にもかかわらず、財の効率的な利用を達成すべく調節機能を発揮することが示されうる。

## 212　市場とその社会への成果

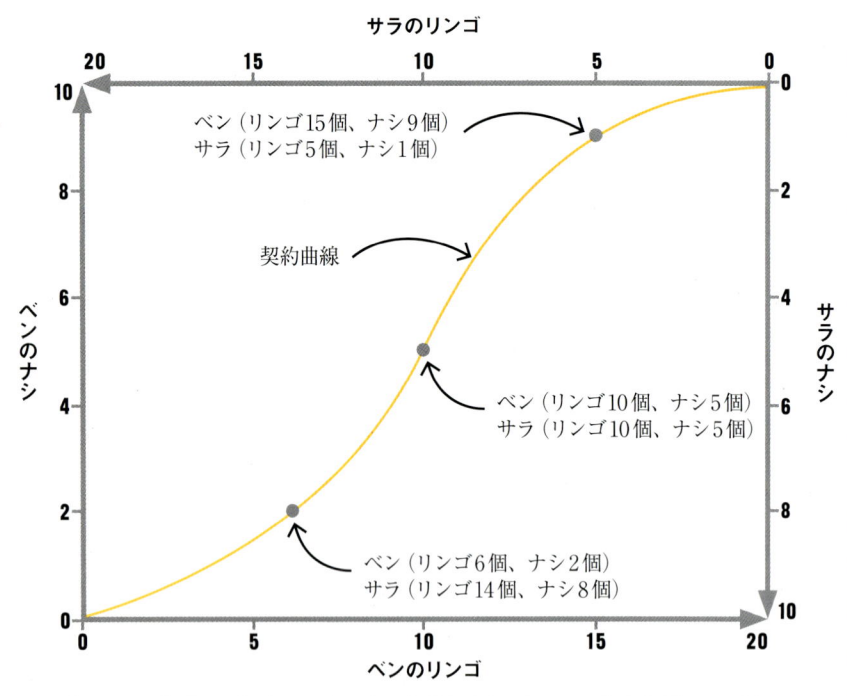

**サラのリンゴ**　20／15／10／5／0
**ベンのナシ**　0〜10
**サラのナシ**　0〜10
**ベンのリンゴ**　0／5／10／15／20

- ベン（リンゴ15個、ナシ9個）／サラ（リンゴ5個、ナシ1個）
- 契約曲線
- ベン（リンゴ10個、ナシ5個）／サラ（リンゴ10個、ナシ5個）
- ベン（リンゴ6個、ナシ2個）／サラ（リンゴ14個、ナシ8個）

**エッジワースの箱図**は、経済における財の分配を示すひとつのやりかただ。この例では、二人の人物ベンとサラ、そして二つの商品20個のリンゴと10個のナシが例に挙げられている。箱のなかのおのおのの点は、ベンとサラのあいだでのリンゴとナシの可能な配分を示している。黄色い線は契約曲線で、ベンとサラがたがいに交換をおこなったあとで、それぞれのものとなりうる財の可能な配分を示している。この契約曲線上での交換は、パレート最適をもたらす。

のバランスないし均衡が十分に実現可能であることは知られているが、もろもろの市場全体のレベルでも同じことが起こりうるかどうかは、まだはっきりしていなかった。

「一般均衡」の問題は、1954年にフランスの数学者ジェラール・ドブリューとアメリカの経済学者ケネス・アロー（209頁）によって、精密なかたちで解決された。二人は高等数学を応用することで、一定の状況下では、一群の市場が全面的均衡を実現しうることをあきらかにした。アローとドブリューは、自由市場は社会的秩序へとつうじてゆくというアダム・スミスの主張に手をくわえた。だが、スミスがおこなったのは、市場が安定点へ向かうという純然たる事実の主張よりもずっと強力な主張であった。すなわちスミスは、この均衡が望ましいのはその必

然的帰結として自由社会が実現するからだとも述べていたのだ。

### パレート最適状態

現代の経済学者たちは、「パレート最適」（130〜131頁）として知られる概念を用いて、望ましさの程度を測定する。パレート最適状況では、だれかが得するときには必ず別のだれかが損をする。経済において改善がなされるとすれば、少なくともそれは、だれかの利益がほかのだれの不利益をも生まないようなぐあいに財が手から手へ交換されるときだ。アローとドブリューは、市場の均衡をこのパレート最適と結びつけた。そうするなかで彼らは、市場のもたらす結果はよいものだというスミスの究極的な主張を厳格に吟味した。具体的にはこれは、「厚生経済学の基本定理」として知られる二

つの定理を吟味することで、これをおこなった。

第一の厚生定理によると、均衡状態にある純然たる自由市場経済においてはどこでも、必然的に「パレート最適」がなりたっている。つまり、ほかのだれかが損をすることなしにだれかが得をすることがありえないようなぐあいに、資源の分配がなされている。個々人は、まず財の「賦存量（持ち分）」からはじめる。次にそれをたがいに交換してゆくことで、定理が有効だと認める均衡状態に達する。

そこではパレート最適は、弱い倫理的基準だ。ひとりの金持ちが望まれる商品をすべて所有していて、ほかの全員がなにももっていない状態というのが、パレート最適ということになろうが、それは当人に損をさせないでいくつかの商品をこの金持ちから取りあげることが不可能だからだ。だから、この第一の厚生定理によれば、市場は効率的だが、そこでは分配という肝心 要の論点については、なにも語られていない。

第二の厚生定理は、まさにこの問題をあつかう。経済活動には、典型的なかたちで資源のパレート最適にしたがった割当てが数多く認められる。そのなかには公正で平等な配分もあれば、きわめて不平等なものもある。第二の定理によると、

> ［需要と供給による］こうした協調がいかに実現するかが、アダム・スミス以来の経済理論において関心の中心となってきた
>
> ケネス・アロー

> ある資源の配分は、パレートの言う意味で効率的でありうるが、それでいて一部の者に莫大な富をもたらし、そのほかの者にはとてつもない貧困をもたらす
>
> ケネス・アロー

パレート最適にもとづいたこうした配分はどれも、自由市場を用いることで達成可能だ。これを経済学者たちは、「契約曲線」というかたちであらわしている。だが、こうした配分のどれかひとつでも実現するには、最初の個人への賦存量(持ち分)の再分配がなされねばならない。そうすれば交換がはじまり、特定のパレート最適にしたがった資源の分配が可能となる。

ここから得られる実践的含意は、政府には、課税という手段を用いることで資源を再分配する力があり、そのうえで自由市場に依拠するかたちでそのつどの再分配を有効なものにすることが可能となるということだ。公平(公正)性と効率性は同時になりたつものなのだ。

## 現実世界の限界

じつはアローとドブリューの結論は、厳しい仮定に依拠している。この仮定が支持できないとしたら、効率性は損なわれ、経済学者たちが「市場の失敗」と呼ぶ事態が生じる。この定理が支持されるためには、個々人が経済的合理性にのっとってふるまう必要がある。人びとには、市場の信号(シグナル)に適確に応答することが求められるが、あきらかにこれは現実の事態ではない。企業の行動は競争にもとづくものでなければならないが、じっさいの世界では独占が当たり前だ。

さらに言うなら、きわめて高い設立費用をもとにした大企業がいくつもあるような状況——たとえば、多くの公益事業が並存しているばあい——において規模の経済がなりたっているばあいには、厚生定理は維持されない。均衡の効率性のさらなる重要条件は、「外部性」が存在してはならないということだ。外部性とは、市場価格に反映されない費用と便益のことだ。たとえば、バイクショップから漏れてくる騒音は、隣の会計事務所の生産性を損なうかもしれないが、バイクショップの店主はこの騒音分のコストを考慮にはいれない。なにしろ、それは店主の私的費用に影響をもたらすものではない。外部性は効率性をそこなう。また、個人が自分の買う財の価格と特徴についての十分な情報を有していないばあい、市場は失敗しがちだ。

## 定理は私たちになにを教えるのか

このモデルの仮定が、どんな状況にも適用不可能であるほど現実からへだたっているとしたら、このモデルの要点はなんなのかと問いたくなるかもしれない。だが、定理としてのモデルは、現実の忠実な描写をめざしてつくられているわけではない。もしそうだとしたら、アローとドブリューのモデルは使えないものとなっていただろう。じっさいこの定理は、あくまでどのような状態のもとで市場は効率性をもたらすかという中心的な問いに答えるものだ。そのばあい、この条件の厳しさが、どの程度またどんなふうに現実の経済が全面的な効率の水準点からはずれているかを教えてくれる。

アローとドブリューの条件が指摘しているのは、効率性に近いところまでゆくには私たちがどうすればよいかだ。たとえば、私たちは、外部性を処理するために汚染に価格をつけ、市場をもっと競争的なものとするために独占を打ちこわし、あるいは消費者に購入しようとしている商品の情報をもたらすために制度の創設を試みるかもしれない。

アローとドブリューの業績は、戦後の経済学の大半にとっての土台を築くものとなった。この二人の発見を精緻化し、別の想定のもとでの経済活動の効率性を探索しようとするいくつもの試みがなされてきた。理論的なものであれ経験的なものであれ、大半のマクロ経済学のモデルは、アローとドブリューの一般均衡へのアプローチを借りてつくられている。もちろん、このアプローチを批判して、現実世界の経済のカオス的でまったく予見不可能な本性が考慮にいれられていないと主張する者もいる。この種のモデルが2008年の金融危機の予測に失敗したことも相まって、こうした声は近年ますます高まりつつある。■

**均衡モデル**は、リーマン・ブラザーズ銀行の破産とその従業員全員の失業に端を発した2008年の危機を予測しそこねた。この結果、このモデルの基本的な仮定自体が批判にさらされることとなった。

# 完璧な投票システムはない
## 社会選択理論

## その経済学的背景

**焦点**
**厚生経済学**

**鍵となる思想家**
**ケネス・アロー**
（1921年〜）

**前史**
**1770年** フランスの数学者ジャン＝シャルル・ド・ボルダが、優先投票システム（ボルダ式得点法）を考案する。
**1780年代** イギリスの哲学者にして社会改革者ジェレミー・ベンサムが、最大多数の最大幸福を目的とする功利主義のシステムを提案する。
**1785年** ニコラ・ド・コンドルセが、『多数決の確率にたいする解析の応用試論』を公刊して、もともとの投票のパラドックスを提起する。

**後史**
**1998年** インド出身の経済学者アマルティア・センが、厚生経済学と社会選択理論にかんする業績でノーベル経済学賞を受賞する。

一見すると、投票の数学など経済学にはほとんど無関係なもののように思われる。だが、厚生経済学の、とりわけ社会選択理論の領域では、それは中心的な役割を演じている。社会選択理論は、1950年代にアメリカの経済学者ケネス・アローによって発展させられた。アローの見るところ、ある社会の経済的厚生の程度を評価するには、その個々の成員の評価が考慮にいれられる必要がある。ある社会の厚生と社会的状態を規定する集合的決定をおこなうには、個々人が自身の好みを表明し、たがいにまとまるためのシステムが必要だ。集団的な意思決定過程は、投票という公正かつ効率的なシステムに依存する。だが、『社会的選択と個人的価値』（1951年）のなかでアローは、そこにはあるパラドッ

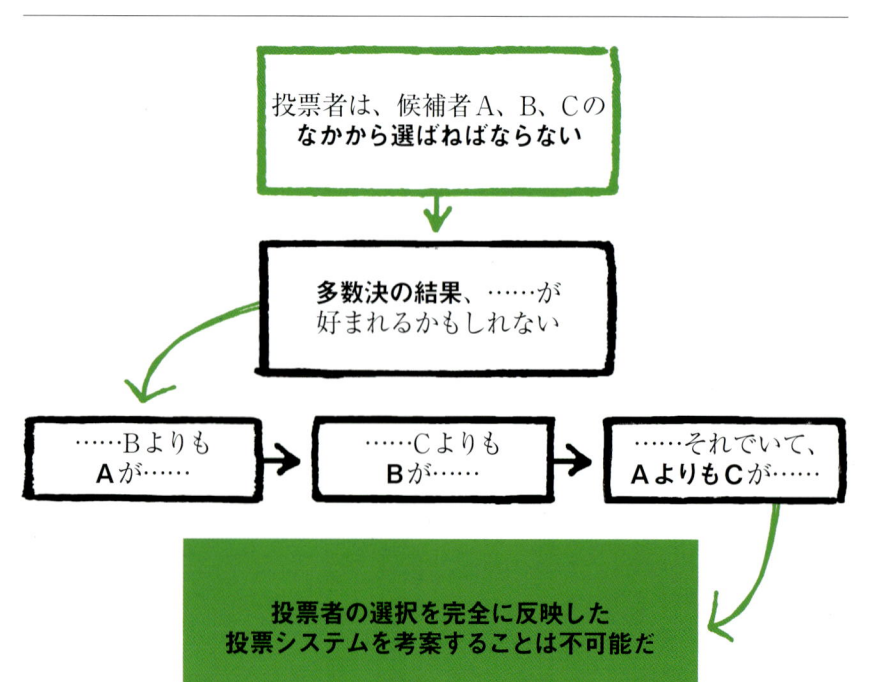

---

**投票者は、候補者A、B、Cのなかから選ばねばならない**

↓

**多数決の結果、……が好まれるかもしれない**

↓

**……BよりもAが……** → **……CよりもBが……** → **……それでいて、AよりもCが……**

↓

**投票者の選択を完全に反映した投票システムを考案することは不可能だ**

参照　効率性と公平性→130〜131頁　■市場とその社会への成果→210〜213頁　■社会的市場経済→222〜223頁

> 資本主義の民主制では、
> 社会的選択をおこなうための
> 方法は本質的に二つだ。
> 投票……と市場メカニズムだ
> **ケネス・アロー**

クスが潜んでいることをあきらかにした。

## 投票のパラドックス

いわゆる投票のパラドックスは、これよりもほぼ200年もまえに、フランスの政治思想家にして数学者ニコラ・ド・コンドルセ（1743〜1794年）によって採りあげられていた。コンドルセによれば、多数決においてはBよりAが好まれ、かつCよりBが好まれていながら、同時にAよりもCが好まれるという事態が起こりうる。たとえば、投票者の三分の一がA-B-Cの順序を選択し、別の三分の一がB-C-Aという順序を選択し、残りの三分の一がC-A-Bの順序を選択したとしよう。そのばあい多数決が示しているのは、BよりAが好まれ、CよりBが好まれているという事態だ。そこで直観的に私たちは、この選択順位のなかではCが最下位にくるものと予想する。だが、多数派はAよりもCを好む。こうしたケースで公正な集団的決定をおこなえるかどうかは、あきらかに疑わしいと言わざるを得ない。

アローがあきらかにしたのは、投票者の好みを正しく反映した投票システムが疑わしいというばかりでなく、そもそもそんなシステムが不可能だということだ。アローは、理想的な投票システムがかなえるべき一連の公正さの基準を提案した。そのうえで、それらの条件すべてを満たすことがそもそもいかなる投票システムにもなしえないことを証明した。じっさい、合理的な想定にもとづく多数決がなされたとしても、直観とは反する結果が生じる。公正さのための基準のひとつに、「独裁者」つまり集団の決定を規定できる個人がいてはならないというものがある。だが逆説的にも、それ以外のすべての条件がきちんと守られたばあいでも、そうした「独裁者」は出現してしまう。

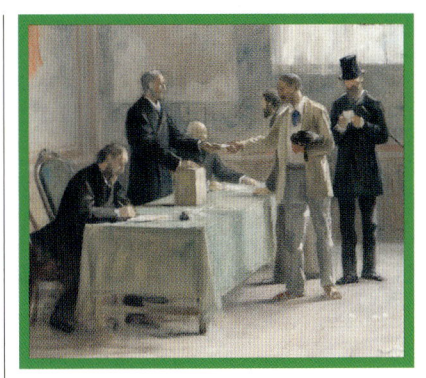

この絵に描かれている、19世紀フランスにおける無記名投票箱への**選挙権**の行使は、西洋文明の世界でほとんどあまねく遵守されてきているが、真に完璧な投票システムはなかなか達成しがたい。

## 多数の福祉

アローのパラドックス（一般可能性定理とも呼ばれる）は、現代の社会選択理論の土台となっており、アローによる公正の基準は個人の好みを考慮にいれる公正な投票方法を考案するうえでの基礎を提供した。

社会選択理論は、いまでは経済政策の効果を評価することをめざす厚生経済学における、もっともポピュラーな部門のひとつだ。このジャンルは、最初は抽象的な定理の展開としてスタートしたが、政府や計画者が継続的に大多数の福祉を比較検討しようとする経済状況を具象化するのに適用されている。そうした状況の多くは、資源の分配や富の再配分といった根本的な経済問題にたいして深遠な意味を有する。■

### 社会厚生関数とはなにか？

社会の福祉を評価する方法はいくつもある。19世紀の功利主義者たちは、効用ないし幸福にたいする個々人の水準は、ちょうど所得のように足しあわせて、全体の厚生を見積もることができると考えた。のちの経済学者たちは、「社会厚生関数」というものを発展させて、同じことをやろうとしたが、そこには必ずしも効用という尺度はふくまれていない。ケネス・アローたちは、この関数を定式化して、個人の好みをありうべき社会状態の順位（ある社会における個々人の経済的位置）に調節するための手段とした。ここには社会厚生にかかわる思考の倫理的側面が認められる。功利主義というシンプルなスタイルでは、幸福の配分以上にトータルな幸福の最大化に力点が置かれていた。これとはちがったスタイルがアメリカの哲学者ジョン・ロールズ（1921〜2002年）によって提案されたが、それは社会でもっとも恵まれていない人びとの幸福の最大化をめざしている。

# 目標は、所得ではなく
# 幸福を最大にすることだ
## 幸福の経済学

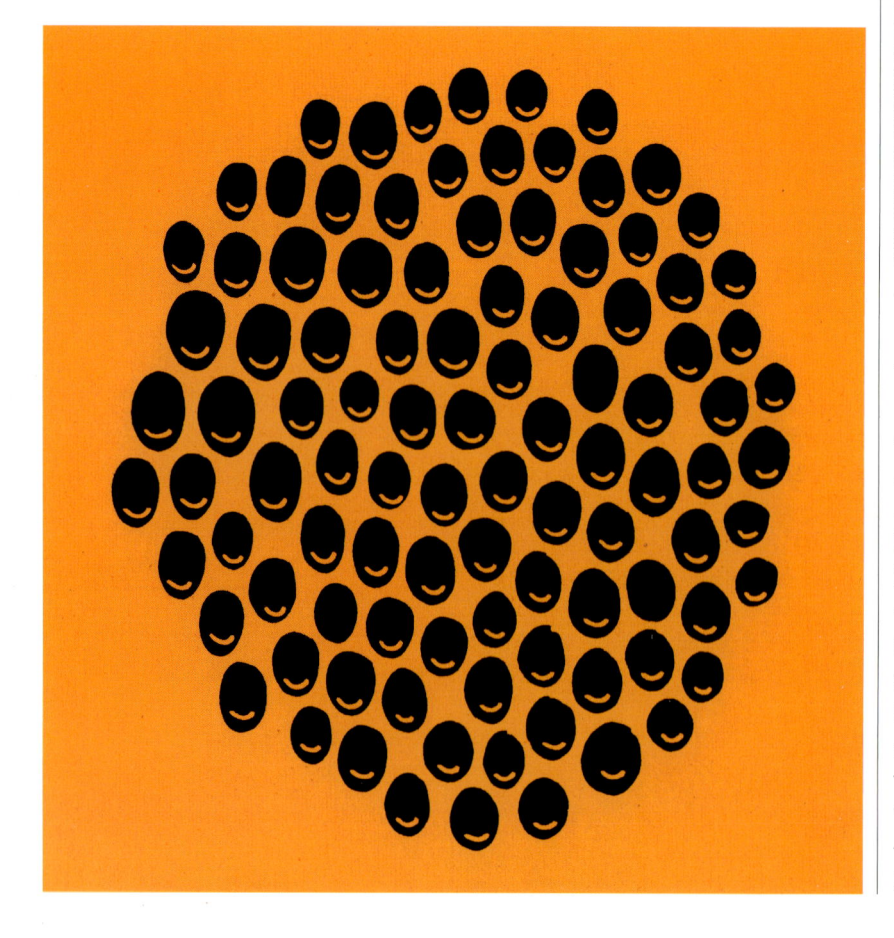

### その経済学的背景

**焦点**
社会と経済

**鍵となる思想家**
リチャード・イースタリン
（1926年〜）

**前史**
**1861年** ジョン・スチュアート・ミルが、道徳的行為とは全体の幸福を最大にするような行為だと主張する。
**1932年** サイモン・クズネッツが、慣習的な経済変数だけに依拠して、アメリカで最初の国民所得会計を公表する。

**後史**
**1997年** イギリスの経済学者アンドリュー・オズワルドが、不幸の主な理由は失業にあると主張する。
**2005年** イギリスの経済学者リチャード・レイヤードが、『幸福──ニュー・サイエンスからの教え』を公刊して、あらためて幸福と所得との関係についての論争の口火を切る。

　　　　国の最初の近代的な国民所得会計は、1930年代にアメリカでロシア出身の経済学者サイモン・クズネッツによってつくられた。クズネッツの先駆的業績は、その後イギリス、ドイツそのほかの先進国における国民所得会計の創造をもたらした。この計算には、国民所得の数値にいたるための、一年をつうじての経済活動でいとなまれた全取引の合計がふくまれていた。これがのちに、国内総生産（GDP）として知られるようになる。フランス人フランソワ・ケネーのような初期の経済学者たちも、すでに同じような尺度を引きだそうとしていたが、その努力は与えられた課題の一見したところの巨大さゆえに失敗せざるをえなかった。それが可能となるのは、

# 戦後の経済学 217

**参照** 富の測定→36～37頁 ■ 効率性と公平性→130～131頁 ■ 誇示的消費→136頁 ■ 市場とその社会への成果→210～213頁 ■ 行動経済学→266～269頁 ■ ジェンダーと経済学→310～311頁

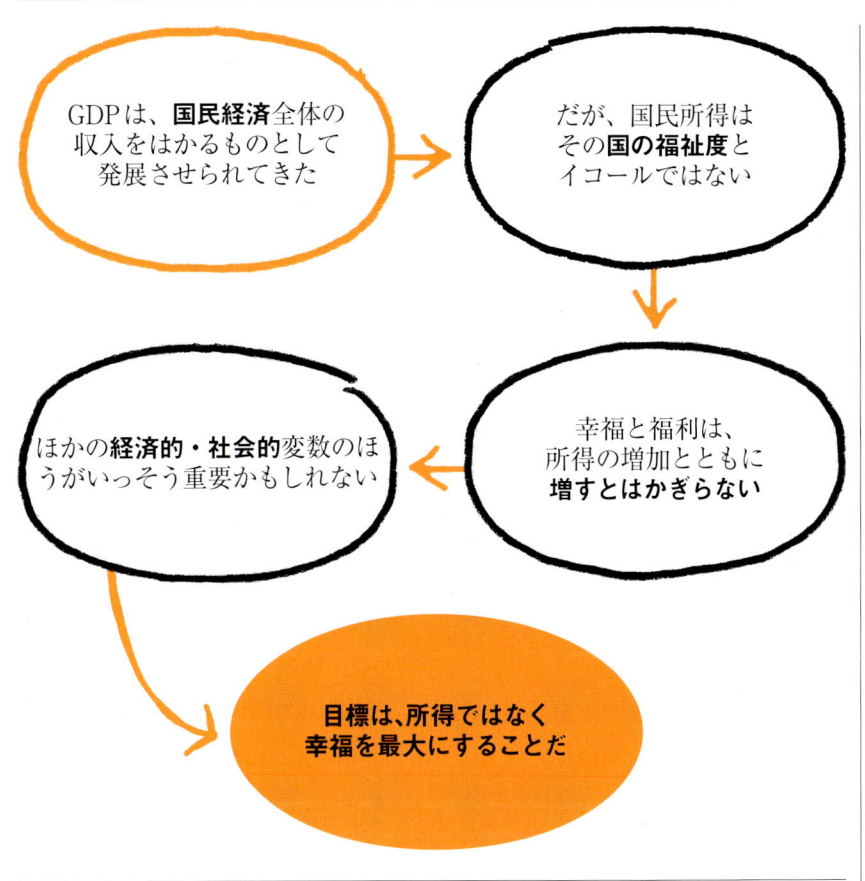

---

> GDPは、**国民経済**全体の収入をはかるものとして発展させられてきた

> だが、国民所得はその**国の福祉度**とイコールではない

> 幸福と福利は、所得の増加とともに**増すとはかぎらない**

> ほかの**経済的・社会的**変数のほうがいっそう重要かもしれない

> **目標は、所得ではなく幸福を最大にすることだ**

**ねたみは不幸のひとつの原因**だ。隣人があなたよりももっているかいないかは、あなたが自分をどう思っているかということ以上に、あなた自身の幸福にとって重要な要因となる。

もっぱら統計学、調査技法、そして経済全体の研究の発展を待つよりほかなかった。

## 大量に計算する

最初に登場したときから、GDPの数値は政治家、ジャーナリスト、そして経済学者にとって、ほとんど抗いがたい魅力をもっていた。単純なかたちではGDPは、経済にかんするほとんどすべての重要な要素を要約する数値を示すものとしてあらわれた。GDPが上がるとは、仕事が増え給料が上がるということであり、GDPが下がるとは、失業と不確実性が増すことであった。第二次世界大戦以降、経済政策をめぐる論戦は、GDPを増大させる最良の方法をめぐる一連の議論へ急速に収斂していった。さまざまな政策が推奨されたが、どれもが同じ目標のほうを向いていた。

だが、ここにはいくつかの重要な問いが見おとされている。GDPはたんにひとつの数値にすぎず、もっとも重要な数値というわけではない。GDPと現実の社会的厚生とのあいだに必然的な結びつきはない。そのことは、クズネッツ自身がすでにアメリカ議会の公聴会で指摘していた。GDPの上昇はきわめて不均一な分布を示し、その結果ごく一部の人間が莫大な富を得て、大半の人びとはほんのわずかしか富をもたないという事態が生じる。家族的なあるいは親密な人間関係といった私たちを幸せにしてくれる要因は、その尺度には記載されていない。それでいて、GDPは経済学における最優先の統計値となり、ある国がうまく機能していることを示す証拠とみなされるようになった。なにも証明されてはいないのに、GDPが完璧に福祉とマッチしていないばあいでさえ、福祉とGDPは同じ方向に向かっていると一般には信じられている。

GDP概念と国民所得にたいする直接的な異議は、1974年にアメリカの経済学者リチャード・イースタリンによって提出された。イースタリンは19の国でのそれまで30年間における人びとの幸福度についての報告を考察の対象として、GDPと福祉とのあいだの結びつきが人びとの思っているほど強固なものではないことをあきらかにした。イースタリンが見いだしたのは、幸福度の報告が予想されたとおり所得の増加とともに増しているということであった。だが、ギリギリの生活水準以上の人びとにかんしては、国民所得には相当なばらつきがあるにもかかわらず、国がちがっても、報告される幸

## 218　幸福の経済学

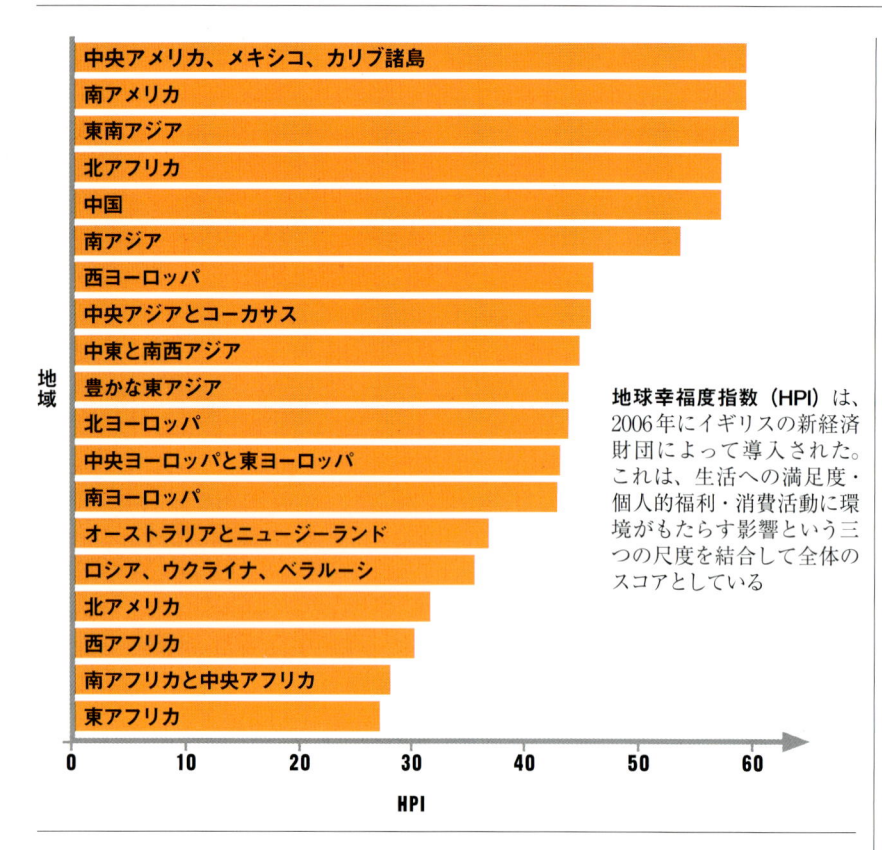

**地域別HPI（地球幸福度指数）**

| 地域 | HPI |
|---|---|
| 中央アメリカ、メキシコ、カリブ諸島 | ~60 |
| 南アメリカ | ~60 |
| 東南アジア | ~58 |
| 北アフリカ | ~57 |
| 中国 | ~57 |
| 南アジア | ~53 |
| 西ヨーロッパ | ~47 |
| 中央アジアとコーカサス | ~46 |
| 中東と南西アジア | ~45 |
| 豊かな東アジア | ~44 |
| 北ヨーロッパ | ~44 |
| 中央ヨーロッパと東ヨーロッパ | ~43 |
| 南ヨーロッパ | ~42 |
| オーストラリアとニュージーランド | ~37 |
| ロシア、ウクライナ、ベラルーシ | ~35 |
| 北アメリカ | ~31 |
| 西アフリカ | ~30 |
| 南アフリカと中央アフリカ | ~28 |
| 東アフリカ | ~27 |

**地球幸福度指数（HPI）** は、2006年にイギリスの新経済財団によって導入された。これは、生活への満足度・個人的福利・消費活動に環境がもたらす影響という三つの尺度を結合して全体のスコアとしている

福度にはそれほど大きなばらつきは認められなかった。つまり、豊かな国の国民がもっとも幸せというわけではないのだ。

ときとともに、事態はいっそう奇妙なものにさえ見えてきた。アメリカでは、1946年以降、継続的に比較的かなり急速なGDPの上昇が認められるが、報告される幸福度はそれに倣(なら)うように増大してはいない。それどころか、1960年代以降は減少傾向にある。どうやら、お金では幸福は買えないようだ。

イースタリンの報告の結果は、イースタリンのパラドックスとして知られるようになった。これによって、19世紀後半以来休眠状態にあった、経済学と福祉のあいだの関係にかんする研究が、新たな領域として浮かびあがってきた。研究者たちは、個人と企業と政府による意思決定が、人びとが自身および社会について感じていることにどのような影響をもたらすのかを見積もろうとした。

ひとつの説明は、1971年にアメリカの心理学者フィリップ・ブリックマンとドナルド・キャンベルによってはじめて提案された「快楽の踏み車」の概念によって提示された。この二人の言うところでは、ひとはいまの自分の幸福度にいとも簡単に慣れて、できごとの良し悪しにかかわりなく、この水準を維持しようとする。所得が増えると、この新たな物質的安心の水準をいとも簡単に受けいれて、それが当たり前だとみなすようになり、もはや以前にそうであったほどにはいまを幸せとは思えなくなってしまう。この理論を極限まで推しすすめると、ぎりぎりの生存所得水準を越えてしまえば、あらゆる経済発展が本質的には福祉とは無縁なことがらとなり、人びとの幸福度は、たとえば性格や友情といった、まったく別のことがらに規定されるようになる。

これに代えて、研究者たちは地位と他人との比較の重要性を前面に押しだすようになった。たとえば、社会でだれひとりとして車をもっていなければ、車を所有していないことなどとるにたらない問題だ。だが、だれかが車を所有するようになるや否や、車をもっていないほかの人びとは、自身の状態を地位の劣った状態とみなすようになる。「隣人と同じでい

ブータンの**春の祭典**は、舞踏で祝われる。1972年に国王は、このさき政府が「国民総幸福量」を最大にする政策を目標とすることを宣言した。

## 戦後の経済学

> 経済にかかわることがらが重要なものとなるのは、それによって人びとがより幸福になるかぎりでの話だ
>
> **アンドリュー・オズワルド**
> (1953年〜) イギリスの経済学者

よう」とは、経済が成長して新たな富がもたらされても、それは報告される幸福度にはポジティヴであっても限られた影響しかもたらさないということを意味する。だれもが最後は激烈な生存競争に乗せられ、死にもの狂いで他人以上に消費をおこなおうとする。社会に不平等が蔓延すればそれだけ、こうした競りあいはよりひどくなってゆく。

### パラドックスに挑戦する

イースタリンのパラドックスへの関心が2000年代をとおして高まるにつれて、このパラドックスにたいする挑戦もあらわれだした。2008年に、より多くの国から集めてきたデータをもとに、アメリカの経済学者ベッツィー・スティーヴンソンとジャスティン・ウォルファーズは、国がちがっても幸福度は所得増加とともに増し、所得の増加はさらによりいっそうの福祉につうじることもあると主張した。

一般に、研究者たちが見いだしたのは、所得が上がればそれがただちに幸福度の上昇をもたらすわけではないが、所得の低下は幸福度に深刻なダメージをもたらすということだ。とりわけ解雇と失業は、深刻な病や新たな障害のばあいと同じように、福祉にひどい影響をもたらす。

言いかえるなら、GDPと国民所得とのあいだにはある種の関連が認められるにしても、それは単純なものではないということだ。よりよいデータが利用できるにつれて、可能な政策目標としての幸福と福利という概念が、地に足のついたものとなる。ついでここから、関心の決定的に重要な経済変数としてのGDPも少しずつ位置がずらされていった。その論証はシンプルだ。

広範に報告される経済変数が経済と社会生活の重要な側面を捉えそこなっているとしたら、これらの変数に関心を集中させると、政策立案はどんどん悪化する。政策がGDPだけでなく、「幸福指数」にももとづくものとなれば、新たな優先関係が生じる。ここには、労働と生活の

バハマの人びとは、イギリスの心理学者エイドリアン・ホワイトによって幸福度を測定する目的で導入された、人生指標への満足度という点で、きわめて高得点を示している。

あいだのもっとよいバランスを促進するような尺度がふくまれるかもしれない。失業はいっそうコストのかかる事態とみなされるようになり、それを緩和するためにより大きな政策が採用されるようになるかもしれない。福祉をはかるいっそう広範な尺度はすでに用いられている。とりわけ、発展途上国をめぐる議論においてそれは顕著だ。たとえば、国連人間開発指標では、所得に平均寿命と教育が結びつけられている。GDPの成長だけに関心を寄せたために、2008年の金融危機にさきだつ時期の負債の増加がもたらしたさまざまな問題を覆いかくしがちだという議論がある。福祉の認識にもっと調和していて、人びとのじっさいの関心事にはるかに身近な幅ひろい指標が利用できたならば、GDPの上昇というただひとつの指数だけでは、もはや喜ぶ理由とはなりえなかったろう。■

### 幸福を計測する

2007年にフランス大統領ニコラ・サルコジが、経済学者ジョセフ・スティグリッツ、アマルティア・セン、ジャン=ポール・フィトゥーシに、社会的・経済的進歩の計測と厚生について、どの程度の規模の計測がおこなわれるべきかの調査研究を依頼した。

彼らの報告は2009年に公刊されたが、そのなかでは経済政策決定の焦点を(GDPのような)経済的生産量から幸福と持続性の測定へとシフトする必要性が主張された。とりわけ彼らの報告では、共通の経済指標と報告される福利とのギャップがどんどん広がりつつあるという事実が重視されていた。

この測定のための別のシステムは、必然的に、ただひとつの数値をつうじてすべてを要約しようとする試みではなく、健康、生活スタイルへの環境の影響といった、まったく異なる指標を用いるものとなろう。

# 市場を正そうとする政策がかえって事態を悪くしてしまうことがある
## セカンド・ベストの理論

## その経済学的背景

**焦点**
経済政策

**鍵となる思想家**
ケルヴィン・ランカスター
(1924〜1999年)
リチャード・リプシー
(1928年〜)

**前史**
**1776年** アダム・スミスが、政府の介入よりも自己調整的な市場の「見えざる手」が重要だと主張する。
**1932年** イギリスの経済学者アーサー・ピグーが、市場の失敗を正すための課税を推奨する。
**1954年** ジェラール・ドブリューとケネス・アローが、「競争経済における均衡の存在」のなかで、完全に自由な市場経済はそこに参加している人びとの福祉を最大にしうることを論証する。

**後史**
**1970年代以降** 厚生経済学が、ジョセフ・スティグリッツ、アマルティア・センといった経済学者たちの研究をつうじて、発展する。

---

理論上は、自由市場がありうべきもっとも効率的な経済活動だ

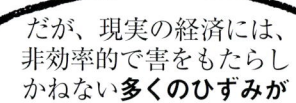

↓

だが、現実の経済には、非効率的で害をもたらしかねない**多くのひずみがふくまれている**

↓

ひずみはたがいに**連結していることがあり**、そのなかには政府の力をもってしても取りのぞけないものもある

↓

取りのぞこうとする試みが、ほかのひずみに**いっそう悪い影響をもたらすこともありうる**。だから、政府は慎重にふるまう必要がある

↓

**市場を正そうとする政策がかえって事態を悪くしてしまうことがある**

---

標準的な経済理論では、市場であらゆる商品とサービスがまかなえ、この市場を利用する人びとがみな情報に精通しているばあいには、経済は効率的にはたらいているとみなされる。資源の配分のしかたを変えて、ほかの人間に損をさせることなくひとりの人間が得をするようにすることは不可能だ。だから、社会の福祉は自由市場で達成されるのが一番だ。自由市場主義者によるなら、もっとも効率的な政策は政府が市場の不完全性を取りのぞき、可能なかぎり市場を理想に近づけることだ。

### 不完全な状態で機能する

だが、効率的な政策が実現されるためには、それにさきだつ厳格な条件がいくつもある。1956年に、オーストラリアの経済学者ケルヴィン・ランカスターとカナダ人の同僚リチャード・リプシーが、ある状況下では市場の効率性の改善を目標とする政策が市場全体を悪化させてしまうことがありうるのを証明した。「セカンド・ベストの一般理論」と題された論文のなかで、この二人は市場の不完全性が永続的なものとなってしまい、それを正すか取りのぞくかする手だてが政府にもない事態が生じる原因を考察した。「一番ベスト」の解決策がないのだ。こうしたばあい、経済のどこかの領域への政府

**参照** 自由市場経済学→54〜61頁 ■ 経済的均衡→118〜123頁 ■ 外部費用→137頁

# 戦後の経済学 221

の介入は、市場を理想の状態からさらに遠くへ押しやることで、既存の不完全性の悪影響をさらに拡大しかねない。ランカスターとリプシーの洞察によれば、ある市場における不完全性が取りのぞきにくいばあいには、それ以外の市場すべてがその市場をめぐってしかるべく機能するようになる。その結果、不完全性は残ったままであっても、資源の相対的に効率的な再分配が実現される。

## 欠点がもっとも少ない

ランカスターとリプシーは、さらにさきまで進んだ。ある歪みは正せるがほかの歪みは正せそうにないというばあいのもっとも効率的な政策は、理論上で求められるそれとは真逆のものであることがありうる。たとえば、全体的な福祉を改善したいというばあいに、市場の混乱をさらに加速させるのが政府にとってはよい結果をもたらすことがある。そのばあい、理想の政策は抽象的な理念だけの導きによってはたちゆかない。複数の市場がどのようにしていっしょに機能するかについての徹底した理解が、その土台におかれねばならない。

ひとつの古典的な実例は、独占企業がその生産活動によって河川を汚染しているというばあいだ。汚染は社会にとって負担となるばかりでなく、生産活動にも避けがたい影響をおよぼす。それは生産過程からなくすこともできないという点で、市場につきまとう消せない不完全性だ。だが、独占状態であればなくせる。

標準的な経済理論であれば、政府に独占を解体し、市場にいっそうの競争を導入することを勧めるだろう。こうすれば、経済は理想的な効率性に近づけられる。だが、競合しあう生産者たちが、ひとりきりの生産者以上に生産活動を推しすすめ、いっそうの汚染を招いてしまうかもしれない。そう考えると、社会全体の福祉にとってどんな影響が生じるかは不確定なままだ。生産者が増え、コストが下がることで、利益は上がるかもしれないが、いっそうの汚染が進んで被害をこうむるかもしれない。このばあいの「セカンド・ベスト」の解決は、独占をそのままにしておくことかもしれない。

セカンド・ベストの理論は、それが政府に理想を達成しようとすることよりも慎重にふるまうことを推奨する点で、いまなお経済政策にとって急所をつくものだ。■

## リチャード・リプシー

1928年生まれのカナダ出身の経済学者リチャード・リプシーの名は、なににもましてケルヴィン・ランカスターとともに公式化されたセカンド・ベストの理論で知られている。リプシーは、カナダのサイモン・フレーザー大学の名誉教授で、それまでにアメリカとイギリスで教えてきた。1968年にミルトン・フリードマン（199頁）の批判にたいしてフィリップス曲線（203頁）の擁護に回ったが、これは経済学における重要な論争のひとつとなった。

リプシーは、経済理論にかんする標準的教科書『実証的経済学』の著者であり、近年では進化経済学の発展への貢献でも知られている。この領域では、歴史的変化の過程にかんする影響力をもった著作の共著者ともなっている。

### 主著

1956年 「セカンド・ベストの一般理論」（ケルヴィン・ランカスターとの共著）

2006年 『経済変容――一般的技術と長期的経済成長』（K・カーロウ、C・ビーカーとの共著）

**欠点がもっとも少ない解決策を選択する**
(1) 独占企業は汚染を生むことがある。独占も汚染も、市場における不完全性だ。
(2) 政府には独占をなくし、それに代えて競争しあう企業を設営する力がある。だが、まえよりも多くの企業が競争しあうことで、汚染もさらに悪化する慮れがある。

# 市場を公正なものにしよう
## 社会的市場経済

## その経済学的背景

**焦点**
社会と経済

**鍵となる思想家**
ワルター・オイケン
(1891〜1950年)
ヴィルヘルム・レプケ
(1899〜1966年)
アルフレート・ミュラー＝アルマック（1901〜1978年)

**前史**
**1848年** カール・マルクスとフリードリヒ・エンゲルスが、『共産党宣言』を公刊する。
**1948年** ドイツの経済学者ワルター・オイケンとフランツ・ベームが、雑誌ORDO（オルドー）を創刊する。この名は、社会的市場を経済モデルに推奨する運動を意味するオルドー自由主義を踏まえている。

**後史**
**1978年** 中国の最高実力者鄧小平（とうしょうへい）が、中国経済に資本主義の要素をもちこむ。
**1980年代** 政府の介入に反対するミルトン・フリードマンのマネタリスト政策が、アメリカとイギリスで採用される。

---

第二次世界大戦の余波のなかで、西ドイツは瓦礫（がれき）のなかからその経済と政治システムを再構築しなければならなかった。コンラート・アデナウアー首相は、連合国の占領につづく1949年にこの課題を担った。アデナウアーが選択したモデルは、1930年代のフライブルク学派のフランツ・ベームとワルター・オイケンの考えにその起源をもっていた。それが1940年代に「オルドー自由主義」として、あらためて脚光を浴びたのだ。その主たる推奨者が、ヴィル

---

**自由市場経済は……**
↓
……**経済成長**と発展をうながす
↓
自由市場経済には不安定なところがあり、市場の失敗から損害をこうむり、そこから**独占**を生みだすこともある
↓
ここから**不平等**が帰結する
↓

**社会主義経済は……**
↓
……富のいっそう**公平な分配**を保証する
↓
社会主義経済は、独占や市場の誤りから影響を受けることが少なく、**経済を安定させる**
↓
だが、**経済成長**と発展を**阻害**することもある
↓

**社会的市場経済は、中道を行くことで、市場を公正なものにすることをめざす**

# 戦後の経済学

**参照** 市場と道徳性→22〜23頁 ■ 自由市場経済学→54〜61頁 ■ マルクス主義経済学→100〜105頁 ■ 団体交渉→134〜135頁 ■ ケインズ乗数→164〜165頁

**東ドイツと西ドイツ**は、ベルリンの壁（右図）崩壊の1年後である1990年に統合された。東ドイツはそれまでの中央計画経済を放棄して、西ドイツの社会的市場に合流した。

ヘルム・レプケとアルフレート・ミュラー＝アルマックであった。二人の経済学者は、ミュラー＝アルマックの言うところの「社会的市場経済」を達成することを目標にした。これは、必要な公共財を最小限の量だけ提供する政府によるたんなる「混合経済」のことではなく、自由市場資本主義と社会主義とのあいだで、この双方の世界における最上（ベスト）を目標とした中間の道を意味する。

産業は私有の状態で存続し、競争に開かれている。だが、普遍的（ユニヴァーサル）な健康管理や年金、失業保険、違法な独占や談合（企業間での合意）にたいする法案などをふくめて、公共財とサービスの全幅は政府が提供する。この理論によるなら、こうすることで、自由市場の経済成長が見こめるようになるが、同時に、インフレも抑えられ、失業率も抑えられ、それまで以上に富の公平な分配が実現されることになる。

## 経済の奇跡

自由市場と社会主義の要素のこうした混合は、劇的なまでにみごとに機能した。ドイツは1950年代に「経済の奇跡」を謳歌し、これによってドイツは戦後の荒廃状態から主要先進国への変貌を遂げた。同じような社会的市場経済は、このほかの地域、とりわけスカンジナヴィアとオーストリアでも発展した。ヨーロッパが経済統合への動きを加速させるなかで、社会的市場経済は1950年代においては欧州経済共同体にとってのモデルとして誉めそやされた。ヨーロッパの多くの国が、なんらかのかたちの社会的市場経済のもとで発展を遂げた。

だが、1980年代になると——とりわけイギリスが顕著であったが——いくつかの国が、「より小さな政府」を推奨するミルトン・フリードマン（199頁）の考えに魅了されていった。イギリスの首相マーガレット・サッチャーはヨーロッパ・モデルを、それが国家の介入を容認し、高い課税をおこなっている点——彼女の考えでは、これによって競争が妨げられてしまう——で非難した。

東欧圏における共産主義体制の崩壊とともに、東欧の計画経済はさまざまなタイプの混合経済にとって代わられた。同時に、依然として共産主義体制にあった国々も、少しずつ改革路線を採るようになった。たとえば、中国では最高実力者鄧小平（とうしょうへい）が自由市場経済の要素を採用して、中央化された経済の枠内ではあれ、みずから言うところの「中国的特徴をそなえた社会主義市場経済」を動かしはじめた。鄧小平の目標は、経済成長を促進して、世界というステージでの競争力を身につけることであった。こんにちでは、中国経済はヨーロッパの社会的市場モデルからはずいぶん隔たったところにあるが、混合経済へ向かう見すごせない動きを示している。■

## 北欧モデル

ドイツの社会的市場が中道右派政策と連携していたときに、スカンジナヴィア経済は同様の方向で発展をつづけていたものの、政策的には中道左派よりで、市場を公正なものにすることにいっそうの力点を置いていた。いわゆる北欧モデルは、寛容な福祉システムと富の公正な分配を重視する点をその特徴としているが、高い課税と公共投資によってこれを実現している。これらの国々は高水準の生活を享受しており、経済成長も強力だが、これは人口が少なく強力な製造業のあることに支えられている。とくにノルウェーにかんして言うなら、石油だ。

こんにちでは、国際的な競争力を高めるためには国家の役割を縮減すべきだというプレッシャーが強まっている。だが、変化は漸進的だ。1990年代にアイスランドの規制緩和が経済成長をもたらしたものの、それにつづいて金融危機が惹きおこされたことを、各国政府はまだ忘れていない。

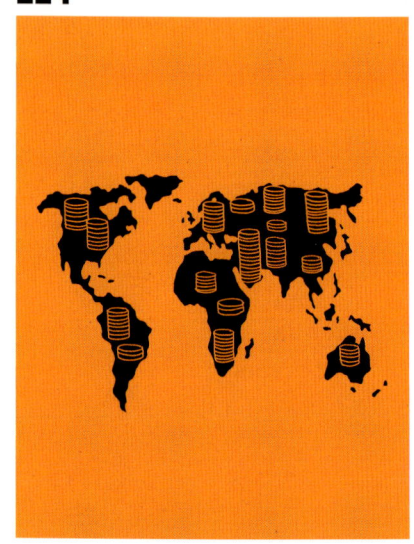

# ときがたてば、すべての国が豊かになる
## 経済成長理論

### その経済学的背景

**焦点**
成長と発展

**鍵となる思想家**
ロバート・ソロー（1924年～）

**前史**
**1776年** アダム・スミスが、『国富論』のなかで、経済の繁栄をもたらすものはなにかという問いを提起する。
**1930年代と1940年代** イギリスのロイ・ハロッド、ロシア出身のアメリカ人エヴセイ・ドーマーが、（政府の介入を重視する）ケインズの想定をとりいれた成長モデルを考案する。

**後史**
**1980年代** アメリカの経済学者ポール・ローマーとロバート・ルーカスが、内生的成長理論を導入し、成長とはなによりも内的要因の結果だと主張する。
**1988年** アメリカの経済学者ブラッド・デロングが、ソロー・モデルからでてくる基本となる収斂予測にはなんの証拠もないと主張する。

1950年代に、アメリカの経済学者ロバート・ソローは、地球全体での生活水準の均質化を予測する経済成長のモデルを考案した。その前提は、資本は収穫逓減だというものであった。追加の投資をしたところで生産量は減るばかりだ。なにしろ、貧しい国にはそもそも資本が少なく、追加の資本は生産高に多くのものをつけくわえるだろうが、その見返りとして投資は後退する。どの国も同じ技術にかかわることができるものと想定されるが、その技術を用いることで、貧しい国は付加的な資本を用いて生産量を増やそうとする。その効果は豊かな国で見こまれるより以上の

---

先進国における資本は、収穫逓減に服す
――**追加の投資をしても、得られる成果はどんどん減ってゆく**

↓

だが、貧しい国ではこれまであまり資本投下がされてこなかったため、いまだ投資家は投資した分にたいして**より多い収益**を期待できる

↓

貧しい国はこの**新たな資本と新たな技術**を用いて、急速な成長を実現しうる

↓

貧しい国は豊かな国よりも**成長が早く、その生活水準も**みるみるうちに向上する

↓

**ときがたてば、すべての国が豊かになる**

# 戦後の経済学 225

**参照** 収穫逓減→62頁 ■ 人口動態と経済学→68〜69頁 ■ 現代経済の出現→178〜179頁 ■ 開発経済学→188〜193頁 ■ 技術的躍進→313頁 ■ 不平等と成長→326〜327頁

中国の**北京の自転車利用者**が、自転車走行レーンに停車しているフェラーリを見ている。中国とインドは、収斂（「キャッチ・アップ」）国の仲間入りを果たした。

成果を生む。最終結果は、貧しい国におけるよりいっそうの成長とその生活水準の豊かな国のそれへの接近であり、これが、経済学者たちが収斂と呼ぶ効果だ。

1950年代以降、アジアのいくつかの国が西洋に匹敵するところまで成長したが、アフリカの大半の国ははるかに低い水準にまで後退してしまった。ソローの想定がいつも満たされるわけではなかったのだ。技術は普遍的ではない。知識が利用可能なばあいでさえ、それを用いるうえでの障壁の残ることがある。資本がつねに貧しい国の底上げに貢献するとはかぎらない。たとえば、所有権が弱く、政情が不安定だと、投資家たちは逃げてしまう。最後に、1980年代中葉に発展した内生的成長理論は、ソローのモデルをはるかに超えて、技術革新のもたらす効果をいっそう現実的に分析するようになった。この理論においては、ある企業が発展させた新たな技術はほかの企業にも恩恵となるはずだ。この結果、投資は収穫逓増になりうる。そうなれば、収斂というよりはむしろ、諸国間での分岐が帰結することもありうるのだ。

## さまざまな生活水準

収斂は、所得とは別の要因を用いることで測定できる。健康状態と識字力は所得と相関しているが、完全に相関しているわけではない。貧しい国のなかにも、相対的に健康で教育水準の高い人口をかかえているところはある。平均寿命は免疫投与といったシンプルな医療投資によって劇的に高まることがある。だから、生活水準の所得以外の側面において、貧しい国々がキャッチ・アップに成功することはありうるのだ。

それにもかかわらず、多くの経済学者たちは所得格差にもとづく説明に依然としてスポットを当てている。主眼は、資本および技術への関心から、発展途上国が豊かな国に追いつくうえでの制度的要件のほうへ転換しつつある。■

## ロバート・ソロー

ロバート・ソローは1924年にニューヨークに生まれた。大恐慌を身をもって経験したことから、経済がどのように成長し、どうすれば生活水準が改善されるのかが分かるようになりたいと思うようになった。1940年にハーヴァード大学へ入学するが、1942年には辞めて軍隊に入隊し、第二次世界大戦中は従軍する。もどってくると、経済学者ワシリー・レオンチェフの薫陶を受け、その博士論文はハーヴァード大学のウェルズ賞を受賞し、500ドルの賞金と著作の出版権を得た。だが、論文以上の成果が出せるはずだと考えたソローは、けっして著作を出版しなかったし、小切手を現金化することもしなかった。1950年代に、マサチューセッツ工科大学（MIT）に職を得て、経済成長の新たなモデルの輪郭を示す自身の考えを公刊する。この研究は経済成長の研究に新たな領域を確立するものとなり、1987年のノーベル経済学賞受賞へつながった。

### 主著

1956年 「経済成長理論への一寄与」
1957年 「技術変化と総生産機能」
1960年 「投資と技術進歩」

# グローバル化は不可避なわけではない
市場統合

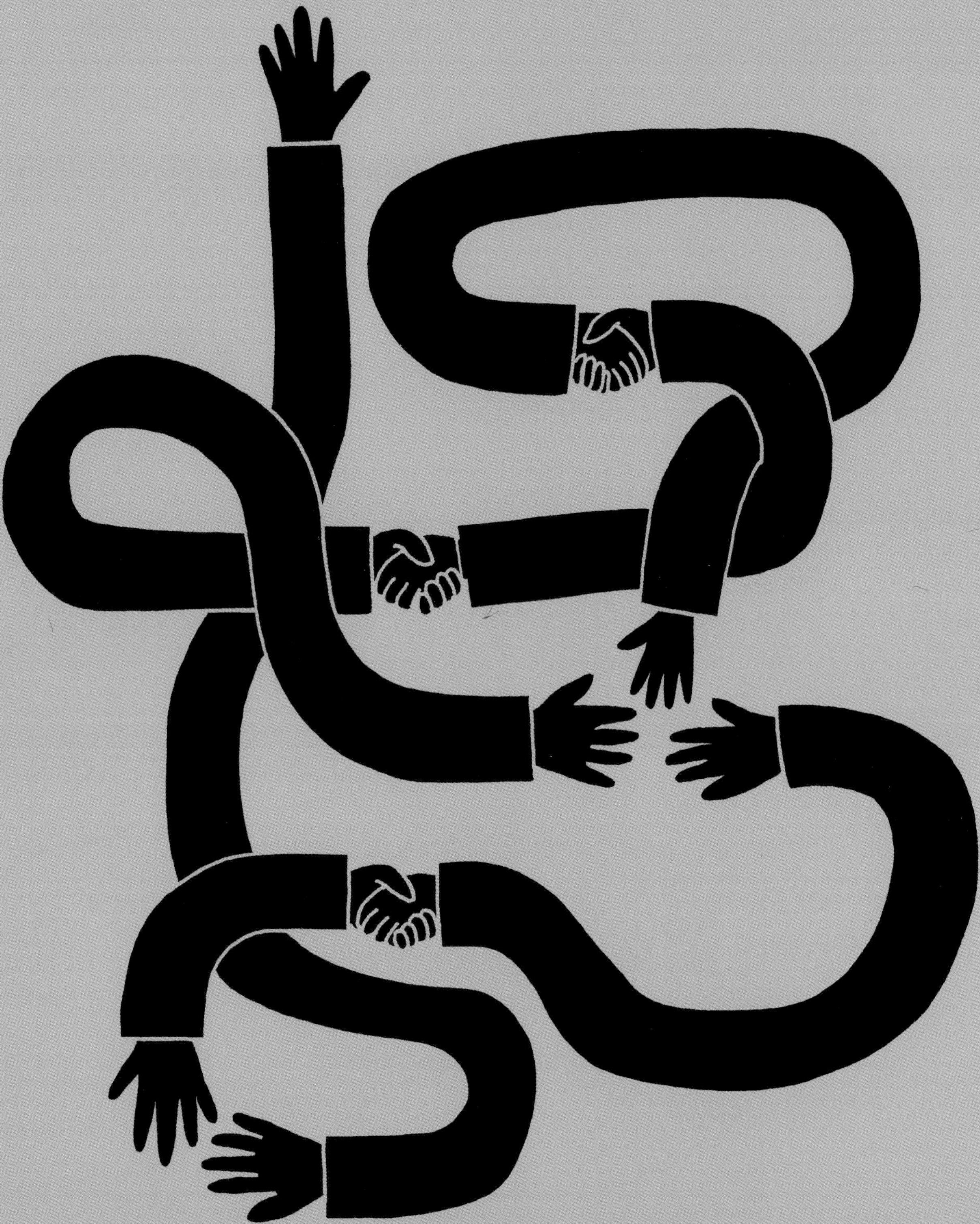

# 228　市場統合

## その経済学的背景

**焦点**
グローバル経済

**鍵となる思想家**
ダニ・ロドリック（1957年〜）

**前史**
**1664年**　イギリスの経済学者トマス・マンが、成長するには輸入を減らすことが不可欠だと主張する。
**1817年**　イギリスの経済学者デイヴィッド・リカードが、国際貿易で国は豊かになると主張する。
**1950年**　ラウル・プレビッシュとハンス・シンガーが、交易条件の不平等ゆえに、発展途上国はグローバル化によって損をすると主張する。

**後史**
**2002年**　ジョセフ・スティグリッツが、世界銀行とIMFが推奨するグローバル化を批判する。
**2005年**　世界銀行の経済学者デイヴィッド・ダラーが、グローバル化によって貧困国の貧しさは減少しつつあると主張する。

---

グローバル化は、政治家、ビジネスマン、社会科学者のそれぞれにとって、まったく異なった意味をもつ用語だ。経済学者にとってそれは、市場の統合を意味する。長らく経済学者はこれをよいこととみなしてきた。

18世紀にはアダム・スミス（61頁）が、外国からの商品の流入に制限を設けようとする保護貿易主義という旧弊の重商主義的理念を攻撃した。スミスに言わせれば、国際貿易によって市場規模は拡大し、特定の生産物に特化することで双方の国がいっそう効率的になることができる。しばしば市場の統合は不可避的な事態とみなされるが、その理由は、それがより小型の電話やより速い飛行機、さらには拡張するインターネットといった新たな技術の波に支えられているからだ。だが、グローバル化は、意識的なものもあれば偶発的なものもある国家の選択にも、相当程度影響される。技術革新が国同士を近づける傾向をもつとはいえ、政策の選択によっては、国同士の距離が広がることもある。

現代のグローバル化には、先例がないわけではない。グローバル化は、諸国が異なった政策を選択するのに応じて、ときとともに増減してきた。ときにはこれらの選択によって、技術革新の成果が市場の統合にプラスに作用し、ときには、逆にそれを妨げてきた。

市場統合とは、多くの市場をひとつに流しこむことだ。ひとつの市場においては、商品の価格はひとつだ。ニンジンの価格は、パリの東でも西でも、どちらの地域もが同じ市場の一部であるなら、変わらないはずだ。パリ西部でのほうがニンジンの価格が高かったなら、ニンジンの売り手はこぞって東から西へ移動し、その結果価格は均等になる。だが、パリ

**クリストファー・コロンブス**は、中国への新たな貿易ルートを見つけようとして遠征するなかで、たまたまアメリカに行きあたった。貿易をグローバル化しようとするこうした努力は、数世紀にわたってつづけられた。

---

全面的なグローバル化には、国を超えた次元での**貿易規制や法律の調和**が不可欠だ
→ そのような調和には、**グローバルな政府**もしくは各国の民主主義の退潮が必要となる
→ このいずれも実現不可能だし、**選挙民の望むところではない**

グローバル化は、技術とともに拡散するが、貿易関税のような**障壁によって邪魔され**もする
→ 過去には、この障壁の水準について、またグローバル化への道筋についても、各国政府は異なった**政策を選択**してきた
→ **グローバル化は不可避なわけではない**

# 戦後の経済学 229

**参照** 保護主義と貿易→34〜35頁 ■ 比較優位→80〜85頁 ■ 国際貿易とブレトン・ウッズ体制→186〜187頁 ■ 従属理論→242〜243頁 ■ アジア・タイガー経済→282〜287頁 ■ グローバルな貯蓄の不均衡→322〜325頁

とリスボンでは、ニンジンの価格は異なるかもしれない。かりにフランスのほうが価格が高かったとしても、輸送費が高くつき、そのほかにも出費がかさんで、ポルトガルの商人にとっては、在庫をフランスに輸送しても不経済になるだけかもしれない。市場が異なれば、同じ商品の価格が長期にわたって異なることは十分にありうる。

グローバルな市場統合とは、すべての市場がひとつになる結果として、国のあいだの価格格差がなくなるということを意味する。グローバル化の進歩をたどるひとつの方法は、国のちがいを超えてどのようにして価格が収斂する（同じになる）にいたるか、その流れを考察することだ。国境を越えて輸送するコストが下がれば、価格差から利益を得る企業が増える可能性が高まる。たとえば、ポルトガルのニンジン売りがフランスの市場に参入するばあいがそれに当たる。貿易コストは、新しい輸送形態が開発されれば、もしくは既存のそれがより速く、より安くなれば、下がる。さらに、いくつかのコストは人間が生みだしている。国家はときに関税や輸入割当といったかたちで貿易に障壁を設ける。こうしたものが減れば、国際貿易のコストも当然下がる。

## グローバル貿易の興隆

長距離貿易は、数世紀にわたって存在した。それは少なくとも、紀元前の1000年間におけるフェニキア人の通商団にまでさかのぼることができる。そうした貿易は、人口と所得の増加によって、新たな製品への需要が生まれたことに駆りたてられたものであった。だが、輸送コストといった市場を分断する貿易にとって

**19世紀中葉までは**、綿工場における機械化された織機のような、新たな技術を有していたのはイギリスであった。そのおかげでイギリスは、世界中の市場に輸出し張りあうことができていた。

の根底的な障壁があるために、事態はそれほど変わらないままであった。グローバル化は、価格格差が埋まりだした1820年代になってようやくスタートした。このきっかけとなったのが、蒸気船や鉄道の発達、冷凍保存技術の発明、スエズ運河の開通——これによって、ヨーロッパとアジアのあいだの旅行時間が大幅に短縮された——といった輸送革命であった。第一次世界大戦開戦時には、グローバル経済は、20世紀末葉の水準に照らしてさえ、高いレベルで統合されて、資本や商品、労働力の流れが国境を越えてそれまでにないほどに流動的になっていた。

19世紀以降、技術革新が市場統合の手助けをしてきた。グローバル化が避けがたいものに思われるひとつの要因がそこにある。たとえば、蒸気による輸送のような技術がひとたび実現されれば、もはやそれ以前にもどることは不可能となり、多くの国がどんどん経済的に活気づいてゆくことになる。こうした発展の多くは、政府の直接的な管轄（コントロール）の外部にあった。だが政府には、関税やそのほかの貿易にとっての障壁を設けて、一挙に輸入を停止し、貿易を苦境におとしいれる力があった。

近代におけるグローバル化にかかわる

> 「深い」経済統合は、国民国家と民主主義政治がいまだ並々ならぬ力をもっている状況では、達成不可能だ
> **ダニ・ロドリック**

もっとも劇的な政策転換は、1930年代の大恐慌下で生じた。国々が景気後退になだれこんでいったとき、政府は関税を課した。これは、消費者の需要を国内で生産される商品のほうに転じさせようとすることを意図していた。1930年にアメリカは、スムート・ホーリー法を実施したが、これは輸入される商品への関税を記録的な水準にまで上げるものであった。こうした関税によって、輸入品にたいする需要は下がった。諸外国は、みずからも関税を課すことで、報復をした。その結果

# 市場統合

**輸送手段の進歩**は、グローバル化における第一等の原動力だ。中国の上海で、アメリカは航海をいっそう安全にするために、巨大な「大型港」に投資した。

が世界貿易の崩壊であり、これによって大恐慌の悪影響がさらにひどいものとなった。世界経済が再構築されるまでには、数十年を要した。

## 統合

20世紀の終わりごろには、ほとんどの市場を縦断するグローバル化が、第一次世界大戦前夜の水準にまで回復した。いまや市場は、かつてないほど統合されているが、それは輸送コストが下がりつづけ、関税がほとんど破棄されつつあるからだ。

グローバル化の未来についてのひとつの展望は、国同士の制度上のちがいによって惹きおこされる、また別の種類の貿易への障壁を取りのぞくことで開かれる。市場は、所有権や法システム、管理体制といったさまざまな制度のなかに埋めこまれている。国同士の制度上のちがいは、かつての関税や距離と同様に、貿易コストを生みだす。たとえば、買い手が支払いを怠ったときに生じる事態について、ケニアと中国とでは法律の規定が異なる。そのため、問題が生じたさいに支払われるべき分を中国の輸出業者が取りかえすのがきわめて難しくなってくる。その結果、企業がケニアの市場に参入するのを躊躇してしまう。

関税が撤廃されつつあるにしても、世界はとうていひとつの市場とは言いがたい状態だ。国境が依然として重要なのは、この種の制度的不一致があるからだ。完全な統合のためには、法的および管理上のちがいを取りさって、ただひとつの制度的空間をつくる必要がある。経済学者のなかには、この過程は進行中であり、避けがたいものであって、グローバル市場が国のちがいを超えた制度的調和をやがてもたらすと主張する人びともいる。

多国籍企業がある国を選んで、そこに工場をつくろうとするばあいを考えてみよう。企業の投資を誘致するために、政府は事業税率を下げて、規制条件を緩和するかもしれない。ほかの競合国もそれに倣うだろう。その結果税収が下がり、その国では福祉や教育プログラムのために財源を充てられる割合が減るかもしれない。すべての政策決定は、グローバル市場との統合を最大にすることへ向けて方向づけられるようになる。これと両立しがたいいかなる商品もサービスも提供されなくなる。

## グローバル化対民主主義

トルコの経済学者ダニ・ロドリック（1957年〜）は、「深い統合」というこうした展望を批判して、それは望ましくない事態でも避けがたい結末でもなく、じっさいには国同士のあいだにはなみなみならぬ制度上の多様性が残存していると主張した。ロドリックの出発点は、グローバル化の方向への選択が政治的「トリレンマ［三者択一］」を免れないということだ。

人びとが市場統合を望むのは、それによって可能となる繁栄ゆえだ。人びとは民主主義をも望んでおり、独立した主権のある国民国家も望んでいる。ロドリックに言わせれば、これら三つは両立しがたい。同時に可能なのはせいぜい二つま

## 金融市場の自由化

投資のための資金の借りられる場である金融（貨幣）市場の自由化は、グローバル化の進行速度に重要な影響をもたらしつつある。1970年代以降、国境を越えた資本の自由な流動を促進する傾向が見られる。最近の経済理論は、これによって発展が促進されると示唆している。発展途上国では、成長のための投資に回されるべき国内の蓄えにかぎりがある。それが自由化によってグローバルな資金の共同出資を活用できるようになる。グローバルな資本市場もまた、投資家に運用のためのより広範な見とおしを提示し、リスクを分散させる。

だが、一部のひとに言わせるなら、資本の自由な流動によって金融の不安定さというリスクが高まった。1990年代後半に生じた東アジアの危機は、この種の自由化の結果として生じた。強力な金融システムと健全な調整のための環境がなければ、資本市場のグローバル化は成長ではなく経済の不安定さの種をまくことだろう。

**東アジアの通貨危機**は、タイ政府が国際市場でバーツを変動相場制にしようとしたことから生じ、最後にはドルへの固定相場制で終わった。

# 戦後の経済学  231

> 19世紀には、とても巨大な
> グローバル化の一撃があった
>
> ジェフリー・G・ウィリアムソン
> K・H・オルーク

**国家が望むのは**、民主主義かもしれないし、独立かもしれないし、深いグローバルな経済統合かもしれない。だが、どんなばあいでも同時にはこのなかの二つしか両立可能とはならない。この図では、トライアングルの各辺が、可能な結合の姿を示している。

民主主義

深い経済統合　　　　独立した国民国家

でだ。このトリレンマをどう解決するかは、グローバル化のタイプにかかわってくる。

トリレンマは、深い、あるいはいっそう完全な市場統合には、国同士のあいだの制度的なちがいを取りさる必要があるという現実から生じる。だが、国がちがえば、選挙民の望む制度のありかたも変わる。アメリカの投票者と比較するなら、ヨーロッパ諸国の投票者が望むのは、広範におよぶ福祉だ。だから、国民国家を依然として存続させているただひとつのグローバルな制度的枠組みというものは、国によっては選挙民の意向を無視したものとなってしまう。ここから民主主義とグローバル化との齟齬(そご)が生じ、政府はアメリカのジャーナリスト、トーマス・フリードマン（1953年〜）が「金の拘束服」と呼んだもののうちに置かれることとなろう。他方で、民主主義が行きわたったグローバルな制度的枠組みには、「グローバルな連邦主義」、すなわちただひとつの全世界的な選挙区と、国民国家の解体が必要となろう。

いまのところ、私たちは金の拘束服からもグローバルな連邦主義からも程遠いところにいる。国民国家の力は強く、諸国の制度的多様性がなおも存続しているという実体は、住民が異なれば嗜好(しこう)は異なるということが依然無視できないことを示している。

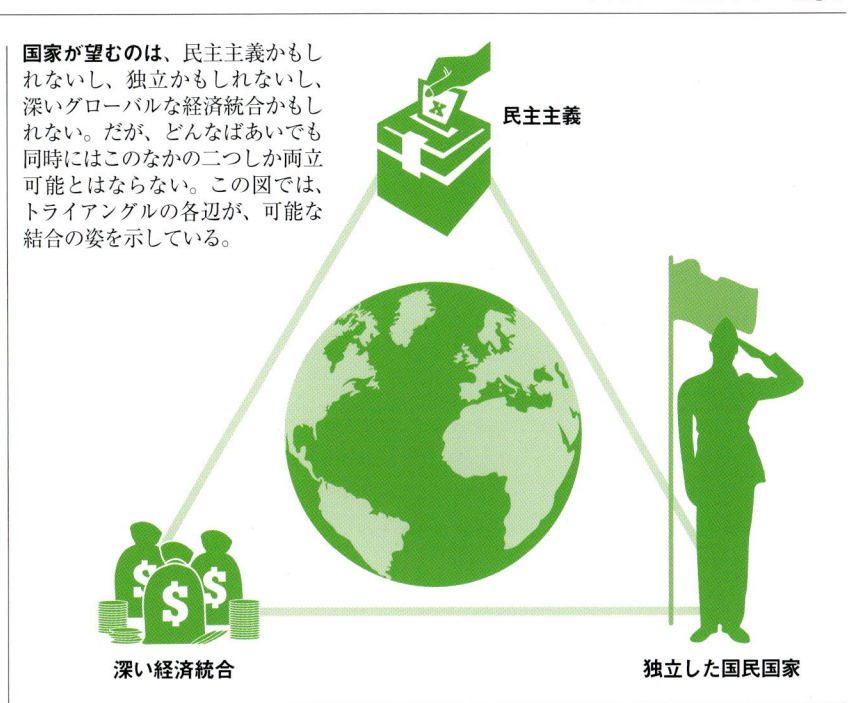

第二次世界大戦以降、ロドリックのトリレンマは、深い統合を犠牲にすることで解消されてきた。さまざまな国家のさまざまな制度の下にあるさまざまな市場が可能なかぎり集められてきた。ロドリックはこれを、戦後に確立された、関税および貿易に関する一般協定（GATT）、世界銀行、国際通貨基金（IMF）といったグローバルな諸制度（186〜187頁）を踏まえつつ、「ブレトン・ウッズ妥協案(コンプロマイズ)」と呼んでいる。これらの制度は、1930年代に管理された統合の形態で見られた破局的な反発——これによって、当時の国民国家はそれぞれに国内政策を追求し、さまざまな制度的な道に沿って発展しようとした——の再現を防止することを目標としていた。1980年代以降の自由化の時代は、政策課題が深い統合という目標に向かってどんどんと駆りたてられてゆくなかでのブレトン・ウッズ妥協案の衰退を眼のあたりにしてきた。

ロドリックに言わせるなら、制度的多様性は深い統合を超えて維持されるべきだ。福祉と公的健康システムを望むヨーロッパの選挙民たちの願望は、たんに経済だけにかかわることがらではなく、この人びとの公正観の問題だ。制度的多様性には、こうした多様な価値観が反映している。

いっそう実践的に言うなら、健全な経済状態にいたる制度的な道はひとつではない。こんにちの発展途上国における成長に必要なのは、すでに成長を遂げた国々にとってのそれとは異なるかもしれない。グローバルな制度設計をそこに押しつけることは、これらの国々を固有の経済発展から疎外して金の拘束服に押しこめる危険ともなりかねない。

グローバル化には限界があるのかもしれない。そしてことによると、さまざまな経済の完全な融合は実行可能なことでも——結局のところ——望ましいものでもないのかもしれない。■

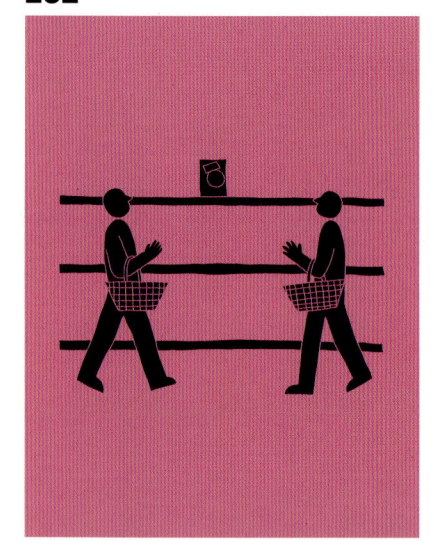

# 社会主義は空っぽの店に行きつく
## 計画経済における欠乏

### その経済学的背景

**焦点**
経済体制

**鍵となる思想家**
コルナイ・ヤーノシュ
(1928年〜)

**前史**
1870年　経済学者ウィリアム・ジェヴォンズ、アルフレッド・マーシャル、レオン・ワルラスが、予算の制約のなかで効率性を最大にすることを主眼にする。

**後史**
1954年　ジェラール・ドブリューとケネス・アローが、競争経済の全市場において需要と供給が均衡する条件を確定する。
1991年　ソ連が崩壊し、計画経済が終焉を迎える。
1999年　経済学者フィリップ・アギオン、パトリック・ボールトン、スティーヴン・フリーズが、「銀行救済処置の最適設計」を公刊して、銀行はソフトな予算制約に直面していると主張する。

---

競争市場では、企業の**売上高はそのコストより高くなければならない**。さもなければその企業は破産する

↓

計画経済では、企業がそのコストをカヴァーできなくなると、国家が介入して**その企業を倒産から救う**

↓

これはつまり、コスト（物質的なものであれ労働力にかんするものであれ）が**生産量ないし需要とぴったり釣りあっていなくともよいということだ**

↓

社会主義は空っぽの店に行きつく

---

第二次世界大戦以降の最初の劇的な成長期をすぎると、東ヨーロッパの中央計画経済はあからさまな困難の増大に直面した。中央計画経済は、軍備生産といった定められた課題にあわせて資源を広範に動員することはうまくなし得たが、より複雑な需要に応じるのは困難であるように思われた。計画があるにもかかわらず、商品とサービスが時間どおりに提供されなくなってゆくにつれて、必要な量の点でも質の点でも、欠乏が蔓延するようになった。東と西の格差はいや増すばかりであった。

### ソフトな予算制約

その結果、計画経済の改革をもたらすべく一連の管理体制が試みられた。ハンガリーは大半の国よりもさきを行き、1960年代以降市場競争の要素を導入している。理論上は、これはイノヴェーションを喚起し、選択肢を増やすといった市場の利点を導入することをめざしていた。だがその一方で、完全雇用のような広範な社会的善を供給する能力は維持されるはずだった。実際上は、最初にいくつかの成功が見られたものの、その後この体制は依然として欠乏と非効率性をもたらしつづけた。問題がどこにあるのかを理解しようとするなかで、ハンガリーの経済学者コルナイ・ヤーノシュは、「ソフト

## 戦後の経済学 233

**参照** 自由市場経済学→54〜61頁 ■ マルクス主義経済学→100〜105頁 ■ 競争的市場→126〜129頁 ■ 中央計画→142〜147頁 ■ 経済的自由主義→172〜177頁

な予算制約」という考えに行きついた。競争社会においては、企業の決断は通常は「ハードな」予算制約にしたがわざるをえない。少なくとも収入によってコストがまかなわれねばならず、さもないと損失に直面せざるをえない。ここから企業は、投入量を節約し、利潤を最大にするように生産物を売らねばならないことを学ぶ。

コルナイによれば、ハンガリーのような計画経済においては、企業はこうした教えにしたがっていない。ハンガリーの企業は、ハードではなくソフトな予算制約にしか直面していない。国家があいだにはいって企業を倒産の危機から守っている。生活必需品をつくる企業が倒産の憂き目を見ることはまずない。いくつかの市場改革が実行されたあとでさえ、相変わらず国家は失敗した企業を倒産から救っていた。のみならず企業には、政治的交渉を利用して、供給にたいする給料不払いを回避したり、課税を免れたりすることさえ可能であった。

ソフトな予算制約とは、企業が売上げでコストをカバーしなくともよいことを意味している。その結果企業は、生産水準に比べて過剰に多い投入物を求めるようになる。ここから特定の投入物にたいする需要が過多になり、非効率性からくる欠乏が生じる。欠乏は最終的に消費者に伝わり、消費者は店の陳列棚が空っぽになっているのに気づく。コルナイに言わせれば、不足が意味するのは、消費者が「強制された代用品」で満足しなければならないということであり、不足が生じたなら、次善の入手可能な商品を探しもとめざるをえないということだ。

### 救済措置

この種の非効率性が度重なると、計画経済に深刻なダメージをもたらす。救済措置が保証されており、予算的規律が欠けているという事態は、財とサービスを効率的に供給しようというインセンティヴがまったくと言ってよいほど、企業から欠落することを意味する。

コルナイは、ソフトな予算制約を、癒されることのない中央計画「症候群(シンドローム)」として記述するが、その理由は完全なシステム上の変更をしないことには解決が見えてこないからだ。問題は社会主義国家にかぎらない。コルナイに言わせれば、西がわの主要銀行も、政府からの救済措置をあてにしており、徒(いたずら)に銀行システム

**不足は**、中央計画経済下の暮らしにつきものだ。行列ができはじめたら、買い物客はしばしばそれにくわわる。なにしろ、それはなんらかの生活必需品がじきに手にはいることを意味しているからだ。

における高レベルの危険負担(リスク・テイキング)に行きつきかねない点で、ソフトな予算制約に直面している。他方で、どんな国家ないしは地方政府の意思決定——破産した一家は刑務所送りにするといった——にも強固な予算制約を課そうというのは、不当なことと思われるかもしれない。実際上は、もっとも自由市場の状態にある経済ですら、ハードな予算制約とソフトな予算制約の混合をふくんでいる。■

---

### コルナイ・ヤーノシュ

コルナイ・ヤーノシュは、計画経済にかんする著作でもっともその名の知られているハンガリーの経済学者だ。彼はファシズムの脅威をじかに体験しており——彼の父はアウシュヴィッツで亡くなっている——だからこそ共産主義に傾倒した。ブダペストで哲学を学ぶが、マルクスの『資本論』を読んで経済学に転向する。

1947年にコルナイは、共産党新聞で働きはじめるが、無実の友人が国家によって拷問されたことに衝撃を受けて、1950年代初頭に共産主義と絶縁する。コルナイの批判的論文は、1955年に新聞社を解雇された結果だ。ハンガリーからの退去命令に抗(あらが)ってハンガリー科学アカデミーに勤め、1985年、ハーヴァード大学で職を得る。2001年にはハンガリーにもどった。コルナイは、「大問題」に取りくみ、解答を与えることよりも抽象的な理論化を偏愛する新古典派経済学をきびしく批判した。

**主著**

1959年 『経済行政における中央集権の行きすぎ』
1971年 『反均衡の経済学』
1992年 『社会主義システム』

# 私がどうふるまうと
# 相手は考えるだろうか
ゲーム理論

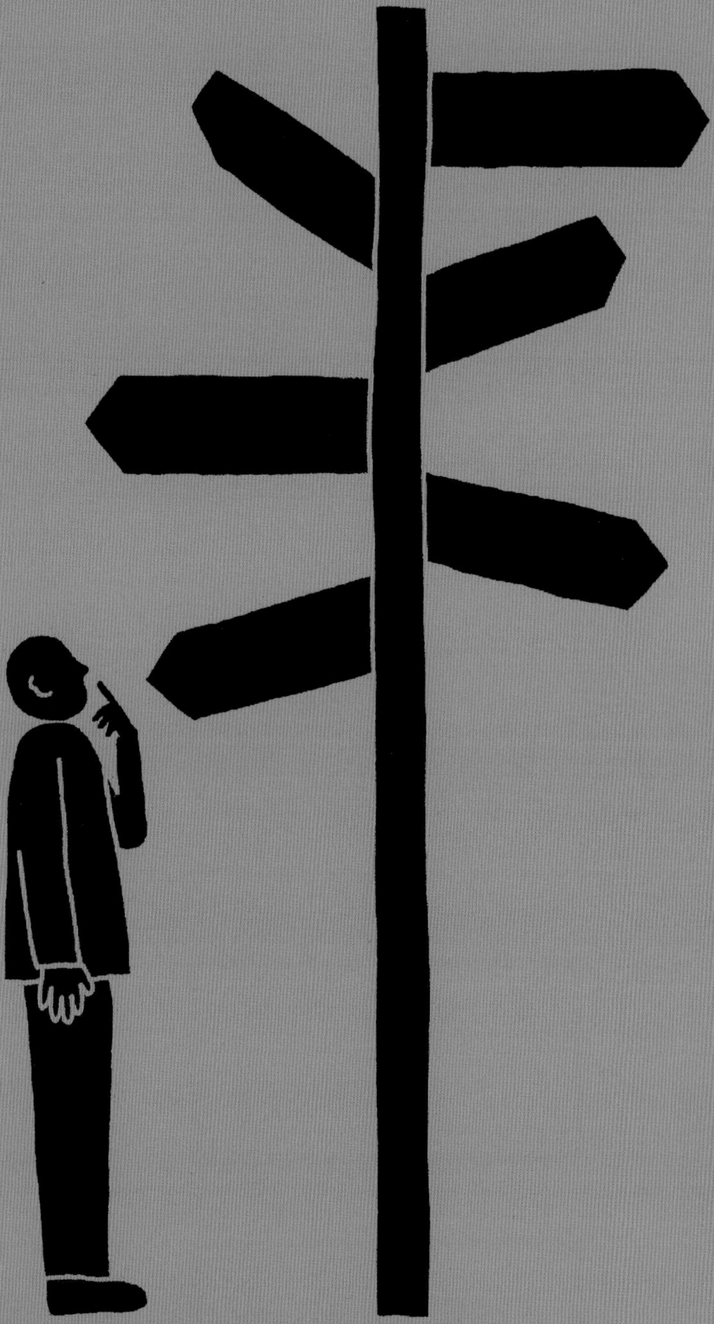

# ゲーム理論

## その経済学的背景

**焦点**
意思決定

**鍵となる思想家**
ジョン・ナッシュ（1928年〜）

**前史**
**1928年** アメリカの数学者ジョン・フォン・ノイマンが、「ミニマックス定理」を定式化し、最上の戦略はどの順番においてであれ、最大損失分を最小化することであるのをあきらかにする。

**後史**
**1960年** アメリカの経済学者トーマス・シェリングが、『紛争の戦略』を公刊して、冷戦下における戦略を展開する。
**1965年** ドイツの経済学者ラインハルト・ゼルテンが、数ラウンドにおよぶゲームの分析を試みる。
**1967年** アメリカの経済学者ジョン・ハーサニが、どんな種類の敵と戦っているのかが不確実であっても、そのゲームが分析可能であることを示す。

　**な**にかしたとき他人がそれにどう反応するかを考えるには、戦略的な計算が必要だ。社会的・経済的な相互作用をつうじて、自分のやりかたをうまく相手に納得させる過程は、どこかチェスのゲームに似ている。チェスでは、それぞれのプレーヤーは相手が自分の指し手にどう対応してくるかをあらかじめ考慮して、自分の動きを選択しなければならない。1940年代までは、こうした論点を経済学はたんに無視してきた。経済学者は、市場の規模全体と比べるなら売り手と買い手はみなささやかな存在で、自分が支払う商品の価格や自分

**私たちの日常の相互作用**には、チェスのゲームにも似た戦略的決断の場面がある。すなわちプレーヤーは、こちらがどうふるまうと相手が考えているかを予測したうえで、自分の行動を決める。

の労働と引きかえに得る賃金の値についての選択肢などだれももたないと想定してきた。個人のどの選択も他者になんの影響ももたらさず、それらは無視してかまわないと考えられていた。だが、早くは1838年に、フランスの経済学者アントワーヌ・オーギュスタン・クールノー（91頁）が、相手企業のおこなうと思われる

---

**私がどうふるまうと相手は考えるだろうか**

→ **相手と協力する**。なにしろ双方に利益をもたらすような選択肢であれば、いずれもが合意できる
　→ もし相手が**私が協力する**と考えたなら、私は安心して協力にとりかかれる

→ **相手と勝負する**。なにしろ、私たちはたがいに無関係に決断を下している
　→ もし相手が、**私が勝負してくる**と考えているなら、むしろ私もそうしたほうがよい

**参照** ホモ・エコノミクス→52〜53頁 ■ カルテルと談合→70〜73頁 ■ 限られた競争の効果→90〜91頁 ■ 経済的均衡→118〜123頁 ■ 行動経済学→266〜269頁 ■ 勝者の呪い→294〜295頁

ことをもとに、二つの企業が生産額を決める過程を考察の対象とした。だが、これは戦略的相互作用の分析における孤立した事例にすぎなかった。

1944年に、アメリカの数学者ジョン・フォン・ノイマンとオスカー・モルゲンシュテルンが画期的な著作『ゲームの理論と経済行動』を公刊した。この二人の言うところでは、経済システムの多くの部分は、大企業や労働組合あるいは政府といったごく少数の参加者によって支配されている。そうした状況を踏まえるなら、経済行動は戦略的相互作用という観点から解明される必要がある。彼らは、「ゼロ-サム」と呼ばれる(一方が勝ち、他方が負けるという)二人でおこなわれる単純なゲームを分析することで、あらゆる状況における人びとの戦略的行動についての一般法則を導きだそうとした。これがのちに、ゲーム理論として知られるようになる。

フォン・ノイマンとモルゲンシュテルンは、協力しておこなわれるゲームを考察の対象とした。そこではプレーヤーに一連の可能な行動が提示され、それぞれの行為には固有の帰結ないし報酬が定められている。そうしたゲームの実例は、アメリカの数学者メリル・フラッドによって用意された。フラッドは10代の若者3人を使って、最大4ドルのバイト料で子守をだれがやるかの賭けをおこなわせた。3人にはこの問題について討論し、ばあいによっては連携を組むことも許されているが、たがいの一致にいたりえないばあいには、もっとも低い額で競った者が勝つ。フラッドに言わせれば、この問題には、籤引きで決着をつけるとかバイトを均等に分割するといった簡単な解がある。だが、3人は解を見いだすことができず、最後にはひとりがわずか90セントで働くほうに賭ける始末であった。

## ナッシュ均衡

1950年代初頭に、ジョン・ナッシュという名の才気あふれるアメリカの若き数学者が、この研究を拡張して、協力の成立しない、つまりコミュニケーションをとったり共同でことに当たったりする機会のない状況下で、相手と無関係に各プレーヤーが決断を下すばあいになにが生じるのかを考察した。協力はありうべきひとつの結果だが、それは各プレーヤーが、協力することで成功の機会を最大にすることができると考えるばあいだけの話だ。ナッシュは、どのプレーヤーも自分の行動をまったく変えようとしないこうしたゲームにおける均衡状態がどのようなものとなるのかを突きとめた。各プレーヤーは、相手もまた当人にとって最良の戦略を選ぶであろうということを前提として、自分にとって最良と思われる戦略を選択する。ナッシュがあきらかにしたのは、どのプレーヤーも自分の選択した行動を変えようとしないこうしたゲームの状態とは、「各プレーヤーの戦略は、ほかのプレーヤーの戦略との関係で最適のものとなる」ということだ。これがいまではナッシュ均衡として知られている。第二次世界大戦以降のゲーム理論の盛況ぶりには驚くべきものがあったが、その大半はシンクタンクのランド研究所(RAND)におけるものだ。1946年

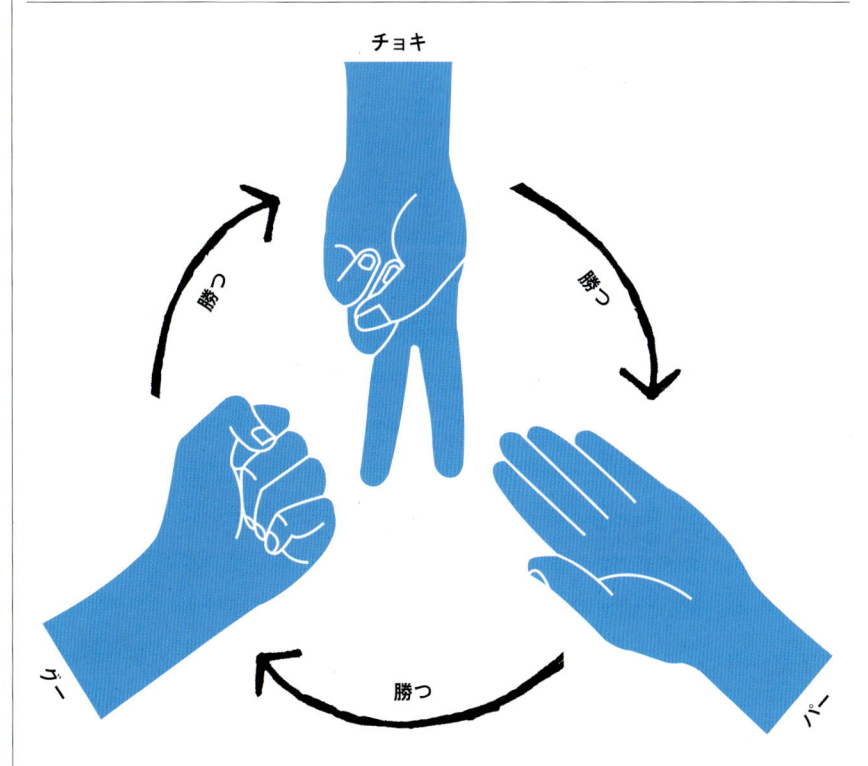

じゃんけんは、一方が勝てば他方が負けるという、簡単なゼロ-サムゲームの具体例だ。このゲームは二人でおこなわれる。各プレーヤーは三つの指し手のなかからひとつを選んで、同時にそれを出す。あるプレーヤーの出す指し手は、相手の指し手にたいして勝ちか負けか引き分けかのいずれかだ。グーはチョキに勝ち、チョキはパーに勝ち、パーはグーに勝つ。ゲーム理論家たちはこの手のゲームを分析して、人間行動の一般法則を導きだす。

## 238 ゲーム理論

囚人のジレンマは、非協力ゲームの実例だ。どちらも相手とコミュニケーションできない。このゲームにおける「ナッシュ均衡」は、どちらのプレーヤーにとっても裏切りだ。

|  | 黙秘する | 裏切る |
|---|---|---|
| 黙秘する | 6カ月 | 10年 / 釈放 |
| 裏切る | 釈放 / 10年 | 3年 |

---

にアメリカ政府によって創設されたランド研究所は、国家の安全保障のために科学を推進するという課題を負わされていた。そのために、多くの数学者、経済学者、そのほかの科学者が雇われ、ゲーム理論のような領域の研究を進めたが、それはこうした研究が冷戦時代の政策決定にとりわけ重要な役割を果たすとみなされたからだ。

1950年にランド研究所のゲーム理論家たちは、非協力ゲームの二つの実例を考案した。そのひとつは、「間抜(ま ぬ)けよ、さよなら」と題されていた。このゲームはとりわけ心理学的に可能なかぎり非情なものとなるように設計されていた。それは最初はプレーヤーに協力を強いるが、最後に勝つにはパートナーを裏切らねばならない。伝えられるところでは、このゲームに参加したあと、少なからぬ数の夫婦が別々のタクシーで帰宅したそうだ。

### 囚人のジレンマ

おそらく囚人のジレンマは、非協力ゲームのもっともよく知られた実例だ。これは1950年に、メルヴィン・ドレッシャーとメリル・フラッドによって発明されたが、ナッシュの業績にもとづいている。ジレンマにとらえられるのは、捕まった二人の犯罪者だ。彼らは取調べのあいだ別々に尋問され、以下のような選択肢を提示される。両名ともが相手に不利になるような証言をしたなら、それぞれが中くらい（3年）の拘留期間を科される。それはありがたくはないが、耐えられないほどではない。両名ともが相手を裏切るような自白をしなければ、二人は短期間（6カ月）の拘留ですまされる。その程度の期間であれば比較的容易にすごせるだろう。だが、もし一方が自白に同意し、もう一方がそうしなかったばあいには、自白をしたほうの囚人は釈放され、黙秘した囚人は人生の破滅となる長期（10年）の監獄送りとなろう。

このばあい、それぞれの囚人が直面するジレンマとは、自白するかしないかだ。自白してパートナーを売ったばあい、自分は無罪放免となるか、中程度（3年）の牢屋暮らしですむ。パートナーを裏切らない選択をしたばあい、短期間（6カ月）で出所できるかもしれないが、長期（10年）の牢屋暮らしになるかもしれない。一生の牢屋暮らしになる「間抜け者の利得」

> " ゲーム理論は、社会的状況における合理的行動だ "
>
> **ジョン・ハーサニ**
> （1920〜2000年）アメリカの経済学者

の可能性をなくすには、ナッシュ均衡においてはつねに裏切りしかない。ここで興味深いのは、たがいに裏切りあうという「支配的な」（最上の）戦略が、集団の利益を最大にする結果にはならないということだ。どちらもが裏切るのを拒否したなら、二人が拘束される最大日数は最小になる。

ドレッシャーとフラッドは、同僚から二人を選んで囚人のジレンマをテストし、ナッシュの予測が正しいかどうかを確かめてみた。二人が用意したのは、おのおののプレーヤーが相手を裏切ることも裏切らないことも可能なゲームだ。ゲームは、どちらに転んでも間抜け者の利得が生じるように設定してあったが、協力するという選択肢も用意されており、ただしそのばあいにはどちらも利益を得るようになっていた。これは、協力ゲームを考慮にいれていたフォン・ノイマンとモルゲンシュテルンの以前の研究を踏まえたものだ。

実験は100回以上おこなわれた。ゲームをこのように繰りかえしおこなうことで、プレーヤーには前回の相手のふるまいを懲らしめたり、あるいは推奨したりする機会が与えられた。結果は、裏切り

> 各プレーヤーの戦略は、ほかのプレーヤーの戦略との関係で最適となる
> ジョン・ナッシュ

を推めるナッシュ均衡が選ばれたのが14回だったのにたいして、協力解になった回数が64回というものであった。ここからドレッシャーとフラッドは、現実の人びとは双方にとっての利点を最大限にする戦略を選ぶことをすぐに学習するものだという結論を下した。これにたいしてナッシュは、この実験が台無しになったのは、相互作用の機会を設けすぎたためであり、真の均衡ポイントは裏切りのばあいだけだと主張した。

### 平和−戦争ゲーム

囚人のジレンマの繰りかえし実行型は、平和−戦争ゲームとして知られるようになった。これはソ連との冷戦における最良の戦略を解明するために用いられた。大陸間弾道弾のような新たな武器技術が開発されると、どちらの側でも、この技術をものにするために大量の予算を投入するかどうかの決断を迫られる。新たな技術は、それほどの損害をこうむることなく戦争に勝つ可能性に結びつくかもしれないが、あくまでそれは、相手が側がその新たな武器の開発をおこなわないかぎりでのことだ。その開発をおこな

ステルス爆撃機のような**高価な技術**は、冷戦をつうじて開発された。「間抜け者の利得」を防ぐには、どちらの陣営もその出費を惜しんではならないとゲーム理論は示唆した。

### ジョン・ナッシュ

1928年にアメリカの中流階級の家庭に生まれたジョン・ナッシュは、人づきあいのまずさゆえに、学校ではバックワード（知恵遅れ）とあだ名された。だが、両親はナッシュの傑出した学問的才能を認めていた。1948年に、プリンストン大学の奨学金を獲得する。以前の指導教授は、一行からなる推薦状を書いた。「この男は天才です」と。プリンストン大学でナッシュは講義には出席せず、ゼロから自分の考えを展開することばかりしていた。のちにナッシュにノーベル経済学賞をもたらすことになるゲーム理論の考えが展開されたのもこの時期のことであった。1950年代には、ランド研究所とMIT（マサチューセッツ工科大学）で働いたが、そのころのナッシュの精神状態はどんどん悪化していった。

1961年、ナッシュの妻は彼を統合失調症の治療に行くよう手配した。ナッシュはその後25年間、病気と格闘することになるが、その間も数学の研究になにがしかの貢献を果たせるのではないかという望みは捨てなかった。

**主著**

1950年「N人ゲームにおける均衡点」
1950年「交渉問題」
1952年「実代数的多様体」

わないばあいは、相手もそれをおこなわなければ膨大な費用の節約になるが、相手だけが武器開発をしたばあいには全面降伏という間抜け者の利得をもってゆかれることとなる。

いっそう広い文脈においたばあいのナッシュの研究の重要性は、たがいに独立した利己的個人のあいだでも均衡がありうるし、そこから安定と秩序がつくられうるのを示した点にある。じっさい、自分の見返りを最大にしようとする個々人によって達成される均衡は、プレーヤーたちが相互に便宜をはかろうとするばあいよりも、非協力的な状況のほうが、より安全で安定した結果をもたらすと言われている。

ナッシュは1994年に、ゲーム理論の発展に貢献したほかの二人の数学者とともにノーベル経済学賞を受賞した。ハンガリー出身の経済学者ジョン・ハーサニがあきらかにしたのは、各プレーヤーがほかのプレーヤーのモチヴェーションや利得について完全な情報をもっていないゲームは、それでも分析可能だということだ。現実生活における戦略的決断の大半は、不確実性の霧のなかで下される以上、これは画期的な発見であった。金融市場がインフレと失業にたいする中央銀行の態度に確信がもてず、したがってインフレを抑えるために利子率が上がるのか、雇用を促進するために利子率が下がるのかがわからないようなばあいなどが、実生活の具体例と言えるだろう。金融市場における企業の利潤は、中央銀行が将来において設定する利子率によって決まるのだから、企業はお金をさらに借りるのか逆に減らすのかを判断できねばならない。ハーサニがあきらかにしたのは、中央銀行がどこに目標をおいているのかが市場には分からないばあいであっても、ゲーム理論を用いれば、問題に解を与えるナッシュ均衡は見つけられるということであった。

## ムカデゲーム

ゲーム理論の発展に貢献したもうひとりの経済学者が、複数のステージからなるゲームに部分ゲーム完全（均衡）の概念を導入したドイツのラインハルト・ゼルテンだ。この考えは、ゲーム全体にわたって、各ステージもしくは「部分ゲーム」のそれぞれにおいて均衡がなければならないというものだ。ここには重大な示唆がふくまれている。そうしたゲームの一例がムカデゲームだ。一群のプレーヤーが順々に一山のお金を回してゆくが、一回まわすたびごとに、お金の山は20パーセントずつ増えてゆく。ゲームを終わらせる方法は二つだ。ひとつは、お金が順々に100回まわされたばあい（ムカデという名はここに由来する）で、そのときたまったお金すべてが分配される。もうひとつは途中であるプレーヤーが、自分に手渡されたお金の山をそれ以上まわさないでゲームを降りるばあいだ。順番がまわってくるたびごとに、プレーヤーはお金をまわして協力するか、ゲームを降りてお金を手にいれるかの選択をする。

最終ラウンドでプレーヤーがゲームを降りて、すべてのお金を手にいれるのがベストだ。ここから分かるのは、最終ラウンドのひとつまえで、ライバルである

> 自分には自分の考えはわかっているが、なぜ自分がそう考えているかはわかっていない
> **ラインハルト・ゼルテン**

買い手が**値切ろうとするとき**、売り手は多くのばあい、喜んで受けいれたい値段からはじめる。だが、そうすることで、売買がなくなる危険が生じる。

### 真理に到達する

1960年に、ロシア出身の経済学者レオニード・ハーヴィッツは、市場が機能するさいのメカニズムの研究に着手した。古典派の理論では、商品は、公正な価格で、もっとも欲しているひとにたいして効率的に取引されることが前提とされる。実世界では、市場は必ずしもそのように機能していない。たとえば、ハーヴィッツが認めているところでは、中古車の売り手と買い手はどちらも、それぞれがその車をいくらと見積もっているかについては隠しておこうとするインセンティヴをもっている。

どちらもが、いくらで売り、いくらで買いたいのかを公表して、価格の差を埋めようとしたばあいでさえ、このメカニズムが最適の結果を生みだすことはまずありそうもない。売り手はもちろん自分がじっさいに必要としているよりも高い価格を主張するだろうし、買い手は自分で払う気になれるよりも安い価格を主張するだろう。そんな状況では、どちらもが取引をしたいと思っていたとしても、合意にいたるのは不可能となろう。ハーヴィッツの下した結論は、もし参加者が真実をあかすよう説得されれば、利益はいずれにとっても最大となるだろうということだ。

**協力ゲーム**では、プレーヤーには協力する機会が与えられている。綱引きのようなこの種のゲームのほとんどにおいて、個人が勝つ唯一の機会（チャンス）は、他人と協力することだ。

競争相手の離脱を予想してゲームから降りるのが、次善の選択だということだ。この理屈をどんどんさかのぼってゆくと、どの順番でも降りるのが一番であり、それに部分ゲーム完全（均衡）の選択とは最初の回で降りることだという結論になる。だが、この結論は逆説的に思われる。なにしろ、最初の回で与えられるお金の総量はごくわずかなもので、とても降りるのがよい結果になるとは思われない。

この考えは、国のいたるところに直売店をもつ大きなチェーンストアがあるような状況に適用される。そこでは競争相手は、ひとつかそれ以上の地域で市場に参入する用意をしている。チェーンストアは、新規の企業が参入しようとしている地域ではいつも価格破壊をおこなうと脅しをかけることができる。そうした脅しは、チェーンストアにとってそれほどの儲けを犠牲にするわけでもなく、その地域に参入しようという気を企業からそぐかぎりで、信頼するにたり、かつやってみるに値することのように思われる。ナッシュ均衡という観点での最良の戦略は、チェーンストアにとっては価格戦争

> 核の均衡について理論化
> しようとしたとき、
> 私にはソ連の内部で本当の
> ところなにが生じていたのかを
> 知る必要はなかった
> **トーマス・シェリング**

を乗りきることであり、新規企業にとっては市場に参入しようとしないことだろう。だが、ゼルテンに言わせるなら、新規の企業がその市場に参入しようとするたびごとに既存の企業が価格破壊を強いられるとしたら、それによって蓄積されてゆく損失はとほうもない額となる。だから、さきを見すえつつ結果から逆算して後ろむきに推論をおこなうならば、価格戦争の脅威は非合理的だということになる。ゼルテンの結論は、価格戦争をともなわない新規企業の参入が部分ゲーム完全（均衡）だということだ。

## 限定合理性

こうしたパラドックスは、ゲームをおこなうプレーヤーがみな完全に合理的だと想定してかかるから生じる。ゼルテンが提案するのは、いっそう現実的な意思決定理論だ。私たちが合理的な計算を踏まえてことをなすのは普通のことだとしても、ときに私たちは過去の経験と経験則にもとづいてそれをおこなう。私たちはいつでも合理的な計算をめぐらせているわけではない。それどころか、ゲーム理論家たちに言わせれば、私たちは「限定合理性」にしたがっている。つまり、

私たちは部分ゲーム完全をもたらさないが、直観的にひらめいたゲームへの解決法を選ぶことがあるのだ。

ゲーム理論にも批判がないわけではない。それによると、ゲーム理論はよくできたお話だが、科学の名に値するいかなる吟味にも耐ええない。これからなにが起こるかについての有効な予測はそこからはでてこない。ゲームにはいくつもの均衡がありうる。カルテルに行きつく産業は、価格戦争に行きつく産業と同程度に合理的だということなのかもしれない。のみならず、私たちは「もし私がこうしたら、相手はこうするだろうし、そうしたら私はああするが、また相手はああするだろう」という推論の無限後退にもとづいて決断を下すわけではない。

アメリカの経済学者トーマス・シェリングは、行動の引き金は単純に数学的確率にもとづいているわけではないという考えを研究することで、こうした批判を提起した。「協調ゲーム」においては、どちらのプレーヤーも同じ手札を考えているばあいに褒賞を得るわけだが、ほかのだれかとゲームしようと思ったばあい、どのカードを選べばよいのだろうか。スペードのエースを選べばよいのだろうか。■

# 豊かな国が貧しい国を さらに貧しくする
## 従属理論

## その経済学的背景

**焦点**
成長と発展

**鍵となる思想家**
アンドレ・グンダー・フランク
（1929～2005年）

**前史**
**1841年** ドイツの経済学者フリードリヒ・リストが、自由貿易に反対し、国内市場における保護政策を擁護する議論をおこなう。
**1949～1950年** ハンス・シンガーとラウル・プレビッシュが、貧しい国と豊かな国とのあいだでの交易条件はときとともに悪化してゆくと主張した。

**後史**
**1974～2011年** アメリカの社会学者イマヌエル・ウォーラーステインが、フランクの発達理論を発展させて、世界システム理論を考案する。この理論は、西洋世界の興隆にふくまれているいくつもの変化を説明すべく、歴史的な枠組みを用いている。

---

貧しい国は、その門戸を国際貿易に**解放**すれば、経済成長するといわれる

↓

豊かな国は、支配的な位置を占めており、不平等な交易条件をつうじて**貧しい国を搾取している**

↓

この搾取が原因となって、貧しい国の経済はさらに**停滞あるいは下降する**……

↓

……その一方で、豊かな国は**ますます豊かになる**

↓

豊かな国が貧しい国を さらに貧しくする

---

豊かな国は、貧しい国が貧しいままだとしても、その責任が自分たちにあるわけではないと主張する。むしろ必要なのは、相互の関係によっていずれもが恩恵をこうむるようになることだ、と。だが、1960年代になって、ドイツの経済学者アンドレ・グンダー・フランクが主張したところでは、西洋世界の発展政策は自由貿易と投資に沿って進められてきたが、その結果グローバルな分断が常態化した。その政策においては豊かな国の優位がゆらぐことはなく、貧しい国はどこまでいっても貧しいままだ。フランクは、これを「従属理論」と呼んだ。

### 貿易の不均衡

豊かな西洋諸国は、強力で経済的な先進国のブロックの一員である以上、格下の貿易相手国となったことは一度としてない。この理由からして、経済学者のなかには、先進国の発展を支えてきた政策がこんにちの貧しい国々に恩恵をもたらすことはありえないのではないかと主張する者も少なくない。

国際貿易の自由化は、しばしば経済学者によって発展途上の経済を援助する保証された道だと激賞される。だが、フランクの従属理論によれば、そうした政策は往々にして豊かな国が貧しい国にたい

**参照** 保護主義と貿易→34〜35頁 ■ 比較優位→80〜85頁 ■ 開発経済学→188〜193頁 ■ 経済成長理論→224〜225頁 ■ 市場統合→226〜231頁 ■ アジア・タイガー経済→282〜287頁 ■ 国際的債務免除→314〜315頁

---

して優位を占めつづけたままになる状況をもたらす。発展途上国は、原料を生みだし、それが豊かな国に買われ、それをもとに製品がつくられ、それは国内あるいは先進国同士のあいだで売買される。ここから不均衡な貿易システムが生じる。貧しい国の交易の大半は、豊かな国とのあいだでおこなわれるが、豊かな国の交易はもっぱら自国内で、もしくは先進国同士のあいだでおこなわれることになる。発展途上国のあいだでおこなわれる貿易の割合はごくわずかだ。結果として、貧しい国々は——はるかに大きくて豊かな強国(パワー)と貿易しているのだから——依然として弱い立場を脱せず、発展のために自国に必要な好ましい交易条件を受けいれてもらえないままだ。

こうした力が、グローバル経済を周辺の貧しい国々という「周辺」からの、富が回遊している豊かな国という「中心」の分離へとつうじてゆく。貧しい国の経済はまた、投資を呼びこまないような方向で組織化される傾向にもあるが、どの国においてであれ投資こそが経済成長を駆りたてる鍵だ。豊かな国が貧しい国に産業と投資をもたらすとき、それによって豊かな国は貧しい国の経済成長を自分

**ナイジェリアの多くの石油労働者**は、海外企業のために働いている。これらの企業はナイジェリアに投資をしてはいるものの、この地域の賃金の安さと価値の高い原材料から法外な利益を得ている。

たちが支援していると言いたがる。だが従属理論家たちに言わせるなら、実際は、地域経済に再投資がおこなわれているのではなく、地域の資源がしばしば搾取され、労働者にはろくな給料が払われず、利潤は外国の株主たちに分配されているというものでしかない。

## もうひとつのありうべき道

従属理論家たちによって示されている類いの危険におちいらないために、いくつかの貧しい国はもうひとつのありうべき道を模索している。世界貿易やグローバル化、外国からの投資に門戸を開くのではなく、それとは真逆の孤立化を選択しているのだ。

香港、シンガポール、台湾、韓国といったアジア・タイガー経済の目ざましい発展と中国の著しい経済発展は、従属理論の観点の不備を示すものだと主張する人びともいる。これらの発展途上の経済グ

> 開発途上にある原因が、過去の制度の残存と資本の不足にあるわけではない。それは、資本主義の発展そのものによってもたらされたのだ
> 
> **アンドレ・グンダー・フランク**

ループでは、国際貿易が急激な成長と産業化のエンジンとなっていた。つい最近では、従属理論は、古典的なアプローチに疑問を呈しつづけている反グローバル化の動きのなかに繰りかえし反映しつづけている。■

---

### 不平等な輸出——原材料品と工業製品

1949年と1950年に、ドイツ出身のハンス・シンガーとアルゼンチンのラウル・プレビッシュという経済学者が、それぞれ独立に、先進国との貿易のさいに発展途上国が直面する不利益を詳述した論文を公刊した。この二人によるなら、交易条件(一国が一定量の輸出品で購入できる輸入品の総量)は、主要輸出品が工業製品である国よりも、主要輸出品が原材料品であったりする国のほうがよくなかった。こうした事態は、所得が上がろうとも、食糧や原材料品にたいする需要は一定のままだという事実によって説明可能だ。

他方で、より所得が高くなれば、工業製品や贅沢品への需要は跳ねあがる。この結果、価格も上昇し、貧しい国は輸出によって得られるお金と引きかえに、ごくわずかな工業製品が輸入をつうじて得られるだけだということになる。

# ひとをだますことはできない
## 合理的期待

**その経済学的背景**

焦点
**マクロ経済**

鍵となる思想家
**ジョン・ムース**（1930〜2005年）
**ロバート・ルーカス**（1937年〜）

前史
**1939年** イギリスの経済学者ジョン・ヒックスが、将来への期待が変化をもたらす過程を分析する。
**1956年** アメリカの経済学者フィリップ・ケーガンが、「適応的期待」という概念を用いて、過去にもとづいた予測を説明する。

後史
**1985年** アメリカの経済学者グレゴリー・マンキューが、「ニュー・ケインジアン」経済学の出現に寄与する。これは、人びとの将来への合理的期待を当人の計算のうちに組みこむという新しいモデルを用いたものだ。

　第二次世界大戦以降の政府の介入と支出の増大は、経済全体について考える、まったく新たな、しかも重要なスタイルを経済学者に提供した。その結果、経済学者たちは、政府は、永続的により高い生産量と低い失業率を維持するべく金融と財政（課税と支出）政策を用いることで経済を底上げすることができるはずだと考えるようになった。

　こうしたケインズ・モデルにたいするかつての批判は、「期待」という概念の綿密な検討を軸としていた。期待が重要なのは、将来なにが起こると人びとが考えているかが、現在の人びとの行動に影響をもたらすからだ。最初、期待は「適応的」なものとみなされた。そのさいに

# 戦後の経済学　245

**参照**　ホモ・エコノミクス→52〜53頁　■借入と負債→76〜77頁　■ケインズ乗数→164〜165頁　■マネタリスト政策→196〜201頁　■効率的市場→272頁　■独立した中央銀行→276〜277頁

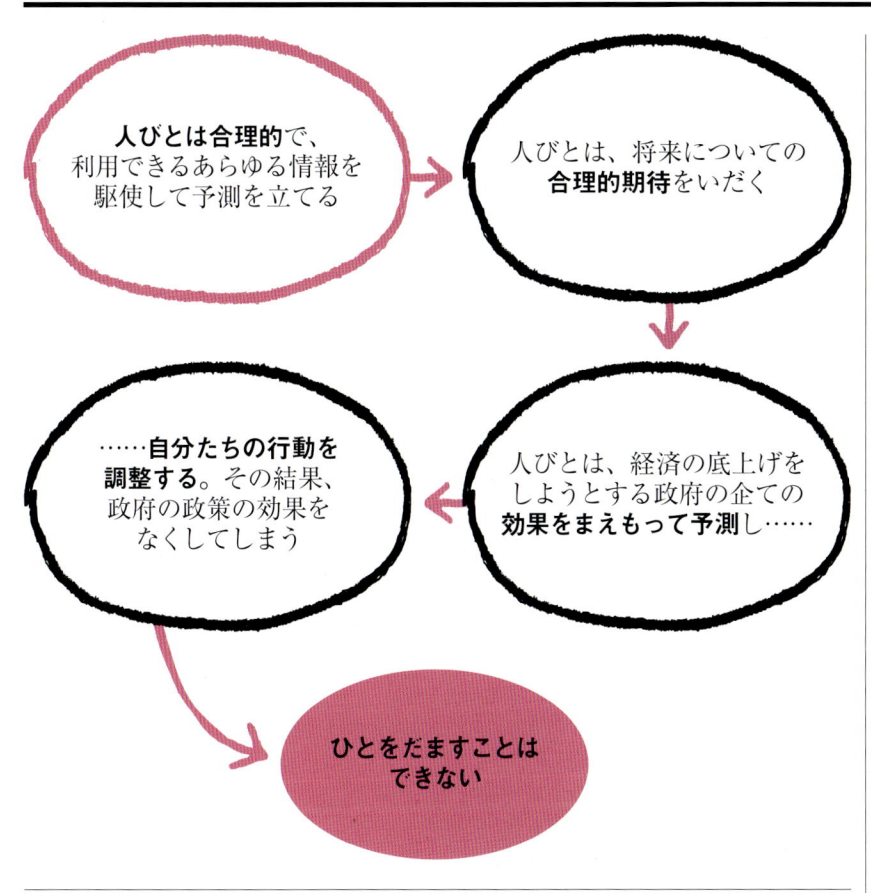

```
人びとは合理的で、            →   人びとは、将来についての
利用できるあらゆる情報を           合理的期待をいだく
駆使して予測を立てる
                                        ↓
……自分たちの行動を        ←   人びとは、経済の底上げを
調整する。その結果、              しようとする政府の企ての
政府の政策の効果を                効果をまえもって予測し……
なくしてしまう
        ↓
   ひとをだますことは
   できない
```

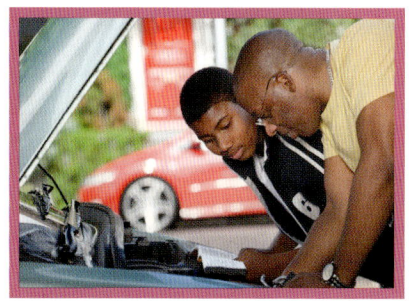

父親は、車のメンテナンスについてのその知識を息子に伝える。息子は、ある面ではこの知識をもとにして、どの車を買うべきかといった将来の経済的決断をおこなう。

くれば、すぐに実質賃金は少しも上がっていないことが見ぬかれ、経済はもともとの低い雇用レベルにもどってゆく。

## 合理的期待

　期待をモデル化するこうしたやりかたは、シンプルなものだが、そこには欠陥もある。もし人びとが、将来についての予測を立てるばあいに過去だけを見ているとしたら、おそらくほとんどの予測はきわめて悲観的な内容となることだろう。経済への予期せざる衝撃は、経済をそれまでの道筋から（一時的にではあれ）それらせて、予測における終わりなき誤りへと引きずりこんでしまうだろう。だが、もし人びとがいつまでも予測のまちがいを犯すなら、人びとは市場に抗ってどこまでも損しつづけることとなる。それが人びとの行動のじっさいの姿であるとは、とうてい思えない。

　このような適応的期待への不満から、1961年にアメリカの経済学者ジョン・ムースは「合理的期待」理論へと進んでいった。その理論の核心にあるのは、とてもシンプルな発想だ。市場での買い手が合理的であるなら、人びとは以前の価格を考慮にいれて将来の価格を単純に推測したりはしない。そのかわりに人びとがおこなうのは、有用な情報にもとづいて、

前提されていたのは、人びとが将来について期待をいだくばあいには、もっぱらまえに起こったことだけを土台にする——できごとAからできごとBがつづいて生じたなら、つぎもそうなるだろう——という見解だ。それぞれのケースにおいては、個人は自分が起きると予期した事態とじっさいの結果とのギャップを調節する。

　経済理論において期待を受けいれる必要が生じたのは、需要を煽るには支出を増やすしかないというケインズ政策（154〜161頁）の成果が弱体化したことを認めざるをえなくなったからだ。この政策の前提は、政府の経済梃いれによって人びとの給料が上がったなら、じっさいの経済活動の面でも活性化が認められ、それによっていっそう仕事が供給されるようになるという発想だ。じっさいには、需要の増加にともなって物価の上昇もあったが、賃金の上昇はなかった。人びとが賃金の額が増えたのは実質賃金が増加したからだとだまされたのは、一時的なことでしかなかった。なにしろ、人びとはほどなく物価も上昇していることに気づいたのだ。将来の価格上昇にかんする人びとの予測はゆっくりと調整されてゆく。

　こうして、政府が金融もしくは財政政策によって経済動向を底上げできるとすれば、それは（じつのところ）人びとをだますことによってなのだ。だが、これがうまくゆくのは短期的なことにすぎない。ひとたび人びとの予測が追いついて

オーストラリアの農夫が作物を見ている。農夫は、たんに過去のできごとだけをもとに、どの作物を植えるべきかを決めるわけではない。そのほかにも、天候や需要の程度といった要因も重視される。

そしてさらに経済の正確なモデルに依拠して——批判的な眼をもって——将来の価格を予測しようとするだろう。人びとは、過去のふるまいに盲目的にしたがうのではなく、知識にもとづいた決断を下すだろう。人びとがそうするのは、自分たちの立てる期待を合理的におこなわなければ、市場からしっぺがえしをくらい、お金を失うことになるのが眼に見えているからだ。

私たちは、いつでも合理的期待をおこなっている。たとえば、農夫は過去の価格、現在の状態、今後の見こみをもとに、どの作物を植えるかの決断を下す。過去5年間と同じ作物を同じ量だけ植えれば、今回も同じ市場価格がつくだろうなどと農夫は決めつけたりしない。それは農産物専門の作物仲買人も同じだ。市場からのしっぺがえしこそが、人びとを合理的にふるまわせる力であり、そうこうするなかで人びとの期待は、もっとも有効な経済モデルと同程度によくできているものとみなされるようになってゆく。

合理的期待の理論は、当惑してしまうほどシンプルだが、驚くほどの帰結をもたらす。適応的期待のばあいには、政府の介入は機能するとしても一時的だ。なにしろ、そこで人びとを動かしているのは驚きだ。そこでは将来の政府の政策が予期されることはない。だから、支出の予期せざる拡大は、経済においてポジティヴな「ショック」を短期的な実質的効果としてもたらす。合理的期待の状況下では、こうした一時的な効果すら起きない。なにしろ、人びとの価格上昇にたいする予測がすぐさま調整機能を発揮する。

### できごとを予測する

1975年、二人の経済学者トーマス・サージェントとニール・ウォレスは、もし期待が合理的であるなら、個々人が政府の介入を予期するようになるというばかりでなく、みずからのふるまいを調整して、その政策が無効になるようにふるまうだろうと主張した。合理的期待を前提するなら、政府には失業率を抑えたままにしておこうとするといった衝撃（ショック）をもたらすことへのインセンティヴがあるということに、人びとはただちに気づくだろう。当然、人びとはそれに応じるかたちでその期待を修正するだろう。

たとえば、政府が雇用を維持しようとして（利子率を下げるといった）金融政策に訴えるときには、インフレが悪化することを人びとは理解している。当然、人びとは賃金にたいする期待を修正し、

> 期待が、以前には合理的でダイナミックなモデルとみなされてこなかったというのは、かなり驚くべきことだ。なにしろ合理性は、企業家の行動のほかのあらゆる側面においては前提とされていたのだから
> 
> ジョン・ムース

それに応じて物価は上がる。豊かになったと感じるのではなく、人びとのインフレにたいする期待が、政府のめざす、より低い利子率の効果を帳消しにしてしまう。このようにして、金融政策は完全に無効なものとなってしまう。なにしろ、それはつねに織りこみずみのものとなってゆき、人びとの行動は絶えず変化して、それにしたがわなくなってゆくのだ。

政策決定者は、かつては失業（率）とインフレのあいだにはトレード・オフの関係がなりたっている、つまり政府が長期的に経済を底上げして高い雇用（率）を実現しようとすると、インフレもひどくならざるをえない（202～203頁）と信じていた。合理的期待のなりたつばあいには、この関係自体が解消する。失業（率）は、経済の生産能力に応じて、つまり企業の生産性と技術力、そして市場の効率性に応じて決まる。政策決定者は、雇用のこの水準を超えてまで経済を底上げすることはできない。

### ルーカスの批判

アメリカの経済学者ロバート・ルーカスが指摘するところでは、もし個人の期待が政策と適合するものであるなら、それはつまり、経済構造全体——異なる世帯・企業・政府のあいだの諸関係の総体——が、政策の変化に応じて変わるということだ。その結果、政策の効果はいつでも、指向されていたものとは異なることになる。

これはのちに「ルーカスの批判」として知られるようになるが、ケインズ・モデルがめざしたような、その構造的諸関係をつうじて経済全体をモデル化しようとする試みは失敗せざるをえないとする、たいていの経済学者たちを納得させるだけの強力な批判であった。じっさい、モデル化をするためには、人びとの心の奥底に潜む嗜好と、人びとの行動を牽引する資源や技術に焦点を合わせる必要がある。ルーカスが示したのは、マクロ経済学への「新古典派」的アプローチが、ある面ではケインズ以前の世界への逆行を

もたらすということであった。

のちの「リアル・ビジネス・サイクル」モデルによるなら、雇用における変化は、生産性の増大とか人びとが仕事よりも余暇のほうに嗜好を変えるといった、「実質的」労働要因における変化に駆動される。リアル・ビジネス・サイクルと新古典派モデル双方の決定的な特徴は、いずれもが個人の合理的な行動の結果としてのマクロ経済をモデル化しようとしている点にある。

じっさいのところ、いつでも人びとが完全に合理的な期待をはたらかせているわけではないにしても、人びとはそうするものだと想定することで、経済のはたらきにとって有益なガイドとして役だつモデルを経済学者は構築できるようになる。合理的期待は、いっそう心理学的にリアリティのあるモデルにもとづいて研究を進める行動経済学者たちからの批判を浴びつつある。■

> インフレの恩恵は、拡張的政策を用いて経済主体をだまして、そのふるまいが自分にとって利益とはならなくとも、社会的に望まれるようなしかたで当人をふるまわせてしまうことからもたらされる
>
> **ロバート・ホール**
> （1943年〜）アメリカの経済学者

**金融市場におけるトレーダー**（取引人）は、ある面ではともに働いている同僚のふるまいをもとに、合理的な期待を形成する。兆候の読みそこないは、市場からのしっぺがえしに行きつくだろう。

## ジョン・ムース

アメリカの経済学者ジョン・ムースは、1930年に生まれた。アメリカの中西部で育ったムースは、経営工学をセント・ルイスのワシントン大学で学び、ついで数理経済学をピッツバーグのカーネギー工科大学で専攻する。ムースが博士論文の研究に従事していた1950年代のカーネギー工科大学には、傑出した教授陣がそろっていて、そのなかにはのちにノーベル経済学賞受賞者となるフランコ・モディリアーニ、ジョン・ナッシュ、ハーバート・サイモンがおり、のちにはロバート・ルーカスがくわわった。

合理的期待にかんするムースの最初の論文は1961年に公刊されたが、当時はほとんど注意を惹かなかった。シャイで慎みぶかい性格だったムースは、その後この主題にかんする論文を公刊してくれる出版社を見つけられず、職を求めて、別の分野へ転進した。その結果、オペレーションズ・マネージメントや人工知能の領域で先駆的な研究が生みだされる。ルーカスやサイモンといったほかの経済学者たちは合理的期待にかんするムースの研究をさらにすすめ、その業績で大きな賞を受賞したが、ムースは広く世界にその名を知られないままであった。ムースは教えるためにインディアナやブルーミントンへ赴き、名門とはいえないいくつもの大学で教壇に立った。それはムースに名誉を与えはしなかったが、ムースの広範にわたる知的好奇心を満たすには十分な環境であった。こんにちではムースは、「合理的期待革命」の父とみなされている。2005年に亡くなった。

**主著**

1960年「指数級数的にウェイトづけをした予想の最適属性」
1961年「合理的期待と価格変動理論」
1966年「予測モデル」

# ひとは選択するさいに確率など気にかけない
## 意思決定のパラドックス

### その経済学的背景

**焦点**
意思決定

**鍵となる思想家**
ダニエル・エルズバーグ
(1931年～)

**前史**
**1921年** アメリカの経済学者フランク・ナイトが、「危険(リスク)」は数量化できるが、「不確実性」はそうはゆかないことを説明する。
**1954年** アメリカの数学者L・J・サヴェッジが、『統計学の基礎』のなかで、未知の将来のできごとにたいしてどのように確率が割りあてられるかをあきらかにしようとする。

**後史**
**1970年代以降** 行動経済学が、実験をくりかえして、不確実な状況下における行動の研究に取りくむ。
**1989年** マイケル・スミッソンが、危険の「分類学」を提案する。
**2007年** ナシム・ニコラス・タレブの『ブラック・スワン』が、稀で予見しえないできごとの問題を議論する。

---

**1960**年代までは、主流派の経済学は、人びとの決断を理解するうえで、ある原理に依拠していた。すなわち、人間とは合理的で計算高い生きものだ。さまざまな選択肢と不確実な将来に直面したとき、人びとはおのおののありうべき将来の結果に見こみを割りあてて、それに応じて決断を下す。人びとが求めるのは、さまざまな将来の結果の見こみについてのみずからの信念をもとにして、もっとも高い期待効用（値）を選択することで、「期待効用」（期待できる満足度の量）を高めることだ、というものだ。

だが、こうした見解は、実験的状況下でさえ人間は理論どおりには行動しないという結果によって、批判にさらされた。この種の非難のうちでもっとも重要なもののひとつが、エルズバーグのパラドックスにおいて提起されたそれだ。これは、1961年にアメリカの経済学者ダニエル・エルズバーグによって一般化されたものだが、もともとは1930年代にジョン・メ

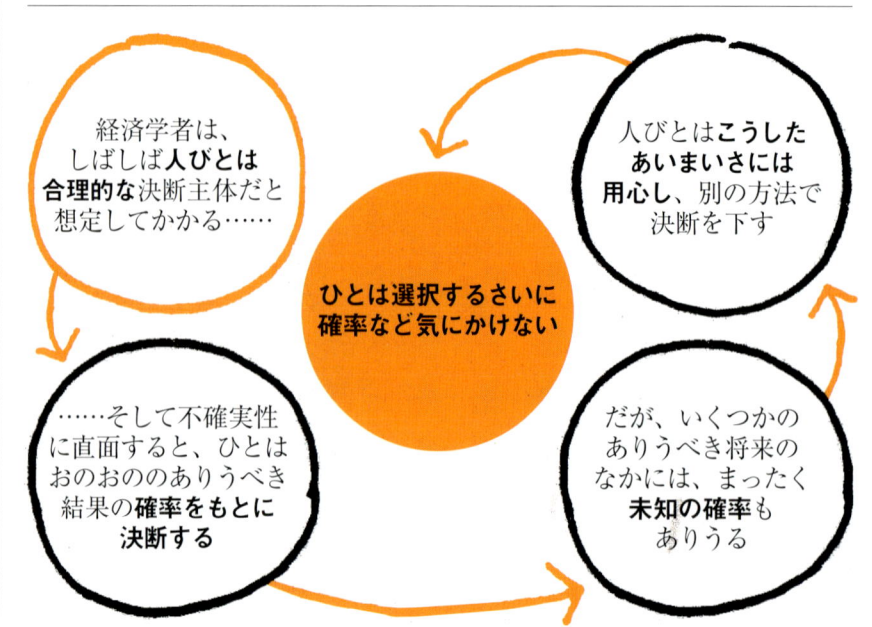

---

経済学者は、しばしば**人びとは合理的な決断主体**だと想定してかかる……

……そして不確実性に直面すると、ひとはおのおののありうべき結果の**確率をもとに決断する**

→ **ひとは選択するさいに確率など気にかけない**

人びとは**こうしたあいまいさには用心し、別の方法で**決断を下す

だが、いくつかのありうべき将来のなかには、まったく**未知の確率もありうる**

# 戦後の経済学 249

**参照** ホモ・エコノミクス→52〜53頁 ■ バブル経済→98〜99頁 ■ リスクと不確実性→162〜163頁 ■ 非合理的な意思決定→194〜195頁 ■ 行動経済学→266〜269頁

**確率の実験**が提供するのは、賭けの選択だ。参加者は、つぼに赤い玉が30個はいっており、黒と黄色の混ざったボールがさらに60個はいっていると告げられる。赤い玉を引きだせば100ドルの賞金だ。黒のばあいも100ドルだ。ほとんどの参加者が赤に賭けた。

つぎの選択では、赤か黄色の玉を引けば100ドルだが、黒か黄色を引いたばあいも100ドルだ。今回はほとんどの参加者が黒か黄色に賭けた。どちらのばあいでも参加者は、賭け率の未知なばあいよりも既知のばあいのほうを好んだ。

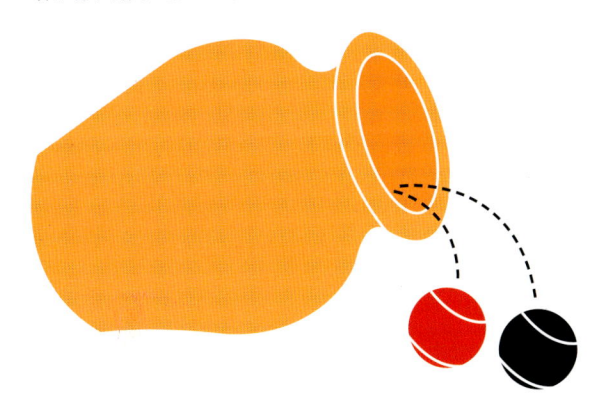

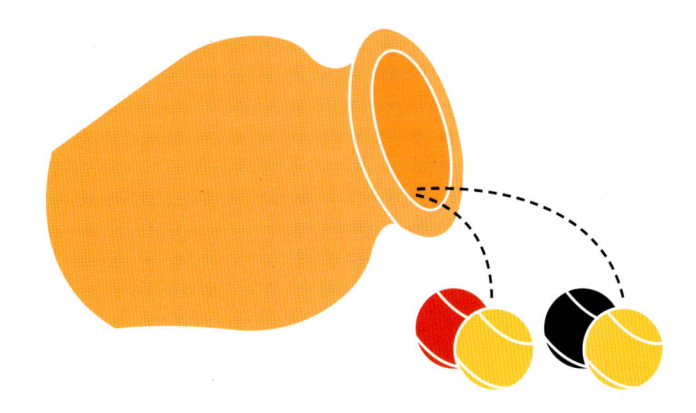

イナード・ケインズ（161頁）によって描きだされた考えをもとにしている。

## あいまいさへの嫌悪

エルズバーグが示したのは、想像上のつぼから特定の色のボールを引きだせたら、賞金がもらえるという思考実験だ（上図参照）。実験の参加者がおこなう賭けからあきらかになったのは、見こみの度合いならびに危険の度合いを見積もるうえで参考になる情報が与えられているばあいには、だれもが理性的な選択をするということだ。だが、将来の結果があいまいであったばあいには、人びとのふるまいは一変する。これが期待効用理論から導かれるパラドックスだ。

人びとは、自分の直面している不確実性についてわからないでいるよりは、より多くを知りたいと思う。アメリカの前国防長官ドナルド・ラムズフェルド（1932年〜）のことばを借りるなら、人びとは「知られざる未知のこと」よりは「知られている未知のこと」のほうを好む。実験の結果は、エルズバーグがその論文を公刊して以降、じっさいのいくつもの実験によって繰りかえされた。それは、「あいま

いさ嫌悪」として、あるいはアメリカの経済学者フランク・ナイト（163頁）以降は、「ナイトの不確実性」として知られるようになった。「知られざる未知のこと」についてもっと知ろうとするなかで、人びとはそれまでのもっと論理的な選択とは矛盾する行動をとるようになり、選択にさいして確率の問題を脇へ置いてしまうのだ。

## 未知のものを知ること

エルズバーグのパラドックスは論争を巻きおこした。それは従来の理論の枠内で問題なく避けられるし、そもそも実験的状況とは実生活でのあいまいさに直面した人びとのふるまいを再現するものではないと主張する経済学者もいた。だが、2008年の金融危機はあいまいさの問題への新たな関心を呼びさました。効用理論では説明できない、未知の数量化できない危険について、人びとはもっと多くのことを知りたがったのだ。■

### ダニエル・エルズバーグ

1931年生まれのダニエル・エルズバーグは、アメリカのハーヴァード大学で経済学を学び、1954年に海兵隊に入隊する。1959年にホワイトハウスの分析官となる。博士号を授与されたのは1962年で、この論文ではじめてそのパラドックスを提示した。

その後エルズバーグは最高機密にふれる仕事にたずさわったが、ヴェトナム戦争に幻滅するにいたった。1971年、戦争には勝てそうもないというペンタゴンの見解を詳細に論じた最高機密文書を漏洩したかどで、官憲に引きわたされる。ホワイトハウスのエージェントがエルズバーグの自宅に非合法の盗聴器をしかけていたことが露見し、エルズバーグの裁判は終わりを迎えた。

**主著**

1961年 「危険・あいまいさとサヴェッジの公理」
2001年 『危険・あいまいさ・決断』

# 類似の経済圏は単一通貨から利益をひきだせる

## 為替相場と通貨

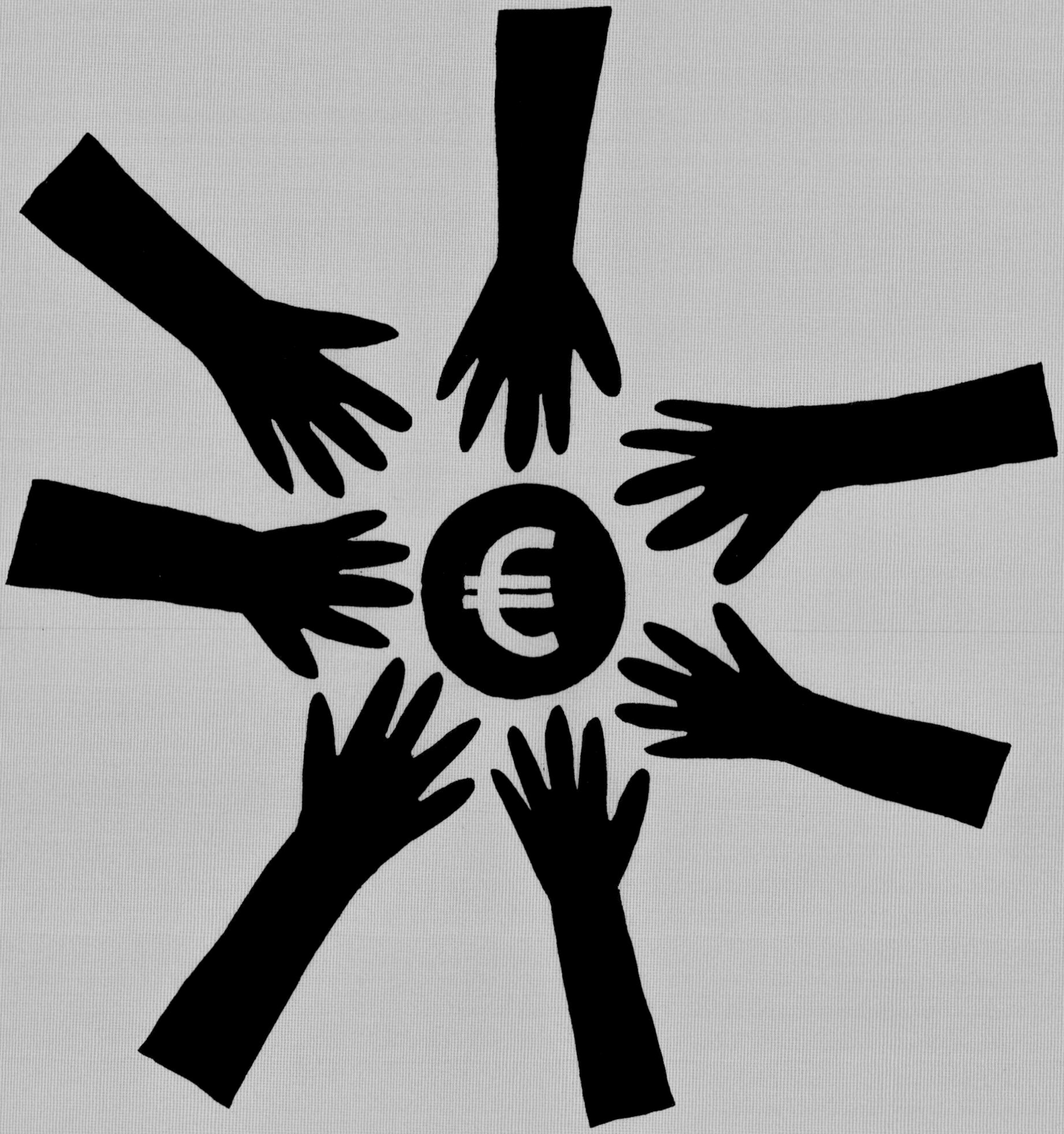

# 為替相場と通貨

## その経済学的背景

**焦点**
グローバル経済

**鍵となる思想家**
ロバート・マンデル（1932年〜）

**前史**
1953年　ミルトン・フリードマンが、自由な変動相場制を採れば、国際収支の問題（輸出と輸入における価値のちがい）は市場の力によって解決可能になると主張する。

**後史**
1963年　アメリカの経済学者ロナルド・マッキノンが、経済規模が小さければ、経済規模が大きいよりも衝撃をやわらげるという恩恵の効果が大きいため、通貨統合で利益をあげられることを示す。
1996年　アメリカの経済学者ジェフリー・フランケルとアンドリュー・ローズが、通貨圏の基準はそれまでの経済発展に影響されると主張する。

---

**1960**年代初頭までには、戦後経済の諸制度は十分に確立されていた。第二次世界大戦の末期には、資本と貨幣の流れを全世界的に統御する固定為替制度にもとづいた西洋資本主義を土台として、巨大産業国家間の金融関係を調整する目的で、ブレトン・ウッズ体制（186〜187頁）がしつらえられた。国際貿易は大戦間期の不調を脱し、経済成長は急速に進んだ。

だが、このシステムにはいくつかの不備があった。第一に、国際収支にかかわる諸問題――すなわち、ある国が輸入品にたいして支払う額と輸出からえる額との相違の問題などがあった。国際収支の危機が生じたのは、各国が国際システムのなかでの為替相場においそれとは適応できなかったからだ。

かつては自動的に市場が導くメカニズムによって、各国が外からくる経済的衝撃に適応できていたのだが、このメカニズムが、タイトな労働市場および柔軟性を欠いた国内価格と結びついて、うまく機能しなくなってしまった。その結果、各国がその輸出収入では輸入にたいする支払いが不可能となり、一連の危機が生じた。

これと並んで、ヨーロッパ経済の統合へ向かう一連の動きが、ヨーロッパ諸国間での通貨統合の可能性を浸透させていった。その発端は、石炭と鉄鋼についての共通の貿易圏を設定した1951年のパリ条約であった。1961年にカナダの経済学者ロバート・マンデルが、みずから言うところの「最適通貨圏」の分析を試みた最初のひとりとなった。

### 通貨圏

マンデルが答えようとしたのは、一見したところは奇妙な問題のように思われる。それは、どのような地理的圏域で、ひとつのタイプの通貨が用いられるべきかという問いであった。その当時、この問題は提起されること自体が稀であった。国内経済においてはその国固有の通貨が用いられるのが、まったくもって当然と思われていた。それが必ずしも最良の選択ではないかもしれないという考えは、じっさいだれの念頭にも浮かんでいなかった。

マンデルが気づいたのは、歴史的過程のなかで各国に固有の通貨が登場したとはいえ、それが可能なかぎりで最良の通貨制度であるという保証はどこにもないということだ。複数の異なった貨幣を用いると、あきらかにコストがかかる。なにしろ、貿易をする段になると、交換がなされねばならない。一方の極では、ある町のあらゆる郵便番号に応じて異なっ

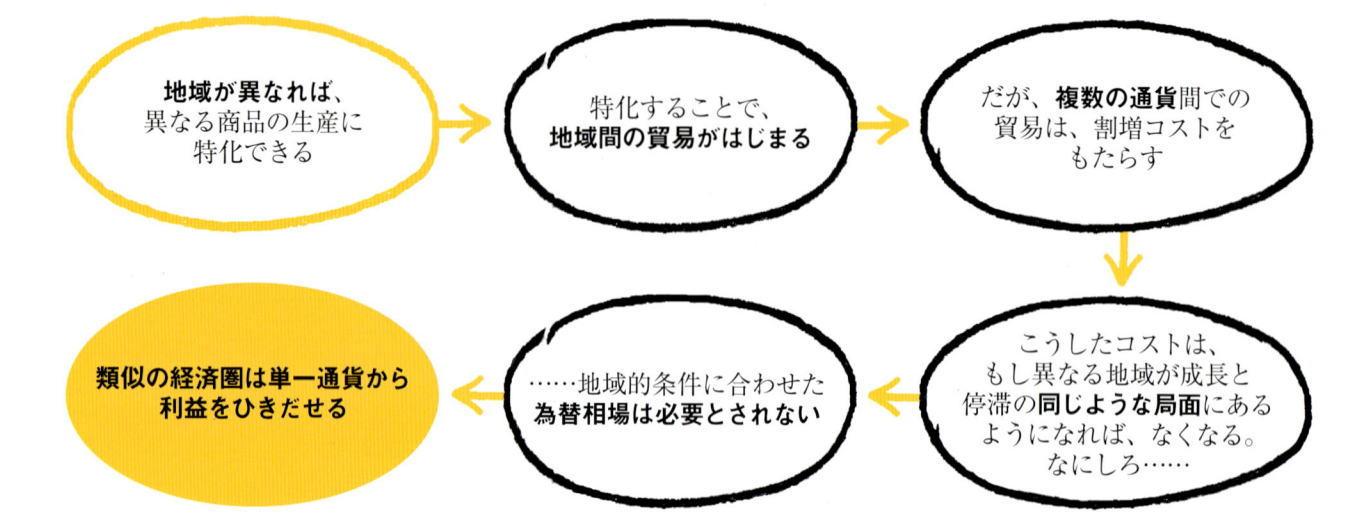

---

- 地域が異なれば、異なる商品の生産に特化できる
  → 特化することで、地域間の貿易がはじまる
  → だが、**複数の通貨**間での貿易は、割増コストをもたらす
  → こうしたコストは、もし異なる地域が成長と停滞の**同じような局面**にあるようになれば、なくなる。なにしろ……
  → ……地域的条件に合わせた**為替相場は必要とされない**
  → **類似の経済圏は単一通貨から利益をひきだせる**

**参照** 好景気と不況→78〜79頁 ■ 比較優位→80〜85頁 ■ 国際貿易とブレトン・ウッズ体制→186〜187頁 ■ 市場統合→226〜231頁 ■ 投機と通貨切下げ→288〜293頁

国境にまたがる**小さな地域**は、単一通貨から利益を得るだろう。ある地方には、為替相場のコストなしで、国境を越えて発電所から電力が輸送される。

た通貨が用いられることになれば、それはまったく役にたたない。他方の極では、世界全体にたいしてただひとつの通貨が、かくも多様な経済にたいして望ましくない拘束服となってしまう。マンデルは、これら二つの極のあいだでもっとも有効な点はどこにあるのかを問いかけた。

なによりもまず、なぜ国ごとに異なった通貨が用いられているのかを理解しておかねばならない。固有の貨幣をもったひとつの国は、通貨供給(マネー・サプライ)と金利について決定権を有しており、それゆえ金融政策を自国の経済状況に合わせてしつらえることができる。さらには、その通貨の為替相場が変動制であるなら、貿易相手との為替相場は貿易不均衡を相殺するように調整できる。

農業に特化している国が製造業の経済と貿易をするとしてみよう。製造業の経済圏での突然の生産性の向上により、農業製品への需要が過剰に高まり、工業製品が過剰に供給されるようになることもありうる。製造業の経済は、(価値において)輸出量以上に輸入する結果、国際収支の赤字状態に陥る。この赤字が原因となって、製造業国の通貨が価値を下げ、その輸出品価格が暴落し、そうなることで均衡状態を回復しなければならなくなる。

だが、今度は農業国の経済と産業国の経済とが通貨を共有しているとしてみよう。このばあいには、上で述べたようなタイプの調整は不可能となり、通貨が別になっていたほうがいっそう恩恵を受けたはずだ。さらには、ただひとつの経済圏が、たとえば産業国だけで構成されているような経済圏が、じっさいにはいくつかの国民国家からなっているというばあいもありえよう。そのばあいにも、通貨を共有しているほうが恩恵をもたらすだろう。

### 景気循環

この主題にかんするその後の思考によって、通貨圏が経済的にもっとも有効に機能するさいの条件をいっそう明確にできるようになった。ある圏域が単一通貨にもっともよく適応するためには、資本と労働にかんして柔軟な市場が不可欠だ。そこでは、資本も労働も市場の需要に応じて自由に移動できる必要がある。その結果として、物価と賃金にも柔軟性が求められ、つまりは需要と供給の変化に対応し、資本と労働力をそれが必要とされるところに移動させるシグナリング(合図を出す)が求められる。

さらには、同じ圏域内の異なった地域では、広く同じような景気循環が求められることとなり、これによって単一通貨をあつかう共通の中央銀行が圏域全体にたいして適切に機能できるようになる。そこにはさらに、景気循環が圏域を縦断して完全に同調しているわけではない状況を処理するためのメカニズムも必要となろう。そのもっとも顕著な例が、財政移転——すなわち成長を享受している地域に課税し、その分を景気の低迷している地域に再分配するメカニズムだ。この最後の条件とそれを叶えるのに失敗した

> 「国家通貨がなんらかのほかの制度に置きかえられて、いつか放棄されるということは、実行可能な政策の圏内ではまったく困難なことに思われる」
> **ロバート・マンデル**

1999年1月1日に、ドイツのフランクフルトに、ユーロ圏での単一通貨となるユーロ発進を祝って**集まった群集**。当面は国ごとの通貨でユーロは交易された。

ことが、ヨーロッパに深刻な結果をもたらすことになる。

## ユーロを導入する

ヨーロッパに単一の通貨を導入するという考えは、為替相場を安定させるために欧州通貨制度（EMS）が形成された1979年に、最初のかたちを採りはじめた。最終的には1999年に、ヨーロッパ連合（EU）の11の加盟国でもって、ユーロ圏（単一通貨地域）が確立された。EU諸国が相互貿易の度合いを深め、その制度も労働力・資本・商品の移動にたいする制約を撤廃する方向に向かった一方で、通貨が有効に機能できるような保証をもたらすために、ユーロメンバー間での制約をさらに実施する必要も感じられるようになった。

1992年のマーストリヒト条約で批准された「収斂基準」は、ユーロに加盟したいと思っているすべての国が同一の経済を共有し、その景気循環（成長であれ停滞であれ）にかんして同じ段階に立つのを保証すべく定められた。それまでのヨーロッパ為替相場メカニズム（ERM）において、すでにEU内部での相互的な国内通貨の固定は試みられていた。ユーロはさらにさきまで進んで、いっさいの国内通貨を撤廃し、事実上為替相場を恒久的に固定した。

政府の負債にたいする新たな重要な規則が導入された。1997年の安定・成長協定のもとで、いかなる国もその国内総生産（GDP）の60パーセントを超える国債をもつことは禁じられ、年間の財政赤字もGDPの3パーセントを超えてはならないとされた。国内の中央銀行に代わって、新たな欧州中央銀行がユーロ圏内で機能するようになり、ユーロ参加国全体をつうじての金融政策をしつらえるようになった。

## 致命的な欠陥

だが、ユーロへのそなえには、危険分担（リスクシェアリング）へのメカニズムが欠けていた。決定的なのは、ヨーロッパ諸国をつうじての

---

### ロバート・マンデル

1932年にカナダのキングストンに生まれたロバート・マンデルは、ヴァンクーヴァーのブリティッシュ・コロンビア大学で学んだのち、シアトルのワシントン大学へ移った。1956年にマサチューセッツ工科大学で博士号を授与される。1966年から1974年までシカゴ大学で経済学教授を務め、最後の年にニューヨークのコロンビア大学へ移った。

そのアカデミックな経歴とは別に、マンデルはカナダとアメリカの政府への、さらには国際連合や国際通貨基金といった組織への助言者としても活躍した。最適通貨圏にかんする業績と並んで、マンデルはマクロ経済（経済全体）政策が外国貿易や為替相場とどう相互作用するかを示す最初のモデルを発展させたひとりでもある。マクロ経済学にかんするその業績が認められて、1999年にノーベル経済学賞を受賞した。

**主著**

1968年 『国際経済学』
1968年 『マンデルの経済学入門』
1971年 『マンデル貨幣理論』

> ……緊密な国際貿易をおこない、積極的に景気循環を相関させている国々は、ひとつになる傾向をもち、[ヨーロッパ通貨統合]から利益を得る……
>
> ジェフリー・フランケル
> アンドリュー・ローズ

財政（税収）移転のための方策をもたなかった点だ。その理由は、単純かつ政治的なものだ。共通農業政策のような、いくつかの移転メカニズムにかんしては長期的な確立があったものの、どのEU加盟国にも課税と支出の水準をみずから定める能力を手放そうという気はなかったのだ。ヨーロッパ大陸を横断する財政移転を実現するためには、余剰のある地域に課税し、それを欠乏している国に再分配する、たとえばドイツに課税しギリシアにまわすだけの力をもった強力な中央集権的当局が必須だ。だが、これを実行する政治的意志は欠けていた。そのかわりにヨーロッパの指導者たちが望んだのは、安定・成長協定が各国政府の活動に十分な絆を提供し、あからさまな財政移転メカニズムが必要となることがないようにすることであった。

## ユーロ危機

その船出につづく10年は、ユーロはう まく機能していた。ある評価によれば、ヨーロッパの貿易額は15パーセント以上増大した。資本と労働力市場はどんどん柔軟になった。とりわけアイルランドや南ヨーロッパの貧しい国々での成長ぶりは目ざましい。

だが水面下では、こうした構図に深刻な問題が突きつけられていた。労賃の格差が諸国間での貿易不均衡を悪化させるきっかけとなった。ユーロ圏全体では、輸入分とほぼ同量の輸出をおこなって、世界のほかの地域とのあいだに広くバランスを保っていた。だが、ユーロ圏内部では、法外な格差が広がっていた。北ヨーロッパは貿易黒字を増やし、それが南ヨーロッパの拡大する赤字と釣りあっていた。黒字国と赤字国とのあいだでの財政移転を保証するメカニズムのないままに、こうした赤字が（事実上）南ヨーロッパでどんどん増えてゆく負債によって蓄積されていった。2008年に金融危機が勃発したとき、不均衡なシステムはもはや崖っぷちの状態にまで達していた。

ユーロ危機の結果、そもそもヨーロッパが最適通貨圏なのかどうかという根本的な問いが頭をもたげた。交易条件にうまく適合していない国も少なくないし、財政移転メカニズムの欠如は、この不均衡が克服不可能であることの証だ。安定・成長協定は、あきらかに国家経済間の相違を収斂に向かわせるに足るだけの強さを欠いている。

ユーロ加盟国は、困難な選択に直面している。財政移転を引きうけるメカニズムが構築可能であるなら、ユーロ諸国はその不均等状態を克服できるようになるかもしれない。だが、そうしたメカニズムへの政治的合意が達成されなければ、ユーロの存在自体が脅威にさらされることになりかねない。■

**ユーロ圏**は1999年に、ここに示した11のEU加盟国の通貨統一として確立された。2012年までに、ユーロ圏の加盟国は17まで増えたが、さらに8カ国が加盟を予定している。

# 飢饉は豊作のときでも起こりうる
## エンタイトルメント理論

## その経済学的背景

**焦点**
成長と発展

**鍵となる思想家**
アマルティア・セン（1933年〜）

**前史**
1798年　トマス・マルサスが、『人口論』のなかで、人口増加は飢饉と餓死に行きつくと結論する。
1960年代　飢饉は食糧入手可能性の衰退から生じると一般的に考えられていた。

**後史**
2001年　イギリスの経済学者スティーヴン・デブローが、エンタイトルメント理論は飢饉の政策的原因を捉えそこなっていると主張する。
2009年　ノルウェーの研究者ダン・バニクが、『飢餓とインドの民主主義』を公刊して、民主主義が機能しているにもかかわらず、なぜ飢餓と栄養不良が生じうるのかを示す。

---

家族はその労働力をお金と**交換**し、それで食糧を買って生活してゆく

↓

労働力もしくは食糧の**価格に変化**が生じれば……

↓

……しかも賃金が過度に低くなって、一家が生活してゆくのに必要な最低限の食糧さえ買えなくなったなら……

↓

……たとえ十分な量の食糧が生産されていたとしても、その一家は**飢えに苦しめ**られることになる

↓

**飢饉は豊作のときでも起こりうる**

---

インドの経済学者アマルティア・センは、1943年の大ベンガル飢饉のなかで成長した。40日も食物のなかったセンの学校に救援が到着したとき、センはまだ9歳であった。この出会い以前には、センは自分の国に居座っている災難に気づいていなかった。自分の家族も友人の家族もだれひとりとして、災難の影響を受けていなかった。この幼さにして、センはこの災難が階級に根ざしたものであることに衝撃を受けた。ほぼ40年後に、ベンガル飢饉の記憶がセンをこの主題についての研究と著述へと駆りたて、その成果が1981年に公刊された『貧困と飢饉――エンタイトルメントと由来についての試論』であった。センの結論によるなら、一般的な見解とは逆に、飢饉はまずもって食糧不足によって惹きおこされるわけではない。不作、旱魃、食糧輸入の削減が原因となることはあるが、それ以上に重要な要因は、食糧が配分されるしかただ。

### エンタイトルメント

食糧が絶対的に不足するということは、めったに起こらない。食糧供給にかんしてそれ以上にありがちなのは、食糧をもっとも必要としている人びとのところに、それが届かないことだ。センは、個人が手にいれてしかるべき一定量の財

# 戦後の経済学 257

参照 　市場と道徳性→22〜23頁 ■ 人口動態と経済学→68〜69頁 ■ 需要と供給→108〜113頁 ■ 貧困問題→140〜141頁 ■ 開発経済学→188〜193頁

アマルティア・センの言うところでは、2008年のコンゴ飢饉のような**飢饉**は、経済的失敗によって惹きおこされる。センによれば、民主主義の機能している状態でも飢饉が生じるということは、それまでまったく知られていなかった。

とサービスを「エンタイトルメント」と呼んだ。飢饉はエンタイトルメントの欠けている具体例だ。エンタイトルメントは、生産される食糧の総量以外のものに左右される。交換を土台とした現代の経済では、自分の食べる食糧を生産しているひとはほとんどいない。人びとは商品(みずからの労働)と引きかえにほかの商品(お金)を手にいれ、ついでそれを食糧と交換している。ある家族が生活してゆくのに必要なだけの食糧を有しているかどうかは、その家族が食糧の価格と比べてどれだけの売り買いができるかに左右される。飢饉が生じるのは、家族のエンタイトルメント(一般に流通している総量ではなく、その家族が手にいれられる財)が生きのこるのに不可欠な最低限の量をも下まわるときだ。食品価格が上がったり、賃金が下がったりすれば、これは容易に生じうる事態だ。

センは1943年のベンガル飢饉、もっと最近ではアフリカとアジアにおける飢饉を分析して、自説を支える経験的証拠を収集した。ベンガルでセンが見いだしたのは、食物生産の総量は、飢饉のはじまる1年前よりも低かったとはいえ、それでも飢饉とは無関係であったそれ以前の3年間を上回っていたということであった。センの結論によれば、飢饉の主要原因は、インフレに煽られて上昇したカルカッタ(いまのコルカタ)の食糧価格に農場労働者の賃金がついてゆけなかったことにあった。当時イギリスの植民地であったインドは、イギリス政府がその戦争努力の一環として資金を注入したために、好景気の最中であった。そのため労働者は食糧の購買力を削がれ、飢えに苦しむこととなった。

センに言わせれば、とりわけ民主主義の国であれば、最悪の飢饉が起こらないようにできるはずだ。センの画期的な手法は、飢饉にたいする思いこみとアプローチを一転させるものとなった。■

## アマルティア・セン

アマルティア・センは、1933年にインドの西ベンガル州サンティニケタンで生まれた。父親は化学教師であったが、センは経済学を選び、1953年にカルカッタ(いまのコルカタ)大学で学位を授与される。同じ年にイギリスのケンブリッジ大学からも学位を取得する。23歳でセンは、カルカッタのヤダブール大学の最年少の経済学主任となる。特別奨学金を得たことで、センは研究範囲を哲学にまで広げた。

インドのカルカッタやデリーの大学で教鞭をとり、さらにはアメリカのMIT、スタンフォード、バークレー、コーネル、イギリスのオクスフォードおよびケンブリッジといった大学でも教壇に立った。1988年にノーベル経済学賞を受賞する。2004年にアメリカのハーヴァード大学へ移り、そこで経済学と哲学の教授を務めている。2度結婚し、子どもが4人いる。

**主著**

1970年 『集合的選択と社会的厚生』
1981年 『貧困と飢饉――エンタイトルメントと由来についての試論』
1999年 『自由と経済開発』

# 現代の経済学
## 1970年～現在

**1970年** ジョージ・アカロフが、ある売り手がほかの売り手よりもよい情報をもっている市場を採りあげて、**情報経済学**という新たな領域を開拓する。

**1973年** 石油産出国の集まりであるOPECが、**石油生産・供給制限**を開始し、世界を経済危機に陥れる。

**1974年** アーサー・ラッファーが、税金が増えるとどのようにして歳入の減少にいたるのかを示す、**ラッファー曲線**を説きあかす。

**1977年** エドワード・プレスコットとフィン・キッドランドが、**独立した中央銀行**の必要性を訴える。

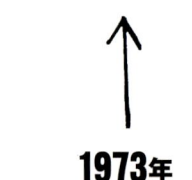

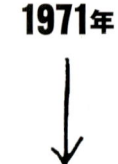

**1971年** リチャード・ニクソン大統領が、ミルトン・フリードマンの助言にしたがって、ドルと金の価格との**連動（リンク）を打ちきる**。

**1973年** アウグスト・ピノチェトがクーデターによって権力を掌握、チリが**マネタリスト経済政策**を実行した最初の国家となる。

**1974年** ハイマン・ミンスキーが、その**金融不安定性**仮説の概要を提示し、安定状態がどのようにして不安定状態へと変貌してゆくかを示す。

**1979年** 心理学者エイモス・トヴェルスキーとダニエル・カーネマンが、「プロスペクト理論」を公刊して、**行動経済学**の基礎を築く。

---

第二次世界大戦につづく25年間は、経済への国家の積極的な介入を推奨するケインズ政策が西洋世界の繁栄を導いた。イギリスの首相ハロルド・マクミランのことばによるなら、人びとが「こんなに良い時代をすごしたことはなかった」。だが、1970年代初頭には、石油危機が経済の下降する引き金を引いた。失業率とインフレが、足並みをそろえてあっという間に上昇した。もはやケインズ・モデルは、うまく機能しているとは思われなくなった。

それまでも保守的な経済学者たちは、いっそう自由市場に沿った政策へ回帰する必要性を主張してきたが、その議論がますます真摯（しんし）に受けとめられるようになってきた。アメリカの経済学者ミルトン・フリードマン（199頁）が、いまやケインズ派の発想に真っ向から反対するシカゴ学派の最有望株の経済学者となった。フリードマンに言わせるなら、失業とインフレへの取りくみが経済政策の主眼とされねばならず、国家の唯一の役割は貨幣供給をコントロールして、市場をしかるべく機能させることにつきる。この考えは、いまではマネタリズムとして知られている。

## 右派の興隆

ケインズ政策への信頼が低下するのと入れかわるように、ロナルド・レーガンとマーガレット・サッチャーという、いずれもがフリードマンのマネタリスト経済学の忠実な信奉者たちである右派の面々が、アメリカとイギリスでそれぞれに勢力を強めた。両者が1980年代に導入した政策は、市場はそれ自体の力にゆだねておけば安定性と効率性を発揮し、成長してゆくという旧来の信念への回帰を示すものとなった。

いわゆるレーガノミクスとサッチャリズムの社会政策は、オーストリア出身の経済学者で、経済学思考の中心に国家ではなく個人をすえたフリードリヒ・ハイエク（177頁）と、税収を増やす手段として減税を重視した経済学者たちの影響下に成立した。

自由化が、いまや新たなスローガンとなった。金融機関の規制緩和によって、企業の借入が容易になったというばかりでなく、貸し手がハイリターン・ノーリスクを約束する金融工学の新たな形態にどっぷりひたるようにもなった。1980年代をつうじて、経済的ムードは全世界的に変わりつつあった。ソ連の改革はソ連ブロックの最終的崩壊をもたらす結果となり、社会主義政策はうまく機能しないという保守派の経済学者たちの見解を裏づけるものとなった。だが、ヨーロッパはケインズからフリードマンへという英米での方向転換には乗らず、以前よりも自由市場的な経済政策を少しずつ受けいれていった。

## 現代の経済学

**1985年** — ミハイル・ゴルバチョフが、ペレストロイカとして知られる、ソ連における経済改革のプロセスを始動させる。

**1989年** — アリス・アムスデンが、**東アジア・タイガー経済の興隆**を叙述する。

**2000年代** — アルベルト・アレシナとダニ・ロドリックが、**経済成長と不平等**との関係についての研究をおこなう。

**2006年** — ニコラス・スターンが、**地球温暖化**を人類社会が直面する「最大の集合行為問題」として描きだす。

**1988年** — マリリン・ウェアリングの『もし女性が数にいれられたなら——新フェミニスト経済学』が、経済学に**ジェンダーにもとづいた視角**を拓く。

**1994年** — ロバート・フラッドとピーター・ガーバーが、一連の**通貨危機モデル**の最初のモデルを創造する。

**2005年** — ジェフリー・サックスが、『貧困の終焉』のなかで、**債務免除**が第三世界の経済を起動させるきっかけになりうると示唆する。

**2008年** — 銀行危機が**全世界的な景気後退**の原因となり、信用は失墜し、住宅バブルがはじける。

### 自由市場再考

1980年代と1990年代をつうじて、マネタリズムと市場自由化によって市場がより有効に機能するようになりはしたものの、こうした政策がどの程度維持可能なものであるかについては、楽観視できないと考える経済学者も少なくなかった。早くも1974年に、アメリカの経済学者ハイマン・ミンスキー（301頁）が、金融機関に内在する不安定性について警告を発していた。「にわか景気」循環の加速は、ミンスキーの仮説を裏づけるもののように思われた。規制緩和によって、リスクをともなう借入が増大し、これが企業と銀行の経営破綻へとつながっていった。

経済の「科学的」モデルなるものは誤った科学にもとづいていると主張して、市場の効率性と合理性を批判の標的とする経済学者もいた。複雑性やカオス理論といった数学および物理学における新たな理論は、おそらくはそれまでの経済学よりもより科学的にすぐれたアナロジーであり、合理性について経済学者たちがいだいている標準的な観念以上に、いまや行動心理学が「経済人（ホモ・エコノミクス）」のふるまいをよりよく説明してくれるようになることだろう。

そうこうしているあいだにも、とりわけ改革をつうじて経済が変化しつつある中国やインドをふくむアジアで、新しい経済が発展しつつあった。西側に対抗するかたちで誕生した新たな経済圏は、BRICs諸国（ブラジル、ロシア、インド、中国）という形態を採った。

こうした新たな経済力の繁栄が、いわゆる開発経済学への関心をあらためて呼びさましたが、そのほかの国々は機能不全の負債と政情不安のために、貧困のうちに閉じこめられたままであった。

同時に、経済的繁栄をもたらしたテクノロジーが、いまや地球温暖化と気候変動というかたちをとって経済的な脅威を突きつけるものとなった。こんにちこれは、国際的な水準であつかわれるべき問題だ。

21世紀の最初の10年に、西洋経済は相次ぐ金融危機に翻弄され、自由市場政策は失敗に終わったように思われた。いまいちど経済学は、不平等と自由市場の社会的帰趨とにかかわるものとなった。経済学者のなかには、自由市場の失敗はカール・マルクス（105頁）が予言していた資本主義の崩壊の予兆なのではないかと疑う者さえいた。これがはじめてというわけではないが、こんにち世界はいまにも重大な経済変化に突入しかねない状況を迎えている。■

# リスクなしに
# 投資することは可能だ
## 金融工学

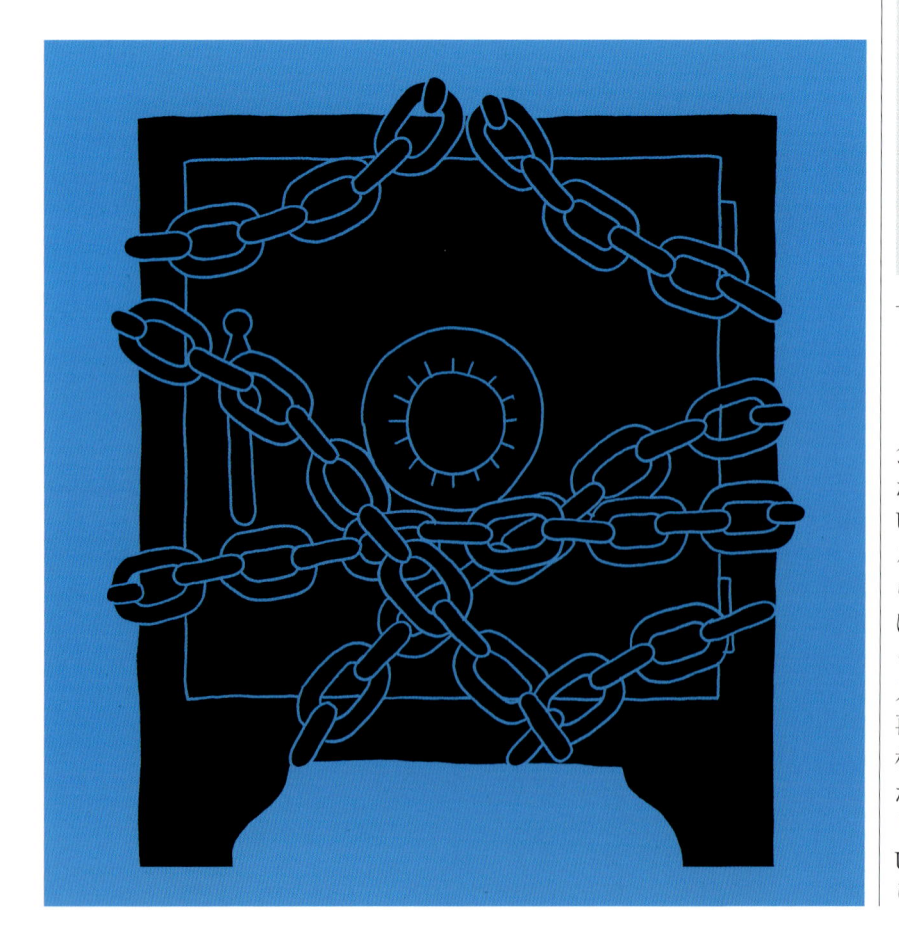

---

**その経済学的背景**

焦点
**銀行業と金融**

鍵となる思想家
**フィッシャー・ブラック**
(1938～1995年)
**マイロン・ショールズ**
(1941年～)

前史
**1900年** フランスの数学者ルイ・バシュリエが、株価が一貫してはいるが不規則な経過をたどることを論証する。
**1952年** アメリカの経済学者ハリー・マーコウィッツが、リスク分散をベースにした最適資産ポートフォリオを確立するための方法を提案する。
**1960年代** 資本資産評価モデル(CAPM)が、金融資産からの収益(リターン)の正確な割合を決定するために発展する。

後史
**1990年代** ヴァリュー・アット・リスク(VaR)が、資産価値における損失リスクをはかる目的で発展する。
**2000年代後半** グローバル金融市場が崩壊する。

---

**1960**年代をつうじて、戦後の制度的基盤は、徐々に侵食されていった。固定相場制を採っていたブレトン・ウッズ体制(186～187頁)は、USドルにたいして固定され、このUSドルは金にたいする固定価格でつなぎとめられていたが、この体制そのものがついにたわみはじめた。アメリカは一向になくならない貿易赤字（輸出にたいする輸入超過）に悩まされており、あちこちで再発する国際収支の危機が、完全変動相場制の導入の必要をうながす役割を果たした。1971年にアメリカ大統領リチャード・ニクソンが、決定的な行動に出た。USドルと金との連動(リンク)を一方的に打ちきり、ブレトン・ウッズ体制そのものを終わ

**参照** 金融業→26〜29頁 ■ 公開会社→38頁 ■ リスクと不確実性→162〜163頁 ■ 行動経済学→266〜269頁 ■ 効率的市場→272頁 ■ 金融危機→296〜301頁

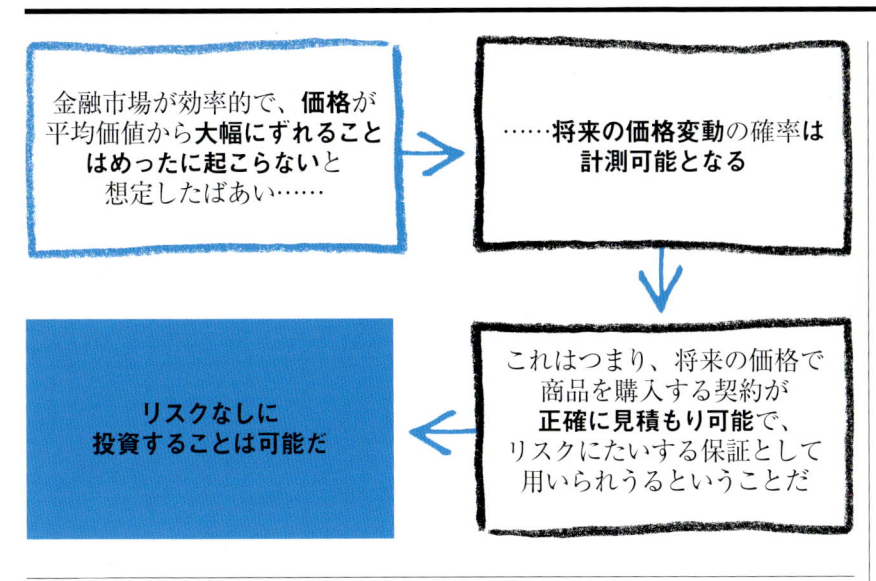

---

金融市場が効率的で、**価格が平均価値から大幅にずれることはめったに起こらない**と想定したばあい……

→ ……将来の価格変動の確率は計測可能となる

↓

これはつまり、将来の価格で商品を購入する契約が**正確に見積もり可能**で、リスクにたいする保証として用いられうるということだ

←

**リスクなしに投資することは可能だ**

---

らせたのだ。それと同時に、国内経済は持続的なインフレ率の上昇を体験することとなった。戦後の支配的な経済学思想であったケインズ主義（154〜161頁）は、絶えざる知的非難にさらされることとなった。1930年代以降強い統制下にあった金融市場は、その活動の上での制限の撤廃に向かっていった。こうした制限は最終的に1972年に取りのぞかれた。それはシカゴ・マーカンタイル取引所が、為替相場で最初にデリバティブ契約を許された年でもあった。

### 先物契約

デリバティブ（金融派生商品）はもう数世紀前から存在していた。デリバティブは直接に商品にたいして結ばれた契約ではなく、それに関連したいくつかの性質にかかわるものであった。たとえば、典型的な初期のデリバティブ契約は、コーヒーのような商品の価格と今後の出荷の時期とを特定する「先物」契約だ。こうした配合の利点は、たとえば農産物で言うなら、生産者がこれによって、収穫と生産とがじっさいにはどれくらいになるかにはかかわりなく、将来の価格のうちに消費者を囲いこめるようになることにある。金融派生商品の目標は、リスクの軽減と将来にたいする保証だ。これがよく知られている「ヘッジ（回避）」だ。

デリバティブ契約は別のしかたで機能することもある。将来にたいする保証を与えるのではなく、将来にたいするギャンブルのために用いられることもあるのだ。先物取引のデリバティブは、特定の日時に特定の価格で商品を出荷するために結ばれることもある。だが、その日の直接の市場価格（「現物価格」）が将来の契約価格より低かったばあいは、容易に利益を得ることができる。もちろん、市場価格のほうが特定されたそれを上回っていたばあいには、結果は逆になる。のみならず、デリバティブ契約には現在の資産なり商品にたいする支払いはふくまれていないわけだから、将来の生産物を買う権利をもつだけで、人びとは大量の商品をあつかうことができる。先物商品は、取引業者にレバレッジ——「その費用対効果」以上の利点をもたらす。

### 資産の自由化

デリバティブ契約は標準化され、ほかの商品と同じように市場で売られるようになった。農産物にかんして交易可能な先物商品を提供した最初の交換は、1864年のシカゴ商品取引所においてなされ

**お米の価格**は、天候の変化に左右される。一方が特定の日時に特定の価格でお米を購入することに同意する先物取引によって、栽培者がリスクを管理することが可能になる。

**オプション契約**は、たとえばコーヒーのような商品を特定の日時に特定の価格で売買する選択権を認めるようなタイプのデリバティブだ。このオプションは必ずしも行使されるとはかぎらない。

ヘッジ（回避）する必要性が急激に高まった。規制は棚上げされ、先物商品市場があっという間に拡張した。

これによって決定的に重要な問題の背景がととのった。デリバティブに正確な値をつけるうえで、当てにできる方法はなかった。なにしろ、デリバティブとは本性的に高度に複雑な契約によっている。単純な「オプション」（将来の特定の時点で基礎をなす資産を取引するための契約ではなく、その権利を認めるもの）でさえ、基礎をなす資産の現在価格やそのオプションがデッドラインとなる期限、予期される価格の変動幅といった、いくつもの可変要素によって決定される価格だ。こうした問題に数学的な公式を適用するという課題は、最終的に1973年にアメリカの経済学者マイロン・ショールズとフィッシャー・ブラックによって解決され、さらに同じ年、同僚のアメリカ人ロバート・C・マートンによって発展させられた。

これらの経済学者たちは、問題を単純化するために、金融市場にかんするいくつかの想定と洞察に依拠した。第一に、彼らは「無裁定」規則を用いた。これはつまり、適切に機能している金融市場における価格は、利用可能なすべての情報を反映しているという想定だ。個別の株価が教えるのは、その会社のいま現在の価値と、市場の取引人がこのさきその会社になにを期待しているか、だ。将来のリスクにたいしてヘッジすることで、保証された利潤を得ようとしても不可能だ。なにしろ価格には、ヘッジをおこなうさいに基礎をなすあらゆる情報がすでに組みこまれている。第二の想定は、資産の価値評価を反映したオプション契約をまとめることがいつでも可能だというものだ。言いかえるなら、集めることのできたあらゆる可能な資産の価値評価は、オプションによって完全にヘッジ可能なのだ。この保証で、あらゆるリスクは解消される。

第三に、資産価値はときとともに不規則に変動するにしても、その変化のしかたは規則的であり、それが「正規分布」と呼ばれるものだと彼らは想定した。ここに含意されているのは、一般に価格は短期的にはそれほど急激に変動しないということだ。

これらの仮説をもとにすることで、ブラック、ショールズ、マートンは、基礎をなす資産価格の変動をもとにした標準的オプション契約にかんする、数学的に堅固なモデルを提供することに成功した。デリバティブ契約は、かつては当てにならない方法とみなされたが、いまやコンピュータ技術を利用することで、膨大なスケールで処理できるものとなった。これがデリバティブ取引の急激な拡大につうじるのは、火を見るよりもあきらかであった。

ブラック、ショールズ、マートンが考案したオプション価格モデルは、金融市場についてのまったく新たな考えかたを提供した。それは、逆に進めることさえ可能であった。オプション価格があるということは、「予想変動率」を生みだす価格モデルへの遡行が可能だということだ。ここから、リスクを管理する新たな方法がもたらされた。それは、価格ないし予想価格をもとに取引をするのではな

た。だが、どのようなデリバティブ契約も投機の可能性をふくんでいたため、それが用いられるたびに禁止されることとなった。「現金決済」契約は特別な関心の的となった。これは、基礎をなす資産の先物商品が特定の日にその場所にある必要のないデリバティブ契約だ。そのかわりに現金は交換可能だ。この点で、基礎をなす生産物と金融派生商品とのあいだの実質的なつながりはいっさい失われてしまい、純粋に投機的な行為の可能性だけがどこまでも増えていった。

## 規制緩和

このような投機を承認したために、政府は厳格な規制を導入する方向に進むこととなった。1930年代からこのかた、アメリカにおける現金決済にもとづく金融派生商品は、投資というよりは一種のギャンブルとしてあつかわれ、厳格な統制下に置かれていた。為替によるそれらの交換は認められていなかった。だが、1971年の固定為替相場制の崩壊とともに、潜在的に変動しやすい変動相場にたいして

> 平均の深さが4フィート以上ならその川を渡ってはならない
>
> **ニコラス・タレブ**

現代の経済学 **265**

2008年の大暴落にいたる**数年間**のあいだに、投資リスクが「正規分布」パターン（青い線）——すなわちささやかな利益をもたらす高い確率がなりたち、極端な儲けもしくは損失の確率はきわめて低いケース——にしたがうと銀行は想定していた。だが、じっさいには投資リスクは、極端なばあいも稀ではない異なったパターン（破線）にしたがう結果となった。

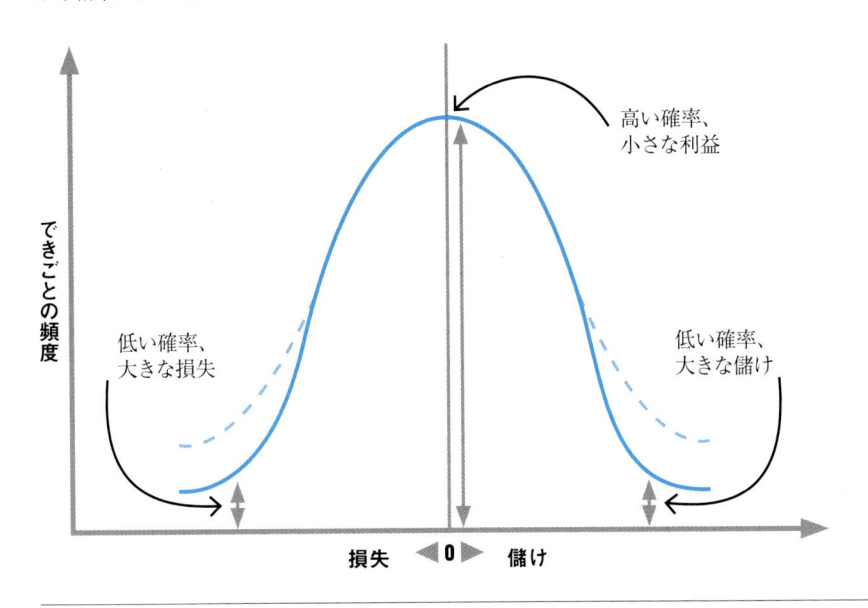

（グラフ：縦軸「できごとの頻度」、横軸「損失 ← 0 → 儲け」。中央の山：「高い確率、小さな利益」、左裾：「低い確率、大きな損失」、右裾：「低い確率、大きな儲け」）

く、市場価格に含意されているその危険性をもとにして資産のポートフォリオ（構成）をダイレクトに組みたてるというものだ。リスクそれ自体が、数理モデルによって描きだされるように、取引や管理の対象となりうるのだ。

## 2008年の大暴落

金融技術革新の爆発的発展は、洗練された数学とどんどん増強してゆくコンピュータの力に支えられていたが、これによって数十年にわたる金融システムの法外な拡張にますます拍車がかかった。1970年代におけるささやかな量から出発して、金融派生商品のグローバル市場は、平均で年24パーセントの割合で成長をつづけ、2008年までにはトータルで457兆ユーロにまでたっした。これは、グローバルGDPの約20倍だ。貸付にともなうリスクを管理する安全で利益の見こめる新たな方法を企業が見いだすたびに、さまざまな金融工学の応用例は増殖していった。

アメリカの投資銀行リーマン・ブラザーズが倒産する2008年秋までには、この拡張が致命的な欠点を抱えていることがあきらかになりつつあった。なかでも緊近の問題は、正規分布という仮定、すなわちほとんどの価格は平均価格の周りに集まり、並外れた価格の変動は稀にしか起こらないという考えへの無批判な依存にあった。じつはこれは、早くも1963年には議論の的となっていた。すなわちその年に、フランスの数学者ブノワ・マンデルブロが、極端な価格変動は予期されているよりもずっとありふれたできごとではないかと示唆していたのだ。

大暴落のあとで、これらのモデルは再検討に付されることとなった。行動経済学者たち（266～269頁）と経済物理学者たちは、物理学から借りてきたモデルと統計技法を駆使して、金融市場とリスクのよりよい理解をめざしている。■

### 低リスク・高報酬

レバノン出身のアメリカの経済学者ニコラス・タレブに言わせるなら、一見したところ洗練されている金融モデルは、極端な価格変動のリスクを過小評価しているため、投資家を本当のリスクにさらすことになる。債務担保証券（CDOs）が、その好例だ。これは、ローンのような混合資産に投資するまえに、みずからの債券を発行することで資金を釣りあげる金融商品だ。CDOsは、債務不履行になる恐れのとても高かったきわめて低品質な（サブプライム）住宅債権のリスクを背負い、それを米国債のような高品質の債権と混合した。これによって見かけ上は、低リスク・高報酬が供された。だがこれは、結びつけられた債務不履行（デフォルト）のリスクも、通常の配当パターンにしたがい安定しているという想定に依拠していた。アメリカのサブプライム住宅ローンが、数を増すにつれて支払い停止に陥ると、この想定がとうてい維持できるものではなかったことが判明し、広大なCDOs市場は破裂した。

**ブラック・スワン**はめったに見られないが、いないわけではない。ニコラス・タレブは、きわめて予期しがたい市場の過度の変動を「ブラック・スワン事件」にたとえた。

# 私たちは100パーセント理性的なわけではない

## 行動経済学

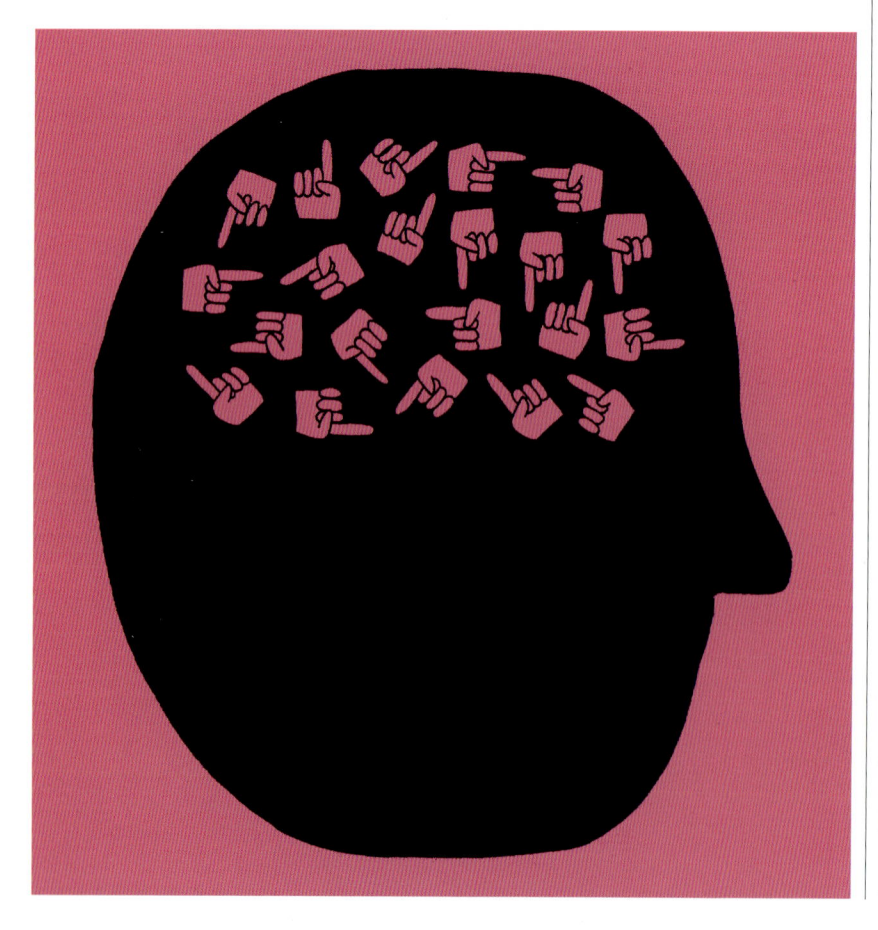

**その経済学的背景**

**焦点**
意思決定

**鍵となる思想家**
エイモス・トヴェルスキー
(1937～1996年)
ダニエル・カーネマン
(1934年～)

**前史**
**1940年代** アメリカの経済学者ハーバート・サイモンが、合理的な決断だけでは人間の意思決定は説明できないと主張する。
**1953年** フランスの経済学者モーリス・アレが、期待効用理論を批判して、実生活での意思決定はつねに合理的なわけではないと主張する。

**後史**
**1990年** 経済学者アンドレイ・シュレイファーとローレンス・サマーズが、非合理的な決断が価格に影響をもたらすことがありうるのを示す。
**2008年** アメリカの心理学者にして経済学者ダン・アリエリーが、『予想通りに不合理』を公刊して、非合理性にパターンがあることを示す。

**1980**年代までの標準的な経済学理論は、「合理的経済人」(52～53頁)という観念に支配されていた。個人は、あらゆる決断を合理的に考察し、そのコストと利益を比較考量したうえで、最上の結果をもたらす選択をおこなう主体とみなされていた。経済学者たちの考えでは、これは確実性と不確実性のいずれがともなうばあいであれ、特定の状況に置かれた人びとがどうふるまうかを示したものであり、これが期待効用理論における合理的な意思決定の概念として定式化された(162～163頁)。だがじっさいには、人びとはしばしば自分に最高の利益をもたらしてくれるわけではない非合理的な決断を下し、み

## 現代の経済学　267

**参照**　ホモ・エコノミクス→52〜53頁　■　自由市場経済学→54〜61頁　■　バブル経済→98〜99頁　■　リスクと不確実性→162〜163頁　■　非合理的な意思決定→194〜195頁　■　意思決定のパラドックス→248〜249頁

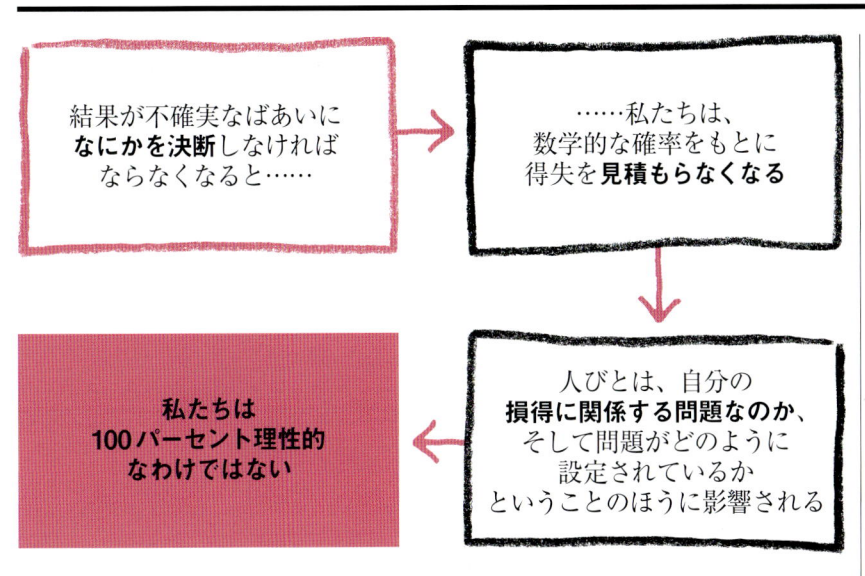

> 結果が不確実なばあいに**なにかを決断**しなければならなくなると……
>
> →……私たちは、数学的な確率をもとに得失を**見積もらなくなる**
>
> →人びとは、自分の**損得に関係する問題なのか**、そして問題がどのように設定されているかということのほうに影響される
>
> →**私たちは100パーセント理性的なわけではない**

ずからの見とおしをそこなうことさえする。こうした行動の気まぐれにかんする初期の研究は、1979年にイスラエル出身の二人のアメリカ人心理学者エイモス・トヴェルスキーとダニエル・カーネマンによっておこなわれた。二人は意思決定にかかわる心理学を考察し、経験的実例でその仮説を証拠だてた。二人の重要な論文「プロスペクト理論──リスク下での決断の分析」は、こんにち行動経済学として知られる新たな研究領域のはじまりを告げるものとなった。その目標は、意思決定にかかわる経済学者の理論を心理学的にいっそうリアリティのあるものとすることだ。

### リスクに対処する

　トヴェルスキーとカーネマンは、人びとが概して経済学者の標準的な仮定にそむく結果になるのは、とりわけ帰結の不確実なばあいであることに気づいた。人びとは、合理的な利己心から行動するどころか、決断がどう提示されるかに影響され、標準的なセオリーに反する応答をするものであることがあきらかとなった。経済学者たちは、人びとはたいてい「リスクを嫌う」ものだと長らく理解してきた。たとえば、もし確実に1000ポンド受けとるか、50パーセントの確率で2500ポンド受けとるかという選択を迫られたばあい、人びとには保証済みの1000ポンドを選ぶ傾向が認められる。第二の不確実な選択肢の平均的な期待額のほうが1250ポンドで、高くなるというのにだ。心理学者は、今度は逆の状況をつくりだした。すなわち、同じ被験者に確実に1000ポンド失うか、あるいは50パーセントの確率でまったく損しないか2500ポンドを失うかの選択を迫ったのだ。この状況では、前例では安全な選択肢を選んだ人びとが、まったく損をしないか大きな額を失うかもしれないほうの危険な選択肢を選択した。これが、リスク追究行動として知られるものだ。

　不確実な状況下での意思決定についての標準的な経済学的アプローチは、どんな個人もリスクを嫌うか、リスクを好むか、あるいは気にかけないかのいずれかだと想定していた。こうしたリスク優先は、個人が直面する、損をするか得をするかにかかわるリスクに応用できる。だが、トヴェルスキーとカーネマンが見いだしたのは、利益に直面するときにはひとはリスクを嫌い、損失に直面するときにはリスクを好む傾向にあるということだ。つまり個人の嗜好の性質は、変化するようなのだ。二人の研究からあきらかになったのは、人びとには「損失を嫌う」傾向があり、だからなにかを得るために進んでリスクを引きうけようとはしないくせに、損を回避するためなら進んでリスクを引きうける傾向があるということだ。たとえば、10ポンド失うばあいの効用の損失は、10ポンド獲得するばあいの効用の利潤を上回るものとみなされる。

　行動におけるこうした気まぐれからあきらかになるのは、最終的な結果が同じになるばあいでも、人びとの決断はどんな選択肢が提示されるかに影響されるということだ。たとえば、病気で600人が亡くなるケースを考えてみよう。この病気に対抗するプログラムが二つある。Aでは200人が救われる。Bでは600人が救われる可能性が3分の1、だれも救われない可能性が3分の2だ。こんなふうに問題を説明されたばあい、大半の人びとはリスクを嫌うほうの選択肢を選ぶ。つまり200人を確実に救うほうを選ぶのだ。ところが、質問をかえて、400人が亡くなることが確実な選択肢Cと、だれも死なない可能性が3分の1で600人全

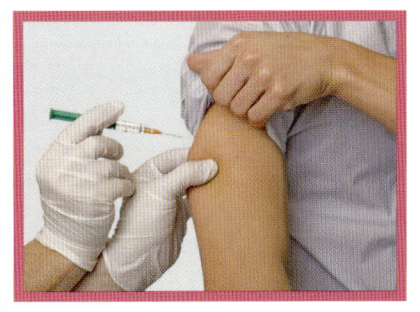

人びとがワクチンを接種することを望む**政府**は、ワクチンを接種しなければ死ぬ可能性が増すことを強調すればよい。人びとは、なにかを得る喜びよりもなにかを失うことのほうを嫌がる。

Q：ここに二段階のゲームがある。第一段階には選択の余地はなく、第二段階へ進む機会は25パーセントしかない。このゲームをしますか

A：はい

Q：第二段階では、選択肢は二つある。3000ポンドが保証されているAか、80パーセントの確率で4000ポンドが得られるかもしれないBか、だ。だが、第一段階をはじめるよりもまえに、もし第二段階まで行けた場合には、第二段階でどちらの選択肢を選ぶかを決めておかなければならない──

A：Aを選びます。3000ポンドの保証されたほうを

Q：それでよいのか。選択肢Aがじっさいには25パーセントの確率で3000ポンドが得られるのにたいして、選択肢Bでは4000ポンド得る可能性が20パーセントであることはわかっているのか

A：ほんとに？……それならBを選びます

人びとの選択は、問題がどのように設定されているかに応じてさまざまに変化する、複数段階からなるゲームのようなものだ。たとえば、この例における第一段階のように、どちらを選んでも結果に変わりがなければ、その要因は無視される傾向にある。その結果人びとは、一貫しない選択をおこなう。

員が死ぬ可能性が3分の2の選択肢Dとのあいだでの選択を迫られると、ほとんどのひとがより危険度の高いDを選択するのだ。

この選択肢のペアのもたらす最終結果は等しい。AとCでは、最終的に400人が死ぬ。BとDでは、400人が死ぬものと予想される。だがそれでも、人びとはよりギャンブル性の高い選択肢のほうを好む。人びとは、生命を救うことになる選択肢（＝得）よりも、生命が失われるのを防ぐリスク（＝失）を引きうけるほうを選ぶ。私たちには、なにかを得ることよりもなにかを失うことにいっそうの主観的な価値を置く傾向がある。10ポンド得ることのよさよりも、10ポンド失うことのほうがあきらかによくないと感じられるのだ。

損失を回避しようとするこうした傾向が示しているのは、変化をもたらす選択肢がネガティヴな結末をもたらすと思われるように設定されたばあい、人びとには変化を問題視する傾向が強いということだ。これが分かっていれば、人びとに影響を行使するのも容易になる。たとえば、政府が人びとになにかに順応するよう勧めたいなら、その決断を下すことのうちにふくまれるポジティヴな利益を強調すれば、うまくゆきやすくなる。逆に、なにかを拒絶するように人びとを行動させたいなら、それでなにが失われかねな

## 行動経済学の実際

行動経済学という新しい領域は、企業にそのビジネスを促進するための新しい方法を提供している。2006年に、ある経済学者集団が、より多くのローンを認めたがっている南アフリカの銀行のためのひとつの実験を考案した。伝統的な経済学者たちであれば、需要を活性化したいのならその利子率を下げるようにと銀行に助言したことだろう。そのかわりに銀行は、経済学者たちにさまざまな選択肢をともなった実験をする許可を出し、そのうちのどれが銀行にとってもっとも利益につながるかをあきらかにしようとした。実験では、高いものから低いものまでさまざまに利子率をちがえた案内の書かれた5万通もの手紙が送付された。その手紙には、従業員の写真と、もし手紙に返事をくれたならさまざまな賞金を獲得するチャンスがあることを告げるシンプルな、あるいは複雑な表が付されていた。

どの消費者から返事があったかを整理するなかで、利子率という純粋に経済学的な要因とは区別される、心理学的要因を量ることが可能となった。実験からあきらかになったのは、利子率は需要を促進するうえで、3番目に重要な要素にすぎず、ショッピングをしている女性従業員の写真をいれると、利子率を5ポイントまで下げたのと同じ効果が得られるということであった。これは画期的な結果であった。需要を活性化する心理学的要因を特定することで、利子率を下げるよりもはるかに安上がりな成果が得られた。

いかを強調すればよいわけだ。

## 過程と結果

カーネマンとトヴェルスキーはさらに、たとえそれが最終結果に影響を与えないとしても、決断の下される過程が選択に影響をおよぼすことがあるのをあきらかにした。

たとえば、二段階からなるゲームがあり、プレーヤーには、もしそこまで行けたばあいには、第二段階で二つの選択肢が与えられると想定しよう。それでも人びとは、第一段階以前に決断してしまう。こうしたゲームの具体例が、左頁に示してある。

この二段階ゲームでは、ほとんどのひとが3000ポンドの保証されている選択肢を選ぶ。だが、より可能性は低いが4000ポンド儲けるばあいと、より可能性は高いが儲けが3000ポンドになるばあいとでの選択を迫られたなら、ほとんどのひとは多くのお金を得られるけれども、よりチャンスの低いほうを選ぶ。なぜ変わったのだろうか。

この二段階の過程で、人びとは第一段階を無視する。なにしろ、それは結果という点では共通なのだ。人びとが気にかけているのは、第一段階で確率に変化が生じているにしても、勝つことが保証された選択肢と、たんに勝つチャンスがあるだけの選択肢とのあいだでの選択だ。これは、決断はもっぱら最終結果だけに左右されると主張する標準的経済学の合理性とは矛盾する。

## 合理的人間の終焉？

この業績の鍵となる洞察は、私たちには得ることへの好みよりも失うことへの嫌悪のほうが強く、文脈に応じて勝ちと負けを解釈するということだが、これによって、なぜ人びとがときとして効用理論ないし「合理的経済人」という考えかたと両立しない決断を下すのかがあきらかになる。この理論は、その後行動経済学の大黒柱となり、マーケティングと広告に広範な影響をもたらした。私たちが

どのように決断するかを理解することで、市場参加者はその商品をいっそう効率的に市場で売買できるようになる。はじめから釣りあげた値段をつけた商品を「大安売り」で売りだす店頭プロモーションはその恰好の例だ。

プロスペクト理論は、多くの種類の日常的な経済的決断にとっても示唆的だ。たとえばこの理論によって、どちらのばあいでも正味の利益は同じ量であるにもかかわらず、なぜ人びとが、15ポンドのDVDを5ポンド安く買うためなら町中を探してまわるのに、400ポンドのテレビを

> ある選択肢の相対的な魅力は、決断を求める問いが同じであっても、それがどのように設定されるかに応じて変わる
> 
> エイモス・トヴェルスキー
> ダニエル・カーネマン

ダフ屋が、現金と引きかえにスポーツ観戦券を売っている。売り手と買い手がそのチケットにつける価値の量は、それにどれだけの効用が認められているかにだけ左右されるわけではなく、たとえば売り手がそれをどうやって手にいれたかといった要素にも影響される。

5ポンド安く買うために同じことをしはしないのかが説明できるようになる。さらに、損失回避ということで、保有ないし授かり効果として知られる事態も説明できる。私たちには、自分のもっているものは失いたくないと思い、それが「潜在的な利益」でしかないとしても、もっていなかったときよりも高い価値をつける傾向がある。

行動経済学は、経済についての私たちの知識を活性化し、現代の経済学のなかに心理学的リアリズムを導入した。プロスペクト理論が、私たちはたんに100パーセント合理的な機械ではないことをはじめて示唆した。これに気づいたことからもたらされる結果は——経済学理論にとっても、政府の政策にとっても——測りしれない。たとえば、人びとに所有者の感覚を与えれば、そのひとは以前よりもずっときちんとそのものの面倒を見るようになるだろう。■

# 減税をすれば、税収が増えることもありうる
## 課税と経済的インセンティヴ

### その経済学的背景

**焦点**
経済政策

**鍵となる思想家**
ロバート・マンデル
(1932年〜)
アーサー・ラッファー
(1940年〜)

**前史**
1776年 アダム・スミスが、控えめに課税したほうが、高額課税をするばあいよりも税収は上がると示唆する。
1803年 フランスの経済学者ジャン=バティスト・セーが、供給に応じてその需要が決まると主張する。

**後史**
1981年 アメリカ大統領ロナルド・レーガンが、最高所得税率と資本利得(キャピタル・ゲイン)所得課税率を引き下げる。
2003年 アメリカ大統領ジョージ・W・ブッシュが、主導的な経済学者からの批判を無視して、減税政策を続行する。
2012年 1月にアメリカ政府の財政赤字が、空前の15兆ドルに達する。

常識にしたがうなら、公共サービスに使うお金を政府が増やしたいと思ったら、税金を上げればよいが、評判も地に落ちるかもしれない。同様に、税金を下げれば、公共サービスも低下すると思われがちだ。だが、一部の経済学者に言わせれば、いつもそうなるわけではなく、税金を下げれば政府に集まるお金が増えることもありうる。

これが1980年代の「サプライサイド」経済学の中心的な発想であった。サプライ・サイドは経済活動でものを製造し売る側をさし、これと対をなすのが、商品を買う側であるデマンド・サイドだ。サプライサイド経済学者によれば、経済を成長させる最良の方法は、サプライ・サ

- 政府が**まったく課税しなければ**、歳入はゼロになる
- 課税率が**100パーセント**になれば、政府の歳入はゼロになる。なにしろ、そのばあいにはもはやだれも働かなくなる
- 0と100パーセントのあいだのどこかに、税収が**最大になる**地点がある
- **税金があまり高く設定される**と、労働者から働く意欲が失われ、払われるはずの税金も全体的に目減りし、歳入も減少する
- だが、**税金を低く設定すれば**、労働者は働く意欲をいっそう発揮して、税収も増加に転じる
- **減税をすれば、税収が増えることもありうる**

**参照**　租税負担→64〜65頁　■　市場における供給過剰→74〜75頁　■　借入と負債→76〜77頁　■　ケインズ乗数→164〜165頁　■　コーポレート・ガバナンス→168〜169頁　■　マネタリスト政策→196〜201頁

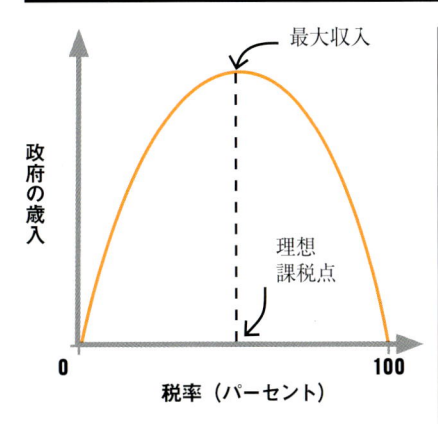

**ラッファー曲線**は、税率と政府の歳入との関係を示している。そこからあきらかになるのは、税金を上げればいつでも税収の増加につながるわけではないということだ。

イドの条件を改善して、会社を規制から解放し、補助金や高額税金を切りつめることだ。

## 税金からタックス・ヘイヴンへ

　減税を支持する、所得にかんする議論は、アメリカの経済学者アーサー・ラッファーからもちだされた。ラッファーの言うところでは、もし政府がまったく課税をしなければ、歳入はゼロになる。100パーセントの課税をしたら、そのばあいも歳入はゼロになる。だれも働こうとしなくなるからだ。だが、100パーセント以下であっても、所得税率があまりに高ければ、人びとは働く気をなくす。この労働時間の減少は高い課税率にまさる効果をもち、結果的に税収は減る。最高課税率がきわめて高ければ、最高の所得を得ている者が国を離れたり、タックス・ヘイヴン（租税回避地＝課税がまったくないか、非常に安い国）へ金を預けるなどして、歳入の失われる可能性が生じうる。ラッファーはベル型の曲線（左図）を描いて、非課税と100パーセント税金という両極のあいだのどこかに、政府の歳入が最大になる地点があることを示そうとした。

　その後の議論では、高い税率という出発点から、サプライ・サイドを増強するほかの政策に沿って、経済効率を高めてさらなる税収を生みだすというぐあいに減税が進む。1970年代にラッファーがこの理論を発展させていたころ、一部の国民に70パーセントの課税をしていた国や、それほど多くはなかったが、もっとも高い所得を得ていたひとに90パーセントもの課税をしていた国もあった。ラッファー曲線の頂点がどこにくるかにかんして、経済学者たちの意見は一致しなかった。政治的右派の人びとは、ある時

1970年代に**多くのタックス・ヘイヴン**が設けられた。モナコのような小さい諸島や国家が投資を惹きつけようとして、低税率――もしくは無税――を選択したのだ。

点の現実の経済は、ラッファー曲線の頂点の右側に位置していると主張したが、それは減税が収入増加につながるという意味であった。左派の人びとはこれに同意しなかった。

## ウィン-ウィン状況

　右派の政治家にとっては、ラッファーの理論は魅力的であった。それは、公共サービスは維持するという公約のもとで税金を切下げることで、自分たちの人気が得られることを意味した。アメリカでは1981年に大統領ロナルド・レーガンが、最高税率の引下げに成功したが、それでも、いまなおアメリカの多くの貧民層から英雄視されている。だが、このアイディアがじっさいに有効なのかどうかについてはなんの証拠もない。現在アメリカでもほかの国でも、税率は1970年代の水準よりもはるかに下がっている。だが、想定された税収の幸運はまだ生じていない。それどころか、減税による不足の大部分は、財政赤字の増大によってまかなわれている。■

---

### サプライサイド経済学

　サプライサイド経済学理論は、それが1970年代に発展するなかで、なみなみならぬ論争を巻きおこした。当初これは、高いインフレと結びついた横ばいの経済、すなわちスタグフレーションとして知られる状態をやりくりすべく、政府の介入を勧めたケインズ政策（154〜161頁）の失敗への応答として出現した。

　この用語を一般に広めたのは、アメリカのジャーナリスト、ジュード・ワニスキーだが、経済学者の関心を集めるようになったのは、アメリカの経済学者アーサー・ラッファーの税金曲線によってのことだ。ラッファー曲線とは、カナダの経済学者ロバート・マンデル（254頁）の指導下に発展したものだが、マンデルによれば、税率を抑えれば、国家の産出量（アウトプット）は増加し、税収も上昇する。一瞬下がった後、税収はじっさい上昇した。だが、それ以降、マンデルが正しかったのかどうかをめぐっては、膨大な論争が巻きおこっている。

# 価格がすべてを語る
## 効率的市場

### その経済学的背景

**焦点**
市場と企業

**鍵となる思想家**
ユージン・ファーマ
(1939年～)

**前史**
**1863年** フランスのブローカー、ジュール・ルニョーが、『賭けと証券取引の哲学』を公刊して、株式市場における変動は予言できないと主張する。
**1964年** アメリカの経済学者ポール・クートナーが、『証券市場価格のランダム性』のなかで、変動する市場についてのルニョーの考えを発展させる。

**後史**
**1980年** アメリカの経済学者リチャード・セイラーが、行動経済学についての最初の著作を公刊する。
**2011年** 米国連邦準備制度理事会の前議長であったポール・ヴォルカーが、2008年の金融大暴落にたいして「合理的期待と市場の効率性についての正当化されない信念」を批判する。

一般に支持されている見方によるなら、投資家とは株式市場を「手玉にとる」、もしくはよりいっそう機能させることのできる存在だ。

アメリカの経済学者ユージン・ファーマはこれに同意しない。ファーマの業績「効率的資本市場」(1970年)の結論は、市場を一貫して手玉にとるのは不可能だというものだ。いまではファーマの理論は、効率的市場仮説として知られる。

ファーマによるなら、すべての投資家は競争相手と同じように公けに利用できる情報を入手できる。だから株価には、利用可能なそれらすべての知識の総体が反映されている。これが「効率的市場」だ。どんな新しい情報が流されるかは、だれにも知りえない。当然、投資家が競争相手は利用できない情報や非合法な「インサイダー取引」によらないで、利益をあげるのは不可能だ。

だが、この仮説にも問題点のあることが、行動経済学者によってあきらかにされた。彼らの指摘によるなら、この理論は投資家の自信過剰と「群れたがる」本能を説明しそこなっている。こうした問題は、1990年代のドットコム・バブルにおいて露呈した。そこでは、「根拠なき熱狂」がハイテク株の人為的な高騰の元凶であった。同じことは、もっと最近の2007年から2008年の金融危機においても生じた。

こうした危機を経た後で、多くの観察者がこの理論は不要になったと宣言した。大暴落の元凶をこの理論に求めた者さえいたほどだ。ユージン・ファーマ自身は、情報をもたない投資家たちが市場を惑わせ、その挙句に価格がどこか「非合理なもの」になってしまったことをしぶしぶ認めた。■

> 任意のどの時点での効率的な市場でも、証券の実質価格は本来の価値に応じてしかるべき評価を受けることになろう
> **ユージン・ファーマ**

**参照** バブル経済→98～99頁 ■ 経済理論の吟味→170頁 ■ 金融工学→262～265頁 ■ 行動経済学→266～269頁

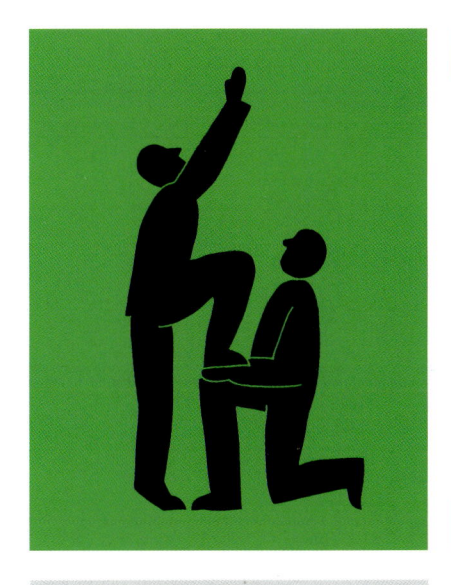

# ときがたてば、自己本位の人間でさえ、他人と協調するようになる
## 競争と協調

### その経済学的背景

**焦点**
意思決定

**鍵となる思想家**
ロバート・アクセルロッド
（1953年〜）

**前史**
**1859年** イギリスの生物学者チャールズ・ダーウィンが、『種の起源』を公刊して、環境へもっともうまく適応した生きものが最適種だという見解を提示する。

**1971年** アメリカの生物学者ロバート・トリヴァースが、「相互的利他主義の進化」を公表して、利他主義と協調からどのようにして個々人の利益がもたらされるようになるかをあきらかにする。

**後史**
**1986年** アメリカの経済学者ドリュー・フーデンバーグとエリック・マスキンが、繰りかえしゲームにおける協力戦略を研究する。

**1994年** イギリスの経済学者ケネス・ビンモアが、『公平にゲームをする』を公刊し、ゲーム理論を駆使して道徳性の発達を研究する。

**1984**年に、アメリカの経済学者ロバート・アクセルロッドが『つきあいかたの科学』を執筆した。その土台は、どれがもっとも有効かを見きわめるべくゲーム理論の専門家の戦略をコンピュータ・プログラムをつうじて戦わせた、一連のゲームの結果であった。彼らのおこなったゲームは囚人のジレンマ（238頁）で、警察に捕らわれた二人の泥棒をめぐるゲームだ。泥棒は、自白するか、しらを切りとおすか、別の泥棒を「売る」かを、どう決めればよいのか。このゲームで探求されているのは、相互利益のために協調するのと利己的にふるまうのとでは、どちらが賢いかだ。

### 最善の戦略

アクセルロッドが見いだしたのは、利己的な行動をつうじて協調が出現するということだ。その一連のゲームでは、じつに多くの戦略が試行された。もっとも成功した戦略は、シンプルなしっぺがえしだ。第一手目で、プレーヤーは協調して相手と同じふるまいをし、最初のプレーヤーはけっして相手を「売ら」ない。もっとも成功したアプローチは、「ナイス（他人に親切）」だ。協調が相互に恩恵をもたらす結果を生むことがあきらかとなった。だが、プレーヤーは「ナイス」すぎてもいけない。だれかが裏切られたら、当然つぎでやりかえす。信頼を維持するには、どちらのプレーヤーも自分が「売られた」ときには、即座に報復しなければならない。競争と協調を分析するうえでこの手法は、社会的なルールや道徳的なルールがどのように出現するかを考察する、実りゆたかな研究分野へと発展した。■

2002年に**アメリカのブッシュ大統領**とロシアのプーチン大統領がモスクワ条約に署名したとき、二人は相互の不信はさておき、たがいの核兵器を大幅に削減すべく協調した。

**参照** ホモ・エコノミクス→52〜53頁 ■ 限られた競争の効果→90〜91頁 ■ 経済学と伝統→166〜167頁 ■ ゲーム理論→234〜241頁

# 売りに出されている ほとんどの車は、欠陥品（レモン）となる
## 市場の不確実性

### その経済学的背景

**焦点**
市場と企業

**鍵となる思想家**
ジョージ・アカロフ
（1940年〜）

**前史**
**1558年** イギリス王室の財務官サー・トーマス・グレシャムが、「悪貨は良貨を駆逐する」と忠告する。
**1944年** ジョン・フォン・ノイマンとオスカー・モルゲンシュテルンが、経済的状況における戦略的行動を分析する最初の試みを公けにする。

**後史**
**1973年** アメリカの経済学者マイケル・スペンスが、潜在的な雇用主にたいして人びとがどんなふうに自身の技能をアピールしているかをあきらかにする。
**1976年** アメリカの経済学者マイケル・ロスチャイルドとジョセフ・スティグリッツが、保険会社が消費者をめぐって競合しているばあいの「サクランボ摘み」問題の研究である、「競争的保険市場における均衡」を公刊する。

---

中古車の買い手は、その品質にかんして売り手よりも**情報をもっていない**

→ 情報のこの非対称性が、買い手にとっての**不確実性の原因となる**……

→ ……買い手は、市場に出回っているどの車にたいしてであれ、高値を払うのに**躊躇**するようになる

→ その結果、よい車の売り手が市場からその車を**引っこめる**ことになる

→ 市場は、**崩壊**の一途をたどる。なにしろ……

→ ……売りに出されているほとんどの車は、品質の劣った**欠陥品（レモン）**だ

---

　アメリカの経済学者ジョージ・アカロフが1960年代に価格と市場の研究を開始するまで、ほとんどの経済学者たちは、市場では、特定の価格で商品を売ろうとするひとは、その価格で商品を買おうとするだれとでも取引することができるものと思いこんでいた。アカロフがあきらかにしたのは、多くのケースでそれは当たらないということだ。アカロフの論文「レモンの市場」（1970年）は、かぎられた情報から惹きおこされる不確実性がどのようにして市場の失敗の原因となるかを説明するものであった。アカロフの出発点は、売り手と買い手とでは情報量に差があり、この差異ないし非対称性が市場のはたらきにたいして致命的な結果をもたらすばあいがあるということであった。

**現代の経済学** 275

**参照** 自由市場経済学→54〜61頁 ■ 市場情報とインセンティヴ→208〜209頁 ■ 市場とその社会への成果→210〜213頁 ■ シグナリングとスクリーニング→281頁

## 情報の非対称性

中古車の買い手は、すでにそれを所有している車の売り手に比べて、その品質にかんしては少ない情報しかもたない。当然売り手は、その車が同種の平均的な車と比べてよいか悪いかを、アメリカ人流の言いかたをするなら、その車が「レモン」、すなわち欠陥品であるのかどうかを評価する気になれば、いつでもそれができる。レモンをつかまされた買い手はだまされたと思うだろう。

市場にそれと分からないかたちでレモンが存在しているということが、買い手の心に不確実性を芽ばえさせ、それは売りに出されているあらゆる中古車の品質にたいする関心へと膨れあがってゆく。この不確実性が原因となって、どの車にたいしてであれ買い手は進んで払う気になるよりも価格を下げようという気になり、結果的に市場全体で価格が下落してゆく。

アカロフの理論は、イギリスの財政家サー・トーマス・グレシャム（1519〜1579年）が最初に示唆した発想の現代版だ。グレシャムの見るところ、銀含有量の高い硬貨と低い硬貨のいずれもが市場に出回っているとき、人びとは銀含有量の高いほうをとっておこうとする。これが、「悪貨は（市場の流通から）良貨を駆逐する」の意味だ。

同様に、平均以上の車を売ろうとする売り手は、それを市場から引っこめるだろう。なにしろ、その車がレモンであるか否かを語れない買い手に、この車を公正な価格で買わせることはできない相談だ。これがつまり、「売りに出されているほとんどの車はレモンとなる」ということだ。理論上は、この結果価格は下落し、市場は崩壊する。そして、売買をする意思のある取引人がいたとしても、どんな価格においてであれ取引はありえないこととなる。

## 逆選択

レモン（欠陥品）が取引に影響をおよぼす別の市場として、保険市場がある。たとえば、医療保険にかんして、保険の買い手は売り手よりも自分の健康状態について多くを知っている。だから保険業者は、往々にしてできればかかわりたくない相手とビジネスをするはめに陥る。それはもっとも健康的ではない人びとだ。高齢者の集団への保険料が上がるにつれて、「レモン」である人びとが買う保険の割合はどんどん増えてゆくが、依然として企業にはそれを正確に識別する手だてがない。これが「逆選択」として知られる事態だ。そしてこうした逆選択がなされる可能性があるということは、平均して保険会社が、最終的に保険料でおぎなえる以上のリスクをつかまされる結果になるということだ。この結果として、ある分野では一定の年齢を超えた人びとにたいして、医療保険契約業者のほうが撤退するという事態が起きている。■

**車のディーラー**は、車を売るさいの買い手のリスクを、保証書をつけることで軽減できる。多くのばあいに、市場は調整機能を発揮して、非対称的な情報に説明をくわえる。

---

### ジョージ・アカロフ

1940年にアメリカのコネチカット州で生まれたジョージ・アカロフは、知的な家庭で育った。アカロフは学校で、歴史と経済学をふくむ社会科学に興味をいだいた。父親が非正規雇用だったことから、ケインズ経済学への関心を駆りたてられた。アカロフは研究をつづけて、イェール大学で経済学の学位を取得し、1966年にMIT（マサチューセッツ工科大学）で博士号を取得する。准教授としてカリフォルニア大学バークレー校に勤めはじめてまもなく後、インドで1年をすごして失業問題に取りくんだ。1978年に、ロンドン・スクール・オブ・エコノミクスで教えたのち、教授としてバークレーへ復帰した。2001年に、マイケル・スペンス、ジョセフ・スティグリッツとともにノーベル経済学賞を受賞した。

**主著**

1970年 「レモンの市場」
1988年 『公正と失業』
　　　　（ジャネット・イエレンとの共著）
2009年 『アニマルスピリット
　　　　——人間の心理学によってどのように経済学が進展するか』
　　　　（ロバート・J・シラーとの共著）

# 政府の公約は当てにならない
## 独立した中央銀行

## その経済学的背景

**焦点**
経済政策

**鍵となる思想家**
エドワード・プレスコット
(1940年〜)
フィン・キッドランド
(1943年〜)

**前史**
1961年 ジョン・ムースが、「合理的期待と価格変動理論」を公刊する。
1976年 アメリカの経済学者ロバート・ルーカスが、過去にうまくいった解決策をもとに政府の政策をモデル化するのは素朴にすぎると主張する。

**後史**
1983年 アメリカの経済学者ロバート・バローとデイヴィド・ゴードンが、インフレの昂進は政府の裁量的な政策に起因するものだと主張し、独立した中央銀行を提案する。
1980年代以降 独立した中央銀行が世界中のさまざまな国で創立され、シンプルな政策ルールにみずからコミットする。

---

政府が**裁量**をもってふるまうなら、その公約を破ることも可能だ。そうなれば……

↓

……政府の公約は当てにならない

↓

合理的個人はこうした公約違反を予期し、それに対応する**みずからのふるまいも変える**ことができる

↓

これによって、**政府の裁量的政策**がうまく機能しなくなる

↓

政府は、裁量的政策に頼るのではなく、断固として**シンプルなルール**にしたがうべきだ

---

第二次世界大戦につづく時期は、ケインズ派の思考が経済学を統べていた（154〜161頁）。それによるなら、政府が高い雇用率を維持するためには、特定の諸行為をつうじて特定の目標を実現すべく導入される二種類の裁量的政策がありうる。その二種類の政策とは、雇用率をコントロールするための（政府の支出と課税にかかわる）財政政策と（利子率と通貨供給にかかわる）金融政策とだ。

1977年に、ノルウェーのフィン・キッドランドとアメリカのエドワード・プレスコットという二人の経済学者が、「裁量よりも規則を」と題された論文を発表した。これは、さきの裁量的政策がじつは自滅的なものであると主張する内容であった。その議論の根拠となったのが、アメリカの経済学者ジョン・ムース（244〜247頁）によって展開された合理的期待の概念であった。ムースの言うところでは、価格について不正確な信念をもつことは高くつくので、合理的な個人はこの誤りを最小に抑えようと、まえもってこれを避けるように計画を立てるようになる。

それ以前には、マクロ経済学モデルは、個人はもっぱら過去に眼を向けて、将来も過去と同じような結果になるだろうと素朴に予想しているという仮定にもとづいて機能していた。新たなモデルが示唆

**参照** ホモ・エコノミクス→52〜53頁 ■ ケインズ乗数→164〜165頁 ■ マネタリスト政策→196〜201頁 ■ インフレと失業→202〜203頁 ■ 合理的期待→244〜247頁

**政府**が、洪水保険への補助金を打ちきることで、氾濫を起こしがちな地域への住宅建設を阻止しようとすることはありうる。だが、過去に洪水のあとで、助成金で援助を受けたことのあった人びとは、簡単には立ちのかないだろう。

したのは、人びとが情報を収集しかつ合理的であるなら、人びとは政府の介入をまえもって予期できるし、またそうしようとするはずだということだ。そのうえで人びとは、予想される政府の政策に対応したかたちで自身の行動を適用し、これによって当の政策のほうはますます効果を失ってゆく。

つまり裁量的政策は、個人がそれに不意打ちされるばあいにのみ有効であって、合理的個人がそれによって不意を突かれることはまずありそうもない。これがどうはたらくかを見るために、怠け者の学生に宿題をさせようと奮闘する寛大な教師を思いうかべよう。教師は学生に、もし宿題を提出しなかったら罰せられると告げる。だが、この教師が寛大で懲罰など好まないことを学生は知っている。もし宿題を提出しなかったとしても、罰せられることはないと学生は予測する。これが分かっているから、学生は宿題をしない。学生に宿題を提出させようという教師の目標は、学生の合理的期待によって阻まれる。

キッドランドとプレスコットが言うには、インフレ抑制を公約する政府も同種の問題に直面している。政府は失業率の高騰を歓迎しない。だから政府は、景気を底上げして失業率を抑えようとする。だが、そうするとインフレが進む。自分としては与えたくない懲罰を与えねばならなくなるかもしれない教師と同様、政府は相矛盾する目標をかかえるはめに陥る。個々人はこれを知っているから、政府のインフレ抑制という公約を信じない。この結果、需要を高めて雇用率も高めようという目標は失敗に終わる。なにしろ人びとは、賃金が高くなっても物価が上昇するから、なにも変わらないと分かっている。合理的期待にしたがうなら、需要拡張のもたらす効果はインフレの昂進だけだ。

### 断固たる規則

この教師にとっての解決策は、宿題の提出が遅れた罰を与えるという学校のルールをなんとしても強制することだ。そうすれば、学生はそれに応じないわけにはゆかなくなる。同様に、キッドランドとプレスコットは経済政策をしつらえる自由な裁量を認める代わりに、政府は明快なルールにしたがうべきだと主張した。教師のジレンマのいっそう根本的な解決は、厳格な校長に懲罰権を委譲することだ。マクロ経済政策では、この種の役割は独立した中央銀行なら引きうけ可能だ。政府と比べるなら、独立した中央銀行は雇用にはさほど重きを置かず、インフレ抑制のほうをずっと重視する。独立した中央銀行が金融政策を管理することで、政府は確実にインフレ抑制に力をいれられるようになる。2000年代に生じた低インフレの時期は、しばしば独立した中央銀行の台頭の成果とされる。■

## フィン・キッドランド

1943年にノルウェーのジェスダルの農場に生まれたフィン・キッドランドは、6人兄弟の長子であった。高校卒業後、中学校で数年教え、そこの同僚の教師に会計学の学習を勧められ、そこからビジネスへの関心が芽ばえた。最初、1965年にノルウェー経済経営高等学院(NHH)で経済学の学位をとるところからスタートした。キッドランドは企業経営者になろうと思ったが、卒業後は経済学教授ステン・ソーレの助手になった。ソーレはアメリカのカーネギー・メロン大学へ移ることになり、キッドランドをともなって行った。1973年にNHHへ復帰し、そこで主著となる論文をエドワード・プレスコットと協同して執筆する。1976年にアメリカへもどり、それ以降はアメリカで教壇に立った。2004年にノーベル経済学賞を受賞した。

### 主著

1977年 「裁量よりも規則を」(エドワード・プレスコットとの共著)
1982年 『建設時期と経済の総変動』
2002年 「アルゼンチンの失われた10年」(カルロス・E・J・ザラザガとの共著)

# 経済は、個人とはちがってカオス的だ
## 複雑性とカオス

### その経済学的背景
**焦点**
マクロ経済

**鍵となる思想家**
ルネ・トム（1923～2002年）
ジャン＝ミシェル・グランモン
（1939年～）
アラン・キルマン
（1939年～）

**前史**
**1887年** フランスの数学者アンリ・ポアンカレが、たがいの周りを旋回する3体のあいだの相互作用を分析して、カオス理論の基礎を敷く。
**1950年代** フランス出身の数学者ブノワ・マンデルブロが、綿価格の変動のうちに循環的なパターンのあることに気づく。
**1960年** アメリカの数学者にして気象学者エドワード・ローレンツが、気象学におけるバタフライ効果を発見する。

**後史**
**1980年代** 北アイルランド出身の経済学者ブライアン・アーサーが、複雑性理論を発展させる。

これまでに発見されたいかなるシステムも、株式市場における十分な配当を保証するものとはならなかった。経済学には、経済活動をつねに均衡へさしもどす理論モデルがあるのだから、そうした保証をもたらすツールもそなわっているのではないかと期待するひともいるかもしれない。ほとんどの経済学理論は、1680年代に発展した運動法則をもとにモデル化されていた。あらゆる行為はある結果につうじており、あらゆるできごとは、「線形的」過程と呼ばれる、時間のうえでの前方ないし後方に向けての因果連鎖に結びつけられていた。標準経済学は、価格に反応する合理的個々人の行動の結果の組みあわせとして、その広範な予測——すなわち経済活動がそこにいたるはずの均衡——を打ちたててきた。

### 複雑性を探して

現実世界がじっさいにそんなふうにふるまうとしたら、証券市場の大暴落を予見することはどうしてそんなに難しいのだろうか。完全な線的アプローチはもはや時代遅れだと感じる経済学者たちもいる。オーストリアの経済学者フリードリヒ・ハイエク（177頁）は、物理学と同じようにモデル化するには経済学はあまりに複雑すぎると考えていた。そうした疑念にたいするひとつの応答が複雑性理論だ。これは、ロシア出身のベルギーの化学者イリヤ・プリゴジン（1917～2003年）の研究から誕生した。このアプローチは、標準的な経済学とちがって、個々人による予測可能な規則的な行為が必ずしも安定した予見可能な経済学に行きつくとはかぎらないと認める。

1975年に、フランスの経済学者ジャン＝ミシェル・グランモンとアラン・キルマンが、経済学は「複雑系」だと主張した。

初期条件における**ささやかな差異**が、結果における莫大な変化をもたらすことがある。これが「バタフライ効果」として知られる事態だ。エドワード・ローレンツの示唆するところでは、ブラジルで蝶がはばたくとテキサスで台風が発生するかもしれない。

# 現代の経済学

**参照** ホモ・エコノミクス→52〜53頁 ■ バブル経済→98〜99頁 ■ 経済理論の吟味→170頁 ■ 行動経済学→266〜269頁

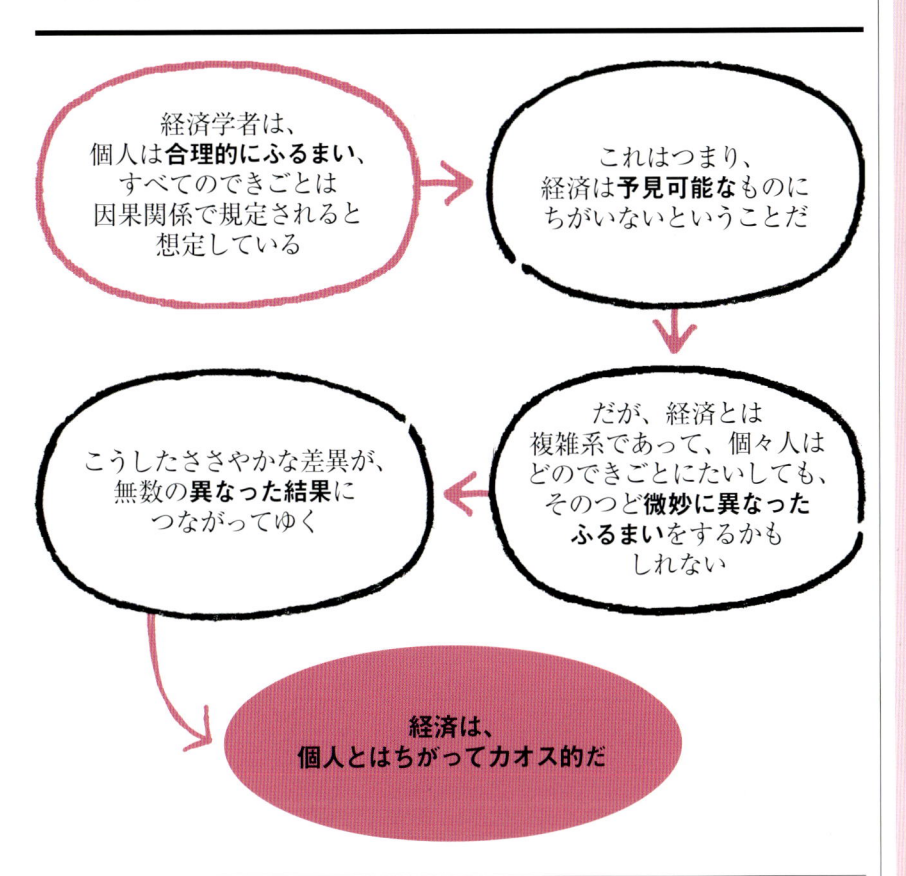

- 経済学者は、個人は**合理的にふるまい**、すべてのできごとは**因果関係**で規定されると想定している
- これはつまり、経済は**予見可能**なものにちがいないということだ
- だが、経済とは複雑系であって、個々人はどのできごとにたいしても、そのつど**微妙に異なったふるまい**をするかもしれない
- こうしたささやかな差異が、無数の**異なった結果**につながってゆく
- **経済は、個人とはちがってカオス的だ**

完全競争にもとづく標準的な経済学モデルでは、個々人はたがいにダイレクトな相互作用を演じるわけではなく、たんに価格に反応しているだけで、絶えず自身の行動と価格を変化させて最良の結果をえようとしている。経済のような複雑なシステムでは、個々人はちょうど巣箱のなかのミツバチにも似て、合理的な計算をはたらかせるというよりは、たんなる「経験則」にしたがって、たがいに直接的な相互作用をおよぼしあっている。ここから経済全体における行動の複雑なパターンへといたることが可能だ。

## カオス的経済

グランモンとキルマンの議論に似た考えは、1950年代にアメリカの数学者にして気象学者エドワード・ローレンツによってはじめて展開されたカオス理論のうちに認められる。ローレンツがめざしたのは、なぜ天候は将来になればなるほど予測しがたくなるのかの解明であった。コンピュータ分析からローレンツに分かったのは、気象の微少な変化が天候に劇的な変化をもたらすに足るだけの増幅をもたらすということであった。

カオス的な動きを分析するために、理論家たちは「非線形」数学を発展させてきた。それにしたがうなら、天候と同じように、証券市場の動向であれ経済成長であれ、初期条件における微少な変化があまりに大きなちがいをともなう結果を生むため、その過程はカオス的に見える。もしこの主張が正しいなら、大半の経済理論の土台である予測可能な均衡は、まったく的外れだということになる。■

## ワイルドな無作為性

1960年代と1970年代に、フランス出身のアメリカの数学者ブノワ・マンデルブロが、平均ばかりに眼を向け極端なデータは無視して、経済の姿を滑らかなものにしようという誤った試みに、経済学者たちは囚われていると主張した。マンデルブロによると、真の姿を提示するのは極端なデータだ。

マンデルブロの批判は、ほかの価格をリードするひとつの特別な価格があるにしても、長期的にみれば事態は平均化すると想定して、株価と商品価格をモデル化しようとする人びとに向けられていた。マンデルブロの考えでは、こうしたモデルのなかにマイルドな無作為性(ランダムネス)という要素を組みこむことは、誤解を生みかねない。モデルが依拠すべきは、「ワイルドな無作為性」という仮定だ。これは、変化が生じるときには個々の奇矯(ききょう)なできごとこそが問題となるという考えだ。マンデルブロの見るところ、経済学者が示唆する以上に市場ははるかに不安定であり、経済学者が相変わらず犯している誤りは、古典的物理学の法則と同じように機能する法則を提案しようとすることだ。

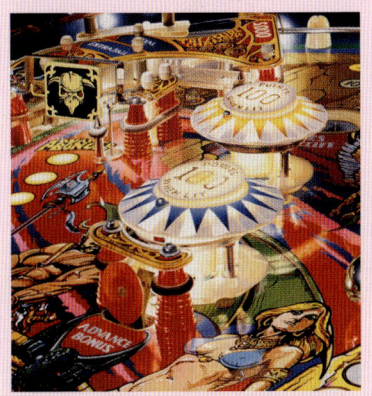

速度のちょっとした変化で、ピンボールはまったく異なった方向へ向かう。ピンボール・プレーヤーと同じく、経済学者には、株がどう変動してゆくかをつねに予測することなどできるわけもない。

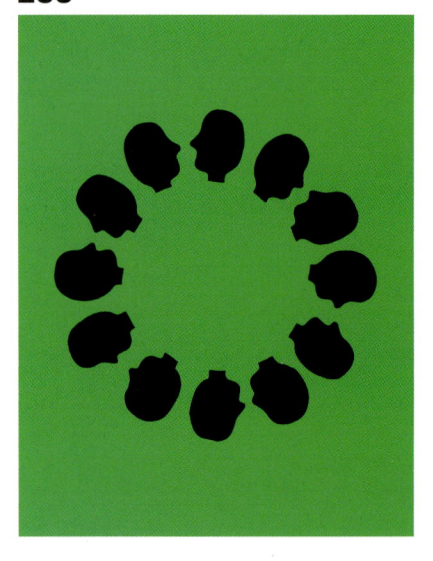

# ソーシャル・ネットワークは一種の資本だ
## 社会関係資本

## その経済学的背景

**焦点**
社会と経済

**鍵となる思想家**
ロバート・パットナム
（1941年〜）

**前史**
**1916年**　「社会関係資本」という術語が、アメリカの教育学者ライダ・J・ハニファンの論文にはじめて登場する。

**1988年**　アメリカの社会学者ジェイムズ・コールマンが、社会資本とはどのようなものであるかを示すために、高校中退の現象にそれを適用してみせた。

**後史**
**1999年**　アメリカの政治学者フランシス・フクヤマが、アメリカのような発展を遂げた国家では社会関係資本は衰退していないと主張する。

**2001年**　イギリスのマルクス主義経済学者ベン・ファインが、社会関係資本という概念を批判する。

**2003年**　イギリスの社会学者ジョン・フィールドが、社会関係資本理論とは「関係の重要性」を意味していると主張する。

「資本」ということばは、ふつうは生産工程で用いられる機械をさすのに使われる。これが物的資本だ。定義の幅を広げると、労働力の技術という意味がはいってくる。これが人的資本だ。物的資本と人的資本の有効な利用が経済にとっての鍵だと長らく思われてきた。だが、1990年代にはいって、アメリカの政治学者ロバート・パットナムが、社会的結合からなる、それと見きわめがたいタイプの資本があることをあきらかにした。パットナムの言うところでは、経済的パフォーマンスにとっては社会的ネットワークも重要な意味をもつ。ねじ回し（物的資本）や大学教育（人的資本）が生産性向上につながるのとまったく同じく、社会的契約もそうしたはたらきをする。なにしろ、これは個人および集団の生産性に直結している。仕事やコミュニティ（共同体）、余暇での人びとのこうした相互作用は、「社会関係資本」とみなされうる。

社会的ネットワークは、協調と情報共有を促進する点で、個人が自身の技能をより向上させ、キャリアをアップし、全体的な生産性を向上させるのに役だつ。逆にこうしたネットワークが衰えてしまうと、経済的パフォーマンスにも支障をきたす。パットナムの指摘によるなら、1960年代以降、先進国の人びとはどんどんコミュニティ感覚を失って、都市部でますます孤立的な生活をいとなむようになっている。パットナムが言うのは、これが経済的衰退につながっているということだ。この分析には、必ずしもすべての経済学者が同意しているわけではないが、こんにちでは社会関係資本は経済的パフォーマンスの重要な要素として広く受けいれられている。■

> 有徳だが、たがいに孤立した多くの人間からなる社会が、必ずしも社会関係資本に富んでいとは言えない
> ロバート・パットナム

**参照**　保護主義と貿易→34〜35頁　■　比較優位→80〜85頁　■　規模の経済→132頁　■　市場統合→226〜231頁

# 教育は能力の有無を知らせるひとつの指標にすぎない
## シグナリングとスクリーニング

## その経済学的背景

**焦点**
意思決定

**鍵となる思想家**
マイケル・スペンス
(1943年～)
ジョセフ・スティグリッツ
(1943年～)

**前史**
**1963年** ケネス・アローが、取引に当たって一方が他方よりもよりよい情報を有しているばあいに見られるような、情報経済学の問題を提出する。
**1970年** ジョージ・アカロフが、「レモンの市場」のなかで、情報が不均等な市場の問題を描きだす。

**後史**
**1976年** マイケル・ロスチャイルドとジョセフ・スティグリッツが、情報を与えられていない側が相手にたいして情報を分けあたえるようしむけることができると考える「スクリーニング」の先駆者（パイオニア）となる。
**2001年** マイケル・スペンス、ジョージ・アカロフ、ジョセフ・スティグリッツが、情報経済学における業績によってノーベル経済学賞を授与される。

経済学の新たな領域が、情報獲得（アクセス）の不平等はどうすれば克服されるかをめぐるアメリカの経済学者ジョージ・アカロフ（274～275頁）の見解が公表された1970年代に発展を遂げた。

アメリカの経済学者マイケル・スペンスによれば、実際上では、取引で人物1が人物2よりも情報を有しているばあい、もっと情報を得たうえで決断が下せるように、人物1が人物2にシグナルを送る傾向が認められる。

スペンスの例は、就職面接のケースだ。そこでは、雇用する側は応募者の潜在的な生産性について、当然ながら当人ほどはわかっていない。応募者はそれまでの教育経験を綴った履歴書を用意する。それは、これから就くかもしれない職業の内容には無関係だが、つらい仕事にも耐えられるか、もしくは勤勉かといったことを告げるシグナルにはなる。スペンスの考えでは、職業訓練とはちがって教育水準の高さは、ほとんどのばあいしかるべきシグナルとして機能する。だから、「よい」被雇用者になる見こみのある者は自分の潜在的な生産性の高さをアピールすべく、いっそう教育に投資するようになる。これと逆の過程は、たとえば雇用者が情報を引きだす目的で面接をするばあいだが、それがスクリーニングとして知られるものだ。中古車を買おうとしている者やローンを認めるかどうかを考慮している者は、決断を下すまえに情報を引きだそうとして、スクリーニングの問いを用いることがある。シグナリングとスクリーニングは、あらゆる形態のビジネス交渉で利用されている。■

学生が学位取得の段階でなにを専攻していたか、そしてその分野にどの程度知識を有しているかは、仕事に志願するさいには、副次的な意味しかもたない。むしろ、その学位が告げているのは、仕事にたいする当人の能力とキャパシティだ。

**参照** 行動経済学→266～269頁 ■ 市場の不確実性→274～275頁 ■ 粘着的賃金→303頁 ■ サーチングとマッチング→304～305頁

# 東アジア諸国が
# 市場を支配する
## アジア・タイガー経済

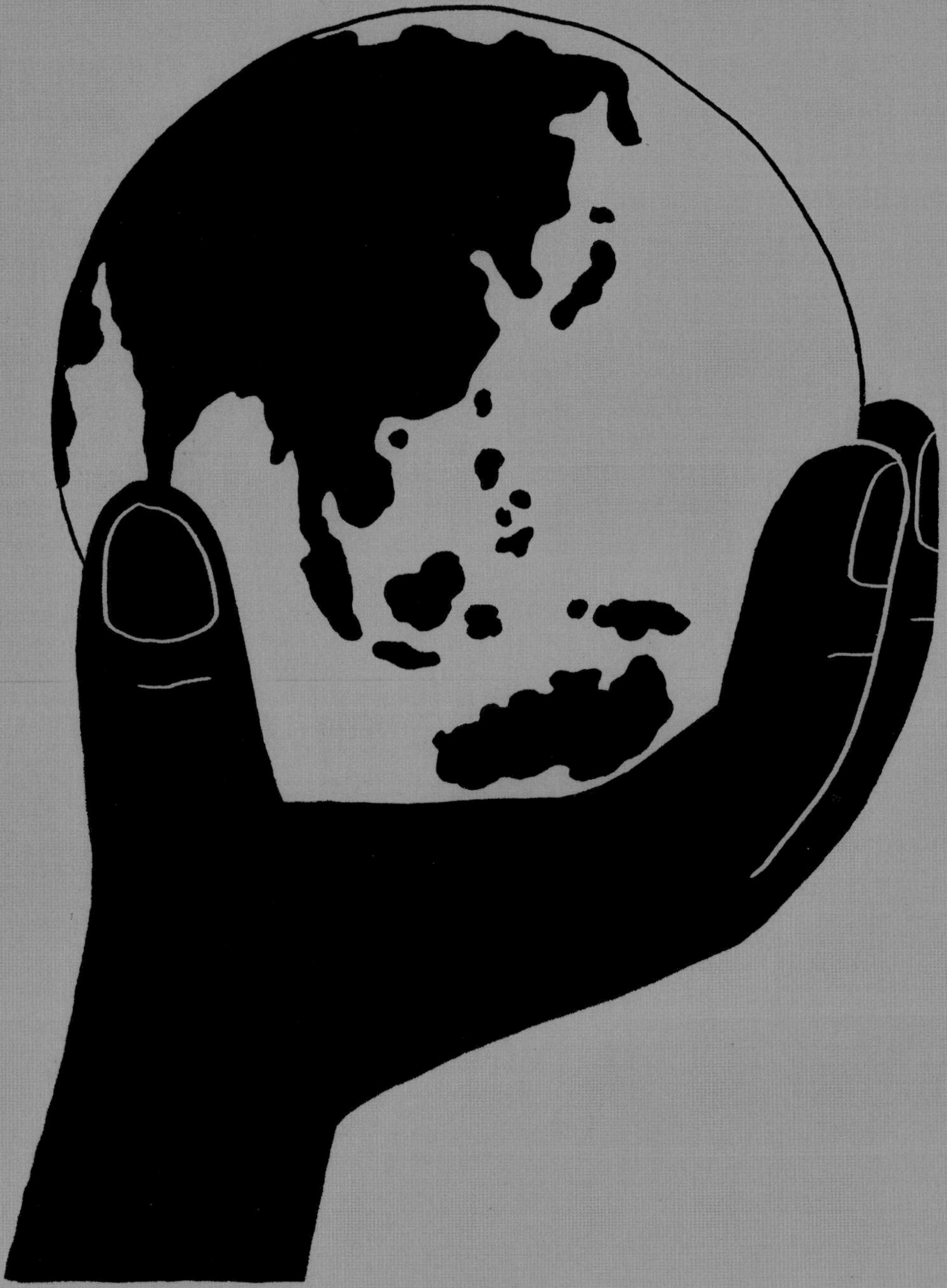

# アジア・タイガー経済

## その経済学的背景

**焦点**
成長と発展

**鍵となるできごと**
**日本の投資**が、1965年以降韓国経済に流れこみはじめる。

**前史**
1841年　ドイツの経済学者フリードリヒ・リストが、保護産業は経済活動が多様化する助けとなると主張する。
1943年　ポーランドの経済学者ポール・ローゼンシュタイン＝ローダンが、貧困国が発展するためには、国家の投資をとおしての「ビッグ・プッシュ（大きな後押し）」が必要だと主張する。

**後史**
1992年　アメリカの経済学者アリス・アムスデンが、韓国は達成基準（パフォーマンス・クライテリア）を用いることで産業の成長を助長していると主張する。
1994年　アメリカの経済学者ポール・クルーグマンが、東アジアの離陸は真のイノヴェーションというよりは物的資本の増加の結果だと主張する。

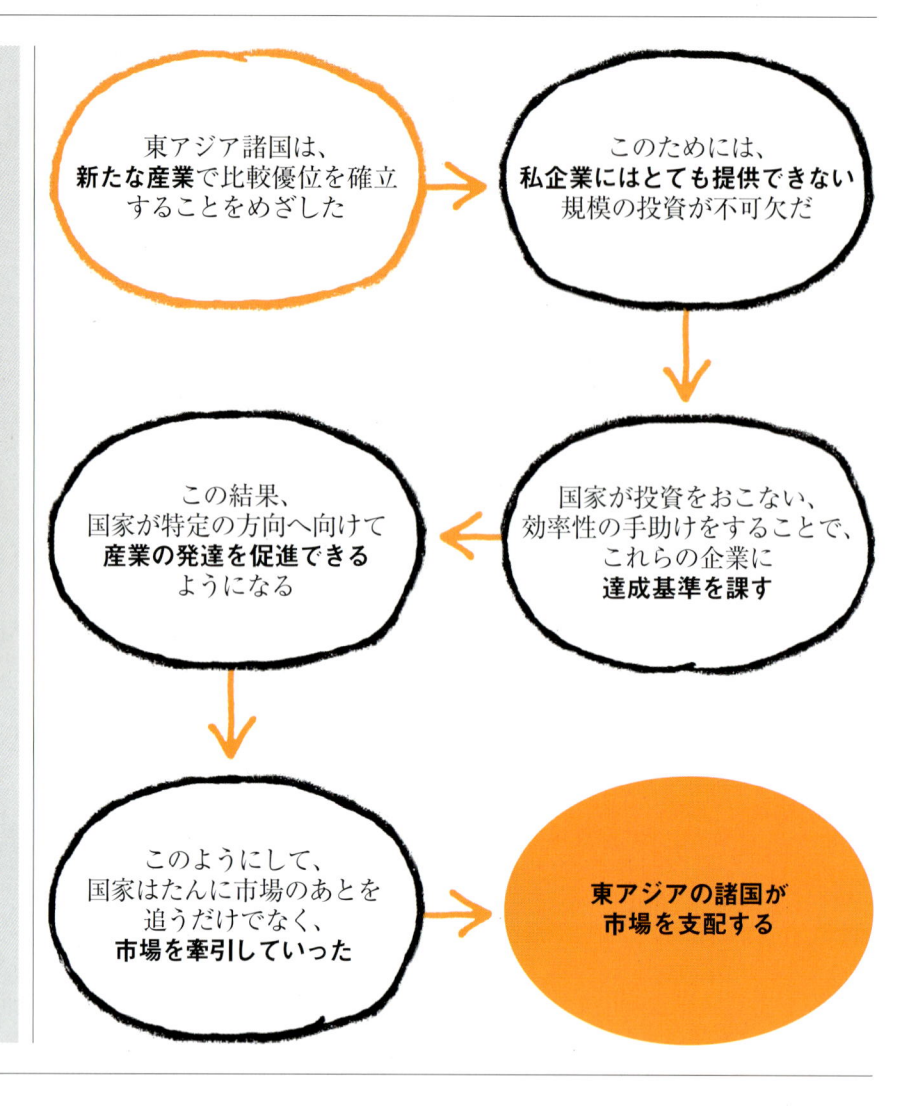

---

東アジア諸国は、**新たな産業で比較優位を確立**することをめざした
→ このためには、**私企業にはとても提供できない**規模の投資が不可欠だ
→ 国家が投資をおこない、効率性の手助けをすることで、これらの企業に**達成基準を課す**
→ この結果、国家が特定の方向へ向けて**産業の発達を促進できる**ようになる
→ このようにして、国家はたんに市場のあとを追うだけでなく、**市場を牽引していった**
→ **東アジアの諸国が市場を支配する**

---

第二次世界大戦後、東アジア一帯の国ぐにの経済は、劇的な成長を遂げた。一連の新規の介入政策によって、これらの国はほんの数十年で経済的後進国から、劇的なまでに産業力をもった国へと変貌した。韓国、香港、シンガポール、台湾からなるいわゆるアジア・タイガー経済には、マレーシア、タイ、インドネシアがつづき、そのあとには中国が控えている。これらの国はそれぞれの速度で、ほかのどの地域よりも、収益における持続的な成長を達成した。

国家の富を測定するために、しばしばGDP（国内総生産ないし商品とサービスからの国民所得）が用いられる。1950年に韓国の一人当たりのGDP（人口の規模でGDPを割ったもの）は、ブラジルの半分であったが、1990年には2倍になり、2005年には3倍にまで跳ねあがった。

この種の成長は、驚異的な貧困の減少をもたらす。20世紀の終わりころには、アジア・タイガー4カ国は、西ヨーロッパの国ぐにに匹敵する生活水準を謳歌するまでになった。これは歴史的には予言不可能であった将来の変化であり、「東アジアの奇跡」と呼ばれるようになった。アジア・タイガー経済が出現した背景をなしたのは、政府の介入および国家と経済のあいだの緊密な結びつきであり、この経済モデルは「開発志向型国家」としてその後知られるようになる。

第二次世界大戦以降、貧しい国ぐにおける発展に膨大な期待が寄せられ、急速な経済発展という目標が、政府の経済政策の背後に控える駆動力となった。強力な官僚主義が私的部門の経済活動の指導にともなうようになり、それは西ヨーロッパにおけるいかなる試みをも超えてゆくように見えるものであった。しかしながら、政府のほうは私企業を保護し、その新しいモデルは共産圏の国家計画と

# 現代の経済学

参照　現代経済の出現→178〜179頁　■開発経済学→188〜193頁　■経済成長理論→224〜225頁　■市場統合→226〜231頁　■貿易と地理→312頁

**韓国の急速な発展**は、1961年に軍の司令官であった朴正熙（パク・チョンヒ）によって指導された。朴正熙は、かつて韓国を占領していた日本との関係を修復し、日本からの投資を惹きよせた。

はほとんど共通点をもたなかった。アジア・タイガー国家は、戦略的産業への投資を優先し、生産者の技術的向上を促進することで発展をなしとげた。この結果、労働者は農業部門から膨張しつつある産業部門へとシフトした。教育への大がかりな投資が、新たな産業に必要とされる技術を労働者にもたらし、産業企業家は、じきにその製品の輸出に本腰をいれはじめ、これが持続的な貿易に後押しされた成長の原動力となった。

## 新しい種類の国家

この種の国家は、これまでは見られなかった。それは、経済における政府の役割についての従来のスタンダードな見解にたいする挑戦であった。標準的な経済学は、国家の役割をもっぱら市場の失敗を補うことにあるとみていた。つまり政府とは、民間市場だけでは提供しきれない、柵や街頭といった公共財を提供する存在だ。国会のような制度が適切に機能することで、契約がきちんと守られ、所有権が守られるようにする保証を請けおうのが政府であって、この役割を最小にしてそれを超えてはならないとされていた。市場の活動にたいする基本的な前提条件がひとたびきちんとしつらえられたなら、国家は撤退し、価格のメカニズムに好きにはたらかせるべきだというのが古典派経済学者の主張であった。じっさい、市場に親和的な制度と国家への制約こそが、産業革命期におけるイギリスの経済的成功の鍵だと考えられてきた。

こうした事情は、成功をおさめつつある東アジアの経済にとっても変わりないと主張する経済学者もいる。これらの国家が発展に集中していたとき、国家がおこなっていたことは市場への介入ではなく、市場にたいする支援であったというわけだ。国家の介入は資源と投資を配分して、市場の動向に沿うようにすることであった。いわば国家は、「価格を正しくした」のだ。そうするために、政府はマクロ経済的な安定性をはぐくみ、投資家が信頼できるだけの活気をもたらした。政府の介入は、防御と教育で備えることで、市場の失敗を正すことであった。政府はさらに、港湾や鉄道といった経済基盤（インフラ）を整備したが、そうした建設には莫大な費用がかかるため、そこに私企業は参入しなかった。東アジア発展国が成功をおさめたのは、このように市場につきしたがったからだと考えられている。

## 市場を牽引する

ニュージーランドの経済学者ロバート・ウェイドによるなら、東アジアの発展を遂げた国ぐには、市場を牽引するとともに市場にしたがった。それらの国家は、低利の貸付と補助金で特定の産業の発展をうながして市場を牽引するとともに、資源の分配に口を出すことで、市場だけに任せたばあいとは著しく異なった結果をもたらした。

アメリカの経済学者アリス・アムスデンは、こうした国家を特徴づけて、意図的に「価格をとりちがえる」ことで新しいタイプの比較優位を確立しようとしていると述べた。その勘所は、補助金と保護貿易を注入された新たな「未熟な産業」が、最終的には成長をなしとげるようになるという点にある。国家が企業に達成基準を強いることができるのは、必要とあらば、優先的なあつかいを引っこめる

**いまや**国際金融の**中心地**である香港は、もとの統治システムをそのままにした状態で、中国が現在進めている経済的成功をおさめるうえで、重要な役割を演じた。

# アジア・タイガー経済

アジア・タイガー経済の**急速な発展**は、輸出に基礎を置いていた。シンガポールに見られるような貨物船をあつかうための大規模な施設が、成長を促進するために国家によって建造された。

東アジアで成功をおさめた国ぐにには、私的権益からの圧力にうまく抵抗できたようであった。1960年代に新たな鉄鋼業企業を立ちあげたのちの韓国政府は、それらの企業が効率的な目標を見つけられるように保証する役割を果たした。企業を育てる妨げとなるような政治的利権が発生したときには、国家は進んで狭い利害の奴隷となるが、全面的な経済効率の奴隷となるわけではない。国家は自律性を保っていなければならないし、特定の利権集団からのえこひいきの圧力には抵抗しなければならない。同時に、国家は企業に信頼と技術的支援をも提供しなければならず、企業のパフォーマンスをチェックするためには、経済のどれほど小さい歯車にも到達できるだけの触手が必要であった。経済官僚には、あらゆる潜在的な投資にかんする詳細な情報が届いており、産業幹部との有効な関係が維持されている必要があった。

アメリカの経済学者ピーター・エヴァンズは、成功をおさめた発展国のこうした市場を「埋めこまれた自律性」と呼んだ。これがうまく機能しているばあいに

ことが可能となるからだ。

ロバート・ウェイドの論じるところでは、これらの国ぐにが市場を牽引するために選択した方法によって、それまで存在しなかったところに誕生した産業になぜ比較優位が生まれたかが説明できるようになる。最初は、新たな産業からの商品価格は、国際的にはまず競争にならない。さらに、新たな製品の製造には、しばしばほかの産業と経済基盤を整備して刺激を与えてもらうことが不可欠となる。こうした過程をうまく歩調をあわせて進めてゆくのは、国家にしかなし得ないことであり、私企業に任せているかぎりは難しい。

のみならず、このように保護された未熟な産業に、どうすればもっと効率的になれるのかを学ぶ古典的なインセンティヴが与えられると、それらは競争的になる。新たな企業の経済的な教育と初期生産の連携を実現するには、政府が介入して狭い市場価格を打ちこわすふるまいが必要となる。これが韓国の鉄鋼業で生じたことだ。1960年代に韓国政府は、世界銀行から鉄鋼部門へは参入しないようにとの勧告を受けた。その当時にはまったく比較優位が認められなかったし、簡単にほかの国が価格で圧倒していただろうからだ。だが1980年代には、韓国の大企業であるポスコは、世界でもっとも効率的な鉄鋼業生産者のひとつとなった。

## 政治的干渉

東アジアの外側の地域では、介入主義政策の試みはうまくゆかなかった。逆にそれは、発展しつつある国の評判をそこなう結果となった。ラテン・アメリカとアフリカでは、企業や特定部門の優遇措置は、乏しいインセンティヴしか生みだせなかった。企業は競争からは遮蔽されたものの、国家が達成基準を強いなかったのだ。そのため、未成熟の産業が成長して、見こみ豊かな輸出の担い手となることはなかった。

とりわけラテン・アメリカでは、優遇措置はほとんど経済的な見返りをもたらさない政治と結びついた。政府と結びついた企業は、補助金と関税保護を受けたものの、一向に生産性は向上しなかった。ときとともに、それらの企業は政府の予算の垂れながし先と化し、資源を生みだすどころか金食い虫となった。「価格をとりちがえること」は、このばあいには新たな産業における比較優位を確立する助けとはならなかった。その代償が、効率性の悪い生産と経済の停滞であった。

> "
> 国家……は、利益の見こめる投資の機会をつくりだすために、価格を相対的にあえて「とりちがえる」ことができる
> **アリス・アムスデン**
> "

のみ、帰属する利権に閉じこめられることなく「価格をとりちがえる」機会が国家に生まれる。埋めこまれた自律性は、簡単につくりだせるものではないが、これを欠いていたことが、そのほかの発展途上地域における国家の介入が、乏しい結果に終わった背景に潜んでいたひとつの要因かもしれない。

## 中国の台頭

1990年代の東アジア金融危機とともに、開発志向型国家モデルがいまいちど問題視されるにいたった。第二次世界大戦以降の急速な産業の成長を助長した諸制度も、20世紀が終わろうとしている時期になると、その影響力を失ってしまったのではないかと感じる者も少なくなかった。他方で、中国の目ざましい台頭が、開発志向型国家という理念の、もしくは少なくとも標準的な古典派経済学の規定からは逸れながらも急速な経済的変換をもたらす政策や制度という現象をよみがえらせた。

中国がその共産主義システムの一連の改革に着手したのは、1970年代後半のことであった。その結果中国は、独自でありながら、アジア・タイガー経済に匹敵する開発志向型国家となり、独裁的な国家でありながら、民間部門や輸出を促進する責任を負う政府をもつ国となった。農業は脱集団運営化され、国営企業にはいっそうの自立性が認められ、より大きな競争にさらされることとなった。こうした改革によって、民間経済活動の急激な拡大が惹きおこされたが、西洋式の所有権の概念はいまだ導入されていないままだ。

中国の独自の制度からは、また別のインセンティヴも生じてきた。たとえば、地区の責任者を、私的財産の所有権を必要としないままに企業の得失に責任を負う存在とみなす「農業経営請負制」は、その一例だ。結果は劇的であった。西ヨーロッパと比べて貧しかったあいだに、中国は急速な発展を遂げて、1990年代には1700万人が貧困を脱した。開発の進んだ地域では、貧困は4分の3までに縮減された。

中国とアジア・タイガー経済の歴史は、発展にいたる唯一の道などないという、いわば当たり前のことを教えている。これらの国家が経済に介入したやりかたは、発展途上にあったころにヨーロッパで生じたいかなる方法とも異なっていた。それでいて、成功をおさめたものであっても、あらゆる発展モデルは、最後には硬直したものにならざるを得ないように思われる。発展を遂げた国家の恩恵は、1990年代にアジア・タイガー経済のあいだでどんどん減ってゆき、ついには消えさってしまった。ある10年間はうまく機能していた制度も、つぎの10年には失敗に終わる。いつの日か中国もまた、その力強いパワーを使いつくすだろう。もしその目ざましい発展がなおもつづくはずだというのなら、中国はみずからを再発明しなければならなくなることだろう。■

ほかの**ほとんどの中国の都市と同じく**、杭州の東側は、急速な成長を遂げ、中国の産業化とともにどんどん都市化が進行している。

## 産業政策とインセンティヴ

東アジアの発展国は、実績へのインセンティヴを生みだす一方で、特定の部門において企業に優遇措置をおこなった。それをおこなうにさいして、これらの国は企業家に達成基準を満たすことを求め、そのさいに一部では企業をたがいに競争させるコンペを実施した。

勝つための基準は、典型的には輸出における成功であった。褒賞は、貸出限度(クレジット・ライン)を得るか、もしくは外国為替への参入であった。たとえば、韓国と台湾では、企業はみずからが輸出注文を得ていることを証明しなければならなかった。そのあとでのみ、褒賞が得られる。韓国はコンペを開始し、私企業は造船のような新たな産業におけるビッグ・プロジェクトに切りこんだ。成功をおさめた企業は、一定期間、国際市場から保護される。達成基準には、企業が一定のデッドラインまでに国際的な競争力をもつようになることがふくまれる。逆に、失敗した企業には罰が待っている。

**韓国の鉄鋼業**は、開発志向型国家としてとほうもない成功をおさめた。2011年までに、韓国は世界で6番目の鉄鋼製造国となった。

# 思いこみから
# 通貨危機が生じることもある

## 投機と通貨切下げ

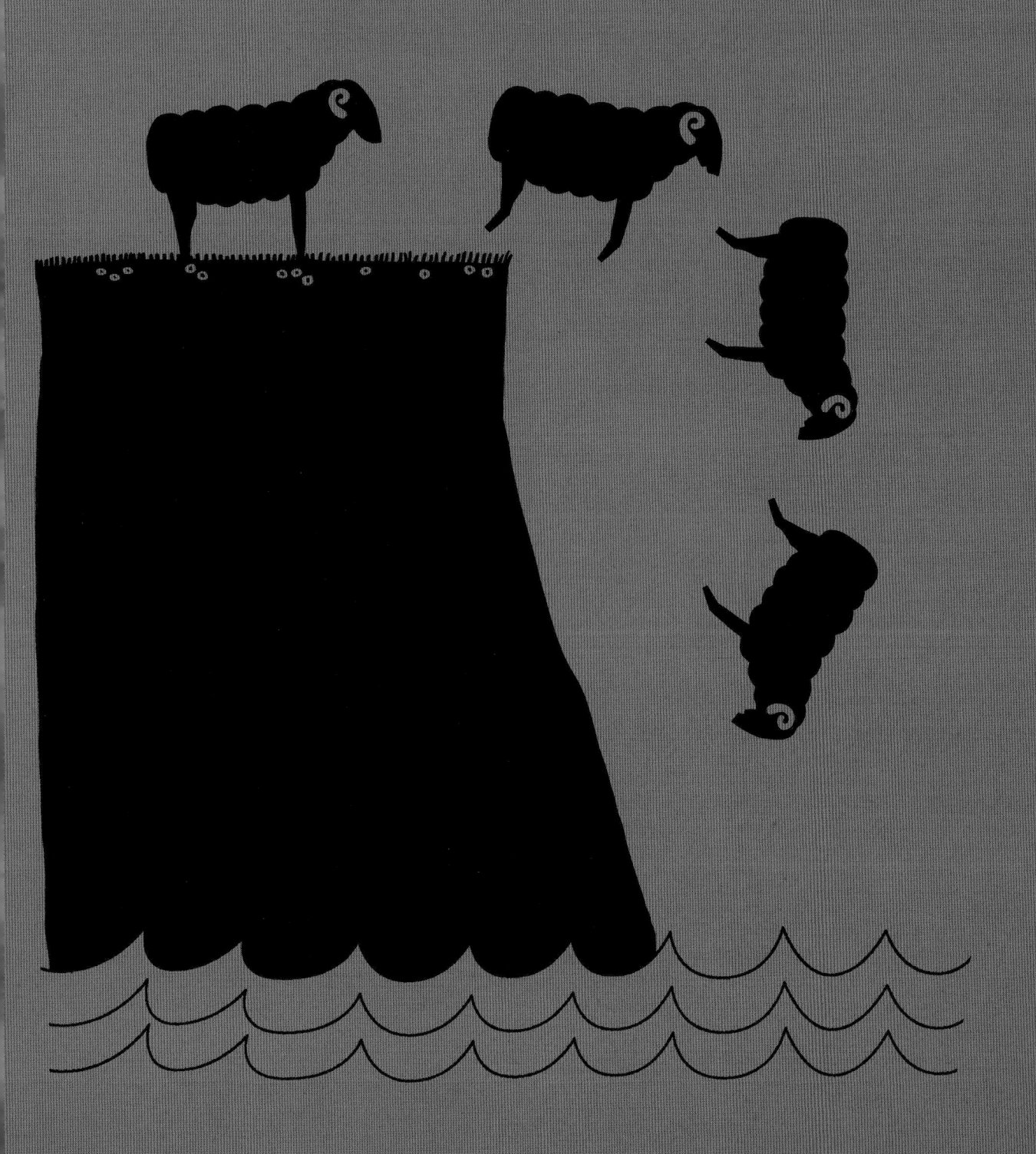

# 投機と通貨切下げ

## その経済学的背景

**焦点**
グローバル経済

**鍵となる思想家**
ポール・クルーグマン
（1953年〜）

**前史**
**1944年** ギリシアが、史上最大の通貨大暴落を経験する。
**1978年** アメリカの経済史家チャールズ・キンドルバーガーが、危機的状況における非合理的行動の役割を強調する。

**後史**
**2009年** アメリカの経済学者カーメン・ラインハートとケネス・ロゴフが、『国家は破綻する』を公刊して、世紀を超えてくりかえされる危機の類似性を描きだす。
**2010〜2012年** 多様化する国家優先事項、深刻な政治的失策、膨大な投機の圧力が、ユーロを解体の危機に追いこんでいる。

通貨危機とは、ほかの通貨との関係においてある国の通貨の価値が突如として大規模な崩落を示すできごとだ。第二次世界大戦後の約30年間というもの、世界の主要通貨は、固定だが調整可能な為替レートを土台としたブレトン・ウッズ体制（186〜187頁）によって統べられていた。

1971年にこのシステムが終焉を迎えると、通貨危機はきわめてありふれたできごととなった。一般に通貨危機は、ある国の通貨が大量に売られることが引き金となる。こうしたふるまいは、人びとの期待と根底に潜むある種の経済的弱さ（「ファンダメンタルズ」として知られている）との相互作用に、言いかえるなら、人びとが直面していると感じている問題にどう反応するのかに起因しているように思われる。経済学者たちは、この相互作用を数学的にモデル化しようとしてきたが、じっさいのデータに合致するモデルを見いだしたと彼らが思うたびに、新たな種類の危機が生じてきているというのが実情のようだ。

### 文脈における通貨危機

さながら台風のように、金融危機は驚くほど頻繁に生じるが、まったく予測しがたいというわけでもない。貨幣が貴重な金属にもとづいていた数世紀まえには、為政者が貨幣の金属含有量を減らそうとして貨幣改鋳をおこなうたびに、通貨はその価値を失っていった。

貨幣が中央銀行によって紙に印刷されるものになってからというもの、インフレの高騰が一国の通貨暴落の原因となるようになった。具体例としては、ある時点では、物価が二日ごとに2倍に跳ねあがった1923年のドイツが挙げられる。だが、国が通貨危機に見舞われると必ず、超インフレが起きるというわけではない。たとえば、1929年から1933年にかけての大恐慌時に、水や食べものといった日用品の価格が暴落し、この輸出貿易に依存していたラテン・アメリカ諸国の通貨も、それとともに大暴落した。

### ちぐはぐな政策

1979年の著作のなかで、アメリカの経済学者ポール・クルーグマンは、通貨危機が起こるうえでの原因となるいっさいの前提は、為替レートとちぐはぐな政策を政府が実施してしまうことにあると指摘した。

クルーグマンの議論は、金融危機モデルの第一世代にとっての土台だ。これらのモデルはまず、自国の通貨と外国の通貨とのあいだに固定為替相場があり、自国の政府が財政赤字（税収以上の支出）をかかえており、お金を刷ることでそれをやりくりしようとしていると想定する。通貨供給を増やすことで、この政策は固定為替相場で定められた貨幣価値とちぐはぐなものとなる。そのほかのものが同等であるばあい、こうした政策が原因となって、自国の通貨の「実質」価値が下落してしまう。

つぎにこのモデルは、中央銀行が自国の通貨を支えるために外貨準備を売りにだすと想定している。だが、中央銀行の外貨準備が最後にはつきてしまうことは人びとには分かるものと想定される。そうなれば、為替レートは、（好きに売買されて）「フロート（変動）」し、下降するよりほかなくなる。このモデルが提起し

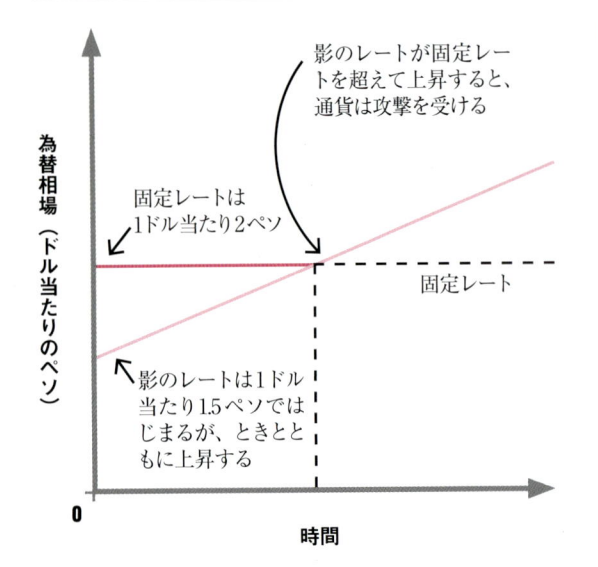

**「第一世代の」危機モデル**では、ある通貨が別の通貨に固定されているばあい、その「実質」価値ないし影のレートは、固定されているレートよりも下がることがありうる。このばあいでは、影のレートが1ドル当たり2ペソを超える地点がそれにあたる。これが起こると、通過は投機売りの攻撃に耐える力を失い、投機家は通貨切下げを想定して、その国の外貨準備を買いはじめる。

# 現代の経済学 291

**参照** バブル経済→98〜99頁 ■ 合理的期待→244〜247頁 ■ 為替相場と通貨→250〜255頁 ■ 金融危機→296〜301頁 ■ 銀行取付316〜321頁 ■ グローバルな貯蓄の不均衡→322〜325頁

ているのは、「影の為替レート」──これは、もし中央銀行が固定為替相場を維持しようとしなかったばあいに、為替レートが行きつくであろうレートだ──があるという事態だ。

人びとは、この影の為替レートが任意の時点においてどうなっているか（さらにはどうなってゆくか）を、政府の赤字を考察することで理解する。それは人びとが、自国通貨を影の為替レートではなく固定為替相場で売るほうが得だと気づくときでもある。そのとき、人びとは投機売りを開始し、中央銀行の外貨準備のすべてを買いはじめる。その結果、自国通貨はフロート（流動）せざるをえなくなり、価値を切下げる影の為替レートは固定為替相場と等しくなる。

このモデルは、1982年のメキシコ危機に代表される、1970年代と1980年代にラテン・アメリカ諸国で生じた通貨危機については妥当だと思われた。だが、1992年から1993年にかけて欧州通貨制度（EMS）で勃発した通貨危機は、このモデルとは矛盾していた。このヨーロッパ為替相場メカニズム（ERM）においては、ヨーロッパ各国は、その通貨を実質的にドイツマルク（DM）に固定していた。なかには、ジョージ・ソロスのような相場

2009年に**女性たち**がジンバブエの新しいドル紙幣を**確かめている**姿。超インフレの時期が終わると、政府は旧紙幣から12のゼロを取ることで、通貨の価値をあらためて設定した。

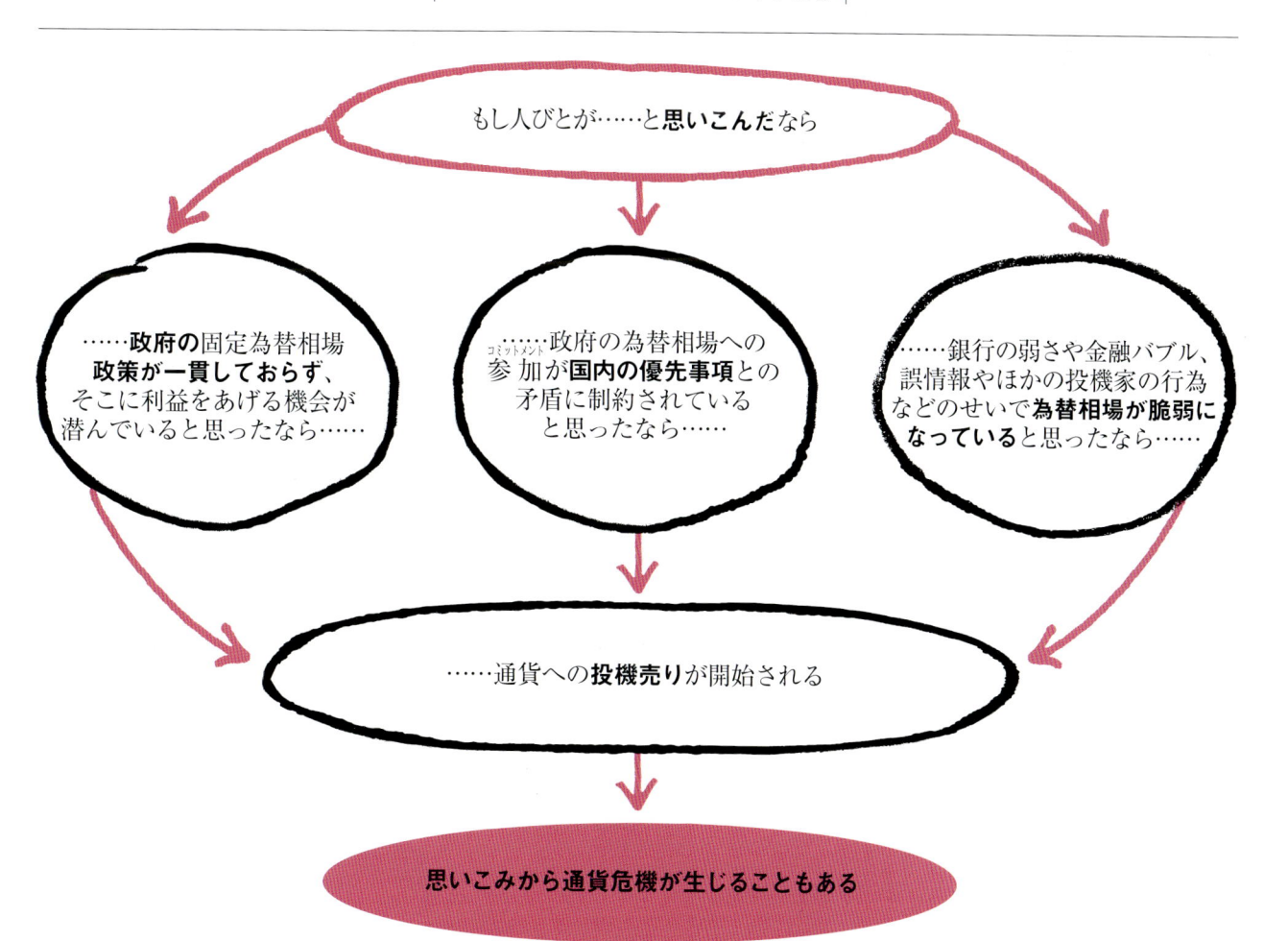

```
            もし人びとが……と思いこんだなら
      ↙                 ↓                  ↘
……政府の固定為替相場    コミットメント           ……銀行の弱さや金融バブル、
政策が一貫しておらず、   ……政府の為替相場への     誤情報やほかの投機家の行為
そこに利益をあげる機会が  参加が国内の優先事項との  などのせいで為替相場が脆弱に
潜んでいると思ったなら… 矛盾に制約されている     なっていると思ったなら……
                       と思ったなら……
      ↘                 ↓                  ↙
            ……通貨への投機売りが開始される
                         ↓
            思いこみから通貨危機が生じることもある
```

# 292 投機と通貨切下げ

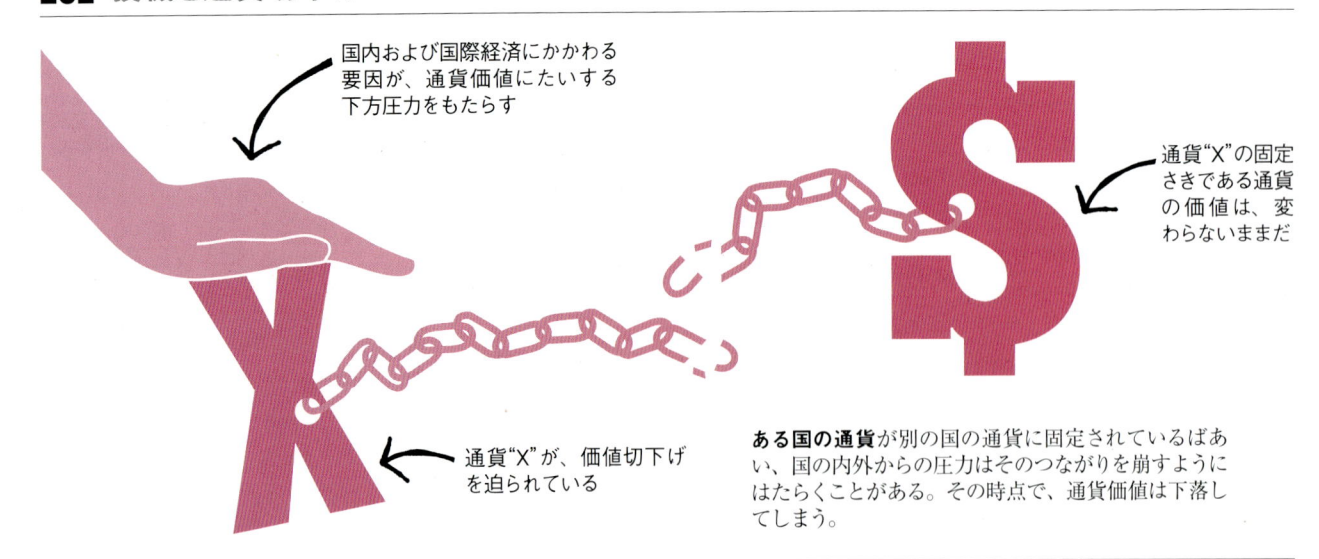

- 国内および国際経済にかかわる要因が、通貨価値にたいする下方圧力をもたらす
- 通貨"X"の固定さきである通貨の価値は、変わらないままだ
- 通貨"X"が、価値切下げを迫られている
- **ある国の通貨**が別の国の通貨に固定されているばあい、国の内外からの圧力はそのつながりを崩すようにはたらくことがある。その時点で、通貨価値は下落してしまう。

師の圧力にさらされた通貨もなくはなかった。だが、イギリスのような国が目標とされる為替相場とはちぐはぐな政策を実行していたと主張するのは困難だろう。イギリスはほんのわずかな財政赤字しかかかえておらず、それまでは黒字状態にあったが、1992年にこの国はERMからの撤退を強いられ、財務大臣ノーマン・ラモントの大きな政治的失態となった。こうしたできごとを説明するためには、新しいモデルが必要であった。

## 自己充足的危機

第一世代のモデルにあっては、政府の政策は「固定」的に運営される。当局は、その外貨準備を使って、機械的に自国通貨を守る。モデルの第二世代になると、政府には選択の余地が生じる。それは固定為替相場を遵守することも可能であったが、この「ルール」には避難条項があった。もし失業率がきわめて高くなったら、政府は固定為替相場の遵守を止めるかもしれない。なにしろ、通貨を守るのに必要となる（たとえば、高い利子率といった）社会的コストは、とてつもない額になる。こうした困難な選択の実例が、2012年のギリシアの窮状のうちに認められる。

だが、投機売りがなければ、こうした法外な社会コストは生じなかっただろう。これらのモデルは、経済学者たちが「複数均衡」と呼ぶいくつかの結果がありうることを含意している。投機売りは、だれかが通貨攻撃をするだろうと思いこむ人びとの数が増えると、たちどころに起こってくる。そうなれば、人びとは投機売りを実行するだろうし、危機はますます広がってゆくばかりだ。だが、人びとがそんな思いこみをいだかなければ、危機は起こらないかもしれない。こうしたモデルにおいて、危機は「自己充足的」だ。極端なばあいには、危機は通貨の経済的基礎にかかわりなく生じうると、このモデルは示唆している。

アメリカ人モーリス・オブストフェルドのような経済学者の仕事を土台としたこ

> 通貨の投機的売買を防ぐ唯一絶対に確実な方法は、独立通貨をもたないことだ
> **ポール・クルーグマン**

の新しいモデルは、それまでのものよりもいっそう現実的であるように思われた。というのもこのモデルでは、政府が利子率のような手段を駆使して、価値切下げを防ぐところまで利子率を上げるなどして、通貨を守ることが認められているからだ。さらにこのモデルは、政府の政策があまりに高い失業率によって制約されたERM危機の経験とも調和しているように思われた。

## 金融の脆さ

1997年の東アジア危機（右頁コラム参照）は、最初の2種類のモデルではうまくあつかえないように思われた。失業率は重大事ではなかった。だが、東アジアの通貨は突然の大量な投機売りにかけられた。第二世代モデルでは、通貨切下げにたいする免責条項が経済を社会的コストから救済するものと想定されていたが、通貨のあからさまな下落につづいて生じたのは——短命だったとはいえ——深刻な景気沈滞であった。銀行のにわか景気と破綻によって惹きおこされた金融の脆さが、重要な役割を演じた。これを考慮して、経済学者たちは経済に潜む弱点と投機家の自己充足的な期待との相互作用に焦点を当てるようになった。

こうして誕生した第三世代モデルは、企業と銀行が外貨で借入をおこない、自

国の通貨で貸付けるばあいに生じるような、新たな種類の金融の脆さをも考慮にいれている。通貨切下げが生じたばあいに、銀行には自身の負債を返済する力はない。この種の弱さは、投機売りや危機を惹きおこしてしまう。

　経済学者たちは理論を発展させるだけでなく、通貨危機を予告する、ありうべき警告的兆候の証拠をも探してきた。1996年の論文で、ジェフリー・フランケルとアンドリュー・ローズは、1971年から1992年までに生じた105カ国の発展途上国における通貨危機を展望した。そのなかで二人が見いだしたのは、価値切下げが生じるのは、たとえば外国資本の流入が枯渇するとき、中央銀行の外貨準備が低いばあい、国内の信用額の成長が高いばあい、主だった外国（とりわけUSドル）の利子率が上昇するとき、実質為替相場（輸入財価格と輸出財価格との比率）が高いときなど、つまりはある国の商品が外国市場で競争力を失うばあいであった。経済学者たちの言うところでは、そうした警告的兆候をチェックすることで、危機は1、2年前に予測することが可能となるかもしれない。

## 危機を回避する

　こうした研究が示唆するのは、ここ最近の歴史の5パーセントから25パーセントには、なんらかの危機が繰りかえし生じているということだ。新たな危機は、私たちを驚かせつづけるだろうが、それを告げる兆候は——たとえば、実質為替相場、輸出と経常収支、中央銀行の外貨準備と比べての経済における貨幣の総額などのかたちで——あるもので、それらが通貨台風（ハリケーン）の接近を知らせる警告となる。この数十年における経験をつうじて、危機の根が金融にあることがはっきり露呈した。いまでは経済学者たちは、通貨危機と銀行危機の悪循環という二つの意味をこめて「双子の危機」という言いかたをする。急速な金融の規制緩和と国際資本市場の自由化は、金融と規制制度に弱さをかかえている国ぐにに危機をもたらすこととなったと考えられている。こんにち政府には、このさきの危機のマクロ経済的な兆候に注意をはらうと同時に、こうした制度的脆弱性に配慮することが求められている。■

**アイスランドの人びとが**、レイキャビクの通りに出て、2008年の通貨危機のさいの政府の対策——これによって、クローネはその公式の価値の3分の1以上を失ったと目されている——を非難している。

## 東アジア金融危機

　1997年の東アジア金融危機は、どこからともなく到来して、強力な成長記録と政府の黒字を生んだ国ぐにを圧倒したかのようであった。危機のまえは、この地域のほとんどの国が、その為替レートをUSドルに固定していた。混乱の最初の兆候は、タイと韓国における事業破綻であった。1997年7月2日、固定レートを堅持しようと数カ月もがいたあと、タイは通貨切下げをおこなった。

　つづいて7月11日にフィリピンが、7月14日にマレーシアが、8月14日にインドネシアが変動相場制への移行を強いられた。それから1年もしないうちに、インドネシア、タイ、韓国、マレーシア、フィリピンの通貨は40〜85パーセント下落した。香港だけが、かろうじて投機から身を守っていた。

　この危機の原因は、深刻な銀行危機にあるとされた。借入れはときに短期的で、外国の貸し手が資本を引きあげると、すぐにその悪影響があらわれ、通貨は崩壊した。

# オークションの勝者は
# オッズ以上に払う
## 勝者の呪い

## その経済学的背景

**焦点**
**意思決定**

**鍵となる思想家**
**ウィリアム・ヴィックリー**
（1914～1996年）
**ポール・ミルグロム**（1948年～）
**ロジャー・マイヤーソン**
（1951年～）

**前史**
**1951年** アメリカの数学者ジョン・ナッシュが、ゲームにおける均衡の概念を発展させ、これがのちのオークション理論の基調となる。
**1961年** カナダの経済学者ウィリアム・ヴィックリーが、ゲーム理論を用いてオークションを分析する。

**後史**
**1971年** 掘削契約に入札する石油会社が「勝者の呪い」について気づいていないかもしれないことが示される。
**1982年** アメリカの経済学者ポール・ミルグロムとロバート・J・ウェーバーが、入札者が競争相手の入札額を知っているばあい、「イングリッシュ・オークション」が、売り手にとって最大の価格を与えることをあきらかにする。

---

売りに出される商品の価値が定まっていないオークションでは、どの入札者も**自分の判断にもとづいて**その価値を決める

↓

その評価が個人的になされるばあい、**価格には幅ができる**

↓

その商品の真の価値は、さまざまな入札者の評価額の**中間あたりにありがちだ**

↓

それを落札するのは、それをもっとも**過大評価**してしまった入札者だ

↓

オークションの勝者はオッズ（賭けごとの分）以上に払う

---

オークション（競売）の歴史は長いが、そこにゲーム理論の競争戦略の土台を与える理想的実験場があることに経済学者が気づいたのは、最近のことだ。ゲーム理論は1950年代に、シンプルなゲームで人びとがじかに競争するさいの状況がみごとに描きだされることを数学者が見いだしてから、眼につくようになった。この着想を現実世界に応用するのが困難なことは、すぐにあきらかとなった。だが、参加者も制限され、ポーカーのような購入戦略が用いられるオークションの厳格なルールは、その理論にずっと近いように思われた。

### オークションのタイプ

ゲーム理論をオークションに応用した最初のひとりは、カナダ出身の経済学者ウィリアム・ヴィックリーだ。1960年代にヴィックリーは、もっともありふれた3種のオークションを比較した。「イングリッシュ・オークション」は、イギリスの画廊で用いられるもので、ただひとりの入札者しか残らなくなるまで入札がつづけられる。オランダの花市場でおこなわれていた「ダッチ・オークション」では、だれかが払う気になるところまで価格を下げてゆく。「第一価格オークション」では、入札者は秘密にされたままで入札をおこない、最高値をつけた入札者が落札

# 現代の経済学

**参照** ホモ・エコノミクス→52～53頁 ■ ケインズ乗数→164～165頁 ■ マネタリスト政策→196～201頁 ■ インフレと失業→202～203頁 ■ 合理的期待→244～247頁

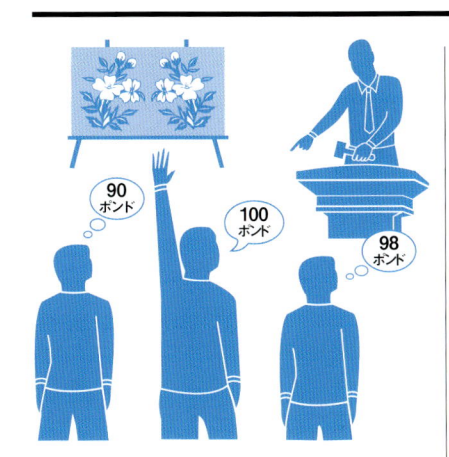

オークションでは、入札での勝利がその商品に高すぎる値をつけた入札者にもたらされるという危険がある。この不幸が勝者の呪いとして知られるものだ。

別な意義をもった。オークション理論家は、「勝者の呪い」という現象をあきらかにした。商品は、もっとも高値をつけた入札者のものになる。一枚の絵画を100ポンドで落札したとしよう。落札できたのは、だれよりも高い値をつけたからだ。つぎの高値が98ポンドだったとしよう。そのばあいには、98.01ポンドでも落札できたわけだ。総じて、入札の勝者は「高く」払いすぎている。このケースでは、1.99ポンド高かったわけだ。

オークション理論は、売り手の儲けを最大にし、商品が最高値をつけた買い手にゆくのを保証するようにしくまれる。1990年代におこなわれたアメリカ政府による周波数オークションの成功(右欄)は、この新たな経済学の領域に興奮をもたらした。多くの者にとってそれは、ゲーム理論が理論につきるものではなく、現実の市場に適用可能であることの証明であった。ほかの者は、オークションが特別なタイプの市場であって、そのオークションにしてもゲーム理論で説明しつくされるものではない点を強調した。真実はどうなのか。それはおそらく、オークションがいまや政府調達と国債販売という伝統的な領域をはるかに超えるところまで拡張しているということだ。■

する。ヴィックリーは第四のオークションを提案したが、それは三番目のものと似ていた。だが、このばあいには勝者は二番目につけられた高値の額を支払う。

ヴィックリーは数学を用いて、入札者が別個に商品に評価を下すばあいに、これらのオークションが売り手にどれも同じ結果をもたらすことを証明した。これが「収益均衡理論」だ。

## 秘密裡(ひみつり)のセリ

さらにヴィックリーは、入札者には自分の評価額よりも低い額で入札するほうがよいこともあきらかにした。この戦略はオークション理論家から、「シェイディング(値を低めにすること)」と呼ばれる。そうしなければ、入札者は自分のつけたよりも高い値を払う結果になる。石油会社が沖で掘削する権利を入札したさいにしばしば払いすぎてしまう事態の起こった1970年代に、「シェイディング」は特

オランダのアムステルダムの花市場で用いられている**ダッチ・オークション**では、価格は高値からはじまって、徐々に下降してゆく。価格が下がってゆくなかで、それにストップをかけた最初の入札者が花を手にいれる。

## 周波数を売る

オークション理論は、1990年代にアメリカで産業の民営化が進行するなかで、驚くほどの数の政府のオークションが開催されるとともにかたちをみた。最大の売却は、モバイルフォン会社が送信に必要な電磁気周波数(放送電波)株に莫大な金額を支払ったときのものだ。アメリカ政府はその見かえりを最大にしたいと思ったが、政府にはもっとも価値をつけた入札者にその売上げがゆくように保証する必要もあった。

1993年に、米国連邦通信委員会(FCC)が、2500のいわゆる周波数ライセンスのオークションの設計をオークション理論家たちに依頼した。それにたいして、テレコム会社は自分たちの入札戦略の組みたてのためにオークション理論家たちを雇った。

FCCはイングリッシュ・スタイルのオークションをひらくことに決めたが、そこにひねりもくわえた。入札者がだれであるかを秘密にすることで、入札にたいする報復と、価格を低く抑えるための共謀とを不可能にしたのだ。オークションは記録破りのものとなり、その手法は全世界的にまねされるようになった。

# 安定した経済は、その内に不安定の種を宿している

金融危機

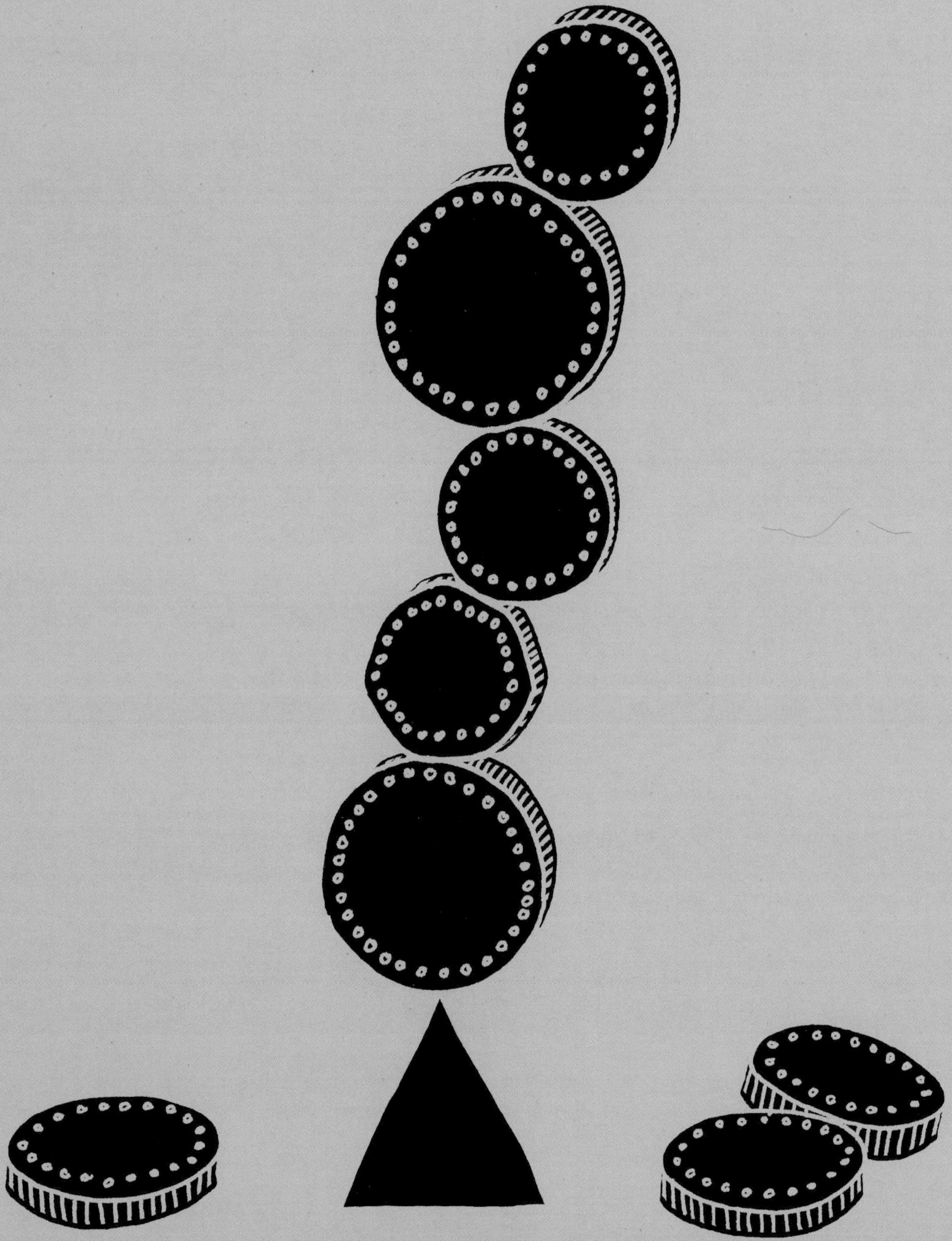

# 金融危機

## その経済学的背景

**焦点**
銀行業と金融

**鍵となる思想家**
ハイマン・ミンスキー
（1919〜1996年）

**前史**
**1933年** アメリカの経済学者アーヴィング・フィッシャーが、債務からどのようにして不況が生じるのかをあきらかにする。
**1936年** イギリスの経済学者ジョン・メイナード・ケインズが、経済活動がうまく機能するうえで、金融市場は従来の考えよりもはるかに重要な役割を果たしていると主張する。

**後史**
**2007年** レバノン出身のアメリカのリスク理論家ナシム・ニコラス・タレブが、『ブラック・スワン』を公刊して、金融市場のリスク・マネージメントの手続きを批判する。
**2009年** アメリカの大投資会社の社長ポール・マックレーが、にわか景気の大暴落の生じる地点をさす用語として、「ミンスキー・モメント」という用語をつくりだす。

経済システムがなぜ不安定さを免れないのかは、経済学思想の歴史をつうじてつねに論議の的であった。アダム・スミスにより創始された伝統を受けついだ古典派経済学者の見解は、経済はつねに安定した均衡へ向けて駆動させられているというものであった。そこにはつねに、均衡に達するのを乱す要因が存在し、それが景気の上がり下がりをもたらす——そのパターンがしばしば景気循環と呼ばれる——が、最終的には全体の傾向は安定へと向かい、そのあかつきには完全雇用の経済が実現されるはずだ。

1929年の大恐慌をうけて一部の経済学者たちは、より詳細に景気循環を検討しはじめた。1933年にアメリカの経済学者アーヴィング・フィッシャーは、債務超過と物価下落をつうじて、どのようにして好景気が不況へと転じるのかを描きだした。その3年後に、ジョン・メイナード・ケインズ（161頁）が、経済が自動調整的だという従来の見解に疑問を呈した。ケインズはその『一般理論』のなかで、経済には不況へ向かうほかなくなることがあり、そうなったらそこから脱けだせる見こみはほとんどないという理論を展開した。

こうした業績が、現代経済の不安定な性質についての理解において一里塚をなしてきた。1992年にハイマン・ミンスキーが、その論文「金融不安定性仮説」のなかで、この問題をあらためて考察した。この論文が示唆したのは、現代の資本主義経済にはそれ自身を破壊する種が宿っているのではないかということであった。

ケインズによると、現代の資本主義経済は18世紀に存在した経済とはまったく異なる。主たるちがいは、貨幣と金融制度が演じる役割にある。1803年にフランスの経済学者ジャン＝バティスト・セー（75頁）が、経済を本質的に洗練された交換システムとみなす古典的解釈を提示した。そこでは、人びとは財を生産し、それを貨幣と交換し、それで自分の必要な財との交換をおこなう。じっさいの交換は財と財であって、貨幣は潤滑剤にすぎない。ケインズに言わせれば、貨幣の意義はこんな役割につきるものではない。貨幣はときを越えての交易を可能ならしめる。企業は、今日お金を借りて工場を建設する。その工場がこのさき利益を生み、それによって将来のローンと利子の返済が可能となる。ミンスキーが指摘したのは、この過程を構成する要素が企業

1910年にアメリカで**逮捕されたあとの写真**に写っているチャールズ・ポンジは、非現実的な配当を謳う投資詐欺をはたらいた。ミンスキーは、資本主義のにわか景気をポンジ・スキームと比較して、崩壊を予言した。

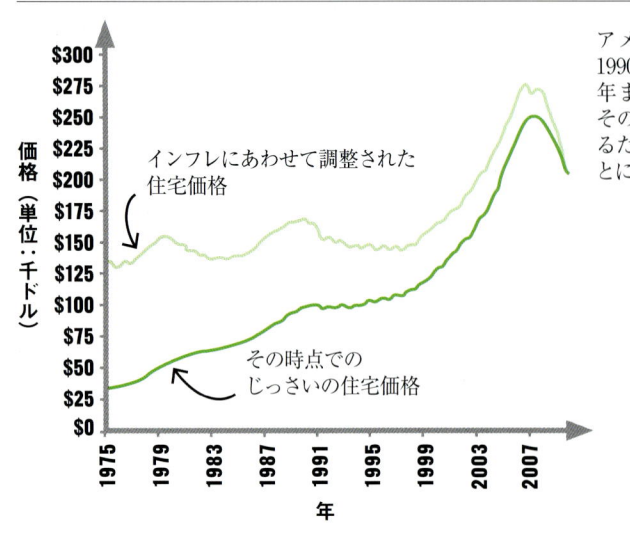

アメリカの**住宅価格**は、1990年代後半から2007年まで急激に上昇した。そのあいだ銀行は返済するだけの所得のない人びとにさえ抵当を認めた。

**参照** 金融業→26〜29頁 ■ 好景気と不況→78〜79頁 ■ バブル経済→98〜99頁 ■ 経済的均衡→118〜123頁 ■ 金融工学→262〜265頁 ■ 銀行取付→316〜321頁 ■ グローバルな貯蓄の不均衡→322〜325頁

だけではないという点だ。政府はその債務を資金調達し、消費者は大金を借りて車や家を購入する。こうした政府や消費者も、ときを越えた取引を保証する複合的な金融市場の一部なのだ。

## 債務の商人

ミンスキーの言うところでは、現代経済と前資本主義経済とのあいだにはもうひとつ大きなちがいがある。ミンスキーが指摘するのは、銀行システムがたんに貸し手と借り手とをすりあわせるだけのものではないという点だ。そのほかにもこのシステムは、資金を売買してイノヴェーションを促進する。この最近の例として、1970年代に発達した債務担保証券（CDOs）と呼ばれる金融制度が挙げられる。CDOsは、ハイリスクのものもローリスクのものもふくめて、異なる金融債権（貸付）を貯めることでつくられる。この新しい債権は、より小さな部門に分割されて売りに出される。各部門には、さまざまな債務が混交された状態で割りふられる。1994年にクレジット・デフォルト・スワップ（CDS、債権を移転しないで、信用リスクのみを移転できる取引）が導入されて、債務不履行の危機を免れるために、それらの債権の保護がおこなわれた。

こうした発明はいずれも、金融システムへのローンの供給を後押しし、その結果、金融システムへの流動性もしくは貨幣の供給が増大した。ミンスキーの結論は、こうした発明の結果、政府が経済活動における貨幣の総量を統制するのがもはや不可能になったということだ。貸付への需要があるとき、金融市場はそれをかなえる方法を見つけだせる。ミンスキー

> 貨幣は、その背後に現実の経済的な諸力が隠されているヴェールだ
> アーサー・ピグー

にしたがうなら、第二次世界大戦以降、資本主義経済はますます巨大政府か大企業のいずれかに支配されるものではなくなりつつある。むしろ、政府や企業のほうが巨大金融市場の影響下にある。人びとのふるまいに金融市場がおよぼす影響は、その内部にみずからの破壊の種を宿したシステムを生みだした。

ミンスキーの言うところでは、安定した経済成長の時期が長くつづけば、それだけ繁栄も長続きするものと人びとは考えてしまう。信頼が高まれば、リスクを背負おうという欲望も高まる。逆説的なことだが、安定期が長くつづけばそれだけ、致命的な不安定も起こりやすくなる。

ミンスキーは、安定から不安定へといたる道を、人びとがなしうる3種類の異なった投資を考察することであきらかにした。それらを単純化して、住宅が買われる過程として示してみよう。もっとも安全な決断は、自分の所得で一定の年月元本と利子の双方が返済できる額だけ借りることだ。ミンスキーは、これをヘッジ・ユニットと呼んだ。これは貸し手にも借り手にもほとんどリスクをもたらさない。第二に、もし将来にもっと希望がもてると思ったら、人びとはさらに高い利子で、ただし抵当をつけて借りるかもしれない。

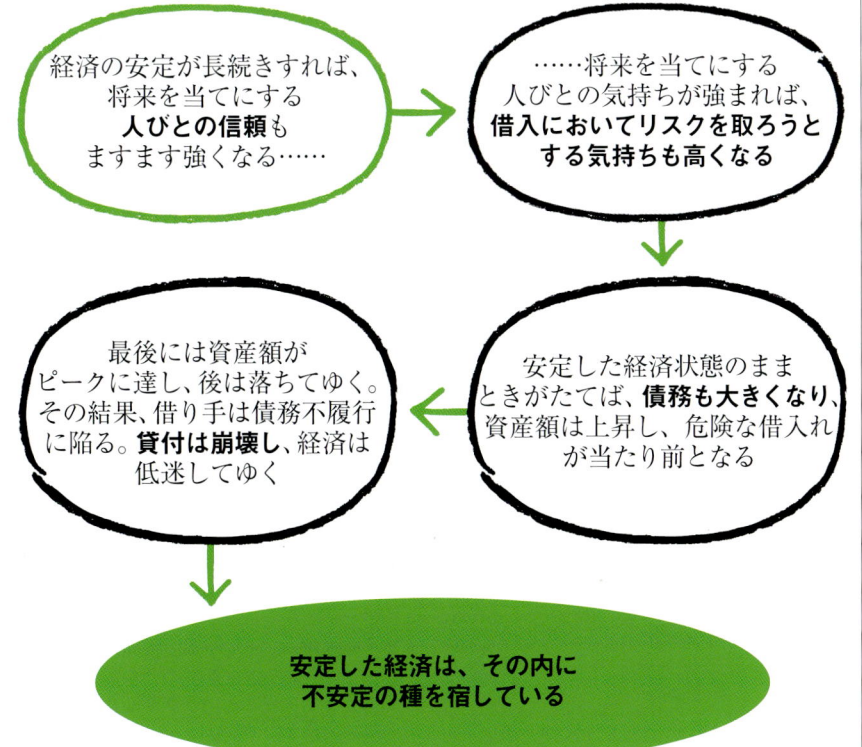

---

経済の安定が長続きすれば、将来を当てにする**人びとの信頼**もますます強くなる……

→ ……将来を当てにする人びとの気持ちが強まれば、**借入においてリスクを取ろうとする気持ちも高くなる**

→ 安定した経済状態のままときがたてば、**債務も大きくなり**、資産額は上昇し、危険な借入れが当たり前となる

→ 最後には資産額がピークに達し、後は落ちてゆく。その結果、借り手は債務不履行に陥る。**貸付は崩壊し**、経済は低迷してゆく

→ **安定した経済は、その内に不安定の種を宿している**

**安定のつづいた時代**には、将来の成長への信頼が人びとをしてどんどん危険な投資へと向かわせる。これが原因となって、資産額バブルが発生し、それが最後には暴落する。

さらにときがたつと、上昇が行きすぎて、信頼は消えうせる

移行時には、資産額も上がる

安定の初期段階では、資産額は妥当だ

↑
ローリスク投資

↑↑
ローリスク＋ハイリスク投資

↑↑↑
ローリスク＋ハイリスク＋向こうみずな投資

このばあい、所得でローンの利子は返済できるが、ローンそのものは返済しきれない。だが、このばあいには、現実の経済成長の安定した時期がつづいて所得も増えて、住宅価値が最初の時点よりも終わりの時点では高くなっていることが希望されているわけだ。ミンスキーは、この手の人びとを投機的な借り手と呼んだ。

ときを経ても、安定性と信頼が変わらずつづいたなら、もっと大きなリスクを背負いたいという欲望に後押しされて、人びとは自分の所得では利子の返済さえ不可能な住宅を買うようになる。その結果、少なくとも短期的にはトータルな債務はどんどん増えてゆく。人びとは、利子の支払いにおける不足をカヴァーするに足るところまで、ただちに住宅価格が上昇するのをあてにしている。この第三のタイプの投資は、将来における最大の不安定性を生みだすだろう。ミンスキーは、このタイプの投資家をポンジ借り手と名づけた。これはイタリアからアメリカへ渡ってきた移民チャールズ・ポンジの名に由来している。

この男は、こんにちでは当人の名に由来する金融詐欺をはたらいて捕まった最初のひとりだ。「ポンジ・スキーム」は、とても高い配当を提示して資金を集めた。最初、詐欺師は新たな投資家の資金を使って配当金を払う。そうやって詐欺師は、投資が利益を生むものであり、新たな消費者を惹きつけているかのような幻想を維持できる。だが、約束していた高配当を提供できなくなって、ほどなくこの計画は瓦解する。こうした計画に乗る投資家たちは、まずまちがいなく自身の資金の大半を失う。

## 住宅バブル

近年のアメリカの住宅市場の歴史は、長らく安定を保ってきた経済がどのようにしてそれ自身の内部に不安定の条件を生みだすにいたるかの好例となっている。1970年代と1980年代には、標準的な抵当は売りに出され、それによって利子と元本が払われることの保証となっていた。ミンスキーは、そこにヘッジ・ユニットを認めた。だが1990年代の終わりには、しばらくのあいだ持続的な成長がつづいたために住宅の値段が上昇し、人びとはわれもわれもと利子だけの抵当を買いあさり、価格はまだまだ上がりつづけるものと思いこんでいた。

それから金融システムは、あらゆる種類の「ポンジ」流の抵当手段を借り手に供給したが、彼らの所得はあまりに低く、ローンの利子すらろくに払えない程度であった。これが「サブプライム」抵当だ。毎月の赤字が彼らの総債務額にどんどん付けくわわっていった。住宅価格が上がりつづけるかぎりは、資産価値は債務以上の価値となる。新たな人びとが市場に参入しつづけるかぎりは、価格は上がりつづける。同時に、抵当を売却する金融業は、それらを一まとめにして30年間の所得の流れをなしとげたものと評価して、ほかの銀行に売りはらう。

ゲームの終わりは、2006年にやってきた。アメリカ経済が行きづまるや否や、所得は下落し、新たな住宅への需要は下がった。住宅価格の上昇ペースが落ちだすや否や、膨れあがっていた債務の最初のものが引き金となって、借り手は自身の債務が減るどころか膨れあがっているのに気づいた。うなぎのぼりになった回収される住宅が市場に流れこみ、価格は暴落した。

2007年にアメリカ経済は、のちに「ミ

**ある不動産屋**が、カップルに物件を案内している。アメリカの住宅景気のときには、銀行は価格がまだ上がるという予期に立って貸していた。抵当を出せなかった人びとは、それによって購買欲を強めた。

# 現代の経済学

> 資本主義経済を特徴づける独特のふるまいの中心には、金融がシステムのふるまいにもたらす衝撃がある
>
> ハイマン・ミンスキー

ンスキー・モメント」として知られるようになるところにまで達した。これは、維持不可能な投機が恐慌に転ずる地点のことだ。住宅市場の崩壊によって、銀行は莫大な負債をかかえたまま放置され、有害な抵当資産を購入したのがだれかもわからないままに、金融機関はたがいの貸与を手控えた。結果として、銀行は倒産の道をたどった。もっともよく知られているのは、2008年のリーマン・ブラザーズのそれだ。ミンスキーが予言していたように、金融システムは壊滅的な崩壊を遂げたわけだが、その理由は安定のつづいた時期に膨大な量の債務が発生し、そこから法外な不安定性の条件が生みだされたことにある。

　致命的な不安定性を停止させられるかもしれない三つの可能な行動と、そうした修正をおこなううえでの問題点もまた、すでにミンスキーによって予言されていた。

　第一に、中央銀行には、崩壊しつつある銀行システムを経済援助するという最終手段を握っている貸し手としてふるまうことが可能である。ミンスキーの見るところ、これによってシステムにおける将来の不安定性はさらにつづいてゆくことになる。なにしろ、これは銀行業をいとなんでいる企業に、自分たちは守られているのだという知識をあてにして、さらにリスクを背負うようにと後押しする対策となりかねない。

　第二に、政府にはその負債を増やして、経済における需要を活気づけることが可能であった。だが、危機のただなかでは政府ですら財政赤字の問題をかかえている。

　第三に、金融市場そのものを厳密な規制に服させることが可能であった。ミンスキーの強い信念によるなら、長期的に見て必要となるのはこれだ。だが、イノヴェーションが金融市場で生じるスピードは、規制を増やしてゆくのをどんどん難しくする。

　ミンスキーの考えでは、金融の不安定性こそが、現代資本主義を説明するうえでの鍵だ。貨幣は、もはや経済の現実のはたらきを覆いかくすヴェールではない。貨幣が経済となったのだ。こんにちミンスキーの考えは、ますます関心を集めつつある。■

2009年に、銀行家バーナード・マドフが史上最大のポンジ詐欺行為の罪で逮捕された。マドフは、詐欺行為が露見するまでに40年以上にわたって、18億ドル以上を投資家から巻きあげた。

## ハイマン・ミンスキー

　政治的左派の経済学者であったハイマン・ミンスキーは、ロシア人とユダヤ人の移民の両親の子どもとして、シカゴで生まれた。両親は、カール・マルクス（105頁）をたたえる集会で出会った。ミンスキーは、シカゴ大学で数学を学んだのち、経済学に転じた。ミンスキーは、よりよい世界へのヴィジョンをもつ一方で、商取引という実世界にも同じように魅了されていた。30年というもの、アメリカン銀行にアドバイザー兼取締役として勤務した。第二次世界大戦中は、アメリカ軍に従軍して海外勤務していた時期もあったが、帰還後は、その職場生活の大半をワシントン大学の経済学教授としてすごした。

　独創的な思想家であるとともに生来の伝達者（コミュニケーター）でもあったミンスキーには、すぐ友人ができた。学問的にはミンスキーは、数学的厳密さよりも着想のほうに関心を寄せた。ミンスキーの全著作を貫いている着想は、貨幣の循環だ。生涯をつうじて、ある面ではみずからの選択の結果ではあったものの、ミンスキーは主流派経済学思想の周縁部に位置しつづけた。だが死後になって、自身が予言していた2007年から2008年にかけての金融大暴落によって、ミンスキーの考えはとてつもない影響をもつものとなった。結婚して二人の子どもに恵まれたミンスキーは、1996年に癌で77年の生涯を終えた。

**主著**

1965年　『労働と貧困にたいする戦争』
1975年　『ケインズ理論とは何か』
1986年　『金融不安定性の経済学』

# 企業は市場賃金より高く支払う
## インセンティヴと賃金

### その経済学的背景

**焦点**
市場と企業

**鍵となる思想家**
ジョセフ・スティグリッツ（1943年～）
カール・シャピロ（1955年～）

**前史**
**1914年** 景気後退期に、アメリカの自動車製造業者ヘンリー・フォードが、雇用している労働者の給料を倍の1日5ドルにすると告げる。
**1920年代** イギリスの経済学者アルフレッド・マーシャルが、効率賃金という考えを示唆する。
**1938年** 米国公正労働基準法（FLSA）が、アメリカに最低賃金制度を導入する。

**後史**
**1984年** カール・シャピロとジョセフ・スティグリッツが、効率賃金はサボリを思いとどまらせると示唆する。
**1986年** アメリカの経済学者ジョージ・アカロフとジャネット・イエレンが、効率賃金を支払うことには、職場の士気を向上させるといった社会的根拠があると示唆する。

アメリカの経済学者カール・シャピロとジョセフ・スティグリッツが、企業は市場賃金以上の額を支払うべきだと主張した。なにしろ、失業中の労働者の基本はつねに存在する。二人はこれを「効率賃金」という考えで説明した。雇用者が市場の賃金以上に払うことを選択するのは、そのほうが利益になるからだ――こうすることで、雇用者は自社の労働者からより多くを得る。

こうした状況は、市場の「不完全性」から生じる。雇用者が労働者の努力を確かめようと思ったら、コストをかけるしかない（これは経済学者が「モラル・ハザード」と呼ぶ問題だ）。シャピロとスティグリッツは、効率賃金によって「責任回避」は防げると主張した。もし解雇されてもただちに仕事にありつけると分かっていたら、労働者は仕事の手を抜きたくなる。より高い賃金と、解雇されたなら長いあいだ失業状態を経験しなければならなくなるという認識は、職を失うことのコストを高くし、仕事で手を抜こうという意識は労働者から消えてゆく。

雇用者はさらに、自社の労働者の能力を観察するのにもコストをかけないわけにはゆかないし、効率賃金によってよりよい応募者を惹きつけることも可能になるかもしれない。これとは別の説明には、職場の士気を向上させて転職率を最小限に抑えたいという雇用者の希望（賃金が高くなれば、労働者を引きとめるのは容易になるし、コストをかけて再教育する手間も省ける）がふくまれる。高い賃金によって、よい仕事をするのに十分なだけ労働者を健康にしておけるようにもなる。こうした事情は、とりわけ発展途上国では重要だ。効率賃金はさらに、需要が下落してもなぜ企業が賃金切下げをしないかの説明ともなる。もしそれをすれば、最高の労働者が辞めてしまう。■

1913年、ヘンリー・フォードの革命的な流れ作業でT型モデルの車を**製造している労働者たち**。フォードの洞察のひとつは、自社の労働者が最高の消費者でもあるはずだと気づいたところにあった。

**参照** 需要と供給→108～113頁 ■ 不況と失業→154～161頁 ■ 市場情報とインセンティヴ→208～209頁

# 実質賃金は景気後退のあいだに上がる
## 粘着的賃金

### その経済学的背景

**焦点**
マクロ経済

**鍵となる思想家**
ジョン・テイラー（1946年～）

**前史**
**1936年** ジョン・メイナード・ケインズが、政府の介入によって経済が不景気から脱出することはありうると主張する。
**1976年** トーマス・サージェントとニール・ウォレスが、合理的期待のためにケインズのマクロ経済学的政策は無効になることがあると主張する。

**後史**
**1985年** グレゴリー・マンキューが、価格を変更するさいに企業にかかるコストを意味する「メニュー・コスト」が価格の粘着性の原因かもしれないと主張する。
**1990年** アメリカの経済学者ジョン・テイラーが、「テイラー・ルール」を導入して、経済を安定させるには、中央銀行が積極的な金融政策を採らなければならないと示唆する。

ケインズ経済学（154～161頁）は、貨幣の観点から見た賃金は、下落しない傾向を示すと想定していた。賃金は「粘着的」で、市場条件の変化にたいして緩慢にしか反応しない。したがって、不況がはじまり、物価が下がると、賃金の実質的価値は増大する。そうなると企業は、労働者にたいする需要を減らし、失業率が上昇する。

アメリカの経済学者ジョン・テイラーに代表されるニュー・ケインジアン経済学者は、こうした「粘着性」を説明しようとした。

だが1970年代に、合理的期待という概念（244～247頁）によってケインズ経済学は衰退していった。永続的な失業など存在しないのは、賃金が下がり、経済を上向かせようとする政府の政策がうまくはたらかないからだ。ニュー・ケインジアンの思考は、合理的期待をもってしても、失業が長引き、政府の政策も有効に機能しないことがありうるのをあきらかにした。なにしろ、合理的個人には賃金の粘着性がついてまわるのだ。

テイラーとアメリカの経済学者グレゴリー・マンキューは、価格が変えにくい一因として、いわゆる「メニュー・コスト」があると主張した。たとえば、新しい価格表を印刷するといった変化をもたらすのには、それなりのコストがかかる。硬直性の別の原因として、賃金を時間当たりで固定する労働契約の問題も挙げられる。個人の行動と合理性は、初期のケインズ・モデルには欠落していた。ニュー・ケインジアン経済学者は、そのケインズ流の結論を、いくつかの堅固な理論的土台のうえにすえた。■

> 経済が直面している問題を理解するのにひとりだけ経済学者に頼れるとしたら、その経済学者がジョン・メイナード・ケインズとなることに疑いの余地はない
> **グレゴリー・マンキュー**

**参照**　不況と失業→154～161頁　■　ケインズ乗数→164～165頁　■　合理的期待→244～247頁　■　インセンティヴと賃金→302頁

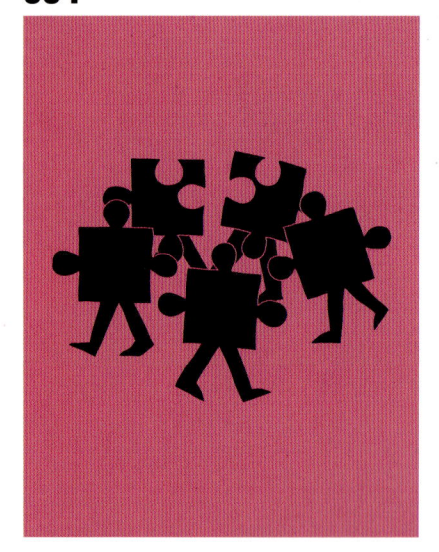

# 仕事を探すのは、パートナーや家を探すようなものだ
## サーチングとマッチング

### その経済学的背景

**焦点**
意思決定

**鍵となる思想家**
ジョージ・スティグラー
（1911〜1991年）

**前史**
**1944年** イギリスの政治家ウィリアム・ベヴァリッジが、失業率が高いときは、求人数は低くなると主張する。

**後史**
**1971年** アメリカの経済学者ピーター・ダイアモンドが、コストのかかるサーチングという摩擦のせいで、じっさいの労働から「単一賃金」法則が遠ざけられることをあきらかにする。

**1971年** アメリカの経済学者デール・モーテンセンが、利用できる仕事があるにもかかわらず、熟練の労働者のあいだで失業率が上昇することがあるのはなぜかを考察する。

**1994年** イギリスの経済学者クリストファー・ピサリデスが、「サーチ・マッチング」理論のための経験的データとモデルを提出する。

パンや石鹼をどこで買うかを決めるのは、容易だ。スーパーマーケットはいくらもある。だが、中古車やアンティーク楽器のような特殊な市場を探すばあいはどうか。需要と供給はつねにバランスを保つという古典的な市場観によるなら、買い手と売り手はとくにコストをかけずにたがいをすぐ見つけられ、あらゆる商品とサービスの価格についての完璧な情報をもつはずだ。だが、中古車を、あるいは新築の家やパートナーを見つけようとする者は、事態がそんなに単純でないことは先刻ご承知だ。

### サーチングの摩擦

売り手と買い手がたがいを自動的に見つけられないばあいに、市場には「サーチング（探索）の摩擦」があると言われる。経済学者たちは「サーチング理論」を少しずつ展開して、こうした摩擦を探査している。この理論の主要な着眼点のひとつが、仕事探しと失業の問題だ。

労働市場にかんする古典的モデルでは、労働力供給スケジュール（所与の給料で喜んで働く気のある労働者数）と労働力需要スケジュール（所与の給料で門戸の開かれている仕事数）のあることが前提とされる。それぞれのスケジュールに賃金が適合したなら、需要と供給はイコールになり、市場は均衡に達する。では、任意の時点で職を求める大量の労働者と、労働者を求める大量の雇用主がいるという事態がなぜ生じうるのか。

1960年代にアメリカの経済学者ジョージ・スティグラーは、古典派経済学者の用いる「単一賃金」市場が成立するのは、提供されて求められる賃金の情報獲得にコストのかからないばあいにかぎられると論じた。ひとつとして（職のような）同じ商品のないどの市場でも、サーチングにはお金がかかる。サーチングのコストがかかればそれだけ、似たような職でもその賃金の幅は広がる。仕事を求める

ネット上の結婚・交際紹介所は、人びとが相互に買い手にも売り手にもなる市場を形成している。個々人には無限のサーチングをしている余裕はない。そうなると、一定の枠のなかでサーチングを進めるなどして、可能なかぎり効果的にサーチングを進める必要がある。

**参照** 自由市場経済学→54〜61頁 ■ 不況と失業→154〜161頁 ■ 合理的期待→244〜247頁 ■ 粘着的賃金→303頁

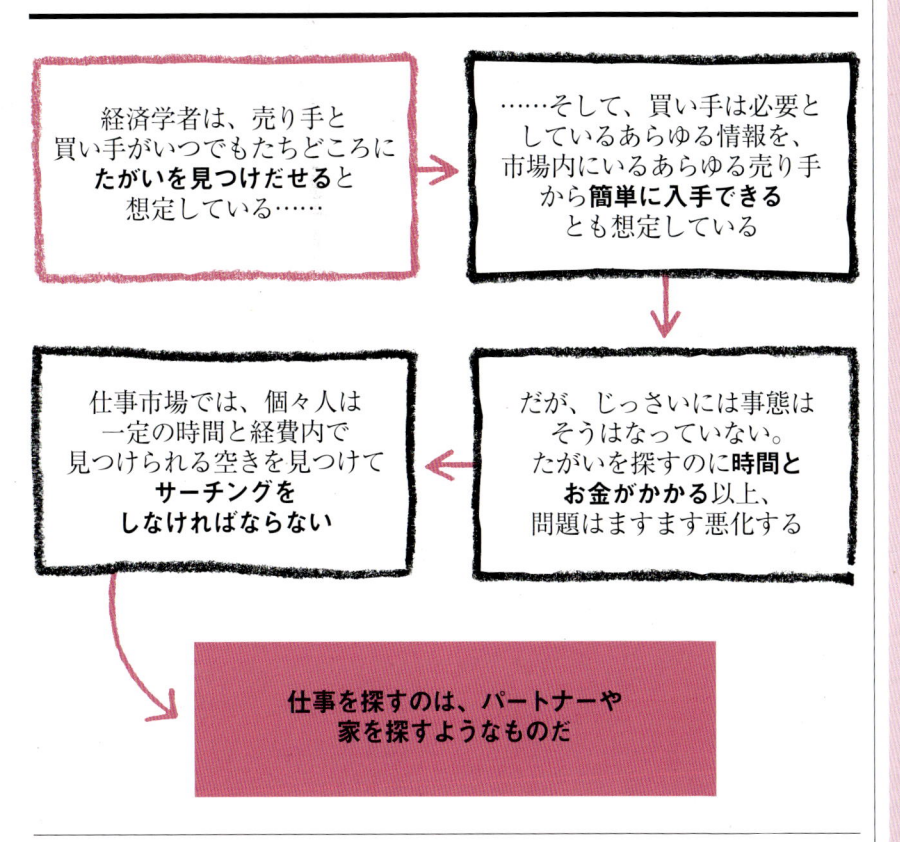

```
[経済学者は、売り手と買い手がいつでもたちどころにたがいを見つけだせると想定している……]
  → [……そして、買い手は必要としているあらゆる情報を、市場内にいるあらゆる売り手から簡単に入手できるとも想定している]
        ↓
[仕事市場では、個々人は一定の時間と経費内で見つけられる空きを見つけてサーチングをしなければならない]
  ← [だが、じっさいには事態はそうはなっていない。たがいを探すのに時間とお金がかかる以上、問題はますます悪化する]
  ↓
【仕事を探すのは、パートナーや家を探すようなものだ】
```

人びとは、雇用者によって賃金が異なり、どこまでサーチングをつづけるかを決めてかかる必要のあることにいやでも気づく。スティグラーの研究があきらかにしたのは、最適なサーチングをおこなうには、労働者は自身の「留保賃金」（受けいれる気になれる最低賃金）を下回るいかなる賃金の仕事をも断らねばならず、逆にそれを超えるものなら無条件で受けいれねばならないということだ。受容可能な水準に一本の線を引くこのモデルは、どの市場――それが結婚相談所でも――でのサーチングにも有効だ。

2010年に経済学者ピーター・ダイアモンド、デール・モーテンセン、クリストファー・ピサリデスは、サーチ・マッチング（探索と適合）理論にかんする研究で、いっしょにノーベル経済学賞を受賞した。ダイアモンドがあきらかにしたのは、サーチング・コストにおけるどれほどささやかな増加も、商品価格の増大につながるということだ。買い手は、二番目あるいは三番目のサーチングには支払いに二の足を踏みがちだ。そのため、そのサーチングのなされている地域では価格の上昇がささやかであったなら、買い手がそれに気づく気配のないことが売り手には筒抜けだ。なにしろ、この買い手にはその価格をほかのサーチングの結果と比べるつもりはないのだ。

サーチングとマッチングの理論には、失業手当の効率的な構想への示唆がふくまれる。無条件的な手当は、職を探す者には、職を探して求人を受けいれるというインセンティヴ自体の低下を招く。だが、職を探すこと（サーチング）を推奨するべく構想されたインセンティヴは、労働市場の効率性の改善の助けとなろう。■

## 現代の経済学 305

### グローバルな失業

こんにち多くの人びとが、きちんと給料が払われた状態で、仕事に満足を覚えつつ働いているが、世界のある地域では依然として失業率は高いままだ。のみならず、世界のなかでも比較的豊かな地域においてさえ、仕事の場は変わりつつあり、よい仕事は姿を消しつつある。

2012年3月段階で、25歳以下のスペイン人とギリシア人の約半数が仕事をもたず、南アフリカの失業率は30パーセント近くにも達している。アメリカでさえ、失業率は9.1パーセントを超えた。これは、より安い賃金で働く用意のあるひとには、つねに仕事の口はあるという議論への反証のように思われる。アメリカの経済学者エドモンド・フェルプスが言うには、こうした事態をもたらした最大の要因はグローバル化であり、それというのも豊かな国で生まれた仕事の口は、政府の仕事や健康（ヘルスケア）などのように「輸出入不可能な」ものとなる傾向を示し、それにたいして（電話器製造のような）輸出入可能な仕事は、中国やフィリピンといった比較的賃金の安価な国へ流れてしまうからだ。この手の問題を解決することが、こんにちの経済学の主要関心事だ。

**2011年に**、みずからをロス・インディナドス（怒れる者たち）と自称する数千にのぼるスペイン人たちが、ブリュッセルまでデモ行進をして、失業率が40パーセントに達していることに抗議した。

# 集団行動にとっての
# 最大の難問は気候変動だ
## 経済学と環境（問題）

**その経済学的背景**

焦点
**経済政策**

鍵となる思想家
**ウィリアム・ノードハウス**
（1941年～）
**ニコラス・スターン**（1946年～）

前史
1896年　スウェーデンの科学者スヴァンテ・アレニウスが、大気中の二酸化炭素含有量が倍になれば、地表全体の温度が5度から6度上昇すると予言する。
1920年　イギリスの経済学者アーサー・ピグーが、汚染にたいする課税を提案する。
1992年　気候変動にかんする国際連合枠組条約が調印される。
1997年　京都議定書が採択される。2011年までに190カ国以上が締結する。

後史
2011年　カナダが京都議定書から撤退する。

産業革命以降の経済の発展と繁栄は、もっぱら技術を介して、具体的には石炭、石油、天然ガスといった燃料を駆使することで可能となった。だが、それとともにあきらかになりつつあるのは、この繁栄にはコストがかかり、それも私たちがこうした天然資源を使いつくしつつあるということばかりでなく、大気汚染をもたらす化石燃料を燃やしつづけてもいるということだ。それを示す証拠はどんどん増えているが、温室効果ガスとりわけ二酸化炭素（$CO_2$）の放出が地球温暖化の原因であり、いまや世界中の科学者の合意（コンセンサス）は、この放出を早急かつ大幅に削減しないかぎりは、私たちが気候変動を極端に悪化させかねない危険を冒しているということ

現代の経済学 **307**

**参照** 公共財とサービスの供給→46〜47頁 ■ 人口動態と経済学→68〜69頁 ■ 外部費用→137頁 ■ 開発経済学→188〜193頁 ■ 幸福の経済学→216〜219頁

150年ほどまえに起きた**産業革命**によって、いまなお多くの国ぐにで莫大な量の化石燃料が燃やされることになった。この排出によって、大気中の「温室効果ガス」が生みだされている。

> 経済成長に必要なエネルギーの使用は、汚染の原因となり、それが**気候変動**を加速する

> 企業と国は、**ひどい汚染**を生みだしているが、その理由は自分たちのふるまいのもたらす全費用を突きつけられていないからだ

> ある国での汚染は**ほかの国にも影響をおよぼす**

> **二酸化炭素排出量**の測定は、効果的なものであるためには、それを適用することを望まない人びとをもふくめて、世界規模で適用される必要がある

> **集団行動にとっての最大の難問は気候変動だ**

だ。ここにふくまれているのは、環境にかかわるというばかりでなく、経済にもかかわる問題だ。だが、経済学者も政府も、どのような尺度を受けいれるべきかをめぐって二つに割れている。ごく最近まで、気候変動に立ちむかうためのコストは、それによってもたらされうる潜在的な利益以上に、経済的繁栄にダメージをもたらすという論調が主流であった。いまなお気候変動が人為的な結果であるという証拠に異議を差しはさむ者や、地球温暖化によって恩恵がもたらされると主張する者もいる。だがこんにち、この論点が本気で取りくまなければならない問題のひとつであり、経済的解決が必要なものであることを認めるひとの数は、ずっと増えてきている。

## 経済的要因

1982年に、アメリカの経済学者ウィリアム・ノードハウスが「私たちはどれほどのスピードで地球上の共有地を食いつくすのか」を公表して、気候変動のもたらす経済学的インパクトとそれにたいしてどのような解決がありうるのかを詳細に見積もった。ノードハウスの指摘によるなら、気候問題のいくつかの特徴ゆえに、この問題に経済的解決をもたらすことが難しくなっている。長期的に見るなら、問題の国際的な広がりや地球全体での恩恵とコストの分配の不均等さといった不確定要素がそこにはふくまれる。

2006年にイギリス政府は、気候変動の経済学にかんするレポートをイギリスの経済学者ニコラス・スターンに依頼した。スターンの報告は、その調査報告という点ではきわめて明瞭なものであった。そこには、温室効果ガス放出を削減するためにすぐに行動を起こすことを勧める、堅実な経済的論拠が示されていた。スターンの見積もりでは、この問題に即座に取りくんだばあいに予想されるコストがGDP（国内総生産ないし国内総所得）の1パーセント程度なのにたいして、気候変動の最終的なコストはGDPの20パーセントにものぼる。2009年に、ノードハウスが出した見積もりでは、なんの介入もしなかったばあいには、気候変動から受ける経済的損失は、2099年までに1年ごとの世界総生産の2.5パーセント近くにもなる。もっとも高い損失は、熱帯アフリカやインドのような所得の低い熱帯地方に集中するだろう。

問題はもはや、私たちになにが貢献できるかではなく、どうすればなすべきことをもっともうまくなしうるかだ。政府の介入を必要とする十分な根拠はある。経

# 経済学と環境（問題）

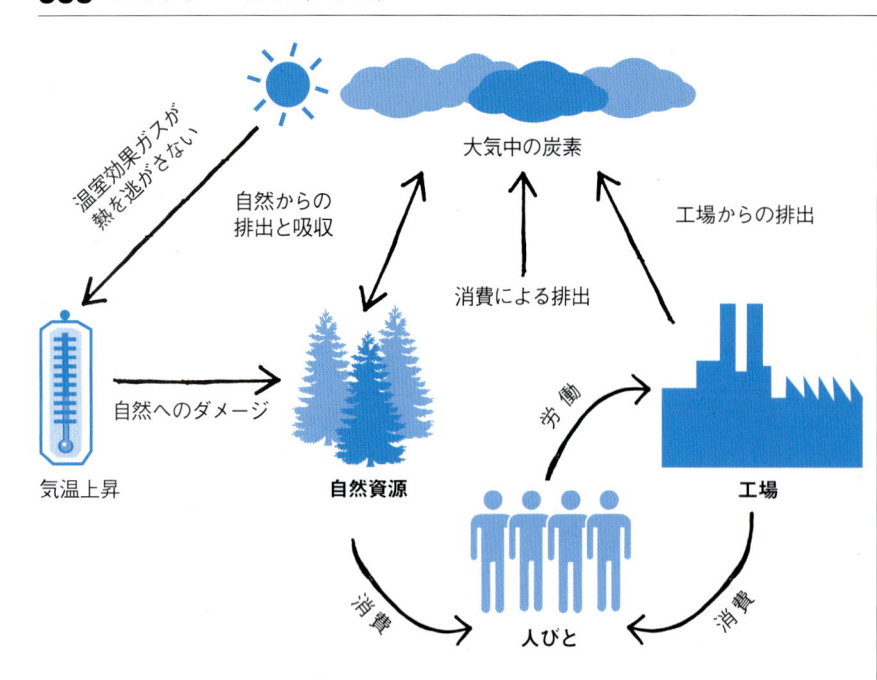

**温室効果ガスが熱を逃がさない**
**自然からの排出と吸収**
**大気中の炭素**
**工場からの排出**
**消費による排出**
**自然へのダメージ**
**労働**
**気温上昇** **自然資源** **人びと** **工場**
**消費** **消費**

**ウィリアム・ノードハウス**が考案したDICEと呼ばるコンピュータ・プログラムは、気候変動の諸要素がどのように相互作用しているか、生態学的・財政的なコストがどこに潜んでいるのかを示している。この財政的なモデル化システムを用いることで、政府はその最近の消費・資源・需要を因数分解して、活用しうる選択――自分たちと地球にたいして――のコストとメリットをはかりにかけることができるようになる。

経済学的観点からするなら、大気は市場からは十分に供給されない公共財（46～47頁）とみなされうる。同様に汚染は、行為の社会的費用が価格に反映することがなく、それを引きうけようとする個人が全面的には担うことのできない外部性（137頁）とみなされうる。だからスターンは、気候変動をこれまで経験したなかでも最大の市場の失敗とみなすのだ。

## 国家間の不平等

ノードハウスやスターンのような経済学者にとっての最初のハードルは、政府を説得して、短期的にはその経済に損害をもたらしかねないが、長期的に見るならいっそうの損害をもたらす可能性を軽減することになる基準値を導入させることだ。第二のハードルは、排出政策を遵守させるもっとも効果的な方法を見いだすことだ。すべての政府が簡単に説得されるわけではない。主として気候の温暖な地域にある発展した経済圏は、地球温暖化による最悪の結果をこうむるリスクが低い。気候におけるありうる変化の被害をこうむるのは、貧しい国々のほうだ。つまり、ほとんどのばあい、気候変動の影響を弱める最大のインセンティヴを有している国は、最小限の汚染しか産出していない国ぐになのだ。

アメリカ、ヨーロッパ、オーストラリアといった最大の汚染排出国は、費用のかかる政策を負うべきだが、それを受けいれるのを政府が渋りつづけている。もしこれらの国がそれを受けいれても、汚染はそうした国ぐにの地表に住んでいる集団だけに制限されるわけではない。問題は、グローバルにして、地球規模での集団的な行動を必要としている。

集団行動の必要性は、1992年の国連「地球サミット」ではじめて承認された。このサミットでは、そのメンバー全員に温室効果ガス放出を削減することが求めら

れた。多くの政府が環境政策を展開し、そうした政策を実施するための戦略を展開している。汚染物質の過度の産出に罰金を科すといった、罰則のかたちで規制を設けるのもひとつの手だが、関連するあらゆるビジネスにたいして公正な排出量割当を設定するのは困難だ。罰金にしても、強制するのは難しい。

イギリスの経済学者アーサー・ピグーによって1920年に提案された別の選択肢は、環境税を課すというものであった（137頁）。温室効果ガスを放出する企業とエネルギー供給者および生産者に、彼らが大気中に放射した炭酸ガスの量に応じて課税することは、汚染を抑止するインセンティヴとして機能するだろう。化石燃料に課税すると、化石燃料の過度の消費には歯止めがかかるだろう。ピグーの発想は、各人にその行動にかかる全社会的費用を突きつけて、外部性を「内部化」しようというものだ。

## 二酸化炭素取引計画

汚染は、市場の失敗とみなしうるが、その理由はそもそも汚染にたいする市場がないということだ。経済学者たちの言うところでは、もしそうした市場があれば、社会的に最適な量の汚染が排出されることになる。なにしろ、汚染を生みだ

> 炭素への世界共通の課税のような価格設定のアプローチは、政策を協調させ地球温暖化を遅らせるのに、強力な手段となる
> **ウィリアム・ノードハウス**

2005年の**カテリーナ台風**は、アメリカのニュー・オリンズに莫大な損害をもたらした。被害総額は810億ドルにのぼると見られるが、これ以降、気候変動の経済学的影響にたいして世界的な関心が高まった。

した者には、その行動の全費用が突きつけられるのだ。こうして、気候問題にたいして提起されたもうひとつの解決策が、排出量取引をつうじて汚染にたいする市場を創造しようというものだ。ここには、たとえば$CO_2$（二酸化炭素）排出にかんして受けいれ可能なレベルを、政府（または、ばあいによっては複数国家の共同作業による組織）が決定し、そのうえで二酸化炭素の排出をともなう事業をいとなむ企業に、入札で認可を与えるという過程がふくまれる。この認可は取引可能で、だから排出量を増やしたいと考える企業は、そこまでの量を使用しない別の企業からその認可を買うことができる。この種の計画（スキーム）には、排出量を切りつめる企業にとっては、その余分の認可を売りに出すというかたちでの褒賞がもたらされるという利点がある。さらにこれによって、自身の許可量を超えないようにして、余分な認可分を売りに出そうというインセンティヴが、企業には生まれる。だが、総排出量は変わらないままであり、中央の権力によって統御を受けたままである。

### 京都議定書

排出量取引計画はたしかに正しい方向へ向かう一歩であったが、気候変動のリスクを回避するというこの問題には、地球規模での取りくみが不可欠であった。しかるに、京都議定書に代表される国際的な協定は、地球規模での批准を取りつけるのに失敗した。1997年には141の国が討論に参加したが、2012年になると、わずか37カ国しか温室効果ガス排出にたいする目標値の実施に同意しなかった。アメリカは同意条項を拒みつづけ、カナダは2011年に離脱した。排出量削減を宣誓した国ぐにでさえ、設定した目標値に達しそこねる始末であった。アメリカやオーストラリアのような発展国は、自国の経済活動に害がありすぎる点を問題視している。中国、インド、ブラジルといった発展を遂げつつある国は、（かりに自分たちも早晩主要な汚染物質排出国となるにしても）西洋諸国によって惹きおこされた環境汚染に自分たちが出費するいわれがないと主張した。他方で、ドイツやデンマークといった環境先進国は、20パーセント以上に目標値を設定することに同意した。

### 経済的モデル化

経済学者たちは、これまで気候変動の経済学的影響を研究するためのいくつものモデルを考案してきた。たとえば、ノードハウスの気候と経済の動学的統合モデル（DICE）は、1992年にはじめて提示された（左頁図参照）。それは、二酸化炭素の排出と炭素の循環と気候変動と、成長に影響をもたらす諸要因を結びつけたものだ。

こんにちでは大半の経済学者が、気候変動が深刻な長期的ダメージをもたらしかねない危険性を秘めた問題だという点では一致している。その解決法はとてもあきらかとは言いがたいが、2007年にノードハウスは、成功への鍵は京都議定書のようなスケールの大きい野心的な企てのうちにではなく、炭素税を世界共通にするといった「普遍的にして予測可能でむしろ退屈なような」アイディアのうちにあるのではないかと述べていた。■

### 成長をつづけるインドの需要

インドの2012年の成長率は、年間で7〜8パーセントと予測される。この国のビジネス・リーダーは、もしこんな成長率がつづいたなら、ほどなく膨大なエネルギー不足に見舞われると気づいている。怖いのは、この不足が低価格の「環境に悪い」石炭とディーゼル用重油を使った結果として生じることだ。効率性を増す努力はつづけられているが、同時に太陽熱や風力、地熱といった技術を駆使した再生可能なエネルギーの生産にも力がいれられている。

経済学者たちが望むのは、再生可能エネルギーが原子力エネルギー（「クリーンな」エネルギーを供給しうると考えられている）と一体となって、成長をつづけるインドの需要すべてをまかなうことだ。だが、目下のところ太陽熱などの再生可能エネルギーの形態は、大規模に運営させるばあいに商業ベースで有効な産業になるとはとても言えない。それらを拡張するには、国家の補助金による短期的な梃いれが不可欠だ。それは、2008年6月に提出されたインドの気宇壮大な気候変動にかんする国民行動計画で提供されている。

**ソーラー・パネル**が、インド北部のヒマラヤで太陽光を蓄えている。ソーラー・パワーは、日ざしの強烈なインドでは有効な再生可能エネルギー源となりうる。

# GDPは女性を無視している
## ジェンダーと経済学

### その経済学的背景

**焦点**
社会と経済

**鍵となる思想家**
マリリン・ウェアリング
(1952年〜)

**前史**
**1932年** ロシア出身のアメリカの経済学者サイモン・クズネッツが、アメリカ経済全体についての最初の(国民所得)計算を作成する。
**1987年** アメリカの経済学者マリアンヌ・ファーバーが、女性と経済学についての先行研究の書誌『女性と労働——雇用と非雇用』を公刊する。

**後史**
**1990年** 国民所得の数字以上に発展という、より広範な概念を説明する試みである、国連開発指標がはじめて公刊される。
**1996年** アメリカの経済学者バーネット・ワーグマンとナンシー・フォーブレが、アメリカの国民所得にたいする家計の貢献を分析する。

　国内総生産 (GDP) は、こんにちもっとも普通に引用される経済統計だ。そこには、一国内で1年をつうじていとなまれる経済活動の総量が示されているとともに、家計収入や雇用率といった重要な要因も直接結びつけて示されている。だが、経済問題の議論においてどれほどの重みをもっているにしても、GDPが少なからぬ問題をかかえているのは事実だ。

　GDPの問題と限界は、それがどのようにして計測され、そこになにがふくまれているかにかかわる。GDPの測定は、経済的取引にかかわるデータの収集を当てにしている。その原理は、1年間で売買されるいっさいは、GDPによって記録されるはずだという想定だ。政府の統計学者は、この数値を計測するのに詳細な調査をおこなっている。

　だが、一国内で売買されるいっさいが、正確にその国でいとなまれているあらゆる経済活動と等価であるわけではない。ましてや最終的な数値が、必ずしも人びとがその国について価値を認めているものの大半をきちんととらえているわけでもない。たとえば、環境主義者であれば、GDPは自然資源の減少をとらえそこなっていると言うだろう。森林伐採は概して

---

GDPは、一年をつうじての経済における取扱いの**価値の記録**をめざしている
→ そこでは、**有意味な経済活動の**いっさいが記録されているという前提がある
→ だが、そこには家事や子どもの世話といった**非市場的活動**は、そこにどれほどの価値が認められようとも、**ふくまれていない**
→ こうした活動は、**もっぱら女性によっていとなまれている**
→ **GDPは女性を無視している**

**参照** 富の測定→36〜37頁 ■ 経済学と伝統→166〜167頁 ■ 幸福の経済学→216〜219頁 ■ 社会関係資本→280頁

育児をふくめて**多くの種類の労働**は、もっぱら女性によっていとなまれている。それらは経済活動にとって不可欠だが、払込み経済には記録されていないという理由から、GDPには算入されていない。

GDPにくわえられてはいるが、それは材木が売られていると想定するからだ。しかし、本質的に代替不可能な自然資源が消費されているケースもあり、GDPによってはそうした事例についてはなんの示唆も得られない。同様に、もしある経済活動が汚染を生みだしているとしても、GDPが考慮にいれるのは生産物の売買だけであり、生命多様性の減少や公衆衛生の悪化といった、そこから生じるはずの望ましくない副次的な効果は無視されたままだ。

### 女性の労働

GDPの計算によって得られる実情にまつわる難点は、これだけではない。影響力をもった1988年の著作『もし女性が数にいれられたなら』のなかで、かつてニュージーランドの国会議員を務めた経験もあるマリリン・ウェアリングは、GDPは女性がおこなっている労働を体系的に低く見積もっていると主張した。女性は、世界中で家計として遂行される労働のほとんどを受けもっているばかりか、子どもの養育と年長者の世話もたいていは引きうけている。こうした労働が経済的に不可欠なものであることはあきらかだ。

なにしろ、たとえばこれによって労働力の再生産が保証されている。だが、ほとんどのケースで、こうした労働には給料が支払われておらず、当然GDPの計算に数えいれられることもない。

### 女性を締めだす

経済的な成果を算出するさいにふくまれる会計上の相違には、きわめて恣意的なばあいがあり、本質的には等価な労働がまったく異なったあつかいを受けている。料理は、食材が売買されているかぎりでは「経済的な活動」だが、そうでないときは「経済的な活動ではない」。このばあいのただひとつのちがいは、市場取引の有無だが、いとなまれている活動は同一だ。一方では女性が締めだされ、他方ではそうなっていない。

こうしてみると、国家の計算には膨大なジェンダー上のバイアスが隠されていることになり、女性によっていとなまれている労働の真の経済価値は、私たちの習慣的な会計システムでは体系的に過小評価されていると言わざるをえない。さらに進んでウェアリングは、国連国民所得計算方式（UNSNA）は「応用された父権制」の一例だと主張する。言いかえるなら、ジェンダー格差を地球規模で強めるべくふるまうことで、女性を排除しようとする男性中心経済の試みだというのだ。

ウェアリングとそのほかのフェミニスト経済学者たちの批判は、国民所得計算の将来にかかわる議論に方向を与える助けとなっている。福祉をどう計算の考慮にいれるべきか、経済発展のいっそう広範な社会的尺度を発展させるにはどうすればよいかといった近年の論争は、富の測定手段としてのGDPの制約と限界を超えたいという欲求が日ましに強まっていることの証だ。■

---

## 現代の経済学

### マリリン・ウェアリング

ニュージーランド最初の女性下院議員のひとりであるマリリン・ウェアリングは、1952年に生まれる。ウェアリングは、国民党党首ロバート・マルドゥーン首相の推挙によって、1978年に公共支出委員会の議長となった。のちにウェアリングは、1984年のニュージーランドから核兵器と原子力エネルギーを撤廃する対立派の動議に投票したことを問われ、政府から離れる。これに応えてマルドゥーンは総選挙を実施したが、国民党は敗北した。

議員を辞職したのち、ウェアリングは自身の関心を農場経営と経済学に転じた。2006年にオークランド工科大学の公共政策教授となり、いまも保守的な経済学からは締めだされている領域の測定にかかわる研究をつづけている。

**主著**

1988年 『もし女性が数にいれられたなら——新フェミニスト経済学』

---

> 私たち女性は、不可視の存在ではないし、たがいに価値がある。いま私たちは、無数の同胞とともに、自分たちが可視的な存在であり価値があることを宣言しなければならない
>
> **マリリン・ウェアリング**

# 比較優位はアクシデントだ
## 貿易と地理

### その経済学的背景

**焦点**
グローバル経済

**鍵となる思想家**
ポール・クルーグマン
（1953年～）

**前史**
**1817年** デイヴィド・リカードが、それぞれの国は物理的要因によって比較優位をもつと主張する。

**1920年代と1930年代** エリ・ヘクシャーとベルティル・オリーンが、資本の豊富な国は資本集約的な商品を輸出すると主張する。

**1953年** ワシリー・レオンチェフが、資本過多の国アメリカは相対的に労働集約的な輸出品をもつという経験的逆説を見つけだした。これは、それまでの貿易理論と抵触する。

**後史**
**1994年** ジーン・グロスマンとエルハナン・ヘルプマンが、貿易政策の政治学を分析して、ロビー活動が企業に与える保護レベルの効果を吟味する。

経済学者は、国家が相互に交易をするのは、それぞれの国が異なっているからだと思いこんできた。熱帯地方の国は温暖な国に砂糖を売り、温暖な国は綿を輸出するというぐあいだ。国によっては、特定の商品の生産に適していることがあり、つまりそうした国は、その気候や土壌という点で「比較優位」を占めているわけだ。

だが、これがすべてではないことを示すしかるべき根拠がある。1895年に、アメリカのジョージア州のダルトン出身のキャサリン・エヴァンズが友人宅を訪問し、自家製のベッドカバーに眼をとめた。これにヒントを得た彼女は、似たようなベッドカバーをつくり他人にも教えはじめた。じきに織物工場が立ちあがり、やがて市場を席巻する絨毯産業を形成した。これは、国際貿易にかんする通常の説明と矛盾する。なにしろ、ジョージアには絨毯製作にかんするいかなる比較優位もない。

### 歴史の気まぐれ

1979年に、アメリカの経済学者ポール・クルーグマンが、たまたまのできごとから産業が生じたジョージア州の例のような、歴史の偶然から生まれる影響を認めた新

> 歴史的理由からして、生産の中心としてトップに立った地域は、なおいっそうの生産者を惹（ひ）きつけてゆくだろう
> **ポール・クルーグマン**

しい理論を提唱した。クルーグマンによると、類似した経済圏のあいだでは多くの取引がいとなまれる。生産には規模の経済がついてまわる。自動車工場のための最初の経費は、自動車が製造されるほどコストが下がってゆくことを意味する。どの国でも自動車は製造できるが、ひとたび一方が開始（スタート）すると、コスト面での競争力が生まれ、別の国がそれを打ちくずすのは難しくなる。だから、ある地域がある財の取引において優位を占めるのは、まったくの歴史の気まぐれによる。■

**参照** 保護主義と貿易→34～35頁 ■ 比較優位→80～85頁 ■ 規模の経済→132頁 ■ 市場統合→226～231頁

現代の経済学 **313**

# 蒸気機関のように、コンピュータは経済を根底から変えた
## 技術的躍進

## その経済学的背景

**焦点**
成長と発展

**鍵となる思想家**
ロバート・ソロー（1924年～）

**前史**
**1934年** ヨーゼフ・シュンペーターが、経済成長において技術革新が果たす決定的な役割を強調する。
**1956年** ロバート・ソローが、新古典派の成長モデルを考案する。そこでは、技術革新が一定の役割を演じているが、その理由は説明はされていない。
**1966年** ジェイコブ・シュムックラーが、技術的発展は経済的インセンティヴに応えるものだと主張する。

**後史**
**2004年** ニコラス・クラフツが、一般目的技術が経済に普及するのには時間を要することをあきらかにする。
**2005年** リチャード・リプシーが、西洋の興隆を生んだのは技術革新だと主張する。

経済成長は、イノヴェーションと発明によって活力を与えられる。ものの増加をもたらすイノヴェーションもあれば、革新的なイノヴェーションもある。ドリル（錐）の改良は多くのささやかなイノヴェーションのひとつだが、それによって経済は徐々に生産性を増した。だが、電気の発明は真に革新的であったし、この2世紀をつうじて、経済を根本から変え、新たな型の機械の使用を可能ならしめた。近年では、経済学者たちはこうした飛躍について思考しはじめている。アメリカの経済学者ティモシー・ブレスナハンとマヌエル・トラハテンバーグは、電気を「一般目的技術」と呼んだ。ドリルの性能が上がれば、建築業者にとっては大助かりだ。一方、電気によってはあらゆる企業の生産性が向上した。だが、こうした革命的な進歩のポジティヴな効果は、それと実感できるようになるまでに時間を要する。

### 新たな技術を活用する

1980年代後半に、アメリカの経済学者ロバート・ソロー（225頁）が、あるパラドックスを発見したと思った。情報の拡大とコミュニケーション技術（ICT）は、生産性に眼に見える効果をもたらしたとは思われなかった。産業革命をつうじて、蒸気の力の普及は驚くほどゆっくりであった。それが費用にたいしてもっとも効率のよいものとなり、企業がその使用を認めるまでには時間がかかった。ICTのばあい、速度はだいぶ速いが、普及するまでに時間がかかることに変わりはない。ソローのパラドックスは、一般目的技術の全ての恩恵が行きわたるのには時間がかかるという事実によって解かれる。■

**1980年代には、コンピュータによって私たちの働くスタイルが一変した。だが、そうした根本的な変化が生産性の向上に反映するようになるまでには、数年が必要であった。**

**参照** 現代経済の出現→178～179頁 ■ 経済学における制度→206～207頁 ■ 経済成長理論→224～225頁

# 債務を帳消しにすることで、弱い経済を活気づけることができる
## 国際的債務免除

## その経済学的背景

**焦点**
成長と発展

**鍵となる思想家**
ジェフリー・サックス（1954年〜）

**前史**
1956年　債権国の集まりであるパリ・クラブが、個々の国のあいだでの債務免除を促進する目的で設立される。

**後史**
1996年　IMFと世界銀行が、債務免除を与え、貧困国の政策改革の主導を目的とする重債務貧困国（HIPC）政策（イニシアティヴ）に着手する。

2002年　シーマ・ジャヤシャンドランとマイケル・クレイマーが、どの国であれ、腐敗した政治体制によってこうむることとなった「汚い」債務にたいしては、法的責任がないと主張する。

2005年　G8諸国が、グレンイーグルズ・サミットの成果の一部としてのMDRI（多国間債務免除構想）のもとで、400億ドルの債務免除に同意する。

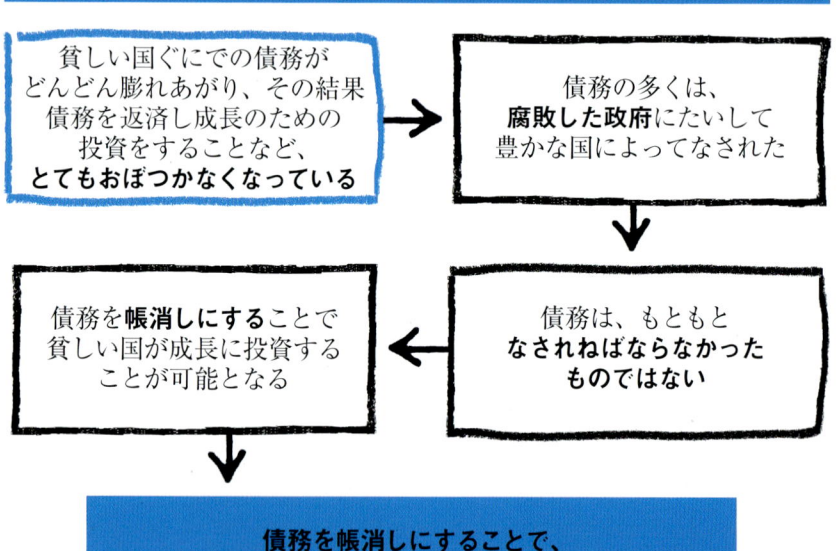

---

貧しい国ぐにでの債務がどんどん膨れあがり、その結果債務を返済し成長のための投資をすることなど、**とてもおぼつかなくなっている**

↓

債務の多くは、**腐敗した政府にたいして豊かな国によってなされた**

↓

債務は、もともと**なされねばならなかったものではない**

↓

債務を**帳消しにすることで**貧しい国が成長に投資することが可能となる

↓

**債務を帳消しにすることで、弱い経済を活気づけることができる**

---

**20**世紀最後の数十年に、世界でもっとも貧しい国ぐにはほうもない債務をかかえていた。1970年代に250億ドルだった債務額は、2002年には5230億ドルにまで膨れあがった。

1990年代には、債務危機が存在することは自明であった。当然ながら、過度の債務をかかえたアフリカ諸国に、繁栄の見こみは皆無であった。じっさい、大半の国が悲惨な経済的苦境に陥っており、経済的衰退の悪循環から脱出するのに必要な投資をおこなうどころか、恐るべき苦痛をこうむらずには債務を返済することすらとてもおぼつかない有様であった。

多くの運動家たちは、道義的な立場から、多くの債務を与えていた豊かな国ぐにや世界銀行および国際通貨基金（IMF）といった制度の怠慢さと利己的な役割とを批判した。彼らに言わせるなら、豊かな国がこうした債務をつくったのは、冷

# 現代の経済学　315

参照　国際貿易とブレトン・ウッズ体制→186〜187頁 ■ 開発経済学→188〜193頁 ■ 従属理論→242〜243頁 ■ アジア・タイガー経済→282〜287頁 ■ 投機と通貨切下げ→288〜293頁

> アフリカとアジアの子どもたちを治療可能な病で死なせ、学校に通わせず、有意義な職を得る機会を制限してかまわないというのか？──祖先に課された不正で非合法的な債務を完済させるためだけに
>
> **デズモンド・ツツ**
> （1931年〜）南アフリカの大主教

戦下でその国からの支援をとりつけるか、自国企業の契約を保証してもらうためかであったのだから、債務を解く義務もそちらの側にある。

アメリカの経済学者マイケル・クレイマーが法学的な議論をおこなった。クレイマーの言うところでは、多くの債務が、腐敗した政権が私腹を肥やした結果生じたものなのだから、それは「汚い」とみなしてかまわない。つまり、これらの国にはそれを返済する法的義務はない。たとえば、世界銀行はザイール（現在のコンゴ民主共和国）の以前の独裁者であったモブツ・セセ・セコに、IMFの理事が「セコは泥棒だ」と指摘したあとでもなお、融資をつづけていた。南アフリカの債務の多くは、ほとんどだれも合法的な政府とは認めていなかったアパルトヘイト政策下で借りられたものだ。

ジェフリー・サックスのような別の経済学者たちは、この問題にたいする経済学的な論拠を提出している。サックスによれば、債務を帳消しにして援助を増やすことが、貧しい国ぐにの成長への活力となりうる。G8諸国（世界でもっとも経済の大きな8カ国）が2005年に400億ドルの債務免除に同意したのも、こうした議論が功を奏したからだ。

これにたいして別のアメリカ人ウィリアム・イースタリーに言わせれば、債務免除は受給国によるひどい政策と腐敗にたいする褒賞だ。救済のための条件とされた自由市場改革計画（プログラム）への批判はあとを絶たない。というのも、これが逆に救済処置を受ける国の経済的繁栄にとってダメージとなりかねないからだ。

興味深いことに、債務危機は現在では、それほど発展していない世界からヨーロッパのかつて繁栄を極めた国へとシフトしつつある。そこでも同じような自由市場の緊縮政策が推しすすめられているが、決定的にちがうのは、その債務が帳消しにされていない点だ。■

**南アフリカでは、**多額の債務がアパルトヘイトの統治下で発生した。多くのひとが論じているように、政府自体が合法的ではなかったのだから、アパルトヘイト時代からの債務は帳消しにされるべきだ。

## ジェフリー・サックス

世界でもっとも論争を呼ぶ経済学者のひとりであるジェフリー・サックスは、1954年にアメリカのデトロイトで生まれた。サックスはまず、1985年にボリビアの超（ハイパー）インフレ対策を援助する計画を打ちだして、世間の注目を集めた。その計画は「ショック療法」と呼ばれるようになったが、外国のビジネスが容易にその国にアクセスできるようにすることを主眼としていた。これはつまり、ボリビアの市場を開放し、政府の補助金を停止し、輸入割当をなくして、ボリビアの通貨をUSドルにリンクさせるということだ。じっさいインフレはコントロールされ、サックスはグローバル経済の調停人として名を馳せることとなった。サックスは1990年には、猛スピードで民営化を推しすすめ共産主義からの転換を図っていたポーランドに、1990年代はじめには同じようにロシアにいあわせた。2000年代になるとサックスは、グローバルな発展にかかわる諸問題に関心を転じ──援助と小規模ローンをふくむ──正しい介入をおこなえば、極端な貧困は20年以内に根絶することができると主張している。

**主著**

2005年『貧困の終焉（はて）』

# 悲観主義から健全な銀行が破壊されることもある

銀行取付

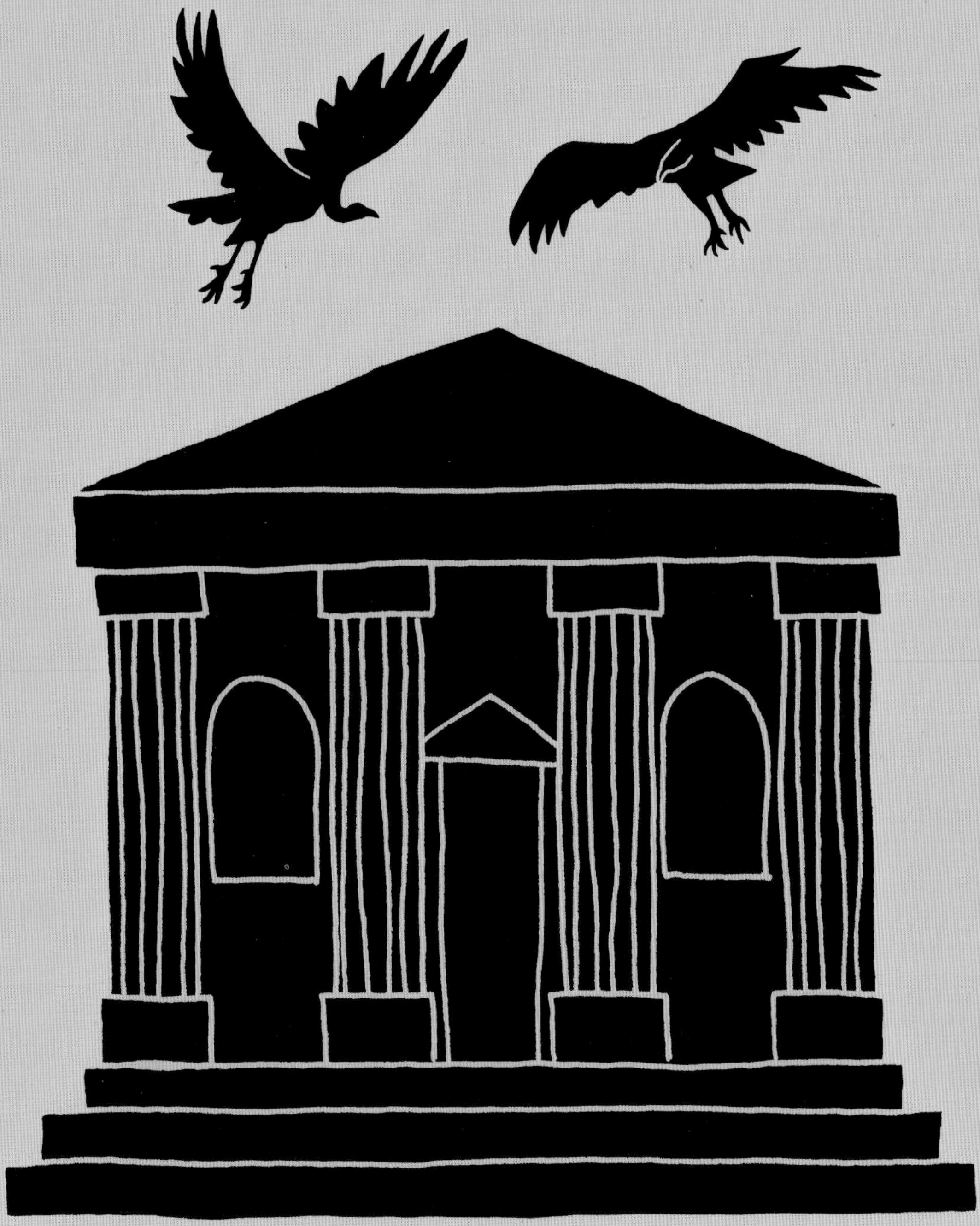

# 銀行取付

## その経済学的背景

**焦点**
銀行業と金融

**鍵となる思想家**
ダグラス・ダイアモンド
（1953年〜）
フィリップ・ディビッグ
（1955年〜）

**前史**
**1930〜1933年** アメリカの全銀行の3分の1が倒産し、連邦預金保険公社（FDIC）を創設して、預金者のお金を保証した。
**1978年** アメリカの経済史家チャールズ・キンドルバーガーが、銀行取付にかんする画期的な著作『金融危機は再来するか（マニア・パニック・大暴落――金融危機の歴史）』を公刊する。

**後史**
**1987〜1989年** 10年におよぶアメリカの貯蓄およびローン危機の頂点で、アメリカの銀行破綻が年間200件に達する。
**2007〜2009年** 世界中で13カ国が、系統的な銀行危機を経験する。

**1930**年代初頭の大恐慌の時期、全体の3分の1に相当する9000あまりのアメリカの銀行が倒産した。だが、なぜ銀行があるのかとか、なにがきっかけで銀行取付がはじまるのか――ちなみにそれは、銀行が倒産の危機に瀕していると考えた預金者が、パニックに襲われて銀行から預金を引きだそうと殺到するときに生じる――といった基本的な問いに経済理論が向きあうことは、1980年代にいたるまでなかった。論争の発端となった論文は、1983年にアメリカの経済学者ダグラス・ダイアモンドとフィリップ・ディビッグによって書かれた「銀行取付、預金保証、流動性」だ。二人があきらかにしたのは、健全な銀行でさえ、銀行取付から被害をこうむり、倒産することがあるということだ。

### 現金化しやすい投資

ダイアモンドとディビッグは、経済の数理モデルを作成して、どのようにして銀行取付が生じるかをあきらかにした。二人のモデルには、月曜日、火曜日、水曜日といった時間上の三つの点があり、人びとにとって消費か投資のできる財、もしくは利用できる製品はひとつしかないと想定されている。

> ひとつでも銀行が倒産すれば、近隣の銀行への全般的な取付がすぐにも起こりうる。はじまりの段階で十分な量のお金を流通に注入することでチェックをしておかなかったなら、大規模な災厄に行きつく
>
> **ヘンリー・ソーントン**
> （1760〜1815年）イギリスの経済学者

各人は一定量の商品をもった状態でスタートする。月曜日に人びとはその商品で二つのことができる。それをストック（蓄え）しておくこともできる――そのばあいには、火曜日に同量がもどってくる。もうひとつはそれを消費もしくは投資することができる。これは月曜日にしかできず、水曜日になればより以上の量がもどってくる。だが、投資を火曜日の朝に

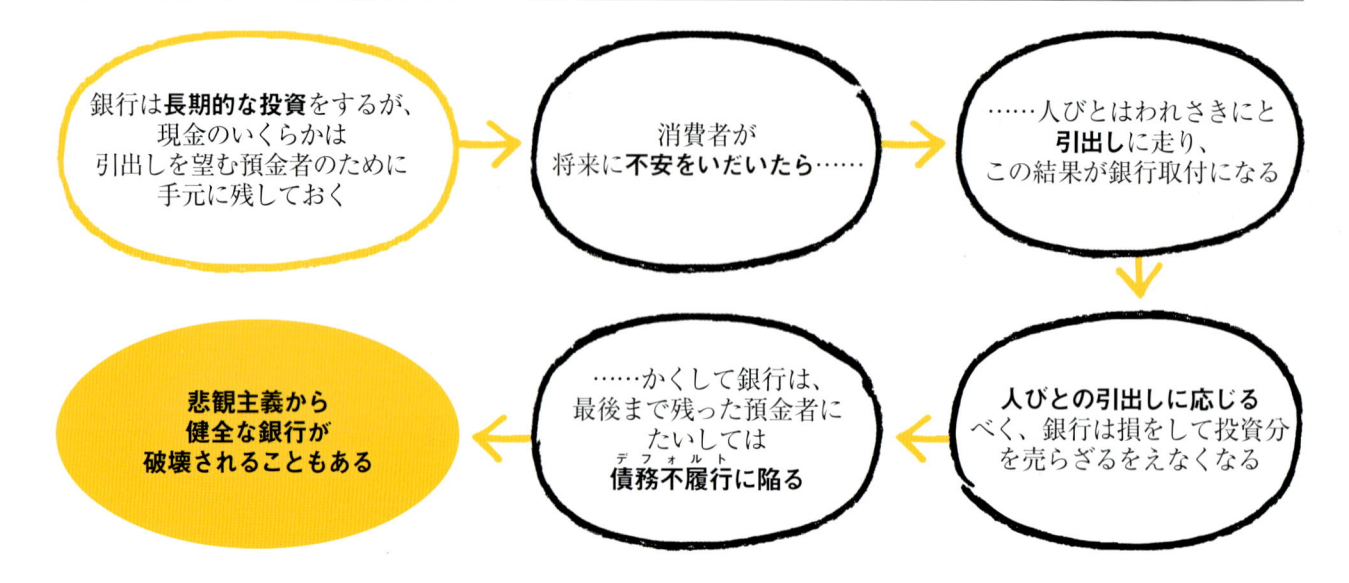

---

銀行は**長期的な投資**をするが、現金のいくらかは引出しを望む預金者のために手元に残しておく

→ 消費者が将来に**不安をいだいたら**……

→ ……人びとはわれさきに**引出しに走り**、この結果が銀行取付になる

↓

**人びとの引出しに応じる**べく、銀行は損をして投資分を売らざるをえなくなる

← ……かくして銀行は、最後まで残った預金者にたいしては**債務不履行（デフォルト）に陥る**

← **悲観主義から健全な銀行が破壊されることもある**

# 現代の経済学 319

参照　金融業→26〜29頁　■経済学における制度→206〜207頁　■市場情報とインセンティヴ→208〜209頁　■投機と通貨切下げ→288〜293頁
■金融危機→296〜301頁

**銀行**が現金で蓄えている預金額は、わずかなパーセンテージにしかならない。もし銀行の預金者全員が自分たちのお金を同じ日に引きだそうとしたら、行列の先頭のほうの人びとしかお金は受けとれない。

銀行

全預金者

現金預金の総額　　　預金総額

現金化するとしたら、投資したよりも少ない分しかもどってこない。一定の期間におこなわれるこうした投資が、「流動性に乏しい」投資と呼ばれるものだ。その意味は、流動性のある資産とはちがって、これらは簡単に現金に変換されえないということだ。

## 我慢のあるなし

ダイアモンドとディビッグは、ひとには2種類いると想定した。我慢強いひととそうでないひとだ。前者はもっと消費できるのなら水曜日まで待てるひとで、後者は火曜日に消費してしまうひとだ。だが、火曜日になるまでは人びとは自分がどちらのタイプなのかわからない。月曜日に人びとが下す決断は、どれだけストックし、どれだけ投資するかだ。このモデルに潜む唯一の不確実性は、この人びとが我慢強いのかどうかがこの時点ではわからないという点だ。銀行はそうした確率についておおよそのことを当てられるかもしれない。概して、人びとのうち30パーセントは我慢強くなく、残りの70パーセントは我慢強い。だから、人びとがストックし投資する量も、この割合を反映

しているだろう。だが、人びとがどちらを選ぶにせよ、あらゆるばあいにそれがもっとも効率的な結果だということにはならない。なにしろ、我慢強くないひとはけっして投資しないし、我慢強いひとはなにもストックしておかないだろうからだ。銀行は、この問題を解決できる。私たちはこのモデルにおける銀行を、人びとがみな自分の財をストックしリスクを共有することに同意する場とみなすことができる。銀行は人びとに保管契約を提供し、そのうえで銀行は、それをひとつにまとめて投資し、財をストックする。

保管契約は、ストックしたままよりは高い見返りを、投資するよりは低い見返りを提供する。また人びとは、なんのペナルティもなしに、火曜日か水曜日のいずれかに自分の財を銀行から引きだせる。人びとの財を所有している銀行は、そのなかに我慢強いひととそうでないひととの双方がいることを知ったうえで、我慢強くない人びとの需要をカヴァーするのに十分なだけの財をストックし、我慢強い人びとの要求をカヴァーするのに十分なだけの投資をすることができる。ダイアモンド-ディビッグ・モデルでは、これは人び

とがたがいに独立した状態で到達しうるよりもはるかに効率的な解決だ。なにしろ銀行は、大数の法則によって、個人には不可能なやりかたでこれを実現できる。

火曜日に、銀行には現金化しにくい資産がある。我慢強いひとの投資は水曜日に見返りをもたらすだろう。同時に銀行は我慢づよくない人びとにたいして、その預金分を即座にそっくり返さねばならない。これをなしうる銀行の能力が、そ

> " 私たちのモデルにおける
> 銀行取付は期待の変化によって
> 生じるが、その原因は
> ほとんどなんでもありうる
>
> **ダグラス・ダイアモンド**
> **フィリップ・ディビッグ**
> "

# 320　銀行取付

1914年に、**パニックに陥った群集**が警官によってドイツ銀行の外に押しだされている。宣戦布告が原因となって、預金者のあいだに悲観主義が蔓延し、多くの銀行取付にいたった。

多くの人びとが私と同じように考えるとしよう。そのことが原因となって、そんなことにならなければ今日も明日もその責務をきちんと銀行は果たしうるにもかかわらず、銀行取付が起こりうる。これが、経済学者たちによって「複数均衡」と呼ばれる事態だ。結果はひとつとはかぎらない。このばあいだと、二つの結果がありうる。「よい」ほうでは銀行は存続し、「悪い」ほうでは銀行は取付で破綻する。私たちがどちらの結末を迎えるかは、銀行の本当の健全さではなく、人びとの信念と期待に左右される。

のまま銀行の存在理由だ。ダイアモンドとディビッグによれば、この所有がそのまま銀行を取付に見舞われやすいものにしている。取付が生じるのは、我慢強い人びとが水曜日に自分たちが銀行から受けとる分について悲観的になり、自分の預けてある分をそのまえに引きだそうとしだすとき、つまり火曜日だ。彼らの行動からわかるのは、銀行は損をして投資分を売らねばならなくなるということだ。銀行には、我慢強い顧客、我慢強くない顧客のすべてに支払うだけの資産はない。その結果、行列をつくる我慢強くない人びとはなにも受けとれなくなる。これがわかっているから、顧客は行列の先頭に並ぼうと必死になる。

悲観主義は、投資、ほかの人びとの引出し、あるいは銀行の存続可能性への懸念から生じる。ポイントは、銀行が健全なばあいでも、将来の可能性から銀行取付が自己充足的に起こりうるということだ。たとえば、火曜日にほかの人びとが預金を引出しに行くと私が思っているとしよう。そのばあい、私は自分もそうしようと決心する。なにしろ、銀行が倒産するかもしれないのだ。つぎに、ほかの

## 銀行取付を予防する

ダイアモンドとディビッグは、銀行取付の問題をどうすれば政府が軽減できるかも示している。二人のモデルは、ある面ではアメリカの連邦預金保険システムを擁護するものであった。この保険のもとで国家は、あらゆる銀行の預金の価値を一定量までは保証する。1933年に導入されたこのシステムによって銀行の倒産は減少した。1933年3月に、大統領フランクリン・D・ルーズヴェルトは、「銀行休日」を宣言して、人びとが預金を引出

### 現代の銀行取付

2007年9月に、1866年以来の深刻な銀行取付がイギリスで起きた。イギリスで8番目の大銀行ノーザン・ロックは、急成長を遂げる住宅担保の金融機関であった。事業拡大のためにノーザン・ロックは、ほかの金融機関から供給される資金（ファンド）である「大口」ファンドに個人預金額を超えて頼った。2007年8月9日に、大口ファンド金融市場が凍りついたときから、眼に見えないかたちで大口ファンド取付ははじまっていた。救済計画が模索された。9月13日の木曜日、20時30分にBBCテレビニュースは、イギリスの中央銀行であるイングランド銀行が翌日にも緊急流動性支援を通告するだろうと伝えた。

のちに、イングランド銀行の総裁マーヴィン・キングが、別のイギリス銀行であるロイドからの支援のオファーに反対したことがあきらかになった。キングが示唆したところでは、中央銀行の支援があれば預金者は安心するかもしれない。だが、じっさいにはそんな安心感は生まれず、個人預金者の取付はその夜からインターネット上ではじまっていた。イギリスの預金保険事業計画では、2000ポンド以上の預金が完全に保証されることはなく、翌日にはノーザン・ロックの各支店の外には長い行列ができていた。あくる週の月曜日の夜に政府が全預金者にたいする保証を告げたことで、取付騒ぎはようやく収束した。

# 現代の経済学 321

> 3月3日の午後までには、国中のほとんどの銀行が業務をおこなえなくなった
>
> **フランクリン・D・ルーズヴェルト**

**1933年にアメリカ大統領フランクリン・D・ルーズヴェルト**が、銀行預金を保証する法律に署名した。銀行取付の数は減ったが、そんな預金保証がかえって危険負担（リスク・テイキング）を増やすだけだと考えたひとも少なくなかった。

すのを防いだ。別の選択としては、中央銀行が銀行にたいする「最終手段の貸し手」としてふるまう道がある。だが、中央銀行がなにをするかにかんしてはしばしば不確実性が残る。預金保険は理想だが、それはそうすることで、我慢強い人びとが銀行取付にくわわらないようになるのが保証されるからだ。

## 別の見方

銀行の存在については別の説明もある。そのばあいには銀行の投資の役割に焦点が当てられる。銀行には、よい投資と悪い投資のあいだで選択ができるように、投資にかんする個人情報を収集し保持しておくことが許されており、この個人情報を効率的に反映させることで、貯蓄家に見返りを与えることができる。つまり、銀行には預金者に見返りを提供する力があるわけだが、これは銀行がそのチェック機能をきちんと果たしているかぎりでのことだ。

1991年に、アメリカの経済学者チャールズ・カロミリスとチャールズ・カーンが、ダイアモンドとディビッグの見方とは異なる立場を採る論文を発表した。この二人の論じるところでは、銀行取付は銀行にとってよい事態だ。預金保険がないばあい、預金者は自分たちの銀行がどれほどきちんと機能しているかを注意深く見てゆこうとするインセンティヴをもつ。ま

た取付の脅威が、銀行にとっては投資を安全なものにしておこうとするインセンティヴともなる。これがいわゆる「モラル・ハザード」（208〜209頁）の一面だ。もうひとつの面では、預金保険のないばあいに比べて経営者がはるかに危険な決断を下してしまう。モラル・ハザードの問題は、1980年代のアメリカで貯蓄およびローン危機が発生したときにあかるみにでた。このときには、抵当の貸し手には危険性の高いローンを組むことが認められ、預金保険は増えた。その結果、アメリカで銀行の倒産が増えた。

## 最近の危機

銀行取付にかんするこれら二つの見解のうち、いずれが正しいかを証明するのは困難だ。なにしろじつのところ、いずれの説明もバラバラではなりたたないのだ。一口に銀行のモラル・ハザードと言ってもさまざまだ。銀行の株主が危険負担（リスク・テイキング）を勧めることもある。なにしろ、株主が失うことになるのは投資分だけだ。ボーナスへのインセンティヴを与えられた銀行従業員がリスクを背負うこともある。なにしろ、危険にさらされるのは職なの

だ。モラル・ハザードにたいしてよく持ちだされる解決策は、規制強化だ。近年の銀行危機は、たいていは投資の損失からはじまる。銀行は借入を減らすためには資産を売らざるをえない。その結果、資産価格はさらに下がり、損失も増える。それにつづいて生じるのが預金取付だが、これがほかの銀行にまで波及するとパニックが生じる。全銀行システムがこの影響をこうむると、システミック・バンキング・クライシス（金融システム全体の危機）と呼ばれる事態にいたる。2007年から2008年にかけての危機では、預金保険システムがあったのに、取付が発生した。近年の危機のほとんどが、ヘッジ・ファンドのような、銀行としての規制を受けず、短期で借りて長期で貸すというほとんど銀行と同じような役割を果たしている金融機関で生じている。

多くの国が、2007年から2008年にはじまった金融危機をつうじてその預金保険事業計画（スキーム）を強化した。これは理解できる。なにしろ銀行倒産は、実質経済に甚大な被害をもたらしかねず、預金している人びとと投資のための資金を必要としている人びとのあいだのつながりを断ちきりかねない。モラル・ハザード論は、火事の予防に似ている。将来の危機から経済を守ることを問題にするからだ。だが、危機の只中は、どうすれば予防できるかという議論をするのによいタイミングではないかもしれない。■

> 現代の資本主義の歴史では、危機は通常状態であって例外状態ではない
>
> **ヌリエル・ルービニ**
> **スティーヴン・ミーム**

# 海外の貯蓄の過剰が
# 国内の投機をあおりたてる
## グローバルな貯蓄の不均衡

**その経済学的背景**

**焦点**
グローバル経済

**鍵となる思想家**
ベン・バーナンキ（1953年〜）

**前史**
2000年　アメリカの経済学者モーリス・オブストフェルドとケネス・ロゴフが、アメリカの巨額の貿易赤字への関心を喚起する。
2008年　イギリス出身の歴史家ニーアル・ファーガソンが、信用の濫用の結果起きる危機的世界を描写する。

**後史**
2009年　アメリカの経済学者ジョン・B・テイラーが、貯蓄過剰の存在を否定する議論を展開する。
2011年　イタリアの経済学者クラウディオ・ボリオとタイの経済学者ピティ・ディスヤタットが、グローバルな貯蓄の不均衡が金融危機の引き金になると考えるのはまちがっていると主張する。

**2012**年2月に、1億1100万人のアメリカ人がテレビでスーパーボール中継に見いっていた。ハーフタイムのときに、クライスラー車の宣伝が流れた。これが国民的な話題となった。「アメリカもまたハーフタイムだ」広告は語った。「人びとには仕事がなく、傷ついてる……。デトロイトが私たちに示しているのは、それは乗り越えられるということだ。この国は、パンチ一発でのびたりはしない」。

恥ずかしげもなく愛国主義を匂わせるこの広告——クライスラーを買うのは、それでアメリカ人の仕事が救われるからだ——は、アメリカが経済力を外国に、とりわけ中国に奪われつつあるという、

# 現代の経済学　323

**参照**　金融業→26〜29頁　■バブル経済→98〜99頁　■市場統合→226〜231頁　■金融工学→262〜265頁　■金融危機→296〜301頁　■住宅供給と経済の循環→330〜331頁

ここに写っているデトロイトのクライスラー工場のような**プラントの閉鎖以降**、アメリカはずっと貿易赤字をかかえている。それはつまり、輸出量以上に輸入しているということだ。

当時の多くのアメリカ人の感情にぴったりマッチしていた。米国連邦準備制度理事会議長であったベン・バーナンキによって与えられ、きわめて広範にアピールすることとなった2008年のグローバル金融危機についての釈明の弁は、この種の感情であった。バーナンキは、危機が現実のものとなるよりもまえの2005年以来自論を展開しており、その主張の主眼は、貯蓄と支出におけるグローバルな不均衡に置かれていた。

バーナンキの考えの中心にあるのは、アメリカの国際収支（BOP）だ。一国のBOPは、その国と世界のほかの国とのあいだでのすべての金銭取引の報告だ。ある国が輸出量以上に輸入していたら、その貿易収支は赤字になるが、帳簿上は均衡を保っていなければならない。そこで不足分は、なにか別の方法で埋められる。たとえば、外国の投資からの資金や中央銀行の準備金を減らすといった方法だ。バーナンキが指摘したのは、アメリカの赤字が1990年代後半から急激に膨れあがって、2004年には6400億ドル——これはGDPの5.5パーセントに当たる——にまで達しているという事実だ。国内投資はこの時点でかなり安定していたが、国内貯蓄は1996年から2004年のあいだでGDPの16.5パーセントから14パーセントにまで下降している。もし投資水準に変わりがなく、国内貯蓄が下降をつづけたなら、赤字は外国資金に頼らないことにはまかなえなくなるだろう。

## 貯蓄の過剰

バーナンキの言うところでは、赤字が増加するのは「グローバルな貯蓄の過剰」、すなわちアメリカ以外の国での貯蓄の蓄積に起因する。たとえば、アメリカとのあいだで莫大な貿易黒字を計上している中国は、そのアメリカへの輸出収益のすべてを国内投資に充てているわけでも、物を買っているわけでもない。たんに左右を縫うようにして貯蓄にまわしたり、通貨準備にまわしたりしているだけだ。バーナンキが強調するのは、中国の倹約体質と並んでグローバルな貯蓄の過剰を生む一連の理由の存在だ。そのな

---

もしある国が、輸出量**以上に****輸入した**なら（貿易赤字）、別の国が輸入量以上に輸出している（貿易黒字）にちがいない

↓

赤字の国は、その不均衡を正さねばならず、黒字の国は**貯蓄の過剰**を生みだせる

↓

黒字の国の貯蓄は、**赤字の国で借入れ**られ、ここから金融投機に火がつくことがありうる

↓

**海外の貯蓄の過剰が国内の投機をあおりたてる**

# グローバルな貯蓄の不均衡

かには、石油価格の上昇、将来の金融危機にたいする備えとしての「軍資金」の積立などがふくまれる。一見すると、貯蓄は賢明なやりかたであり、将来への備えであるように思われる。だが、グローバル資本主義の世界においては、貯蓄とは混合された恩恵だ。それがどのようなものであれ、貯蓄にまわされるお金は、投資や消費による出費に直接まわされることのないお金だが、それでいて本当に消えたわけでもない。バーナンキの主張は、海外での貯蓄の過剰によってもたらされるお金が、最後にはアメリカの金融市場に逆流してくるということだ。

## お金の過剰

こうしたお金のすべてが利子率を弱め、アメリカとヨーロッパの人間にとっては貯蓄しようというインセンティヴの低下を招く。ローンとともに市場にはあからさまに低利資金があふれかえり、貸し手は契約を提供するのに最善を尽くす。外貨での販路を求めて、アメリカの金融関係者は債務担保証券（CDOs）のような製品まで思いついた。これはリスクの高い担保をリスクの低い負債と抱きあわせにして、とてもリスクが低いと評価するＡＡＡの格づけを与えられる債券をつくりだそうというものだ。そのあいだに、

> 長期的には、ひとつのグループとしての産業国は経常収支黒字の状態にあり、発展しつつある世界に貸し付けてゆく。逆ではない
> **ベン・バーナンキ**

1990年代に、債務担保証券（CDO）と呼ばれる新たな金融商品が発明された。リスクの高い担保をリスクの低い債券と一緒にすることで、リスクの低い負債であるかのような幻想がそこから生まれた。こうした債務契約が、2007年から2008年にかけての信用システムの崩壊の核心にあった。

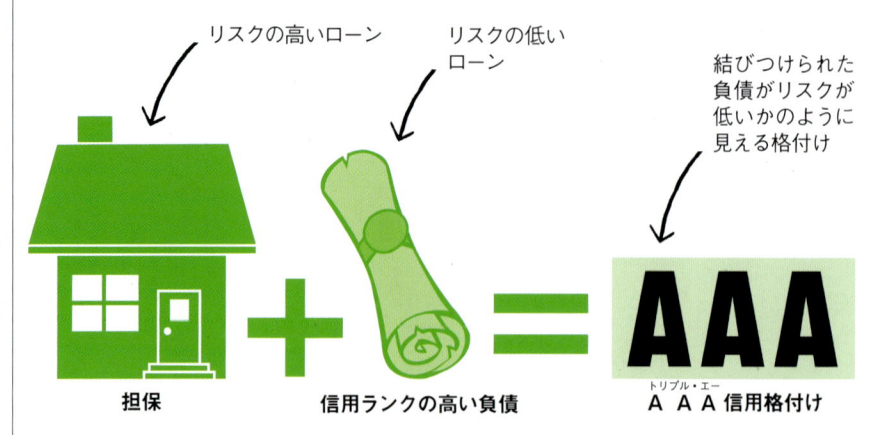

リスクの高いローン ＋ 信用ランクの高い負債 ＝ ＡＡＡ信用格付け
（担保） （結びつけられた負債がリスクが低いかのように見える格付け）

住宅価格は20数カ国で跳ねあがり、低所得層でさえ資産という梯子に足をかけられるようになった。こうしたブームの資金保証となったいくつかの抵当──アメリカにおけるいわゆる「サブプライム」ローン──が、それを払えない人びとにまでもたらされた。

## 危機

2008年に、一群のサブプライム・ローンの暴落によって、どれほど多くの金融機関が結託してその資本価値以上の投資をなんども繰りかえしていたかが露呈された。リーマン・ブラザーズ投資銀行は2008年に倒産し、ほかにも多くの金融機関が大暴落にゆきつく大きな危険にさらされているようであった。それを免れるには、世界でももっとも豊かな国々における政府の緊急金融支援策に頼るよりほかなかった。

バーナンキのメッセージのシンプルな核心は、金融危機はすべて中国の貯蓄とアメリカの支出過剰にゆきつくということのようであった。それはまた、ニーアル・ファーガソンの『マネーの進化史』（2008年）のメッセージでもあった。このなかで、ファーガソンは信用危機を分析し、中国とアメリカのあいだの象徴的な（もしくは一部のひとの言うところでは、パラサイト的な）絆を意味する、呪われた「キメリカ」に焦点を絞った。この概念はアメリカの金融界の多くのひとに訴えるところがあったようだが、それはそこに、金融危機の火元とみなされるべきは、財布の紐の固い中国だという含意がこめられていると感じられたからであろう。

バーナンキは、リスクの高い資産になったのはほんのわずかな比率だけだと主張する一方で、アメリカの火を掻きたてたのは中国マネーだと言いはって譲らなかった。2011年にバーナンキが言うには、「中国の経常収支黒字のほぼすべてが、アメリカの資産の獲得に使われ、その80パーセント以上がまったく安全なアメリカの国債と政府機関債からなりたっていた」。

## 消失する過剰

多くの経済学者がバーナンキの理論に異を唱えようとした。金融ブログ「裸の資本主義」のなかでイヴ・スミスが示唆したのは、グローバルな貯蓄の過剰というのは神話であって、1980年代中葉以来グローバルな貯蓄はほとんど一定のままだということだ。アメリカの経済学者ジョン・B・テイラーの言うところでは、アメリカ国外で貯蓄は増加しているにしても、アメリカ国内で貯蓄が減少しているとい

# 現代の経済学　325

> 中国によるアメリカ資産の所有が、アメリカを経済的な危機状態に陥れるほどに大規模なものになっているとは思わない
> ベン・バーナンキ

う事実は、貯蓄と投資のあいだのグローバルなギャップなどないことを物語っている。だから、世界中に低利の資金があふれかえっているというのは神話にすぎない。

アメリカにおける経常収支赤字とほかの国のそれとは、合わせても貨幣の流れの2パーセントにも満たず、だから周縁的な影響しかもたらしていないと指摘する経済学者もいる。貯蓄過剰理論は、ヨーロッパに適用してみると、ますます維持しがたくなる。たとえば2008年の危機につうじる数年間のドイツは、貯蓄で裕福であった。貯蓄過剰理論によるなら、ドイツの貯蓄家たちは、自国内の金融機関にその金を置いておかずに、アイルランドやスペインの投機的な金融機関に資金を注ぎこんでいそうなものだが、それはまずありそうもない事態であった。

## 「銀行の過剰」か

プリンストン大学の経済学教授シン・ヒョンソン（申鉉松）は、担保の安全性を吹きとばした投機マネーの氾濫は、貯蓄の過剰に由来するのではなく、「影の」銀行システムに由来するものだと論じた。これは通常の銀行システムの外側にある金融実体の複雑な多様体で、そこにはヘッジ・ファンドや貨幣市場、構造的な投資媒体がふくまれる。ヨーロッパとアメリカの影の銀行は、こうした債券を見いだそうと必死になり、それをアメリカのみならずアイルランドとスペインに見いだした。

こうした影の銀行のなかでいとなまれた市場は、デリバティブ（金融派生商品）に支配されていた。デリバティブとは、どのように市場が展開してゆくかについて賭けに賭けを重ねる「金融商品」のことで、巧みにつくられた数式に支えられていた。これらの罪は、デリバティブ取引が過度の危険負担を推奨するという点にある。そこからさらに、金融機関が不履行に賭ける——そのなかには、住宅融資証券の不履行もふくまれる——ことで膨大な利益を上げることのできる市場が生みだされた。

貯蓄の過剰な保有は、こうした実質上のカジノには無関係かもしれない。じっさい、問題は銀行が十分な現金返済を保証しないままに取引を重ねたところにあったようだ。バーナンキが指摘するように、中国と中東の買い手が貿易黒字と石油輸出をもとに、アメリカの有価証券に資金を投入した一方で、ヨーロッパの銀行は、危機にはさらされるにしても、買入れのために資金を借りざるをえなかった。

貯蓄の過剰の根底にある貿易不均衡をどう評価するかという点で、経済学者たちの見解は分かれる。アメリカの貿易赤字が維持可能な状態にあり、そこには外国貯蓄からの資金提供を受ける余地はつねにあったと主張する者もいれば、資本流入が干上がったばあいにアメリカ経済に課される着地の難しさを心配する者もいる。こうした論点の多くは、アメリカと中国のあいだでの政治問題となりつつある。アメリカの政治家は中国を、その通貨を不公平にも低く抑えて貿易黒字を維持せんとしていると非難している。■

## ベン・バーナンキ

ベン・シャローム・バーナンキは、アメリカのサウスカロライナ州で生まれ育った。1970年代初頭に、バーナンキはハーヴァード大学へ通い、ついでマサチューセッツ工科大学へ進み、のちにイスラエル中央銀行総裁となるスタンレー・フィッシャーの指導のもとで、経済学の博士号を取得する。

バーナンキは2002年にアメリカの米国連邦準備制度理事会にくわわる。2004年に、現代の金融政策によって実質上の景気循環の不安定さが取りのぞかれてきたと主張する大規模縮減の理念を提起する。2006年に、バーナンキは米国連邦準備制度理事会の議長に任命された。議長としてのバーナンキの在職期間は平坦なものではなく、金融危機を予見しそこなったとして、さらにはウォール街の金融会社に救済措置をとったとして非難された。

### 主著

2002年『デフレ——アメリカで『これ』が起きないようにするには』
2005年『国際的な貯蓄の過剰とアメリカの経常収支』
2007年『グローバルな不均衡』

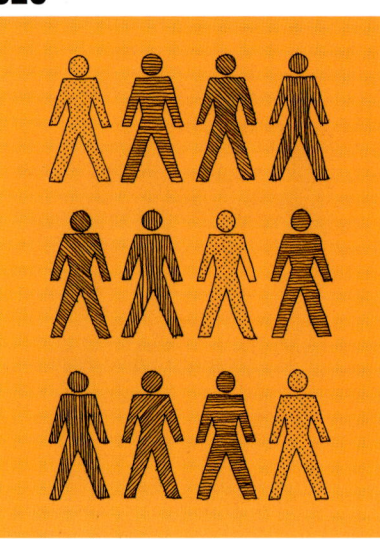

# より平等な社会は、より成長が早い
## 不平等と成長

## その経済学的背景

**焦点**
成長と発展

**鍵となる思想家**
アルベルト・アレシナ（1957年〜）
ダニ・ロドリック（1957年〜）

**前史**
**1955年** アメリカの経済学者サイモン・クズネッツが、『経済成長と所得不平等』を公刊して、格差は成長の副次的効果だと結論する。
**1989年** アメリカの経済学者ケヴィン・マーフィー、アンドレイ・シュレイファー、ロバート・ヴィシュニーが、所得分配が需要に影響をもたらすと主張する。

**後史**
**1996年** イタリアの経済学者ロベルト・ペロッティが、税金の安さと成長の早さとのあいだにはなんの関係もないと主張する。
**2007年** スペインの経済学者ザビエル・サラ＝イ＝マーティンが、経済の成長によって不平等は縮小されたと主張する。

---

富は社会をつうじて**不平等に分配される**

↓

蓄積資本をもたない人びとは、**不満を覚えるようになり**……

↓

……政府にいっそうの**再分配政策を**要求するようになる

↓

だが、再分配は蓄積資本にたいする**いっそう高い税金**を課すことでまかなわれる……

↓

……そして税金が高くなれば、**経済成長は遅くなる**

↓

**より平等な社会は、より成長が早い**

---

経済学者たちは20世紀の大部分を費やして、経済成長は人びとの所得にどのような影響をもたらすかと問うてきた。成長によって所得の格差は増すのかそれとも減るのか。1994年に、イタリアの経済学者アルベルト・アレシナとトルコ出身の経済学者ダニ・ロドリックは、問題の立てかたを変えた。二人が疑問に感じたのは、所得分配が経済成長にどのような影響をもたらすかであった。

アレシナとロドリックは、そのモデルにおいて二つの生産要素を検討した。労働と資本（蓄積された富）だ。二人によれば、経済成長は総資本における成長によって推進されるが、政府のサービスは資本への課税によってまかなわれる。これはつまり、蓄積される富への課税が高まれば、それだけ資本を蓄積しようというインセンティヴが低くなり、経済成長率も低くなるということだ。

所得の大半が蓄積資本によってまかなわれているひとは、課税率が低いほうを望む。他方で、蓄積された富をもたず、その所得がもっぱら自身の労働でまかなわれているひとは、課税率の高いほうを好む傾向にある。そのほうが、このひとには公共サービスがもたらされ、蓄積された富のいっそう好ましい再分配が可能となるからだ。課税率は、政府によって

**参照** 租税負担→64～65頁 ■ 現代経済の出現→178～179頁 ■ 社会選択理論→214～215頁 ■ 経済成長理論→224～225頁 ■ 課税と経済的インセンティヴ→270～271頁

> 富と収入の不平等が広がれば、それだけ課税率は高くなり成長は遅れる
>
> アルベルト・アレシナ
> ダニ・ロドリック

定められるが、政府は大衆の関心に左右される。

独裁制でさえ、ひっくりかえされる危険のある以上、人びとの意思を無視することはできない。こうした理由から、課税率は可能なかぎり多くの人びとを満足させることをめざして設定される。つまり、中位投票者（投票者の観点の範囲のなかでど真ん中にいるひと）の好みに左右されるということだ。アレシナとロドリックの論理にしたがうなら、資本と蓄積された富の再分配が社会をとおして均等に分配されたなら、中位投票者たちは資本という点で相対的に豊かになり、その結果成長の妨げとならない程度のもっと控えめな課税率を求める。

だが、富にかんして広く不平等が認められ、蓄積された富の大半が少数のエリートに集中しているとしたら、多数派は貧困を余儀なくされるわけだから、成長の足枷（あしかせ）となるにしてもより高い課税率を求めるだろう。アレシナとロドリックは、いかなる社会であれいっそうの経済的平等が行きわたれば、その経済成長率も向上すると論じた。

### 成長と平等

アレシナとロドリックの説明で、問題のすべてが片づいたわけではない。この二人の経済学者が原因と結果をとりちがえていると考えるひともいる。たとえば、スペイン出身の経済学者ザビエル・サラ＝イ＝マーティンは、経済成長によって地球全体での所得の不平等の割合は減少していると主張する。世界銀行は、世界規模での貧困の減少――それにともなって、不平等の縮小も進行する――は主として経済成長のおかげだと主張する。他方で、アフリカの多くの国のような発展の速度の遅い国では、ほとんど成長がないか、まったく成長がないことによる苦しみが一向になくならない。そこには気分が悪くなるような生活水準しかなく、それが貧困の削減の妨げとなっている。もっとも貧しい国はついてゆけておらず、不平等もなくなっていない。■

スウェーデンのような**北欧諸国**は、アレシナとロドリックの結論に矛盾しているように思われる。そこでは高い税率と生活水準の高さとが結びついており、それでいて不平等も世界最小だ。

### アルベルト・アレシナ

アルベルト・アレシナは、1957年に北イタリアの町ブローニに生まれた。ミラノのボッチーニ大学で経済学と社会学を学び、1981年に優秀な成績で学位を取得する。アメリカのハーヴァード大学の経済学部で、自身の修士論文と博士論文を完成する研究をつづける。1986年にその研究を完成すると、1993年にハーヴァード大学の正教授となり、2003年から2006年まで経済学部長を務めた。

アレシナは、5冊の著書を出版している。その研究は政治学と経済学にまたがり、とりわけアメリカおよびヨーロッパの政治・経済システムの研究に主眼が置かれている。経済問題にたいして政治がおよぼす影響への注目を喚起したことで、広く認められる業績をあげた。

**主著**

1994年 「配分の政治学と経済成長」
（ダニ・ロドリックとの共著）

2003年 『国家の規模』
（エンリコ・スポラーレとの共著）

2004年 『アメリカとヨーロッパにおける貧困との戦い――相違のある世界』
（エドワード・グレーサーとの共著）

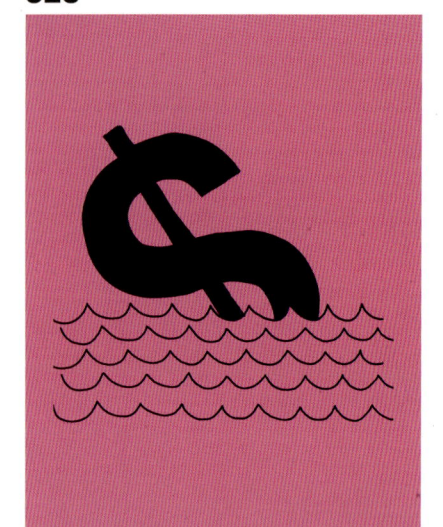

# 有益な経済改革でさえ失敗することがある
## 経済変化への抵抗

### その経済学的背景

**焦点**
経済政策

**鍵となる思想家**
ダニ・ロドリック（1957年～）
ダロン・アセモグル（1967年～）

**前史**
1989年　イギリスの経済学者ジョン・ウィリアムソンが、「ワシントン・コンセンサス」という用語をはじめて用いる（右頁コラム参照）。
2000年　南アフリカの経済学者ニコラス・ファン・デ・ワーレが、IMFを後楯としたアフリカにおける「構造調整」改革の失敗を記録する。

**後史**
2009年　アメリカの経済学者ダグラス・ノース、ジョン・ウォリス、バリー・ワインガストが、暴力問題にたいする社会の反応を土台とした新たな改革へのアプローチを提案する。
2011年　2008年の金融危機につづくヨーロッパにおける改革法案が、抵抗にぶつかる。

改革の目標は、経済を刺激し、制度改革をつうじて全国民に恩恵をもたらすことだ。経済に恩恵をもたらす改革であれば、どこでも受けいれられ、実施されるのではないかと思うひともいるだろう。だが、ときとして改革は、最終的には恩恵を望んでいる人びとからさえ強固な抵抗を受けることがある。経済を「立てなお」し、それを成長へ転じさせるには、経済システム内部の非効率性を取りさる必要がある。発展途上の世界に往々にして見られるような、自分の利益のために動く訳の分からない政治階層に国家が動かされているばあいには、これはきわめて困難ないとなみとなることがある。

### 改革と影響

ともにトルコ出身の経済学者ダニ・ロドリックとダロン・アセモグルが指摘し

---

改革が提起されるのは、**経済に恩恵をもたらす**ためだ

↓

**権力をもっているエリート**は、こうした変化に抵抗するだろう……

←

……なにしろ、エリートが望むのは、**資源をあやつる自分たち**の権力が維持されることだ

↓

この人びとは、**改革を歪めて**無効なものとするか、もともと意図した目標とは逆のことをなし遂げる

→

**有益な経済改革でさえ失敗することがある**

# 現代の経済学

**参照** 自由市場経済学→54〜61頁 ■ 経済学における制度→206〜207頁 ■ セカンド・ベストの理論→220〜221頁 ■ 経済成長理論→224〜225頁 ■ 独立した中央銀行→276〜277頁 ■ アジア・タイガー経済→282〜287頁

> きちんと機能する政策は、人気を得ることもあるが、タイムラグ（時間のずれ）が長くなりすぎれば、改革者たちがその関係を利用できなくなることにもなりかねない
> **ダニ・ロドリック**

たところでは、力をもった集団が、経済改革の結果みずからの特権が失われそうだと感じたなら、この集団はその影響力を行使して、収入なり権力なりが自分たちのもとにあらためて分配されるような経済政策を導入しようとする。そうでなければ彼らは、政策をねじまげて改革がうまく機能しないようにしてしまう。アセモグルによれば、政治的エリートが著しく責任感を欠いており、そのため彼らのふるまいにたいする抑制と均衡（チェック・アンド・バランス）が制限されているばあいに、こうしたことが生じる。こうしたケースでは、典型的なまでに改革は失敗に終わるが、それはその改革がこうしたより深い政治的制約にまでは届いていないからだ。だが、高い責任感を有したリーダーのいる国では、改革の恩恵はすでに実を結んでいる。こうした理由からして、改革はそれが有意義でポジティヴな成果をもたらしそうで、かつ政治的エリートが改革をねじまげてしまうほどの支配力をもたない状態にある「中間的国家」において、もっとも有効だ。

## 勝者と敗者

だが、中間的な社会に改革が導入されたばあいでも、問題がないわけではない。経済改革が提起されるとしても、その改革によってだれが勝者となり敗者となるのかはしばしば不分明だ。最終的には敗者よりも勝者のほうが多くなるとしても、これに気をくじかれた人びとは改革案を受けいれる気持ちを失う。そのうえ、現状を維持しようとするバイアスがかかることもあるのかもしれない。だれでも、すでにもっているものを守り、失うリスクを最小限にしたがるものだ。もし、恩恵をもたらす経済改革が提案され、大衆の支持を欠いていたために棚上げされたなら、それによって経済にも社会にも恩恵がもたらされると信じている政治家や経済学者は、あらためて同じ提案をするかもしれない。だが、新たな支援を促す情報がなければ、社会がその案をふたたび拒絶することも十分にありうる。他方で、恩恵をもたらす改革が大衆の支持なしに実行され、敗者以上に勝者を生みだす結果をおさめたとしたら、それはたいてい大衆の支持を得られるようになり、破棄されることはなくなる。

ほとんどの改革の試みは、宮廷や選挙システムといった「（形骸化した）公式の」制度を変革する手段に主眼を当てる。それが成功するかどうかは、土台に横たわる「非公式な」制度とそれにかかわる政治からの支援を得られるかどうかにかかっている。それがなければ、法律や制度の改革はたいした成果を挙げられないままだろう。■

**サニ・アバチャ**は、1994年にナイジェリアで権力を奪取した。そのゆがんだ独裁政治には、司法をはるかに上回る力があった。これによって彼の家族は、国家資産から5兆ポンドをわがものとした。

---

## ワシントン・コンセンサス

ワシントン・コンセンサスということばは、1989年にイギリス出身の経済学者ジョン・ウィリアムソンによって、1980年代をつうじて危機に見舞われた発展途上国に処方を書くことを目的とした、自由市場経済改革法案をさすものとして考えだされた。

その政策は、ラテン・アメリカ諸国と、社会主義を脱した東欧の国家主導型経済を、民営化された自由市場へと動かしてゆくことを目標としていた。その主眼となったのが、国営企業の民営化にはじまって、国内交易および国際貿易の自由化、競争的為替相場の導入、そして均衡予算をめざした財政（課税）政策であった。

ワシントン・コンセンサスは、1990年代に信用を失った。さまざまな国家集団において顕著な、多様な政治的制約への感受性を欠いたまま、改革は実行に移されたと言われる。アフリカでは、もっとも貧しかった人びとを貧困状態から引きあげたのは、活力あふれる市場であった。

# 住宅供給市場は、ブームと破綻の鏡だ
## 住宅供給と経済の循環

### その経済学的背景

**焦点**
マクロ経済

**鍵となる思想家**
チャールズ・グッドハート
（1936年～）

**前史**
**1965年** アメリカの経済学者シャーマン・メイゼルが、経済における住宅投資の効果をはじめて探求する。
**2003年** アメリカの経済学者モーリス・デイヴィスとジョナサン・ヒースコートが、住宅価格は経済の全状態に相関すると結論づけた。

**後史**
**2007年** アメリカの経済学者エドワード・リーマーが、住宅建設の動行は不景気への最初の警告だと主張する。
**2010年** アメリカの連邦住宅抵当公庫（ファニー・メイ）と、連邦住宅金融抵当公庫（フレディ・マック）が、サブプライム危機のあいだに保険引受け基準を引き下げた（返済能力のないひとに担保を提供した）ために、ニューヨークの証券取引所において上場廃止となった。

住宅市場の動向は、経済全体における「ブームと破綻」のサイクルを反映している。景気循環のなかで、経済の実質産出量が最高の時期もあれば最低の時期もある。収縮と拡張の時期をつうじてそれは変動するが、たいていは3年から7年の周期で移りかわってゆく。

なぜ住宅投資が経済成長の時期に高まるのか、その理由はいくつも考えられる。手の届く職が多くなれば、経済にはずみがつき、より多くの人びとが我が家の購入を考えるようになる。同時に、担保の貸主はその貸付け条件を緩めて、購入を容易にする。そのため多くの家が売れるようになる。こうなると、需要の高まりがそのまま住宅価格の上昇を意味するようになる。売る側は、たくさんの大口担保物件をすっかり売りつくせる。住宅建設業者は住宅株にさらに投資をつづけ、価格を釣り上げて儲けを得る。

住宅価格は、ときに相対的な弾力性を示すことがある。これは、住宅価格がそれに影響をもたらす要因に即座に反応して変わるわけではないことを示している。住宅供給がよい投資対象とみなされる理由の一端が、ここにある。住宅価格は下方に調整されるというよりは、売りだされている数が減っているばあいであっても、安定したままであることがある。

2000年代初頭のブームの時期のなかの2004年に、アメリカのワシントン州の農場地帯を横切って、**新たな宅地**が膨張している。たるんだ抵当貸付基準によって建設ラッシュに火がついた。

### 不景気の兆候

住宅価格がたいていは弾力性を示すといっても、停滞したままになるばあいもあることも知られているところだ。住宅投資にともなって起こる下落は、しばしば不景気が起こりそうだという最初の兆候だ。いっそう発展を遂げた国では、住宅市場は過去50年の主だった不景気のたびに下落しはじめている。住宅市場が回復を示すのは、消費者が自分の持ち家の価格は上がりつづけると信頼しているかぎりでのことだ。この信頼は、経済が上向くたびに高まる。住宅の売れゆきが通常レベルにもどりだしても、住宅投資

現代の経済学 **331**

**参照** 好景気と不況→78〜79頁 ■ バブル経済→98〜99頁 ■ 需要と供給→108〜113頁 ■ 経済理論の吟味→170頁 ■ 金融危機→296〜301頁

> 経済が成長すると、より多くのひとが**家を買うのに十分なくらいの信頼**を感じるようになる

↓

> この結果、需要が増大して**住宅価格も上昇する**。住宅建設業者は、さらなる建築に投資する

↓

> 価格は**維持しえないレベル**にまで達し、需要は停滞する

↓

> 住宅投資はストップし、建設業と結びついていた仕事はなくなる。**住宅価格は停滞し**、より広い経済が下降線をたどりだす

↓

> **住宅供給市場は、ブームと破綻の鏡だ**

## 住宅市場における無責任な貸付

2008年の経済危機の原因の過半は、担保市場の自由化と銀行による無責任な貸付にあった。最初貸し手は、借り手にたいして厳格な条件を課していた。貸し付けられる基礎額をもとに、利子も元金の支払いもともに可能なひとにしか貸していなかった。ところが経済が好転するにつれて、利子分を払う能力しかないひとにたいしても、担保が提供されるようになった。こうした人びとはやがて所得が増えるか、あるいは買った住宅の価格が上昇してローンとのバランスで帳消しになるかを期待していた。

アメリカでは、そのあとさらに貸主は、利子分の返済能力すらないひとにたいしてさえ担保を提供しだした。このローンは、住宅価格と所得が相当程度まで上昇しないことには返済不可能だ。経済が下降し、借り手がぞくぞくとローン返済に困りだすと、経済全体が崩壊した。

は増えつづけ、仕事は提供され、経済成長への還帰にさらに火がつく。

経済学者たちは、住宅市場と経済全体との関係を分析してきたが、住宅供給への投資の水準(レベル)を研究すれば、不景気と景気回復を正確に予測することが可能になると考えるにいたった。イギリスの経済学者チャールズ・グッドハートとボリス・ホフマンは、2006年の著作『住宅価格とマクロ経済』のなかで、経済パフォーマンスと住宅価格のあいだの相関をあきらかにした。二人の言うところでは、将来には適切な政策を採用することで、不景気の最悪の影響を強力に弱めるか、もしくは避けることも可能となるはずであった。

不幸にもこれは、2008年にアメリカではじけた住宅「バブル」には当てはまらなかった。ここでは、急速な金融イノヴェーションが担保の金融融資に不安定さをもたらし、それがなんの根拠もない消費者の信頼を生み、維持しえないブームをもたらした。住宅市場が、最終的な破綻の原因となったのだ。■

2008年の金融危機につづく銀行の抵当流れの**波のなかで**、アメリカのニュージャージー州にあるこの家のように、板でふさがれた家はありきたりの風景となった。

# 経済学者人名録

# 経済学者人名録

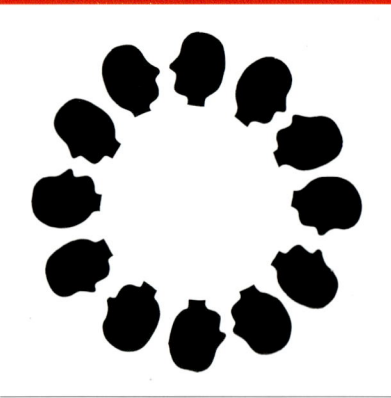

**本**書では、経済思想における重要な見解が、その最初期のはじまりから経済学の進化を経て、こんにち私たちの知る広範な主題にまたがるまでの展開にしたがうかたちで吟味されている。この目的を達成するためには、アダム・スミス、ジョン・メイナード・ケインズ、フリードリヒ・ハイエクといった主要な経済学者の見解や達成を考察しないわけにはゆかない。だが言うまでもなく、ひとつならぬ研究領域で重要な貢献を果たした経済学者や、話のついでに言及する程度で片づけるわけにはゆかない経済学者は、ほかにも山ほどいる。以下に採りあげられる経済学者たちはみな、現代の産業社会でいままさに生きている主題としての経済学を確立し、複雑な事象への眼を開かせ、現代世界の経済活動にたいする私たちの理解を押しひろげるうえで重要な役割を演じてきたひとばかりだ。

## ジャン＝バティスト・コルベール
### （1619～1683年）

ジャン＝バティスト・コルベールは、フランスのレーヌ地方の商人の家族に生まれたが、商業ではなく政治の道を選択した。1665年にルイ14世の財務大臣にまで出世し、政治腐敗に終止符を打つべくさまざまな対策を講じた。税制を改革して、フランスの産業を底上げし、さらには海外貿易を促進するための政策をいくつも導入して、フランスの経済基盤の改良を制度化したことでも知られる。

**参照** 租税負担64～65頁

## ピエール・ド・ボアギュベール
### （1646～1714年）

フランス貴族ピエール・ル・プザン・ド・ボアギュベールは、法律の道でキャリアを積んだ。まず治安判事を、ついで裁判官を務め、1690年に地方代理官になった。これは、ルーアン市の行政と司法を担う国王の代理人であり、1714年に亡くなるまでこの要職にあった。地方経済に税金のもたらす効果を観察するなかで、ボアギュベールはジャン＝バティスト・コルベールによって導入された税制に反対の立場を表明するにいたる。ボアギュベールは、生産と貿易から富が生まれると考えて、自由貿易を推奨するような税制改革を提案した。

**参照** 租税負担64～65頁

## 山片蟠桃（やまがたばんとう）
### （1748～1821年）

日本の大坂出身のもっとも尊敬された学者のひとりであった山片蟠桃は、両替商でもあった。大坂の懐徳堂で学び、西洋の合理主義の概念を日本のさまざまな慣例に導入して、それまで儒教思想のうえに構築されていた日本の封建体制を終わらせるのに一役買った。

何巻にもわたる蟠桃の『夢の代（しろ）』は、旧来の体制への正面からの批判だが、そのなかで蟠桃は従来の体制を「神代（かみよ）」に支配されたものとみなして、産業と貿易を土台とした近代日本の社会・政治・経済構造にたいする合理的で科学的なアプローチを提唱した。

**参照** 比較優位80～85頁

## アンリ・ド・サン＝シモン
### （1760～1825年）

クロード・アンリ・ド・ルーヴロアは、フランスのパリで高貴な家庭に生まれるが、社会主義からの影響もあって、伯爵の肩書きを拒否した。サン＝シモンの見解は、アメリカ独立革命ののちにアメリカで誕生した社会をどう評価するかに影響されていた。サン＝シモンの言うところでは、貧困は協調と技術革新によって除去可能であり、教育によって社会的特権や他人からの搾取（さくしゅ）に人びとを駆りたてる貪欲はなくすことができる。サン＝シモンの業績は、19世紀の社会主義思想家、とりわけカール・マルクス（105頁）に影響をおよぼした。

**参照** マルクス主義経済学100～105頁

## フリードリヒ・リスト
### （1789～1846年）

フリードリヒ・リストは、生まれ故郷であるドイツのロートリンゲンの官吏としてそのキャリアをスタートし、すぐに出世していった。だが、1822年にその改革案のせいで投獄され、フランスへ、ついでイギリスへ逃亡した。さらにアメリカへ移住して、まずハンブルクの、ついでライプツィヒのアメリカ総領事になる。1843年に新聞を創刊し、「国民的体系」についての自身の見解を公表した。これが発展して関税同盟となり、ついにはドイツ全土を結びつけるまでになった。晩

年は健康問題と金銭問題に悩まされ、1846年に自殺した。

参照　比較優位80〜85頁

## ジョセフ・ベルトラン
(1822〜1900年)

フランスの通俗科学の著述家の息子に生まれたジョセフ・ベルトランは、幼いころから数学に早熟な才能を発揮した。1856年、パリのエコール・ポリテクニークの教授となる。ベルトランの名は数論と確率論の分野でとどろいているが、同国人のアントワーヌ・オーギュスタン・クールノー（91頁）によって述べられた寡占(かせん)理論には反対の立場を示し、それに代えて価格競争についての別のモデルを提唱した。

参照　限られた競争の効果90〜91頁

## カール・メンガー
(1840〜1921年)

オーストリア経済学派の創設者のひとりであるカール・メンガーは、現ポーランドのガリシアで生まれた。その『国民経済学原理』（1871年）には、みずからの限界理論（財は、その価値をおのおのの追加的な単位から導きだす）の概要が述べられているが、この理論がオーストリア学派の思考の鍵となった。ウィーン大学の経済学教授であったときに「社会科学の方法」を執筆する。のちにその内容は、19世紀のロマン主義的観念に依拠していたドイツ歴史学派からの最終的な離反をうながすものとなった。

参照　経済的自由主義172〜177頁

## ルーヨ・ブレンターノ
(1844〜1931年)

ドイツのバイエルンに生まれたルーヨ・ブレンターノは、法学と経済学で博士号を取得した。1868年に統計学者エルンスト・エンゲル（125頁）とともにイギリスを旅行し、労働組合主義の研究をした。この経験からブレンターノの思想はつくられていった。ドイツ歴史学派の一員でありながら、ブレンターノはその理論の多くを批判する側にまわり、社会改革や人権、公共福祉にたいする政府の責任の重要性を論じた。その影響は、とりわけ社会的市場経済の形成のうちに顕著だ。

参照　社会的市場経済222〜223頁

## オイゲン・フォン・ベーム＝バヴェルク
(1851〜1914年)

オーストリア経済学派の創設メンバーであるオイゲン・フォン・ベーム＝バヴェルクは、オーストリア（現在のチェコ共和国）のブルノに生まれた。ウィーン大学で法学を専攻し、学者および政治家としてキャリアを積む。1890年代には二度にわたって財務大臣を務め、そのあいだに倹約予算均衡の考えを実行した。マルクス主義経済学と利子および資本の理論についての批判は、きわめて影響力をもち、とりわけ教え子であったジョセフ・シュンペーター（149頁）とルートヴィヒ・フォン・ミーゼス（147頁）にそれが認められる。

参照　中央計画142〜147頁

## フリードリヒ・フォン・ヴィーザー
(1851〜1926年)

フリードリヒ・フォン・ヴィーザーは、ウィーンに生まれた。義兄オイゲン・フォン・ベーム＝バヴェルクと同じく、最初は法学を専攻したが、カール・メンガーの著作を読んで経済学へ専攻を変えた。官吏として数年勤務したのち、1903年にメンガーのあとを継いでウィーン大学教授となる。ヴィーザーの最初の主たる貢献は価値論の領域でなされたが、ここではヴィーザーはレオン・ワルラス（120頁）とヴィルフレド・パレート（131頁）の影響下にあった。

さらにヴィーザーは、「限界効用」（おのおのの付加的な単位から得られる満足）という用語をつくったことでも知られる。その後、関心を経済理論から社会学に転じ、社会経済にかかわる理論と機会費用にかかわる理念を考案した。

参照　機会費用133頁

## ソースタイン・ヴェブレン
(1857〜1929年)

アメリカの経済学者のなかでも一匹狼として名高いソースタイン・ヴェブレンは、ミネソタで農場をいとなんで生計を立てていたノルウェー移民の息子であった。こうした型破りな背景ゆえに、ヴェブレンはアメリカ社会にたいしてよそ者の視点をもつことができた。そのためヴェブレンは、教師たちの古くさい通念をことごとく拒絶した。ヴェブレンが発展させた新たな制度的アプローチは、社会学と経済学を結びつけるものとなった。1899年に『有閑階級の理論』が公刊され、「誇示的消費」という概念が導入されるとともに、資本主義システムの非効率性と堕落、さらにはその「パラサイト（寄生虫）的な」ビジネス階層が批判された。

参照　誇示的消費136頁

## アーサー・ピグー
(1877〜1959年)

ワイト島のライドで生まれたアーサー・ピグーは、イギリスのケンブリッジ大学で歴史学を学んだ。そこで経済学への関心をはぐくみ、アルフレッド・マーシャル（110頁）と知りあう。卒業後は、第一次世界大戦が勃発するまでケンブリッジ大学で教鞭(きょうべん)をとり、1908年からマーシャルのあとをついで経済学を教えるようになる。その名をもっとも知らしめたのは、外部性（第三者に「影響をもたらす」費用もしくは利益）を相殺するべく考案された「ピグー税」だ。

参照　外部費用137頁

## ニコライ・ドミートリエヴィチ・コンドラチェフ
(1892〜1938年)

ロシアのコストロマ近郊の農家に生ま

れたニコライ・コンドラチェフは、サンクト・ペテルブルク大学で経済学を学んだのち、政府で働いた。皇帝ニコラス二世が1917年に追放されると、コンドラチェフは社会革命党のメンバーとなり、補給大臣に指名される。1カ月後に暫定政府が転覆されると、コンドラチェフは学究生活にもどる。

コンドラチェフが創案した資本主義経済の50〜60年周期説は、現在ではコンドラチェフの波として知られる。1930年にその考えは流行おくれとされた。逮捕され、8年後に処刑された。

**参照** 好景気と不況78〜79頁

## ラグナル・フリッシュ
(1895〜1973年)

ノルウェーのクリスティアナ生まれのラグナル・フリッシュは、経済学に数学と統計学をもちこんだ先駆的な存在だ。エコノメトリクス（計量経済学）、ミクロ経済学、マクロ経済学といった用語もフリッシュの考案による。最初家族の工場を手伝うために金細工職人の修業をしていたが、その後フランスとイギリスで経済学および数学を学ぶ。1932年にオスロ経済学研究所を創設し、1969年に同僚のヤン・ティンバーゲンとともに、最初のノーベル経済学賞受賞者となる。

**参照** 経済理論の吟味170頁

## ポール・ローゼンシュタイン=ローダン
(1902〜1985年)

オーストリアの統治下にあったクラクフでポーランド系ユダヤ人の家庭に生まれたポール・ローゼンシュタイン=ローダンは、オーストリア経済学派の一員としてスタートした。1930年に故郷での反ユダヤ主義を逃れてロンドンへ渡り、ロンドン・スクール・オブ・エコノミクスで教鞭をとる。

1940年代には、関心を開発経済学に転じ、のちに「ビッグ・プッシュ（大きな後押し）」理論として知られることになる見解を提唱する。第二次世界大戦後は、アメリカへ渡り、世界銀行に勤務しながら、インド、イタリア、チリ、ベネズエラの経済アドバイザーを務めた。

**参照** 開発経済学188〜193頁

## ヤン・ティンバーゲン
(1903〜1994年)

1969年にラグナル・フリッシュとともに最初のノーベル経済学賞を受賞したオランダの理論家ヤン・ティンバーゲンは、もともとは数学と物理学を専攻していたが、その後、科学原理の経済理論への応用に関心を移し、それに従事するなかで、エコノメトリクス（計量経済学）という新しい領域のための土台をすえる。

大学教授として働くかたわら、国際連盟およびオランダ中央統計局のアドバイザーも兼任し、そこで1936年に新しいマクロ経済モデルを発展させた。これはその後さまざまな政府に採用された。

**参照** 経済理論の吟味170頁

## リチャード・カーン
(1905〜1989年)

リチャード・フェルディナンド・カーンは、ロンドンでドイツ人の両親のもとに生まれた。イギリスのケンブリッジ大学で物理学の学位を取得したのち、経済学に専攻を変えて、ジョン・メイナード・ケインズ（161頁）の指導下で年間最優秀クラス賞を受賞する。25歳のとき、ケインズ経済学の礎石となる乗数を記述した論文で一躍有名になる。実践的な経済学者として、第二次世界大戦中はイギリス政府にアドバイスし、その後ケンブリッジ大学へ復帰する。1972年に引退するまで、そこで教鞭をとった。

**参照** ケインズ乗数164〜165頁

## ラグナー・ヌルクセ
(1907〜1959年)

エストニア（当時はロシア帝国の一部であった）のカルに生まれたラグナー・ヌルクセは、タルト大学で法学と経済学を学んだ。スコットランドに渡って研究を継続、さらにウィーンへ渡った。1934年、国際連盟で金融分析家として勤務しはじめ、そのなかで国際経済学と開発経済学への関心を呼びさまされた。

第二次世界大戦後は、アメリカへ渡り、コロンビア大学とプリンストン大学で教鞭をとる。ポール・ローゼンシュタイン=ローダン（336頁）とともに、開発経済学という新しい研究領野を確立し、「ビッグ・プッシュ（大きな後押し）」理論の主導者となった。

**参照** 開発経済学188〜193頁

## ジョン・ケネス・ガルブレイス
(1908〜2006年)

カナダのオンタリオ生まれのジョン・ケネス・ガルブレイスは、カナダとアメリカで経済学を学ぶ。のちにイギリスのケンブリッジ大学で教鞭をとるが、そこでジョン・メイナード・ケインズ（161頁）から深く影響をうける。第二次世界大戦中は、アメリカ政府の物он局の副局長を務めるが、恒常的な価格統制を支持した結果、1943年に辞職せざるをえなくなる。ジャーナリストとして、さらにはジョン・F・ケネディ大統領の学問的・経済的アドバイザーとして活躍し、1958年にはその著作『ゆたかな社会』で大衆的な人気を博した。

**参照** 誇示的消費136頁

## ジョージ・スティグラー
(1911〜1991年)

シカゴ大学で博士論文の指導教官を務めたフランク・ナイト（163頁）から大きな影響を受けたジョージ・スティグラーは、その後友人であり同僚でもあったミルトン・フリードマン（199頁）とともに、シカゴ経済学派の主導的メンバーとなった。

経済思想史の研究で知られるスティグ

ラーは、（政府の行動の分析である）公共選択理論の分野でも研究をおこない、情報経済学という領域の最初の探究者となる。1982年にはノーベル経済学賞を受賞している。

**参照** サーチングとマッチング304〜305頁

## ジェイムズ・トービン
(1918〜2002年)

　ジェイムズ・トービンはアメリカのイリノイ州生まれで、一般的にはいわゆる「トービン税」によって、その名を知られている。これは為替取引における投機を減少させる目的で考案された。経済学者のあいだでは、トービンはむしろケインズ経済学の主唱者として、さらには投資と財政（課税）政策についてのアカデミックな研究によって知られている。1935年にハーヴァード大学に通学し、そこでジョン・メイナード・ケインズの著作とであう。1950年にイェール大学でのポストを獲得し、残りの人生をそこで送った。ケネディ政府のアドバイザーとして、1960年代をつうじてアメリカの経済政策の形成に手を貸し、1981年にノーベル経済学賞を受賞した。

**参照** 不況と失業154〜161頁、ケインズ乗数164〜165頁

## アルフレッド・チャンドラー
(1918〜2007年)

　アメリカのギエンクール生まれのアルフレッド・チャンドラーは、1940年にハーヴァード大学を卒業する。第二次世界大戦中はアメリカ海軍に従軍したのち、経営組織をあつかった博士論文を、みずからの祖父にして財務分析家であったヘンリー・ヴァーナム・プアからもたらされた資料をもとに書きあげる。1960年代以降は、経営戦略と大規模法人の組織にその関心をふりむける。

　多くの著作を残しているが、1977年の『経営者の時代（見える手）』でピュリッツァー賞を受賞する。この著作は、大規模法人企業が「第二の産業革命」として興隆してくるさまを描いたものだ。

**参照** 規模の経済132頁

## ロバート・ルーカス
(1937年〜)

　もっとも影響力をもったシカゴ経済学派のメンバーであるロバート・ルーカスは、新古典派マクロ経済学の創設者のひとりでもある。アメリカのシカゴ大学で学び、1974年以降は教授を務めている。ケインズの見解を転倒して、合理的期待（人びとはきちんと情報を与えられたうえで合理的な決断を下すのだから、その行動が政府の政策の意図した流れを変えることはありうるという着想）にかんしておこなったその研究は、1980年代をつうじて金融政策に多大な影響をもたらした。

**参照** 合理的期待244〜247頁

## ユージン・ファーマ
(1939年〜)

　第三世代のイタリア系アメリカ人ユージン・ファーマは、家族ではじめて大学へ進学した。最初はフランス語を学んだが、すぐに経済学に惹きつけられた。シカゴ大学で、その博士号取得のための奨学金を得る。それ以来シカゴ大学で教えている。その名をもっとも知らしめたのは、効率的市場仮説の提唱者だということだ。これによると、きちんと情報をもっている多くの取引人（トレーダー）をかかえている市場で、価格はそうした利用可能な情報のいっさいを反映したものとなっている。ファーマはさらに、市場の効率性と均衡との相関性を立証したことでも知られる。

**参照** 効率的市場272頁

## ケネス・ビンモア
(1940年〜)

　イギリスのケネス・ビンモアは数学者にして経済学者、ゲーム理論家だ。その研究は、伝統的な経済学を数学的技法および実験の利用と結びつけたものだ。交渉行動の理論や進化ゲーム理論の領域における理論を発展させたことでも知られる。

**参照** 競争と協調273頁

## ピーター・ダイアモンド
(1940年〜)

　アメリカの経済学者ピーター・ダイアモンドは、イェール大学で数学を専攻したのち、マサチューセッツ工科大学（MIT）で経済学を学ぶ。その後のキャリアのほとんどをこの大学での教育に費やしている。ダイアモンドの名をもっとも知らしめたのは、社会保障にかんする研究で、社会保障政策にかんする政府のアドバイザーも務めている。のちの業績としては、労働市場におけるサーチ・マッチング理論にかんするものがあり、これによって2010年にデール・モーテンセンおよびクリストファー・ピサリデス（338頁）とともにノーベル経済学賞を受賞した。

**参照** サーチングとマッチング304〜305頁

## マイケル・トダロ
(1942年〜)

　アメリカの経済学者マイケル・トダロは、アメリカはペンシルバニア州のハヴァフォード大学で学位を授与されたのち、開発経済学への情熱を注ぎこんでくれた恩師フィリップ・ベルに同行して1年をアフリカですごす。1967年の博士論文は、発展途上国における移民理論の土台となるとともに、トダロのパラドックスとして知られるようになるものの出発点となった。アフリカのロックフェラー財団とニューヨークの国連人口基金で勤務したのち、ニューヨーク大学の教授職を得る。

**参照** 開発経済学188〜193頁

## ロバート・アクセルロッド
(1943年〜)

　アメリカの経済学者にして政治学者ロ

バート・アクセルロッドは、1974年に赴任して以来そのキャリアの大半をミシガン大学ですごしている。その名をもっとも知らしめたのは、協調と複雑性にかんする理論への貢献だ。著書『つきあい方の科学（協調の進化）』（1984年）における「囚人のジレンマ」にかんする研究は、「しっぺ返し」戦略が、敵対関係・友好関係を問わず、協調的なふるまいを生みだすことをあきらかにしたことでも名高い。アクセルロッドは、国同士の協調を推奨すべく、国連や世界銀行、アメリカ国防総省へ助言をおこなっている。

参照　競争と協調273頁

## マイケル・スペンス
### （1943年〜）

マイケル・スペンスの父は、第二次世界大戦中にオタワに配属されていた。だから、じっさいにはニュー・ジャージー州生まれにもかかわらず、スペンスはカナダで育った。アメリカのプリンストン大学で哲学を学んだが、経済学に専攻を変えて、ハーヴァード大学で博士号を取得する。そのキャリアの大半を、ハーヴァードやスタンフォードをはじめとするアメリカ各地の大学での教育に費やした。

その研究は主として情報経済学（情報がどのように経済に影響をもたらすか）と間接的な「シグナリング」情報の概念（職を探しているひとは一定の職にたいする自分の能力を伝えるため、学問的な経歴をつうじて独自の「シグナル」を送っている）に向けられている。2001年、市場における情報の非対称性（不均衡）にかんする研究で、ジョージ・アカロフ（275頁）およびジョセフ・スティグリッツ（338頁）とともにノーベル経済学賞を受賞した。

参照　市場の不確実性274〜275頁

## ジョセフ・スティグリッツ
### （1943年〜）

同世代でもっとも影響力のある経済学者のひとりであるジョセフ・スティグリッツは、アメリカのインディアナ州で、本人曰く「政治問題を議論するのが大好きな」一家に生まれた。アメリカとイギリスのいくつもの一流大学で教鞭をとり、アメリカのクリントン大統領とオバマ大統領のアドバイザーも務め、世界銀行のチーフ・エコノミストでもある。

スティグリッツの名は、1970年代の情報経済学（情報がどのように経済に影響をもたらすか）にかんする研究で一躍知れわたり、これがもととなって2001年にノーベル経済学賞を受賞している。1990年代には、とくに発展途上国に適用した点にかんして、ワシントン・コンセンサス（329頁）を厳しく批判した。

参照　インセンティヴと賃金302頁

## アリス・アムスデン
### （1943〜2012年）

「勇敢な経済学者」と評されるアリス・アムスデンは、主として新興国経済の発展と産業化に関心を向けた。アメリカのコーネル大学を卒業したアムスデンは、ロンドン・スクール・オブ・エコノミクスで博士論文の研究を積み、その後、世界銀行と経済協力開発機構（OECD）で働いた。そのあいだも、高い学術的ポストを兼務した。2009年に、国連のスリー・イヤー・シートに指名された。

アムスデンはとりわけ、グローバル化についての月並みな見地を『「ほかの国々」の興隆』（2001年）のような著作をつうじて厳しく批判したことで知られている。

参照　アジア・タイガー経済282〜287頁

## ロバート・バロー
### （1944年〜）

アメリカの経済学者ロバート・バローは、もともとは物理学を専攻していたが、博士課程の段階で経済学に専攻を変えた。アメリカ中の多くの大学で教鞭をとっているが、北京の中央財経大学の中国経済・管理研究院の名誉院長でもある。

バローは新古典派マクロ経済学の形成における主導者であり、1974年に、現在の借入と将来の課税の効果にかんする理論で関心を集めた。その後の研究は政治経済への文化の影響に的を絞ったものだ。

参照　借入と負債76〜77頁

## クリストファー・ピサリデス
### （1948年〜）

アグロスのギリシア系キプロス人の村に生まれたクリストファー・ピサリデスは、イギリスのエセックス大学で経済学の学位をめざして勉強した。その後1973年にロンドン・スクール・オブ・エコノミクスで博士号を取得し、1976年以来そこの一員となっている。

ピサリデスのもっとも重要な貢献は、労働市場におけるサーチ・マッチング理論、および失業についての領域でのものだ。1990年代に、デール・モーテンセンと協同で雇用の創造と破壊にかんするモデルを発展させた。2010年、二人はピーター・ダイアモンドとともに、その市場分析にたいしてノーベル経済学賞を受賞した。

参照　サーチングとマッチング304〜305頁

## ポール・クルーグマン
### （1953年〜）

2008年に貿易パターンの分析によってノーベル経済学賞を受賞したアメリカの経済学者ポール・クルーグマンは、国際貿易と金融にかんする画期的な研究と通貨危機と財政（課税）政策にかんする分析によって知られている。クルーグマンは多くの大学で教鞭をとり、1980年代にはレーガン政権の経済アドバイザーをも務めた。だが、政治的には左派だとみなされている。

1990年代以降は、こんにち新たな貿易理論として知られている国際貿易の分析にたいするアプローチを発展させている。

参照　貿易と地理312頁

## ダニ・ロドリック
**（1957年〜）**

　トルコのイスタンブール生まれのダニ・ロドリックは、大学で学ぶためにアメリカへ渡った。いまはハーヴァード大学の国際政治経済学教授だが、主たる関心領域は国際経済学と開発経済学だ。多くの国際組織のアドバイザーを務めており、そのなかには経済政策研究センターやグローバル発展センター、国際経済学研究所などがふくまれる。

**参照**　市場統合226〜231頁、経済変化への抵抗328〜329頁

## チャン・ハジュン（張夏準）
**（1963年〜）**

　韓国生まれのチャン・ハジュンは、主流派経済学への主導的批判者だ。チャン・ハジュンはソウルの国立大学を卒業したのち、イギリスへ渡ってケンブリッジ大学で博士号を取得、そこで研究をつづけている。チャン・ハジュンは、世界銀行、アジア開発銀行など、いくつかの国連組織や多くの政府機関、NGO組織のコンサルタントを務めている。

　世界銀行によって採用されている型にはまった発展政策を批判しており、著作『世界経済を破綻させる23の嘘』（2010年）は、それに代わる経済学の姿を一般化するのに役だった。

**参照**　アジア・タイガー経済282〜287頁

## ルノー・ゴーシェ
**（1976年〜）**

　フランスの思想家ルノー・ゴーシェは、心理学、歴史学、地理学ならびに経済学の学位を修めており、社会科学の諸要素を経済思考のうちに統合し、いっそう全体論的な視点からのアプローチを見いだそうとしている。

　ゴーシェは貨幣の心理学と行動経済学を実証心理学の観点から検証して、そこに「幸福の経済学」の重視を加味して、リチャード・イースタリンのような経済学者たちの研究をたどると同時に、発展と気候変動の政策においてそれが占める位置を考慮しようとしている。

**参照**　幸福の経済学216〜219頁

# 用語解説

## あ行

**赤字 Deficit** 不均衡。貿易赤字は、輸出にたいする輸入の過剰から生じる。政府の財政赤字は、税収を支出が超過した結果生じる。

**インフレ Inflation** その経済内部での、財とサービスの価格が上昇してゆく状態。

**オーストリア学派 Austrian School** 19世紀後半にカール・メンガーによって創設された経済学派。すべての経済活動を個人のふるまいと自由な選択によるものとみなし、経済への政府のいかなる介入にも反対した。

## か行

**外部性 Externality** ひとに感じられる任意の経済活動におけるコストもしくは利益を意味するが、その活動に直接かかわるわけではなく、価格に反映されることもないもの。

**カオス理論 Chaos theory** 数学の一部門で、初期条件におけるささやかな変更が、のちにどれほど大きな変化をもたらすことになるかの研究。

**価格 Price** 買い手から売り手にたいして、商品ないしサービスの見返りとして貨幣ないし商品のかたちで支払われる金額。

**寡占 Oligopoly** ごく少数の企業しかない産業。寡占状態では、企業がカルテルを組んで価格を設定しようとする危険がある。

**株(式) Shares** 企業における所有(権)の単位。持分とも言う。

**カルテル Cartel** 特定の商品の生産量を制限して、価格が高くなるような方式で協働することに同意する企業の結合。

**為替相場 Exchange rate** ある通貨がほかの通貨と交換されるさいのレート(比率)。為替相場は、ほかの通貨との関連におけるその通貨の価格を示す。

**関税 Tariff** 輸入品に課される税金。しばしば外国製品との競争から自国の生産者を保護する目的で課される。

**完全競争 Perfect competition** 買い手と売り手が完全な情報を有していて、同じ製品を生産する多くの企業が並立しているため、個別のどの売り手も価格に影響をもたらすことが不可能になっているという理想的な状態。

**企業家 Entrepreneur** 利潤を生みだしたいという希望から、商業上のリスクを引きうける人物。

**供給 Supply** 購入可能な製品の総量。

**供給曲線 Supply curve** 売り手が異なった価格でつくる製品ないしサービスの総量を示すグラフ。

**共産主義 Communism** 財産と生産手段が集団で所有される、マルクス主義にもとづく経済体制。

**競争 Competition** 二つ以上の生産者が最上の条件を提供することで、買い手の愛顧をかちとろうとするときに起こる。

**均衡 Equilibrium** システム内でバランスのとれている状態。経済学では、需要と供給がイコールのとき市場は均衡状態にあるとされる。

**金本位制 Gold standard** ある通貨が金の保有量によってバックアップされている通貨制度。理論的には、金にたいする需要にもとづいて交換されうる。現在では金本位制を敷いている国はない。

**金融政策 Monetary policy** 経済活動を促進する、もしくは抑える目的で、貨幣の供給や利子率を変えようとする政府の政策。

**クレジット・クランチ Credit crunch** 信用危機。銀行システムにおけるクレジット能力の突発的な低下。信用が広く行きわたった時期のあとにしばしば生じる。

**黒字 Surplus** 不均衡。貿易黒字は、輸入にたいする輸出の余剰を示す。政府の予算の黒字は、支出にたいする税収の余剰を示す。

**グローバル化 Globalization** 国境にまたがる貨幣・商品・サービスの自由な流通。商品や労働力、資本市場の統合をつうじて、国同士の経済的相互依存が高まった結果生じた。

**計画経済 Planned economy** 指令経済を参照。

**景気後退 Recession** 経済の総生産量が減少している時期。

**景気循環 Business cycle** 拡張期(ブーム)と収縮期(破綻)とによって特徴づけられる、成長における経済全般の変動。

**経済 Economy** 特定の国ないし領域における、そのなかで生じる生産・労働・取引・消費のすべてからなりたつ経済活動の全システム。

**経済的自由主義 Economic liberalism** 消費にたいする選択をおこなう最大限の個人的自由が、人びとに与えられている状態の実現されているのが最善と考える思想。経済的自由主義では自由市場経済が推奨される。

**ケインズ主義 Keynesianism** 経済を不景気から引きあげるためには政府の支

出が必要だという、ジョン・メイナード・ケインズの思想を土台とした経済思想の一学派。

**ケインズ乗数 Keynesian Multiplier** ある経済における政府の支出の増加は、のちに収入面でそれ以上の増加をもたらすという理論。

**ゲーム理論 Game theory** 個人ないし企業の相互作用による戦略的な意思決定の研究。

**限界効用 Marginal utility** 財ないしサービスがひとまわり多く消費された結果として生じる、トータルな効用ないし満足度の変化。

**限界収穫逓減 Diminishing marginal returns** 任意の生産物の過剰分が、効果的にささやかな利潤を生んでゆく状態。

**限界費用 Marginal cost** 生産量をひとまわり増やして生産することから生じる総費用の面での増加。

**減耗 Depreciation** ときを越えての資産価値の減少。損耗や低下、あるいは老朽化によって生じる。

**公共財 Public good** 街灯のような、民間企業によっては提供できない商品やサービス。

**行動経済学 Behavioural economics** 意思決定における心理学的・社会的要因の影響を研究する、経済学の一分野。

**効用 Utility** ある製品ないしサービスを消費することから消費者にもたらされる、満足ないし幸福の度合いをはかるための尺度。

**功利主義 Utilitarianism** あらゆる選択は、最大多数の最大幸福を増やすことをめざしておこなわれるべきだと主張する哲学。

**国際通貨基金(IMF) International Monetary Fund** 1944年に戦後の為替相場システムをコントロールすべく設立された国際組織。のちに、貧困国への金融供給機関へと変わってゆく。

**国内総生産(GDP) Gross domestic product** 年間をつうじての国民所得をはかる尺度。GDPは、一国の全年間生産の総和によって集計され、しばしば一国の経済活動と豊かさの尺度として用いられる。

**国民総生産(GNP) Gross national product** 1年間をつうじて、その国に所属する企業によって生産された、あらゆる商品とサービスの総価値。その企業が国内で活動しているか外国で活動しているかは問わない。

**古典派経済学 Classical economics** アダム・スミスとデイヴィド・リカードによって発展させられた経済学にたいする初期の手法で、国家と自由市場の成長に重点を置く。

**混合経済 Mixed economy** 生産手段の一部を国家の所有とし、別の一部を私的な所有とすることで、計画経済と市場経済の側面とを結合した経済状態。厳密な言いかたをするなら、ほとんどすべての経済は混合経済だが、その混合度合いには相当のばらつきがある。

## さ 行

**財 Good** 消費者の欲望ないし要求を満たすもの。通常は、製品ないし生の資源に関連して用いられる。

**債券 Bond** 資本を調達するために用いられる利子つき債券のひとつ。債券は(政府や企業といった)債券発行人によって保証され、一定額の金銭的見返りを踏まえたものとして発行される。債券発行人は、将来の決められた日時に、借りた額に利子をつけた分を払いもどすことを請けあう。

**財政政策 Fiscal policy** 課税および支出にかんする政府計画。

**GNP** 国民総生産を参照。

**GDP** 国内総生産を参照。

**シカゴ学派 Chicago School** 自由市場を強く求める経済学者のグループで、アメリカのシカゴ大学を拠点としている。市場の自由化と規制緩和を求めるその理念は、1980年代に主流派となった。

**市場の失敗 Market failure** 市場が社会的に最適な結果をもたらしそこねている状態。市場の失敗の原因としては、(独占のような)競争の欠如、不完全な情報、計算にいれられていないコストと利益(つまり外部性)、(公共財のばあいのような)潜在的で私的な利潤の欠如といった事態が考えられる。

**実質値 Real value** 購入可能な商品ないしサービスの量との関係ではかられる、ものの価値。

**資本 Capital** 所得を生むために用いられるお金と(機械や経済基盤などの)物的資産。土地と労働と企業とともにいとなまれる経済活動にとっての鍵となる要素。

**資本主義 Capitalism** 生産手段が私的に所有されている経済体制。企業は利潤を生むべく競って商品を売り、労働者はみずからの労働を賃金と交換する。

**社会的市場 Social market** 第二次世界大戦後に西ドイツで展開された経済モデル。民間企業が奨励されるが、社会的公正を保証すべく、政府が経済に介入する混合経済を特徴とする。

**集計量 Aggregate** 総量。たとえば総需要とは、ある経済内部での商品とサービスにたいする需要量の総体をさす。

**自由市場経済 Free-market economy** 生産にかかわる決断が、需要と供給にもとづいて個人や私企業によってなされ、価格が市場によって決定されている経済活動。

**重商主義 Mercantilism** 16世紀から18世紀をつうじて西洋経済を支配していた考えかた。貿易黒字を保つためには、外国貿易にたいして政府がコントロールできる立場にあることが大事だと主

張する。

**従属理論 Dependency theory** 資源と富は、貧しい国の発展を妨げるようなぐあいに、貧しい国から豊かな国へ流れてゆくという考え。

**自由貿易 Free trade** 商品とサービスの輸入および輸出が、それに課される関税や割当量なしにいとなまれること。

**需要 Demand** ある個人ないし集団が自発的に買いたいと思い、また買うことのできる商品およびサービスの量。

**需要曲線 Demand curve** 異なった価格で買われることになる製品ないしサービスの量を示すグラフ。

**消費 Consumption** 購入された商品あるいはサービスの価値。個々人の購入行為は、政府によって集約され、国民消費の数値を算定するのに用いられる。

**商品 Commodity** なんであれ取引可能な製品ないしサービスをさす一般的名称。しばしば経済学では、つねに同じ品質を保ち、大量に売却可能な素材をさす。

**指令経済 Command economy** 経済活動のあらゆる側面が、国家のような中央の権威によって統制されている経済。計画経済とも呼ばれる。

**新古典派経済学 Neoclassical economics** こんにちの主流となっている経済学のアプローチ。需要と供給、合理的個人に基礎を置き、しばしば数学用語で表現される。

**新古典派マクロ経済学 New classical macroeconomics** マクロ経済学のなかで、そっくり新古典派の枠組をもとにした分析形態を用いる思想学派。

**スタグフレーション Stagflation** 超インフレと高い失業率、そして低成長が同時に生じている時期。

**税金 Tax** 政府が企業や個人に課す代金。その支払いは法律で義務づけられている。

**生産要素 Factors of production** 土地・労働・資本・事業といった、生産ないしサービスを実現するうえで用いられる投入物。

**絶対優位 Absolute advantage** ある国がそなえている、任意の製品をほかの国よりも効率的に生産できる能力。

**相反関係 Inverse relationship** ひとつの不確定要素が減少すると、別の不確定要素が増大する状況。

た　行

**大恐慌 Great Depression** 1929年から1930年代中葉までつづいた世界的な経済的不況。はじまりはアメリカのウォール街での大暴落であった。

**談合 Collusion** 二つないしそれ以上の企業のあいだでの、たがいに競争を避けて価格を固定できるようにしようとして結ばれる合意。

**弾力性 Elasticity** （需要のような）経済的変数の、（価格のような）ほかの変数にたいする感度。製品の価格には、弾力性を発揮するばあいと欠くばあいとがある。

**中央銀行 Central bank** 一国の通貨を管理して通貨供給を調整し、利子率を設定する機関。銀行への最終貸し手としても機能する。

**中央計画 Central planning** 中央政府が経済を統制するシステム。商品の生産と割当ての決定は、もっぱら政府の委員会によってなされる。

**超インフレ Hyperinflation** ハイパーインフレ。とてつもなく高い比率になったインフレ状態。

**強気（ブル型）市場 Bull market** 市場における株やそのほかの商品の価値が上昇している時期。

**デフォルト（債務不履行）Default** 約束された期間内に債務を返済できない失敗。

**デフレ Deflation** 時間をつうじて商品やサービスの価格が下がる事態。デフレは経済停滞の時期と連動する。

**投資 Investment** のちの生産増加を見越しての、新たな機械や労働力の強化といったかたちでの資本の投入。

**独占 Monopoly** ただひとつの企業しかない市場。独占企業は概して生産量を抑えて、そのうえで高い価格でその商品を売る。

な　行

**粘着的賃金 Sticky wages** 市場の条件に応答しはするものの、変化の緩慢な賃金。

は　行

**破産 Bankruptcy** ある個人なり企業なりが、もはや負債を払えなくなった結果おこなう法的宣告。

**パレート最適 Pareto efficiency** 商品の割当てにおいて、いかなる変化も、別のなにかに不利益をもたらすことなしに、なにかに利益をもたらすことのできなくなっている状態。ヴィルフレード・パレートの名にちなんでこう呼ばれる。

**比較優位 Comparative advantage** 全般的な効率の点ではほかの国にかなわないとしても、ある製品の製造にかんしては、ある国がほかの国よりも効率的になしうるばあいの、その力。

**非対称的情報 Asymmetric information** 情報の非対称性。情報の不均衡な状態をいう。たとえば、買い手と売り手は、当該の製品についてたがいにより多くの、あるいはより少ない情報を握っていることがある。

**フィリップス曲線 Phillips curve** インフレと失業率とのあいだに想定される負の相関関係を示すための数学的グラフ。

**不況 Depression** 経済活動における深刻な長期的下落。こうなると生産は停

滞し、失業率が上がり、信用が失われる。

**複占 Duopoly** 二つの企業が市場にたいする支配権を握っている状態。

**負債 Debt** 一方（借り手）が他方（貸し手）にたいしておこなう、借入れを返済するという約束。

**物々交換制度 Barter system** 貨幣のような交換の媒体を用いずに、財やサービスがたがいに直接的に交換される制度。

**ブレトン・ウッズ体制 Bretton Woods system** 1945年に世界の主要産業国のあいだで決められた為替相場システム。USドルの価値が金に結びつけられ、ほかのすべての通貨の価値はUSドルに結びつけられた。

**貿易収支 Balance of trade** 一定の期間内でのある国の輸出と輸入の価値の差異。

**法定不換貨幣 Fiat money** 金のような物的財貨として裏づけられることはないが、人びとから寄せられる信頼のうちにその価値をもつような貨幣形態。世界の主要通貨は、法定不換貨幣だ。

**保護貿易主義 Protectionism** 国際貿易に制限をくわえて、国が輸入品にたいして関税ないし割当て制限を課すことを目標とする経済政策。

### ま 行

**マクロ経済学 Macroeconomics** 経済活動全体の研究。利子率やインフレ、成長と失業といった経済全般にまたがる要因を考察する。

**マネタリズム Monetarism** 政府の主な役割は、貨幣供給のコントロールにあると考える経済思想の一学派。アメリカの経済学者ミルトン・フリードマンと、1970年代から1980年代にかけての保守的な政府との結びつきが強かった。

**見えざる手 Invisible hand** 諸個人は市場でもっぱら自身の利益を追求するが、あたかもなんらかの導きとなる「見えざる手」がそこにあるかのように、それが社会の全体的な利益へつうじてゆくというアダム・スミスの考え。

**ミクロ経済学 Microeconomics** 個々人や企業の経済行動の研究。

**名目値 Nominal value** その日のお金（の価値）で表現される、ものの現金価値。名目値ないし賃金は、インフレなどに左右される。そのため時期がちがえば、うまく比較することができなくなる（たとえば、50ポンドの賃金で買える商品の総量は、1980年と2000年とでは異なる）。

### や 行

**ユーロ圏 Eurozone** 通貨統合を形成しているヨーロッパ連合（EU）内の国々。そのなかではユーロという同一の通貨が用いられ、金融政策はヨーロッパ中央銀行によって統御されている。

**予算 Budget** 予定されているすべての出費と収入を書きだした財政計画。

**予算制約式 Budget constraint** ある個人が提供できる財とサービスの限界。

**弱気（ベア型）市場 Bear market** 市場における株やそのほかの商品の価値が下がっている時期。

### ら 行

**利子率 Interest rate** 借入金の価格。通常借入れにおける利子率は、借入総額にたいして返済されねばならない1年後の額のパーセンテージから決まる。

**流動性 Liquidity** ある資産がなにかを購入するために容易に使えるようになっていて、それでいてそれによって資産価値の下がることのない状態。たとえば、価値になんの変化もこうむることなく、すぐに商品やサービスの購入に用いられうる点で、現金はもっとも流動性の高い資産だ。

**量的緩和 Quantitative easing** 中央銀行による、経済活動への新たな貨幣の投入。

**レッセフェール Laissez-faire** もともとは、「そのままにしておけ」という意味のフランス語。経済学では、政府の介入から自由な状態にある市場をさす用語として用いられる。

# 索引

太数字(ゴシック体)は見出し項目の掲載ページ。

## あ行

ISLMモデル　153, 160, 165, 202
IMF(国際通貨基金)　123, 184, 187, 193, 228, 231, 314, **341**
赤字　97, 253～5, 262, 322～3, 325, **340**
アカロフ, ジョージ　61, 156, 274, **275**, 281, 302
アギオン, フィリップ　232
アクィナス, トマス　18, 20, 22, **23**
アクセルロッド, ロバート　273, **337**
アークライト, リチャード　50
アーサー, ブライアン　278
アジア・タイガー経済　85, 243, 261, 282～7
アスピルクエタ, マルティン・デ　31
アセモグル, ダロン　206～7, 328
アデナウアー, コンラート　184, 222
アトキンソン, アンソニー　64
アムスデン, アリス　261, 284～6, **338**
アリエリー, ダン　266
アリストテレス　18, 21～2, 52, 62, 94, 114
アル＝ガザーリー　67
アレ, モーリス　114, 120, 162, 194, **195**
アレシナ, アルベルト　261, 326, **327**
アレニウス, スヴァンテ　306
アロー, ケネス　120, 123, 185, 208, **209**, 212～5, 232
EEC(欧州経済共同体)　185, 223
イエレン, ジャネット　156, 302
意思決定　46, 52, 116, 124, 162～3, 184～5, 194, 204, 208, 236, 248～9, 266～7, 273, 281, 294, 304
イースタリー, ウィリアム　315
イースタリン, リチャード　216～9
一般可能性定理　215
一般均衡(モデル, 理論)　44, 56, 60, 88, 113, 120～3, 130, 146, 175, 210, 212～3
イノヴェーション(技術革新)　58, 60, 148 ～9, 225, 228～9, 232, 313
イブン＝タイミーア　110
EU(ヨーロッパ連合)　35, 71, 254, 343

インサイダー取引　272
インセンティヴ　14, 21, 128～9, 144, 207 ～9, 233, 270, 286～7, 302, 321
インフラ(産業基盤)　95, 153, 164～5, 190, 192～3, 285～6
インフレ　30～3, 185, 198～203, 240, 246 ～7, 257, 260, 262, 272, 277, **340**
ヴァリュー・アット・リスク(VaR)　262
ヴィーザー, フリードリヒ・フォン　89, 133, **335**
ヴィシュニー, ロバート　326
ヴィックリー, ウィリアム　294～5
ウィリアムソン, ジェフリー・G　231
ウィリアムソン, ジョン　328～9
ウェアリング, マリリン　261, 310, **311**
ウェイド, ロバート　285～6
ウェッブ, アースラ　165
ウェッブ, シドニー　134～5, 160
ウェッブ, ベアトリス　89, 134, **135**, 156 ～7, 160
ウェーバー, マックス　138, **139**
ウェーバー, ロバート・J　294
ヴェブレン, ソースタイン　89, 117, 136, 206, **335**
ヴェンツェスラウス二世　70
ウォラス, ヘンリー・A　72
ウォーラーステイン, イマヌエル　242
ウォリス, ジョン　328
ヴォルカー, ポール　272
ウォール街の株価暴落　89, 152, 157～9
ウォルファーズ, ジャスティン　219
ウォレス, ニール　246, 303
エヴァンズ, ペーター　286
エッジワース, フランシス　116～7, 120 ～1, 212
エルズバーグ, ダニエル　162, 248～9, **249**
エンゲル, エルンスト　124, **125**, 335
エンゲルス, フリードリヒ　88, 104
エンタイトルメント理論　256～7
オイケン, ワルター　222
欧州通貨制度(EMS)　254, 291

オーエン, ロバート　78
オークション(理論)　177, 294～5
オーストリア学派　60, 88～9, 97, 146～7, 153, 174～7, 335～6, **340**
オズワルド, アンドリュー　216, 219
オファー, アブナー　166～7
オプション(契約, 価格)　264
オブストフェルド, モーリス　292, 322
OPEC(石油輸出国機構)　71～3, 185, 260
オリーン, ベルティル　82, 84, 312
オルーク, K・H　231
オルソン, マンサー　82, 85
オルドー自由主義　222
オールドリッチ, ネルソン　73

## か行

外貨準備　35, 290～3
外国為替相場(レート)　127, 129, 185, 250 ～5, 262, 287
開発経済学　153, 188～93, 261, 336, 339
開発志向型国家(モデル)　284, 287
外部性　137, 147, 213, 308, **340**, 341
カオス(理論)　261, 278～9, **340**
価格　18, 22～3, 32, 58～9, 71～3, 88～90, 110～7, 124, 126～9, 133, 144～5, 180～1, 229, 262, 303, **340**
確率　88, 248～9, 267～9
過剰生産(生産過剰)　74～5, 78～9, 104
寡占　70, 72～3, 335, **340**
家族経済学　53
価値(理論)　25, 39, 51, 63, 106～7, 110, 114, 133, 210
ガット(GATT)　184, 187, 231
カーネマン, ダニエル　162, 194, 260, 266 ～9
ガーバー, ピーター　98～9, 261
株(式, 価)　19, 29, 38, 79, 88, 99, 168, 264, 272, 279, **340**, 342
株式(証券)市場　79, 88, 169, 279
株式(証券)取引所　19, 29, 38, 98, 168
カプラン, サラ　148

# 索引

貨幣　18～9, 24～5, 30～3, 75, 113, 198
　～9, 290, 298～9, 301, 343
　　貨幣供給　18, 147, 152, **84**, 198～201,
　　　260, 343
　　貨幣数量説　30～3, 198, 200
カーライル, トマス　12～3
カルテル　70～3, 88, 241, **340**
ガルブレイス, ジョン・ケネス　12, 140,
　184, **336**
カレツキ, ミハウ　164
カロミリス, チャールズ　321
為替(手形)　18, 28, 193
為替相場(レート)　185, 201, 252～4, 290
　～3, **340**
カーン, チャールズ　321
カーン, リチャード　164～5, 181, **336**
環境(汚染, 問題)　89, 137, 306, 308～9
環境税　89, 137, 306, 308
関税　19, 73, 85, 192～3, 228～31, 286,
　334, **340**
カンティロン, リチャード　42, 56
カント, イマヌエル　21
カントーニ, ダヴィデ　138
機会費用　89, 133, 335
企業(家)　88～9, 94～7, 126～9, 132, 149,
　184, 232～3, 246, 302, **340**
気候変動　15, 261, 306～9, 339
希少な財(資源)　15, 63, 152～3, 171
規制緩和　223, 260～1, 264, 293, 341
期待効用(値, 理論)　162, 184～5, 194～5,
　248, 266
キッドランド, フィン　260, 276, **277**
ギッフェン, ロバート　89, 116～7
CAPM(キャップエム)　262
キャンベル, ドナルド　218
救貧法　140～1
供給　57, 74～5, 78, 96, 110～3, 120～4,
　270, **340**
供給曲線　110, 112, 123, **340**
共産主義　15, 46, 58, 75, 89, 102～5, 152,
　175, 185, 223, **340**
共産党宣言　20, 46, 88, 102, 104, 222
競争　57～8, 70, 79, 90～1, 94～7, 104, 126
　～9, 131, 188, 273, 286, **340**
　　完全競争　88, 90～1, 97, 126～9, **340**
京都議定書　309

ギリシャ(危機)　15, 18, 46, 77, 82, 106,
　290, 292
ギルド　64, 95, 135
キルマン, アラン　278
キング, グレゴリー　19, 36～7, 170
キング, マーヴィン　208, 320
均衡(モデル)　56, 58, 89, 110～2, 118～
　23, 130, 144, 212～3, 237, 239～41, 278,
　294, **340**
銀行(業)　24, 26～9, 153, 209, 262, 298,
　318～21, 331
銀行危機　28, 174, 177, 209, 233, 293, 300
　～1, 318, 321
銀行取付　28, 316～21
キンドルバーガー, チャールズ　290, 318
金本位制　24～5, 152, 186～7, 260, **340**
金融危機(恐慌)　28, 51, 79, 104, 136, 152,
　177, 213, 261～2, 272, 290, 296～301,
　318, 320～5, 331
金融工学　260, 262～5
金融市場　230, 260, 262～5, 298～301
金融政策　200～1, 203, 244, 246, 253, 276
　～7, 303, **340**, 343
金融不安定(仮説)　26, 260, 296～301
クズネッツ, サイモン　36, 42, 153, 178,
　**179**, 216～7, 310, 326
グッドハート, チャールズ　330～1
クートナー, ポール　272
グライフ, アヴナー　206
クラーク, コリン　36, 178
クラフツ, ニコラス　313
グランモン, ジャン＝ミシェル　278
クリステンセン, クレイトン・M　148～9
クルーグマン, ポール　284, 290, 292, 312,
　**338**
クールノー, アントワーヌ・オーギュスタン
　70, 88, 90, **91**, 94, 236
クレイ, アート　85
クレイマー, マイケル　314～5
クレジット・クランチ(信用危機)　105,
　324, **340**
クレジット・デフォルト・スワップ　299
グレシャム, サー・トーマス　274～5
グレンジャー, クライヴ　170
黒字　35, 255, 292～3, 323～5, **340**, 341
グロスマン, ジーン　312

グローバル化　67, 135, 185, 228～31,
　305, **340**
ケアンズ, ジョン・エリオット　126, 128
計画経済　15, 89, 102, 105, 142～7, 153,
　174～6, 184, 232～3, **342**
景気後退(リセッション)　79, 148～9, 158,
　187, 261, 303, **340**
景気循環　51, 61, 78, 153, 188, 253, 255,
　298, 330, **340**
経済(学)　12～5, 18～9, 50～1, 88～9, 102,
　107, 132, 138～9, 152～3, 170～1, 178～
　9, 184～5, 206, 260～1, 306, 310, 328, **340**
経済協調　184, 186～7
経済(的)自由主義　172～7, **340**
経済成長(理論)　51, 59, 75, 178～9, 202,
　222～5, 261, 313, 326～7
経済表　19, 42～5, 62
経済物理学　265
経常収支　293, 324～5
ケイツ, スティーヴン　74
契約曲線　212
ゲイリー, ベッカー　52～3, 171
計量経済学　152～3, 170, 336
ケインズ, ジョン・メイナード　33, 44, 74
　～5, 78～9, 152, 156～60, **161**, 164～5,
　177, 184, 198, 200, 204, 208, 249, 298, 303,
　336, 340
ケインズ経済学　74, 153, 161, 303, 336～7
ケインズ主義(派, モデル)　33, 60～1, 160,
　177, 185, 244～6, 260, 263, 276, **340**
ケインズ乗数　45, 153, 164～5, **341**
ケーガン, フィリップ　244
ケネー, フランソワ　19, 42～4, **45**, 51～2,
　62, 165, 216
ゲーム理論　90～1, 184, 206, 234～41,
　273, 294～5, 337, **341**
限界効用　62～3, 88～9, 110, 114～6,
　124, 335, **341**
限界効用逓減の法則(DMU)　114～5
限界収穫逓減　62, **341**
限界費用　**341**
減税　260, 270～1
減耗　**341**
公害(汚染)　137, 306～9
公共財　19, 46～7, 223, 285, 308, **341**
公共事業(投資)　134, 152, 165, 203～4,

223
公共選択(理)論　60, 336
好景気(ブーム)　78〜9, 298, 330
公債　76, 295
厚生経済学　130, 176, 210, 210, 212, 214, 220
行動経済学　53, 61, 194〜5, 248, 260, 265〜9, 272, **341**
幸福(度)　37, 52〜3, 64, 107, 130, 185, 215〜9, **341**
幸福の経済学　216〜9, 339
効用(理論)　52, 89, 114〜5, 130, 136, 162, 194, 266, 269, **341**
功利主義　51, 120, 130, 214〜5, **341**
効率性　56, 59, 130〜1, 144, 210〜1, 213, 232
効率賃金(モデル)　156, 160〜1, 302
効率的市場(仮説)　185, 272, 337
合理的期待(仮説)　60, 77, 198, 201, 244〜7, 276〜7, 303, 337
合理的選択理論　53
国債　33, 255, 324
国際経済学　336, 339
国際収支(BOP)　19, 252〜3, 262, 323
国際復興開発銀行(IBRD)　184, 186〜7
国内総生産(GDP)　37, 216〜9, 254, 307, 310〜1, **341**
国富論　13, 50〜2, 56, 66, 74, 94, 166, 224, 351
国民所得(勘定, 会計)　36, 42, 44, 158, 167, 216〜7, 219, 310〜1, **341**
国民総生産(GNP)　36, **341**
穀物法　82〜3
国際連合(UN)　36, 184, 306, 308, 310
国連開発指標　219, 310
ゴーシェ, ルノー　**339**
誇示的消費　89, 117, 136, 335
コース, ロナルド　137
固定(為替)相場(制)　187, 230, 252, 262, 264, 290〜2
古典派経済学　14, 45, 50〜1, 60, 88, 128, 156, 165, 285, 287, 298, **341**
ゴドウィン, ウィリアム　68
ゴードン, デイヴィド　276
コーポレート・ガバナンス　168〜9
コモンズ, ジョン　206

雇用(率)　59, 75, 134〜5, 164〜5, 202〜3, 276〜7
　完全雇用　79, 159, 199〜200, 232, 298
コルナイ・ヤーノシュ　184, 232, **233**
コルベール, ジャン＝バティスト　**334**
コールマン, ジェイムズ　280
コロンブス, クリストファー　19, 30, 228
混合経済　105, 223, **341**
コンドラチェフ, ニコライ・ドミートリエヴィチ　**335**
コンドルセ, ニコラ・ド　68, 214〜5
コンピュータ　111, 123, 265, 273, 313

## さ行

財　13, 18〜9, 22, 34, 47, 117, 125, 181, 211, 233, 298, 319, **341**, 343
債券　29, 162, 265, 325, **341**
財産(権)　20〜1, 140〜1
財政(政策)　198, 201, 244, 270, 276, **341**
財政赤字　270, 290, 292, 301
再分配　167, 211, 213, 255, 326
債務担保証券(CDO)　265, 299, 324
債務不履行(デフォルト)　265, 299, 318, **342**
債務(負債)免除　185, 261, 314〜5
サイモン, ハーバート　52, 98, 247, 266
サヴェッジ, レナード・J　115, 194, 248
先物市場(取引)　163, 263〜4
搾取(と疎外)　103〜4, 242〜3
サージェント, トーマス　77, 201〜2, 246, 303
サーチ・マッチング理論　304〜5, 337〜8
サーチング　304〜5
サックス, ジェフリー　261, 314, **315**
サッチャー, マーガレット　177, 201, 223, 260
サブプライム・ローン　28, 265, 300, 324
サプライサイド経済学　270〜1
サマーズ, ローレンス　266
サミュエルソン, クルト　138
サミュエルソン, ポール・A　46, 120, 130
サラ＝イ＝マーティン, ザビエル　326〜7
サラビア・デ・ラ・カイェ, ルイス　22
産業革命　50〜1, 95, 132, 168, 179, 307, 313
サン＝シモン, アンリ・ド　**334**
サン＝ペラヴィ, ゲルノー・ド　62

シェイディング　295
ジェヴォンズ, ウィリアム　88〜9, 114, **115**, 121, 130, 232
シェリング, トーマス　236, 241
ジェンセン, マイケル　168
ジェンセン, ロバート　116〜7
ジェンダー(性差)　261, 310〜1
シカゴ学派　163, 185, 260, 336〜7, **341**
シカゴ商品取引所　263
シカゴ・マーカンタイル取引所　263
シグナリング　253, 281, 338
資産(富)　19, 36〜7, 39, 262, 264, 299〜300, 343
市場　22, 51, 54〜61, 65, 70〜1, 88, 94〜7, 126〜9, 153, 174〜7, 185, 210〜3, 220〜3, 229〜31, 261, 274〜5, 285, 343
　完全市場　65, 127
　市場の失敗　61, 85, 147, 185, 209, 213, 261, 285, 308, **341**
市場価格　21〜3, 57〜8, 111, 113, 127〜8, 137, 144〜5, 211, 246, 263, 265, 286
市場社会主義　146
シスモンディ, ジャン＝シャルル　51, 78〜9
失業(率)　74〜5, 152, 156〜61, 198〜203, 217, 246, 303, 305, 342
　非自発的失業　157〜61
実質値　303, **341**
資本　45, 58〜60, 84〜5, 106, 128, 148, 190〜1, 225, 230, 253, 280, 326, **341**
資本主義(経済, 市場)　20, 51, 88〜9, 102〜5, 107, 139, 148〜9, 261, 298〜9, **341**
資本論　42, 88, 102, 106, 144
社会主義　22, 89, 102, 104〜5, 142〜7, 153, 175, 223, 232〜3, 260, 334
社会主義経済　144〜5, 222〜3, 328〜9
社会選択理論　214〜5
社会的市場(経済)　184, 222〜3, 335, **341**
シャピロ, カール　302
シャーマン法　73
ジャヤシャンドラン, シーマ　314
ジャンセン, ロバート　116〜7
シュウォーツ, アンナ　198
収穫逓減　62, 68, 224
集計量　**341**
私有財産　18, 20〜1, 140, 175〜6

自由市場(経済)　23, 50〜1, 56〜61, 88, 105, 121, 130〜1, 144, 153, 174〜7, 184〜5, 211〜3, 220, 222, 261, 340, **341**
重商主義(者)　18〜9, 34〜5, 42, 58, 68, 82, 102, 228, **341**
従属理論　124, 185, 242〜3, **342**
住宅市場　299〜301, 324, 330〜1
住宅バブル　261, 300, 331
囚人のジレンマ　72〜3, 238〜9, 273, 338
重農主義(者, 学派)　19, 39, 42〜4, 62, 65
自由貿易　19, 34〜5, 39, 42〜5, 51, 61〜2, 65, 82, **342**
収斂(論)　224〜5, 229, 254
シュムックラー, ジェイコブ　313
需要　57, 59, 74〜5, 78〜9, 88〜9, 110〜4, 120〜5, 203, 269, 341, **342**
　需要と供給　75, 78, 88〜9, 107〜13, 121, 175, 304, 341〜2
　総需要
需要曲線　111〜2, 114, 117, **342**
シュルツ, セオドア　39
シュレイファー, アンドレイ　266, 326
シュンペーター, ヨーゼフ　58, 89, 97, 148, **149**, 313
勝者の呪い　294〜5
乗数　43, 45, 164〜5, 204〜5
商人銀行(マーチャント・バンク)　27〜8
消費(財, 税)　42, 58, 63〜4, 78〜9, 106, 114, 116〜7, 136, 145, 198〜200, 204〜5, **342**
商品　34, 40〜5, 63, 106〜7, 263, **342**
情報　28, 52, 61, 144〜5, 174〜5, 208, 240, 260, 272, 274〜5, 281, 338, 342
　非対称的情報　28, 208, 338, **342**
情報経済学　61, 208, 260, 281, 338
ジョージ, ヘンリー　39, 140
所得　58, 65, 69, 124〜5, 178, 198〜200, 204〜5, 216〜9, 243
ジョブ・サーチ(仕事探し)　304〜5
所有権　20〜1, 137, 207, 287
ショールズ, マイロン　262, 264
シラー, ロバート　98
シルクィン, モシェ　178
指令経済　**342**
シン・ヒョンソン(申鉉松)　325
シンガー, ハンス　124, 242〜3

人口(動態)　36, 51, 68〜9, 178, 190, 256
新古典派経済学　14, 60, 77, 89, 160, 185, 233, **342**
新古典派マクロ経済学　77, 201, **342**
新自由主義　176〜7, 187
スウィージー, ポール　106
数学　89, 110, 120〜3, 152〜3, 210, 279
数理経済学(モデル)　121〜2, 159, 165, 210, 265
スカーフ, ハーバート　210
スクリーニング　281
スタグフレーション　201, 203, 271, **342**
スターリン, イオシフ　105, 152
スターン, ニコラス　261, 306〜8
スティーヴンソン, ベッツィー　219
スティグラー, ジョージ　70, 73, 116, 304〜5, **336**
スティグリッツ, ジョセフ　64, 161, 193, 219〜20, 228, 274, 281, 302, **338**
ストーン, リチャード　36
スペンス, マイケル　274, 281, **338**
スミス, アダム　13〜4, 45, 56〜60, **61**, 63, 66〜7, 70〜1, 74〜5, 88, 94〜6, 132, 148, 208, 210, 212, 228
スミス, イヴ　324
スミッソン, マイケル　248
スムート・ホーリー法　229
スラッファ, ピエロ　133
セー, ジャン＝バティスト　51, 74, **75**, 78, 270, 298
税(金)　46, 50, 64〜5, 76〜7, 137, 220, 270〜1, 326〜7, **342**
生活水準　68, 85, 134, 138, 157, 190〜1, 217〜8, 218, 224〜5, 233
正規分布　264〜5
生産要素　326, **342**
政治経済学　13〜4, 19, 45
税制　50, 62, 64, 270, 334
政府介入(調停)　51, 146, 152〜3, 174〜5, 284〜7, 303
政府支出　19, 46〜7, 51, 140, 152〜3, 164〜5, 177, 198〜200
セイラー, リチャード　272
世界銀行　140〜1, 193, 228, 231, 284, 286, 314〜5, 327
世界システム理論　242

世界貿易機関(WTO)　35
セカンド・ベスト(の理論)　220〜1
絶対優位　83, **342**
ゼルテン, ラインハルト　236, 240〜1
ゼロ-サム(ゲーム)　237
セン, アマルティア　140〜1, 214, 219, 220, 256, **257**
ソーウェル, トマス　13
創造的破壊　148〜9
相反関係　**342**
贈与　106, 116〜7, 167, 269
ソーシャル・ネットワーク　280
ソロー, ロバート　62, 224, **225**, 313
ソロス, ジョージ　291
ソーントン, ヘンリー　318
ゾンバルト, ヴェルナー　148

# た行

ダイアモンド, ダグラス　318〜21
ダイアモンド, ピーター　304〜5, **337**
大恐慌(不況)　29, 152, 158, 186, 198, 229〜30, 290, 298, 318, **342**
ダーウィン, チャールズ　273
タウシッグ, フランク　180
タックス・ヘイヴン(租税回避地)　271
ダブナー, スティーヴン・J　14
ダラー, デイヴィッド　85, 228
タレス(ミレトスの)　94
タレブ, ナシム・ニコラス　248, 264〜5, 298
談合　70〜3, **342**
団体交渉　134〜5, 160
担保(抵当)　298〜300, 330〜1
弾力性　64, 124〜5, **342**
チェネリー, ホリス　178
チェンバリン, エドワード　180
地球温暖化　261, 306〜8
地球幸福度指数(HPI)　37, 218
チャイルド, ジョサイア　19, 38
チャン, ジェイムズ　137
チャン・ハジュン(張夏准)　**339**
チャンドラー, アルフレッド　132, **337**
中央銀行　33, 147, 201, 240, 260, 276〜7, 290〜1, 293, 320〜1, **342**, 343
中央計画(経済)　142〜7, 174〜5, 232〜3, **342**
チューネン, ヨハン・フォン　120

チューリップ・マニア(市場)　19, 98～9
チュルゴ, アン＝ロベール＝ジャック
　　50～1, 62～4, **65**
超(ハイパー)インフレ　152, 199, 290～1,
　　**342**
貯蓄　33, 59, 75, 198, 204～5, 322～5
賃金(モデル)　57～9, 84, 103, 128, 134～
　　5, 158～61, 245, 302～5, **343**
　　粘着的賃金　158, 303, **342**
通貨　30, 186～7, 252～5, 261, 290～3
通貨危機(モデル)　255, 261, 290～3
通貨供給(マネー・サプライ)　253, 276
(最適)通貨圏　252～5
ツツ, デスモンド　315
強気(ブル型)市場(相場)　79, **342**
デイヴィス, モーリス　330
ディスヤタット, ピティ　322
ディビッグ, フィリップ　318～21
テイラー, ジョン・B　303, 322, 324
テイラー, フレッド　75, 144
ティンバーゲン, ヤン　**336**
デニソン, エドワード　178
デフレ　**342**
デブロー, スティーヴン　256
デュノワイエ, シャルル　78～9
デュプュイ, ジュール　126, 180～1
デリバティブ(金融派生商品)　28, 263
　　～4, 325
デロング, ブラッド　224
ドイツ歴史学派　147, 335
トウェイン, マーク　29
トヴェルスキー, エイモス　162, 194, 260,
　　266～9
投機　19, 290～3, 301
統計学　19, 36～7, 152, 170
投資(家)　27, 29, 98～9, 162～3, 169, 190
　　～3, 224～5, 233, 243, 262～5, 271～2,
　　284～6, 300, 314, 318～23, 331, **342**
鄧小平　222～3
投票のパラドックス　184, 214～5
ドゥンス・スコトゥス　110
独占(観)　70～2, 88, 90～7, 129, 132, 147,
　　181, 221～2, **342**
独占禁止法　70, 73
トダロ, マイケル　**337**

ドットコム・バブル　77, 99, 272
トービン, ジェイムズ　**337**
ドブリュー, ジェラール　60, 120, 123, 210,
　　211, 212～3, 232
ドーマー, エヴセイ　224
ド・マリーンズ, ジェラール　34～5
トム, ルネ　278
ドラー, デイヴィド　85
トラスト　71, 73
トラハテンバーグ, マヌエル　313
トリヴァース, ロバート　273
ドレッシャー, メルヴィン　238～9
トレード・オフ　185, 200～3, 246

## な行

内生的成長理論　224～5
ナイト, フランク　126, 129, 162, **163**, 208,
　　248～9
ナショナル・ミニマム　135
ナッシュ, ジョン　90～1, 184, 236～8, **239**,
　　240, 294
南海の泡沫　38, 98
ニクソン, リチャード　24, 186～7, 199,
　　260, 262
二酸化炭素排出量(取引)　307～9
ニュー・ケインジアン(経済学)　160, 202,
　　244, 303
ニュー・ディール(政策)　152～3, 159, 184
ニュートン(の法則)　120～1
ヌルクセ, ラグナー　190～1, **336**
ネオ・リベラリズム→新自由主義
農業　19, 39, 42～4, 60, 62, 65, 128, 152, 178
ノース, ダグラス　166, 206, **207**, 328
ノース, ダドリー　34
ノードハウス, ウィリアム　306～9

## は行

ハイエク, フリードリヒ　56～7, 60, 126,
　　129, 144, 146, 152～3, 174～6, **177**, 260,
　　278
バウアー, ピーター　190
ハーヴィッツ, レオニード　240
バーク, エドマンド　51
ハーサニ, ジョン　236, 238, 240
破産　19, 152, 209, 261, **342**
ハーシュマン, アルバート　191

バシュリエ, ルイ　262
バジョット, ウォルター　26
バタフライ効果　278
発展途上国　85, 141, 185, 192～3, 202, 219,
　　225, 231, 261, 293, 309
パットナム, ロバート　280
ハーディン, ガレット　68
パティンキン, ドン　165
バーナンキ, ベン　322～4, **325**
パニク, ダン　256
ハニファン, ライダ・J　280
バブル経済　18, 38, 88, 98～9, 272, 300
ハミルトン, アレクサンダー　34
バーリ, アドルフ　152, 168～9
バリュー・アット・リスク(VaR)　262
パレート, ヴィルフレド　60, 88, 120, 122,
　　130, **131**, 144, **342**
　　パレート最適　89, 130～1, 212～3, **342**
バロー, ロバート　76～7, 164, 276, **338**
バローネ, エンリコ　144, 174
ハロッド, ロイ　224
ハンセン, アルヴィン　204
パンタレオーニ, マッフェオ　131
反トラスト法　70, 73, 97
比較優位(説)　80～5, 193, 285～6, 312,
　　**342**
東アジア通貨(金融)危機　187, 230, 287,
　　292～3
東インド会社　18, 35, 38, 168
ピグー, アーサー　137, 157, 180, 220, 299,
　　306, 308, **335**
ピサリデス, クリストファー　304～5, **338**
ヒースコート, ジョナサン　330
ヒックス, ジョン　124, 130, 156, **165**, 244
ビッグ・プッシュ(理論)　190, 192～3, **336**
ピット, ウィリアム　50
ピノチェト, アウグスト　201, 260
ヒューム, デイヴィド　19, 30, 46, **47**, 50,
　　57, 61
貧困(問題)　68, 117, 134～5, 140～1, 152,
　　156～7, 213, 261, 284, 287, 327
ビンモア, ケネス　273, **337**
ファーガソン, ニーアル　322, 324
ファイン, ベン　280
ファーバー, マリアンヌ　310
ファーマ, ユージン　168, 185, 272, **337**

ファン・デ・ワーレ, ニコラス　328
フィッシャー, アーヴィング　30, 32, 198, 298
フィトゥーシ, ジャン＝ポール　219
フィリップス, ビル　185, 202, **203**, 221
　フィリップス曲線　185, 200〜3, 221, **342**
フィールド, ジョン　280
フーヴァー, ハーバート　152
フェルドーン, ペトリュス・ヨハネス　132
フェルプス, エドムンド　305
フォスター, リチャード　148
フォーブレ, ナンシー　310
フォン・ノイマン, ジョン　114, 123, 194, 236〜7, 239, 274
不確実性　114, 129, 162〜3, 195, 208, 217, 240, 248, 274〜5, 319
不換紙（貨）幣　25, **343**
　法定不換貨幣　**343**
不況（不景気）　44, 78〜9, 152, 156〜61, 164〜5, 186〜7, 204, 298, 330〜1, **342**
複雑性（理論）　261, 278〜9, 338
福祉　53, 96, 130, 140〜1, 184, 215, 217〜9, 220〜1, 223, 231
複占（概念）　90〜1, **343**
フクヤマ, フランシス　174, 280
負債（債務）　76〜7, 271, 298〜301, 314〜5, 324, **343**
ブース, チャールズ　140
ブッシュ, ジョージ・W　270
物々交換（制度）　18, 24〜5, 75, 166, **343**
フーデンバーグ, ドリュー　273
不平等　89, 175, 222, 242〜3, 261, 326〜7
部分均衡（分析）　111〜3, 123
ブラック, フィッシャー　262, 264
フラッド, メリル　237〜9
フラッド, ロバート　261
プラトン　18, 20, 66
フランク, アンドレ・グンダー　185, 242〜3
フランケル, ジェフリー　252, 255, 293
プリゴジン, イリヤ　278
フリーズ, スティーヴン　232
ブリックス諸国（BRICs）　15, 261
ブリックマン, フィリップ　218
フリッシュ, ラグナル　152〜3, 170, **336**
フリードマン, トーマス　231

フリードマン, ミルトン　30, 33〜4, 135, 171, 198, **199**, 200〜3, 205, 252, 260, 343
ブルネレスキ, フィリッポ　46
プレスコット, エドワード　260, 276〜7
プレストル, セバスチャン・ル　37
ブレスナハン, ティモシー　313
ブレトン・ウッズ体制（協定）　153, 184, 186〜7, 231, 252, 262, 290, **343**
プレビッシュ, ラウル　124, 242〜3
フレミング, マーカス　185
ブレンターノ, ルーヨ　335
プロスペクト理論　267, 269
プロテスタンティズム　138〜9
プロレタリアート　21, 102, 104
分業　51, 66〜7
米国連邦準備制度理事会（FRB）　25, 198, 272, 323, 325
ヘイルズ, ジョン　82
ベヴァリッジ, ウィリアム　304
ヘクシャー, エリ　82, 84, 312
ヘーゲル, ゲオルク　102, 104
ベーコン, フランシス　36
ベッカー, ゲイリー　52〜3, 171
ヘッジ・ファンド　169, 321, 325
ヘッジ・ユニット　299〜300
ベッヒャー, ヨハン　90
ペティ, ウィリアム　19, 36, **37**, 39, 42, 106
ペティット, ネイサン　136
ベーム, フランツ　222
ベーム＝バヴェルク, オイゲン・フォン　63, 106, 147, **335**
ベルトラン, ジョセフ　90〜1, **335**
ベルヌーイ, ダニエル　63, 162
ヘルプマン, エルハナン　312
ペロッティ, ロベルト　326
ベンサム, ジェレミー　51, 214
変動相場制　187, 252〜3, 262, 264, 293
ボアギュベール, ピエール・ド　37, 42, 57, **334**
ポアンカレ, アンリ　272
貿易　18〜9, 34〜5, 50, 82〜5, 97, 187, 228〜31, 242〜3, 252〜5, 262, 285, 312, 322〜3, 325
貿易収支　323, **343**
北欧（諸国, モデル）　223, 327
保護（貿易）主義　34〜5, 50〜1, 82, 85,
190, 192, 228, 242, **343**
ボダン, ジャン　30, **31**, 32
ホッブス, トマス　37, 57
ホフマン, ボリス　331
ホームズ, トマス　180
ホモ・エコノミクス（経済人）　52〜3, 208
ボーモル, ウイリアム　94, 96
ポランニー, カール　136, 153, 166, **167**
ボリオ, クラウディオ　322
ホール, ロバート　204, 247
ボルダ, ジャン＝シャルル・ド　214
ボールトン, パトリック　232
ポーロ, マルコ　24
ホワイト, エイドリアン　219
ポンジ・スキーム　298, 300
ポンパドゥール夫人　42

## ま行

マイヤーソン, ロジャー　294
マカリー, ポール　298
マクミラン, ハロルド　260
マクロ経済（学）　14, 19, 30, 42, 51, 60, 74, 77〜8, 98, 152〜3, 156, 160, 164, 177, 201〜3, 244, 276〜8, 303, 330, **343**
マーケティング　97, 269
マーコウィッツ, ハリー　262
マーシャル, アルフレッド　89, 96, **110**, 111〜2, 114, 116, 124, 126〜9, 132〜3, 136, 147, 171, 232, 302, 335
マーシャル・プラン　190, 192
マスキン, エリック　273
貧しい国　39, 185, 190, 192〜3, 224, 242〜3, 308, 314, 327
マッキノン, ロナルド　252
マックレー, ポール　298
マッケイ, チャールズ　88, 98
マッケンジー, ライオネル・W　123
マッチング　304〜5
マートン, ロバート・C　264
マネタリスト（経済学, 政策）　196〜201, 222, 260
マネタリズム　184, 186〜201, 222〜3, 261, **343**
マーフィー, ケヴィン　326
マリノフスキー, ブロニスラウ　166
マリーンズ, ジェラルド・ド　34〜5

マルクス, カール　14, 20〜1, 45, 57, 66〜8, 89, 102〜4, **105**, 106〜7, 148〜9, 261, 334
マルクス主義（経済学）　100〜5, 147, 335, 340
マルサス, トマス　51, 57, 68, **69**, 74, 141, 256
マレストロワ, ジャン・ド　30
マン, トマス　18, 34, **35**, 228
マンキュー, グレゴリー　244, 303
満足（度）　63, 89, 114〜5, 117, 194, 341
マンデヴィル, バーナード　56, 66
マンデル, ロバート　185, 252〜3, **254**, 270〜1
マンデルブロ, ブノワ　265, 278〜9
見えざる手　14, 50, 56〜7, 210, **343**
ミクロ経済学　14, 42, 60, 152〜3, 156, 175, **343**
ミシュキン, フレデリック　204
ミーゼス, ルートヴィヒ・フォン　66〜7, 74〜5, 133, 144〜6, **147**, 170, 175, 185
ミード, ジェイムズ　137
ミニマックス定理　236
ミーム, スティーヴン　321
ミュラー＝アルマック, アルフレート　222〜3
ミラー, ノーラン　116〜7
ミル, ジョン・スチュアート　52〜3, 88, 94, **95**, 97, 126, 132, 136, 140〜1, 216
ミルグロム, ポール　294
ミーンズ, ガーディナー　152, 168〜9
ミンスキー, ハイマン　26, 260〜1, 298〜300, **301**
ムーア, ヘンリー　170
ムース, ジョン　244〜6, **247**, 276
メイゼル, シャーマン　330
名目値　**343**
メディチ家（銀行）　18, 27
メニュー・コスト　303
メンガー, カール　62, 88, 114, 116, 124, 147, **335**, 340
毛沢東　102, 105, 185
モース, マルセル　166
モーテンセン, デール　304〜5
モディリアーニ, フランコ　204, **205**, 247
モラル・ハザード　28, 208〜9, 302, 321
モルゲンシュテルン, オスカー　114, 194,
237, 274

## や行

役員報酬　169
約束手形　24, 28
山片蟠桃　334
ユーロ（圏）　209, 254〜5, 290, **343**
ユーロ危機　209, 255
予期理論　162
予算　232〜3, 286, **343**
予算制約（式）　232〜3, **343**
ヨーロッパ為替相場メカニズム（ERM）　254, 291〜2
弱気（ベア型）市場（相場）　78, **343**

## ら行

ライフ・サイクル仮説　205
ラインハート, カーメン　290
ラウントリー, シーボウム　140
ラッファー, アーサー　260, 270〜1
ラーナー, アバ　146
ラムジー, フランク　64
ランカスター, ケルヴィン　185, 220〜1
ランゲ, オスカー　120, 146, 175〜6, 210
ランド研究所　237〜9
リアル・ビジネス・サイクル　246〜7
リカード, デイヴィド　34, 51, 64, 76〜7, 82〜3, **84**, 85, 106, 110, 124, 128, 133, 140, 164, 312
利己心（的）　52, 57, 59, 71, 131, 210, 267
利子率　33, 205, 269, 292, 335, **343**
利潤　59, 64〜5, 128〜9, 144, 148, 163, 180〜1, 243, 276, 340〜1
リスク（回避）　27, 115, 162〜3, 230, 248, 262〜5, 267〜8, 275, 298〜300, 324
リスト, フリードリヒ　190, 242, 284, **334**
リプシー, リチャード　185, 220, **221**, 313
リーフマン, ロベルト　97
リーマー, エドワード　330
リーマン・ブラザーズ　213, 265, 301, 324
流動性　**343**
量的（金融）緩和　33, **343**
ルーカス, ロバート　77, 161, 198, 201〜2, 224, 244, 246〜7, 276, **337**
ルーズヴェルト, フランクリン・D　152〜3, 184, 321

ルニョー, ジュール　272
ルービニ, ヌリエル　61, 321
ル・プレストル, セバスチャン　37
レイヤード, リチャード　216
レヴィット, スティーヴン・D　14
レオンチェフ, ワシリー　225, 260, 312
レーガン, ロナルド　177, 199, 201, 260, 270〜1
レッセフェール（自由放任主義）　14〜5, 56〜61, 79, 147, **343**
レプケ, ヴィルヘルム　222〜3
レント・シーキング　60, 192〜3
ロー, ジョン　98
労働（力）　19, 39, 45, 66, 89, 102〜3, 106〜7, 113, 149, 253, 304〜5, 326
労働価値（説）　19, 36〜7, 89, 106〜7, 110
労働組合（観, 主義）　134〜5, 159, 335
ロゴフ, ケネス　290, 322
ローザンヌ学派　147
ローズ, アンドリュー　252, 255, 293
ロスチャイルド, マイケル　129, 274, 281
ロストウ, ウォルト　190
ローゼンシュタイン＝ローダン, ポール　190, 192, 284, **336**
ロック, ジョン　19〜21, 50, 63, 106, 110, 113
ロドリック, ダニ　228〜31, 261, 326〜9, **339**
ロビンズ, ライオネル　13, 133, 144, 146, 152, 171
ロビンソン, ジョーン　15, 180, **181**
ローマー, ポール　224
ロールズ, ジョン　215
ローレンツ, エドワード　278〜9
ローン（契約）　27〜9, 187, 298〜300, 321, 324, 331

## わ行

ワインガスト, バリー　328
ワーグマン, バーネット　310
ワシントン・コンセンサス　328〜9, 338
ワット, ジェイムズ　50
ワニスキー, ジュード　271
ワルラス, レオン　56, 60, 110, 113, **120**, 121〜3, 130〜1, 146, 210〜1

# 出典一覧

Dorling Kindersley would like to thank Niyati Gosain, Shipra Jain, Payal Rosalind Malik, Mahua Mandal, Anjana Nair, Pooja Pawwar, Anuj Sharma, Vidit Vashisht, and Shreya Anand Virmani for design assistance; and Lili Bryant for editorial assistance.

## PICTURE CREDITS

The publisher would like to thank the following for their kind permission to reproduce their photographs:

(Key: a-above; b-below/bottom; c-centre; f-far; l-left; r-right; t-top)

**20 Getty Images:** Barcroft Media (bc). **23 Alamy Images:** The Art Gallery Collection (tl). **Getty Images:** The Bridgeman Art Library (tr). **24 Getty Images:** AFP (cr). **25 Getty Images:** Nativestock / Marilyn Angel Wynn (br). **27 Corbis:** Bettmann (tr). **28 Dorling Kindersley:** Judith Miller / The Blue Pump (tr). **Getty Images:** John Moore (bl). **29 Getty Images:** Jason Hawkes (br). **31 Library Of Congress, Washington, D.C.:** (tr). **33 Getty Images:** Universal Images Group / Leemage (tl). **35 Getty Images:** AFP / Fred Dufour (tr). **37 Alamy Images:** The Art Archive (bl). **Getty Images:** Hulton Archive (tr). **38 Corbis:** Heritage Images (br). **42 Corbis:** The Gallery Collection (tc). **43** Tableau Économique, 1759, François Quesnay (br). **44 Alamy Images:** The Art Gallery Collection (bl). **45 Getty Images:** Hulton Archive (tr). **47 Corbis:** Bettmann (tr); Hemis / Camille Moirenc (tl). **53 Corbis:** Godong / Philippe Lissac (tr); John Henley (bl). **56 The Art Archive:** London Museum / Sally Chappell (bl). **Corbis:** Johnér Images / Jonn (tr). **58 Getty Images:** The Bridgeman Art Library (b). **60 Corbis:** Robert Harding World Imagery / Neil Emmerson (bl). **61 Corbis:** Justin Guariglia (tl). **Library Of Congress, Washington, D.C.:** (tr). **63 Corbis:** Sebastian Rich (br). **65 Corbis:** The Art Archive / Alfredo Dagli Orti (tr). **Dreamstime.com:** Georgios Kollidas (bl). **67 Corbis:** Tim Pannell (tl). **Getty Images:** AFP (br). **68 Getty Images:** Paula Bronstein (bc). **69 Corbis:** Bettmann (tr). **71 Getty Images:** Bloomberg (tr). **73 Getty Images:** Bloomberg (bl). **Library Of Congress, Washington, D.C.:** (br). **75 Corbis:** National Geographic Society (bc). **Library Of Congress, Washington, D.C.:** (tr). **77 Corbis:** EPA / Simela Pantzartzi (cr). **79 Getty Images:** Archive Photos / Lewis H. Hine (tl). **83 Corbis:** Bettmann (br). **84 Corbis:** Imaginechina (tl). **Getty Images:** Hulton Archive (bl). **85 Corbis:** Cameron Davidson (bc). **95 Getty Images:** Hulton Archive / London Stereoscopic Company (tr); **Science & Society Picture Library** (bl). **97 Corbis:** Bettmann (tl). **Getty Images:** Per-Anders Pettersson (br). **98** Flora's Mallewagen, c.1640, Hendrik Gerritsz. Pot (bc). **102 akg-images:** German Historical Museum, Berlin (tr). **103 Getty Images:** Science & Society Picture Library (bl). **104 Corbis:** Michael Nicholson (tl). **105 Corbis:** Bettmann (tr). **Getty Images:** CBS Photo Archive (bl). **110 Alamy Images:** INTERFOTO (bl). **112 Getty Images:** Yawar Nazir (bl). **113 Getty Images:** AFP (tl). **115** Popular Science Monthly, volume 11, 1877 (tr). **117 Corbis:** EPA / Abdullah Abir (tr); Imaginechina (tl). **120 Alamy Images:** INTERFOTO (bl). **Dreamstime.com:** Ayindurdu (tr). **122 Getty Images:** Jeff J. Mitchell (tr). **124 Corbis:** Cultura / Frank and Helena (cr). **125 Alamy Images:** INTERFOTO (tr). **129 Getty Images:** Bloomberg (tr); Taxi / Ron Chapple (bl). **131 Library Of Congress, Washington, D.C.:** (tr). **132 Getty Images:** Photographer's Choice / Hans-Peter Merten (bc). **135 Getty Images:** Bloomberg (tr); Hulton Archive (bl). **136 Library Of Congress, Washington, D.C.:** (bc). **139 Getty Images:** Hulton Archive (bl); SuperStock (tl). **141 Corbis:** Viviane Moos (br). **Getty Images:** Hulton Archive (tl). **145 Getty Images:** De Agostini Picture Library (tr). **147 Corbis:** Bettmann (bl). **Courtesy of the Ludwig von Mises Institute, Auburn, Alabama, USA. 149 Corbis:** Bettmann (tr); Rolf Bruderer (bl). **156 Getty Images:** Hulton Archive (cr). **157 Getty Images:** Gamma-Keystone (tr). **159 Corbis:** Bettmann (tr). **160 Getty Images:** Ethan Miller (bl). **161 Corbis:** Bettmann (tr); Ocean (tl). **163 Corbis:** Paulo Fridman (cr). **165 Corbis:** Xinhua Press / Xiao Yijiu (tc). **167 Corbis:** Macduff Everton (bc). **Library Of Congress, Washington, D.C.:** (tr). **168 Dreamstime.com:** Gina Sanders (bc). **169 Corbis:** Dennis Degnan (br). **171 Corbis:** Darrell Gulin (br). **175 Corbis:** Reuters / Korea News Service (br). **177 Corbis:** Hulton-Deutsch Collection (tr). **Getty Images:** Bloomberg (tl). **179 Corbis:** Heritage Images (tr). **Getty Images:** AFP (bl). **181 Getty Images:** The Agency Collection (bl); Hulton Archive / Express Newspapers (tr). **186 Corbis:** Hulton-Deutsch Collection (bc). **187 Corbis:** Reuters (br). **192 Corbis:** Gideon Mendel (tl). **193 Corbis:** Reuters / Carlos Hugo Vaca (br). **Getty Images:** Photographer's Choice / Wayne Eastep (bl). **195 Getty Images:** AFP / Gabriel Duval (bl). **198 Library Of Congress, Washington, D.C.: U.S.** Farm Security Administration / Office of War Information / Dorothea Lange (t). **199 Corbis:** Bettmann (tr); Hulton-Deutsch Collection (tc). **201 Corbis:** Reuters (tl). **Getty Images:** Brad Markel (br). **203 Getty Images:** Dorothea Lange (cr). **205 Getty Images:** The Agency Collection / John Giustina (bl); Archive

Photos / Bachrach (tr). **207 Getty Images:** Andreas Rentz (tc). University of Nebraska-Lincoln: (tr). **209 Corbis:** Bettmann (bl); Stuart Westmorland (tl). **211 Corbis:** Imaginechina (bc). Getty Images: AFP (tr). **213 Getty Images:** Chris Hondros (bc). **215 Getty Images:** The Bridgeman Art Library (tr). **217 Corbis:** Blend Images / Sam Diephuis / John Lund (tr). **218 Corbis:** Christophe Boisvieux (br). **219 Corbis:** Nik Wheeler (tr). **223 Corbis:** SIPA / Robert Wallis (tr). **225 Corbis:** Sygma / Ira Wyman (bl). **Getty Images:** AFP / Frederic J. Brown (tr). **228 Corbis:** The Gallery Collection (cr). **229 Getty Images:** Science & Society Picture Library (br). **230 Corbis:** EPA / Udo Weitz (br); Imaginechina (tl). **233 Corbis:** Peter Turnley (tr). Courtesy Professor János Kornai. **236 Dreamstime.com:** Artemisphoto (tr). **239 Corbis:** Reuters (tr). **Digital Vision:** (bl). **240 Corbis:** Lawrence Manning (bl). **241 Corbis:** Tim Graham (tr). **243 Corbis:** EPA / George Esiri (tl). **245 Corbis:** Cultura / Colin Hawkins (tr). **246 Getty Images:** Photolibrary / Peter Walton Photography (tl). **247 Corbis:** EPA / Justin Lane (bl). **249 Dreamstime.com:** Ivonne Wierink (t/Urn); Zoommer (t/Balls). **253 Corbis:** George Hammerstein (tr). **254 Corbis:** Sygma / Regis Bossu (tr). **Getty Images:** Bloomberg (bl). **257 Getty Images:** AFP / Tony Karumba (tr); Jeff Christensen (bl). **263 Corbis:** Robert Essel NYC (br). **264 Getty Images:** Glow Images, Inc. (tl). **265 Dreamstime.com:** Zagor (br). **267 Dreamstime.com:** Digitalpress (br). **269 Getty Images:** Paula Bronstein (tr). **271 Corbis:** John Harper (tr). **273 Getty Images:** Konstantin Zavrazhin (br). **275 Corbis:** Big Cheese Photo (tr). **Getty Images:** Dan Krauss (bl). **277 Corbis:** Reuters / Wolfgang Rattay (bl). **Getty Images:** Lisa Maree Williams (tl). **278 Corbis:** Frans Lanting (bc). **279 Corbis:** Louis K. Meisel Gallery, Inc. (br). **281 Corbis:** Ocean (cr). **285 Corbis:** Bettmann (tl). **Dreamstime.com:** Leung Cho Pan (br). **286 Corbis:** Justin Guariglia (tl). **287 Corbis:** Topic Photo Agency (br); Xinhua Press / Xu Yu (bl). **291 Corbis:** Reuters / Philimon Bulawayo (tr). **293 Corbis:** Xinhua Press / Guo Lei (br). **295 Corbis:** Hemis / René Mattes (br). **298 Corbis:** Bettmann (tr). **300 Getty Images:** The Image Bank / Stewart Cohen (bc). **301 Corbis:** Reuters / Shannon Stapleton (tr). **302 Corbis:** Bettmann (bc). **304 Corbis:** Images.com (cr). **305 Corbis:** EPA / Mondelo (br). **307 Getty Images:** UpperCut Images / Ferguson & Katzman Photography (tl). **309 Corbis:** Eye Ubiquitous / David Cumming (br). **Getty Images:** Helifilms Australia (tl). **311 Getty Images:** Stone / Bruce Ayres (tl). **313 Corbis:** Roger Ressmeyer (bc). **315 Corbis:** EPA / Kim Ludbrook (cr). **Getty Images:** WireImage / Steven A. Henry (bl). **320 Library Of Congress, Washington, D.C.:** George Grantham Bain Collection (tl). **321 Corbis:** Bettmann (tc). **323 Getty Images:** Archive Photos / Arthur Siegel (tc). **325 Getty Images:** Mark Wilson (tr). **327 Corbis:** Robert Harding World Imagery / Duncan Maxwell (cr). **Getty Images:** Bloomberg (bl). **329 Getty Images:** AFP / Issouf Sanogo (tr). **330 Getty Images:** Stone / Ryan McVay (cr). **331 Corbis:** Star Ledger / Mark Dye (br)

All other images © Dorling Kindersley.

For more information see:
**www.dkimages.co.uk**

# 訳者あとがき

　当初は、今回の仕事はお断りするつもりでおりました。いくら入門書とはいえ、ずぶの素人がなにも知らない領域に軽々しく手を出してよいわけがありません。それがかくなる仕儀になりましたのは、経済という難解とされる分野をあつかいながら、数式の類をほとんどもちださずにすませるという画期的なチャレンジ精神に魅了されたところが大でした。ですが、いくら志が高くても、それを実現する腕がなければ無意味です。その点、本書に参加した書き手の力量はみごとなものです。読みやすさという点で、これにまさる入門書は見あたりません。

　のみならず、本書で触れられる話題についても、こんにちだれもがこの程度は知っていないことには、経済についての床屋政談すらなりたたないでしょう。本書では、絶えず具体的な話題をマクラにふりながら話を展開するという、非常に読者フレンドリーな構成が心がけられています。一応、過去から現代へという流れはありますが、あまりこだわることなく、変幻自在に多彩な話題を組みこみながら展開される議論は、読みものとしてこれまで以上に楽しめる水準に達していること請け合いです。

　そうは申しましても、なにぶんこちらはまったくの門外漢です。専門用語はもちろんのこと、話題にかんしてもさっぱりついてゆけず、どう訳したものかと往生した箇所は枚挙に暇がありません。これは当然予想される事態でしたので、編集部に厳密にチェックしていただける専門家をとお願いしておきました。そうしたわけで、今回、若田部昌澄さんに監修をお引きうけいただきました。チェックも大変だったと思います。本当にありがとうございました。

　毎度ながら編集の松本裕喜さんにも、ひとかたならぬご迷惑をおかけしてしまいました。また、校正の伊藤友貞さん、光成三生さんにも並々ならぬご配慮を戴きました。

　最後に、翻訳にさいしての注記をまとめておきます。本書は、*The Economics Book*. Dorling Kindersley Limited.2012の全訳です。（ ）などの記号は基本的に原文のままですが、ときに訳者の都合で用いた箇所もあります。原文の斜字体は強調点に、太字はそのまま太字に置きかえてあります。原語などを挿入したばあいは〔 〕そのほかを用いました。

2013年夏

小須田　健

# 経済学大図鑑

ナイアル・キシテイニー ほか著
若田部昌澄 日本語版監修
小須田 健 訳

THE ECONOMICS BOOK

三省堂

# Penguin Random House | DK

---

## A DORLING KINDERSLEY BOOK

www.dk.com

Original Title: The Economics Book

Copyright © Dorling Kindersley Limited, 2012

Japanese translation rights arranged with

Dorling Kindersley Limited, London

through FORTUNA Co., LTD

For sale in Japanese territory only.

Printed and bound in China

# 執筆者

### ナイアル・キシテイニー
ロンドン・スクール・オブ・エコノミクスで教えている。本書の編集顧問。専門は経済史と発展理論。世界銀行や国連アフリカ経済委員会でも働いている。

### ジョージ・アボット
イギリスの経済学者。影響力をもつイギリスのシンクタンク、コンパスで「B計画――新しい社会のための新しい経済」などの戦略的ドキュメントに従事したあと、2012年にはバラク・オバマ大統領の再選キャンペーンのために働いた。

### ジョン・ファーンドン
ロンドンをベースに多くの本を執筆。中国とインドの急成長する経済を概観したものをはじめ、著述は今日的な論点から思想史にまでおよぶ。

### フランク・ケネディ
25年以上ものあいだ、ロンドンのシティの投資銀行に勤務したトップランクの投資分析家。金融機関にアドバイスするヨーロッパ・チームを率いる資本市場部門の代表も務めた。ロンドン・スクール・オブ・エコノミクスで経済史を専攻した。

### ジェイムズ・ミードウェイ
独立系のイギリスのシンクタンクであるニュー・エコノミクス・ファウンデーション（NEF）に勤務。イギリス財務省の政策アドバイザーも務めている。

### クリストファー・ウォーレス
イギリスの名門中・高等学校コルチェスター・ロイヤル・グラマー・スクールで経済学主任を務め、25年以上にわたって経済学を教えている。

### マーカス・ウィークス
哲学を専攻、教師として勤務したのち、著述家としてのキャリアをスタートさせた。芸術や一般科学にかんする数多くの本に寄稿している。

**日本語版監修**
### 若田部　昌澄（わかたべ・まさずみ）
1965年神奈川県生れ。早稲田大学政治経済学部経済学科卒業、同大学院経済学研究科、トロント大学経済学大学院博士課程満期退学。現在、早稲田大学政治経済学術院教授。専攻は経済学史。著書に、『経済学者たちの闘い［増補版］』『改革の経済学』『危機の経済政策』『もうダマされないための経済学講義』『解剖アベノミクス』『本当の経済の話をしよう』（共著）など。

**訳者**
### 小須田　健（こすだ・けん）
1964年神奈川県生れ。中央大学大学院文学研究科博士課程満期退学。現在、中央大学、東京情報大学ほか講師。専攻は現代哲学・倫理学。著書に、『日本一わかりやすい哲学の教科書』『図解 世界の哲学・思想』、訳書に『哲学大図鑑』『心理学大図鑑』など。

# 目次

はじめに 10

## さあ、交易をはじめよう 16
### 紀元前400年〜後1770年

財産は私有であるべきだ
**財産権** 20

公正価格とはなにか
**市場と道徳性** 22

貨幣があれば、
物々交換する必要はない
**貨幣の機能** 24

お金にお金を生ませよう
**金融業** 26

金がインフレを惹きおこす
**貨幣数量説** 30

外国の商品からわが国を守ろう
**保護主義と貿易** 34

経済活動は測定可能だ
**富の測定** 36

会社をトレードしよう
**公開会社** 38

富は土地からくる
**経済活動における農業** 39

お金と商品は生産者と消費者の
あいだを経めぐる
**経済の循環的流れ** 40

街灯にお金を払う私人はいない
**公共財とサービスの供給** 46

## 理性の時代 48
### 1770年〜1820年

人間は冷静で合理的な計算機だ
**ホモ・エコノミクス** 52

見えざる手が市場の秩序をもたらす
**自由市場経済学** 54

最後の労働者が最初の労働者以上に
成果をもたらすことはまずない
**収穫逓減** 62

なぜダイヤモンドは水より高いのか?
**価値のパラドックス** 63

税金は公平で効率的なものにしよう
**租税負担** 64

ピンの生産を分業すれば、
それだけ多くのピンがつくれる
**分業** 66

人口が増えてゆくかぎり、
私たちは貧乏から抜けだせない
**人口動態と経済学** 68

商人同士の集まりは、
価格を上げる共同謀議で終わる
**カルテルと談合** 70

供給はそれ自身の需要を生みだす
**市場における供給過剰** 74

まず借りておいて、課税はのちほど
**借入と負債** 76

経済活動はヨーヨーだ
**好景気と不況** 78

貿易はだれにとっても有益だ
**比較優位** 80

## 産業革命と経済革命 86
**1820年〜1929年**

競争があるばあい、
私はどれくらい生産すべきなのか
**限られた競争の効果** 90

競争がなければ、電話料金は高くなる
**独占** 92

群集から集団的狂気が生まれる
**バブル経済** 98

共産主義革命で支配階級を
震えあがらせよう
**マルクス主義経済学** 100

製品の価値は、それをつくるのに要した
労働によって決まる
**労働価値説** 106

価格は需要と供給によって決まる
**需要と供給** 108

最後に食べたチョコレートは
最初に食べたそれほどおいしくはない
**効用と満足（度）** 114

値段が上がると、もっと買うひとが
出てくる
**消費のパラドックス** 116

自由市場のシステムは安定している
**経済的均衡（きんこう）** 118

給料が上がったら、
パンではなくキャヴィアを買おう
**需要の弾力性** 124

企業は価格を生みだすがわではなく、
価格を受けいれるがわだ
**競争的市場** 126

他人に害をおよぼすことなしには、
それ以上暮らしむきがよくなる
ことはありえない
**効率性と公平性** 130

工場が大きくなれば
それだけ費用は下がる
**規模の経済** 132

映画へ行く費用はスケートで
得られたはずの楽しみと等価だ
**機会費用** 133

労働者たちは団結してみずからの
巡りあわせを変えてゆかねばならない
**団体交渉** 134

人びとは注目されるために消費する
**誇示的消費** 136

環境税をつくろう
**外部費用** 137

プロテスタンティズムによって
私たちは豊かになった
**宗教と経済** 138

貧乏人であることは不運ではあるが、
そもそも当人が劣っているわけじゃない
**貧困問題** 140

社会主義は合理的経済活動の廃止だ
**中央計画** 142

資本主義は古きを破壊し、
新たなものを創造する
**創造的破壊** 148

## 戦争と不況 150
**1929年〜1945年**

失業は選択の結果ではない
**不況と失業** 154

リスクを好むひともいれば、
リスクを回避するひともいる
**リスクと不確実性** 162

政府の支出は、じっさいに支出された額
以上に経済活動を促進する
**ケインズ乗数** 164

経済活動は文化のなかに
埋めこまれている
**経済学と伝統** 166

経営者は会社の利益よりも
自分の利益をめざす
**コーポレート・ガバナンス（企業統治）** 168

経済は予見可能な機械だ
**経済理論の吟味** 170

経済学は希少な財の科学だ
**経済学の定義** 171

私たちの望むのは
自由な社会を維持することだ
**経済的自由主義** 172

産業化は持続的な成長を生みだす
**現代経済の出現** 178

ひとが変われば価格も変わる
**価格差別** 180

## 戦後の経済学 182
### 1945年～1970年

戦争と不況のあとでは、
国同士が助けあう必要がある
**国際貿易とブレトン・ウッズ体制** 186

すべての貧い国が必要としているのは
大きな後押しだ
**開発経済学** 188

人びとは、
どうでもよい選択肢に影響される
**非合理的な意思決定** 194

政府は貨幣供給の管理以外は
なにもしてはならない
**マネタリスト政策** 196

働いているひとが増えれば、
その勘定書も上がる
**インフレと失業** 202

人びとは生涯にわたって
消費活動をつづける
**出費の節約** 204

肝心なのは制度だ
**経済学における制度** 206

人びとはできることなら
責任逃れをしようとする
**市場情報とインセンティヴ** 208

市場の効率性にかんする理論は、
多くの仮定を要する
**市場とその社会への成果** 210

完璧な投票システムはない
**社会選択理論** 214

目標は、所得ではなく
幸福を最大にすることだ
**幸福の経済学** 216

市場を正そうとする政策がかえって
事態を悪くしてしまうことがある
**セカンド・ベストの理論** 220

市場を公正なものにしよう
**社会的市場経済** 222

ときがたてば、すべての国が豊かになる
**経済成長理論** 224

グローバル化は不可避なわけではない
**市場統合** 226

社会主義は空っぽの店に行きつく
**計画経済における欠乏** 232

私がどうふるまうと相手は考えるだろうか
**ゲーム理論** 234

豊かな国が貧しい国をさらに貧しくする
**従属理論** 242

ひとをだますことはできない
**合理的期待** 244

ひとは選択するさいに
確率など気にかけない
**意思決定のパラドックス** 248

類似の経済圏は
単一通貨から利益をひきだせる
**為替相場と通貨** 250

飢饉(ききん)は豊作のときでも起こりうる
**エンタイトルメント理論** 256

## 現代の経済学 258
### 1970年～現在

リスクなしに投資することは可能だ
**金融工学** 262

私たちは100パーセント理性的な
わけではない
**行動経済学** 266

減税をすれば、
税収が増えることもありうる
**課税と経済的インセンティヴ** 270

価格がすべてを語る
**効率的市場** 272

ときがたてば、自己本位の人間でさえ、
他人と協調するようになる
**競争と協調** 273

売りに出されているほとんどの車は、
欠陥品(レモン)となる
**市場の不確実性** 274

政府の公約は当てにならない
**独立した中央銀行** 276

経済は、個人とはちがってカオス的だ
**複雑性とカオス** 278

仕事を探すのは、
パートナーや家を探すようなものだ
**サーチングとマッチング** 304

集団行動にとっての最大の難問は
気候変動だ
**経済学と環境（問題）** 306

GDPは女性を無視している
**ジェンダーと経済学** 310

比較優位はアクシデントだ
**貿易と地理** 312

蒸気機関のように、コンピュータは経済
を根底から変えた
**技術的躍進** 313

債務を帳消しにすることで、
弱い経済を活気づけることができる
**国際的債務免除** 314

悲観主義から
健全な銀行が破壊されることもある
**銀行取付** 316

海外の貯蓄の過剰が
国内の投機をあおりたてる
**グローバルな貯蓄の不均衡** 322

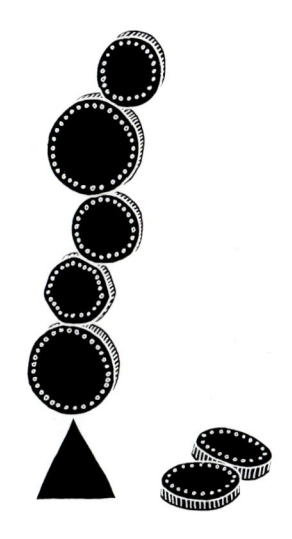

より平等な社会は、より成長が早い
**不平等と成長** 326

有益な経済改革でさえ失敗することがある
**経済変化への抵抗** 328

住宅供給市場は、ブームと破綻の鏡だ
**住宅供給と経済の循環** 330

ソーシャル・ネットワークは一種の資本だ
**社会関係資本** 280

教育は能力の有無を知らせる
ひとつの指標にすぎない
**シグナリングとスクリーニング** 281

東アジア諸国が市場を支配する
**アジア・タイガー経済** 282

思いこみから通貨危機が生じることもある
**投機と通貨切下げ** 288

オークションの勝者はオッズ以上に払う
**勝者の呪い** 294

安定した経済は、
その内に不安定の種を宿している
**金融危機** 296

企業は市場賃金より高く支払う
**インセンティヴと賃金** 302

実質賃金は景気後退のあいだに上がる
**粘着的賃金** 303

**経済学者人名録** 332

**用語解説** 340

**索引** 344

**出典一覧** 351

**訳者あとがき** 352

# はじめに

経済学に精通していると公言するひとは、私たちの周りにはまずいない。経済学は、日常生活とはほとんど無縁な、複雑で神秘的な主題だと一般には思われている。概して経済学は、ビジネスや金融、さらには政治の領分に属するものとみなされている。だが、こんにちだれもが、経済学が私たちの財産や暮らしの安定を左右する重要な要因であることに気づきはじめている。私たちは、生活費の高騰や税金、政府の浪費などについてそれなりの見解を、それもたいていはきわめて熱のこもった見解をいだいている。ときにそれは、新聞記事にたいする衝動的な反応に左右されるものだが、職場や夕食時の議論のテーマとなることもなくはない。だれもが、相当程度まで経済学に関心をいだいている。往々にして、自分の考えを擁護するために私たちのもちだす論拠は、たいていは経済学者が依拠しているものとさして変わりがない。つまり、経済学者の理論にもっと精通すれば、それだけ私たちには、日常生活で重要な役割を果たしている経済原理のなんたるかもいっそうよくわかるようになるはずなのだ。

## ニュースのなかの経済学

こんにち、世界はあきらかに経済的混乱に陥っており、経済学を学ぶことは、かつてないほど重要事になりつつある。いまや経済ニュースは、新聞の一コラムを埋め、テレビのニュースのささやかな一角を構成する程度のものであるどころか、定期的に見出し記事となっている。1997年初頭に、アメリカ共和党の政治キャンペーン担当のロバート・ティーターが、経済の優越ぶりを指摘して、こう述べた。「［政治にかんする］テレビ放映の頻度、さらには投票率の低下は覆うべくもない。政治ではなく、経済と経済ニュースが現在の国家を動かしている」。

それでいて、じっさいのところ私たちは、失業率の増加やインフレ、株式市場の危機、貿易赤字といった話題について普段聞きかじっている内容を、どの程度理解しているだろうか。節約すべきだとか、もっと税金を払うようになどと言われたとき、なぜそうしなければならないのか私たちはちゃんとわかっているだろうか。また、こんにち私たちはリスクテイクを厭わない銀行や大企業に好きなように引きずりまわされているが、どうしてそれらの銀行なり企業なりがそこまでパワフルになったのか、さらにはそもそもなぜそうした組織が存在し、いまなお存続しているのかをきちんと理解しているのだろうか。まさにこれらの問いの核心に位置するのが、経済学という学問だ。

## やりくり（マネジメント）の研究

私たち全員にかかわるあまたある問題にたいして、経済学が重要にして中心的な役割を果たしているとはいえ、経済学が自立した学問分野であるかどうかという点については、疑いの眼ざしを向けられることが少なくない。一般の意見を代弁するなら、経済学はドライでアカデミックだというイメージがもたれているが、その理由の過半は、経済学の著作が統計やグラフ、数式で満ちあふれている点にある。19世紀スコットランド生まれの歴史家トマス・カーライルは、経済学を評して「陰鬱な科学」と形容した。つまり、「鬱陶しくて、殺伐としていて、事実きわめてみすぼらしく難儀をきわめる学問」だということだ。経済学にたいするもうひとつのよくある誤解は、それが「ひたすら金勘定にかかわって」いるというもので、そこになにがしかの真実がないわけではないが、この一事でもって経済学の全体像が描かれるわけではけっしてな

> 経済学においては希望と信頼が、偉大な科学の主張と、さらには立派な社会的地位への根深い欲望とも共存している
> 
> **ジョン・ケネス・ガルブレイス**
> （1908〜2006年）カナダ・アメリカの経済学者

い。

それでは、じっさいのところ経済学はなににかかわっているのだろうか。このことばは、「家政の切りもり」を意味するギリシア語オイコノミア［Oikonomia］に由来しており、そこから私たちが手もちの資源をやりくりするしかたの研究を、さらに限定するなら、財とサービスの生産と交換のスタイルの研究を意味するようになった。もちろん、財を産出しサービスを提供するという仕事は、文明と同じくらい古いが、その過程がじっさいにどのようにいとなまれているかの研究は、比較的新しい。その進展は、きわめて緩慢であった。古代ギリシア以来、経済現象にかんする意見を開陳してきたのはもっぱら哲学者と政治家であり、経済という主題を正面から研究する真に経済学者と呼びうる存在は、18世紀の終わりまであらわれなかった。

そのころは「政治経済学」と呼ばれていたことからもわかるとおり、当初経済学は政治哲学の一部門として登場した。だが、経済理論の研究に従事した人びとは徐々に、それが固有のテーマとして独立すべきだという思いを強くし、その研究を「経済科学」と呼びだした。この表現が、一般化するとともに簡略化されて「経済学」として定着していった。

## 人文科学よりのソフトな科学

経済学は科学なのだろうか。19世紀の経済学者がそう考えたがったことは事実だし、カーライルがそう考えるのは誤りだと思っていたにしても、そのカーライルでさえ、勿体をつけて経済学に科学というラベルを貼っていた。多くの経済理論が、数学とさらには物理学をすらモデルとして構築され（おそらく、経済学の「イクス」という語尾が、それに科学めいた体裁を付与する助けとなったのだろう）、科学者が自然現象の背後に物理法則を発見するのと同じように、経済がどう機能するのか、その法則を規定しようと躍起になった。だが、経済現象はまずもって人間のいとなみであり、その現象にかかわる人間たちの合理的もしくは非合理的な行動に左右される。そのかぎりで、学問としての経済学は、むしろ自然科学よりも心理学や社会学、政治学といった「ソフトな科学」と共通性をもつ。

おそらく経済学についての最上の定義は、イギリスの経済学者ライオネル・ロビンズによるものであろう。ロビンズは1932年に、その『経済学の本質と意義』のなかで経済学を定義して、「目的と、ほかの用途ももちうる希少な手だてとのあいだの関係として、人間行動を研究する学問」だと述べた。このゆるい定義は、こんにちでも用いられている、いまなおよく知られる定義のひとつだ。

だが、経済学とそのほかの学問との決定的なちがいは、そこで検討されるシステムが流動的だという点にある。経済学者たちは、さまざまな経済現象とそれらがどのように機能しているかを記述し説明するばかりでなく、それらがどのように構築されるべきであり、またどのように改良されうるかについてのヒントを与えることもなしうる。

## 最初の経済学者たち

近代の経済学が独立の学問分野として登場したのは、スコットランドの偉大な思想家アダム・スミスの『国富論』が刊行された1776年のことだ。だが、経済という主題への関心を促進したのは、経済学者たちの著作以上に、産業革命の到来とともに経済自体に生じた莫大な変化

> " 経済学の最初の教えは、希少性だ。必要としているひと全員を満たすだけの量のあるものなど、なにひとつとしてない。政治学の最初の教えは、経済学の最初の教えを無視することだ
>
> **トマス・ソーウェル**
> （1930年〜）アメリカの経済学者 "

であった。それ以前の思想家は、社会内部での財やサービスのやりくりを論じていたが、それは道徳哲学もしくは政治哲学の問題としてあつかわれるようになった。だが、工場が誕生し、製品の大量生産が可能になると、より広範な視界にかかわる経済体制の新しい時代が誕生した。いわゆる市場経済のはじまりだ。

新しいシステムについてのスミスの分析は、自由競争市場の包括的な説明ともなっていたため、基準を提示するものとなった。スミスによれば、市場は「見えざる手」に導かれており、自己利益を追求する個人の合理的な活動が、最終的には諸個人を包摂する社会に必要なものをしかるべく提供する。スミスはもともと哲学者であり、その著作の主題は「政治経済学」であった。だからその射程は、経済学を突きぬけて、政治学に歴史学、哲学から人類学にまでおよんだ。スミス以降、経済学の思想家の新しい流れが登場した。この人びとは経済学だけに関心を集中する道を選んだ。彼らのおのおのは、経済についての私たちの理解──経済がどう機能し、またどう統べられるべきか──をもとに、その後の経済学の多彩な流れの基礎をすえた。

経済学が、独立の学科として発展するなかで、しだいに検討すべき特定の領域が固定されていった。ひとつのアプローチは、国家もしくは国際レベルでの経済をひとつの全体とみなす手法で、これは「マクロ経済学」として知られる。この領域には、成長と発展、支出入から見た一国の富の推計と国際貿易にたいするその政策、インフレーションや失業への対策といった主題がふくまれている。これにたいして、こんにち「ミクロ経済学」と呼ばれるものは、経済面での個人と企業の相互作用に、たとえば需要と供給や売り手と買い手、市場と競争にかかわるビジネスに焦点を合わせる。

### 新たな思想潮流

当然ながら、経済学者のあいだにもさまざまな見解があり、多彩な思想潮流が認められる。大半のひとは、現代の産業経済がもたらした繁栄を歓迎し、「不干渉」、つまり自由放任主義的なアプローチを推奨した。それこそが競合しあう市場に富を創造し、技術的進展を鼓舞することを可能ならしめるからだ。その一方で、市場にそなわるとされる、社会に恩恵をもたらす力へのこうした評価を疑い、そのシステムの欠陥をはっきりさせようとする人びともいた。この人びとは、国家の干渉によってそれらの欠陥は克服可能になると考え、一定の商品とサービスを提供し、生産者の力を制御するうえでの政府の役割を肯定的に評価した。一部の人びとの、とりわけドイツの哲学者カール・マルクスの分析によれば、資本主義経済には致命的な欠陥があり、早晩そのままでは存続しえなくなる。

スミスに代表される初期の「古典派」経済学者の考えは、のちに厳格な吟味の対象となった。19世紀後半には、科学教育を受けた経済学者たちが、数学やエンジニアリング、物理学を援用して経済という主題にアプローチするようになった。これら「新古典派」経済学者たちは、グラフと公式を用いて経済を記述し、市場のはたらきを統べる法則を提唱し、そのアプローチを裏づけようとした。

19世紀終わりまでには、経済学は国家的性格を強めるようになった。経済学にかかわる思考の中軸は、大学の学科として成長し、権威となったが、オーストリアとイギリス、スイスで別個に形成され

> 経済学は、根本においてインセンティヴの研究だ。ほかのひとも同じものを求めている状況で、人びとはどのようにして求め、必要としているものを得るのだろうか
>
> **スティーヴン・D・レヴィット**（1967年〜）
> **スティーヴン・J・ダブナー**（1963年〜）
> アメリカの経済学者

た主要学派のあいだには、とりわけ経済への国家の干渉の程度をどこまで求めるかにかんして、著しい相違があった。

こうしたちがいは、20世紀にますます顕著になった。ロシアと中国で相次いで起きた革命が、共産主義にもとづくもうひとつの世界をもたらしたのだ。そこでは、市場競争よりも計画経済に基礎が置かれた。だが、世界の残りの部分では依然として、繁栄をもたらしてくれそうなものは市場だけなのかどうかが問題にされていた。ヨーロッパ全体が、どの程度政治が経済に介入すべきなのかを問題にした一方で、さまざまな見解をめぐる本当の戦いは、1929年にウォール街で生じた大暴落後の世界大恐慌の洗礼を受けたアメリカでおこった。

20世紀後半になると、経済思想の中心はヨーロッパからアメリカへシフトした。アメリカは、突出した経済的覇権をふるう一頭地を抜く存在となり、かつてないレベルで自由放任主義経済政策を採用した。1991年にソヴィエト連邦が崩壊すると、すでにスミスが予言していたように、自由市場経済こそが経済的成功への唯一の道にほかならないように思われた。もちろん、だれもがそれに賛同しているわけではない。経済学者の主流は依然として市場の安定性と実効性、さらにはその合理性に信頼を寄せているが、それに疑いの眼を向ける者もおり、そこから新たなアプローチが生じた。

## もうひとつのアプローチ

20世紀も終わりに近づくと、心理学や社会学といった学科から借りた考えを、さらにはゲーム理論やカオス理論といった数学や物理学における新しい進展を組みこんだ、新たな領域が出現した。これらの理論を唱えた人びとは、資本主義システムの弱点をも警告した。21世紀初頭に生じた、ますます深刻さと頻度を増してゆく金融危機は、資本主義というシステム自体に根本的な欠陥があるのではないかという疑念を深めた。その裏で科学者たちは、かつてない増大を遂げた私たちの経済的富は、大災害を惹きおこす危険をはらんだ気候変動という環境の犠牲と引きかえのものだと結論づけた。

ヨーロッパとアメリカが、おそらくは過去に直面したなかでももっとも深刻な経済問題に取りくみはじめるなかで、とりわけ東南アジアといわゆるBRICs諸国(ブラジル、ロシア、インド、中国)に新しい経済が登場した。ここにきて、経済的覇権はまたもやシフトしつつあり、このさき疑いもなく新しい経済学思考が登場して、私たちの希少な資源のやりくりを助けてゆくことになろう。

近年の金融危機の主な原因のひとつがギリシアだ。ここは経済学の歴史のはじまった地であり、「経済学」ということばの発祥の地でもある。2012年に、アテネで抗議活動をはじめた人びとは、民主主義もギリシア起源の発想だと主張したが、借入金によって危機への解決を模索するなかで、いまやその民主主義が犠牲にされかねない状況に陥っている。

依然として、世界経済がこの問題をどう解決するかが固唾を呑んで見守られている。だが、そうしたなかで、本書で示される経済学の原理で身を固めれば、どのようにして私たちがこんにち見られる状況に嵌まりこんだのかを理解できるようになり、ことによると出口を見いだすきっかけもつかめるかもしれない。■

> " 
> 経済学を研究する目的は……どうすれば経済学者によって欺かれないですむかを学ぶことにある
>
> **ジョーン・ロビンソン**
> (1903～83年) **イギリスの経済学者**
> "

# さあ、交易をはじめよう
## 紀元前400年〜後1770年